MÉXICO
MEGACIUDAD:
DESARROLLO Y POLÍTICA,
1970-2002

MÉXICO MEGACIUDAD:

DESARROLLO Y POLÍTICA, 1970-2002

Peter M. Ward

Anexo sobre los municipios conurbados
de ALFONSO X. IRACHETA

EL COLEGIO
MEXIQUENSE

MÉXICO 2004

Primera edición, agosto del año 1991
Segunda edición, marzo del año 2004

© 2004
EL COLEGIO MEXIQUENSE, A.C.
Exhacienda Santa Cruz de los Patos
Zinacantepec, México
www.cmq.edu.mx

© 2004
Por características tipográficas y de edición
MIGUEL ÁNGEL PORRÚA, librero-editor

Derechos reservados conforme a la ley
ISBN: 970-701-447-4

IMPRESO EN MÉXICO PRINTED IN MEXICO

Amargura 4, San Ángel, Álvaro Obregón, 01000 México, D.F.

A Victoria,
por conspirar rechazando un no por respuesta
y por honrarme al darme el sí.

Prefacio e introducción a la segunda edición
¡favor de leerlo!

E L SUBTÍTULO que añadí tiene un objetivo específico. Sé que no todos son como yo y leen ávidamente el prefacio o la sección de dedicaciones y reconocimientos en un libro. En lo personal, siempre me interesa saber más acerca del autor y de quienes han ayudado a concebir la obra cuya lectura está a punto de emprenderse –tal es el objetivo de este prefacio. De esta manera, puedo identificarme mejor con la misión del autor. En las siguientes páginas, refiero lo que ha ocurrido en la historia de la ciudad de México desde que apareció la primera edición de esta obra en 1991.

La edición original de *Mexico City* (1990) fue el primer volumen de la serie World Cities y generó un interés considerable y reseñas halagadoras. Un año después, el Consejo Nacional para la Cultura y las Artes publicó la obra en edición de bolsillo, lo cual me satisfizo particularmente, pues como mencioné en el prefacio original, éste era el primer libro sobre la ciudad de México contemporánea que se publicaba en inglés, y además constituía mi forma de darle algo a cambio a la ciudad y al país. Pero gran parte de mi satisfacción deriva de saber que logré escribir un *buen* libro, un libro del cual puedo estar orgulloso. Sin embargo, la mayor dicha ha provenido de los amables comentarios ocasionales de la gente, y de las cartas –llegadas de la nada y escritas por personas que no conozco y probablemente nunca conoceré– en las que me dicen cuánto lo disfrutaron. En general, los académicos no estamos acostumbrados a tales expresiones de amabilidad; por el contrario, hojeamos las reseñas periodísticas, guardamos las buenas y rezamos por que nadie vea las malas, preguntándonos cómo y cuándo nos podremos vengar.

Uno de los cumplidos más agradables lo recibí a finales de 1991, cuando conocí al antropólogo Frans Fontaine, curador del Amsterdam's Royal Tropical Museum. Él estaba trabajando en el montaje de una importante exhibición sobre la ciudad de México, la cual terminaría por recrear brillantemente, sala por sala, una sensación de la ciudad: una tienda en Tepito; el cuarto típico de una vecindad; una azotea, con todo y la ropa colgada para secarse; un mercado sobre ruedas, etcétera. Incluso la entrada a la exhibición y la taquilla representaban la entrada a una estación del metro. No obstante, para investigar y preparar la exhibición, tuvo que pasar varios meses en la ciudad de México. De la manera más amable, Fontaine me agradeció mi libro y mencionó que le había ayudado en las etapas formativas, pero con lo que más había simpatizado era el paréntesis personal que incluí en el prefacio original. En él describo mi visión de la ciudad de México como un genio travieso que igual puede ser juguetón como peligroso, y cómo, justo cuando mi exasperación y/o temor comienzan a tornarse incontrolables, el genio me suelta con dulzura, tras haberme enseñado a no darlo por sentado ni a él ni a México. Me enseñó a ser paciente y considerablemente humilde, y me recordó bastante el comentario de Rodolfo Usigli: "En México comienzas a vivir cada día." De cualquier modo, Fontaine me contó que poco después de su llegada a la ciudad también comenzó a experimentar sus frustraciones, a tal grado que puso un mensaje en el espejo del baño para que cada mañana le recordara: "¡Acuérdate del genio!" Esta anécdota en particular significó mucho para mí y me brindó una gran satisfacción; por ello, muchas gracias.

El primer prefacio, como las líneas introductorias de éste, fue pensado para ofrecer una breve nota personal sobre mi propia relación y pasión respecto de la ciudad. Por ello he decidido conservar el prefacio original intacto, y espero que los lectores lo sigan leyendo como una nota personal de mi parte. Sin embargo, quiero que este segundo prefacio sea diferente: lo considero más bien una importante introducción a la segunda edición. Al igual que el coro en una obra de teatro griega, busca contar los antecedentes de la historia y servir de preludio para lo que estamos a punto de ver.

Cuando el lector comience una sección de este libro, espero que antes eche un vistazo a las siguientes páginas que ofrecen un panorama general de los cambios recientes en México y su ciudad capital. Por lo general, se espera que una segunda edición revisada se sostenga y hable por sí misma. Pero éste no es el caso, pues si bien mucho de lo que escribí hace menos de una década todavía es válido, debe contextualizarse y leerse tomando en cuenta un escenario muy diferente que es el México de fin de siglo. Hay quien dice que "el pasado es otro país". En varios aspectos importantes, el México actual es otro país, incluso comparado con el que sirvió de escenario para mi análisis de la ciudad de México en 1989, publicado en su primera edición en 1990. Ésa es la razón por la cual me es particularmente grato tener la oportunidad de revisar este libro a profundidad y por la cual es deseable que la segunda edición sea mucho más que una simple actualización de datos y nombres. Si bien los capítulos 5 al 7 contienen cambios menores, los demás fueron revisados en forma sustancial.

México es un país diferente en varios aspectos importantes. En el terreno *económico*, en 1989 el país se encontraba en la cúspide de un auge, situación bastante diferente de la que se expone en la edición previa, gran parte de la cual se concentra en la recesión. La inflación se redujo a números de un solo dígito y el producto interno bruto (PIB) creció a más de 2 por ciento anual entre 1989 y 1994 (y permaneció positivo en términos per cápita), antes de desplomarse a finales de 1994 y principios de 1995 debido a una disminución drástica de las reservas de capital, una devaluación desafortunada que provocó una mayor pérdida de confianza, y al inmediato retiro de fuertes capitales que se habían invertido en bonos de alto rendimiento a corto plazo garantizados en dólares. No era la primera vez, en su historia reciente, que el país despertaba para hallarse en bancarrota. Tampoco fue la primera ocasión en que el presidente entrante (Ernesto Zedillo) tendría que recoger los pedazos y descubrir que, sin importar cuáles fueran sus intenciones, su gobierno estaba obligado a recobrar el control macroeconómico, pagar el paquete de rescate de 50,000 millones de dólares promovido por el presidente Clinton en 1995, y tratar de alcanzar cierto nivel de recuperación económica en los 3 años previos a las elecciones de mediados de sexenio en julio de 1997. Estas diferencias se ponen de manifiesto al observar el drástico cambio que hubo, en cuanto a contenido y prioridades, entre el discurso inaugural de Zedillo el primero de diciembre y sus políticas un mes después.

Como el resto del país, la ciudad de México se vio seriamente afectada por estos cambios económicos. Si bien esta situación ya era conocida para la mayoría de la población urbana de clase trabajadora, la cual ya había aprendido a enfrentar los paquetes de austeridad con sus restricciones salariales, aumentos en el precio de los productos básicos, y tasas crecientes de desempleo, para las clases medias era algo diferente y sin precedentes. A diferencia de las devaluaciones anteriores, cuyo efecto principal había sido devaluar sus ahorros, ésta constituía una maldición doble. No sólo se devaluaron sus ahorros (cuando estaban en pesos), sino que el aumento en espiral de las tasas de interés (que a principios de 1995 se acercaron a los tres dígitos) asestó un golpe mortal, pues las clases medias, como el país, estaban endeudadas. A diferencia de la mayoría de los ciudadanos de clase trabajadora, las clases medias mexicanas tenían hipotecas, compraban autos y otros bienes de consumo duraderos a plazos, acumulaban enormes deudas en sus tarjetas de crédito, llevaban a sus hijos a escuelas privadas, dependían del sector privado para la atención médica (no asegurada), etcétera. Su reacción tuvo reminiscencias de la obra de Darío Fo: "No puedo pagar, pues no pago" (*Can't Pay, Won't Pay*), y se formó el movimiento llamado *Barzón*.

Este movimiento de deudores fue particularmente fuerte y escandaloso en la ciudad de México, dado que la mayoría de sus integrantes pertenecía a las clases medias o bien eran dueños de pequeñas empresas (que habían proliferado durante los 6 años anteriores) y ocupaban un lugar importante en los principales medios de comunicación. La gente protestó ante el gobierno, depositó las llaves de sus coches y casas en las ventanillas bancarias, faltando así a sus contratos, y amenazó con el incumplimiento masivo de pagos hipotecarios (de hecho, aunque muchos suspendieron sus pagos esperando que el gobierno reprogramara los préstamos, esto se logró a la larga mediante un programa excelente y bien acogido). Pero las imágenes de los barzonistas (en especial amas de casa adineradas de la colonia de lujosos departamentos de Polanco, y de zonas residenciales suburbanas como el Pedregal) se volvieron un rasgo cotidiano de los noticieros nacionales e internacionales.

Durante ese periodo, la ciudad de México experimentó otros cambios económicos profundos que fueron específicos de su estructura económica particular; éstos serán analizados con detalle en el primer capítulo. En resumen, a partir de 1986-1987 la expansión industrial en México se ha intensificado en lo que respecta al crecimiento manufacturero orientado hacia las exportaciones localizado en nuevas plantas tanto en la zona fronteriza como en algunas ciudades de provincia. La base económica de la ciudad de México se estaba reestructurando aceleradamente: había pasado de la industria hacia los servicios y las actividades comerciales, que experimentaron una rápida expansión. El presidente anterior, Salinas de Gortari, aspiraba a convertir la ciudad de México en el centro principal de servicios financieros en América Latina, lo cual, junto con la entrada de México al TLC el 1o. de enero de 1994, intensificó el papel incipiente de la ciudad como centro financiero y capital del comercio. La bolsa de valores floreció, afluyeron inversiones de rendimientos a corto plazo, se planearon y construyeron nuevos centros comerciales, incluidas algunas de las principales franquicias de Estados Unidos; todo para que el proceso sufriera un franco retroceso en 1995. También padecieron otras ciudades, pero fue en la ciudad de México donde los efectos se sintieron con más fuerza.

A partir de 1995 se ha registrado una recuperación lenta, y para 1999-2000 había razón para mostrarse optimista en cuanto a que la economía mexicana había empezado a crecer de nuevo en términos reales, y a que la transición política de 2000 no sería como la anterior, sino con menos tropiezos y sobresaltos, como resultó serlo, a pesar de la drástica derrota del PRI en ese año y el triunfo de Vicente Fox. Irónicamente, como lo analizaré en el capítulo 2, en términos económicos la ciudad de México sorteó bastante bien la crisis de 1994-1995.

En el terreno *político*, México como nación también ha cambiado de manera notoria, mientras que la estructura político-administrativa del Distrito Federal ha sufrido varias transformaciones, las cuales analizaré a profundidad en el capítulo 3. Los cambios más importantes han tenido lugar, primero, en el propio proceso electoral, que se ha vuelto más transparente, limpio y un poco más justo (aunque la igualdad de oportunidades sigue siendo un tema de conflicto entre los partidos de oposición y el dominante Partido Revolucionario Institucional [PRI]). Una serie de reformas electorales entre 1989 y 1996 han preparado el camino para unas elecciones más democráticas, cuyo aparato ya no está controlado directamente por el partido en el gobierno. Muchos –incluido yo– imaginaban que la "cultura de la sospecha" política (como se conoció a partir de 1988) tardaría por lo menos una generación en ser superada, pero para las elecciones de 2000 ya casi había desaparecido. A pesar de ciertas elecciones fuertemente disputadas, en las que algunas protestas partidistas condujeron a la subsecuente inversión de los resultados, en particular durante el gobierno de Salinas (1998-1994), la credibilidad electoral ha mejorado sustancialmente. Algunos anacronismos y salvaguardas anteriores han sido relegados recientemente, como la "cláusula de gobernabilidad" que garantizaba al PRI el control mayoritario y la habilidad de dirigir el proceso legislativo. En específico, me interesa la anomalía según la cual los residentes del Distrito Federal (poco más de 50 por ciento de la población metropolitana total) no elegían su propio consejo ciudadano ni a su jefe de gobierno, sino que eran gobernados por un regente asignado desde la presidencia. Esto desapareció finalmente en julio de 1997 (véase el capítulo 3), fecha a partir de la cual el Distrito Federal ha tenido su propio jefe de Gobierno electo, mientras que la Asamblea de representantes original, elegida por primera vez en 1988, fue constituida en un cuerpo legislativo formal. Al tiempo que se prepara esta segunda edición en español, la ciudad de México está por cumplir el primer año del sexenio de un gobierno electo del PRD encabezado por Andrés Manuel López Obrador, por primera vez con jefes de delegación electos, cinco de los cuales pertenecen al PAN y 11 al PRD. Existen otras ramificaciones importantes de estos cambios políticos y electorales. Primero, se ha dado una liberalización de la prensa y los medios, con una disminución del control y la influencia directa o indirecta del gobierno sobre las diferentes publicaciones y programaciones. En la actualidad, la prensa puede ser más objetiva y es libre de mostrarse más crítica respecto de las acciones del gobierno, sin temor a represalias. El nivel del debate y la calidad del periodismo han mejorado, aunque la mayoría de los medios conservaban estrechos vínculos con el gobierno, por lo menos hasta 2001. Gradualmente, la prensa está adaptando un papel más creíble en cuanto a la investigación. En la ciudad de México han aparecido varios periódicos nuevos, de entre los cuales destaca el *Reforma*, surgido del respetado periódico independiente *El Norte de Monterrey*.

No obstante, el cambio político más importante es, quizás, la ruptura irrevocable del virtual monopolio del PRI en el gobierno. En 1989, el Partido Acción Nacional rompió el predominio total del PRI en los gobiernos estatales al ganar las elecciones en Baja California. El Partido de la Revolución Democrática (PRD), creado en 1989, también comenzó a tener incursiones importantes al ganar numerosos municipios, sobre todo rurales. A partir de 1989, ambos partidos, aunque en forma más notoria el PAN, han ido de triunfo en triunfo, tanto que para 2000 el candidato del PAN contendería con éxito por la Presidencia. Luego de su éxito en 1997, la oposición llegó a constituir una ligera mayoría sobre el PRI en la Cámara de Diputados. Este patrón se repitió en 2000, cuando ningún partido obtuvo el control total, con una ligera ventaja del PRI sobre el PAN. A pesar de haber perdido el control de la Presidencia y el Congreso, el PRI continúa gobernando en más de 20 estados.

Durante la primera mitad de los años noventa, de entre los partidos de oposición, el PAN obtuvo el mayor éxito electoral: ganó las gubernaturas municipales en todas las áreas metropolitanas más importantes (excepto en la ciudad de México, donde hasta 1997

todavía no había elecciones directas), así como la gubernatura de
seis estados, incluido Baja California, donde ganó de nuevo para
un segundo periodo de 6 años en 1995 (aunque no logró conservar Chihuahua en 1998). También el PRD ha tenido algunos triun-
fos significativos desde 1997; para 2000 tenía el poder en tres
estados y, por supuesto, obtuvo el premio mayor –el Distrito Federal– en las elecciones de julio de 1997 y 2000. A diferencia de
muchas otras regiones de México, donde las elecciones recientes
han cristalizado en carreras entre PRI y PAN o PRI y PRD, la ciudad
de México fue una firme carrera de tres caballos (véase el capítulo 3). Ciertamente, en la actualidad, la ciudad de México ya no
puede describirse como un "gobierno sin democracia", título que
originalmente di al tercer capítulo de la primera edición (1990).

En el terreno *demográfico*, la ciudad de México ha cambiado en
formas sorprendentes e inesperadas. Ya no es la ciudad más grande
del mundo, pues fue desplazada por Tokyo (aunque se trata de una
combinación con Yokohama). Este retroceso en su posición como
la ciudad más grande ha sucedido en parte por arte de magia y en
parte por un genuino cambio demográfico. La magia ocurrió cuando
el Instituto Nacional de Estadística, Geografía e Informática
(INEGI), apoyado por el Consejo de la Población (Conapo), declaró que el censo de 1980 había sido un cómputo impreciso de
la población del área metropolitana y sugirió que, en realidad,
las cifras debían reducirse en un millón, lo cual dio por resultado un censo de 14.7 millones en 1990. El censo de 2000 arrojó
18 millones de habitantes en la ciudad, divididos casi equitativamente entre el Distrito Federal y el Estado de México.

Si bien hubo un excedente significativo en el censo de 1980,
existen claras señales de que los procesos demográficos en la ciudad
de México han cambiado de manera notable. El índice de crecimiento general ha descendido casi un punto porcentual a 1.5
por ciento anual; el centro de la ciudad está perdiendo población
y sólo los suburbios más alejados continúan presentando índices
de crecimiento importantes. De hecho, Conapo insiste en que la
ciudad de México se ha vuelto un exportador neto de población,
pues abandonan la capital más personas de las que llegan a ella.

Por otra parte, la pirámide de base ancha que describe una estructura de edades en la cual poco más de una tercera parte de la población es menor de 15 años de edad se ha comenzado a truncar, a medida que los bebés del auge avanzan por la pirámide y se vuelven trabajadores, padres y, finalmente, adultos maduros y ancianos. Aunque todavía faltan algunos años, darse abasto para atender a una población cada vez más vieja y dependiente será uno de los principales retos de la ciudad de México, y se espera que el grupo de más de 65 años duplique su tamaño entre 2000 y 2020 (alrededor de 8 por ciento de la población total).

En términos de uso de suelo, el área construida abarca aproximadamente 1,500 kilometros cuadrados, aunque el área total ocupada por las 16 delegaciones del Distrito Federal y los 27 municipios que ahora incluye el área metropolitana abarca unos 4,500 kilometros cuadrados. En la actualidad, las zonas no tan distantes de Chalco (al este), Tecámac (al noreste) y más lejos, continúan siendo las zonas de conflicto donde se libran las batallas de expansión. Sin embargo, están ocurriendo cambios importantes en el uso de suelo en las zonas más viejas de la ciudad, a medida que éstas se densifican, se mezclan y se ven más amenazadas por el infortunio. Lo más significativo es que las zonas centrales más viejas de la ciudad están experimentando una pérdida de población y empleos, reestructuraciones, actos de Dios (terremotos), etcétera. Ahora la ciudad de México tiene un "problema" en la zona centro, cuya naturaleza y alcance serán analizados en una sección completamente nueva del capítulo 2 de esta segunda edición.

La descentralización y la disminución del centralismo tradicional mexicano constituyen otro cambio importante muy reciente. Concebidas en parte por el candidato a la presidencia asesinado, Luis Donaldo Colosio, la descentralización, la reforma del Estado y la creación de un nuevo federalismo que otorgara mayor responsabilidad y autonomía a los estados, se han convertido en las consignas de Ernesto Zedillo desde que sustituyó a Colosio como candidato y luego de haber obtenido la Presidencia. Como se mencionó al inicio, la habilidad de Zedillo para implementar estas políticas tan enérgicamente como hubiera querido fue debilitada por los imperativos de la crisis económica. Sin embargo, el nivel de centralismo que existía en la ciudad de México se ha atenuado (Ward *et al.*, 1999) y esta tendencia continúa en la actualidad con el gobierno del presidente Vicente Fox.

El presidente Zedillo se guardó de desempeñar un papel tan predominante en el Congreso nacional y en el PRI. Ha buscado revisar la Suprema Corte y el Poder Judicial para dotarlos de mayor independencia y credibilidad, además de una estructura más profesional y gente nueva en posiciones de alto rango. También se ha revisado la estructura de la policía judicial, tanto federal como capitalina, buscando reducir la corrupción y sus nexos informales con el narcotráfico. En 1996, casi una tercera parte de los integrantes de la policía judicial fueron despedidos de un día a otro y su jefatura ha sido reemplazada en forma sistemática.

Muchas de estas iniciativas se están emulando en las 32 principales entidades políticas mediante reformas judiciales estatales, el refuerzo de las legislaturas, etcétera. La participación de los estados y municipios en los ingresos ha aumentado ligeramente (de 18 a alrededor de 22 por ciento), y el destino de 80 por ciento de los fondos para desarrollo social al control local (estatal) denota una ostensible descentralización de las partidas del gasto federal (aunque, en realidad, existe evidencia inicial de que las oficinas federales continúan siendo en gran medida discrecionales). Ahora los estados tienen autorización para recaudar ciertos impuestos nuevos o adicionales en un intento por fortalecer la creación de ingresos locales. La responsabilidad por la educación y la atención médica se están transfiriendo de manera activa a los gobiernos estatales, de modo que el proceso iniciado en los dos sexenios anteriores se ha intensificado y completado, aunque con poco entusiasmo en muchos casos. Así, algo de poder comienza a regresar a los estados soberanos. En parte, el PRI ha sido despojado de ese poder gracias al éxito de la oposición al romper la ortodoxia de las relaciones de poder ejercida por el partido y al poner en tela de juicio al Ejecutivo, cuyos "poderes metaconstitucionales" le han conferido tradicionalmente una influencia que va mucho más allá de lo que establece la Constitución. En parte, también reflejan la creencia de Zedillo de que el país podrá gobernarse y administrarse de manera más efectiva si a los gobiernos locales se les otorga mayor poder y responsabilidad. Lo que ha sido descrito de manera general como una política de "nuevo federalismo", podría quizás interpretarse con mayor precisión, más que como una estrategia, como un ajuste pragmático y conciliador de los procesos económicos y políticos en curso.

Desde donde se vea, el "nuevo federalismo" está afectando a la ciudad de México en varios aspectos. Ayuda a explicar por qué Zedillo se apresuró a evadir algunas propuestas acordadas y legisladas previamente e insistió en que hubiera elecciones directas para gobernador de la ciudad de México. Está conduciendo a la reducción de la burocracia federal (por lo menos en sectores como educación y salud), a medida que las funciones principales de estas oficinas se vuelven cada vez más normativas. Al transferir la presión para la resolución de problemas de nuevo hacia los estados, la descentralización promete disminuir la animosidad de los grupos de protesta asentados en el zócalo de la ciudad de México. Por otra parte, está alentando un mayor grado de descentralización de la población, a medida que los empleados buscan nuevos sitios de trabajo. Pero, ante todo, está reduciendo el atractivo y la necesidad de vivir en la ciudad de México, contrarrestando así el crecimiento que podría haber ocurrido debido a la migración. El viejo dicho "fuera de México, todo es Cuautitlán" ya no es válido ni política ni económicamente. Los estados y ciudades están experimentando una mayor autonomía y, a medida que la ejercen y adquieren más experiencia, la demanda de autonomía podría aumentar.

Por último, en comparación con 1989, la ciudad de México parece otro país en cuanto a *seguridad personal y crimen*. Este cambio es un retroceso y, quizás, el más desafortunado que ha ocurrido, aun con las reformas policiales y judiciales que acabamos de mencionar. Cierto es que dichas reformas fueron pensadas para responder a una creciente ilegalidad, pero en algunos casos han contribuido activamente al problema dejando sin empleo a algunos policías que ahora han acudido al crimen organizado. Hace 10 años, México era una de las ciudades grandes más seguras del mundo; dentro de límites razonables, se podía caminar o manejar por sus calles sin preocuparse demasiado. Ahora las cosas han cambiado. Si bien el robo de autos, los carteristas y los pellizcos y chiflidos que reciben las mujeres en la calle siempre han sido endémicos, los asaltos a domicilio, el robo a mano armada (tanto a individuos como a bancos), los secuestros (y no sólo de potentados), las violaciones, los asaltos en cajeros automáticos, etcétera, no eran ni comunes ni endémicos. Sin embargo, para 1997 ya lo eran, y la mayoría de los residentes de la ciudad tenía historias propias que contar, muchas veces verdaderamente aterradoras. Los taxis ya no eran seguros, y cada vez se fomentaba más entre los turistas hacer lo que la mayoría de las clases medias mexicanas hacía, utilizar los autos del propio hotel o pedir un taxi por teléfono, para que el envío del vehículo y el conductor fueran registrados. Incluso hoy día no se puede entrar a varios edificios de oficinas sin haber pasado por una revisión extensiva y con un pase. Los bancos están vigilados por varios miembros de seguridad que portan armas automáticas, ubicados deliberadamente afuera del edificio donde se espera que puedan disuadir a los posibles asaltantes. Ya pasaron los días en que un solo guardia vigilaba dentro del banco, cerca de la puerta, y no para evitar que los ladrones entraran, sino que escaparan.

Por otra parte, al menos por un tiempo, parecía que la violencia se había vuelto política. Hasta 1994, cuando el candidato a la presidencia, Luis Donaldo Colosio, fue asesinado en Tijuana y pocos meses después el secretario general del PRI, Francisco Ruiz Massieu, fue asesinado a tiros en el centro de la ciudad de México, la violencia en los altos niveles políticos en las urbes de México era virtualmente desconocida, y casi nunca visible. Pero México se había vuelto cada vez más importante en el transporte y distribución de las drogas que llegan de Colombia y otros lugares para luego pasar de contrabando a Estados Unidos. Los círculos mexicanos de la droga habían incrementado la magnitud de sus operaciones y su control sobre el proceso de distribución. Esto los ha dotado de un enorme poder en el nivel local en México, y de una capacidad inaudita para sobornar a las autoridades judiciales y estatales. A medida que ha aumentado su influencia, su presencia ha amenazado con penetrar los niveles más altos del gobierno. La principal diferencia entre 1997 y 10 años atrás era, por un lado, el mayor alcance del poder y la influencia financiera de los capos de la droga y, por el otro, las crecientes demandas por parte de Estados Unidos de la colaboración bilateral en la prohibición de las drogas, además de la "certificación" estadounidense a los esfuerzos de cada país para abordar la producción y distribución de droga. Esto obligó a las autoridades mexicanas a multiplicar y endurecer sus estrategias, lo cual ha implicado un alto costo. Existen señales de que los capos de la droga están detrás de la violencia política en México, así como de la larga lista de brutales asesinatos de jueces y magistrados. La ciudad de México ha sido testigo de un creciente número de tales asesinatos, y también algunos estados que están en la línea de paso de la droga hacia Estados Unidos: Baja California, Chihuahua y Tamaulipas (todos ellos estados fronterizos).

En el otro extremo del país, en la frontera sur, la rebelión de Chiapas a principios de enero de 1994 también ha tenido repercusiones en la ciudad de México. Si bien, en gran parte, la guerra no ha salido de Chiapas y las negociaciones entre el ejército zapatista y el gobierno central han avanzado lenta, pero continuamente desde el levantamiento, tanto el éxito inicial del EZLN como la serie de bombas en la ciudad de México a mediados y finales de 1994 incrementaron más aún la sensación de inestabilidad que existía en el país.

Por estas y otras razones, las encuestas muestran que la seguridad se ha convertido en el problema primordial entre la población de la ciudad de México en todos los niveles, aunque en especial para las clases medias y altas. Hasta 1997, las autoridades del Distrito Federal, al ser delegadas y designadas, resultaron poco efectivas en su lucha contra esta ola de violencia y criminalidad. El mayor reto de Cárdenas al tomar el cargo era actuar en forma decisiva y efectiva para reducir el crimen, si es que su partido quería tener una oportunidad de reelegirse. Qué logró y cómo lo logró se analiza en el capítulo 8. También Fox hizo de este tema una prioridad en su plataforma electoral, y ha actuado en forma razonablemente firme para detener la violencia relacionada con la droga y los sobornos a oficiales públicos. De hecho, los niveles de violencia e inseguridad en la ciudad de México parecen haber descendido a partir de 1997 (Alvarado, 2000).

No obstante, en muchos otros aspectos, la ciudad de México sigue siendo el mismo país y el mismo terreno. Es reconfortante encontrarse con los mismos meseros y botones en los restaurantes y hoteles, ver los edificios y monumentos preferidos, aunque en ocasiones desde nuevas perspectivas a medida que se abren nuevas calles o desaparecen algunas construcciones y se crean nuevos espacios abiertos. Además, hay proyectos lo suficientemente nuevos y excitantes para enriquecer la sensación de movimiento y dinamismo que siempre ha caracterizado a la ciudad, incluso en épocas de recesión. Pero la libertad de caminar por esas calles sin el temor de ser abordado, excepto por vendedores ambulantes, ya no existe.

Muchos de estos cambios profundos se han analizado y descrito en gran parte de la nueva literatura sobre la ciudad y el país. Donde me fue posible, traté de incluir esas referencias en la bibliografía y de mencionar esos trabajos a lo largo del texto. Luego de mudarme a Austin, Texas, en 1991, y de tener el privilegio de dirigir el Centro Mexicano de la Universidad entre 1993 y 1996, he tenido la oportunidad de involucrarme de manera mucho más activa en los asuntos y acontecimientos actuales en México, mucho más que cuando vivía en Inglaterra, donde las visitas tendían a ser más efímeras. Gran parte de mis investigaciones más recientes se han enfocado particularmente en el cambio político y el ejercicio del poder en México, en relación directa o indirecta con muchos de los temas mencionados más arriba. Sin embargo, si bien he visitado la ciudad de México cada 6 u 8 semanas para asistir a reuniones, no he podido ampliar mis investigaciones ni el trabajo de campo, los cuales sirvieron de base para la primera edición de 1989. Por fortuna, cuento con el trabajo de otros colegas y, por supuesto, con una larga serie de documentos oficiales y datos del gobierno que aún debo interpretar. Sin embargo, si bien puede ser que ya no esté tan familiarizado como antes con los vericuetos contemporáneos de la ciudad y sus asentamientos de bajos ingresos, siento que mi comprensión de los acontecimientos recientes en México es ahora mucho más matizada, y que esto, ante todo, me ha permitido escribir una "buena" segunda edición.

La segunda edición apareció en inglés a principios de 1998; sin embargo, en vista del contundente triunfo de Cuauhtémoc Cárdenas por parte del PRD en 1997, me mostré bastante renuente a permitir que apareciera la traducción al español antes de poder ofrecer una evaluación del gobierno perredista. Así pues, esperé 3 años y agregué un capítulo completamente nuevo (el 8) que se ocupa del gobierno del PRD de 1997 a 2000. En él se analizan algunas políticas en varios sectores clave, tanto aquellas que ya se habían discutido en las versiones previas del libro como otras nuevas. Se trata de cinco áreas que incluyen: seguridad pública; vivienda, planeación y desarrollo urbano; medio ambiente; políticas sociales; y organización político-administrativa y gobierno. Esta evaluación abarca las administraciones de Cárdenas y de Robles y también se ocupa de algunos de los primeros cambios de política adoptados por López Obrador. Por otra parte, al retrasar la traducción al español unos 3 años, he podido reflexionar sobre los cambios que han ocasionado las elecciones y un gobierno de oposición en la vida cotidiana de los habitantes de la ciudad de México.

[*Austin, Texas, diciembre de 2001*]

Prefacio original (primera edición)
¡favor de leerlo también!

C UANDO VIAJE a la ciudad de México, hay que llegar por babor y salir por estribor. Pida un asiento en la ventanilla izquierda para llegar al aeropuerto internacional de la ciudad, y siéntese a mano derecha cuando se vaya. De esa manera, dispondrá de una maravillosa vista de la ciudad cuando el avión entre por el poniente, antes de girar y volar hacia el sur para aterrizar en el oriente. Por la noche, o si la contaminación no está muy densa, podrá ver todo. Al volar de la ciudad de México hacia el noreste hay menos que ver, pero con una ventana de estribor seguramente verá la hilera de asentamientos irregulares de Nezahualcóyotl, donde viven más de un millón y medio de los habitantes más pobres de la ciudad. Si voltea hacia el sur, también podrá admirar los volcanes nevados, el Iztaccíhuatl y el Popocatépetl. Y, si ha permanecido en el país el tiempo suficiente, incluso podrá pronunciar sus nombres correctamente.

Sin embargo, mucha gente llega a México con cierta intranquilidad, lo cual no es de sorprender en vista de la publicidad adversa que recibe la ciudad. A principios de los setenta, escribí un artículo en el que describía los niveles de contaminación en el centro de la ciudad como el equivalente a fumar dos cajetillas de cigarros al día, según me lo había planteado un experto. Más bien como un rumor, este "hecho" ha aparecido varias veces en la prensa internacional, a menudo de forma exagerada. Ojalá que los periodistas leyeran mis otros trabajos de manera más persistente. No obstante, aún me siento un poco culpable por haber identificado el "hecho" y espero que este análisis más serio pueda lavar mi error.

Una de las palabras de moda en la actualidad es "megaciudad" (más de 10 millones de habitantes), y la ciudad de México, con casi 15 millones en 1990, es ciertamente megagrande. Sin duda tiene enormes problemas: la magnitud y el crecimiento de la población, pobreza y subempleo, vivienda y servicios inadecuados, contaminación y tráfico. Para el turista, esto no hace de la ciudad de México un lugar particularmente agradable o cómodo para visitar. Mi consejo sería pasar tres días en la ciudad y conocer los sitios más obvios. Para alguien sensato y razonablemente sensible, no es una ciudad especialmente peligrosa, aunque tampoco resulta fácil vivir en ella de manera permanente. La gente suele preguntarme si me gustaría establecerme en la ciudad de México. Yo siempre contesto que no, como tampoco me gustaría vivir en Londres, Nueva York o en cualquier otra zona metropolitana donde existan el mismo barullo y los mismos problemas.

Sin embargo, por alguna razón –quizás porque pronto será la ciudad más grande del mundo– la ciudad de México atrae atención y publicidad. La revista *Time* (2 de enero de 1989) la describe como "la antesala de una Hiroshima ecológica" y como una "cámara de gas urbana". Esto es un periodismo bastante irresponsable. Debido a las inversiones térmicas en el valle de México, la contaminación puede ser especialmente severa a principios de año, lo cual llevó a las autoridades a implementar medidas tan drásticas como escalonar los horarios escolares, prohibir que los autos con ciertas placas circulen un día a la semana, etcétera. Éstas pueden ser medidas *ad hoc*, pero con frecuencia se consideran respuestas que las autoridades y los ciudadanos emprenden al tiempo que buscan remediar el problema en el largo plazo. Podrán ser medidas para salir del paso, pero estas respuestas promovidas por el Estado constituyen un elemento importante de evaluación en este libro.

Mi propósito en este texto es ofrecer un recuento analítico y serio sobre la naturaleza de la estructura urbana de la ciudad de México, así como un diagnóstico preciso de las razones que la generaron. En el primer capítulo examinaré la estrategia de desarrollo económico reciente, pues ésta, más que cualquier otro factor, determina la dinámica del surgimiento de la ciudad de

México, y de su pobreza. En el capítulo 2 analizaré el rápido crecimiento de la población y la expansión espacial, con frecuencia descontrolada, además de la segregación espacial entre pobres y ricos. El capítulo 3 se ocupa de la estructura política de México y, en particular, evalúa la razón de ser de las estructuras políticas y administrativas y su capacidad de responder a las necesidades de la ciudad. Los siguientes dos capítulos estudian la política de transporte y la experiencia de planeación en general, pues ambas constituyen un claro ejemplo de la manera en que se toman las decisiones en México: a puerta cerrada y con bajos niveles de debate y participación pública. No obstante, la racionalidad, naturaleza y resultados de las políticas urbanas en cuanto al acceso a los terrenos para la autoconstrucción, así como a los servicios urbanos y la asistencia médica (véase capítulo 6) sugieren que, si bien la administración de la ciudad se ha vuelto más tecnocrática y compleja para adaptar las políticas a las necesidades, lo ha hecho en formas que resultan políticamente convenientes para mantener el *statu quo*. El control social es la orden del día, no un compromiso político para mejorar las condiciones tan rápida y eficientemente como sea posible. Por último, en el capítulo 7 demuestro cómo la estructura arquitectónica de la ciudad refleja su evolución y sus filosofías, contribuyendo así a reproducir la desigualdad y la ideología. El capítulo 8 es nuevo en esta edición en español.

La idea de reproducir y mantener la desigualdad es un tema central a lo largo de todo el libro. Demuestro cómo la estructura espacial, así como la arquitectura y los procesos arquitectónicos recrean y, en algunos casos, intensifican la pobreza. Lo mismo ocurre con los sistemas de reparto mediante los cuales se distribuyen los recursos urbanos y se satisfacen las necesidades de los habitantes. Estos sistemas actúan para acentuar los patrones de estratificación y resistir otras formas de organización, solidaridad y acción colectiva. También busco demostrar que la estructura administrativa misma de la ciudad de México ha evolucionado y está pensada para desviar el descontento social y conservar el control político para el gobierno y su partido (PRI). Sin embargo, los resultados de las elecciones en 1988 y la pérdida del dominio absoluto del PRI sobre el proceso electoral, en particular en el área metropolita-

na, plantean preguntas importantes sobre si la estructura política de la ciudad puede sobrevivir mediante concesiones menores
o si debe reconstruirse del todo. En pocas palabras, sostengo que,
para que la ciudad prospere, se necesita una genuina toma de poder
por parte de la población urbana, así como una agenda política partidaria para el desarrollo futuro de la metrópoli. La alternativa
es sobrevivir mediante políticas que impliquen más de lo mismo (es
decir, irla pasando). El capítulo 9 no constituye el epitafio de la
ciudad; existen razones para ser optimista y mucho que aplaudir en
las políticas recientes.

Mi interés personal por la ciudad comenzó en 1973, cuando
emprendí la investigación para un doctorado. Poco después de mi
llegada a México, me mudé a uno de los muchos asentamientos de
"paracaidistas" en la periferia para analizar de cerca el proceso
de autoconstrucción. A partir de entonces he regresado al país en
muchas ocasiones para llevar a cabo más investigaciones, asistir
a conferencias, adoptar un hijo, asesorar a gobiernos sucesivos,
descansar en la playa, etcétera. Aunque la ciudad es demasiado
grande para conocerla como la palma de la mano, la conozco mejor
que cualquier otra. Ya sea en el papel de investigador, asesor, turista o suplicante, el país y la ciudad han sido enormemente generosos conmigo. Espero que este libro sea una manera de darles
algo a cambio.

Vivir en México, y en particular en su capital, puede ser una
experiencia exasperante y, en ocasiones, atemorizante. A menudo
imagino el país como un genio travieso que juega con nosotros
hasta que creemos no poder soportarlo más. Entonces, justo cuando nos sentimos a punto de morir, derrumbarnos o tomar el primer
vuelo a casa, el genio nos suelta, dulcemente. Pareciera una forma
de enseñarnos a respetar la naturaleza y a un país que es volátil
y, en ocasiones, violento. No todos corren con tanta suerte: de
cuando en cuando, algunos desastres como la explosión de gas
en San Juan Ixhuatepec en 1984 o el terremoto en 1985 traen consigo enormes pérdidas humanas. En lo personal, también he
perdido a muchos amigos cercanos como para dar al genio por
sentado.

Es un país con el cual me siento muy comprometido. Siempre había estado un poco decepcionado (y sorprendido) porque, si bien mucho se ha escrito sobre la ciudad de México en artículos periodísticos o capítulos de libros, no existía ningún texto académico comprensivo y serio sobre su desarrollo contemporáneo, a excepción del *Atlas de la ciudad de México* (véase también la actualización de Garza, DDF/El Colegio de México, 2000), de reciente publicación. Pero ni siquiera este estudio, espléndidamente informativo, logra proporcionar un panorama analítico integrado, pues en su producción colaboraron más de 80 autores. Así, cuando fui invitado a contribuir con uno de los primeros números de la serie World Cities, acepté de inmediato. Estaba especialmente deseoso de escribir un buen libro: un libro que fuera tanto analíticamente fuerte como perceptivo. Quería que reflejara la esencia de la ciudad: sus entrañas, frustraciones, violencia y belleza. Quería demostrar que, si bien no es fácil vivir en ella, las consecuencias son menos terribles de lo que algunos quisieran hacernos creer. Y aunque estoy profundamente involucrado y comprometido con la ciudad, quería que este libro fuera lo más objetivo posible. Como académico, estaba decidido a describir la ciudad tal como la veía, aun cuando el resultado llegara a ofender a aquellos con quienes he trabajado y a quienes admiro. Espero que respeten esta intención y perdonen cualquier error que pueda haber surgido en cuanto a los hechos o la interpretación. La responsabilidad de los errores es, por supuesto, sólo mía.

Ante todo, quería que este libro fuera una lectura agradable, que reflejara algo de la diversión y el placer que me brindó su elaboración. Aunque contiene mucha información y datos estadísticos, he tratado de evitar el lenguaje y los conceptos que lo harían incomprensible para el lector lego. Si bien está escrito para el estudiante especializado, me gustaría pensar que políticos y oficiales mexicanos, periodistas, analistas de todo tipo, y quizás incluso el turista ocasional, podrán leerlo e interesarse en partes de la discusión.

[Cambridge, Inglaterra, 6 de noviembre de 1989]

Agradecimientos

COMO YA lo mencioné, este libro es el resultado de casi 30 años de mi relación con la ciudad de México como investigador y, en ocasiones, como residente. Por ende, es imposible comenzar siquiera a agradecer a todos aquellos que han contribuido con información, ideas y críticas a lo largo de un periodo tan largo. Resulta inevitable que las personas mencionadas aquí sean, quizás, quienes se vieron involucradas más recientemente en la elaboración de este libro y sus ediciones subsecuentes.

Debo agradecer a varios fondos por haber financiado la investigación en sus diferentes etapas. En específico, la UK Overseas Development Administration financió el proyecto de investigación denominado "Public intervention, housing and land use in Latin American cities" (PIHLU), el cual codirigí con Alan Gilbert entre 1978 y 1982. La British Academy financió dos periodos separados de trabajo de campo en la ciudad de México, en 1982 y 1984. La Nuffield Foundation también patrocinó una visita en 1986. Y la mayor parte de este trabajo fue escrito durante una estancia sabática a principios de 1989, mientras era investigador visitante asalariado en el Center for US-Mexican Studies en la Universidad de California en San Diego. Entre 1989 y 1993 obtuve dos becas para continuar con mi trabajo en México y para dirigir o codirigir un proyecto de investigación sobre mercados de bienes raíces y precios de terrenos residenciales (Gran Bretaña, ESRC), y sobre la "oposición" y los gobiernos locales en México (US National Science Foundation). Muchas otras fundaciones han financiado mi trabajo reciente: entre otras, la Ford Foundation (ciudad de México), la Mellon Foundation, el Policy Research Institute of the LBJ School of Public Affairs y la Universidad de Texas, la cual me otorgó un semestre de investigación durante la primavera de 1997.

Las principales modificaciones y adiciones incluidas en la segunda edición en español fueron posibles gracias a fondos que recibí de la Mellon Foundation a través del Institute of Latin American Studies, así como del Policy Research Institute of the LBJ School of Public Affairs (1999-2000). Estoy muy agradecido con todas las instituciones y árbitros anónimos que, durante todo este tiempo, han estado dispuestos a apoyar mis propuestas financiera e intelectualmente. Los puntos de vista expresados en este libro son responsabilidad mía y no reflejan los de ningún fondo o institución.

En México, muchas instituciones han brindado su ayuda de una u otra forma. El Instituto de Geografía de la Universidad Nacional Autónoma de México me proporcionó una oficina y la base física para el trabajo de campo en 1978-1979. Mi periodo como asesor en la Secretaría de Asentamientos Humanos y Obras Públicas (SAHOP) me dio una perspectiva única del funcionamiento interno del gobierno y la planeación en México, y me gustaría agradecer el apoyo que recibí en aquel entonces, y después, del arquitecto Roberto Eibenshutz, ex director de la Dirección de Centros de Población (SAHOP) y del Fonhapo, y posteriormente secretario de Vivienda y Desarrollo Urbano del Distrito Federal (1997-2000). También agradezco a Noemí Stolarski, colega y amiga de aquellos tiempos. De igual modo, me vi beneficiado por la invitación para asesorar la oficina de reconstrucción (RHP) en 1986, cuando emprendía el periodo más dinámico de su programa posterior al terremoto. Ante todo, me gustaría agradecer a mis numerosos amigos y colegas en la ciudad de México, cuyas conversaciones han informado este análisis de tantas maneras tan significativas. Algunos de ellos no están de acuerdo con lo que digo, pero, quizás perversamente, han llegado a ayudarme en la depuración del argumento, que sigue siendo responsabilidad mía.

En Cambridge estoy en deuda con varias personas del Departamento de Geografía 1985-1991: Mike Young, Ian Agnew y

Lois Judge de la oficina de dibujo; y Dennis Blackburn del departamento de fotografía; él merece una congratulación por haber mejorado la apariencia de mis fotos (con frecuencia) de mala calidad que ilustran este libro. Gracias, también, a Jean Lucas, quien fuera mi secretaria en el Fitzwilliam College, Cambridge, por tolerar el "basurero" que fue mi oficina durante las últimas etapas de producción del primer manuscrito.

En Texas estoy agradecido con mi ex alumno Nicolás Pineda Pablos, quien pasó varias semanas del verano de 1996 escaneando el texto de la primera edición a una computadora moderna, pues mi vieja máquina de la BBC, con sus 24,000 bytes de RAM, había sido (algo) superada por la ola del ciberespacio. También le agradezco haber preparado los nuevos mapas de votación para el capítulo 3. Expreso mi más sincero reconocimiento por el apoyo que recibí de quien fuera mi asistente administrativa en la LBJ School of Public Affairs, Debbie Warden, cuya eficiencia parece no tener límites y quien me ayudó a protegerme a mí y a mi tiempo de mí mismo y de mi propia ineficiencia. De igual modo, estoy en deuda con mis colaboradores de otros proyectos de investigación en curso: Gareth Jones (de la London School of Economics), con quien he emprendido investigaciones sobre el comportamiento y las políticas públicas de los precios en bienes raíces en México, así como sobre la metodología del mercado de bienes raíces y vivienda; y Victoria Rodríguez, con quien comparto mis investigaciones sobre el cambio político y gubernamental local en México. Si bien podría parecer que estos temas no están relacionados, ambos han sido esenciales para mejorar mi comprensión de los procesos contemporáneos en la ciudad y el país. Lo mismo ocurre con mis más recientes investigaciones en colaboración, por un lado, con el doctor Adrián G. Aguilar del Instituto de Geografía de la UNAM y, por el otro, con el doctor Alfonso Iracheta de El Colegio Mexiquense. Al doctor Iracheta le agradezco su gentileza de agregar un capítulo como posfacio a este libro, con lo cual actualiza el contenido y las interpretaciones para el Estado de México. Los conocimientos y escritos de ambos colegas sobre las zonas externas (periféricas) del área metropolitana han enriquecido enormemente mi comprensión de lo que sucede en toda la región, aunque temo que ello no se refleja de manera adecuada en este libro.

También debo reconocer la ayuda que me ha brindado un gran número de personas en las diferentes etapas de mi investigación, sin olvidar a las familias, funcionarios y arquitectos privados y profesionales que entrevisté, en ocasiones más de una vez. En particular me gustaría agradecer al arquitecto Javier Caraveo, otrora director de Planeación del Distrito Federal. Nuestras numerosas discusiones siempre resultaron iluminadoras, y espero que mis interpretaciones sobre la planeación se reflejen en algunos de los principales avances que su grupo consiguió implementar entre 1980 y 1983. También deseo agradecer a dos miembros de su equipo, los arquitectos Carlos Tejeda y Jorge Gamboa (jefe de Planeación en 1989), por las innumerables conversaciones que hemos sostenido en torno a la ciudad, su arquitectura y sus políticas.

Entre mis colegas en el Reino Unido, me gustaría agradecer a Alan Gilbert, con quien codirigí el proyecto PIHLU. Varios argumentos sobre la tierra y los servicios son el resultado conjunto de nuestro trabajo anterior, y le agradezco que me haya permitido reproducirlos y extenderlos en este libro.

Gran parte de la escritura de la primera edición se llevó a cabo entre enero y abril de 1989, en California. Estoy profundamente agradecido con el profesor Wayne Cornelius, director del Center for US-Mexican Studies y con todo su personal por hacer de mi estadía en La Jolla algo tan agradable, estimulador y productivo. Agradezco también a otros compañeros visitantes de dicho centro por haber tolerado mis preguntas acerca de la ciudad –a menudo "fuera de tono" e intercaladas en conversaciones que en apariencia no tenían relación alguna con ellas–, las cuales debieron parecerles extrañas, en el mejor de los casos, y en el peor, extremadamente excéntricas. Fue divertido formar parte de aquel grupo y espero que algo de esa diversión se haya reflejado en el texto. En Texas (finalmente) escribí la segunda edición revisada (en inglés) durante un semestre de investigación sabático durante la primavera de 1997.

Por último, las revisiones de la versión en español se realizaron en la primavera y principios del verano de 2000. Agradezco profundamente al doctor Alfonso Iracheta, presidente del Colegio Mexiquense, por alentarme e insistir tanto en que hiciera los cambios necesarios para actualizar del todo este libro. Además, su propio trabajo ha inspirado mi pensamiento, en particular en lo que concierne a las interacciones entre el Distrito Federal y el Estado de México, y a la necesidad de adoptar un punto de vista genuinamente metropolitano y regional de esta megaciudad específica.

En la primera edición, gracias a mi playa, que constituyó una fuente de estimulación y revigorización, y a Crockett y Tubbs, quienes, a menudo dos veces por noche, me ayudaran a pasar las horas antes de que Victoria llegara a mi vida. Victoria, mi esposa, amiga, colega (en ocasiones) compañera de enseñanza e investigación y coautora; no es de sorprender que nuestros amigos se pregunten cómo logramos llevar vidas que se sobreponen de tal manera. Pero, en realidad, Victoria lo hace extraordinariamente fácil. Como antes, a ella le dedico este libro.

[*Cambridge, Inglaterra, noviembre de 1989*]
[*Austin, Texas, marzo de 1997 y junio de 2001*]

CAPÍTULO 1

La paradoja dominación-dependencia: lo local en lo nacional, en lo global

LAS CIUDADES DENTRO DE UN SISTEMA GLOBAL

EL DESARROLLO urbano se ha analizado tradicionalmente en dos niveles (Johnston, 1980; Badcock, 1984). Primero, se ha estudiado el papel de los centros urbanos dentro de un sistema urbano más amplio: sus funciones comercial y administrativa como "sitios centrales"; sus funciones como reservas cuando se colonizaban nuevas tierras; su posición dentro de la jerarquía de los asentamientos y, en particular, su posición respecto del concepto de regulación de poblamientos urbanos. Por lo general, el segundo nivel de análisis se ha ocupado de la naturaleza del área urbana misma: su estructura de uso de suelo; los atributos socioeconómicos de sus poblaciones y su comportamiento; la estructura residencial y los mercados de vivienda. También existe un interés creciente en el papel del Estado local como mediador en la distribución de los bienes urbanos. Si bien la interrelación entre estos dos niveles siempre se reconoció de manera implícita, no fue sino hasta la década de 1970 cuando algunos analistas buscaron explicarla. Los cambios y procesos dentro de la ciudad se explicaban, en gran medida, en relación con las cualidades de la ciudad misma, y no como parte del resultado de la operación de una lógica más amplia de procesos nacionales e internacionales que, en mayor o menor grado, conforman el desarrollo de una ciudad.

Estas nociones analíticamente limitadas y limitantes comenzaron a cambiar de manera importante a partir de la década de 1970. Sin embargo, como suele ocurrir, la reacción del "nuevo" puso demasiado énfasis en la relación. En sus primeras formulacio-

nes, la teoría de la dependencia destacaba el efecto condiciona-
dor de la expansión capitalista "metropolitana" del núcleo (Gunder
Frank, 1967; Europa) hacia el Tercer Mundo, que fue deslazado
hacia la "periferia" (Gunder Frank, 1967; Dos Santos, 1970: Amin,
1974; Wallerstein, 1974). Las materias primas eran extraídas de
la periferia y enviadas a las economías núcleo, donde adquirían
un valor agregado al ser convertidas en productos manufacturados para exportación o consumo local. Debido a que la periferia
era "dependiente" y estaba dominada por la hegemonía metropolitana (con frecuencia a través del colonialismo), los términos
de intercambio eran desfavorables para los países de reciente
penetración, lo cual los convertía en subdesarrollados. A partir de
los años setenta, esta relación se ha visto como primitiva y errónea
(Palma, 1978; Roxborough, 1979; Corbridge, 1986; Lehmann,
1990), pues no logró explicar por qué ciertas áreas se desarrollaron con bastante éxito (Argentina, por ejemplo); por qué otras
permanecieron encerradas en formas precapitalistas de desarrollo;
y por qué, si la periferia estaba sujeta a una relación global de
condicionamiento, las experiencias de las diversas regiones
fueron, en general, tan diferentes (Roberts, 1978; Gilbert y
Gugler, 1992).

La gran diversidad de las experiencias en la periferia ofreció
un indicio importante para analizar la "urbanización dependiente"
(Castells, 1977). Ciertos tipos de producto son más propensos a
generar efectos de un lazo urbano. Por ejemplo, la agricultura tem-
plada en Argentina y la producción de café al sur de Brasil originaron el desarrollo de un sistema más extenso de centros urbanos
con una distribución más amplia de la riqueza. Por el contrario,
las economías de "enclave", como los pueblos mineros o muchas
plantaciones, generaron pocos efectos multiplicadores y brindaron
escasas oportunidades para la movilidad socioeconómica (Furtado,
1971). Balan (1982) nos ofrece un excelente ejemplo de cómo los
diferentes tipos de sistemas de producción pueden moldear el
desarrollo urbano: el de Mendoza y Tucumán, dos provincias en la
periferia de Argentina a finales del siglo XIX. La economía de Mendoza se desarrolló en torno a la producción vitivinícola en

pequeñas propiedades, mientras que Tucumán producía azúcar en plantaciones. Ambas provincias tuvieron un desarrollo importante durante ese periodo y sus ciudades principales fueron prósperas y poseían buenos servicios. Sin embargo, la base productiva de Mendoza, al estar orientada hacia el vino, generó numerosos efectos de multiplicación, como en el caso del corcho o las plantas embotelladoras. Esto originó un patrón de asentamiento más diversificado y diseminado que en Tucumán, donde la centralización alrededor de las plantaciones y los ingenios azucareros llevó a una mayor concentración, una base económica restringida y una mayor desigualdad en la distribución de los ingresos.

De este modo, se está reconociendo que, si bien las extensas relaciones de condicionamiento impuestas por el capitalismo internacional son relevantes, es su *unión* con las estructuras económicas, sociales y políticas lo que resulta esencial para determinar la forma y naturaleza de la urbanización dependiente. Esto es precisamente lo que les interesa a los investigadores. Como Harvey sostuvo hace tiempo (1973: 232), "el metropolitanismo global está enraizado en los patrones de circulación de la economía global... las diferentes formas que adoptan las ciudades están contenidas dentro de esa economía". Es de sorprender que aún no hayamos llegado muy lejos en nuestro análisis de esa relación ni de las diferentes formas que toman las ciudades. Los estudios se han concentrado, atinadamente, en la naturaleza y la lógica cambiantes de los procesos de acumulación de capital en el nivel internacional, y en cómo están reestructurando las relaciones de producción a escala *global*. Cada vez más, las operaciones financieras y, de manera más relevante, la producción misma, se envían a lugares donde las restricciones fiscales son menos onerosas y la mano de obra más barata (Dicken, 1986a; Sklair, 1989; Herzog, 1990). La menor necesidad de capacitación en el proceso de producción ha facilitado el uso de mano de obra no especializada (con frecuencia femenina) en el Tercer Mundo. La organización de este proceso está en manos de corporaciones transnacionales cuyas sedes se encuentran en las llamadas "ciudades mundiales" y cuyas operaciones de investigación y desarrollo se encuentran en lugares que

cuentan con las mejores instalaciones, instituciones de enseñanza superior y un alto nivel de avance tecnológico; por su parte,
la producción en sí ya no se relaciona con la mano de obra especializada o el abastecimiento de materiales específicos, y se ubica
donde la mano de obra es barata y pasiva (Knox y Taylor, 1995;
Sassen, 1991, 1996). Como ha expuesto Harvey (1987; 1989), en
términos de tiempo, accesibilidad y costos de transferencia de
capital, información y bienes, el mundo se ha encogido en tanto los
procesos de acumulación del capital se han vuelto mucho más "flexibles", y capaces de cambiar de sector o espacio cuando las condiciones lo requieren (Martin, 1987). Ésta es la llamada "nueva división
internacional del trabajo" (Henderson, 1986).
    Por supuesto, no todas las ciudades y países participan de
igual modo en este arreglo. Ciertas naciones –los países recientemente industrializados (PRIS)– han creado exitosas industrias manufactureras orientadas hacia las exportaciones, en torno a las
cuales se han desarrollado rápidamente. Otros no lo han hecho.
Luego de desarrollar, durante 2 o 3 décadas, una estrategia industrial basada en la sustitución de importaciones (ISI) para reducir
su dependencia de economías capitalistas avanzadas, muchos
países no han podido, o no han querido, ajustarse al crecimiento
orientado a las exportaciones. En América Latina, Brasil, México y, en menor medida, Argentina se han ajustado y han logrado avances tecnológicos de diversas formas (Gwynne, 1985).
Sin embargo, los ejemplos más exitosos siguen siendo los "cuatro
tigres del este de Asia" (Singapur, Taiwán, Hong Kong y Corea del
Sur). El crecimiento inicial de las exportaciones en México se ha
dado en torno a ciertos sectores de inversión en los que el país tiene
ventajas comparativas (el petróleo y sus derivados) y a su zona maquiladora en la frontera con Estados Unidos. Las industrias de
esta zona han generado el establecimiento de más de 2,000
fábricas y 500,000 empleos (Sklair, 1988, 1989; Wilson, 1992;
Geriffi, 1996).
    Si bien ahora tenemos una idea más clara sobre qué resulta
importante para impulsar el proceso de asentamiento en el nivel
internacional, pocos han estudiado el impacto que dichos proce-

sos tienen en las ciudades del Tercer Mundo. Así, existe el peligro
de repetir algunos errores intelectuales de la escuela de la dependencia, esto es, pensar que entendemos el proceso de condicionamiento y que los resultados son predecibles. El objetivo debe ser
examinar la relación y, de nuevo, analizar la forma en que se
vincula con las estructuras locales. Debemos ser cautelosos al
formular generalizaciones como las referentes a las "ciudades
mundiales" (Friedmann y Wolff, 1982), las cuales sugieren que
algunas metrópolis incipientes (por ejemplo, la ciudad de México y São Paulo) desempeñan funciones de control central en la
"semiperiferia", de manera similar a ciudades mundiales como Los
Ángeles, Nueva York, Londres o Frankfurt en el núcleo. Ni México ni São Paulo poseen la importancia internacional, ni siquiera
subregional, que exige el estatus de la ciudad mundial. Pronto serán
las ciudades más grandes del mundo; pero económica, financiera
y tecnológicamente, y en términos del procesamiento de información, no figuran entre las más importantes (Sassen, 1991; Knox
y Taylor, 1995).

De igual modo, los procesos asociados con la "globalización",
de la que tanto se ha alardeado, deben analizarse en la medida
en que afectan e interactúan con las estructuras locales, regionales
y nacionales. Si bien el mundo se ha vuelto un lugar más pequeño
que experimenta una compresión de tiempo y espacio, el amplio
impacto del cambio económico y la accesibilidad a la información estarán mediados por las estructuras políticas y sociales locales. La globalización no es la convergencia en una forma común,
así como tampoco lo fue la dependencia. Es la vinculación de
procesos globales con estructuras nacionales y regionales que con-
formará la naturaleza de los procesos locales y sus resultados, que
serán espacial y socialmente diferentes.

EL PROCESO URBANO

EL SEGUNDO nivel de análisis urbano se refiere a las estructuras
de ciudades individuales. Ahora, el problema estriba en explicar
los cambios que experimenta una ciudad específica. Las investi-

gaciones más recientes tienden a resaltar, a modo de concepto central del desarrollo urbano, su función como centro de producción o centro de consumo. Obviamente, una ciudad desempeña ambas funciones, pero el problema es saber cuál es la que sobresale. En ambos casos, el papel del Estado es un factor de crítica importancia en los procesos urbanos. Dado que este libro versa específicamente sobre la ciudad de México, no pretendo concentrarme en esta polémica, aunque algunas de mis conclusiones se pueden relacionar con ésta de manera tangencial. Existen numerosos textos especializados que se ocupan del tema con la debida atención (Castells, 1977, 1979; Saunders, 1979, 1986; Harvey, 1985); pero mi propósito aquí es analizar el modo en que la desigualdad se reproduce mediante las estructuras urbanas existentes y la acción del Estado.

El trabajo de Castells se concentra en la ciudad como unidad de consumo. Para él, se trata del modo en que la ciudad "reproduce el poder laboral", en especial mediante la inversión pública y privada en un amplio rango de servicios que él llama los "medios de consumo colectivo". Si bien existen problemas con este término, al igual que con su división, un tanto artificial, entre las funciones de producción y consumo (Harloe, 1977; Pickvance, 1976; Saunders, 1979), el trabajo de Castells fue atractivo desde el punto de vista analítico, particularmente en relación con el Tercer Mundo, porque ofreció una base alternativa sobre la cual podía surgir una conciencia de clase, y organizarse una lucha de clases. Por supuesto, la teoría clásica de la revolución se construyó con base en un extenso proletariado industrial que no existía en los países en vías de desarrollo y que estaba desapareciendo a un ritmo acelerado en las naciones avanzadas. Castells identificaba el abastecimiento de los "medios de consumo colectivo" (cfr. los medios de producción) como el centro en torno al cual se desarrollaría el conflicto, con un Estado que sería cada vez más a menudo el protagonista responsable de proveerlos (1979: 18). En efecto, esto politiza el problema y ubica en primer plano la intervención estatal y la respuesta a los conflictos sociales.

Por su parte, el trabajo de Harvey (1985) destaca la lógica de los procesos de acumulación de capital dentro de diferentes grupos de ingreso e identifica las diversas formas de desarrollo urbano producto de las contradicciones fundamentales que surgen en el proceso de acumulación de capital, sobre todo las crisis de sobreacumulación.

Esto provoca que las inversiones de capital salgan del "circuito primario" (de producción) hacia circuitos alternativos de acumulación de capital, como el secundario, que incluye el "medio ambiente creado para la producción" el cual, a su vez, comprende la infraestructura, el transporte, la inversión en suministro de energía eléctrica, etcétera. El capital también puede invertirse en el "medio ambiente creado para el consumo", que incluye vivienda, pavimentación, parques, etcétera. Con frecuencia, las inversiones desempeñan funciones tanto productivas como de consumo (Lojkine, 1976; Saunders, 1979, 1986). Sin embargo, puesto que muchas de estas inversiones son de gran escala, de naturaleza de bloque, etcétera, existe una tendencia por parte de los capitalistas a subinvertir en el ambiente creado para la producción y el consumo. En su lugar, son el mercado financiero y, con frecuencia el Estado, los encargados de invertir en proyectos de gran escala. Este cambio de recursos requiere la creación de un sistema de crédito controlado por las instituciones financieras y estatales que desempeñan un papel mediador entre los circuitos primario y secundario de acumulación de capital (Harvey, 1985). Su papel es crucial, pues afectan el volumen y la dirección de los flujos de capital y, por lo tanto, no pueden ser excluidos del estudio de los procesos de desarrollo urbano (véase también Lamarche, 1976). La tendencia a la sobreacumulación es una contradicción que surge de la naturaleza competitiva de las relaciones entre miembros de la clase capitalista, e impone una naturaleza cíclica de los flujos de capital hacia los circuitos secundario y terciario. Se dice que estos ciclos de inversión tienen diferentes "longitudes de onda" o cierta periodicidad (Harvey, 1985; Gottlieb, 1976).

El cambio o "desviación" de capital hacia el medio ambiente creado conduce a la "lucha desplazada de clases" (Harvey,

1985), que Harvey considera fundamental para el cambio social
y para resistir la "violencia" que, de otra manera, se abatiría sobre
las clases trabajadoras en las ciudades. Así, como sostiene Castells, las políticas urbanas pasan al centro del escenario (Saunders,
1979, 1986). No obstante, mientras exista un potencial de conflicto, la intervención del Estado tenderá a acallar, cooptar o, en
última instancia, reprimir los movimientos de la clase trabajadora,
como demostraremos a lo largo de este trabajo.

DEL AUGE AL DERRUMBE
Y DE VUELTA: EL SUBE Y BAJA DE
LA ECONOMÍA RECIENTE EN MÉXICO

EN ESTA sección deseo esbozar los antecedentes del reciente desempeño económico de México, concentrándome básicamente en la
naturaleza del cambio estructural económico de las últimas décadas e identificando los objetivos y resultados de la administración
económica desde 1970. Esto proporcionará un contexto para
analizar el crecimiento y predominio de la ciudad de México.

El cambio económico anterior a 1970:
los años del "milagro"

El trastorno económico y social causado por la Revolución mexicana durante la segunda década del siglo XX generó una de las sociedades más estables y, supuestamente, menos opresivas de América
Latina. Sin embargo, también es una de las más desiguales. Ni el
acelerado crecimiento entre 1940 y 1970 ni la enorme expansión
de la producción petrolera a finales de los años setenta han cambiado en forma significativa los niveles de desigualdad en los
ingresos, aunque ambos procesos han generado transformaciones
importantes en la naturaleza de la actividad económica.

En el corto plazo, la Revolución (1911-1918) provocó una
enorme ruptura. La población se redujo y las élites tradicionales
fueron derrocadas y sustituidas por nuevos grupos de interés; algu-

nos de ellos establecidos regionalmente y otros vinculados con diferentes sectores de la actividad económica. Por último, la desintegración de las propiedades agrícolas desembocó en un periodo de virtual anarquía en las áreas rurales, lo cual provocó la disminución de los niveles de producción. A excepción de la actividad manufacturera, que se recuperó con bastante rapidez, el desempeño económico durante los años veinte y treinta fue lento, en parte debido a la depresión mundial y a la caída en los ingresos por exportación de metales preciosos, y en parte por una inversión extranjera desalentada por la postura radical que el presidente Cárdenas (1934-1940) adoptó al nacionalizar la producción del petróleo y promover activamente un programa de reforma agraria. Cárdenas no sólo fue un héroe de su época; sus políticas sentaron las bases de gran parte del desarrollo político y económico posterior del país (Aguilar Camín y Meyer, 1993).

Si bien el desarrollo de una base industrial durante el porfiriato (1876-1911) y las transformaciones sociales y políticas que derivaron de la Revolución constituyen los orígenes del "milagro" mexicano, sus frutos no fueron cosechados sino hasta después de 1940. Entre 1940 y 1970, la economía mexicana creció en más de 6 por ciento anual y en más de 3 por ciento anual per cápita (véase cuadro 1), porcentaje que resultó significativamente superior en ciertos sectores, como el manufacturero. Hansen (1974) explica que este asombroso crecimiento se debió a varios factores. Primero, durante la década de 1930 se alcanzó la estabilidad política y se institucionalizó en un partido único (el PRI, del cual hablaremos en el capítulo 3). Segundo, las instituciones financieras públicas, como el Banco de México y Nacional Financiera, se convirtieron en vehículos del Estado para brindar apoyos de gran escala e intervenir en el desarrollo económico. A principios del periodo (1940-1950), estas instituciones respaldaron el desarrollo de las industrias básicas y después orientaron sus inversiones hacia infraestructuras como la energía eléctrica y los ferrocarriles. Otras intervenciones estatales también fueron importantes y ayudaron a atraer la migración rural hacia las urbes, lo cual proporcionaría una mano

de obra adecuada y barata. Tercero, los cambios en la constitución social y psicológica de la élite, así como las nuevas oportunidades de movilidad social incrementaron el desarrollo.
¿Qué tan extenso fue este desarrollo? En la agricultura, las
tasas de producción empezaron creciendo con gran rapidez, pero
disminuyeron hasta un promedio de 4.3 por ciento entre 1950 y
1960, y de 2 por ciento en la segunda mitad de la década de 1960
(Scott, 1982: 77). Para 1970 había indicios claros de que la producción agrícola estaba en crisis. La producción de algunos alimentos estaba cayendo por debajo de la demanda; los precios de garantía de los productos básicos disminuyeron en términos reales; y
cada vez más tierra se dedicaba a los cultivos de exportación y la
crianza de ganado (Tello, 1978: 15-20; Heath, 1985). Sin embargo, la respuesta estatal resultó poco efectiva, pues gran parte de la
asistencia y las nuevas técnicas relacionadas con la "revolución
verde" favorecieron a unidades agrícolas más grandes y comercia-
lizadas (Cockcroft, 1983: 165-73). Resultaba evidente que los niveles de producción elevados correspondían a los sectores altamente capitalizados del azúcar, café, hortalizas y algodón. Tan sólo
este último contribuyó con 18 por ciento de las utilidades provenientes de las exportaciones. No obstante, a pesar de las presiones
en su contra, los agricultores de pequeña escala todavía generaban 40 por ciento de la cosecha de maíz. De hecho, la producción
total de los ejidos mantenía el paso respecto de las propiedades
privadas, aunque aquéllos se concentraban mucho más en la producción de materias primas (Hansen, 1974). Con todo, el efecto
general del desarrollo agrícola durante ese periodo fue reducir las
oportunidades y la viabilidad de los pequeños propietarios. Entre
1950 y 1960 la cantidad de campesinos sin tierras aumentó de
2.3 a 3.3 millones (Hansen, 1974: 81), y la proporción del total
de la mano de obra empleada en la agricultura se redujo de 65 por
ciento en 1940 a 39 por ciento para 1970. De modo similar,
su participación en el producto interno bruto (PIB) disminuyó de
23 por ciento en 1950 a 16 por ciento en 1960 y a 11 por ciento
para 1970 (véanse cuadros 1 y 2; Naciones Unidas, 1980).

LA PARADOJA DOMINACIÓN-DEPENDENCIA 45

CUADRO 1

CRECIMIENTO DEL
PRODUCTO INTERNO BRUTO, 1941-1995

Periodo sexenal	Tasa de crecimiento anual del PIB durante el sexenio (%)	Tasa de crecimiento per cápita del PIB durante el sexenio (%)
1941-1946	4.7	1.9
1947-1952	5.3	2.6
1953-1958	6.4	3.7
1959-1964	6.1	3.4
1965-1970	5.7	2.9
1971-1976	5.1	2.4
1977-1982	5.3	3.0
1983-1988	1.7	-0.1
1989-1994	2.5	0.6
1995	-6.9	nd

Fuente: Zorrilla-Vázquez. 1996: 114-115.

Fue en el desarrollo industrial donde el "milagro" se hizo más pronunciado. La industria manufacturera creció en más de 8 por ciento anual (Hansen, 1974: 41). La industrialización por sustitución de importaciones complementó la inversión en actividades que producían bienes para exportación. El Estado intervino para aumentar la competitividad mexicana en el extranjero devaluando el peso en 1949 y 1954, y manteniendo al mínimo los aumentos salariales. La inversión extranjera en las industrias mexicanas se vio estimulada mediante la oferta de infraestructura, incentivos fiscales para las nuevas empresas, bajas tasas impositivas en general y, a partir de 1965, concesiones especiales en la zona fronteriza entre Estados Unidos y México que permitieron a las compañías estadounidenses establecer industrias altamente lucrativas en esa área utilizando mano de obra mexicana.

Este exitoso periodo de crecimiento económico tuvo amplias repercusiones tanto en la población como en su distribución. La población total aumentó con rapidez de 19.6 millones en 1940 a unos 81 millones en 1987. Por otra parte, México se convirtió en un país fundamentalmente urbano. El porcentaje de la población nacional que vivía en áreas urbanas (aquéllas con más de 10,000

CUADRO 2

CRECIMIENTO ECONÓMICO, PRECIOS Y PODER ADQUISITIVO, 1970-1995

Año	Porcentaje de incremento del PIB respecto del año anterior[1]		Porcentaje del PIB per cápita (tasa de desarrollo)[2]		Inflación: porcentaje del incremento en el IPC[3]	Poder adquisitivo, porcentaje de variación respecto del año anterior para:		
						(a)		(b)
1970	6.9		3.5		7.0	10.8		2.7
1971	3.5		0.1		5.3	-5.1		-0.1
1972	7.9		5.0		5.0	12.6		0.5
1973	8.2	5.1b	4.9	2.4b	12.0	-6.2	16.1	-5.2
1974	6.3		2.8		23.8	9.9		-4.5
1975	3.0		2.4		15.2	0.9		1.2
1976	2.1		1.2		15.8	11.6		0.7
1977	3.4		0.5		28.9	-0.9		-0.8
1978	8.3		5.2		17.5	-3.4		-2.9
1979	9.2	5.3b	6.2	3.0b	18.2	-1.1	-7.2	-1.1
1980	8.3		5.4		26.3	-6.6		-3.7
1981	7.9		5.1		28.5	1.0		3.8
1982	-0.6		-3.1		57.6	-0.1		0.7
1983	-5.3		-4.8		101.7	-2.2		-22.8
1984	3.7		0.7		65.5	-9.0		-7.1
1985	2.7	1.7b	0.3	-0.1b	57.7	-1.2	-18	-2.8
1986	-3.1		-2.9		86.3	10.5		-5.9
1987	1.4		-0.1		131.8	-6.0		-1.9
1988	1.3		-0.5		114.2	12.7		-1.3
1989	3.3		1.5		20.0	-6.6		9.0
1990	4.4		2.6		26.7	-9.1		2.9
1991	3.6	2.5b	1.9		22.7	-4.5	-13	4.9
1992	nd		nd		11.9b	nd		nd
1993	nd		nd		8.0b	nd		nd
1994	3.1c		nd		7.1b	nd		nd
1995	-7.0c		nd		51.7b	nd		nd
1996e	-6.9b							

Notas:
(a) Salario mínimo; (b) sueldos en la industria manufacturera; IPC: índice de precios al consumidor; nd, no hay datos.

[1] Fuente: Las cifras del PIB fueron calculadas por el autor con base en las IMF *International Financial Statistics*, varios volúmenes. Las cifras de 1987 son del *Country Report-Mexico*, núm. 3, 1988, de la Economy Intelligence Unit.

[2] Fuente: Banco de México, *Indicadores Económicos 1965-1982*, agosto de 1984.

[3] Fuente: Banco de México, *Cuaderno mensual, Índices de precios*, núm. 75, julio de 1984. Los cálculos del IPC son del autor. Los porcentajes muestran el aumento de los precios respecto del año anterior.

Los datos de 1987-1995 fueron compilados de Lustig, 1992: 40-41.

b Zorrilla-Vázquez, 1996: 135.

c Handelman, 1996.

habitantes) aumentó de 22 por ciento en 1940 a 42.3 por ciento en 1970, y en la actualidad es casi 55 por ciento (Scott, 1982: 53; Brambila Paz, 1992).

Sin embargo, a pesar de las impresionantes tasas de crecimiento económico registradas, la distribución de los ingresos no ha sufrido alteraciones significativas. De hecho, parece que la primera fase de crecimiento económico acelerado se logró a expensas de una creciente desigualdad en los ingresos. Las cifras al respecto muestran un incremento durante la década de 1950, cuando la posición de los grupos de menores ingresos se deterioró (Makin, 1984; Aguilar Camín y Meyer, 1993). En los años sesenta, el 40 por ciento más pobre de la población económicamente activa ganaba sólo 11 por ciento de los ingresos en el nivel nacional y los pronósticos pesimistas decían que la situación no se alteraría de manera perceptible durante la siguiente década (Navarrete, 1970). Con todo, en años recientes se han dado ciertos avances y el nivel de desigualdad en la distribución de los ingresos ha disminuido (de un coeficiente de Gini de 0.551 en 1956 a 0.503 en 1977; Makin, 1984; cuadro 2.6). Con la sola excepción del 10 por ciento peor pagado, todos los grupos de ingresos han mejorado su posición en términos absolutos. No obstante, si bien los frutos del crecimiento económico se han extendido en cierta medida, han beneficiado principalmente a los grupos de ingresos medio y medio-alto. Al parecer, el "milagro" mexicano derivó en una redistribución de los ingresos en favor de estos grupos y a expensas de los sectores superior e inferior (Hansen, 1974). La distrubución del ingreso en México siguió siendo una de las más desiguales de las naciones latinoamericanas (Weisskoff y Figueroa, 1976).

Por otra parte, para 1970 empezaban a aparecer los altos costos sociales relacionados con el desarrollo económico. Los niveles salariales y las condiciones laborales empeoraban y el censo de 1970 reveló enormes niveles de carencia entre amplios sectores de la población. También hubo consecuencias políticas, como la creciente enajenación entre los intelectuales, una mayor inquietud en las áreas rurales y la primera marejada de protestas públicas en las zonas urbanas de bajos ingresos. En particular, los disturbios de 1968 y 1971 fueron señales clave que exigían ajustes de las políticas que hasta entonces habían sostenido el periodo llamado de "desarrollo estabilizador" y anunciaban un periodo denominado, quizás con demasiado optimismo, de "desarrollo compartido" (Teichman, 1988).

"Auge, derrumbe y a apretarse los cinturones":
inestabilidad y austeridad durante la década
de 1980; revivida en la década de 1990

Administración económica y crisis 1970-1996

Para abordar algunos de estos problemas, Luis Echeverría, el Presidente entrante, buscó reafirmar el papel rector del Estado dentro de la economía nacional, creando o revitalizando numerosas empresas estatales en los campos de producción, distribución y bienestar social (Tello, 1978; Needler, 1982; Goulet, 1983). El gasto del sector público en bienestar social aumentó de manera significativa en términos reales. Los salarios aumentaron, se propusieron reformas fiscales y otras acciones que buscaban favorecer a las clases trabajadoras a expensas del sector privado (Tello, 1978). Como era de esperarse, muchas de esas propuestas enfrentaron una fuerte resistencia por parte de las élites (Cockcroft, 1983), pero no fue esa oposición la causa de su fracaso, sino una combinación de factores nacionales e internacionales. La promesa de cambios estructurales graduales en la economía no se cumplió y el periodo se caracterizó por el desequilibrio y la expansión económica errática.

Aunque la economía en general continuó creciendo a un ritmo satisfactorio durante los años setenta (a un promedio de 5.9 por ciento del PIB entre 1971 y 1980), no fue un recorrido fácil (Padilla Aragón, 1981: 14). Mientras que entre 1963 y 1970 el crecimiento anual del PIB nunca cayó por debajo de 6.3 por ciento, el periodo de 1971 a 1980 descendió a menos de 6 por ciento en varias ocasiones (véase cuadro 2). Cuatro "depresiones" figuran de manera notoria: la primera comenzó a finales de la administración de Díaz

Ordaz y alcanzó su peor momento en 1971; la segunda comenzó en 1973, aunque su impacto no fue realmente perceptible sino hasta finales de 1974, y culminó con una devaluación del peso de casi 100 por ciento justo antes de que Echeverría dejara su cargo en 1976. La economía no se recuperó de nuevo sino hasta que López Portillo la reflacionó en 1978, abandonando con ello las políticas impuestas por el FMI como condiciones para su apoyo. Por desgracia, el auge del desarrollo económico a finales de los setenta fue breve y no alcanzó a afectar de manera apreciable la estructura subyacente que había contribuido al surgimiento de la crisis anterior. La tercera "depresión" surgió con el sobrecalentamiento de la economía, lo cual trajo consigo más devaluaciones y la intervención del FMI en 1982-1983.

Esta situación marcó el inicio de la llamada "década perdida" de 1980, llamada así porque entre 1982 y 1989 el crecimiento del PIB per cápita pocas veces fue positivo y la mayor parte del tiempo fue negativo (véase cuadro 2). La productividad per cápita disminuyó significativamente en esa década y para 1998 todavía no había recuperado su nivel de 1980 (véase cuadro 3). Por otra parte, el poder adquisitivo de los salarios reales disminuyó de manera aún más acentuada durante la década de 1980. Los niveles reales del salario mínimo cayeron más de 45 por ciento, y si bien varios empleadores utilizaban una base salarial superior al salario mínimo, en general los niveles salariales reales decayeron dramáticamente en la mayoría de las ciudades durante ese periodo (Ward et al., 1994). Sólo en 1989 se registró una mejora significativa en los salarios del sector manufacturero, aunque el salario mínimo reglamentario siguió perdiendo terreno en términos reales (véase cuadro 2; Dussel Peters, 1996). La cuarta "depresión" vendría a finales de 1994, luego de varios años de crecimiento económico durante el gobierno de Salinas. Pero antes de examinar con detalle la naturaleza de aquella crisis, es necesario retroceder un poco y analizar lo que sería una razón importante para la recuperación económica y un factor clave en el subsecuente derrumbamiento de México: el capital de inversión.

Cuadro 3

PRODUCTO INTERNO BRUTO POR SECTORES, ÁREA METROPOLITANA DE LA CIUDAD DE MÉXICO, 1940-1998

	Producto interno bruto por sectores en la ciudad de México en millones de pesos constantes de 1993				
	1940	*1970*	*1980*	*1988*	*1998*
Primario	237	742	1,331	772	11,409
Secundario	5,443	51,627	98,576	78,413	101,746
Terciario	17,671	124,738	236,251	226,365	329,426
Total	23,351	177,107	336,158	305,552	432,312
PIB per cápita en pesos de 1993	14,969	20,454	25,866	20,596	24,483

Fuente: Sobrino, 163, en Gustavo Gana (ed.), 2000.

Cuadro 4

EVOLUCIÓN DE LA INDUSTRIA MANUFACTURERA EN LA CIUDAD DE MÉXICO, 1930-1980

	1930	*1940*	*1950*	*1960*	*1970*	*1980*
Número de establecimientos (%)	6.8	8.7	20.0	29.9	27.9	29.5
Número de empleados (%)	19.0	24.6	25.0	46.0	41.9	46.9
Ganancias totales (%)	32.9	36.7	44.1	41.1	51.3	48.0
Inversión de capital (%)	22.6	29.3	35.5	37.8	42.5	nd
Contribución del sector al PIB (%)	28.5	32.1	40.0	46.0	46.8	48.0

Fuente: Garza, 1987: 101.

Atraer capital de inversión para impulsar el crecimiento ha constituido un problema constante para México. En el pasado, los inversionistas nacionales transferían su dinero a Estados Unidos cuando desconfiaban del desempeño económico del país o cuando temían una devaluación. Algunas fuentes oficiales estiman que la fuga de capitales entre 1975-1981 fue de 33,000 millones de dólares. En 1984, los mexicanos tenían 20 millones de dólares en cuentas en el extranjero (Chislett, 1985: 12). Esto ayuda a explicar por qué Salinas buscó con tanto ahínco fortalecer la Bolsa mexicana, en especial privatizando algunos rubros "estrella", y por qué se ofrecieron certificados y títulos de la Tesorería a tasas preferenciales, garantizados en dólares. Estas opciones eran tan atractivas que los inversionistas nacionales comenzaron a "desviar" sus carteras de inversión fuera de los bienes raíces (que habían sido bastante seguros) hacia la bolsa de valores, más riesgosa pero potencialmente más redituable (Jones, Jiménez y Ward, 1993).

Los primeros 4 años del gobierno de Salinas estuvieron ligados a un importante plan neoliberal de recuperación económica construido en torno a la privatización, la eliminación de barreras arancelarias y el libre comercio iniciado en 1986 cuando México ingresó al GATT, y priorizado de inmediato por Salinas, quien propuso al presidente Bush un Tratado de Libre Comercio entre Estados Unidos y México; todo esto mientras se reestructuraba la economía en torno a un crecimiento manufacturero orientado hacia las exportaciones en ciertas áreas clave (en especial, automóviles y autopartes), y hacia la producción para el mercado interno, la cual requería la importación de bienes de capital de gran escala y la atracción de capital extranjero. Las ramas manufactureras más dinámicas a partir de la liberalización estuvieron dominadas por corporaciones transnacionales, monopolios u oligopolios internos (Dussel Peters, 1996: 81).

Los sectores tradicionales (agricultura e industrias nacionales más pequeñas) fueron abandonados a su suerte, aunque se otorgó cierta protección al sector agrícola mediante la implementación progresiva de la reducción arancelaria, que se volvió obligatoria a partir del ingreso de México al Tratado de Libre Comercio de América del Norte con Canadá y Estados Unidos (que entró en vigencia el 1o. de enero de 1994). La desregularización de la Ley Agraria en 1992, la cual liberó la tierra ejidal para su venta o la formación de empresas conjuntas, también fue diseñada para liberar el sector y permitir nuevas inversiones y reestructuraciones (Cornelius *et al.*, 1989; Austin, 1994; Gates, 1996).

Enormes flujos de capital llegaron al país atraídos por los nuevos certificados de la Tesorería (Cetes) que rendían altos intereses en un corto plazo, y después por los tesobonos, que estaban garantizados en dólares, o por la Bolsa de Valores (cerca de 70 a 80 por ciento de la inversión total de acuerdo con una fuente, de lo cual 15 a 20 por ciento se destinaba directamente a la inversión en áreas productivas [Zorrilla-Vázquez, 1996: 61]). Esto, junto con el programa altamente privatizador construido en torno al rubro "estrella" de las telecomunicaciones, le permitió al gobierno cubrir su pesado déficit en la balanza de pagos (cerca de 6 por ciento del PIB total en 1994), así como reunir importantes reservas de divisas producto de la importación de bienes de capital destinados a apoyar, por un lado, la reestructuración y la industrialización orientada hacia las exportaciones y, por el otro, un importante programa de asistencia social (Pronasol) diseñado para "amortiguar" los efectos adversos de la austeridad y los costos sociales que la reestructuración y el neoliberalismo traerían para la población mexicana (Lustig, 1992: 59; Cornelius et al., 1994). Como señala Lustig, el punto crítico consistía en voltear el déficit de la balanza de pagos, de modo que tal vuelco significara la entrada de bienes de capital a la inversión productiva.

La entrada de este dinero fácil aumentó la balanza de la cuenta de capital de unos 8.16 mil millones de dólares en 1990 a casi 31,000 millones para 1993, lo cual ofreció un panorama engañosamente prometedor de la economía, que era cada vez más vulnerable dada su tendencia a la fuga de capitales ante la pérdida de confianza. Sin embargo, hasta antes de que estallara el conflicto en Chiapas y de que el candidato a la Presidencia por parte del PRI, Luis Donaldo Colosio, fuera asesinado a principios de 1994, no había indicadores de una pérdida de confianza; todo lo contrario. La economía y la Bolsa estaban a la alza; la aprobación del TLC estaba cerca; el Presidente gozaba de una gran popularidad y era admirado por propios y ajenos; y, luego del éxito en las elecciones de mediados de sexenio en 1991, se esperaba que el PRI conservara su posición dominante, aun concediendo cierto espacio electoral y estatal a la oposición. Tras la reforma económica venía la reforma política (Roett, 1993; Rubio, 1993). Por desgracia, gran parte de esta recuperación resultó ser una quimera, y después de un lustro benéfico para México y para Salinas, 1994 fue un año terrible que habría de cerrar con la peor crisis económica que México había enfrentado en su historia reciente.

Algunos autores ven esta renovación regular como una ventaja, pues permite romper limpiamente con el pasado y establecer nuevos compromisos (Whitehead, 1980; Purcell y Purcell, 1980). Echeverría logró distanciarse del modelo económico anterior y cambiar la dirección de la economía. Cuando López Portillo (1976) y De la Madrid (1982) llegaron a la Presidencia pudieron mostrarse como conciliadores entre el gobierno y el sector privado, y el simple hecho de su ascenso ayudó a restaurar la confianza pública. El presidente Salinas, luego de su apretada (y algunos dirían dudosa) victoria en las elecciones de 1988, prometió continuar modernizando la economía, emprender nuevas iniciativas para modernizar el partido oficial e iniciar una reforma electoral (Cornelius y Craig, 1991). Tradicionalmente, esta renovación ha ofrecido estabilidad general al sistema, permitiendo que los desequilibrios de un régimen sean compensados en el siguiente. Esto ayuda a explicar los constantes cambios dentro del espectro político que se han dado en la política mexicana desde la década de 1930 y hasta mediados de la de 1980 (véase figura 9); pero con el tiempo este sistema se vino abajo, enajenando a algunos y llevando a otros a una separación que, en última instancia, originaría la formación de un nuevo partido político. De la Madrid, Salinas y Zedillo eran fuertes tecnócratas sin experiencia electoral previa, y de derecha en cuanto a su política macroeconómica (Centeno, 1994; Handelman, 1996).

Estas crisis parecen ser, en parte al menos, resultado del sistema mexicano de cambio obligatorio de gobierno cada sexenio y reflejan la inestabilidad que surge durante el último año, ya sea por la precipitada generosidad en materia de política pública durante los últimos meses de cualquier administración, o bien por la exigencia de "borrón y cuenta nueva" del Presidente electo para que el Presidente saliente ponga en práctica cualquier medida que pueda resultar impopular (como una devaluación) antes de que el

nuevo Ejecutivo tome el poder. Ésta fue una característica de la
transferencia del poder tanto en 1976 como en 1982, pero no en
1994, cuando ni Salinas ni su secretario de Hacienda (Aspe) se mostraron dispuestos a llevar a cabo una devaluación, aun cuando
ésta fuera modesta y no produjera una pérdida de confianza (lo
cual tal vez habrían logrado). Probablemente nunca sabremos si
esto se debió a la vanidad y ambición política de Salinas, las cuales
se hubieran visto mancilladas por una devaluación (ambicionaba
ser el director ejecutivo de la recién creada Organización Mundial
del Trabajo (OMT)), o a una inclinación vengativa (el propio Aspe
había sido uno de los principales contendientes para la candidatura presidencial). Sea como fuere, la administración de Zedillo tuvo
que emprender la devaluación, lo cual ocurrió unos 15 días después
de la toma de posesión; sin embargo, el proceso fracasó, pues no
se garantizó el apoyo de los principales actores en Washington
y Wall Street, y se trató de hacer demasiado poco. De inmediato
hubo un sentimiento de confusión y una pérdida de confianza
que se dispararon cuando el gobierno y el Presidente vacilaron
en Navidad de 1994, despidiendo al secretario de Hacienda
recién nombrado y, en general, mostrándose incapaces de tomar
el control.

Una opinión que parece explicar atinadamente parte de la dinámica interna del forcejeo por el poder dentro del gabinete es
que todos los presidentes están comprometidos con la expansión
económica a partir de su cuarto año de mandato, si no es que
antes (Whitehead, 1984). Las políticas de austeridad económica
obligan al Estado a establecer acuerdos con los grupos sociales que
probablemente resulten más afectados y de los cuales depende,
en última instancia, su legitimidad (por ejemplo, los sindicatos
y los pobres), pero estos acuerdos sólo pueden durar 2 o 3 años,
después de lo cual la creciente inquietud exige cierto grado de reflación. Por otra parte, la competencia entre los miembros del gabinete por alcanzar la candidatura a la Presidencia genera fuertes
presiones en el gasto que el Presidente saliente no es capaz de
evitar (Teichman, 1988). Para 1984 ya había señales de una
creciente inquietud y de la renuncia por parte de los sindicatos

a continuar cooperando. Así, parecía que se aproximaba cierto grado de reflación que, sin embargo, no pudo materializarse por varias razones: primero, la intensidad de la crisis; segundo, la falta de fondos disponibles para un programa reflacionario; tercero, la nueva baja en los precios del petróleo y la segunda "ronda" de medidas de austeridad decretadas en 1985; y cuarto, la resolución personal del presidente De la Madrid de "romper el molde" y tener éxito donde sus predecesores habían fracasado, aplicando un freno en el gasto durante todo su sexenio. Ni siquiera la intensa competencia por la candidatura del partido oficial en 1986-1987 condujo a una reflación significativa.

Salinas no tuvo que reflacionar, pues había impulsado la economía en 1989, pero aun así hubo importantes movimientos políticos relacionados directamente con la competencia secreta por la sucesión. Por mencionar algunos ejemplos, Colosio pasó de dirigir el PRI a encabezar una nueva supersecretaría que se encargaría de los gastos de asistencia social del Pronasol, y un par de ministros de alto rango que estaban ejerciendo demasiada presión y retando al Presidente fueron destituidos. Parecía que la administración de Zedillo se asemejaría a la de De la Madrid, pues cualquier crecimiento real significativo habría sido un logro importante y se habría aprovechado para lograr un buen efecto económico y político. Por otra parte, Zedillo ya había manifestado su intención de no elegir "por dedazo" al siguiente candidato de su partido, y el PRI había estipulado en su Asamblea General (1996) que los candidatos debían desempeñar algún puesto de elección antes de lanzarse a la Presidencia. Así, muchos de los posibles contendientes del gabinete quedaron fuera de la competencia, y los futuros aspirantes ya no podrían ganar apoyo de manera directa al emprender fuertes programas de gastos a mitad del sexenio, como se acostumbraba en el pasado.

No obstante, sería erróneo sugerir que esas crisis fueron un mero fenómeno sexenal: también los factores externos e internos son importantes. La recesión internacional y el aumento de los precios a partir de 1973, un creciente déficit en la balanza de pagos, la inflación y la salida de capitales del país, fueron factores determinantes que contribuyeron a socavar la estrategia económica de la administración de Echeverría. De manera similar, los efectos de la inflación, de los gastos excesivos en el sector público y del creciente déficit en la balanza de pagos (producido en parte por las enormes compras de tecnología extranjera para la explotación de los recursos petroleros y la industrialización), condujeron a una espiral de endeudamiento a partir de 1978. Cuando a finales de 1981 México tuvo que reducir el precio de su petróleo en 8 dólares por barril, en conformidad con otros países productores, el país se vio repentinamente en bancarrota. En efecto, el bajo precio del petróleo significó una pérdida de 10,000 millones de dólares en los ingresos durante el primer semestre de 1982 (Cockcroft, 1983). Gran parte de los ingresos que se esperaban ya se habían asignado y gastado. De igual modo, cuando los inversionistas perdieron la confianza luego de la crisis de diciembre de 1994, vaciaron sus carteras, o al menos se prepararon para hacerlo al siguiente corte de los tesobonos. Después de las mentiras de Salinas, o sus verdades a medias, sobre las reservas de divisas disponibles a finales de 1994, México se vio imposibilitado para cumplir con los retiros de los primeros 6 meses de 1995. De nuevo, el país estaba en bancarrota, y esta vez el apoyo llegó directamente de Estados Unidos y de las agencias internacionales, que juntaron un paquete de rescate de 50,000 millones de dólares que garantizaría el cumplimiento de México en caso de que sus acreedores exigieran el pago de los tesobonos.

En parte, estas crisis reflejan una administración deficiente, prácticas corruptas y mala suerte. La baja en los precios del petróleo no era predecible y México ya había invertido más de lo que podía pagar, para aumentar sus niveles de producción. En 1982, los costos del servicio de la deuda ascendían a más de la mitad de los ingresos por exportaciones. El presidente Salinas logró diversificar la economía de exportación hacia los bienes manufacturados, reduciendo así la dependencia de la producción petrolera. (Irónicamente, ésta es una de las pocas áreas que se vio beneficiada por la devaluación de 1994 como resultado del abaratamiento de las exportaciones y los precios más competitivos de sus bienes.)

Sin embargo, Salinas juzgó y manejó en forma errónea la estrategia de inversión, permitiéndole participar en áreas que no eran directamente productivas y en términos que dejaron al país vulnerable a los retiros de gran escala. Además, luego de ganar las elecciones para Zedillo en agosto, no tomó las acciones adecuadas para devaluar el peso en los últimos meses de 1994, lo cual hubiera permitido una transición menos atropellada. Es bastante probable que la combinación del levantamiento zapatista y los asesinatos políticos con las presiones por obtener el triunfo del PRI en las elecciones de agosto haya afectado profundamente a Salinas, y que en los últimos meses su juicio se haya deteriorado y vuelto autocomplaciente. Si bien gran parte del mérito de incluir a México en el TLC y de emprender la reestructuración económica le corresponde, con justicia, a Salinas (nos guste o no), también le toca asumir gran parte de la culpa por la crisis que sobrevino en cuanto dejó su cargo.

Tampoco existen evidencias cada vez más claras de corrupción de gran escala y vínculos con los capos de la droga. El hermano de Salinas se encuentra en prisión acusado de enriquecimiento ilícito por más de 100 millones de dólares que, supuestamente, son producto de retribuciones por servicios y privatización de contratos, lavado de dinero y tratos con los círculos de la droga. También se le acusa de estar implicado en el asesinato político del secretario del PRI, Francisco Ruiz Massieu, en 1994. Por su parte, el ex presidente languidece en un exilio autoimpuesto en Irlanda y su reputación está completamente destruida.

A excepción de De la Madrid, quien fue bastante impopular durante su mandato debido a la camisa de fuerza de austeridad en que se hallaba y que buscó defender, todos los ex presidentes recientes han sido difamados al dejar su cargo. A pesar de ser el presidente más popular desde López Mateos a principios de la década de 1960, Salinas se convirtió en el ex presidente más impopular, hasta ahora, a causa de su agitado último año y la crisis que impuso a su sucesor. El sentimiento de traición se palpaba en todo México; incluso los vendedores ambulantes ridiculizaban al expresidente vendiendo máscaras suyas con orejas tan grandes como las de un elefante. Luego de que muchos mexicanos creyeran y confiaran en él, la gravedad de la crisis, los niveles de corrupción entre los miembros de su familia y la supuesta implicación de su hermano en asesinatos políticos, han hecho de Salinas el blanco del enojo general.

Esta crisis tuvo un efecto más amplio e intenso que cualquiera de las anteriores; la diferencia más importante fue el drástico aumento en las tasas de interés durante 1995 que, durante un tiempo, fueron de 90 por ciento, lo cual provocó el colapso económico de pequeños negocios y familias de clase media. Las clases trabajadoras mexicanas ya estaban acostumbradas a la austeridad y los paquetes de ajuste, pero la expansión de las oportunidades crediticias llevó a muchas familias de clase media a la ruina cuando las tasas de interés se dispararon. Por otra parte, mientras que la mayoría de la gente reconoció la importancia del paquete de rescate de 50,000 millones de dólares reunido por Estados Unidos y las principales organizaciones internacionales en mayo de 1995, muchos (tanto en México como en el extranjero) criticaron que el apoyo estuviera dirigido a garantizar los retiros hacia el exterior, esto es, que los inversionistas extranjeros resultaran privilegiados por encima de las carencias inmediatas de la población mexicana. Por supuesto, el gobierno de Zedillo se sintió obligado a tomar medidas que tranquilizaran a los inversionistas internacionales pasados y presentes para, así, reducir la hemorragia del capital y conservar alguna posibilidad de futuras inversiones para inducir el crecimiento. Sin embargo, esto enajenó a las clases medias, que habían llegado a depender del crédito y ahora enfrentaban la bancarrota y el incumplimiento. Fue entonces cuando surgió el movimiento barzonista (un *barzón* es una broma). En todo México hubo manifestaciones para protestar por las políticas del gobierno y exigir que Salinas fuera llevado ante la justicia. Las encabezaban hombres y mujeres adinerados que, por lo general, no solían participar en manifestaciones públicas.

En la ciudad de México, en particular, la crisis también alimentó un torrente de asaltos bancarios y una escalada de robos, más específicamente, robos a mano armada a citadinos que caminaban por las calles, cenaban en restaurantes o tomaban un taxi. Esta anarquía y la poca capacidad de respuesta de la policía irritaron aún más a la opinión pública de clase media, que se inclinó cada vez más hacia los partidos de oposición. Para el partido oficial había llegado la hora de hacerle frente a la corriente, pero ello resultaba difícil en un ambiente económico que ofrecía poca esperanza en el corto plazo y con un Ejecutivo que parecía poco dispuesto a reafirmar e imponer un sentimiento fuerte de liderazgo.

Desempeño sectorial 1970-1996

A partir de 1970, varios sectores de la economía se han visto afectados en diferentes formas (véase cuadro 3). En términos de su contribución al PIB y de su importancia relativa como fuente de empleo para la población económicamente activa, la agricultura ha tenido un desempeño bastante malo, aunque su deterioro comenzó mucho antes de la década que nos ocupa. El sector industrial, y en particular el manufacturero, ha crecido de manera notoria tanto en términos de su contribución al PIB (de 31 por ciento para la industria en 1965 a 40 por ciento en 1983), como en la generación de oportunidades de trabajo. En años recientes, por supuesto, el petróleo ha fortalecido la contribución de este sector al PIB, aunque genera relativamente pocos empleos. Los servicios y el comercio siempre han sido importantes y, desde los años sesenta, han contribuido con más de 50 por ciento del PIB. Sin embargo, su relevancia en la absorción de mano de obra ha aumentado en forma drástica durante el mismo periodo: de 27 por ciento de la población económicamente activa en 1960 a más de 43 por ciento en 1996. Gran parte del aumento observado en los servicios ha provenido de la creación de empleos "genuinos" en bancos, el comercio de gran escala, etcétera. No obstante, también incluye la atomización de empleos en el sector terciario, en actividades como pequeños negocios familiares, locales individuales, venta de billetes de lotería, etcétera.

En la manufactura ha habido un cambio significativo en el énfasis y un esfuerzo concertado para alejarse de los modelos inspirados por el CELA de las Naciones Unidas de industrialización por sustitución de importaciones, los cuales, como se ha reconocido ampliamente, fracasaron en la generación de empleos suficientes y estaban causando el aumento en la dependencia de tecnología, capital y materias primas importados. En lugar de ello, la inversión durante la década de los setenta se concentró en las industrias que utilizan recursos naturales locales, como el procesamiento de alimentos, la minería y la producción de petróleo y petroquímicos (Needler, 1982), complementada cada vez más, desde mediados de la década de 1980, por el crecimiento de la manufactura orientada hacia las exportaciones. A principios de este periodo también se intentó ampliar los eslabones industriales "de vuelta", produciendo máquinas herramienta y otros bienes de capital, con frecuencia dependientes del acero. Sin embargo, por lo menos en el corto plazo, este proceso ha amenazado con aumentar la dependencia mexicana, pues gran parte de la tecnología "original" se desarrolla fuera del país (Cockcroft, 1983). De acuerdo con una fuente, la importación de bienes de producción durante los años setenta se multiplicó por nueve, lo cual derivó en un drástico aumento de la deuda del sector público (Cockcroft, 1983).

Lo que debemos reconocer aquí es que, si bien la expansión económica general ocurrió durante los años setenta, ha sido un proceso intermitente que se concentró básicamente en el sector industrial. Y aunque esto generó una cantidad considerable de empleos, en particular dentro del sector manufacturero, el área de crecimiento más importante en lo referente al empleo ha sido el sector de los servicios. El aumento de la burocracia estatal durante la década de 1960 y, en especial, la de 1970, fue otra característica importante del cambio de estructura hasta mediados de los años ochenta, cuando la austeridad obligó a disminuir el gasto público en forma significativa y a efectuar recortes en la burocracia al tiempo que se cerraban algunas paraestatales y se consolidaban las secretarías. Estos intentos por reducir el gobierno y volver a la burocracia más eficiente continuaron durante el mandato de Salinas con la venta de numerosas empresas que pertenecían al Estado. En total, el proceso de privatización comprendió unas 950 empresas estatales y paraestatales, diversos fideicomisos y otras oficinas, así como los bancos que se habían nacionalizado en 1982 (Zorrilla-Vázquez, 1996; Lustig, 1992: 105). El porcentaje del PIB correspondiente a las exportaciones aumentó de 3.7 por ciento en 1970 a 8.2 por ciento en 1980, a 11.5 por ciento en 1990 y a 25.5 por ciento en 1994. Este enorme incremento refleja el drástico cambio en la estrategia de desarrollo en México durante los años ochenta. El análisis sectorial permite observar una marcada reducción en el papel del petróleo y otras industrias extractoras, las cuales constituían el sector líder de las exportaciones en 1980, representando casi 70 por ciento de los ingresos por exportación, y fueron superadas por los bienes manufactureros en 1990. Dichos bienes por lo menos *triplicaron* su importancia relativa en los 4 años subsecuentes, de modo que para 1994 la industria manufacturera representaba 84 por ciento de todas las exportaciones (21.4 por ciento del PIB). El cambio en la dependencia de los ingresos por venta de petróleo a finales de la década de 1970 y principios de la de 1980 hacia las exporta-ciones de manufactura una década después resulta impresionan-te. Como observaremos más adelante, la industria del petróleo ha sufrido una obvia subinversión desde finales de los años setenta, pero ahora México cuenta potencialmente con dos plataformas de exportación sobre las cuales construir su desarrollo futuro.

El aumento en la producción manufacturera generó empleos en las industrias de exportación, en particular en las maquilas. La po-blación empleada en este sector aumentó de unos 100,000 emplea-dos en 1980 a poco más de medio millón para 1992. A pesar del crecimiento en este sector, en realidad se amortiguó lo que de otra manera habría sido una disminución en el empleo manufacture-ro. En términos absolutos, la población económicamente activa en la industria a finales de la década de 1980 era la misma que al inicio, aunque su participación en el porcentaje de la fuerza laboral disminuyó de 11 a 9 por ciento (Salas, 1992: 96). Ine-vitablemente, estos procesos han tenido repercusiones importan-tes sobre las perspectivas de empleo y niveles salariales tanto a nivel nacional como en la ciudad de México, puntos que retomaré más adelante.

El impacto de la producción petrolera. Dentro de este contras-
tante desempeño económico, el petróleo ha sido tanto benéfico
como perjudicial. Si bien el rápido crecimiento de las reservas conocidas y de la producción permitió que López Portillo reflaciona-
ra la economía, también condujo, en última instancia, al colapso
económico. La cantidad de reservas conocidas fue un secreto
guardado celosamente a partir de 1974. A finales del periodo de
Echeverría, las reservas eran de 6,000 millones de barriles; López
Portillo sobrevaluó esta cifra estimada a 20,000 millones en 1978,
y de nuevo a 40,000 millones en 1979 (Whitehead, 1980). En
1982, las reservas de México eran de 72,000 millones de barriles
y se pensó que era posible alcanzar un nivel de 250,000 millones
de barriles. Esto habría colocado a México muy cerca de Arabia
Saudita en la liga de países productores de petróleo (Cockcroft,
1983). Sin embargo, durante los años noventa, Pemex ha anunciado de manera consistente un declive en sus reservas estimadas
como resultado de la baja inversión en la perforación y explo-
ración de pozos. Se considera que las cifras estimadas anteriores
estaban infladas y que han disminuido de 72,000 millones de
barriles en 1984 a 63.2 mil millones de barriles en 1995
(Grayson, 1995). El nivel de producción de reservas ha disminuido
de 56.8 a 48 años.

Al comenzar el auge de la producción petrolera, el gobierno
expresó su firme intención de evitar la dilapidación de los ingresos petroleros. No deseaba alentar la compra de costosos bienes
de consumo duraderos, ni tampoco estaba preparado para rescatar las importaciones de alimentos de manera constante. De acuerdo con la retórica de la época, el petróleo era un patrimonio
nacional que se debía compartir entre todos y utilizar para generar desarrollo en el largo plazo. El conflicto entre los "expan-
sionistas" y quienes pedían una mayor cautela se convirtió en el
centro de la intensa lucha interministerial entre 1978 y 1981
(Teichman, 1988). En última instancia, las fuerzas de la cautela
(que incluían a De la Madrid, secretario de Programación y Presupuesto en ese entonces) ganaron y lograron el despido del director de Pemex, mas no antes de que éste elevara los niveles de

producción, contrajera enormes deudas comprometiendo los futuros ingresos petroleros y amasara una gran fortuna para sí y sus cómplices. El daño ya estaba hecho. Así, no es de sorprender que De la Madrid, una vez en la Presidencia, persiguiera al ex director de Pemex y lo encarcelara por malversación de fondos.

La idea original era que ningún país recibiría más de 50 por ciento de las exportaciones totales en un intento por evitar los peligros asociados con la dependencia excesiva de una sola fuente de ingresos externos. Como consecuencia, se estableció un límite de producción de 1.5 millones de barriles diarios durante la década de 1980 (Cockcroft, 1983). Sin embargo, el límite aumentó más tarde a 2.2 millones de barriles y la producción a finales de 1982 se programó para alcanzar los 2.7 millones (Needler, 1982). Los trabajos para expandir el desarrollo portuario a fin de enfrentar los mayores niveles de producción petrolera también sugerían que, en un futuro, los topes de producción no servirían de mucho. Por otra parte, a pesar de la directriz para establecer un nivel máximo de exportación a un solo país, para 1981 más de cuatro quintas partes de la producción total se exportaban a Estados Unidos. El meollo del problema era que México necesitaba dinero y el único camino para salir de la espiral de endeudamiento era incrementar la producción petrolera. También fue importante la presión externa de Estados Unidos para que México le vendiera cada vez más petróleo y gas para consumo doméstico, permitiendo que ese país conservara el ritmo al cual estaba obligado a explotar sus propias reservas. Tal presión consistía en la amenaza de suspender los créditos a México.

La producción petrolera también alimentó la crisis de otra forma. Quizás inevitablemente, casi toda la tecnología requerida para extraer dicho recurso tenía que comprarse en el extranjero. Esto significaba que Pemex gastaba mucho más de lo que producía. Para mediados de 1982, había acumulado una deuda externa de 25,000 millones de dólares, una tercera parte de la deuda nacional total (Whitehead, 1980; Cockcroft, 1983).

Los niveles de producción durante la década de 1990 rondaron los 2.6 millones de barriles de crudo diarios, de los cuales se

exportaba casi la mitad. El papel preeminente del petróleo dentro
de las exportaciones se eclipsó durante el periodo de Salinas, cuando
fue desplazado por las manufacturas orientadas hacia las exportaciones. En 1995, Pemex generó 12 por ciento de las exportaciones mecanizadas, 28 por ciento de los ingresos del gobierno y 6
por ciento del PIB. Sigue siendo un componente clave de la economía mexicana y el gobierno de Zedillo resistió las presiones de
abrir las actividades (productivas) extractoras a la competencia
externa. Dichas presiones se intensificaron durante las negociaciones sobre el paquete de rescate de 50,000 millones de dólares:
parecía la oportunidad para forzar al país a abrir el monopolio
de Pemex. México se resistió, aunque al parecer parte de los ingresos petroleros se ofreció como garantía.

No obstante, Pemex requería desesperadamente de un mayor
capital de inversión para ampliar sus exploraciones, modernizar
la producción e invertir en nuevas plantas petroquímicas. Esta área
–las industrias petroquímicas y la producción y distribución de
gas– se estaba abriendo a la inversión privada. De acuerdo con
la legislación decretada en abril de 1995, las compañías mexicanas
y extranjeras podían construir tuberías de gas, siempre y cuando
obtuvieran el permiso de la Comisión Reguladora de Energía. El
objetivo era atraer la inversión que México tanto necesitaba para
cambiar su base de generación de energía (electricidad) de petróleo a gas (Grayson, 1995). Sin embargo, la tan esperada privatización del sector petroquímico secundario no ocurrió en 1996.
Si bien los planes ya estaban bastante adelantados y la estrategia
consistía en que Pemex desmonopolizara 61 plantas estatales,
dichos planes debieron postergarse debido al surgimiento de una
fuerte oposición en el Congreso. En cierto modo, esto sólo constituyó una victoria pírrica para los legisladores, pues la nueva
ley aún permite que el capital privado invierta en *nuevas* plantas,
aunque el principal objetivo había sido atraer nuevas inversiones
para las plantas más viejas. No obstante, simbólicamente el rechazo
del Congreso fue importante, pues mostró que el principal candidato a la privatización –Pemex– aún no estaba disponible. Incluso

la administración panista del presidente Vicente Fox (2000–2006) parece apegarse a este principio fundamental.

El problema del endeudamiento. La magnitud absoluta de la deuda pública ha crecido de manera inexorable desde mediados de los años setenta, y en 1982 llegó a representar una gran parte del gasto público (alrededor de 46 por ciento). Este aumento refleja el crecimiento de los nuevos créditos, el efecto de las devaluaciones y las altas tasas de interés en Estados Unidos. Para 1984 la deuda externa de México alcanzó un total de 97,000 millones de dólares y, junto con la de Brasil, era la mayor del mundo. En lo inmediato, el problema era el servicio de la deuda y, cuando en 1983 De la Madrid anunció que México tendría dificultades para cumplir con el pago de los intereses, se buscaron algunos créditos temporales. Una parte importante del pago de la deuda real fue renegociada, pero los pagos de intereses fueron especialmente onerosos durante el mandato de De la Madrid, dado que el crecimiento era demasiado bajo o incluso nulo. La deuda total (federal y privada) continuó aumentando: 104,000 millones de dólares en 1990, 136,000 millones en 1994 y para 1995 se estimaba en unos 153,000 millones. El mayor porcentaje del total correspondía a la deuda pública, cerca de 62 por ciento en 1994, aunque ello representaba una reducción considerable respecto del nivel de 80 por ciento en 1985-1988, y la diferencia fue absorbida por incrementos sustanciales (absolutos y proporcionales) en la participación privada y bancaria de la deuda (Lustig, 1992; Zorrilla-Vázquez, 1996). En 1985 la deuda total representaba 87 por ciento del PIB, cifra que disminuyó a un promedio de alrededor de 40 por ciento durante la década los noventa. En 1995 se disparó a un porcentaje estimado de 72 por ciento (Zorrilla-Vázquez, 1996: 127).

Se ha intentado aumentar los ingresos mediante la implementación de impuestos. Echeverría inició el aumento de las tasas del impuesto sobre la renta y de la eficiencia en la recaudación. Sin embargo, la contribución relativa de este impuesto comparada con impuestos de otro tipo (petróleo, importaciones, etcétera) cayó de 51 a 33 por ciento entre 1979 y 1981 (Padilla Aragón,

1981). Por otra parte, López Portillo aumentó la base mínima para el pago del impuesto sobre la renta e impuso uno al valor agregado, de modo que el efecto neto de la reforma fiscal durante su administración habría de generar una estructura más regresiva (Needler, 1982). Más tarde, su sucesor incrementó aún más las tasas del impuesto al valor agregado y lo aplicó a todos los productos, a excepción de los básicos. Como parte del programa de austeridad propuesto en marzo de 1995, el IVA aumentó de 10 a 15 por ciento. Además, durante el gobierno de Salinas se retiraron o redujeron de manera sustancial los subsidios a muchos productos y servicios.

Los efectos del auge y el derrumbe en el empleo y los salarios. El patrón de crecimiento y contracción que he descrito tuvo un efecto importante en el acceso al empleo, las oportunidades de movilidad económica y el valor de los salarios reales. Sin embargo, como lo he indicado, este periodo también presenció un cambio en la estructura de la economía mexicana, particularmente en relación con la naturaleza y escala de las actividades realizadas en los sectores industrial y de servicios. La imposición de medidas de austeridad en 1982 y 1995 tuvo un grave efecto en los gastos del gobierno y los niveles salariales. Por lo tanto, la naturaleza cambiante del empleo y los salarios fue una respuesta a todos estos factores y no un simple resultado del nivel de expansión económica. La pregunta que habría que plantear aquí es si los pobres se vieron beneficiados en forma significativa por los cambios ocurridos a partir de 1970, ya sea que dichos cambios fueran producto del auge del petróleo a finales de esa década o de la reestructuración económica y la privatización durante el mandato de Salinas.

Por varias razones, la respuesta general a esta pregunta es negativa. La fuerza laboral mexicana es cada vez más vulnerable a los cambios económicos internacionales. El nivel de utilización de mano de obra en México es bajo comparado con la mayoría de los otros países de América Latina (cerca de 27 por ciento de la población en 1970 y 34 por ciento en 1988), y de hecho ha disminuido a partir de 39 por ciento a principios del siglo XX. De acuerdo con algunos autores, esto resulta conveniente para el capital,

pues existe un "ejército de reserva" de mano de obra que puede
mantenerse sin costo alguno y ser absorbido cuando sea necesario,
al tiempo que se mantienen bajos los índices salariales, se debi-
litan los intentos de movilización obrera para exigir mejores
condiciones, etcétera (Cockcroft, 1983; pero cfr. Roberts, 1994).
La mano de obra puede ser contratada y despedida con regularidad
según el volumen de trabajo disponible, para asegurar su pasividad, o bien para evitar las obligaciones contractuales que implican
los empleados "permanentes". Supuestamente, los trabajadores
también son "sobrexplotados", no sólo por los bajos salarios que
perciben, sino por el aumento en la intensidad del trabajo y la
extensión de la jornada laboral (Cockcroft, 1983). Esta vulnerabilidad se ve aún más acentuada por el creciente uso de la tecnología intensiva de capital en la industria, la cual genera menos
empleos por inversión de unidad de costo; supuestamente, esto
representa una tendencia indeseable dada la estructura de
edades en México y los 800,000 nuevos empleos requeridos al
año para ocupar a quienes ingresan al mercado de trabajo por
primera ocasión y permitir la creciente participación de la mujer
en la economía (México, spp, 1983). Se estima que el déficit anual
para el periodo 1970-1990 fue de 385,000 empleos, lo cual alimentó aún más el desempleo y el sector informal, así como la migración ilegal a Estados Unidos, que debe enfrentar crecientes resis-
tencias y controles fronterizos en ese país (Bustamante, Reynolds
e Hinojosa, 1992).

Otro factor que contribuye a la vulnerabilidad es el hecho de
que gran parte de la inversión industrial reciente proviene del
exterior. Resulta cada vez más fácil concebir una división internacional del trabajo según la cual las compañías transnacionales
aprovechan la mano de obra relativamente barata que existe en
México, y en efecto deciden la calidad de vida de sus trabajadores. Ésta no es una característica exclusiva de México; se trata
de un problema bastante común en Gran Bretaña. No obstante,
los trabajadores mexicanos son más vulnerables que sus contrapartes británicos porque el grado de dependencia de las compañías
extranjeras es mayor y sus actividades suelen limitarse por

completo al ensamble de artículos importados. Es muy cierta la máxima de que cuando Estados Unidos estornuda, a México le da catarro.

Desempleo. El desempleo ha mostrado una clara tendencia a aumentar durante los periodos de depresión económica identificados antes. En 1974-1975, 1982 y 1995, muchas fábricas cerraron temporalmente y otras quebraron, al igual que muchas pequeñas empresas. Existe poca información confiable que describa el desempleo o subempleo en el nivel nacional, aunque uno de los cálculos sugiere que a principios de 1975 se vieron afectados más de 4 millones de trabajadores (25 por ciento de la población económicamente activa [Padilla Aragón, 1981]). Se estima que, en 1984, alrededor de dos de cada cinco mexicanos no tenían un empleo de tiempo completo. Entre 1981 y 1983 el índice de "desempleo urbano" aumentó en el nivel nacional de 4.2 a 6.3 por ciento, para después disminuir a menos de 3 por ciento durante el "auge" de 1989-1990 (Lustig, 1992). En 1995 aumentó de nuevo a más de 7 por ciento. Por supuesto, en la realidad el subempleo es mucho mayor.

Cierta información sugiere que, en la actualidad, las familias están adoptando de manera consciente una "estrategia" para maximizar sus oportunidades de trabajo. Se ha dicho que, en las áreas rurales, los campesinos se han "proletarizado" y ahora se emplean como mano de obra asalariada en la agricultura comercial de gran escala, aunque también aprovechan la mano de obra familiar en la agricultura de subsistencia o en la fabricación de artesanías para sobrevivir económicamente (Cockcroft, 1983). Existen evidencias de que este proceso de "proletarización" en el sector agrícola se ha intensificado como resultado de la desregularización de la propiedad de tierras ejidales en 1992, y de la paulatina reducción de los aranceles de protección a partir de la firma del TLC (Gates, 1996; Cornelius y Myhre, 1997). Las estrategias de ingresos múltiples se han utilizado desde hace mucho en la industira maquiladora del norte, la cual emplea un porcentaje significativo de mano de obra femenina. Se ha sugerido que existen patrones similares en otras regiones y que podrían ser cada vez más importantes para las áreas urbanas (Pommier, 1982; González de la Rocha, 1994; Tuirán Gutiérrez, 1992).

Tampoco debemos asumir que, de tener la opción, la gente eligiría en forma automática un empleo en el sector "formal", como por ejemplo en la industria. Algunos estudios recientes sobre el mercado laboral en Guadalajara, ciudad con una tradición de "trabajo externo" en la fabricación de ropa y calzado, sugieren que el autoempleo o el empleo en el "sector informal" pueden maximizar el nivel de ingresos de una familia (Arias y Roberts, 1985; González de la Rocha, 1994; Chant, 1991). Por otra parte, durante los periodos de restricciones salariales, las actividades del sector informal no se ven tan limitadas como el empleo formal: los precios y las tarifas pueden elevarse fácilmente para enfrentar la inflación. Aunque resulta sensato que un miembro de la familia trabaje en una empresa industrial para poder contar con seguridad social, también es conveniente, desde el punto de vista económico y social, que los demás miembros trabajen de modo "informal" (González de la Rocha, 1988).

Sin embargo, parece que durante los tiempos de crisis en que los trabajadores pierden sus empleos en el sector industrial, recurren al sector terciario. De hecho, si en verdad quieren trabajar, no hay otra alternativa. Por ejemplo, en la ciudad de México el empleo dentro del sector terciario se incrementó entre 1974 y 1978, y esto no puede explicarse mediante el aumento de empleos en el gobierno (Pommier, 1982).

La inflación y los salarios. Todo el periodo 1970-1988 se caracteriza por una rápida inflación que fue controlada finalmente por la administración de Salinas. Entre 1971 y 1978, promedió 15.2 por ciento anual, en contraste con un promedio de 2.8 por ciento entre 1959 y 1970 (Padilla Aragón, 1981). A partir de 1977 la inflación se disparó a 25 por ciento anual (1977-1980) y hasta casi 100 por ciento en 1982 y 1983. En 1984 disminuyó, pero sobrepasó el objetivo de 40 por ciento establecido para ese año. Con todo, se obtuvo un éxito considerable gracias al Pacto de Solidaridad, pues se logró reducir el proceso inflacionario de 159 por ciento en 1987 a 20 por ciento en 1989 y a números de un dígito en 1993-1994. La crisis de 1995 vio crecer drásticamente la inflación a poco más de 52 por ciento. Parte del éxito en el control de la inflación se debió a las restricciones salariales. En general, la década perdida fue un periodo de serias reducciones salariales en términos reales, y no hubo mejoras significativas sino hasta que llegó el crecimiento activo de 1989-1994. Este patrón de descenso general con intentos ocasionales por restaurar los niveles salariales reales es característico de las últimas 2 décadas. Aunque dichos niveles fueron restaurados en 1974 por encima de su nivel anterior más alto, el poder adquisitivo descendió en forma notoria después de 1977 (véase cuadro 2; véase también Bortz, 1983). Los topes salariales otorgados a los trabajadores fueron negociados por el gobierno y los sindicatos entre 1977 y 1980, y de nuevo en 1983, pero quedaron muy por debajo de los incrementos en los precios durante el mismo periodo.

En México, el medio tradicional para proteger el valor de los salarios reales ha sido una revisión regular (por lo general anual) del salario mínimo diario. En épocas de rápida inflación o después de una devaluación, los salarios mínimos se renegociaban, pero esto casi siempre provocaba una erosión del poder adquisitivo. Estas negociaciones duran un par de meses, mientras que los precios suben de un día a otro, lo cual trae consigo carencias en el corto plazo. Desde finales de 1982, las organizaciones laborales han solicitado la introducción de una "escala deslizable" mediante la cual los salarios se ajusten de manera automática cada 3 meses para contrarrestar los incrementos en los precios (Bortz, 1983; Garavita, 1983). Durante los primeros meses de 1983, el gobierno se mostró tibio en su respuesta a esta idea. Aunque nunca se admitió públicamente, una escala deslizable como la propuesta habría reducido la fuerza negociadora del gobierno en sus relaciones con la clase obrera. Por otro lado, desde el punto de vista del gobierno y ante la necesidad de aplacar al FMI, la disminución de los salarios reales era una medida antiinflacionaria y una gran ventaja para el capital, cuyos costos de producción se reducirían. De cualquier modo, como una concesión a los sindicatos, la Secretaría del Trabajo acordó permitir que la Comisión de los Salarios Mínimos se reuniera "con la frecuencia que fuera necesaria". En la realidad, el valor del salario mínimo real se vio tan gravemente desgastado que pocos patrones lo utilizaban como base para fijar los salarios; en efecto, muchos pagaban de 1.5 a 2 salarios mínimos. El salario mínimo real (esto es, ajustado a la inflación) aumentó 16 por ciento con Echeverría (cuando correspondía, poco más o menos, al salario normativo de casi 70 por ciento de la población económicamente activa), disminuyó 7 por ciento con López Portillo, 18 por ciento durante la administración de De la Madrid y otro 13 por ciento con Salinas (Zorrilla-Vázquez, 1996: 126).

Los salarios reales en la industria manufacturera también disminuyeron durante la década de 1980, pero mejoraron de manera significativa entre 1988 y 1994. Si suponemos que el salario real fue de 100 en 1988, entonces aumentó a 119 en 1992 y bastante más en ciertas categorías de la producción manufacturera (automóviles, petroquímicos básicos, etcétera [Dussel Peters, 1996: 80]). Sin embargo, los datos desfavorables, y cada vez peores, de la desigualdad en la distribución salarial que se registraron durante el "milagro" y hasta entrada la década de los ochenta se han mantenido a pesar de la aparente prosperidad de principios de los años noventa. Los coeficientes de Gini para el ingreso familiar en 1984 y 1992 muestran que el deterioro continúa y la desigualdad aumenta (0.429 a 0.4749, Zorrilla-Vázquez, 1996: 116). En ciertos aspectos, esto no debe sorprendernos, pues la reestructuración de Salinas estuvo deliberadamente acompañada de un programa para mitigar la pobreza (Pronasol) y se proclamaba sobre las ideas trilladas de la economía de goteo. En cuanto a los beneficios de dicho programa, la mayoría de los trabajadores mexicanos siguen esperando sentados.

Globalización o "glocalización"

Antes de regresar al caso específico de la ciudad de México, quiero plantear una inquietud sobre lo que considero la embriaguez intelectual con la teoría de la globalización. Típicamente, las tesis de la globalización sostienen varias ideas en común, a saber: la creciente internacionalización del comercio y la inversión extran-

jera; el aumento de corporaciones multi- y transnacionales; una
nueva división internacional del trabajo; la intensa competencia
asociada con los nuevos países industrializados; el surgimiento y
las funciones cambiantes de las llamadas ciudades mundiales; la
hipermovilidad del capital; y la existencia de mercados financieros que trabajan las 24 horas.

Se dice que estos procesos conducen
a una pérdida de soberanía por parte de los estados-nación y a
un proceso de convergencia mediante el cual las relaciones sociales
y culturales se conforman cada vez más a una cultura global común,
manifestada a través de iconos reconocidos en todo el mundo. A
su vez, esto conduce a una divergencia cada vez mayor entre
regiones, sectores y clases sociales que no están atados de modo
tan efectivo a lo global. Así, las regiones y los grupos sociales se
quedan atrás. Estos argumentos están tan difundidos que tendemos
a darlos por sentado, sin cuestionarlos.

Sin embargo, la tesis de la globalización presenta varios problemas. Primero, gran parte de ella está lejos de ser nueva –nos
remite en forma evidente a la teoría de la dependencia– y, en general, niega la existencia de importantes configuraciones espaciales, sociales y políticas que contribuyen a la diferenciación
geográfica entre un lugar y otro (Roberts, 1978, 1994). En pocas
palabras, las ciudades no se están volviendo iguales. Segundo,
las naciones, regiones y gobiernos no están indefensos dentro de
este proceso, aun cuando la libertad macroeconómica de maniobra
se ve a menudo restringida.[1]

Tampoco se está relegando la importancia de las disposicio-
nes y significados territoriales en el nivel local: se están reconsti-

[1] Es importante distinguir entre globalización, por una parte, e internacionalización, por la
otra, en particular en cuanto la última está inserta en la filosofía del desarrollo aceptada por
muchas organizaciones internacionales. Si bien no deseo resaltar los aspectos deterministas de la
globalización y la pérdida de soberanía que esto podría implicar, es necesario reconocer la importante influencia que la adhesión internacional a la sabiduría común tiene al determinar
"las perspectivas estratégicas en la modernización administrativa de las grandes metrópolis", y en
las relaciones contemporáneas entre Estado y sociedad. Esta internacionalización de la estrategia
macroeconómica y de los nuevos patrones de gobierno y filosofía del ejercicio del poder tiene una
fuerte influencia: desde las políticas de ajuste estructural y préstamos (FMI, etcétera) hasta las
microestrategias de administración urbana, "Nueva administración urbana" (Banco Mundial),
privatización, etcétera. Esta "convergencia" internacional de las consideradas buenas prácticas
institucionales, requiere, en mi opinión, de una consideración y adaptación cuidadosa, y no de una
adopción generalizada (véase Jones y Ward, 1994a, 1995; cfr. Cohen y Leitmann, 1995).

tuyendo a medida que lo local se enlaza con lo nacional y con lo global.[2] Las interacciones entre y dentro de las diferentes áreas de actividad pueden definirse en términos de escalas, y existe un reescalonamiento de las prácticas regulativas que ve las intervenciones del Estado-nación caer en la escala hasta el nivel de la ciudad o región, por un lado, y subir hasta las nuevas estructuras institucionales de cooperación global y económica, por el otro (Comunidad Europea, TLC, Mercosur, G-7). Global o local, y menos nacional, de allí el nuevo término que se ha acuñado: "glocalización" (Swyngedouw, 1997).

El mejor ejemplo de esta "glocalización" es la paradoja de Estados Unidos: a pesar de ser el poder global y la fuerza económica más importante, fuera de los alrededores de Washington, su población está extraordinariamente orientada hacia lo local. Con sólo ver las noticias resulta evidente que, a excepción de CNN, los noticieros se apresuran a pasar a las noticias locales. Para la mayoría de los estadounidenses, lo local (lo inmediato) es más importante que lo global. Ello incitó hace tiempo a algunos científicos sociales a alentar a la gente a "pensar globalmente; actuar localmente"; y a desarrollar "políticas exteriores municipales" (zonas libres de actividad nuclear; prácticas de consumo *antiapartheid* o antirrégimen, etcétera).[3]

Espero que estos comentarios sobre la globalización nos inviten a ser cautelosos al analizar ciudades mundiales como la ciudad

---

[2] En pocas palabras, al concentrarnos demasiado en la dimensión económica y la globalización, corremos el riesgo de reproducir los errores de la teoría de la dependencia de los años setenta, teoría en la que fuimos educados muchos de los presentes en este taller. Con ello me refiero al peligro de fijarnos demasiado en los procesos originadores del núcleo (la nueva lógica de las tecnologías y los sistemas flexibles de producción, la dinámica de los mercados de capital y sus flujos, etcétera), los cuales supuestamente reducen la soberanía nacional (véase el libro de S. Sassen, *Losing control? Sovereignity in an age of globalization*, 1996); en vez de voltear hacia las formas en que estos procesos afectan y se *enlazan* con los estados-nación, y originan las numerosas respuestas políticas mediante las cuales los gobiernos reafirman su soberanía dentro de un paradigma de desarrollo específico. Por fortuna, no soy el único en sostener tales aseveraciones; ello también conforma el argumento principal de los diferentes autores en una importante nueva antología de Kevin Cox, *Spaces of Globalization: Reasserting the Power of the Local*, Guilford Press, Nueva York, 1997.

[3] Véase, por ejemplo, los ensayos de Smith y Timberlake, y Kirby y Marston en Paul Knox y Peter Taylor (eds.), *World Cities in a World System*, 1995, Cambridge University Press, Cambridge.

de México y, específicamente, a que no demos por sentado los procesos macroeconómicos ni la convergencia sociocultural, sino que, en cambio, nos concentremos en lo local y en la dinámica local de la población en la medida en que ésta se "glocaliza" cada vez más. Como Parnwell y Wongsuphasawat (1997: 137) arguyen en el caso del desarrollo económico del área metropolitana más grande de Bangkok en Tailandia, "lo que se revela en la interfase entre lo global y lo local es igualmente importante para nuestra comprensión del verdadero significado del fenómeno de la globalización como los procesos más amplios que la impulsan".

LA ESTRUCTURA ECONÓMICA CAMBIANTE DE LA CIUDAD DE MÉXICO

Los límites de la ciudad de México

A lo largo de este libro, por "ciudad de México" o Área Metropolitana de la Ciudad de México, me referiré al área construida en forma contigua que aparece en la figura 1. De este modo, por lo general no incluyo los municipios cuyas áreas urbanas no son contiguas (como Teotihuacan al noreste de la ciudad). Por el momento, éstos forman parte de una "zona metropolitana" separada, diferente del área metropolitana, aunque ambas entidades espaciales terminarán por converger, pues la ciudad continúa expandiéndose. De ahí que la definición sobre qué constituye la ciudad de México no sea inalterable: ésta va absorbiendo las entidades políticas cercanas, como se demostrará en el siguiente capítulo. Con base en el criterio de áreas construidas, tiempos de desplazamiento y densidad promedio de 20 habitantes por hectárea, la Conapo revisó recientemente su definición del área metropolitana, que ahora incluye el Distrito Federal y 38 municipios, uno de los cuales (Tizayuca) se encuentra en el extremo norte y forma parte del estado de Hidalgo, mientras que el resto se halla en el Estado de México. En esencia, estas definiciones comprenden toda el área que aparece en la figura 1, a excepción de los municipios en el extremo noreste (más allá de San

Martín de las Pirámides) y en el sureste más allá de Chalco (Conapo, 1996).

FIGURA 1

DIVISIÓN POLÍTICA DE LA CIUDAD DE MÉXICO,
EL DISTRITO FEDERAL Y EL "ÁREA METROPOLITANA"

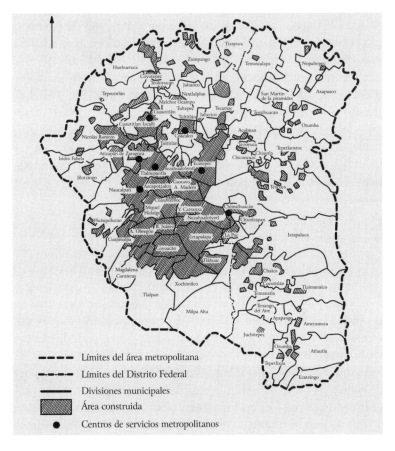

Dentro de la ciudad de México, el Distrito Federal es una unidad política creada en 1928 que, como describiré en el capítulo 3, goza de una posición administrativa única dentro de la confederación de estados mexicanos. Internamente se divide en

16 unidades político-administrativas llamadas *delegaciones*, identificadas en la figura 1 y en varios de los mapas siguientes. Algunas zonas del área construida de la ciudad de México se extienden
fuera del Distrito Federal hacia el circundante Estado de México.
Aquí, como en todos los estados, los municipios constituyen las
subunidades políticas. La autonomía del municipio es un elemento
importante dentro de la Constitución mexicana y, si bien en la práctica no se le tomaba mucho en cuenta, a partir de 1983 y de la reforma del artículo 115, este nivel del gobierno ha cobrado más fuerza
y autonomía (Rodríguez, 1997; Cabrero, 1996; Ward, 1998b).

Las referencias al centro o la zona centro, se refieren vaga-
mente a las cuatro delegaciones centrales como Miguel Hidalgo,
Benito Juárez, Cuauhtémoc y Venustiano Carranza. Hace varios
años, esta zona también se conocía como la "ciudad de México",
pero para evitar confusiones, el presente estudio no adoptará ese
término. Retomaré la discusión de algunas características específicas de la zona centro en el capítulo 2.

El predominio de la ciudad en el nivel nacional:
lo local en lo nacional

El impacto del crecimiento económico nacional entre 1930 y 1970
se sintió con especial fuerza en la ciudad capital. La política pública contribuyó a concentrar aún más la producción industrial en
la ciudad de México durante todo ese periodo. La capital resultó
especialmente favorecida en su acceso a la generación de electricidad, petróleo y otras fuentes de energía y productos para las
industrias petroquímicas, la provisión de instalaciones de agua y
drenaje y, por último, pero no por ello menos importante, los programas de inversión en la construcción de carreteras (Garza,
1986). Como resultado de estos programas de inversión dirigidos
por el Estado, las tasas de rendimiento de los productos industriales fueron sistemáticamente más altos en la ciudad de México que
en otros estados (Garza, 1986). Sin embargo, Garza concluye
que, si bien la ubicación de la industria en el área metropolitana
ofreció muchas ventajas microeconómicas, también presentó

obstáculos y problemas importantes desde el punto de vista nacional. En particular, generó toda clase de malestares para los citadinos (contaminación, trayectos largos al trabajo, costos elevados de los productos básicos, etcétera), y también acentuó las desigualdades regionales entre la capital y la provincia.

La ciudad de México, con poco menos de una quinta parte de la población del país, siempre ejerció una posición de vital importancia en la economía nacional. La proporción del PIB nacional generada dentro de la ciudad creció de 30.6 por ciento en 1940 a 36 por ciento para 1960, luego de lo cual casi se estabilizó entre 37 y 38 por ciento (Puente, 1987; Huerta García, 1993). En ciertos sectores, su importancia nacional es aún más pronunciada, como en el caso del transporte hasta 1980. En lo referente al sector de servicios, cerca de la mitad del producto nacional total se genera en el área metropolitana (véase cuadro 3). Lo mismo ocurre con la industria manufacturera. Aunque poco menos de una tercera parte de toda la producción industrial en 1980 se llevó a cabo en la ciudad, ello comprendía 48 por ciento de todas las actividades manufactureras (Garza, 1987). La reducción en el porcentaje de la producción industrial total registrada desde 1960 (véase cuadro 3) refleja la creciente importancia de los centros industriales alternativos en otros lugares del país, y ha continuado aún más durante la década de 1980 (Huerta García, 1993; Rowland y Gordon, 1996). Sin embargo, el predominio manufacturero de la ciudad de México sigue existiendo, aunque el número total de personas empleadas en dicho sector en el área metropolitana ha disminuido desde 1980 (de poco más de un millón a menos de 750,000 en 1988 [Rowland y Gordon, 1996: 181]).

Por otra parte, estos altos niveles y los constantes aumentos a partir de la década de 1930 no sólo son relativos, sino que también reflejan un drástico aumento absoluto del PIB total generado por la ciudad, de 7,010 millones (en pesos constantes de 1950) en 1940 a 115,338 millones en 1980. En efecto, la participación de la ciudad en el PIB se ha duplicado en términos reales cada década, lo cual resulta equiparable a la expansión nacional. Inevitablemente, este crecimiento generó una gran demanda de mano de obra, sobre todo en la manufactura y los servicios, gran parte de la cual fue cubierta, por lo menos al principio, por la migración de la provincia a la ciudad (véase el capítulo 2).

En general, desde 1960 ha habido un alejamiento de la producción industrial y manufacturera hacia los sevicios (véase cuadro 3), y esta "terciarización" de la economía urbana se ha intensificado durante la década de los ochenta. En 1975 la industria y los servicios generaban 30 y 61 por ciento del PIB respectivamente; para 1985 estas proporciones disminuyeron a 26.5 por ciento en el caso de la industria y aumentaron a 67 por ciento en el caso de los servicios (Villegas, 1988). Puede observarse una reducción similar en el número de personas empleadas en la industria, el cual disminuyó relativamente de 43 por ciento del total nacional en 1975 a 36.5 por ciento en 1985 y a 31 por ciento en 1988 (con la reducción absoluta señalada más arriba por Rowland y Gordon). En 1994, el porcentaje estimado de empleos dentro de la industria estaba por debajo de 24 por ciento del total nacional (Conapo, 1996: 1).

Las actividades industriales más importantes realizadas en la ciudad comprenden la manufactura de ropa, muebles (y reparaciones), actividades editoriales, producción de artículos de hule, plástico y metal, así como el ensamble y la reparación de artículos eléctricos. Con base en el número total de empleados, las ramas más importantes de la industria son: artículos de metal, maquinaria, etcétera (27 y 25 por ciento del valor total); químicos y plásticos (18 y 25 por ciento en valor); seguidos de cerca por los alimentos (16 por ciento en personal y 18 por ciento en valor); y los textiles (17 y 10 por ciento en valor). Gran parte de la industria de la transformación está orientada hacia el mercado local: bienes de consumo duraderos como alimentos, bebidas, calzado, refinamiento de gasolina y gas, etcétera. Sólo 35 por ciento de los empleados en la industria produce artículos que no tienen una orientación intrínseca hacia el mercado local (Camacho, 1987). Es importante reconocer que una parte de esta producción está dirigida al mercado nacional y local, y no a los mercados globales. Si bien ha habido cierta expansión de la industria maquiladora en el área metropolitana, otras zonas siguen siendo mucho más relevantes, en especial las que se encuentran en la frontera entre México y Estados Unidos (Sklair, 1988; Shaiken, 1990).

El área metropolitana puede dividirse en una serie de tres "anillos" (véase capítulo 2), que rodean el núcelo central de la ciudad (13 por ciento de la población total en 1990); el primer anillo comprende las delegaciones y municipios inmediatamente adyacentes al Distrito Federal (49 por ciento de la población total); el segundo incluye las delegaciones más alejadas y los municipios menos adyacentes del Estado de México (32 por ciento); y el tercero comprende, en esencia, los municipios más alejados, los cuales están creciendo rápidamente (7 por ciento). La ubicación de los diferentes tipos de actividades industriales varía dentro de la ciudad. En general, entre 1980 y 1988, a excepción del tercer anillo, los índices de crecimiento industrial disminuyeron entre 12 y 17 por ciento (Rowland y Gordon, 1996).

El Distrito Federal y sus zonas internas se orientan cada vez más hacia las industrias productoras de bienes de consumo perecederos, mientras que las zonas externas y la periferia metropolitana están más dirigidas hacia los bienes de capital y la producción de bienes de consumo duraderos. En general, el papel de la industria ha perdido relevancia en la ciudad, y las dos zonas que se han visto más afectadas son la central, con sus pequeñas empresas (Monnet, 1995), y el segundo anillo, que presenció algunos cierres importantes de industrias en Tlalnepantla (reducciones de 14.4 y 17.2 por ciento respectivamente entre 1980 y 1988, véase cuadro 5). Por lo regular, las mayores ganancias son producto de los servicios, que han experimentado un crecimiento promedio de 3.8 por ciento durante el periodo 1985-1988. En 1988 casi 58 por ciento de todos los servicios estaban concentrados en la zona centro, donde su participación aumentó, mientras que el comercio y la industria disminuyeron (véase cuadro 5).

CUADRO 5

EMPLEO EN EL ÁREA METROPOLITANA POR SECTOR Y ZONA, 1985-1988, CON LAS GANANCIAS Y PÉRDIDAS EN CADA ZONA

Zona	Total		Manufactura		Comercio		Servicios	
	1985	1988	1985	1988	1985	1988	1985	1988
Centro de la ciudad:[1]								
Total de empleados	666,506	649,185	211,033	176,350	222,366	220,931	233,107	251,904
% de participación total (% de la columna)	37.8	37.9	24.5	23.6	43.4	41.7	59.7	57.6
% de empleados en la zona (% de la fila)	100	100	31.7	27.2	33.4	29.5	35.0	38.8
% de cambio en la zona entre 1985 y 1988	-2.6		-4.5		-3.9		3.8	
Primer "anillo":[2] total de empleados	753,776	731,199	414,917	376,539	213,980	216,791	124,879	137,869
% de participación total (% de la columna)	42.7	42.6	42.8	50.3	41.8	40.9	32.0	31.5
% de empleados en la zona (% de la fila)	100	100	55.1	51.5	28.4	29.7	16.6	18.9
% de cambio en la zona entre 1985 y 1988	-3.0		-3.6		1.3		-2.3	

Segundo "anillo":[3]

total de empleados	308,709	287,907	216,611	173,506	63,613	73,122	25,428	41,279
% de participación total (% de la columna)	17.5	16.8	25.2	23.2	12.4	13.8	7.3	9.4
% de empleados en la zona (% de la fila)	100	100	70.1	60.2	20.6	25.4	8.3	14.4
% de cambio en la zona entre 1985 y 1988		-6.8		-9.9		3.8		6.3

Tercer "anillo":[4]

total de empleados	35,110	46,749	18,683	21,636	12,403	18,741	4,024	6,382
% de participación total (% de la columna)	2.0	2.7	2.2	2.9	2.4	3.5	1.0	1.5
% de empleados en la zona (% de la fila)	100	100	52.3	46.2	35.3	40.0	11.4	13.7
% de cambio en la zona entre 1985 y 1988		33.0		-6.1		4.7		2.3

Fuente: Adaptado de Rowland y Gordon, 1996.

[1] Incluye las cuatro delegaciones centrales, Benito Juárez, Cuauhtémoc, Miguel Hidalgo y Venustiano Carranza.

[2] Incluye las siguientes delegaciones y municipios: Álvaro Obregón, Azcapotzalco, Coyoacán, Gustavo A. Madero, Iztacalco, Iztapalapa, Cuajimalpa, Naucalpan, Nezahualcóyotl.

[3] Incluye las siguientes delegaciones y municipios: Magdalena Contreras, Tlalpan, Xochimilco, Tláhuac, Tlalnepantla, Chimalhuacán, Ecatepec, Atizapán, Coacalco, Huixquilucan, La Paz, Tultitlán, Atenco, Cuautitlán Izcalli.

[4] Incluye las siguientes delegaciones y municipios: Milpa Alta; Cuautitlán de Romero Rubio, Chalco, Chiautla, Chicoloapan, Chiconcuac, Ixtapaluca, Nicolás Romero, Tecámac, Texcoco.

La manufactura en el primer anillo representa cerca de 50 por ciento de la participación total de la ciudad y su importancia, dentro de ese anillo, disminuyó marginalmente (–3.3 por ciento), generando ligeras ganancias en el comercio y los servicios. De todas las zonas, ésta fue la más estable en lo interno durante ese periodo. Por otro lado, el segundo anillo parece haber sufrido un golpe bastante fuerte, pues disminuyó 7 por ciento en general y 10 por ciento en cuanto a empleos dentro de la manufactura. Los servicios aumentaron 6 por ciento, pero partiendo de bases modestas. El tercer anillo fue la única zona que mostró un incremento real de los empleos (+33 por ciento), aunque la cantidad total sigue siendo modesta (46,759), y los cambios sectoriales internos mostraron un incremento en el comercio y los servicios, y una pérdida en la manufactura (cuadro 5). En pocas palabras, se están dando ciertos ajustes interesantes en el nivel espacial que reflejan tanto las tendencias generales, como la naturaleza de las estructuras industrial y manufacturera de cada sector y su capacidad para ajustarse a las deterioradas condiciones económicas a finales de los años ochenta. Por desgracia, no existe información correspondiente a los años del auge, 1989-1994.

Si bien el crecimiento de la manufactura ha disminuido, las tasas de crecimiento anual de los servicios y el comercio han sido por lo general positivas: los servicios crecieron 3 por ciento entre 1985 y 1988 (cfr. la reducción de manufacturas de –4.7 por ciento), mientras que el comercio creció poco más de 1 por ciento. Cada vez más, los servicios son distributivos, profesionales y administrativos (Sobrino, 1992). Los que sirven a mercados locales parecen estar desplazándose fuera del centro de la ciudad hacia las zonas del primer y segundo anillo, mientras que los servicios de "alta tecnología" como la electrónica, la publicidad y la edición están regresando a la zona centro (Aguilar, 1993).

Deben reconocerse varios puntos importantes: primero, una drástica reducción en los empleos y la producción industrial y manufacturera en la ciudad de México, aunque en términos absolutos el número de personas empleadas sigue siendo sustancial.

Segundo, existe una marcada tendencia hacia la expansión del sector terciario, pero no en forma de empleos informales triviales. Gran parte de la expansión del comercio y (en especial) los servicios se ha dado en posiciones sectoriales formales.

La paradoja crisis-recuperación relativa de la ciudad de México

De manera un tanto paradójica, la economía de la ciudad de México se ha recuperado en forma considerable, tanto de la crisis de los años ochenta, como de la caída económica de 1995. La participación del Distrito Federal en el PIB nacional aumentó de 21 a 23 por ciento entre 1988 y 1996, y es uno de los pocos estados donde el PIB per cápita fue mayor en 1995 que en 1980 (en parte, claro está, porque su población no ha aumentado en términos absolutos, [Parnreiter, 1999]). La recuperación económica parece haber provenido de dos fuentes principales. Primero, de la reestructuración que dio por resultado un sector manufacturero más eficiente con índices de crecimiento de casi 3 por ciento en 1993-1997.[4] Y segundo, el sector de servicios de la ciudad de México ha crecido en forma impresionante y ahora es el segundo sector más importante tanto en términos del PIB como en la generación de empleos. Esta expansión incluye tanto los servicios de productores de alta tecnología como un cambio hacia los servicios en general. El empleo en los "servicios de bienes raíces, financieros y profesionales" creció rápidamente: alrededor de 60 por ciento entre 1990 y 1997 (Parnreiter, 1999). Como reflejo de esta tendencia, la participación del Distrito Federal en las "500 compañías más importantes" remontó a 213.

Sin embargo, esta recuperación sólo tuvo un efecto limitado en la generación de empleos en un momento cuando la población económicamente activa de la ciudad crecía a tasas menores que el país en su conjunto, y existían serias restricciones en la crea-

---

[4] Aunque parte de este aparente incremento puede atribuirse a la reorganización interna de las empresas y la reclasificación de ex trabajadores en los servicios, así como al paso de algunos trabajadores de la manufactura hacia el sector informal.

ción de empleos en el sector manufacturero. Mientras que la industria generó 50 por ciento del empleo formal en 1980, sólo contribuyó con 20 por ciento del total en 1999 (Cárdenas Solórzano, 1999). Por otra parte, los índices salariales han descendido en términos reales, y la ventaja salarial diferencial de la que tradicionalmente gozaba el Distrito Federal respecto de otros estados casi había desaparecido a finales de la década de 1990. Además, parece probable que haya habido una tendencia hacia la polarización salarial en años recientes. Cierto es que, en términos de migración, la ciudad de México siempre fue vista como el recipiente y la etapa final de la movilidad interna; sin embargo, las limitadas oportunidades de trabajo, los bajos salarios y las crecientes expectativas han llevado a la exportación cada vez mayor de mano de obra de la capital a otras ciudades, así como a Estados Unidos. El Distrito Federal se ha convertido en una fuente importante de migración transnacional (Durand, 1999). La comprensión de esta aparente paradoja de crecimiento-crisis intensificada ayuda a matizar la comprensión del contexto del cambio demográfico en el área metropolitana, que se analizará en el siguiente capítulo.

*La naturaleza cambiante
del mercado laboral urbano*

La ciudad de México constituye uno de los mercados de trabajo más grandes del mundo, con más de 7 millones de personas económicamente activas (Jusidman, 1988). Según un estudio, aproximadamente 37 por ciento de quienes trabajan en el Área Metropolitana de la Ciudad de México se clasificaron como parte del sector "informal", que comprende las actividades –por lo general de pequeña escala– que requieren de niveles bajos o mínimos de inversión de capital y que implican bajos niveles de productividad. Además, los salarios son bajos y las personas contratadas en este sector no suelen contar con seguro social u otras formas de protección social. En México, quienes trabajan por su cuenta pueden contribuir al sistema de seguridad social pero, dados los escasos beneficios que reciben, relativamente pocos optan por ello. Desde la década de 1970, la idea generalizada sobre la naturaleza y organización del sector informal ha tendido a resaltar la importancia de sus cercanos nexos, aunque sean de subordinación, con el sector "formal" (Bromley, 1978). Incluso algunas actividades del sector informal, como la de los "pepenadores", suelen estar bien organizadas y estrechamente ligadas con el sector formal en cuanto a las materias primas recicladas que éste recibe, en sus propios términos, de los pepenadores (Birkbeck, 1978; Castillo *et al.*, 1987).

En la ciudad de México existe una clara tendencia a la expansión y contracción interrelacionadas de ambos sectores: el sector formal crece a expensas del informal durante momentos de crecimiento y auge económico (por ejemplo, de 1978 a 1981) y luego el informal se recupera en el mercado laboral (como durante el periodo 1983-1987). La proporción de trabajadores empleados en el sector informal creció de apenas 34 por ciento en 1981 (cuando en realidad había un déficit de mano de obra no calificada para la construcción, los servicios de limpieza e incluso en algunas industrias manufactureras) a casi 40 por ciento en 1987 (Jusidman, 1988). Esto es producto de que los trabajadores sean despedidos de un sector y se empleen en otro, así como de la tendencia al aumento en las tasas de participación de los miembros de la familia (en especial las mujeres) que trabajan durante los periodos de crisis económica y disminución de los niveles salariales reales. En el nivel nacional, las tasas de participación de la población económicamente activa aumentaron de 43.6 a 51 por ciento entre 1970 y 1980. En la ciudad de México estas tasas siempre han sido más altas, pero también muestran una tendencia a aumentar (47.6 a 53 por ciento) y a fluctuar entre un mínimo de alrededor de 47 por ciento durante épocas favorables y un máximo de aproximadmente 53 por ciento en tiempos difíciles, cuando las actividades de mujeres, niños y ancianos para generar ingresos adicionales se vuelven esenciales para la supervivencia (Jusidman,

1988). Las crecientes tasas de participación económica han sido especialmente notorias en los municipios del Estado de México entre 1970 y 1980 tanto para hombres (70 a 76 por ciento) como para mujeres (18.6 a 27.6 por ciento) (De Oliveira y García, 1987).

Además del mayor número de hombres y mujeres que se han incorporado a la fuerza de trabajo, ha habido importantes cambios estructurales en el mercado laboral de la ciudad de México desde los años cincuenta (Muñoz y De Oliveira, 1976). Aunque la proporción total de personas que laboran en el sector terciario no ha variado mucho, sus actividades se han vuelto quizás más "productivas". Si bien la información presentada en el cuadro 6 sugiere en primera instancia una disminución de la importancia de los empleos en servicios entre 1970 y 1980, seguramente esto se debe al mayor número de empleos en la categoría de "no específicos" (De Oliveira y García, 1987). Muchos de estos trabajadores laboran en el sector terciario que, según los mismos autores, continúa absorbiendo cerca de 50 por ciento del total de la población económicamente activa (De Oliveira y García, 1987). La expansión absoluta de los empleos en el sector terciario no está directamente relacionada con la migración y la proliferación de la "marginalidad" urbana, ni demuestra un aumento del "subempleo" (García, Muñoz y De Oliveira, 1982; Beneria, 1991). Como se indicó con anterioridad, éstos son empleos "reales", cuya creación está vinculada con el creciente turismo y la expansión de las actividades de servicio asociadas con el cambio industrial y en el consumismo, y que se han intensificado desde 1988.

Si bien la participación de la mujer en el sector terciario va en aumento, también parece existir un proceso de división una vez que el personal ha sido contratado. Por ejemplo, los patrones de desigualdad salarial entre hombres y mujeres no parecen ser resultado de una discriminación al momento de contratar y despedir al personal, sino más bien de la asignación de las tareas en el lugar mismo de trabajo. Es más probable que los hombres, y no las mujeres, ocupen "espacios públicos", donde aumenta su acceso a gratificaciones y salarios más altos (Chant, 1991).

Durante los años setenta, los cambios en el empleo y desempleo reflejaron de cerca las vicisitudes de la economía nacional descritas con anterioridad. En el Distrito Federal, los ciclos de desempleo relacionados con depresiones económicas han sido claramente indicados (Pommier, 1982). El desempleo alcanzó su punto máximo en 1977 (8.4 por ciento de la población activa) y disminuyó de manera regular hasta menos de 5 por ciento a mediados de la década de 1980, para luego aumentar de nuevo en 1982 y 1983. En comparación con los hombres, las mujeres son particularmente vulnerables al desempleo, como también lo son los migrantes y los trabajadores que ingresan al mercado laboral por primera ocasión (Muñoz, De Oliveira y Stern, 1977; Pommier, 1982). Algunas colonias como la Nezahualcóyotl, presentan niveles de desempleo y subempleo particularmente elevados. Si bien ha habido un aumento importante en el desempleo y no fue fácil encontrar trabajo durante los periodos 1977-1978 y 1982-1983, se puede decir con certeza que la situación era mejor en la capital que en otros estados. Por otro lado, la tasa de participación de la mujer en la economía del Distrito Federal es casi el doble del promedio nacional (García et al., 1982). En parte, esto se debe a la expansión de las industrias maquiladoras establecidas en la ciudad de México durante la última década.

Sin embargo, aunque la mayoría de la gente cuenta con un empleo regular, casi todos perciben salarios bajos. Como sucede con muchas grandes ciudades, en especial en los países subdesarrollados, gran parte de la población de la ciudad de México vive en la pobreza. Según un muestreo, 41 por ciento de los trabajadores ganaba el salario mínimo o menos, mietras que 60 por ciento ganaba menos del doble del salario mínimo oficial (Muñoz et al., 1977). A excepción de las épocas de crisis económica (como 1995), cuando la tasa de desempleo aumentó a 7 por ciento, ésta suele ser bastante reducida: la gente está obligada a buscar trabajo para sobrevivir. Por otra parte, las tasas de participación de la mujer son relativamente altas (cerca de 39 por ciento en 1998), luego de que aumentaran drásticamente durante el periodo de austeridad entre 1982 y 1988. Aunque esto varía, la mayoría de los trabajadores gana alrededor de 8 dólares diarios.

Subsistiendo en la ciudad de México:
estrategias de supervivencia de los pobres urbanos

En el nivel nacional, el acceso a la seguridad social está distribuido de manera poco equitativa tanto geográfica como socialmente (Ward, 1986). Si bien los residentes de la ciudad de México tienen mejor suerte que sus contrapartes de provincia, existen variaciones significativas en el acceso a la seguridad social dentro de la propia ciudad, como lo discutiré en capítulos posteriores. Además, como ya lo he mencionado, el bienestar económico de la población urbana presenta importantes cambios temporales que se reflejan en los índices de participación económica, las estrategias de trabajo de los diversos sectores, etcétera. ¿Pero cómo sobreviven cotidianamente? Por ejemplo, ¿cómo hacen quienes no cuentan con seguro social para cubrir los costos de una partera que atienda los nacimientos de sus hijos? ¿De dónde obtienen el dinero para enterrar a sus muertos? Éstos parecen ejemplos exagerados, pero sólo representan algunos de los problemas que la gente de escasos recursos debe enfrentar habitualmente en las ciudades del Tercer Mundo.

Las estrategias que adoptan los pobres para superar estas dificultades han sido reconocidas de forma implícita desde hace mucho tiempo, pero sólo en años recientes se han vuelto objeto de estudio detallado. Pocas familias de escasos recursos cuentan con ahorros suficientes de los cuales disponer en épocas de crisis. Si llegan a requerir dinero en efectivo y no pueden pedirlo prestado a familiares o amigos, las alternativas son las casas de empeño (en caso de que posean algún artículo digno de empeñar), o usureros que cobran tasas de interés muy altas. Algunas familias participan en un sistema de crédito informal (las tandas), en el que cada participante contribuye con una determinada cantidad a la semana y luego se turnan para recibir la cantidad acumulada. En el caso de que un miembro sufra una crisis inesperada, el grupo puede permitirle ocupar el turno correspondiente y tomar los ahorros de la semana.

Ante la falta de ahorros y la pérdida del empleo o la reducción de los salarios reales, la gente puede responder de varias maneras. La primera es arreglárselas sin dinero. Los hijos dejan de asistir a la escuela (o no van nunca) para trabajar en algún tipo de empleo. La gente enferma permanece enferma: los dolores de estómago no se atienden ni reciben tratamiento alguno; las enfermedades menores se vuelven crónicas. La carne, si es que figuraba en la dieta semanal, desaparece del todo y es sustituida por alimentos más baratos pero menos nutritivos. De igual manera, los entretenimientos que cuestan dinero se eliminan. Por último, se minimizan los costos de vivienda: algunos buscan lugares donde la renta sea menor; otros se vuelven "paracaidistas" y construyen viviendas con materiales de deshecho. Quienes han alcanzado cierta seguridad en la tenencia de la tierra y han mejorado sus viviendas mediante la autoconstrucción en un nivel básico deben suspender su consolidación e incluso pueden llegar a perder sus terrenos de no cumplir con los pagos.

Una segunda estrategia implica ajustes en el nivel familiar (Selby *et al.*, 1990; Chant, 1991; González de la Rocha, 1994). Las familias nucleares pueden extenderse con la inclusión de hermanos, hermanas, parientes políticos, hijos casados, etcétera. Las estructuras familiares extendidas ofrecen mayor seguridad, pues un mayor número de integrantes puede tener empleos remunerados, de modo que, si una persona pierde el trabajo, seguirá habiendo otras fuentes de ingresos. Este sistema tiene también otras ventajas, como el cuidado compartido de los hijos, el cual permite que más adultos trabajen fuera del hogar (Chant, 1985, 1991). Existe información para sugerir que, en la ciudad de México, el tamaño promedio de las familias aumentó de 5.8 a 6.2 miembros en un periodo de 3 años, 1985-1988, lo cual sólo resultó notorio entre las familias de escasos recursos. La hipótesis para explicar este fenómeno propone que se trató de ajustes estratégicos diseñados para ayudar a superar los impactos sociales de la crisis (Tuirán Gutiérrez, 1992).

Las estrategias de empleo múltiple tanto en las familias nucleares como en las extendidas, a menudo buscan que sus miembros estén representados tanto en el sector "formal" como en el "informal", de modo que puedan gozar de los beneficios de ambos. Por

lo regular, un solo integrante en el sector "formal" garantizará atención médica especial para toda la familia, mientras que el resto
de los integrantes en el sector "informal" representa una mayor
capacidad para obtener ingresos. Por otra parte, durante las épocas
de restricciones salariales, quienes trabajan en los sectores público
y privado pueden ver erosionado su poder adquisitivo, mientras que
quienes trabajan por cuenta propia en el sector informal pueden
elevar sus precios más fácilmente para contrarrestar la inflación
(Arias y Roberts, 1985; Roberts, 1994).

En tercer lugar, los pobres pueden buscar el apoyo de una red
social más amplia que comprende parientes, amigos y vecinos.
Cierto es que las circunstancias individuales varían, pero estas redes
suelen tener una importancia crítica como fuentes de crédito, alimento, cuidado de los hijos, apoyo moral y vivienda (Lomnitz,
1977). Las redes pueden formalizarse mediante los compadrazgos
creados en torno a una serie de eventos como la confirmación,
la graduación o los bautizos. En ocasiones, las obligaciones económicas son tan onerosas que las familias con mayores ingresos,
a quienes acuden constantemente los parientes, se ven forzadas a
alejarse físicamente de su lugar de residencia para reducir dichas
exigencias (Kemper, 1974).

Por último, una fuente importante de protección social es el
patrocinio del jefe. Hasta cierto punto, las relaciones tradicionales
entre los trabajadores y el jefe patriarcal de una empresa familiar
han desaparecido a medida que las fábricas y tiendas crecen y adoptan lineamientos corporativos. Sin embargo, muchos trabajadores de pequeñas empresas aún acuden a su patrón cuando necesitan
ayuda económica. De igual modo, los sirvientes y dependientes
domésticos suelen esperar que sus patrones los ayuden a ellos y
a sus familias en épocas difíciles. Por lo general, ello implica préstamos, ayuda en efectivo, medicamentos y el pago de atención
médica privada. Este tipo de patrocinio entre la clase media raramente se analiza o toma en consideración, pero resulta importante
tanto en términos cuantitativos en el nivel de protección y asistencia que ofrece, como en términos políticos e ideológicos en la medida en que refuerza la dependencia de un grupo social respecto

de otro y, permite la continuidad del paternalismo que prolifera en el sistema social de América Latina.

No obstante, información reciente sugiere que cada vez se vuelve más difícil movilizar los llamados "recursos" de la pobreza. La falta de recursos absolutos hace menos viable la participación en las redes de supervivencia e intercambio: las personas cuya capacidad de ingresos ha caído por debajo de un límite mínimo ya no pueden participar en el intercambio recíproco, de modo que se ven obligadas a retirarse del grupo. Así pues, el modelo de "recursos de la pobreza" tiende a marginar aún más a quienes viven en la extrema pobreza (González de la Rocha, 1994).

LA DESCENTRALIZACIÓN:
INTENTOS POR RECTIFICAR EL
PREDOMINIO DE LA CIUDAD DE MÉXICO

LA CIUDAD de México presenta un doble rostro. En el nivel internacional, es altamente dependiente, forma parte de la semiperiferia global y tiene relativamente poca influencia política. En algunos aspectos, su impacto y el papel que desempeña dentro de la economía internacional son menos importantes que los de otras ciudades menores, como Santa Cruz en Bolivia o Medellín en Colombia, centros de producción y distribución de cocaína. No obstante, la paradoja es que en el nivel nacional la ciudad de México es todopoderosa y dominante. En 1990, sus 15 millones de habitantes constituían casi una quinta parte de la población nacional. El Plan de Desarrollo Urbano de 1978 resaltó ambos extremos: por un lado, la ciudad de México; y por el otro, 95,000 asentamientos con menos de 2,500 habitantes. En particular, se ha buscado estimular el crecimiento de los centros urbanos de mediano tamaño dentro de sistemas funcionales integrados (México, SAHOP, 1978). Desde el punto de vista político, el Distrito Federal es sede del gobierno, y el poder está fuertemente centralizado en el Ejecutivo y en las secretarías de Estado y dependencias federales. La ciudad de México también goza de privilegios en el acceso a las oportunidades de trabajo en comparación con la mayoría de los demás centros urbanos. En 1980, tan sólo el Distrito

Federal recibió 54 por ciento de la inversión privada total (Makin, 1984). En términos de consumo de energía, transporte, agua y servicios públicos, los habitantes de la ciudad reciben fuertes subsidios (Bazdresch, 1986).

En cuanto a las instalaciones para el bienestar social, la ciudad funciona mejor que la provincia. El Distrito Federal posee tres veces más médicos per cápita que cualquier otro estado. La cantidad de personas que gozan de algún tipo de seguridad social es el doble del promedio nacional. Las instalaciones educativas son mejores en el Distrito Federal y los niños no sólo tienen más probabilidades de asistir a la escuela, sino también de concluir las diferentes etapas educativas. De manera similar, la mayor parte de los recursos de inversión para la vivienda pública se han dirigido al área metropolitana. Por ejemplo, entre 1963 y 1975, 58 por ciento de las unidades de vivienda pública para los grupos de ingresos bajos y medio-bajos fueron construidas en el área metropolitana (Garza y Schteingart, 1978).

Por lo tanto, no es de sorprender que la gente afluya por cientos a la ciudad, aunque la migración ha sido desplazada desde hace tiempo por el aumento natural como el principal factor de crecimiento. El impacto de la crisis económica sobre los empleos en la ciudad de México y la lenta expansión de las oportunidades económicas en otros estados provocaron que las tasas de inmigración se contuvieran durante los años ochenta, tanto que los datos del censo más reciente indican una pérdida neta en la migración hacia el área metropolitana (véase capítulo 2). Si bien en el pasado numerosos residentes de la ciudad de México se mostraban reticentes a abandonar la ciudad, a pesar de las historias de horror acerca de la calidad de vida a las que hice alusión en el prefacio original (1990), parece que desde finales de los ochenta existe una mayor voluntad de irse a vivir a provincia si la oportunidad se presenta.

El dominio de los chilangos

Como muchos lectores lo sabrán, a las personas nacidas en el Distrito Federal se les conoce como "chilangos". En México, el uso de "apodos" es muy común y rara vez es mal intencionado o tomado como insulto. Sin embargo, para muchos habitantes de la provincia el término chilango se asocia cada vez más con la antipatía y el resentimiento. Como Federación, hasta hace poco México buscaba a sus líderes nacionales en diferentes estados, y aunque el centro siempre era el más beneficiado, también resultaban favorecidas las regiones de procedencia de los líderes y sus principales seguidores. Parte del problema actual es el surgimiento de una nueva élite, más tecnocrática, educada (si no es que nacida) en la capital, y cuyos orígenes y lealtades tienen una orientación menos regional. Por otra parte, como ya lo había señalado, el Distrito Federal ha comenzado a exportar gente a provincia, como resultado de los esfuerzos de descentralización por parte del sector público y debido a que los intelectuales de clase media han decidido que la ciudad ya no ofrece los atractivos profesionales y personales de antes. No obstante, el resentimiento tradicional que se siente en la provincia respecto del tratamiento preferencial que recibe la ciudad de México no es nada comparado con la tensión y el enojo expresados actualmente en contra de muchos chilangos que parecen acaparar la vivienda y los empleos que, por derecho, debían destinarse a la población local. También se les acusa de provocar el aumento de los precios en bienes raíces y, en general, de actuar con arrogancia y falta de sensibilidad. "Sé patriota, mata un chilango" es un lema triste, pero común en las ciudades de provincia.

Programas de descentralización

Además de los argumentos relacionados con una mayor igualdad y una reducción de las disparidades regionales, existen muchas otras razones para que los programas de descentralización hayan ocupado un lugar prominente en la retórica reciente del gobierno. Una de ellas fue la necesidad de contener el crecimiento de la ciudad de México y de desviar la migración hacia "polos de crecimiento" alternativos; otra era el deseo de alcanzar una distribución más "normal" de la población urbana (México, SAHOP, 1978). El secretario encargado del Plan Industrial de Desarrollo informó en 1979 sobre la necesidad de una mejor utilización de los recursos naturales y el desarrollo industrial de los petroquímicos, junto con la estimulación del crecimiento de ciudades y poblados en todo el territorio. En el terreno político, en los estados que el partido oficial (el PRI) había dominado tradicionalmente, el partido opositor de derecha (PAN) ganó varias ciudades importantes y la imagen del PRI se deterioró. A finales de los años setenta y principios de los ochenta, existía una notoria necesidad entre los partidarios del gobierno de que el centro ayudara a la "periferia" en sus esfuerzos por restaurar la legitimidad a los gobiernos estatales y municipales, y reforazara su apoyo al aparato partidario.

Los esfuerzos más enérgicos por lograr la descentralización se realizaron entre 1982 y 1988, durante la administración de De la Madrid. Sin embargo, el concepto de descentralización puede abarcar varios significados. Cuando comprende cierta *devolución*, entonces puede implicar una genuina transferencia de poder y autonomía hacia las regiones periféricas. No obstante, la *desconcentración* puede significar cierta transferencia de recursos, personas y plantas industriales, pero no necesariamente implica un cambio en la sede espacial del poder; puede simplemente transferir facultades específicas a alguna persona subordinada o entidad administrativa (Rodríguez, 2000), mientras que el cuerpo central y superior conserva la posibilidad de control. La genuina devolución de poder en México ha sido evadida; el objetivo principal y los efectos de las políticas de descentralización de De la Madrid fueron establecer un sistema descentralizado en lo administrativo pero que permaneciera centralizado en lo político (Rodríguez, 2000). Si bien la nueva legislación que garantizaba el principio de autonomía y libertad municipales ofrecía poderes potenciales de devolución a las bases, en la práctica la iniciativa fue "secuestrada" por los gobernadores, quienes se apropiaron del poder y los recursos dirigidos, supuestamente, a los municipios (Rodríguez, 1987). Sólo con los gobiernos de "oposición", en especial los del PAN, se rompió la cadena de mando y ortodoxia, de modo que pudieron reafirmarse y ejercer una mayor autonomía (Ro-

dríguez y Ward, 1992, 1994a). Así pues, aunque hubo cierto rea-
comodo del centro político de gravedad hacia los estados, no tuvo
el alcance suficiente, ni tampoco logró filtrarse hasta el nivel
municipal.

Durante la década de 1980, se alcanzó cierta descentralización administrativa: el sistema de salud pública fue descentralizado,
así como varios departamentos e institutos gubernamentales "de
poco peso" (Jeanetti Dávila, 1986; Beltrán y Portilla, 1986; González Block *et al.*, 1989). Sin embargo, el terremoto de 1985
puso al descubierto la falta de un verdadero compromiso político
con la descentralización. El peor daño lo sufrió el centro de la capital y gran parte del financiamiento provino de los recursos fiscales nacionales, así como de préstamos del Banco Mundial. En
lugar de utilizar dichos recursos para emprender la reconstrucción fuera de la ciudad de México y de reubicar ahí a quienes habían
perdido sus hogares, el gobierno optó por la estrategia menos con-
tenciosa de construir nuevas casas *in situ*. Además, las condiciones
del financiamiento para construir viviendas de interés social
representaron otro subsidio importante. En términos reales, la recuperación del costo fue mínima para los recursos fiscales. La
oportunidad de utilizar esos fondos como capital inicial para un
programa nacional de vivienda se desechó, por razones políticas.

Si bien estos cambios no permitieron alcanzar una verdadera descentralización, las iniciativas de De la Madrid parecen haber
preparado el camino para ello. Salinas también se valió de la
retórica descentralizadora durante su campaña electoral, pero pocos
elementos en sus políticas demostraron un compromiso explícito
con la descentralización. No obstante, de manera implícita, su
programa de asistencia social Pronasol estaba dirigido a comunidades de escasos recursos en municipios y submunicipios. En
efecto, dicho programa permitió que un buen número de recursos
federales reforzara las comunidades municipales, lo cual fue res-
paldado por importantes préstamos del Banco Mundial en 1993-
1994 (Rodríguez, 2000).

El tema de la descentralización resurgió en 1994-1995 con
el programa llamado "nuevo federalismo" del presidente Zedillo

(Zedillo, 1995: 96). Si bien no resultaba tan claro que se tratara de una estrategia o un conjunto definido de políticas, muchas iniciativas de aquella administración condujeron a una mayor descentralización efectiva (Ward *et al.*, 1999; Rodríguez, 1997; Aguilar, 1996). Dichas iniciativas comprendían, entre otras, la descentralización vertical de los sectores de salud y educación que habrían de ser controlados por los estados; el traspaso de 78 por ciento de las líneas de financiamiento del Ramo XXVI (antes Pronasol) a los municipios y estados para que los administraran de manera directa; nuevas posibilidades para la creación de impuestos e ingresos en los estados; y la revisión de las fórmulas de participaciones federales para aumentar (ligeramente) el monto distribuido entre los estados. Además, se notaba un proceso de descentralización horizontal al compartirse el poder entre las tres ramas del gobierno (Ejecutivo, Legislativo y Judicial) en el nivel nacional y estatal (Rodríguez, 2000; Rodríguez y Ward, 1996; Ward y Rodríguez, 1999). En efecto, ello disminuyó el tradicional poder absoluto del Ejecutivo y creó mayores oportunidades para que los demás "poderes" pasaran al primer plano. La descentralización se había vuelto un imperativo si el gobierno quería volverse más eficiente, si México quería ser capaz de responder adecuadamente a sus necesidades de desarrollo y si el PRI quería tener la oportunidad de mantener las riendas del poder. En este sentido, el objetivo era "conservar el poder cediéndolo" (Rodríguez, 2000).

Sin duda, el predominio nacional de la ciudad de México habría de continuar, pero se observaron cambios importantes a medida que disminuía su predominio económico y su población se descentralizaba y avanzaba hacia un periodo de crecimiento estable. La revolución de las telecomunicaciones, por un lado, y la descentralización de la actividad industrial, por el otro, han vuelto redundantes las tradicionales economías de aglomeración ubicadas en la ciudad de México. Ahora los lugares "de moda" son otras regiones metropolitanas. Además, la apertura política ha disminuido el predominio de la capital y comenzado a reforzar las oportunidades y la importancia de los estados y municipios. La vida fuera de la ciudad de México ya no es como vivir en Cuautitlán. La forma en que la ciudad se adapte a esta reducción –por lo menos en su papel– y la medida en que sea capaz de desarrollar nuevos sistemas de gestión político, administración y planeación, determinarán si sobrevive, prospera o se derrumba. Éste es el tema de los siguientes capítulos.

CAPÍTULO 2

El crecimiento urbano y la apropiación del espacio: de plaza a suburbio y a megaciudad

INTRODUCCIÓN: EL CRECIMIENTO DE "LA REGIÓN MÁS TRANSPARENTE"

L A REGIÓN *más transparente* es el título de una novela sobre la ciudad de México escrita por el escritor mexicano contemporáneo Carlos Fuentes. Dicho título describe la claridad y nitidez de la luz en el valle central, que era verdaderamente notable, al menos hasta principios de los años sesenta. Desde entonces, los días claros en los que nuestra vista alcanza los 50 kilómetros y se pueden ver, como parte del paisaje, los volcanes nevados Popocatépetl e Iztaccíhuatl, se han vuelto tan raros que ahora son un suceso que amerita aparecer comentado y fotografiado en los periódicos del día siguiente.

En 2000, la ciudad de México, con casi 18 millones de habitantes, era la segunda megaciudad más grande del mundo después de Tokio/Yokohama, y delante de São Paulo y Nueva York/Nueva Jersey (véase Gilbert, 1996: 2 para una pequeña variación en los rangos). Sin embargo, a diferencia de su contraparte ligeramente mayor, se trata de una sola ciudad y no de dos o más centros urbanos grandes que conforman una zona metropolitana (Hauser en Brambila, 1987). Sin embargo, los cuadros basados en el tamaño de las ciudades no son demasiado significativos. Resultan mucho más importantes los procesos y la dinámica del crecimiento urbano, así como sus efectos sobre las oportunidades de vida de sus habitantes. En el capítulo anterior analicé el papel de la ciudad de México dentro de la división del trabajo nacional e internacional, y expliqué con detalle la naturaleza cambiante de las oportunidades de trabajo y generación de ingresos para la población urbana.

Ahora deseo describir el impacto que algunos de estos procesos económicos han tenido sobre el crecimiento de la ciudad. Específicamente, quiero ejemplificar la forma en que la desigualdad social está inserta dentro de la estructura espacial de la ciudad. Los capítulos posteriores se ocuparán del grado en que estas desigualdades están cambiando de manera ya sea progresiva o regresiva en el nivel social.

El tema central de este libro es sin duda contemporáneo, pero es importante reconocer que la ciudad de México no sólo es el área urbana más grande del continente, sino también una de las más antiguas. En un altiplano a más de 2,500 metros sobre el nivel del mar, los conquistadores españoles construyeron su ciudad colonial sobre las ruinas de Tenochtitlan, capital del imperio azteca de Moctezuma. Ésta fue la etapa final (aunque una de las más espléndidas) de varios periodos de desarrollo urbano o de centros ceremoniales en el valle central, la cual dejó pirámides en Cuicuilco (ahora adyacente al Anillo Periférico sur) que datan de 400 a.C., y en Teotihuacan (a unos 30 kilómetros al noreste), que floreció alrededor del año 300 d.C. (Hardoy, 1967). En el último capítulo volveré a describir brevemente la historia temprana de la ciudad. Aquí sólo deseo destacar los importantes orígenes precolombinos de México y alentar al lector interesado a explorar esa historia con ayuda de otros más competentes que yo (Sanders, Parsons y Santley, 1979; Durán, 1967; Calnek, 1975, 1976).

Tampoco deseo detenerme en el desarrollo de la ciudad de México durante el periodo colonial, cuando floreció como el centro político y económico de la Nueva España, regido por poder a través de una serie de virreyes hasta que obtuvo su independencia a principios del siglo XIX. A partir de entonces, la ciudad fue sede del poder de varios gobernantes, cuya legitimidad resultaba a menudo dudosa y espuria, como el "emperador" autoimpuesto Iturbide que rigió de 1822 a 1823; el archiduque Maximiliano, impuesto por el ejército expedicionario francés en 1863; y una serie de presidentes electos, entre los cuales el más destacado fue Benito Juárez, cuya muerte en 1872 anunció el ascenso al poder supremo del dictador Porfirio Díaz. Este último gobernó México con mano de hierro entre 1876 y 1910, antes de ser derrocado por la Revolución (Kandell, 1988; Lombardo, 1987). Desde sus inicios, la ciudad colonial fue planeada con base en un patrón cuadriculado, como lo prescribía la monarquía española, que luego fue incorporado a las Leyes de Indias dictadas por Felipe II en 1573 (Stanislawski, 1947). La plaza central era la sede de los principales edificios del Consejo, el Tesoro, y la Catedral, mientras que las clases adineradas vivían en grandes residencias en las calles principales que corrían hacia el este y norte. Una vez establecida, la ciudad colonial creció relativamente poco entre 1700 y mediados del siglo XIX, cuando llegó a cubrir un área de entre seis y 10 kilómetros cuadrados (Morales, 1987; Connolly, 1988a-1988b). No fue sino con la estabilidad y el crecimiento económico alcanzados durante el porfiriato como comenzó la verdadera expansión física de la ciudad (Rodríguez Kuri, 1996). El desarrollo de la ciudad de México durante el periodo colonial y el siglo XIX ha sido el tema principal de un gran número de excelentes obras de historiografía, y lamento no detenerme, al menos un momento, a explorar algunos de esos análisis, muchos de los cuales se han basado en archivos que se encuentran en mi propia universidad aquí en Texas. No obstante, el tema central de este trabajo es la dinámica reciente de México y, por ello, me limitaré a proporcionar al lector algunas sugerencias de textos sobre el desarrollo de la ciudad antes del siglo XX (Arnold, 1988; Arrom, 1985; Rodríguez Kuri, 1996; Hernández Franyuti, 1994; Tenorio-Trillo, 1996; Lear, 1993; Jiménez, 1993; Piccato, 1997).

Desde el primer asentamiento hasta la actualidad, este lugar ha sido impresionante. El valle central está rodeado de montañas volcánicas, dos de las cuales se elevan a unos 5,000 metros sobre el nivel del valle. Gran parte de la zona era un lago salino interior, de modo que incluso en la época de los aztecas el agua dulce debía traerse a la ciudad mediante acueductos. En la actualidad, gran parte del lago ha desaparecido y la tierra, que entonces era pantanosa, ahora está cubierta por hileras de asentamientos miserables. Aunque el *smog* y la contaminación restringen la visibilidad, en días despejados o cuando se desciende de noche por pasajes montañosos de las carreteras de Toluca o Cuernavaca, el panorama es espectacular e imponente. No puedo pensar en ningún otro lugar del mundo donde tanta humanidad esté expuesta y visible a simple vista (véase fotografía 1).

Fotografía 1. Vista, desde satélite, del Área Metropolitana
de la Ciudad de México.

DEMOGRAFÍA NACIONAL Y CRECIMIENTO URBANO:
LA CIUDAD DE MÉXICO EN PERSPECTIVA

ANTES DE proceder a analizar esa humanidad en particular, echemos
un vistazo a las tendencias de desarrollo demográfico en el país
que conforman el escenario para la propia ciudad de México, que
alberga a una quinta parte de la población. El común de la gente,
cuando piensa en el desarrollo o subdesarrollo de México, tiende a
creer que la causa principal del bajo desarrollo y la pobreza es el
rápido aumento de la población, en especial los altos índices de
crecimiento natural. En parte, esto refleja una fuerte tradición
de pensamiento que se dio durante la década de 1960 y que destacaba la necesidad de alcanzar, en los países menos desarrollados,
una "transición demográfica" similar a la que se alcanzó en gran
parte de Europa a finales del siglo XIX. Si no lograban disminuir
las tasas de nacimiento para equilibrar la drástica reducción en las

tasas de defunción producto de las campañas de inmunización, una mejor atención médica, etcétera, estos países podían verse agobiados por una población que no podían mantener. El pensamiento neomaltusiano estaba muy difundido durante las décadas de 1960 y 1970, y en algunos círculos todavía lo está. Esto no quiere decir que el rápido aumento de la población no sea un problema de desarrollo; lo es. Pero no es el *principal* problema. Como ya hemos observado, el periodo de crecimiento económico más rápido de México coincidió con el periodo de mayor expansión poblacional y migración hacia las ciudades, en especial hacia la ciudad de México (décadas de 1940 y 1960). De hecho, estos procesos estuvieron estrechamente relacionados, en particular el desplazamiento de personas hacia las zonas metropolitanas para dotar de hombres (pues en su mayoría eran hombres) a las fábricas establecidas como parte del programa de industrialización por sustitución de importaciones (ISI). Los campesinos no abandonaron el campo sólo porque allí tenían pocos medios de subsistencia, como había sido el caso de sus antecesores durante muchos años. Más bien lo hicieron porque la demanda de trabajo en las fábricas promovió y requirió su desplazamiento. De igual modo, una clase media incipiente y la necesidad de servicio doméstico barato creó una feroz demanda de sirvientes. Hombres y mujeres jóvenes llegaron a las ciudades para satisfacer la demanda de mano de obra.

Una vez establecidas, y sin seguir ninguna política de control poblacional, las áreas urbanas no tardaron en desarrollar una estructura de edades con una base importante de padres jóvenes. Esta población potencialmente fértil generaría una estructura poblacional con una amplia base conformada por los grupos de infantes y niños. Aun cuando en realidad se adoptaran medidas de control poblacional para reducir el crecimiento al nivel del índice de reemplazo, la población continuaría creciendo, a medida que los hijos (ya nacidos) tengan hijos propios. Toma aproximadamente 70 años para que una estructura de población joven alcance un equilibrio y se logre un crecimiento cero. Reconocer este simple hecho demográfico es saludable e importante, pues nos obliga a hacer dos cosas: primero, adoptar los pasos necesarios para crear las condiciones que favorezcan la disminución del crecimiento natural; y segundo, desarrollar políticas que hagan frente a la expansión inevitable que va de la mano con la estructura de población. Como podemos observar, el control de la población no es todo el por qué del desarrollo urbano y la política de desarrollo nacional. La demografía de México es característica de los países en vías de desarrollo de ingresos medios, y también es alentadora. Varios de los datos mostrados claramente en el cuadro 6 son típicos:

1. altas tasas de crecimiento de la población nacional, de 13.6 millones al iniciar el siglo, 16.5 millones en 1930, 48 millones en 1970 y más de 80 millones en 1990;
2. altas tasas de nacimiento y de crecimiento anual en las décadas de 1950 a 1970;
3. una rápida disminución en las tasas de defunción y un aumento en la esperanza de vida en el momento del nacimiento; y
4. un cambio en la población, que pasó de ser predominantemente rural a ser predominantemente urbana (cfr. 1930 y 1980).

Uno de los rasgos más significativos del cuadro 6 y de las tendencias demográficas recientes de México –que además fue alentada por los mayores índices de supervivencia de los infantes y de las esperanzas de vida– es la rápida disminución en el índice de crecimiento natural, de 3.3 por ciento anual durante las décadas de 1960 y 1970 a menos de 2 por ciento a partir de 1980 (Benítez Zenteno, 1995). Dado que México no creó una política de desarrollo sino hasta principios de la década de 1970, esto resulta impresionante, y se debe en gran parte a la responsabilidad mostrada por los mexicanos para ajustar el tamaño de sus familias a las condiciones económicas cambiantes mencionadas en el capítulo 1.

En términos de urbanización, para 1970 México ya era un país urbanizado. Sin embargo, la distribución de la población urbana estaba extremadamente desequilibrada, pues la "ciudad líder" de México (8.5 millones de habitantes) predominaba por sobre las dos siguientes ciudades más grandes, Guadalajara (1.5

millones) y Monterrey (1.25 millones). En 1978, el Plan Nacional de Desarrollo Urbano (PNDU) consideró la magnitud del problema más en términos de estructura urbana que del tamaño de la ciudad *per se*. Por un lado, 20 por ciento de la población nacional vivía en una sola ciudad, mientras que por el otro, más de 95,000 centros urbanos tenían menos de 2,500 habitantes. El desafío consistía en desarrollar una política urbana que comenzara a integrar los centros de población en sistemas y subsistemas de centros más estructurados y eficientes. Así pues, la política urbana en México desde 1978 ha buscado controlar y consolidar el proceso de desarrollo en los centros metropolitanos más grandes, al tiempo que alienta y promueve el desarrollo de las llamadas ciudades "intermedias" dentro de una serie de sistemas urbanos regionales (Aguilar *et al*., 1996; Castro Castro, 1995). La idea de promover el desarrollo de 100 ciudades de tamaño intermedio resultó oportuna pues, como señalé en el primer capítulo, los imperativos económicos del crecimiento de exportaciones orientadas hacia la manufactura y de la expansión de las maquiladoras se estaba concentrando en las ciudades medianas. Algunos datos sobre los índices de crecimiento muestran que las ciudades que crecieron a un mayor ritmo durante la década de 1980 fueron las de 50,000 a 100,000 habitantes (5.0 por ciento anual), mientras que las grandes áreas metropolitanas de más de 1 millón de habitantes crecieron a sólo 1.2 por ciento durante el mismo periodo. Las ciudades de 250,000 a 500,000 habitantes ocuparon el segundo lugar en cuanto a ritmo de crecimiento, con 4.3 por ciento anual (Aguilar y Graizbord, 1996). Esto sugiere que México está experimentando una "inversión de la polarización" según la cual el rápido crecimiento de las ciudades medianas comienza a restablecer el equilibrio de la polarización del crecimiento lejos de una ciudad particularmente predominante y hacia una estructura urbana más "balanceada" (Townroe y Keen, 1984; cfr. Gwynne, 1985; Gilbert, 1996). La versión mexicana más reciente de una política de desarrollo urbano en México fue publicada en 1996 y se desarrolla dentro del contexto de creciente desregularización e inserción en la economía global discutido en el capítulo precedente, así como de los esfuerzos concertados por fortalecer las estructuras federalistas mediante la descentralización basada en las "cien ciudades" (México, PNDU, 1996).

Los años que siguieron a la Revolución vieron un marcado aumento en la población de la ciudad de México a medida que la estabilidad comenzaba a atraer a quienes habían huido de la lucha y los participantes se agrupaban en torno a los principales protagonistas que contendían por el poder. Entre 1921 y 1930, la población de la ciudad aumentó de 615,000 a más de 1 millón de habitantes (Negrete y Salazar, 1987; Sánchez Almanza, 1993). Una vez superados los traumas de la Revolución, la ciudad creció a un ritmo constante, que luego se aceleró con la industrialización a partir de los años treinta. La población del "área urbana de la ciudad de México" creció a 4 por ciento anual durante dicha década, luego aumentó a más de 6 por ciento entre 1940 y 1950, y hasta principios de la década de 1970 parecía seguir creciendo a 5.5 por ciento.

El censo de 1980 indicó una desaceleración significativa de esta tendencia, pero aun así, parece que en dicho censo se cometió un serio error al sobrestimar la población del área metropolitana en casi 1 millón de habitantes; a partir de entonces, los oficiales de Conapo han ajustado los cálculos a 13.7 millones en 1980 (véase también Monnet, 1995; Salas Páez, 1992; Camposortega, 1992; García y Rivera, 1995). Parece que entre 1970 y 1990, el índice de crecimiento descendió a un promedio de 2.3 por ciento (véase cuadro 6), lo cual arroja una población total de 14.7 millones de habitantes en 1990. (Algunos analistas ofrecen datos diferentes de los del censo oficial: muestran un rango de 14.7 a 15.8, aunque estas cifras mayores podrían incluir a la población de la zona metropolitana y no sólo el área [construida] metropolitana; véase por ejemplo Camposortega, 1992.) Desde 1990, se arguye que el índice de crecimiento es de alrededor de 1.5 por ciento (Rowland y Gordon, 1996; Conapo, 1996: 1). Esto significa que todos los proyectos para la población de la ciudad de México a partir del año 2000 deben ser revisados a profundidad. Los escenarios de 26 a 30 millones de habitantes, que parecían realistas hace unos 10 años, ahora son obvias sobrestimaciones (véase por ejemplo Delgado, 1988 y mis propias cifras en la primera edición). Si tomamos como base la cifra de 14.7 millones en 1990 y 15.64 millones en 1995, entonces la población total para el año 2000 será de alrededor de 18 millones de habitantes (Conapo, 1996).

La dinámica del crecimiento urbano se deriva de la migración proveniente de la provincia y del crecimiento natural. Este último ha sido muy importante, y si bien las tasas de nacimiento fueron menores en el área metropolitana que en otros lugares del país, siguieron siendo altas hasta finales de la década de 1970, cuando comenzaron a descender de forma acentuada. Las tasas brutas de nacimiento en la ciudad han disminuido de 44.7/000 habitantes en 1950-1960 a 37,000 en 1970-1980 y a 26,000 en 1990. Las tasas de mortalidad han descendido de 12.9/000 a 7.3/000 y a 4.6/000 durante el mismo periodo (Partida, 1987b; Conapo, 1996). Las tasas de mortalidad y morbilidad de la ciudad parecen mayores que las de muchas otras zonas del país, pero esto podría reflejar una mayor constancia en los informes y un nivel superior de atención médica en la capital (Fox, 1972).

La migración también es un factor importante, aunque su peso relativo se suele exagerar. Durante las primeras décadas de crecimiento urbano, cuando la demanda de mano de obra en la industria era elevada, los flujos migratorios representaban cerca de 60 por ciento de la expansión poblacional, mientras que el resto era producto del crecimiento natural (Unikel, 1972). Sin embargo, al no haber una reducción significativa en las tasas de natalidad alcanzadas en el nivel nacional o local hasta finales de los años setenta, el crecimiento natural no tardó en convertirse en el principal factor de crecimiento urbano. La inmigración inicial de adultos jóvenes refuerza los grupos que están por emprender las etapas de su vida en las que habrán de formar una familia. Por ejemplo, en el nivel metropolitano, los índices decenales de crecimiento natural anual disminuyeron de 3.18 a 2.97 por ciento entre 1950-1960 y 1970-1980, respectivamente; mientras que la proporción atribuida a la migración cayó de 1.66 a 1.09 y a 0.1 por ciento en 1980-1990 (Camposortega, 1992: 8). De hecho, como explicaré más adelante, ciertas zonas del centro del Distrito Federal han ido perdiendo población a causa de la migración de sus habitantes hacia los suburbios (véase también Graizbord y Mina, 1995). Sin embargo, la migración hacia la ciudad agregó cerca de 38 por ciento a su población neta entre 1950 y 1980 (Partida, 1987a), aunque según Conapo ha comenzado a mostrar un balance neto negativo a medida que la descentralización supera la migración hacia las afueras de la zona metropolitana (1996: 16; véanse también Corona Cuapio y Luque González, 1992; Graizbord y Mina, 1995). En 1978, el índice de crecimiento en el área metropolitana era de 4.45 por ciento anual, lo cual comprendía 2.30 por ciento de crecimiento natural y 2.15 por ciento de migración (Stolarski, 1982). De acuerdo con el Consejo Nacional de Población (Conapo), el objetivo era reducir dicho porcentaje a 3.51 por ciento para 1982 y a 1.64 por ciento para el año 2000, sobre todo en lo referente al crecimiento natural. De hecho, si aceptamos que la ciudad de México está experimentando una reducción neta de la migración, entonces el índice actual de crecimiento natural de 2.1 por ciento la pone más o menos en el buen camino hacia el año 2000 (pero véase más adelante).

Quienes llegan de la provincia a la ciudad no suelen desplazarse más allá de lo necesario para satisfacer los motivos que originaron su migración (Cornelius, 1975; Gilbert y Ward, 1986). En la ciudad de México, la proporción más grande de migrantes provenía de los estados adyacentes o relativamente cercanos (Ward, 1976a; Stern, 1977: 126). Durante las primeras etapas del desplazamiento fuera de los pueblos, existe información que señala la existencia de una "selección positiva" de los migrantes entre la población de sus lugares de origen, pues tienden a estar en una situación más holgada, tener una mejor educación y ser más aventurados que quienes permanecen en sus pueblos (Balán *et al.*, 1973; Kemper, 1974, 1976). Esto, aunado al fácil acceso al trabajo en la base industrial en expansión durante las décadas de 1950 y 1970, explica que se observen pocas diferencias económicas o de vivienda entre los habitantes nacidos en la ciudad y los migrantes, incluso cuando las escasas oportunidades de educación propias de las áreas rurales han provocado niveles significativamente más bajos de escolaridad (Gilbert y Ward, 1986). De este modo, al menos hasta mediados y finales de la década de 1970, cuando el acceso a las oportunidades de trabajo y a los mercados de bienes raíces comenzó a reducirse, los inmigrantes no parecían estar en desventaja respecto de los habitantes nacidos en la ciudad. Tampoco existe en la ciudad de México una tradición generalizada de grupos de inmigrantes de las mismas regiones o pueblos que se concentren espacial y casi exclusivamente en uno o dos barrios, aunque algunos estudios antropológicos de grupos específicos presentan un panorama contrario (Lomnitz, 1977; Butterworth, 1972; Orellana, 1973). Si bien los parientes y paisanos son muy importantes para ofrecer orientación y ayuda a los inmigrantes recién llegados, el enorme tamaño de la mayoría de los barrios en la ciudad de México y los procesos de elección relacionados con la selección de una residencia permanente hacen poco probable el predominio local de inmigrantes de una sola región. Sin embargo, el flujo de la información y los contactos con familiares conducen a una ligera concentración (aunque no predominante) en ciertos asentamientos. No obstante, dentro de los asentamientos o edificios, puede observarse cierto hacinamiento y concentración.

Desde el punto de vista espacial, el crecimiento de la población ha generado una "oleada" de rápida expansión poblacional hacia el exterior, primero en el Distrito Federal y después hacia el colindante Estado de México (véase cuadro 6). La zona centro de la ciudad absorbía gran parte del aumento de la población, hasta que los procesos de suburbanización acelerada comenzaron a predominar durante los años cuarenta. A partir de entonces, cuando la población comenzó a aumentar drásticamente, muchos residentes del centro comenzaron a desplazarse hacia las delegaciones del anillo intermedio, varias de las cuales triplicaron o cuadruplicaron su población entre 1940 y 1950 y la duplicaron de nuevo durante la década de 1950 (véase figura 2). Una prohibición impuesta en 1954 a la autorización de fraccionamientos de bajos

CUADRO 6

CRECIMIENTO POBLACIONAL EN LA CIUDAD DE MÉXICO, 1940-2000, EN LOS DIFERENTES "ANILLOS" DE EXPANSIÓN

	1940	%	1950	%	1960	%	1970	%	1990	%	2000
	Población total (en millones) y tasas de crecimiento por decenio										
Área metropolitana	1.64	9.2	3.14	7.3	5.4	7.0	9.2	6.0	14.7	1.7	17.3
Porcentaje en el D.F.	170[1]		103[1]		96		80		56		50
Zona central de la ciudad	1.44	5.5	2.2	2.3	2.8	-0.6	2.7	0	2.7	-3.7	1.69
Zonas del primer "anillo"[2]	0.18	34.4	0.8	17.5	2.2	12.3	4.9	5.5	7.6	1.9	9.05
Zonas del segundo "anillo"[3]	0.01	–	0.05	–	0.4	22.5	1.3	15.3	3.3	4.2	4.07
Zonas del tercer "anillo"[4]	–	–	–	–	–		0.01	7.0	0.8	7.5	1.4

Fuente: Adaptado de Negrete y Salazar, 1987: 128; y de Rowland y Gordon, 1996: 179. Se excluyeron los datos de 1980 debido a la información errónea sobre las tasas de crecimiento.

[1] Las cifras de 1940 y 1950 exceden el 100 por ciento porque algunos centros poblacionales en el Distrito Federal se ubicaban fuera del área construida de la ciudad de México.

[2] Incluye las siguientes delegaciones y municipios: Álvaro Obregón, Azcapotzalco, Coyoacán, Gustavo A. Madero, Iztacalco, Iztapalapa, Cuajimalpa, Naucalpan, Nezahualcóyotl.

[3] Incluye las siguientes delegaciones y municipios: Magdalena Contreras, Tlalpan, Xochimilco, Tláhuac, Tlalnepantla, Chimalhuacán, Ecatepec, Atizapán, Coacalco, Huixquilucan, La Paz, Tultitlán, Atenco, Cuautitlán Izcalli.

[4] Incluye las siguientes delegaciones y municipios: Milpa Alta; Cuautitlán de Romero Rubio, Chalco, Chiautla, Chicoloapan, Chiconcuac, Ixtapaluca, Nicolás Romero, Tecámac, Texcoco.

ingresos en el Distrito Federal también produjo un desplazamiento prematuro hacia dos municipios adyacentes del Estado de México, Nezahualcóyotl y Naucalpan, donde esa ley no se aplicaba. Este proceso se acentuó aún más cuando dicha oleada continuó expandiéndose hacia otros municipios durante las décadas de 1960 y 1970. Además de los municipios ya mencionados, Tlalnepantla y Ecatepec crecieron enormemente en ese entonces, al igual que algunas delegaciones al sur del Distrito Federal. A partir de la década de 1980, la "oleada" de crecimiento se ha extendido hacia municipios más distantes como Cuautitlán, Tecámac y Chalco, que son las áreas de más rápido crecimiento en la actualidad. Por cada inmigrante que recibe el Distrito Federal, seis emigrantes lo abandonan hacia municipios en el Estado de México (Graizbord y Mina, 1995: 107). Se pronosticó que la población de Tecámac crecería de unos 156,000 habitantes en 1987 a más de 1 millón a finales del siglo xx (Delgado, 1988). Sin embargo, estas cifras se redujeron en el censo de 1990 (a 123,000), y si bien Tecámac continúa siendo uno de los puntos importantes del crecimiento contemporáneo en la ciudad de México, es poco probable que se cumpla el pronóstico de Delgado.

FIGURA 2
EXPANSIÓN FÍSICA
DEL ÁREA METROPOLITANA, 1900-1985

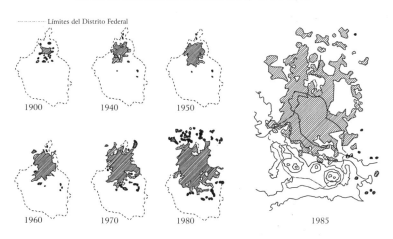

Si, como parece, la migración habrá de desempeñar un papel relativamente menor en el crecimiento futuro de la ciudad de México, entonces las pirámides poblacionales por edad y sexo pueden ayudarnos a comprender el principal desafío demográfico que está por venir. Las figuras 3a y 3b presentan los cambios que ya están en proceso. En 1970, la pirámide tenía una forma clásica de base amplia con una tasa de dependencia muy alta de menores de 15 años (esto es, que no pertenecen formalmente a la fuerza laboral). Arriba de este grupo dependiente –más de 40 por ciento de la población–, la pirámide muestra a la nueva generación de trabajadores, inmigrantes recién llegados o bien la primera generación de hijos de los inmigrantes que llegaron a la ciudad en los años cincuenta. Varios de estos adultos jóvenes están en las primeras etapas de la formación de familias, o bien todavía tienen sus

FIGURA 3A

PIRÁMIDES POBLACIONALES PARA
LA CIUDAD DE MÉXICO, 1970 Y 1990

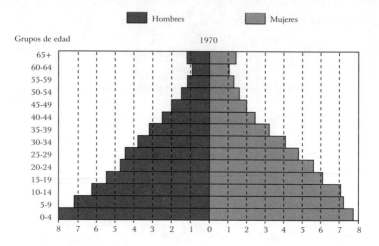

FIGURA 3B

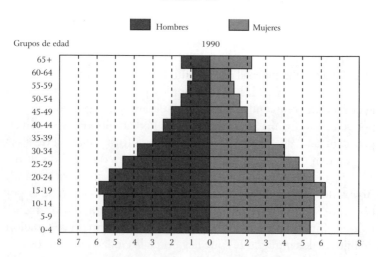

Fuente: *XI y XIII Censo General de Población*, 1970, 1990.

años de procreación por delante. Esto sugiere la posibilidad de un aumento en la población, dependiendo del número deseado de hijos y la capacidad de las familias para evitar de forma efectiva un mayor crecimiento cuando han alcanzado su "tamaño óptimo". Los efectos de la drástica disminución en las tasas de fertilidad a partir de la década de 1970 pueden observarse claramente en la pirámide poblacional de 1990 (véase figura 3b). Sin embargo, la pirámide sigue bastante "cargada" en el grupo de edad de los padres jóvenes (de 20 a 35 años), y si bien las cohortes inferiores se han reducido, todavía representan más de 30 por ciento del total. A menos que una gran proporción de ellos abandone la ciudad o permanezca célibe, estos grupos constituyen la próxima generación de padres de familia. Por lo tanto, la ecuación demográfica depende por completo de las decisiones que tomen estos futuros padres respecto del tamaño de sus familias.

Otro elemento de la ecuación demográfica que nos ayuda a entender las pirámides son las necesidades cambiantes de políticas sociales. Todos los países que han experimentado un auge demográfico se han visto en la necesidad de reducir ciertos servicios sociales (como la educación primaria) y ampliar otros nuevos. En la mayoría de los países desarrollados en la actualidad, el creciente tamaño de la población dependiente proviene de los grupos de ancianos (nominalmente los mayores de 65 años) y pensionados. Esta situación está generando nuevos desafíos sociales importantes, en particular cuando los países empiezan a mostrar un crecimiento general negativo, como en el caso de Francia. Si bien México no tiene este problema, ni es probable que lo tenga en muchos años, está enfrentando la necesidad de cambiar su atención de un enfoque único en la forma de proporcionar un servicio particular (dada su pobreza y falta de recursos) a un enfoque dual que incluya no sólo el suministro, sino también las necesidades *cambiantes* de suministro. La ciudad de México deberá tomar la delantera en este aspecto, pues goza de un acceso relativamente privilegiado a los recursos (es decir, por lo general se le proporcionan [véase capítulo 6]), y posee una estructura poblacional que está cambiando en forma acelerada. En mi opinión, uno de los principales retos de la ciudad de México en la actualidad, y al menos en las siguientes 2 décadas, es la satisfacción de las necesidades sociales de los grupos de adultos jóvenes.

El futuro demográfico a corto plazo de la ciudad de México: el debate

Ahora llegamos al punto crucial del debate. Deberíamos aceptar las cifras revisadas del censo de 1980 y ser cautelosos al analizar los datos de ese año. Algunos analistas prefieren pasarlas por alto y proyectar la tendencia utilizando datos de 1970 y 1990 (Rowland y Gordon, 1996; Monnet, 1995). Por mi parte, prefiero conservarlas, aunque a menudo yo también examinaré la trayectoria de 1970 a 1990 más de cerca y mostrando cautela respecto de las exageradas tendencias sugeridas por los datos de 1980. Hasta que se publiquen los resultados del censo de 2000, no podremos establecer la precisión del nivel base de 1990, y sólo si ello sucede, podremos enterrar el censo de 1980 como una aberración costosa y altamente equívoca.

Más allá de los pronósticos revisados de 18 millones para el año 2000, las cifras estimadas para el año 2010 dependerán por completo de las suposiciones que se hagan sobre la dinámica de las dos principales variables discutidas con anterioridad: el índice de crecimiento natural y la migración neta. En una reunión reciente (1996), en la cual tuve el privilegio de participar discutiendo las proyecciones de Conapo, disentí de ciertas suposiciones que me parecieron demasiado optimistas, e incluso ingenuas, por más acentuada que haya sido la reducción poblacional durante los últimos 15 años. Como ya lo señalé, las proyecciones de Conapo calculan una población total de 18 millones en el año 2000 y de 20 millones una década después, en 2010. Esta reducción a la mitad del crecimiento decenal proyectado de 1990-2000 a 2001-2010 se basa en la disminución del crecimiento natural de 2.1 a 1.1 por ciento en el periodo 1990-2000 y del índice promedio de fertilidad de 2.8 hijos por cada mujer en edad fértil a 2.1 a principios del siglo XXI (esto es, el índice de reemplazo intergeneracional),

y su caída a un índice de reemplazo negativo de 1.9 para 2010.
Dadas las pirámides por edad y sexo discutidas más arriba y el alto
potencial de crecimiento –sin importar el logro del índice de
reemplazo intergeneracional–, me parece inevitable que la población crezca mucho más de lo previsto por Conapo.

Por supuesto, el otro lado de la moneda es la migración neta,
para la cual Conapo también pronostica una pérdida neta general
en el área metropolitana. Si bien el Consejo reconoce que parte del
flujo hacia el exterior del Distrito Federal es absorbido por el Estado de México, y que también existe un flujo menor de la provincia hacia los municipios periféricos, argumenta que la descentralización hacia el exterior de la zona metropolitana –calculada
en una pequeña pérdida neta de 6 de cada 10,000 habitantes al
año (.006 por ciento)– compensa esta situación. Aunque estoy de
acuerdo en que el nuevo flujo hacia las zonas conurbadas será modesto, no me convence del todo el grado en que una población tan
grande se está desplazando activamente fuera de dicha zona mediante un proceso de descentralización. Existe cierto movimiento
del Distrito Federal hacia los municipios circundantes, pero hasta
que tengamos los datos del próximo censo poblacional, puede resultar prematuro confiar demasiado en la migración activa fuera de
la región, a pesar del "nuevo federalismo" y la descentralización política. Luego de basar mis últimos pronósticos en el censo de 1980
y, al igual que casi todos los demás, haber obtenido resultados tan
erróneos, no deseo arriesgarme de nuevo. Sin embargo, en mi opinión, será mucho más difícil que se cumpla la próxima disminución
de 1 por ciento en el crecimiento natural entre el grupo de población de padres en la ciudad de México (esto es, del 2.1 por ciento
en 1990). Mi apreciación informada (en 1997) era que la población en 2000 sería poco más de 19 millones, y que en 2010 estaría
mucho más cerca de 22 que de 20 millones, como lo predijo
Conapo (véase también Camposortega, 1992). Sin importar qué
y quién resulte estar en lo correcto, existen disminuciones notorias respecto de las predicciones previas, por lo que México debería
congratularse por haber logrado una transición demográfica en una
sola generación.

La expansión física del área construida

Hasta finales del siglo XIX, la ciudad de México se reducía a lo que
se conoce como el "primer cuadro", que comprende un área de
unos 20 kilómetros cuadrados alrededor del zócalo o plaza principal (Morales, 1987). En el capítulo 7, analizaré las influencias arquitectónicas y los intereses de la inversión urbana que conformaron
los inicios de la salida de la élite, lo cual sólo se mencionará aquí
en forma breve. Tradicionalmente, la élite vivía en el centro o en sus
alrededores, en grandes palacios y residencias cerca de la prestigio-
sa plaza principal y los edificios municipales y eclesiásticos (Scobie,
1974; Schnore, 1966). Los pobres vivían en precarias chozas y
edificios bastante alejados de estas calles, pero aun así permanecían
a corta distancia de sus sitios de trabajo. El transporte a los poblados
aledaños se hacía en carretas privadas o públicas, pero no se realizaban viajes diarios (Vidrio, 1987; Rodríguez Kuri, 1996).

En la ciudad de México, como en el resto de América Latina,
la salida de la élite del centro de la ciudad se debió a una base
social cambiante, en la cual la vivienda y el consumo estaban sus-
tituyendo a la herencia como muestra de posición social. Una nueva
élite política, la movilidad económica y una clase incipiente de
"nuevos ricos" y clases medias propiciaron el desarrollo de propiedades en las zonas físicamente más atractivas de la (entonces)
periferia. Ésta se encontraba hacia el sur y el occidente por el Paseo
de la Reforma –equivalente mexicano de los Campos Elíseos–, que
había sido rediseñado como una espléndida avenida a principios
de siglo para conectar la (entonces) residencia oficial del Presidente (el Castillo de Chapultepec) con su lugar de trabajo, el Palacio
Nacional en el zócalo. El tráfico en el centro de la ciudad se estaba
volviendo problemático, así como el temor a exponerse a enfermedades peligrosas. Varios miembros de las élites adineradas ya tenían
"casas de campo" en los pueblos colindantes como Tacubaya,
Mixcoac y Coyoacán. Durante el periodo anterior, sólo ellos podían
pagar el transporte privado de caballos, pero las mejoras a los caminos favorecieron un uso mayor y más continuo de esas residencias.

A finales del siglo XIX existían tranvías jalados por animales, los cuales fueron sustituidos en forma gradual por tranvías eléctricos a partir de 1900. Éstos, junto con dos líneas de ferrocarriles "suburbanos" a Tacubaya y la Villa de Guadalupe permitieron, respectivamente, la salida de las clases altas y medias, así como la expansión de los barrios de clase trabajadora hacia el norte y oriente (Vidrio, 1987; Rodríguez Kuri, 1996). A medida que los ricos salían del centro, sus residencias se destinaban a otros usos, ya fuera con propósitos comerciales o bien subdivididas en departamentos para familias de clase trabajadora. Cuando no había mansiones coloniales para convertirlas en edificios con departamentos de un solo cuarto para familias de bajos ingresos, entonces se construían con ese propósito (véanse fotografías 2 y 3). Una vez iniciado, se intensificó el proceso mediante el cual las propiedades eran abandonadas por los ricos e "invadidas" por los pobres, lo cual aceleró otros cambios en el uso de suelo y trajo consigo mayor densidad, tráfico e insalubridad.

Durante las décadas de los años treinta y cuarenta, la expansión se dio en todas las direcciones, pero fue más notoria en los desarrollos habitacionales a lo largo de las carreteras hacia el sur, algunos de los cuales comenzaron a incorporar a los pueblos más cercanos a las recién ampliadas Insurgentes y calzada de Tlalpan. Más tarde, también comenzaron a poblarse las zonas intersticiales (véase figura 2). A partir de la década de 1940, todas las clases sociales estaban ocupadas en procesos de adquisición de tierras, por lo general en direcciones diferentes. La apropiación del espacio y la segregación entre los grupos sociales se intensificaron. En términos generales, los grupos de mayores ingresos se desplazaron hacia el sur y el occidente, mientras que los pobres lo hicieron hacia el norte y el oriente. Durante la década de 1950, comenzaron a privatizarse amplias extensiones de terrenos urbanos para convertirlos en fraccionamientos residenciales. En los capítulos posteriores de este libro, se discutirá la razón principal de dichos procesos, pero esta privatización del espacio se logró a menudo en forma ilegal mediante la inadecuada disolución de tierras ejidales (ocupadas por derechos de uso y en común por residentes específicos de

Fotografía 2. Vecindad clásica en un edificio colonial subdividido para ofrecer una vivienda a inquilinos de bajos ingresos.

Fotografía 3. Vecindad nueva (construida como tal), centro de la ciudad de México.

las comunidades agrícolas) que más tarde fueron convertidas en propiedades de la élite y las clases de mayores ingresos. Por su parte, los ejidatarios vendieron parcelas de tierra a familias de bajos recursos (Varley, 1987). En el otro extremo, los corredores de bienes raíces privatizaron tierras del gobierno cedidas para propósitos de mejoramiento agrícola, sólo para convertirlas y venderlas a los pobres como terrenos sin servicios. Los terratenientes del oriente de la ciudad también vieron la oportunidad de capitalizar sus propiedades de baja calidad vendiendo lotes con un capital de inversión mínimo. Algunos asentamientos, como el de Ramos Millán o el del aeropuerto al oriente del Distrito Federal, fueron establecidos, si no es que ocupados, a principios de los años cincuenta, antes de que se prohibiera la creación de más fraccionamientos residenciales en 1954. Así, aunque se hizo cumplir, la prohibición no fue muy efectiva porque muchos asentamientos grandes ya se habían establecido, o incluso poblado, antes de que se impusiera la ley. En otros lugares, los terratenientes llegaban a arreglos informales con algunas familias y, a cambio de cierto pago, les permitían ocupar parcelas en sus terrenos. Sin embargo, un aspecto importante de la prohibición fue que estimuló el fraccionamiento de terrenos en el Estado de México (donde la prohibición no se aplicaba), y para 1960 la expansión residencial hacia Naucalpan, Nezahualcóyotl y Ecatepec ya estaba bastante avanzada (véase figura 2). Entre 1940 y 1970 el área construida de la ciudad aumentó casi siete veces, de 117.5 a 746.4 kilómetros cuadrados, y la población creció en forma proporcional (Delgado, 1988), lo cual generó una densidad promedio de 120.5 habitantes por hectárea para 1970.

Desde la década de 1970, el área metropolitana ha crecido en forma acelerada y para 1990 cubría más de 1,250 y 1,460 kilómetros cuadrados en 2000, con una densidad promedio de 116 habitantes por hectárea. La mancha urbana está dividida casi equitativamente entre el Distrito Federal y el Estado de México. Las actuales "fronteras" de expansión física se han ampliado hacia el municipio de Chalco al sureste, donde las tierras ejidales están siendo alienadas a lo largo de la carretera a Puebla; al norte hacia

Tecámac; y hacia varios municipios al noroeste y oeste. En el Distrito Federal, las oportunidades de crecimiento físico están más restringidas por la escasa disponibilidad de terrenos apropiados y el estricto control ejercido por las autoridades urbanas respecto de su alienación. Las principales zonas de conflicto son las faldas del Ajusco al sur y las ricas tierras agrícolas alrededor de Xochimilco al sureste. Algunas delegaciones más alejadas, como Tláhuac y Milpa Alta, han comenzado a crecer en forma notoria y se espera que dupliquen su población entre 1980 y 2000 (Partida, 1987b). En otros lugares del Distrito Federal, gran parte del crecimiento poblacional está siendo absorbido mediante la densificación en los terrenos existentes.

Las densidades de la población en la ciudad de México

Las densidades brutas de la población en la ciudad de México son elevadas en relación con otras ciudades del mundo: son un poco mayores que en Tokio, duplican las del área metropolitana de Nueva York, triplican las de París y cuadruplican las de Londres (Connolly, 1988a: 70). En comparación con otras ciudades latinoamericanas, las densidades de la ciudad de México duplican al menos las de São Paulo y Buenos Aires, y son aproximadamente similares a las de Caracas, cuya topografía es bastante reducida. Sólo las ciudades asiáticas de Bombay, Calcuta y Hong Kong parecen tener densidades mayores (Connolly, 1988a). Por otro lado, algunas zonas de la ciudad presentan densidades extremadamente altas, como en el caso del centro. Algunos asentamientos irregulares de bajos ingresos, "consolidados" y más antiguos, tienen densidades de más de 400 habitantes por hectárea, aunque el promedio ronda los 260 (Connolly, 1988a; Conapo, 1996: véase cuadro 1). Una vez que todos los terrenos en un asentamiento irregular están ocupados, las densidades aumentan a medida que los habitantes jóvenes tienen hijos, se da cabida a otras familias en edificios de departamentos construidos por pequeños terratenientes, o bien llegan parientes e/o

hijos de las familias ya establecidas para compartir los terrenos
viviendo de manera independiente en un tipo de arreglo "comunitario" (Ward, 1976a; Lomnitz, 1977; Gilbert y Varley, 1990).
Hasta principios de la década de 1950, las densidades de la
población en la ciudad de México correspondían a la distribución
normal de curva de campana, por lo general asociada con las estructuras de ciudades occidentales "desarrolladas" (Connolly,
1988a). Las densidades eran altas en el centro de la ciudad (cerca
de 800 habitantes por hectárea) y disminuían hacia el exterior a
un promedio de 133 en 1940. Sin embargo, estas densidades y la
naturaleza de la curva han cambiado en forma significativa desde
ese entonces. Primero, las densidades generales disminuyeron a
104 en 1960, antes de aumentar de nuevo a 122 en 1970 y a 148
en 1981, para luego caer a 114, nivel que resulta más consistente
con el de 1970. En particular, ha habido una notoria diferencia
entre los cambios de densidad experimentados en el Distrito Federal y en el Estado de México. En el Distrito Federal, las densidades promedio crecieron de manera constante de 127 a 172
entre 1960 y 1981. En el Estado de México, donde los asentamientos más recientes originaron densidades mucho menores, éstas
también han fluctuado: aumentaron de 23 habitantes por hectárea en 1960 a 135 para 1975, aunque desde entonces han retroce-
dido a 121 y 112 en 1981 y 1983, respectivamente (Connolly,
1988a: 81).

Otro cambio importante es que la parte superior de la "curva
de campana" comenzó a hundirse a medida que las densidades del
centro de la ciudad bajaron de 800 a 550 en 1970. Esto fue el resultado de la disminución absoluta en las oportunidades de vivienda barata y la baja rentabilidad de las inversiones en vivienda en el
centro a partir de los años cuarenta. No obstante, estas densidades pueden haber sido sobreestimaciones en primer término.
Ciertamente, en la actualidad no son tan altas: el promedio en el
Centro Histórico es de alrededor de 167 habitantes por hectárea
(Conapo, 1996), cifra que se eleva a 280 en el barrio de Tepito y
a más de 200 en la vecina colonia Guerrero (Monnet, 1995: 58).

En parte, estas disminuciones se deben al deterioro de la zona, que se intensificó luego del amplio daño causado en el centro por el terremoto de 1985 y a pesar de la reconstrucción intensiva y del nuevo desarrollo de viviendas *in situ* que se ha llevado a cabo (México, RHP, 1988).

Esta estructura y estas fluctuaciones pueden explicarse, principalmente, por la dinámica de la expansión de las áreas urbanas, conformada por las oportunidades del capital financiero para invertir con rentabilidad en el medio ambiente construido, por las políticas públicas que facilitan la obtención de ganancias, y por los agentes que promueven la venta de terrenos. Éste no es el momento de analizar estos factores con detalle, pero la creación general de asentamientos irregulares condujo a la rápida expansión del área construida a medida que los habitantes abandonaban sus viviendas rentadas en pos de una "propiedad" ilegal. De esta manera, las densidades generales disminuyeron en forma marcada de 134 habitantes por hectárea en 1940 a 104 en 1960, y fueron especialmente bajas (cerca de 50 habitantes por hectárea) en los fraccionamientos nuevos y apenas poblados del Estado de México (Connolly, 1988a). Desde entonces, como ya se señaló, las densidades han aumentado debido a una desaceleración de la tasa de alienación ilegal de nuevos terrenos para obtener "propiedades" en la periferia, y a la mayor dificultad que experimentan las familias que rentan su vivienda para obtener terrenos en una ubicación conveniente y a un precio accesible (Ward, 1986). Las densidades también han fluctuado de acuerdo con la efectividad de los esfuerzos estatales por controlar la expansión de asentamientos irregulares en ambos extremos de la frontera del Distrito Federal, y como resultado de las presiones del capital financiero del auge del petróleo que busca inversiones apropiadas en el desarrollo y reconstrucción urbanos (Ward, 1986; Connolly, 1988a). Más recientemente, nuevos proyectos masivos de desarrollo urbano, como el complejo comercial y de oficinas en las laderas occidentales de Santa Fe, han conducido al desalojo de algunos barrios de clase trabajadora en lo que solían ser estrechas minas de grava.

LOS MERCADOS DE
VIVIENDA Y LA MOVILIDAD INTRAURBANA

La construcción de viviendas
en la ciudad de México

La expansión urbana y la dinámica de los mercados de vivienda están muy unidas, pero todavía no se comprende bien la relación que guardan. Gran parte del siguiente análisis busca identificar los procesos y el funcionamiento del sistema de vivienda (básicamente) barata y las consideraciones que intervienen para determinar el desplazamiento de la gente. Respecto de la ciudad de México, mucho se ha escrito sobre los mecanismos de desarrollo de terrenos para vivienda, los agentes que participan en el proceso, las necesidades y estrategias de vivienda de los diferentes grupos, y la conveniencia y efectividad de las políticas públicas. Sabemos bastante sobre la naturaleza de algunas de las intervenciones dentro de los procesos de construcción, circulación y distribución de viviendas presentados en la figura 4, pero sabemos muy poco sobre cómo y *por qué* operan dichos procesos en las diferentes épocas (Drakakis-Smith, 1981; Burgess, 1982, 1990; Ward y Macobo, 1992). Por lo menos en la ciudad de México, pocas investigaciones han logrado explicar la dinámica de la construcción de viviendas y la razón principal del comportamiento de las inversiones en el medio ambiente construido para la producción y consumo. Algunos autores han analizado ciertos aspectos que influyen en la construcción de viviendas, como la industria de materiales para la construcción (Ball y Connolly, 1987). Otros han buscado relacionar el desarrollo de la vivienda con condiciones estructurales más amplias, pero su análisis no ha sido lo suficientemente detallado (Copevi, 1978; Cisneros Sosa, 1993); o bien sus interpretaciones están ligadas a una posición ideológica particular y por lo tanto no consiguen abordar la evidencia que resulta contradictoria (Legorreta, 1983; Pradilla, 1988).

Una debilidad de mi propio trabajo ha sido la tendencia a concentrarme en ciertos patrones de consumo y distribución que han surgido en diferentes momentos, en vez de ocuparme directamente de la dinámica de los diferentes tipos de procesos de construcción de vivienda y su importancia dentro de los procesos más amplios de acumulación del capital (Gilbert y Ward, 1982a; Ward, 1986, 1990). Aunque hace poco comencé a abordar dichos problemas, elegí deliberadamente hacerlo en ciudades que no sean la capital (Ward, 1989a; Ward *et al.*, 1994; Jones *et al.*, 1993). La ciudad de México es quizás demasiado grande, demasiado compleja y cambia con demasiada rapidez para que estos temas se exploren con la suficiente profundidad y se ofrezcan explicaciones satisfactorias, y ciertamente para que se pueda manejar la complejidad indicada en la figura 4.

En la ciudad de México, la vivienda proviene de los mercados público y privado. El último incluye sistemas de oferta tanto formales como informales. La intervención del sector público en la vivienda ha cambiado en cuanto a su naturaleza y ha crecido de forma notoria en los últimos años (Garza y Schteingart, 1978; Ward, 1990). Tanto cualitativa como cuantitativamente se ha vuelto más sensible a los diferentes tipos de necesidades y grupos de ingresos. Hasta antes de iniciado el Programa Financiero de Vivienda (PFV) a mediados de la década de 1960 (financiado por capital "generador" de la Alianza para el Progreso), la construcción de vivienda era únicamente para ciertos afiliados del seguro social, y a menudo era de alquiler y estaba ubicada en el área metropolitana. Más tarde, el PFV creó las llamadas viviendas "de interés social", que acabaron por beneficiar a los grupos de ingresos medio-bajos que podían cubrir los pagos de una hipoteca. Alternativamente, estos grupos "invadieron" las viviendas asignadas para la reubicación de los grupos de bajos ingresos provenientes de asentamientos ilegales y otros edificios de la ciudad, pero que no podían pagar el transporte y otros costos relacionados con la nueva ubicación de las viviendas (por ejemplo, Vicente Guerrero, fotografía 4). Sólo unas cuantas viviendas "minimalistas", que no eran lo suficientemente atractivas para los grupos de ingresos medios, fueron destinadas en forma exclusiva a la población de ingresos bajos, en general reubicada de edificios o barrios pobres del centro (por ejemplo,

FIGURA 4

MODOS DE CONSTRUCCIÓN DE VIVIENDA: EL MODO "INDUSTRIALIZADO" (ARRIBA) Y EL MODO DE AUTOCONSTRUCCIÓN (ABAJO)

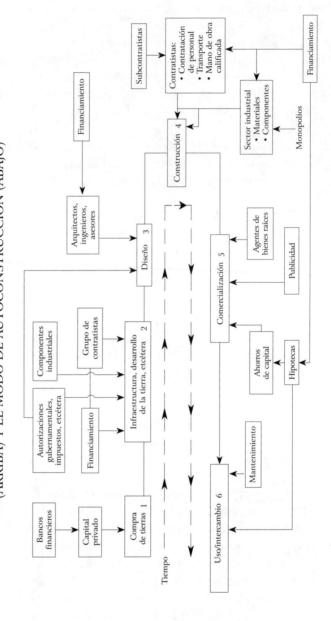

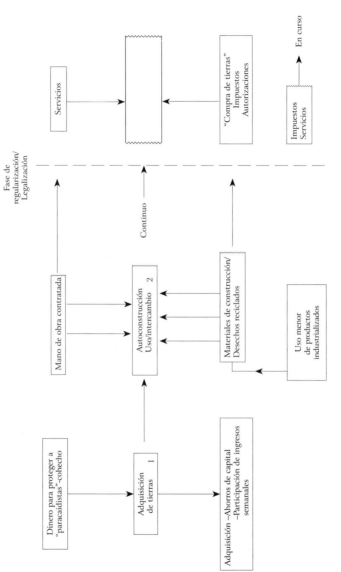

Servicios

"Compra de tierras"
Impuestos
Autorizaciones

Impuestos
Servicios

En curso

Fase de
regularización/
Legalización

Continuo

Mano de obra contratada

Autoconstrucción
Uso/intercambio   2

Materiales de construcción/
Desechos reciclados

Uso menor
de productos
industrializados

Dinero para proteger a
"paracaidistas" -cohecho

Adquisición
de tierras   1

Adquisición —Ahorros de capital
—Participación de ingresos
semanales

Tiempo

Ejército de Oriente, fotografía 5). Recientemente, los fondos para
la vivienda (Fovi y Foga) han elevado su perfil de financiamiento para proveer viviendas de ingresos medios en la ciudad y otros
lugares.

Fotografía 4. Viviendas de interés social: proyecto Vicente Guerrero, D.F.

Fotografía 5. Proyecto gubernamental para reubicación de viviendas: Ejercito de Oriente, D.F.

En los años setenta, varias agencias de vivienda fueron creadas deliberadamente para elevar el perfil nacional de construcción de viviendas y asegurar que la política de este rubro en verdad satisficiera las necesidades de la población de bajos ingresos. La creación del Infonavit en 1973 para obreros con empleos formales elevó la producción en forma notoria, tanto que durante sus primeros 3 años la agencia generó la misma cantidad de viviendas que todo el sector estatal durante las 4 décadas anteriores. Las necesidades de los burócratas de ingresos medios fueron satisfechas, en parte, mediante un fondo especial creado para ellos (Fovissste). Aun así, estos dos fondos sólo cubrieron alrededor de 11.3 por ciento de la demanda anual total entre 1973 y 1980 (González Rubí, 1984). Entre 1981 y 1983, se desarrolló el Fondo Nacional para la Habitación Popular (Fonhapo), con el propósito de apoyar la construcción de vivienda para quienes (entonces) ganaban alrededor de 2.5 salarios mínimos y que no contaban con un empleo formal ni calificaban para el financiamiento del Infonavit. De este modo, la construcción de viviendas por parte del sector público se ha vuelto cada vez más significativa, aunque todavía resulta insuficiente para satisfacer la demanda anual total (Ward, 1990). Por otro lado, gran parte de la construcción de viviendas en la actualidad está orientada hacia el apoyo de los procesos de autoconstrucción, en especial a través del Fonhapo. Tanto el Infonavit como el Fovissste han mostrado una gran actividad en el área metropolitana, mientras que el Fonhapo ha tenido mayor impacto fuera de la ciudad, donde los costos de vivienda son mucho menores y ha podido construir habitaciones a precios accesibles para los pobres (Coulomb, 1992).

Dado el grado limitado en que el sector estatal ha cubierto la demanda de vivienda, la construcción en México es en gran parte privada. Los grupos de ingresos medios y altos buscan vivienda a través de sistemas de oferta formal y (por lo regular) legal, mientras que los pobres adquieren terrenos ilegales y construyen ellos mismos (Connolly, 1982). Un alto porcentaje de la población alquila sus viviendas (cerca de 44 por ciento en el nivel nacional en 1980), y no obstante, hasta hace poco la investigación sobre esta importante minoría era escasa, y aún menor era la reflexión sobre la forma en que la política pública debería ocuparse del sector de alquiler (Gilbert y Varley, 1990; Gilbert, 1993; Coulomb, 1989, 1992). De hecho, durante la inflación de la década de 1980, las bajas tasas de rentabilidad de las inversiones y las oportunidades provistas por el Estado para convertir la vivienda de alquiler en condominios propios, provocaron una drástica reducción en la oferta de viviendas de alquiler (Coulomb, 1992: 169).

De este modo, gran parte de la oferta de viviendas para los grupos de bajos ingresos en la ciudad de México se construye de forma ilegal y privada (Copevi, 1977a; Ward, 1976b). Los edificios de alquiler o vecindades pueden ocupar viejas residencias de la élite, en las que una familia ocupa un solo cuarto y comparte el baño y las instalaciones de lavado ubicadas en el área del patio (véase fotografía 2). Un solo edificio puede alojar a varias docenas de familias. Algunas vecindades grandes fueron construidas con ese propósito durante las primeras 4 décadas del siglo XX, pero la distribución física es bastante similar (véase fotografía 3). Las rentas de muchos de estos edificios, ubicados en el centro o en sus alrededores, fueron "congeladas" en los años cuarenta (Eckstein, 1990c). Esto condujo a que los propietarios retiraran sus inversiones de las viviendas de alquiler y que hubiera una mayor estabilidad entre muchas familias de clase trabajadora en el centro de la ciudad, las cuales siguieron pagando las mismas rentas que antes de 1940. Para la década de 1970, muchos edificios habían sufrido un peligroso deterioro y había una disminución absoluta en la oferta de viviendas de alquiler en el centro, pues algunas construcciones se vinieron abajo (Copevi, 1977a). Para compensar la situación, algunos propietarios construyeron chozas temporales en terrenos aledaños al centro de la ciudad –las llamadas "ciudades perdidas"– cuyas rentas no estaban congeladas y, aunque bajas, representaban altos rendimientos para la mínima inversión que se hacía en las chozas provisionales con servicios limitados o inexistentes (véase fotografía 6). Sin embargo, las viviendas de alquiler que crecen con mayor rapidez son las "vecindades nuevas", ubicadas en los asentamientos irregulares más viejos. Construidos por pequeños propietarios, estos edificios son mucho más pequeños que los anteriores y por lo general alojan entre cinco y 15 familias (véase fotografía 7). En general, se estima que estos sistemas de vivienda de alquiler alojan entre 35 y 40 por ciento de la población de la ciudad (Turner *et al.*, 1972; Ward, 1976b).

Fotografía 6. "Ciudad Perdida" al lado de las vías del ferrocarril, D.F.

Fotografía 7. Vecindad nueva construida con ese propósito: nuevas viviendas en asentamientos irregulares más antiguos.

Los asentamientos irregulares en la ciudad de México abarcan los de paracaidistas, que son resultado de invasiones bien planeadas mediante las cuales un gran número de familias se apodera de los terrenos. Aunque existen varios asentamientos conocidos de este tipo al sur de la ciudad, este modo de adquisición tiende a ser la excepción y no la regla. El fraccionamiento ilegal de los terrenos para su venta –realizada por terratenientes, compañías de bienes raíces y ejidatarios y/o sus representantes– es un medio mucho más seguro, aunque más costoso, de adquirir un lote. Estos asentamientos son ilegales porque no cumplen con las normas de servicios, o bien porque la autorización de venta o transferencia de título de propiedad no se ha logrado y en ocasiones ni siquiera se ha solicitado. Cualquiera que sea el mecanismo de apropiación de la tierra que se adopte, el resultado es similar: terrenos sin servicios (por lo general de alrededor de 200 m²) donde las familias asumen la responsabilidad principal de construir y administrar las viviendas (Connolly, 1982). Como ya se mencionó, este tipo de barrios se extendió rápidamente durante los años cincuenta y sesenta, y a partir de entonces el ritmo de su formación ha disminuido. Entre 50 y 60 por ciento de la población urbana vive en asentamientos formados mediante uno u otro de estos procesos de alienación de la tierra, aunque la legalización y los servicios *post hoc*, aunados a la consolidación y mejoramiento de las viviendas *in situ* han cambiado drásticamente la posición legal y física del vecindario (véanse fotografías 8 y 9; véase también el capítulo 7). Los asentamientos establecidos en las primeras etapas del periodo de expansión fueron absorbidos e incorporados desde hace tiempo para conformar el "anillo intermedio" de la ciudad, y sus densidades han aumentado como ya se describió en este capítulo.

Los patrones de migración intraurbana
en la ciudad de México:
¿huida hacia los suburbios?

Las explicaciones sobre cómo y por qué ocurre la migración dentro de la ciudad de México deben mucho al trabajo de John Turner, cuyo influyente artículo de 1968 ofreció el primer modelo general para explicar los patrones de migración de los grupos de bajos ingresos en las ciudades latinoamericanas. La ubicación residencial estaba determinada en esencia por tres variables:

1. la tenencia de la tierra –en específico, la opción entre rentar y comprar;
2. la ubicación –la proximidad de las oportunidades de empleo no calificado, ubicadas principalmente en el centro; y
3. la calidad de la vivienda –la prioridad individual para conseguir una vivienda dentro de las normas adecuadas.

Fotografía 8. Primera fase de consolidación y desarrollo en asentamientos irregulares (colonias populares) de la ciudad de México.

Los recién llegados preferían el alojamiento de alquiler barato en el centro, desde donde podían buscar trabajo, y pocos optaban por comprar o rentar viviendas de alta calidad. Sin embargo, la integración gradual al mercado de trabajo, la mayor familiaridad con la ciudad y el creciente tamaño de las familias terminaban por afectar esas prioridades. El inmigrante establecido ya estaba en posición de volverse "consolidador": propietario (ilegal) en la periferia urbana. Dicha "propiedad" ofrecía espacio para la expansión y la posibilidad de ampliar la vivienda mediante la autoconstrucción. Por lo tanto, la teoría sugería que gran parte de los inmigrantes de bajos ingresos vivían primero como inquilinos en el centro y depués adquirían sus propias viviendas en los asentamientos pobres de la periferia.

Fotografía 9. Fase posterior de consolidación y desarrollo de un antiguo asentamiento irregular, que muestra el impacto de la autoconstrucción y la instalación de servicios.

Sin embargo, a partir de sus investigaciones en Lima y la ciudad de México, Turner reconoció que este modelo de dos etapas (de la provincia al centro de la ciudad y a la periferia) podía llegar a distorsionarse en las grandes ciudades, pues las oportunidades de conseguir viviendas de alquiler barato se iban reduciendo y los asentamientos irregulares formados previamente ya se habían integrado a la red urbana. Los residentes de este anillo "intermedio" consolidado estaban listos para rentar cuartos a los recién llegados y para ayudar a sus amigos y parientes de provincia ofreciéndoles una vivienda temporal compartida. En la ciudad de México esta situación se vio exacerbada por los controles de renta impuestos a muchas vecindades, lo cual frenó el flujo de inmigrantes. De este modo, se dio una modificación en el patrón clásico, pues los nuevos inmigrantes llegaban al anillo intermedio, o incluso directamente a la periferia (Turner, 1968a). A su vez, estos inmigrantes se cambiaron más tarde a la actual periferia en expansión, de acuerdo con las mismas prioridades que los primeros "consolidadores" (Brown, 1972).

Para finales de la década de 1960, las experiencias de numerosas ciudades latinoamericanas apoyaban la hipótesis de Turner, y el modelo de "dos etapas" se "aceptaba ampliamente" (Morse, 1971: 22). Sin embargo, existen varios problemas en esa teoría. Primero, como sucede con todos los modelos de comportamiento, tiende a resaltar las preferencias de vivienda de los residentes y su capacidad para *elegir* entre opciones. ¿Pero acaso las preferencias se determinan exógenamente o son una respuesta al medio ambiente de la vivienda? Segundo, existía una creciente evidencia durante la década de 1970 que cuestionaba el patrón de Turner (Vaughn y Feindt, 1973; Vernez, 1973; Brown, 1972). De hecho, mi propio estudio sobre las rutas migratorias hacia los asentamientos de paracaidistas en la ciudad de México también apuntaba a un rompimiento con el patrón clásico de dos etapas de Turner. Si bien muchos residentes de los asentamientos irregulares en las décadas de 1940 y 1950 habían comenzado su vida urbana en edificios del centro, un porcentaje sustancial había llegado directamente a la periferia (Ward, 1976c; Lomnitz, 1977). Además, los residentes de los nuevos asentamientos creados a finales de los años sesenta y principios de los setenta raramente habían vivido en edificios del centro. Más bien, habían rentado o compartido terrenos con familiares y amigos en el anillo intermedio o en la periferia actual (Ward, 1976c).

Como parte de un estudio más amplio sobre la intervención gubernamental en los mercados de vivienda y bienes raíces en Bogotá, Valencia y la ciudad de México, se analizaron las trayectorias intracitadinas de los residentes de seis asentamientos irregulares en la ciudad de México (Gilbert y Ward, 1982b). Muy pocos inmigrantes llegaron directamente a estos asentamientos. Si bien la mayoría recibió asistencia de familiares y/o amigos que los habían precedido, sólo 33 por ciento vivía con ellos por más de un año luego de su llegada, y 45 por ciento rentaba su vivienda (Gilbert y Ward, 1982b). En términos de ubicación de las residencias de los recién llegados, parece que hubo un evidente alejamiento del tradicional centro de la ciudad, en un principio hacia las zonas más antiguas de la clase trabajadora al norte y oriente, y más tarde hacia las zonas más dispersas de los asentamientos irregulares que surgieron durante las décadas de 1950 y 1960 (véase figura 5). Estos datos sugieren que, incluso en las primeras etapas, los asentamientos irregulares atraían a muchos más inmigrantes de lo que indica el modelo de Turner, conclusión apoyada por mi información sobre el asentamiento del Sector Popular fundado en 1947, al cual llegó directamente una minoría sustancial de inmigrantes, sin detenerse en la zona central (Ward, 1976c). También es evidente que los antiguos centros de los pueblos que habían sido absorbidos por el crecimiento de la ciudad, servían ahora de centros de recepción para los inmigrantes recién llegados. Estas zonas ofrecen ventajas similares a las del centro de la ciudad, y sugieren la necesidad de una modificación mayor al modelo original de Turner.

Al examinar los patrones de movilidad de todos los residentes (es decir, tanto los inmigrantes como los nacidos en la ciudad), resulta evidente que, en la ciudad de México, el último lugar de residencia previo al actual estaba ubicado relativamente cerca (véase figura 6). Esta característica es más notoria en los asentamientos recientes como Liberales y Santo Domingo. Sólo en los dos asentamientos más antiguos (Isidro Fabela y El Sol), muchos llegaron de más lejos, lo cual era en parte inevitable, debido a que en el momento de su formación, su ubicación periférica siempre atraería a residentes de colonias alejadas. El movimiento de los residentes a lugares cercanos ocurre porque gran parte de la información sobre las oportunidades de vivienda proviene de familiares y amigos que viven allí (Jackson, 1973; Gilbert y Ward, 1982b). Además, en la ciudad de México el proceso de creación de asentamientos ilegales hace vulnerables a los "propietarios" que no consiguen ocupar su terreno de inmediato. Siempre existe la

FIGURA 5

LA DIFERENTE UBICACIÓN DE LA LLEGADA DE INMIGRANTES A LA CIUDAD DE MÉXICO DESDE 1935
(Área construida hasta 1980)

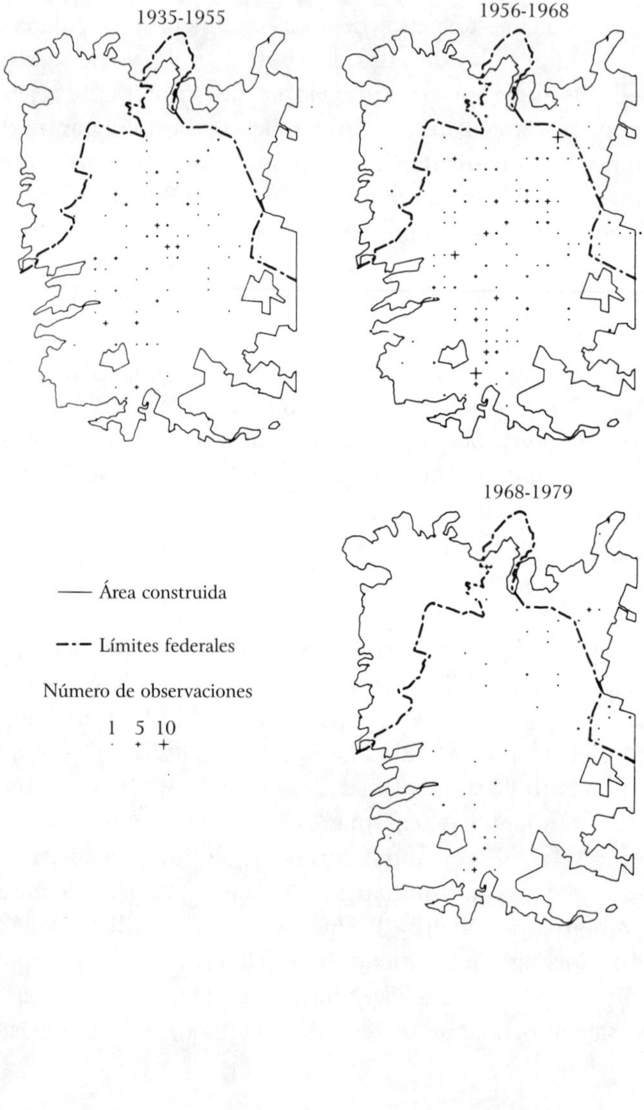

1935-1955

1956-1968

1968-1979

—— Área construida

—·— Límites federales

Número de observaciones

1   5   10

Figura 6

UBICACIÓN DEL ÚLTIMO LUGAR DE RESIDENCIA
ANTERIOR AL ESTABLECIMIENTO EN UNO
DE LOS ASENTAMIENTOS IRREGULARES
ENCUESTADOS ENTRE 1978 Y 1979

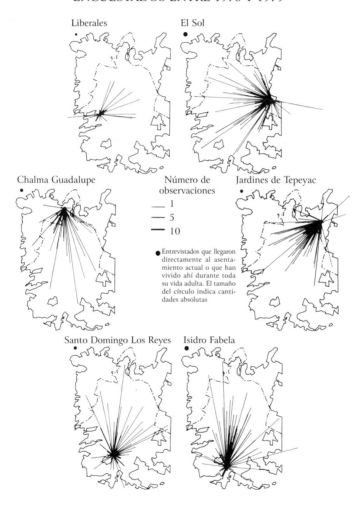

Liberales

El Sol

Chalma Guadalupe

Número de
observaciones
— 1
— 5
— 10

● Entrevistados que llegaron
directamente al asenta-
miento actual o que han
vivido ahí durante toda
su vida adulta. El tamaño
del círculo indica canti-
dades absolutas

Jardines de Tepeyac

Santo Domingo Los Reyes

Isidro Fabela

amenaza de que alguien más usurpe los terrenos, lo cual fomenta que el asentamiento se dé con rapidez; también significa que los residentes que viven cerca pueden vigilar mejor sus "propiedades". Por ejemplo, en Santo Domingo una minoría importante (alrededor de dos quintas partes) compartía viviendas ("arrimados") con padres o familiares en zonas de paracaidistas aledañas. Cuando la invasión se llevó a cabo, ya estaban en un buen lugar para participar en ella, siempre con la salvedad de que podrían regresar con sus familiares si la invasión era reprimida. Por otro lado, muchos podían seguir viviendo con parientes, manteniendo a un solo miembro de la familia en el terreno para "vigilarlo" y alejar a posibles usurpadores (Ward, 1976a).

En nuestro análisis comparativo de los patrones de movimiento residencial en las tres ciudades latinoamericanas, concluimos que tales patrones eran más un producto de las restricciones impuestas por los mercados de vivienda y bienes raíces que de una elección de los inmigrantes (Gilbert y Ward, 1982b). El acceso a la propiedad de la tierra parece ser crítico. En los lugares donde la tierra estaba disponible y no muy lejana (como en Valencia), los recién llegados solían pasar directamente a la periferia como propietarios. ¿Para qué rentar si es igual de fácil ser propietarios? En lugares como la ciudad de México, donde la oferta de tierras es más limitada y su apropiación a menudo riesgosa, tanto los inmigrantes como los nacidos en la ciudad se ven obligados a rentar o a compartir las viviendas con sus familiares por largos periodos. También la intervención del Estado puede tener un efecto crítico en los mercados de vivienda y bienes raíces. La legalización de terrenos, el suministro de servicios y los controles más estrictos impuestos contra la formación de nuevos asentamientos probablemente hagan aumentar los precios y reduzcan la oferta de los terrenos. A su vez, esto intensificará las presiones de los no propietarios y prolongará su residencia ya sea como inquilinos o "arrimados". El control de la renta y la falta de apoyo estatal directo han suprimido el mercado de la vivienda alquilada y acentuado la propensión de muchas familias a subdividir y compartir sus terrenos con parientes. Por último, la red física de la ciudad y su tasa de crecimiento pueden llegar a afectar los patrones residenciales. El gran tamaño de la ciudad de México en la actualidad significa que la gente tiende a relacionarse con uno de sus sectores más que con la totalidad. Por otra parte, la existencia de subcentros –cuyas funciones se asemejan a las del núcleo central– ofrece oportunidades dentro de la red urbana que seguirán conformando los patrones de movilidad de los habitantes.

LA APROPIACIÓN DEL ESPACIO
EN EL ÁREA METROPOLITANA

*La segregación residencial en relación
con los elementos externos positivos y negativos*

En su paso de plaza a suburbio y a megaciudad, la ciudad de México se ha vuelto espacialmente más diferenciada y segregada. Su patrón de uso de suelo será analizado con detalle en el capítulo 4, pero un vistazo a la figura 16 (del mismo capítulo) muestra que gran parte del área construida comprende uso de suelo residencial, mientras que las zonas industriales más grandes están ubicadas en el noreste (en el Estado de México) y el noroeste (Distrito Federal y Estado de México). Esta disposición espacial, junto con la inadecuada urbanización de las antiguas zonas lacustres orientales, determinó que el extremo más barato del mercado de bienes raíces sería hacia el oriente y el norte. De hecho, las primeras oleadas de habitantes adinerados de los suburbios fueron hacia el occidente y el sur, hacia las zonas con mejores condiciones externas (bosques, agua fresca, bajos niveles de contaminación [de polvo], acceso a carreteras y a los poblados extraurbanos y servicios que ofrecen). Así, se inició un amplio patrón de diferenciación social entre el sur y el occidente (los más ricos) y el norte y el oriente (los más pobres).

La prohibición de la década de 1950 a las nuevas subdivisiones en el Distrito Federal no alteró dichas tendencias en forma notoria. Si bien se establecieron nuevos terrenos residenciales para la nueva clase media-alta en Naucalpan y se creó un gran núme-

ro de subdivisiones para la población de bajos ingresos en varios
municipios del Estado de México, dentro del Distrito Federal permanecieron las mismas divisiones, aunque tanto ricos como
pobres debieron adoptar métodos ilegales de apropiación de la tierra
(Cisneros Sosa, 1993). Más tarde examinaré estos mecanismos; por
ahora baste mencionar que las tierras ejidales irían desapareciendo bajo diversos pretextos. Los ricos utilizaron el mecanismo de
"permuta"; mientras que los pobres invadieron los terrenos o los
compraron directamente a los ejidatarios (Varley, 1985a, 1987;
Cymet, 1992). Ni siquiera el control "monopólico" de los ejidatarios sobre las tierras ejidales pudo romper el patrón que ya se había
establecido. Esta "transferencia" en la disposición del espacio residencial continuó hasta principios de la década de 1970, cuando
las condiciones políticas facilitaron varias invasiones importantes de habitantes de escasos recursos en tierras ejidales al sur del
Distrito Federal (Cymet, 1992).

Hay quienes dicen que, en la actualidad, toda el área metropolitana constituye un elemento externo negativo, pues todos sus
habitantes se ven afectados por los problemas que conlleva vivir en
una ciudad con altos niveles de contaminación ambiental, servicios inadecuados para muchos, escasas áreas verdes, largos trayectos al trabajo, etcétera. La existencia de los diversos factores
que conforman estos problemas se analizará en los siguientes capítulos, pero si bien todos los sufren, no lo hacen en igual medida. A pesar de las mejoras significativas en los servicios en zonas
que tradicionalmente tenían los niveles más bajos en ese rubro
(el oriente y el norte), la carencia relativa sigue siendo mucho
mayor que en otros lugares de la ciudad. Los niveles de sobrepoblación, viviendas construidas con materiales inadecuados o provisionales y sin instalaciones sanitarias apropiadas reiteran el
mismo patrón (Puente, 1987). Son muy escasas las áreas verdes
en la ciudad, y están distribuidas preferentemente hacia el occidente y el sur. Si bien el parque de Chapultepec es utilizado por
grupos de bajos ingresos durante los fines de semana, entre semana
es propiedad exclusiva de los grupos adinerados, quienes lo usan
para su recreación y para practicar algún deporte o hacer ejercicio.

Sin embargo, la contaminación no guarda mucho respeto por tales matices espaciales diferenciados socialmente. La contaminación se debe a las frecuentes inversiones térmicas, al gran número y la amplia distribución de fuentes de contaminación, y las complejidades de flujos de aire regionales dentro del valle central (Jáuregui, 1987: 38). Las emisiones vehiculares generan la mayor fuente de contaminación y se concentran donde el tráfico es mayor: en la zona centro. El *smog* fotoquímico, que puede formarse después de varias horas en días soleados, afecta de manera más grave el suroeste de la ciudad, pues es transportado por la brisa que suele provenir del noreste por la tarde (Jáuregui, 1973). Esa misma brisa transporta polvo y partículas infecciosas de los suburbios pobres del oriente y los distribuye en toda la ciudad, sin distinguir la posición social de los vecindarios (Fox, 1972). Las "tolvaneras" (tormentas de polvo localizadas), muy comunes durante la temporada seca (marzo a mayo), afectan sobre todo las áreas donde se producen: los asentamientos al oriente sobre lo que era el lecho del lago (Jáuregui, 1969). Los isogramas muestran que la concentración de bióxido de sulfuro es mayor en el centro de la ciudad y se extiende hacia el norte y el occidente pasando por la zona industrial de Vallejo, hacia Naucalpan y Tlalnepantla. Al noreste, existe otra zona de alta concentración en el distrito industrial de Xalostoc. Así, todos en la ciudad sufren los efectos de la contaminación, aunque su periodicidad y fuente pueden variar en las diferentes zonas sociales.

En años recientes, las autoridades han comenzado a tomar acciones sistemáticas de protección ambiental y control de la contaminación. El Programa Integral Contra la Contaminación Atmosférica en la Zona Metropolitana de la ciudad de México (PICCA) fue publicado en 1991 y ofrece una serie de acciones prioritarias para reducir los niveles de contaminación en la capital (Castillo *et al.*, 1995). Éstas se concentran principalmente en las emisiones vehiculares y los medios legales para reducirlas. Si bien todavía existen problemas en su aplicación efectiva, en la actualidad se nota un esfuerzo más concertado por parte de las autoridades y una mayor conciencia e interés por parte de la población. La televi-

144 PETER M. WARD

sión y los periódicos ofrecen recomendaciones e informes diarios
sobre los niveles de contaminación, lo cual constituye un aspecto
relativamente nuevo en los medios de comunicación mexicanos.
Sin embargo, existe la dificultad de que, si bien el PICCA es una comisión metropolitana, el vecino Estado de México no está sujeto
a las mismas presiones que el Distrito Federal para aplicar el programa con regularidad. Retomaré el problema de las jurisdicciones
administrativas en los dos siguientes capítulos.

Los patrones cambiantes de segregación social

Antes de reflexionar sobre los actuales niveles de segregación
social y cómo se pueden cambiar, debemos reconocer que no se
trata de un fenómeno nuevo. En el periodo preindustrial y prerre-
volucionario, si bien los ricos y pobres de la ciudad de México re-
sidían en zonas cercanas, no vivían codo a codo. Los pobres resi-
dían aparte, en barrios discretos de los extremos norte y oriente
de lo que después se conocería como el "primer cuadro" (Lombardo,
1987; Morales, 1987; Lira, 1983). La principal diferencia es que la
suburbanización reprodujo la segregación social en una zona
mucho más amplia. Sin embargo, una pregunta importante es si
una vez iniciado, el proceso se ha vuelto autogenerador, o si existen
otros procesos de integración social y espacial.

El patrón tradicional de segregación social se demuestra fácilmente mediante la distribución poblacional de acuerdo con
los niveles de ingreso (véase figura 7, véase también Rubalcava y
Schteingart, 2000: 293). Las zonas de mayores ingresos, como
San Ángel, las Lomas (de Chapultepec, Reforma y Tecamachalco),
se diferencian en forma evidente, como también lo hacen las zonas,
más numerosas, de la segunda categoría, como Nápoles, Polanco,
Satélite, etcétera. En contraste, las zonas más pobres se encuentran
en las periferias del oriente y norte de la ciudad. La mezcla de
grupos socioeconómicos en el centro genera zonas de distribución
de ingresos bajos a medios, pero existen evidencias de que la situación de los grupos de bajos ingresos que viven dentro y alrededor
del centro de la ciudad es mucho mejor que la de sus contrapar-

FIGURA 7
DISTRIBUCIÓN DE LA POBLACIÓN
POR INGRESOS Y TIPO DE VIVIENDA

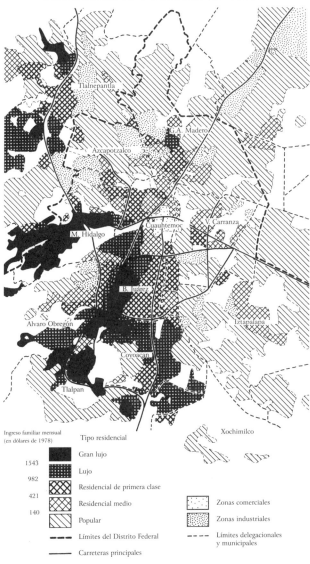

Ingreso familiar mensual
(en dólares de 1978)

Tipo residencial

Xochimilco

1543

Gran lujo

982

Lujo

421

Residencial de primera clase

Residencial medio

Zonas comerciales

140

Popular

Zonas industriales

▬▬▬ Límites del Distrito Federal

- - - - Límites delegacionales y municipales

▬▬▬ Carreteras principales

Fuente: Buró de Investigación de Mercados, S. A.

tes en la periferia (Valencia, 1965; Brown, 1972; México, RHP, 1986).
Esto se debe a que, en la mayoría de los casos, la población del
centro pertenece a una clase trabajadora estable (aunque en
declive) que tiene vínculos cercanos con la economía local.
Esta distribución espacial puede describirse como una serie
de zonas, sectores y núcleos que conforman el amplio patrón de
la ecología urbana (véase figura 8). Las áreas más pobres se han
desarrollado como una serie de zonas concéntricas al oriente y
norte. A medida que uno se desplaza hacia la periferia, los asentamientos se vuelven más pobres y más recientes. Por lo tanto, su
nivel de integración física es menor (medido en términos de niveles de infraestructura urbana, consolidación residencial, densidades poblacionales, etcétera). En general, estas zonas se extienden
mediante la construcción de nuevas viviendas en la periferia,
con densidades crecientes en las zonas central e intermedia. Los
grupos de mayores ingresos también ofrecen un patrón de expansión
urbana que consiste en la creación de nuevas áreas de exclusi-
vidad en las que puedan ostentar símbolos de riqueza y prestigio.
Sin embargo, el deseo de tener zonas claramente definidas y protegidas contra la intrusión de otros grupos ha conducido al surgimiento
de sectores en forma de cuña, que siguen los contornos del terreno
y utilizan barreras naturales como divisiones (véase figura 8). Parte
del desarrollo residencial de las élites también se está llevando a
cabo mediante el remodelamiento y embellecimiento (*gentrification*),
así como el repoblamiento de los centros de los antiguos pueblos
más atractivos como San Ángel y Tlalpan. En el pasado, algunas
zonas que habían sido exclusivas de las élites bajaron algunos escalones en el mercado cuando los grupos de ingresos medios-altos
se "infiltraron" en las residencias y terrenos abandonados por
quienes habrían sido sus vecinos, quienes se mudaron a zonas de
reciente desarrollo y mucho más "exclusivas" (Johnston, 1973;
Ward, 1976a).

FIGURA 8

DIAGRAMA DE LAS ZONAS "ECOLÓGICAS"
DE LA CIUDAD DE MÉXICO

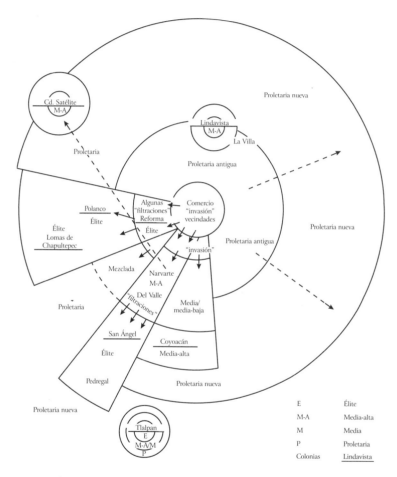

Por lo tanto, la disposición espacial de los grupos de ingresos medios está determinada por su voluntad de infiltrarse en estas residencias abandonadas o, más a menudo, su establecimiento en terrenos suburbanos desarrollados específicamente para satisfacer sus necesidades. La colonia del Valle en el centro-sur de la ciudad, y Satélite y Echegaray al noreste son buenos ejemplos de ello. Estas zonas también están sujetas a subsecuentes procesos de "infiltración". Durante los últimos 30 años, algunas partes de Polanco han bajado de categoría en el mercado: de ser zonas de residencia de la élite, pasaron a alojar a grupos de ingresos medios. Las áreas de las élites y clases altas desarrolladas durante la última década del siglo XX (como Roma norte) ya han estado sujetas desde hace tiempo a procesos de "invasión", mediante los cuales las presiones de reconstrucción comercial han conducido a cambios en el uso de suelo, de residencias unifamiliares a comercios, oficinas y viviendas multifamiliares de clase media o baja.

Sin embargo, las zonas ecológicas más grandes están ocupadas por los pobres. Como ya se ha señalado, éstos viven al oriente de la ciudad, pero también han conseguido introducirse ocasionalmente en zonas habitadas por otras clases sociales en el sur y el occidente. La capacidad para disponer de estas áreas se relaciona con las especificidades de la tenencia original de la tierra y/o el periodo político en que se crearon; pero de cualquier forma, el efecto desde 1970 ha sido la inserción de los pobres en algunas áreas del occidente y sur de la ciudad, y la subsecuente ruptura de la homogeneidad económica de las clases de ingresos medios.

Hasta ahora, el intento más sistemático por analizar estos procesos de diferenciación social en el caso de la ciudad de México entre 1970 y 1980 fue elaborado por Rubalcava y Schteingart (1987), quienes utilizaron datos censales y un análisis factorial de unas 18 variables (reducidas a siete en lo subsecuente). Posteriormente (2000) este análisis fue extendido para incluir los datos de 1990. En las primeras 2 décadas surgieron dos grandes factores de diferenciación:

a) la "consolidación urbana" relacionada con variables como niveles de propiedad, viviendas con servicios de agua, personas por habitación; y
b) el "desarrollo socioeconómico" vinculado con la proporción de personas económicamente activas, con educación primaria, con un ingreso mayor a seis veces el salario mínimo.

Entre estos dos "factores" explicaban casi tres cuartas partes de la variación total, y la consolidación urbana surgió como la forma más importante de diferenciar los patrones socioespaciales en la ciudad. Por desgracia, en el análisis anterior los datos estaban agregados y presentados en el nivel delegacional y municipal, de modo que los patrones resultantes eran bastante generalizados (Rubalcava y Schteingart, 1987). Sin embargo, el factor de "consolidación urbana" mostró una marcada diferenciación entre los niveles de mayores ingresos registrados en las tres delegaciones occidentales del centro –Miguel Hidalgo, Cuauhtémoc y Benito Juárez–, diferenciación que resultó menos notoria al hacer una división amplia de este a oeste. El segundo factor (desarrollo socioeconómico) mostró de manera aún más clara la marcada división entre las entidades políticas occidentales y los municipios del norte y, en especial, del oriente. Es quizás más significativo notar que, si bien hasta 1970 existía la tendencia a una mayor polarización entre las zonas sociales, la evolución del área urbana durante los años setenta y ochenta comenzó a revertir dicho proceso. En particular, indicaron una tendencia al mejoramiento de la posición de los grupos de medianos ingresos entre 1970 y 1980, a expensas de los grupos de ingresos superiores e inferiores. El análisis concluyó que se había dado "una disminución de las diferencias espacial y social, a pesar de que siguen existiendo disparidades extremas en indicadores importantes entre las diversas zonas" (Rubalcava y Schteingart, 1987: 114; pero cfr. Esquivel Hernández, 1995).

Si bien el estudio de 2000 sobre los datos de 1990 utilizó la misma metodología de análisis factorial, reveló importantes diferencias respecto de las tendencias anteriores. Además, fue un análisis mucho más matizado, pues los datos estaban desagregados en el nivel de áreas geoestadísticas básicas (AGEB) (Rubalcava y Schteingart, 2000). Sin embargo, aunque el análisis final es mucho más informativo, los autores no llegan a conclusiones sobre el rumbo que está tomando la segregación. Este análisis muestra que la explicación anterior basada en dos factores ahora se apoya en uno solo, el cual comprende cinco variables que están más relacionadas con la red urbana ("consolidación") y menos con los factores que destacan la diferenciación socioeconómica, en particular aquellos cargados hacia el extremo superior del espectro de ingresos (Rubalcava y Schteingart, 2000: 288). Si bien la descripción espacial general de los patrones de estratificación socioespacial es demasiado general porque las unidades de análisis son la delegación y el municipio, los autores concluyen que, en efecto, ha habido una intensificación de la diferenciación entre el extremo oriental (más pobre) y el occidental (más rico) de la ciudad. También son los primeros en destacar que estas diferencias ocultan una mayor heterogeneidad interna, como lo demuestra su análisis en el nivel de AGEB.

Si bien este patrón confirma la clara división entre este y oeste, su verdadera importancia radica en que también revela la enorme mezcla de niveles socioeconómicos que existe en el seno de las secciones individuales de la ciudad. Por otra parte, es relevante apreciar que estos datos de AGEB retratan el estrato seleccionado para determinada unidad individual y que, al comprender varios miles de personas, el retrato puede ocultar variaciones internas importantes. De hecho, su análisis de las tres delegaciones centrales de mayor nivel socioeconómico (Benito Juárez, Miguel Hidalgo y Cuauhtémoc) revela importantes variaciones internas cuando alcanza el nivel de AGEB (Rubalcava y Schteingart, 2000: 295). Y conociendo bien estas delegaciones, es importante apreciar que incluso las unidades individuales AGEB están lejos de ser homogéneas en su interior. Este estudio lo confirma y, además, muestra que el nivel de homogeneidad/heterogeneidad interna que puede observarse, ya sea dentro de la delegación/municipio o bien dentro de las AGEB, es más pronunciado en las unidades de análisis de los estratos "pobre" y "muy pobre": "En las delegaciones de mayores ingresos puede encontrarse una amplia gama de variaciones socioeconómicas. Por otra parte, aquellas zonas con AGEB en la categoría de los más pobres, sólo en muy raras ocasiones incluyen otros grupos de ingreso que no sean pobres o muy pobres" (Rubalcava y Schteingart, 2000: 294). Esta distinción entre las zonas más ricas de la ciudad, en donde existe una variación interna considerable, y las zonas pobres, que son más homogéneas, ayuda a explicar la aparente paradoja de un bajo crecimiento general de la segregación en el nivel macro, y la división y diferenciación más marcadas entre los vecindarios en el nivel micro.

¿Cómo explicar esta aparente paradoja? Al analizar la segregación social, la escala es un factor importante. Si bien el nivel *general* de segregación residencial en ciudades pobres no está aumentando en forma significativa, la segmentación, separación y líneas divisorias (barreras) entre los vecindarios de clases altas y trabajadoras sí lo está. La ciudad de México, al igual que muchas ciudades latinoamericanas, ha experimentado un drástico aumento en los niveles de violencia desde la década de 1990 (Alvarado, 2000; Briceño León, 1999). Cada vez se contratan más empresas de seguridad privadas para proteger los límites de las zonas residenciales de clase media y alta, volviéndolas áreas cerradas para la clase trabajadora y otras poblaciones externas (Caldeira, 2000; véase también Blakeley y Snyder, 1998). Por otra parte, a medida que los servicios urbanos se van encomendando a operadores privados, se va segmentando aún más la separación transaccional entre ricos y pobres.

Existen varios factores que ayudan a explicar la mayor o menor segregación. La intervención estatal para ocultar a ciertos grupos y asignarlos a ciertas zonas podría polarizar más aún la segregación espacial (como en Santiago, Chile, bajo el régimen militar [Sabatini, 1998]). La política fiscal local (urbana) también puede provocar el aumento en el número de enclaves exclusivos de la élite, como ocurrió en Chacao, Caracas (Mitchell, 1998). Por otro lado, las políticas estatales que fomentan la construcción de viviendas de clase trabajadora en ciertas zonas de la ciudad o permiten la ocupación ilegal de la tierra, por ejemplo, también pueden reducir la polarización. En el mencionado análisis sobre la ciudad de México, los autores explican tentativamente la importancia cambiante de sus variables mediante el retiro del Estado durante los años ochenta, el cual intensificó la desigualdad en el papel del mercado. Sin embargo, aunque en teoría esto debería producir una mayor segregación, todavía no se observa tal tendencia.

Además, aun cuando estuvieran en manos del sector privado y el mercado, las decisiones de los corredores de bienes raíces y los desarrolladores no vuelven axiomática la mayor polarización, como Sabatini lo demuestra en el caso de Santiago, Chile (1998). Allí, como en otros lugares, diversos agentes producen la tierra, la cual no es un simple resultado de la oferta y la demanda. De este modo, desde finales de la década de 1970, los grupos de mayores ingresos en Santiago se han desplazado a antiguos lugares urbanos (granjas, casas de campo, etcétera), mientras que los especuladores han promovido proyectos de vivienda para las clases medias al sur y occidente de la ciudad, áreas que antes estaban destinadas a los grupos de bajos ingresos. La descentralización de los subcentros comerciales está incrementando la heterogeneidad de la ciudad. De hecho, mi propio trabajo sobre los precios de la tierra y el comportamiento del mercado de bienes raíces residenciales en las ciudades mexicanas también sugiere que los precios siguen ciclos económicos y que son los actores sociales (corredores, desarrolladores, paracaidistas y fraccionadores) quienes producen el espacio urbano, en formas que no son axiomáticas para la segregación social (Ward, 2001b). En pocas palabras, quizás el aspecto más sorprendente sea que las grandes ciudades latinoamericanas no presentan niveles de segregación *mucho* más altos.

En la ciudad de México, una de las principales razones por las que la polarización de las áreas sociales no es tan marcada es la existencia de terrenos (ejidales) de propiedad social a los cuales los grupos de ingresos medios tienen un acceso limitado (puesto que su desarrollo sería ilegal). En su mayoría (aunque no de forma exclusiva), dichos terrenos están destinados a la construcción de viviendas para grupos de bajos ingresos, lo cual ha permitido las incursiones de habitantes de clase trabajadora hacia el sur, occidente y noroccidente, equilibrando, por lo menos de manera modesta, la expansión de asentamientos irregulares hacia el oriente. Ni siquiera el hecho de que, en la actualidad, los terrenos ejidales pueden venderse legalmente parece haber producido una mayor incursión de los grupos de ingresos superiores hacia esa parte del mercado de bienes raíces (Jones y Ward, 1997; Jones, 1996). Nuestros datos para otras ciudades sugieren que, al menos hasta ahora, existe escasa evidencia acerca de "invasiones" en los terrenos ejidales por parte de grupos de ingresos superiores u otros sectores (Jones y Ward, 1998). Tampoco es probable que la nueva legislación marque una diferencia significativa en el Distrito Federal, puesto que gran parte de esa entidad ya ha sido urbanizada.

Sin embargo, el hallazgo de que las diferencias espaciales y sociales han disminuido es importante, pues destaca la probabilidad de que las condiciones en la ciudad de México no estén deteriorándose en forma inevitable e inexorable, como suelen sostener los teóricos marxistas (Esquivel Hernández, 1995). Con esta observación no busco atenuar las evidentes disparidades que existen en la ciudad. Tampoco sugiero que, abandonadas a sus propios recursos y mecanismos de mercado, dichas desigualdades espaciales se vayan a resolver en forma gradual. Pero sí deseo recalcar la necesidad de tomar en cuenta las complejidades de los procesos implicados en la evolución de las grandes ciudades y de analizar la producción social del espacio urbano, así como de descomponer la escala en la que se está buscando hacer generalizaciones.

EL "PROBLEMA" DE LA ZONA CENTRO
EN LA CIUDAD DE MÉXICO

EN LA sección final de este capítulo quiero explorar con cierto detalle la naturaleza de la zona centro de la ciudad de México, e indagar si ésta y otras ciudades en países menos desarrollados están experimentando una disminución en sus zonas centrales similar a la que experimentaron Estados Unidos y Europa (Frieden y Sagalyn, 1990; Halpern, 1995; Smith, 1996). Si bien existe bastante material sobre los países más desarrollados, casi no existen análisis urbanos sobre las zonas centrales de países como México (Eckstein, 1990a). Gran parte de la atención se ha concentrado en la suburbanización de la periferia, a menudo ilegal, como ya se mencionó. De hecho, en la primera edición de este libro no se incluyó el análisis del centro de la ciudad *per se*, de modo que el siguiente material es completamente nuevo.

Como se habrá observado a lo largo de este capítulo, existe mucha información que indica la "convergencia" de los procesos urbanos en la ciudad de México, procesos que han sido experimentados ampliamente por las ciudades desarrolladas: la suburbanización, la salida del centro de las élites y los grupos de ingresos medios; los "saltos" desde los asentamientos existentes hacia áreas nuevas de mayor "prestigio", así como todo un espectro de procesos económicos recién iniciados que exigen sistemas de producción más "flexibles" y nuevas restricciones y criterios de ubicación (véase también Garza, 1992). Algunos autores han buscado –con bastante tino– equiparar en forma aproximada los suburbios de clase trabajadora en las ciudades desarrolladas y los asentamientos periféricos "autoconstruidos" en ciudades como México (Johnston, 1973). Así pues, debería haber evidencia suficiente que indicara una convergencia sustancial; sin embargo, no la hay (Ward, 1993; véase también Home, 1982).

Pocos analistas han buscado examinar sistemáticamente las zonas centrales de las ciudades latinoamericanas. Algunas excepciones importantes son los primeros trabajos de Hardoy y Dos Santos (1983) y, en años más recientes, el inventario y análisis de usos de suelo y estructuras de edificios en varias ciudades latinoamericanas y caribeñas de Scarpaci y Gutman (Scarpaci y Gutman, 1995. El último grupo de trabajos sugiere que, si bien muchas ciudades se valoran por el patrimonio cultural de su zona centro, y algunas –como la ciudad de México– han sido designadas patrimonio de la humanidad por la UNESCO, resulta más importante la constelación de variables como el compromiso y apoyo gubernamental (nacional y municipal) y del sector privado a los proyectos de renovación. Las ciudades que han buscado renovarse en forma asidua (como Cartagena) a menudo han tenido éxito; mientras que aquéllas donde se ha descuidado la revitalización urbana, han sufrido un terrible deterioro (como La Habana y Trinidad, ambas están en Cuba y ambas son patrimonio de la humanidad según la UNESCO). Scarpaci y Gutman no consideran que la combinación de funciones comerciales y residenciales sea incompatible con los centros históricos: por el contrario, dicha amalgama resulta benéfica para los esfuerzos de revitalización. La experiencia de Quito también sugiere que las propiedades renovadas suelen relacionarse con usos de suelo mixtos y que son más bien los criterios económicos, y no los residenciales, los que promueven tal renovación. Esta situación ha producido cierta reducción de las oportunidades residenciales en el centro histórico, tanto por la disminución de las densidades como por el cambio de función de los edificios (Jones y Bromley, 1996). Al menos en el caso de Quito, la clave para la conservación exitosa será convencer a los propietarios privados de renovar sus propiedades. Estos mismos autores también hallaron inconsistencias y rupturas importantes en la aplicación de reglamentos municipales, de modo que muchas propiedades mostraban pintas, letreros, antenas y ladrillos con revestimientos y colores que no concordaban con la imagen que se estaba buscando. Sin embargo, gran parte de estos estudios sugieren una trayectoria evolutiva marcadamente diferente de los centros históricos de Europa occidental y Estados Unidos (Ward, 1993; Scarpaci y Gutman, 1995). Scarpaci y Gutman argumentan con precisión que la mayoría de las zonas centrales de las ciudades latinoamericanas tienen líneas de horizonte bajas y continúan ancladas a plazas históricas (véase también Herzog, 1995).

De tal modo, aunque la mayoría muestra similitudes en los procesos generales de urbanización, las zonas centrales de las ciudades latinoamericanas no han mostrado el mismo nivel de decadencia y pérdida de población que sus contrapartes europeas o estadounidenses. Tampoco han experimentado el mismo resurgimiento de la reinversión y del movimiento de vuelta a la ciudad relacionado con los clásicos "remodeladores" (Hamnett, 1991; Smith, 1996). Si bien existen ejemplos importantes de esquemas para desocupar la zona centro en ciudades como Montevideo y São Paulo (Benton, 1986; Batley, 1982), los planes de reconstrucción y reubicación nunca se llevaron a cabo, en gran parte porque las condiciones económicas en los niveles micro y macro volvieron más lucrativas otras formas de inversión. Los esquemas para desocupar la tierra en los años setenta y principios de los ochenta no condujeron a la etapa final de reconstrucción.

Estos proyectos de desarrollo están "parados" debido, en parte, a la relativa falta de interés del sector privado dada la amplia población (de clase trabajadora) que aún vive en y alrededor del centro de la ciudad; y, en parte, a que la diferencia entre los alquileres actuales de terrenos/oficinas y los que resultarían de la reconstrucción es insuficiente para estimular la inversión privada (Ward, 1993; Smith, 1996). Por otro lado, a pesar de la considerable coincidencia en cuanto a estética y gustos del consumidor entre las clases medias en el nivel mundial, gran parte de la élite y de los profesionales de ingresos medios sigue considerando anatema vivir en el centro. Se trata de sociedades bastante clasistas y, a menudo, implícitamente racistas, para quienes la ubicación residencial sigue siendo un importante mecanismo mediante el cual muestran su posición social y se reproducen los patrones de estratificación. No es de sorprender que la ubicación de muchos servicios importantes (escuelas privadas, tiendas, lugares de recreo, etcétera) siga a esos mercados, de modo que quienes se cambiaran a la zona centro sufrirían numerosas incomodidades familiares, a menos que el remodelamiento de dicha zona se diera en forma concertada. Y tampoco los profesionales más jóvenes y "bohemios", los cuales abundan, parecen deseosos de cambiarse al centro de la ciudad, aunque algunos han ido estableciéndose en otras antiguas zonas de ingresos superiores (como las colonias Roma y Condesa en la ciudad de México).

Tampoco hemos observado un "revanchismo" de protestas públicas y reacciones en masa como el que algunos autores han comenzado a describir, sobre todo en las zonas centro de las ciudades de América del Norte, donde los grupos locales se han movilizado para resistir los desalojos de residentes y mendigos a medida que las autoridades urbanas buscan "limpiar" el área y detener la espiral de decadencia que está provocando el "desembellecimiento" (Smith, 1996; Beauregard, 1993; Bourne, 1993). Esto no quiere decir que los movimientos sociales y manifestaciones en contra de los proyectos urbanos no sean una característica de los centros de las ciudades latinoamericanas: lo son. Los residentes del centro de la ciudad de México tienen una larga (y a menudo exitosa) tradición de organización de interés local que les ha permitido recibir mayores recursos para proyectos de vivienda y desarrollo de uso de suelo, como el Plan Tepito de los años setenta, y la mobilización espontánea a raíz del terremoto de 1985 que resultó en su participación en el programa de reconstrucción de viviendas, del cual, además, fueron los primeros beneficiarios (véase el capítulo 7). Posteriormente, esta organización condujo al desarrollo de la Asamblea de Barrios, que tuvo bastante influencia durante casi una década (Eckstein, 1990b, 1990c; Greene, 1993). Pero incluso con el clima económico de 1995-1996, no se han dado grandes brotes de protestas urbanas o actividad vengativa y radical como la que describen Smith (1996) y otros en torno a la clausura del Tompkins Square Park en Nueva York en 1991. El crimen ha aumentado drásticamente en la ciudad de México (véase el prefacio), pero no está relacionado con ningún proyecto de reconstrucción urbana reaccionario para el centro histórico de la ciudad, ni tampoco para otros lugares.

Por lo tanto, quizás convenga caracterizar las zonas centrales de las ciudades latinoamericanas como diferentes por su tipo, más que por su grado, cuando se les compara con sus contrapartes europeas. Además de algunas discrepancias ideológicas basadas en las clases sociales, la demografía y la economía son sustancialmente diferentes. Si bien muchas ciudades están experimentando cierta pérdida de población que a menudo parece acelerarse, no se trata de un "saqueo" del centro, como ocurrió en Londres, por ejemplo, donde la población disminuyó en 750,000 habitantes entre 1951 y 1971, y en medio millón más sólo entre 1971 y 1977, sobre todo de los barrios centrales (Balchin y Bull, 1987). También Filadelfia perdió más de 400,000 habitantes entre 1950 y 1980, aun cuando los suburbios aumentaron en casi un millón y medio

(Beauregard, 1989). Invariablemente, esto dejó a las zonas centrales con una población muy pequeña que comprendía una alta proporción de ancianos, clases trabajadoras pobres, y a menudo minorías étnicas que llegaron a la zona atraídas por los bajos costos de las viviendas debido al abandono y la planeación malograda. En el terreno económico, estas zonas albergan las plantas industriales y manufactureras más viejas, que ahora representan anacronismos en una nueva época de luces brillantes que requiere de mano de obra barata y flexible con incomodidades mínimas de tráfico y servicios públicos.

Como ya se mencionó en este capítulo, las cuatro delegaciones centrales de la ciudad de México comenzaron a experimentar una pérdida neta de población hacia las zonas circundantes a partir de 1970 (–2.21 por ciento anual entre 1970 y 1990), lo cual trajo consigo una disminución total de la población en un millón de habitantes (alrededor de una tercera parte del total, véase cuadro 6). Se trata de una pérdida sustancial, pero no de un "descuartizamiento" del corazón de la ciudad; y a pesar del daño causado por los terremotos de 1985, las delegaciones de la zona centro todavía albergan a casi 2 millones de ciudadanos, la mayoría de clase trabajadora.

De igual manera, las nuevas industrias establecidas durante las décadas de 1950 y 1960 nunca se ubicaron en la zona centro de la ciudad de México; lo hicieron en el primer y segundo "anillo", de modo que nunca existió un nivel de pérdida de empleos como el que se relaciona con el descuido de las industrias y la reubicación de empleos hacia las nuevas plantas y fábricas más modernas de la periferia. En la ciudad de México estas nuevas industrias *comenzaron* en la (entonces) periferia. Esto no quiere decir que no haya habido pérdidas significativas de empleos, pero éstas no han sido en gran escala y además han sido compensadas con cierto nivel de creación de nuevos empleos, en especial dentro del sector servicios, como se señaló en el capítulo anterior.

Comentar sobre estos procesos de una manera matizada resulta difícil, dada la falta de análisis detallados sobre el centro de la ciudad de México, por un lado, y la falta de datos desagregados confiables por el otro. Los datos de los cuadros 6 y 5 ofrecen cierto acercamiento a la situación, pero cada una de las delegaciones centrales tienen una población de más de 400,000 habitantes y muchos procesos varían internamente en formas importantes. Ésta es la principal desventaja del análisis de Garrocho, por lo demás comprensivo, a la cual se añade su comparación de datos de 1980 y 1990 (Garrocho, 1995). Dada la deficiencia del censo de 1980, una comparación entre 1970 y 1990 hubiera resultado más adecuada. Sin embargo, el análisis demuestra que, según cinco dimensiones de cambio que comprenden población, empleo y bienestar, todas estas delegaciones, a excepción de Venustiano Carranza, están experimentando una disminución y decadencia urbanas, y una de ellas (Cuauhtémoc) en forma especialmente notoria (Garrocho, 1995: 5).

El excelente estudio de Monnet (1995) nos ayuda a superar algunos de estos problemas de análisis de datos, pues si bien compara los censos de 1970 y 1990, se concentra casi exclusivamente en el material de 1990. Además, estos datos están desagregados en un nivel mucho más pequeño de AGEB. Sin embargo, su zona centro está demasiado circunscrita, pues abarca tan sólo unas dos terceras partes de dos delegaciones (Cuauhtémoc y Venustiano Carranza) y se concentra en particular en el área conocida tradicionalmente como el "primer cuadro". A grandes rasgos, los límites de su área de estudio son el Eje 3 al oriente, el Viaducto al sur y el Circuito Interior al norte y occidente (aunque hacia el norte y el sur el área acaba cerca de un kilómetro antes de las calles mencionadas). El estudio incluye datos para 100 subáreas (AGEB) y los complementa con un análisis de sección transversal de los negocios comprendidos entre la parte oriente del Zócalo y la calle de Bucareli. Si bien el análisis no abarca toda la zona centro, ni capta en forma adecuada el *cambio*, dado que se basa casi exclusivamente en datos de 1990, es el primero en su tipo que logra asir en forma efectiva la naturaleza altamente heterogénea de la zona.

Un aspecto del estudio de Monnet es la división bimodal entre las características económicas y poblacionales de la zona turística

conocida como Zona Rosa, y el principal centro del primer cuadro
que se extiende entre el Zócalo y el Eje Central. Muchas de las diferencias son esperadas, aunque el altísimo porcentaje de residencia femenina en la parte suroccidental de la zona (en especial en
la Zona Rosa), que Monnet relaciona con la cantidad de familias
unipersonales y de sirvientes domésticos, resulta bastante impresionante (Monnet, 1995: 60). La delegación Venustiano Carranza completa tiene una proporción mujeres/hombres de 115:100,
y sin embargo muchas subáreas de la zona identificada por Monnet
tienen una proporción de 125 o 150:100. Por su parte, las zonas
de Tepito y la Merced tienen proporciones relativamente altas de
hombres, aunque las mujeres siguen a la cabeza de manera marginal. La alta proporción de hombres en estas zonas se relaciona con
la naturaleza tradicional que tienen ciertas partes del centro como
"zonas de recepción" para los recién llegados, aunque ya vimos
que dicha área ha perdido importancia en este aspecto. Las densidades en la parte norte son especialmente altas y comprenden los
barrios de Tepito y Guerrero, donde es común encontrar más de
300 personas por hectárea. De igual manera, el número de residentes por vivienda varía en la zona centro: de un promedio de 2.7 a
3.6 en el occidente, aumenta a uno de 3.7 a 4 en el área central, y
de 4.01 a 4.83 en el oriente y nororiente. Esto ubica de manera
precisa las principales áreas de vecindades.

Los mapas de actividad económica muestran que se trata de
un área que alberga, sobre todo, pequeños establecimientos (a
excepción del Paseo de la Reforma y la Zona Rosa). Lejos de ser
"marginales", las actividades industriales están íntimamente ligadas con el Centro Histórico. La costura y elaboración de ropa es
de especial importancia para esta zona de la ciudad, la cual emplea
a más de 13,000 trabajadores (una cuarta parte de todos los
trabajadores industriales de la zona) en este rubro, que se concentra casi en forma exclusiva en las calles contiguas al norte y sur
del Zócalo. La fabricación de zapatos es casi exclusiva de Tepito
y de pequeños talleres de autoempleo; los trabajadores locales de-
nominan a esta zona "la capital del calzado". Dicho nombre es
poco adecuado, pues como se observa más adelante en el análisis,

el Distrito Federal y Tepito desempeñan un papel relativamente insignificante dentro de esa industria (Monnet, 1995: 124). El centro también alberga numerosas actividades de otro tipo –a menudo artesanía altamente calificada– relacionadas con el comercio de la zona: joyería, elaboración de instrumentos musicales, etcétera (Mantecón y Reyes Domínguez, 1993).

La naturaleza bipolar de la zona centro se pone de manifiesto cuando se desagrega la distribución de los diferentes servicios: agencias de viaje, bancos, hoteles, algunos talleres mecánicos al oriente, y compañías aseguradoras, oficinas, etcétera, al occidente. Ni éstos ni otros datos han registrado en forma adecuada el gran número de ambulantes o vendedores de la calle. También el ambulantaje constituye un universo complejo y, a primera vista, anárquico. Sin embargo, comprende una multiplicidad de niveles organizacionales que van desde los niños de 10 años que limpian el calzado hasta los puestos regulares (y regulados) de los boleros. El mismo espectro se repite en casi todas las áreas de actividad: venta de boletos de lotería, joyería, alimentos, juguetes, globos, etcétera. El ambulantaje se ha convertido en un importante tema político y una fuente de tensión en el centro de la ciudad. Se estima que existen más de 149,000 ambulantes en la ciudad de México, muchos de los cuales operan en la zona centro. Los negocios locales se quejan cada vez más, pues los ambulantes les quitan clientes y causan desorden frente a sus tiendas, además de que no tienen que pagar licencias ni impuestos y operan a muy bajos costos. Por su parte, las autoridades están presionadas por los comerciantes establecidos para desalojar a los ambulantes de las calles. También se muestran preocupadas por la naturaleza no regulada y a menudo insalubre de los negocios itinerantes y sus ramificaciones en el turismo (Tejeda, 1995).

Por consiguiente, en años recientes la ciudad de México ha llevado a cabo una serie de desalojos periódicos de ambulantes, como también lo han hecho varias ciudades del país (Jones y Varley, 1994; Lezema, 1991). El regente del Distrito Federal, Camacho Solís (1988-1993), hizo del ambulantaje algo prioritario durante su administración, aunque lo vinculó sensiblemente a un programa que buscaba concentrar sus actividades en lugares controlados específicos y mercados cubiertos construidos a propósito, de los cuales se planearon alrededor de 37 (*La Jornada*, 28 de enero de 1992). Estaban contemplados unos 10,000 ambulantes de varias clases sociales (no sólo pobres) que operaban en unas 300 cuadras de la zona centro. Entre mayo y diciembre de 1993, unos 24 mercados fueron construidos por 16 diferentes despachos privados de arquitectos que trabajaron en conjunto con la Secretaría de Obras Públicas y que tenían a su cargo el desarrollo de diseños con fachadas que fueran de acuerdo con el contexto histórico de la zona (Tejeda, 1995). Luego de un año de operación, se estimó que sólo la mitad de los mercados había tenido éxito, mientras que los demás habían fracasado debido a su mala ubicación y diseño. Los mejores diseños fueron los que facilitaron la circulación a través del mercado y que, en efecto, reproducían con mayor exactitud la práctica tradicional del ambulantaje (Tejeda, 1995). Al parecer, algunos ambulantes utilizaron sus lugares del mercado como almacenes y continuaron vendiendo en la calle. La última recesión aumentó de nuevo la tendencia al ambulantaje en la ciudad de México, lo cual condujo a medidas más enérgicas y a una mayor resistencia durante la administración de Óscar Espinosa. Gran parte de los ambulantes pertenecía a una de más de 60 diferentes organizaciones, y la mayoría (76 por ciento) pertenecía a tres de ellas, cuyos líderes eran muy influyentes y se oponían a ser transladados a lugares fijos. Esta situación provocó desalojos por parte de la policía y cierta violencia en las calles durante el verano de 1995. El momento fue poco favorable, pero muchas calles quedaron libres de ambulantes, aunque fuera a cambio de una fuerte presencia policiaca. Sin embargo, sigue siendo un problema difícil de resolver, en especial durante los periodos de crisis económica y austeridad. A pesar del estímulo de 1995, muchos gobiernos tienden a ser más indulgentes en las épocas difíciles y a presionar con fuerza cuando la economía está en expansión y existen empleos alternativos.

Así pues, vamos desarrollando poco a poco una comprensión socioeconómica más satisfactoria y matizada de las características de la zona centro de la ciudad de México. Pero excluyendo por un momento la zona turística más occidental, esta área está vinculada a una cultura popular muy fuerte y dinámica (Tamayo, 1995; García Canclini, 1993). Así como el East End de Londres tiene su lenguaje y su jerga, sus canciones, alimentos y, por supuesto, sus boxeadores, también los tiene Tepito (Mantecón y Reyes Domínguez, 1993; Eckstein, 1990a). Los más destacados boxeadores internacionales de México se originan y/o entrenan en Tepito. También allí se encuentra el mercado de "fayuca" de la ciudad.

Dado que no existe un "problema" en la zona centro, en el sentido que se le da en el Reino Unido, quizás no sea de sorprender que tampoco exista una inquietud por elaborar políticas para dicha zona. No obstante, en México y otros lugares existe una importante preocupación por parte de los sectores público y privado sobre el deterioro físico del centro colonial de muchas ciudades latinoamericanas (Jones y Bromley, 1996; Scarpaci, por salir). A menudo, este patrimonio cultural se ha ido perdiendo debido a que no se ha logrado mantener la red física de edificios, como tampoco se ha logrado hacer cumplir los reglamentos de protección y conservación. El Centro Histórico de la ciudad de México es patrimonio de la humanidad designado por la UNESCO en 1985 (Jones, 1994), y como muchas otras ciudades mexicanas, tiene un patrimonio enormemente rico de edificios y monumentos que abarca todas las épocas: colonial, siglo XIX, Art Nouveau, Art Deco, arte moderno y ahora posmoderno. Alrededor de 1,500 edificios y monumentos en los 9 kilómetros cuadrados o 668 manzanas están registrados por tener valor histórico y arquitectónico (Tejeda, 1995), y están a cargo de dos instituciones: el INAH, el Instituto de Antropología e Historia que protege el patrimonio anterior al siglo XX, y el Instituto Nacional de Bellas Artes (INBA) que inspecciona y administra el resto.

Si bien ambas instituciones hacen activamente lo que pueden, la falta de recursos dificulta su labor y muchos edificios acaban por perderse o bien continúan deteriorándose. También existe un problema de percepción, puesto que gran parte de las organizaciones de conservación y preservación en la ciudad de México –como en otros lugares– tienden a ver el patrimonio cultural en términos meramente físicos, como objetos más que como procesos (Hallqvist, 1994). Por lo tanto, pasan por alto el rico patrimonio cultural encerrado en la población local, es decir, su patrimonio social (véase también Tamayo, 1995). Como lo ha resaltado este estudio, la zona centro de la ciudad de México sigue teniendo una gran población residente, con una vigorosa cultura popular (García Canclini, 1994). Esto quiere decir que los planes de conservación deben buscar restaurar y mantener la red física sin desplazar a la población, ya sea directamente mediante desalojos, o bien indirectamente influyendo la ideología predominante de la cultura popular y el valor de los edificios y ambientes construidos de modo que admitan proyectos de modernización y rechacen el patrimonio histórico, como amenazó con suceder en el centro de la ciudad de México (Tamayo, 1995). Por supuesto, el franco remodelamiento conduciría al desplazamiento. Por degracia, el desalojo y el desplazamiento han sido en ocasiones los objetivos de la reconstrucción de la zona centro, aunque en la actualidad sólo un político torpe lo admitiría en público; de allí el atractivo del desalojo disimulado mediante el remodelamiento.

La actual reconstrucción de la zona sur de la Alameda amenaza con ser justamente eso. La zona, en gran parte comercial, está delimitada por las calles de Juárez, artículo 123, Balderas y el Eje Lázaro Cárdenas. Dicha área se vio seriamente afectada por los sismos de 1985, pero al no tener una función residencial importante, han sido pocos los esfuerzos por reconstruirla o reconfigurarla desde el siniestro. Las estructuras peligrosas han sido demolidas, mientras que otras permanecen cerradas. Algunas calles conservan importantes funciones industriales y comerciales en pequeña escala. Sin embargo, desde 1993 existe un creciente interés por parte de un gran grupo privado para llevar a cabo un proyecto de desarrollo de oficinas, comercios y bancos en esa zona (Reichmann Internacional). Dicho grupo ha contratado al reconocido arquitecto mexicano, Ricardo Legorreta, para desarrollar un plan maestro para la zona sur de la Alameda. Esto se enfrentó con los objetivos del INAH, encargado de la preservación de los numerosos monumentos y edificios históricos de la zona (Prieto y Delgado, 1995). Si se le hubiera permitido proseguir, el proyecto sin duda habría desplazado a un gran número de pequeños negocios y algunas residencias, sin importar cuán respetuoso fuera el plan de Legorreta respecto del patrimonio cultural.

Así pues, si bien no existe un remodelamiento residencial significativo en la ciudad de México por las razones ya expuestas, el "remodelamiento comercial" representa una opción más viable. En Puebla, la renovación del Mercado Victoria, que fue convertido en una serie de tiendas y atracciones turísticas, ha desempeñado un papel importante para estimular la regeneración de la zona centro de la ciudad, pero también ha desplazado muchas actividades y residentes (Jones y Varley, 1994). En la ciudad de México y en otros lugares, la restauración de monumentos coloniales para volverlos galerías de arte, museos, bibliotecas públicas, edificios de gobierno, bancos, hoteles, etcétera, suele mostrar una gran imaginación y sensibilidad arquitectónica, pero esos mismos edificios son "sombríos" de noche (véase por ejemplo Hallqvist, 1994). Más adelante, el lector podrá compartir mi admiración por varios edificios de la ciudad de México, y por la renovación de algunas construcciones de la zona centro. El Centro Histórico de la Ciudad de México es un "patrimonio de la humanidad" de la UNESCO, y de los 14 soberbios proyectos descritos por Hallqvist (1994), casi todos *excluyen* a las clases populares, incluidos museos, galerías de arte y el Club de Banqueros. Dos de los edificios tienen un bar y un restaurante, pero sólo se abren a la hora de la comida y son para las clases medias. Por desgracia, ninguno de los 25 nuevos mercados cubiertos descritos más arriba logró colarse en su colección. Como señalaron Hardoy y sus colaboradores, el desafío es conservar los centros históricos sin convertirlos en museos (Hardoy y Dos Santos, 1983; Hardoy y Gutman, 1991). La gente –la cultura popular– también debe tomarse en cuenta. El centro de la ciudad de México tiene ricas tradiciones respecto de ambas; sin embargo, pocos comprenden o se interesan lo suficiente por la vigorosa cultura de los propios barrios.

En este capítulo hemos examinado la manera en que la ciudad de México ha crecido, así como varios aspectos de la dinámica reciente de dicho crecimiento. Los capítulos restantes de este libro se ocuparán específicamente de las formas en que la ciudad se reproduce, y el impacto que estos procesos pueden tener en los patrones físicos de desigualdad social ya mencionados.

Dirigir la megaciudad: la política de la administración metropolitana, 1970-2001

N o sólo el espacio económico, demográfico y físico de la ciudad ha experimentado cambios profundos desde principios de los años setenta; las transformaciones más importantes se han dado, quizás, en el campo más amplio de la política nacional, pues éstas han alterado por completo el espacio político del gobierno de la ciudad de México. Uno de los cambios más significativos ocurrió durante 1997, cuando estaba por terminar la segunda edición en inglés; se trata de la elección directa del jefe de Gobierno del Distrito Federal, que constituyó la primera ocasión en muchos años en que el Distrito pudo elegir a su equivalente de gobernador. En la edición de 1990, gran parte de este capítulo estaba dedicada a examinar la creciente demanda de elecciones directas y los numerosos mecanismos y argumentos esgrimidos por el gobierno federal para evitar el día en que el alcalde del Distrito Federal ya no fuera elegido por el Presidente, sino por el electorado. Ese día llegó el 6 de julio de 1997, y este capítulo busca analizar cómo se logró introducir este avance y cuáles fueron sus implicaciones para Cárdenas y el PRD, quienes ganaron las elecciones y conformaron el gobierno de la ciudad.

Al revisar este capítulo para la edición en español, no sólo he podido describir las elecciones de 1997, sino también incluir un análisis de las elecciones del 2 de julio para jefe de Gobierno, así como la elección de una nueva Asamblea Legislativa del Distrito Federal y, por primera vez, la elección directa de quienes antes eran los delegados. Luego de una campaña exitosa, no sorprendió que el candidato del PRD, López Obrador, fuera elegido nuevo jefe de Gobierno, aunque el margen relativamente reducido que lo separó de Santiago Creel, candidato del PAN, no se esperaba (véase más adelante). También son interesantes los resultados de los diferentes partidos en otras elecciones y la derrota casi completa del PRI en el Distrito Federal. Ahora bien, este capítulo no es el lugar adecuado para efectuar una evaluación de la primera administración del PRD de 1997 a 2000 (eso vendrá en el capítulo 8). En lugar de ello, mi objetivo aquí es ofrecer un panorama general de los cambios políticos más amplios en el país y la ciudad de México, seguido de un análisis de los fundamentos que –hasta 1997– apuntalaron el gobierno y la elaboración de políticas en el Distrito Federal. En particular, deseo analizar la forma en que el PRI fue cediendo gradualmente ante la idea de que a los ciudadanos del Distrito Federal se les debía permitir elegir a sus líderes y ejercer una mayor vigilancia.

LA TRANSICIÓN POLÍTICA EN MÉXICO

ANTES DE concentrarnos específicamente en la ciudad de México, debemos proporcionar al lector información sobre la estructura política nacional y su dinámica reciente. Esto es necesario porque, como ya vimos, la importancia económica y demográfica del área metropolitana en la vida nacional se ve consolidada por la fuerte centralización del gobierno federal en la capital. La política de la ciudad es, en gran medida, la política nacional. Además, desde 1998 la política nacional ha cambiado en forma continua. A grandes rasgos, las estructuras política y gubernamental de partido se han ido separando paulatinamente en los últimos años, de modo que las funciones y el personal se traslapan cada vez menos (Rodríguez y Ward, 1994). En particular, cada vez con mayor frecuencia el gobierno está a cargo de tecnócratas, más que de políticos "tradicionales" (Cornelius y Craig, 1991; Centeno, 1994). Sin embargo, a pesar de todo su brillo tecnocrático, los nuevos políticos no han logrado sortear gran parte de los mismos escollos que enfrentaron sus predecesores. Si bien el proyecto político de Salinas consistió en comenzar una revisión del proceso electoral en México, preparando así el camino para unas elecciones relativamente libres y abiertas en 1994, también debía emprender una modernización del partido y sus candidatos para volverlos una fuerza creíble en las que habrían de ser unas elecciones genuinas y *competitivas*. Esta necesidad de revisar el partido, la cual ha evolucionado a lo largo de los casi 70 años en que el PRI ha tenido el poder, explica gran parte de lo que ha ocurrido en el ámbito político desde 1989.

Sin embargo, los presidentes Salinas y Zedillo parecen haber adoptado métodos muy distintos para lograr su objetivo (Coppedge, 1993). Salinas descubrió que sólo podía lograr las reformas de apertura política si continuaba ejerciendo un firme control centralizado, lo cual llevó a Lorenzo Meyer a comentar (1989): "Aquí en México, perestroika sin glasnost" (reestructuración sin una verdadera apertura política). Por lo tanto, siguiendo las antiguas tradiciones, el proceso de reforma política se llevó a cabo casi por decreto presidencial (Rodríguez y Ward, 1994, 1995). Para ello fue necesario atacar a los sindicatos más poderosos y destruir a sus líderes; "permitir" algunas victorias opositoras (en especial del PAN) y evitar otras (en especial del PRD); y en general negociar los resultados de las elecciones. También se requería modernizar las instituciones responsables de organizar las elecciones y, con el tiempo, ponerlas en manos de un consejo ciudadano que no fuera partidista; y continuar eligiendo por "dedazo" a los candidatos del partido para los cargos más importantes (ciudades y estados), garantizando así el máximo control político del Presidente. Además de elegir a los candidatos para las elecciones, Salinas también ejerció una poderosa influencia cuando se eligió a los gobernadores interinos de más de la mitad de los estados donde el gobernador fue obligado a dimitir –una especie de dedazo a la inversa– (Rodríguez y Ward, 1995). Por otra parte, Salinas tuvo que seleccionar personalmente a dos candidatos a la Presidencia luego de que Luis Donaldo Colosio, su primera opción, fuera asesinado durante su campaña en Tijuana en marzo de 1994. Le gustara o no al partido, Salinas estaba al frente y mantenía un firme control.

Por su parte, Zedillo buscó fomentar el proceso de reforma política de una manera completamente distinta: permitiendo que el proceso tomara su curso con una intervención mínima del Presidente. Para los mexicanos acostumbrados al líder tradicional, enérgico e intervencionista, este acercamiento discreto fue difícil de asimilar, en particular porque el país estaba sumido en una crisis económica de emergencia. Esta situación propició un aparente vacío del poder en México, al menos en lo que se refiere al liderazgo desde arriba. En los primeros 2 años, Zedillo insistió en mantener una "sana distancia entre el partido y el gobierno", aunque al parecer, desde finales de 1996, tomó la decisión de participar más activamente y colocó a uno de sus colaboradores más confiables en una posición influyente dentro de la jerarquía partidista. También manifestó que no deseaba elegir por dedazo al candidato presidencial del PRI para el año 2000. Se abstuvo de intervenir en la legislatura, a pesar de que una facción del PRI lo presionó fuertemente sobre la decisión de aumentar el IVA de 10 a 15 por ciento en 1995. Después, en noviembre de 1996, los legisladores del PRI se retractaron de un acuerdo entre partidos, mediado por Zedillo, sobre reformas electorales ampliadas, dándole al Presidente lo que pareció ser un revés personal.

En gran medida, Zedillo tampoco intervino en los estados, aun cuando surgieron asuntos importantes como los gastos de campaña ilegales en Tabasco o la masacre de campesinos a manos de la policía estatal en Guerrero. En ambos casos el gobernador fue sustituido, y resulta difícil saber exactamente cuánta influencia ejerció Zedillo; pero en general dejó la responsabilidad en manos de los poderes Judicial y Legislativo, y no utilizó sus poderes "metaconstitucionales" para hacer cambios (Garrido, 1989). A 6 años del comentario de Meyer, resulta evidente que se están dando importantes transformaciones políticas en México que, a su vez, están generando una transición democrática, aunque es difícil saber cuán genuina y profunda es ésta en realidad (Garrido, 1993; Handelman, 1996; Crespo, 1995, 1996).

La estructura y tradición política nacional: ¿quién gobierna en México?

Luego de las elecciones de 2000, gran parte del análisis que sigue se ha vuelto discutiblemente histórico, de modo que algunas secciones del proceso descrito ya no corresponden. No obstante las he incluido por dos razones: primero, proporciona el contexto necesario para mi análisis de las luchas y retos democráticos que enfrentaba el Distrito Federal durante la última parte del siglo xx; y segundo, porque podría ofrecerle al lector un valioso punto de comparación para evaluar el verdadero alcance del cambio político en el país. Sólo conociendo el pasado reciente se puede comenzar a apreciar el presente. De cualquier modo, el lector debería leer gran parte de lo que sigue en el tiempo pasado.

En teoría, el sistema federalista mexicano es bastante similar al de Estados Unidos. Tiene un sistema presidencial con tres ramas autónomas del gobierno que incluyen los poderes Ejecutivo, Legislativo y Judicial (Cornelius y Craig, 1991; Camp, 1993; Handelman, 1996; Morris, 1995; Rodríguez, 2000). La Federación comprende 31 estados y un Distrito Federal. A excepción del último, hasta 1997 cada estado, al menos en teoría, contaba con autonomía constitucional, al igual que los municipios. Ambos niveles son gobernados por funcionarios electos. A pesar de esta estructura federalista y el principio de "municipio libre" incluidos en la Constitución, en la práctica, la autonomía tradicionalmente se ha visto bastante restringida por el centralismo –tanto político como gubernamental–, pues el gobierno central controla la economía y gran parte de la actividad de desarrollo se realiza a través de secretarías o empresas paraestatales. Como Fagen y Tuohy (1972) afirman poéticamente, desde la perspectiva del gobernador, "el gobierno central me jode; yo jodo al municipio".

El gobierno de De la Madrid en 1983 trató de otorgar un mayor poder real a los municipios, pero los gobernadores estatales se resistieron y se mostraron renuentes a sacrificar una parte de su poder (Rodríguez, 2000). El centralismo político siguió arraigado, de modo que en la práctica, a quienes tenían permitido "contender" en las elecciones locales y distritales, se les siguió eligiendo por dedazo dentro del aparato del PRI-gobierno (Cornelius y Craig, 1991). Sin embargo, en los últimos 6 años han podido observarse cambios importantes hacia una mayor autonomía estatal y local. El programa de privatización de Salinas redujo en forma notoria las actividades de las empresas paraestatales federales, lo cual transfirió una mayor responsabilidad a los propios estados. El programa nacional de bienestar social Solidaridad (Pronasol), instituido en 1989, estaba dirigido a las comunidades pobres locales, y no sólo proporcionó fondos adicionales directamente a los municipios para desarrollar proyectos, sino también exigió mayores niveles de participación y priorización públicas (Cornelius *et al.*, 1994; Cabrero, 1995, 1996). Este fortalecimiento de los gobiernos locales también fue apoyado por una mayor cantidad de fondos externos (sobre todo del Banco Mundial) (Rodríguez, 2000). El presidente Zedillo atendió el tema de manera más directa mediante el "nuevo federalismo", que buscaba fortalecer las instituciones estatales y gubernamentales; mejorar la capacidad de los gobiernos locales para generar ingresos; e incrementar el nivel de participación en el presupuesto (Aguilar, 1996; Foro nacional, 1995; Rodríguez y Ward, 1996a). Si bien Zedillo debilitó al Pronasol y lo sustituyó con su propio "Programa de combate a la pobreza", la principal partida del presupuesto federal que se asignaba a Solidaridad (Ramo 26) todavía existe, y 80 por ciento de ella está destinado para gastos locales (municipales). En la actualidad, se está efectuando una descentralización de los sectores de educación y salud, los cuales serán administrados por los estados. Sin embargo, a pesar de estos cambios significativos hacia una descentralización efectiva y una mayor autonomía local, México sigue teniendo un sistema altamente centralizado. De la participación total en el presupuesto, 78 por ciento permanece en manos federales, y si bien más de 50 por ciento de dicho porcentaje está dirigido a los estados y municipios, gran parte es discrecional y está controlada desde el centro (Rodríguez y Ward *et al.*, 1996a).

Hasta hace muy poco, todo el poder gubernamental efectivo estaba centralizado en un solo partido, el PRI. Desde la década de

1930, México ha estado dominado por un solo partido que ha
evolucionado a través de varias etapas desde sus orígenes como
Partido Nacional Revolucionario (pnr), para convertirse en el Partido Mexicano Revolucionario (pmr) con el presidente Cárdenas,
y finalmente, en 1945, en el Partido Revolucionario Institucional
(pri), su forma definitiva. Durante esta metamorfosis, el partido se
deshizo de gran parte de la influencia militar que había sido determinante en la década posrevolucionaria (1910-1920), y comenzó a tener una mayor representación laboral, para ampliarse posteriormente hasta incluir a los grupos "populares" y de ingresos
medios. Ha sido descrito como "un partido de consenso, modera-
ción y estabilidad" (Needler, 1982: 29). Lo importante es que, desde
su formación, el pri siempre ha sido el partido gobernante. El
Presidente es un "candidato" del pri y, al menos hasta las dramáticas elecciones de julio de 1988, siempre había obtenido un porcentaje abrumador de la votación. El pri nunca había reconocido
la pérdida de una gubernatura hasta julio de 1989, cuando el Partido Acción Nacional (pan) ganó en Baja California, estado adyacente a la frontera noroeste con Estados Unidos.

Desde entonces, el predominio del pri se ha eclipsado rápidamente, en especial a manos del pan, que ha intensificado su lucha
por el gobierno. A finales de 1996, la cosecha del pan incluía
cuatro gubernaturas (Baja California [que volvió a ganar en las elecciones de 1995], Chihuahua, Guanajuato y Jalisco), además de las
principales zonas metropolitanas y muchas otras ciudades y municipios. La tercera fuerza principal, el Partido de la Revolución
Democrática (prd), también suma una gran cantidad de ciudades más pequeñas y municipios rurales, así como el municipio de
Nezahualcóyotl, con 1.25 millones de habitantes, en el lado oriental
de la ciudad de México, que ganó en noviembre de 1996. En pocas
palabras, en 6 años el pri ha perdido el control de casi 40 por
ciento de la población nacional.

En el Congreso federal la erosión del poder ha sido menos notoria, pues el sistema mixto de representación directa y proporcional le otorga la mayoría absoluta al partido que obtiene más votos
(siempre y cuando tenga más de 43 por ciento del total). Si bien
los senadores y diputados del pri habían dominado casi todas las

elecciones al Congreso, esta situación cambió: parecía que las bases
y la organización nacional del PRI le estaban permitiendo tener la
mayoría en el Congreso, pero las elecciones de julio de 1997 habrían
de determinar si el PRI lograba conservar la mayoría absoluta o no.
Durante la década de 1980, el PRI comenzó a ver cómo se ero-
sionaba su control monopólico sobre el sistema político, para ingresar en los años noventa en una época de partidos políticos competitivos (Molinar Horcasitas, 1991). Sin embargo, hasta su derrota
en 2000, el efecto combinado de victorias aplastantes, la influencia
sobre las partidas de recursos federales, y el amplio acceso al presupuesto y a los medios, habían permitido que el PRI se mantuviera
en el poder. Sin embargo, en 1997 se dispusieron nuevos límites de
gastos de campaña y un acceso más equitativo a los medios, lo cual
alteró el panorama político en forma notoria. Esto, junto con el dis-
tanciamiento entre presidente y partido, redujo considerablemente el control que ejercía el PRI sobre el poder.

La política partidista en México:
¿el crecimiento de una genuina oposición?

En general, se consideraba que el sistema político mexicano anterior a los años noventa era autoritario, pues mostraba un bajo nivel
de movilización política y un pluralismo limitado en que la competencia por el poder se veía restringida a los seguidores del régimen. Éste poseía una "mentalidad", más que una ideología clara
(Smith, 1979; Whitehead, 1994; véase también Needler, 1982).
Inevitablemente, en un sistema como éste los resultados electorales
cobran una importancia considerable como fuente de legitimidad
para la élite gobernante.

Hasta 1988, cuando disminuyó su proporción de votos presidenciales a poco más de 50 por ciento, el PRI estaba acostumbrado
a recibir un apoyo electoral abrumador: casi siempre más de 75
por ciento del total en las elecciones presidenciales (Cockcroft,
1983). A pesar de ello, un dilema que enfrentaba el PRI era cómo
conservar el control absoluto y mantener los niveles existentes
de apoyo, al tiempo que estimulaba el interés suficiente entre la

oposición por una política electoral competitiva. Esto se resolvió, por un lado, al garantizar el apoyo de las bases mediante su estructura tripartita (véase más adelante) y al arreglar las elecciones. Por el otro lado, aunque la política partidaria competitiva estaba estrechamente circunscrita y controlada, la presencia y la actividad de los partidos opositores habían sido cuidadosamente conservadas, y en ocasiones, incluso fomentadas por el PRI. De hecho, la mayor amenaza para el mantenimiento de una fachada democrática por parte del PRI la constituía el abstencionismo (González Casanova, 1970). Además, la estabilidad se garantizaba por una serie de ajustes sexenales que recorrían el espectro político (véase figura 9).

Si se considera que el PRI ocupa el ala centro-izquierda del espectro político en México, entonces la única oposición concertada, al menos hasta ahora, la constituía el partido de derecha, Partido Acción Nacional (PAN). Fundado para combatir las tendencias izquierdistas del presidente Cárdenas (1934-1940), el PAN atraía tradicionalmente el apoyo de los círculos empresariales conservadores, de las clases medias de provincia y de las ciudades grandes, y de la Iglesia católica (Cockcroft, 1983: 305; Story, 1986). Aunque rara vez obtuvo más de 15 por ciento de la votación, por lo regular ganaba al menos algunos distritos electorales y municipios por mayoría. En contadas ocasiones éstos incluían grandes ciudades, como Ciudad Juárez y Chihuahua (1983-1986, Rodríguez y Ward, 1992; Aziz, 1994). Sus bastiones se ubicaban principalmente en el norte del país y en Mérida, en la península de Yucatán. No fue sino hasta 1989 cuando finalmente pudo el PAN acceder a una gubernatura; es casi indudable que en las elecciones anteriores, en los bastiones panistas, hubo fraude electoral para asegurar una "victoria" priísta.

Sin embargo, era importante para México conservar al menos la ilusión de la democracia, y para finales de los años sesenta la necesidad de revitalizar la estructura política y restaurar la legitimidad de la élite gobernante era evidente. Las reformas políticas se iniciaron en 1973 y se ampliaron en 1977. Se introdujeron dos cambios importantes. Primero, las reformas permitieron el registro de varios partidos nuevos, la mayoría de izquierda. Entre ellos, destacaban el Partido Comunista Mexicano (PCM), el Partido Socia-

lista de los Trabajadores (PST) y el Partido Mexicano de los Trabajadores (PMT). En la derecha, y mucho más populista que el PAN, se
encontraba el Partido Demócrata Mexicano (PDM), con un bastión
regional en Guanajuato. Segundo, se incrementó el tamaño del Congreso, y una cuarta parte de las (entonces) 400 curules fueron otor-
gadas a los partidos de oposición, asignándolas con base en la representación proporcional de los votos recibidos.

FIGURA 9

"POLÍTICA DE PÉNDULO" EN MÉXICO:
CAMBIOS ENTRE PRESIDENTES "ACTIVISTAS"
Y "CONSOLIDADORES", 1934 A 2000

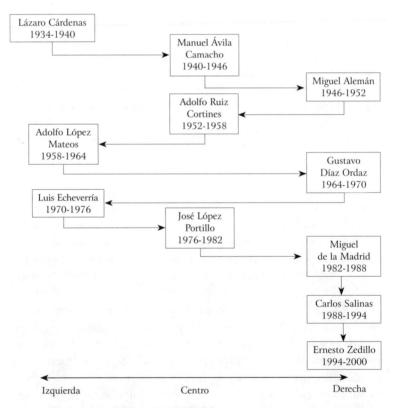

Fuente: Adaptado de Skidmore y Smith, 1989: 243.

Estas iniciativas tuvieron un efecto importante en el proceso político. En 1982, el PAN obtuvo 50 de las curules de la oposición, mientras que el resto se repartió entre el PDM (12), PST (11), PPS (10) y PSUM, coalición de varios partidos de izquierda encabezada por el PCM (17). Si bien la preeminencia del PRI estaba garantizada, así como una clara mayoría en el Congreso, ahora había mayores incentivos para que los partidos de oposición participaran en las elecciones. Su representación en la Cámara de Diputados agudizó el nivel de debate y crítica a las políticas del gobierno. Aunque todavía eran una minoría controlada cuidadosamente, constituían un canal importante para el registro de diferencias políticas. Si esto logró marcar alguna diferencia apreciable en la posición de los trabajadores mexicanos, es aún una incógnita. Sin embargo, la apertura democrática iniciada por el presidente Echeverría y ampliada por López Portillo representó un paso importante para la apertura del sufragio y la libertad de expresión en México, aunque debemos reconocer que su propósito en aquel momento no era reducir la autoridad y el papel del PRI, sino aumentarlo y conservarlo.

Este arreglo cambió como resultado de las elecciones de 1988 y de la necesidad salinista de emprender reformas políticas para mejorar y dar credibilidad a su proyecto económico neoliberal. Este no es el espacio para ofrecer una cronología completa de los acontecimientos que condujeron a las elecciones de 1988, pero los "hechos" al descubierto comienzan en 1986 con la incapacidad del PRI para resolver y manejar la corriente democrática que había surgido entre algunos miembros veteranos del partido (Garrido, 1993). Varios de ellos habían ocupado altos cargos en el gobierno, venían de la izquierda y estaban desilusionados ante la incapacidad del partido para responder en forma adecuada a las presiones y necesidades sociales de ese entonces. Por otro lado, les alarmaba el aparente cambio de rumbo que el gobierno federal estaba tomando hacia la derecha, el cual se reflejaba en las negociaciones para ingresar al GATT en 1986, así como en las medidas para fortalecer la base competitiva de México en el extranjero, eliminar las barreras arancelarias, etcétera. Más específicamente, parecía probable que De la Madrid elegiría a un candidato presidencial que inten-

sificaría ese proceso, lo cual resultó ser cierto con la elección de
Salinas.

En general, se habría esperado que el PRI "acomodara" esta
posición dentro de sus filas. Sin embargo, luego de intensos debates y acritud, varias figuras centrales de la corriente abandonaron
el partido a finales de 1987 y Cuauhtémoc Cárdenas (recientemente gobernador estatal e hijo del antiguo Presidente) se lanzó como
candidato a la Presidencia. Apoyado por la mayoría de los partidos de oposición de la izquierda, su Frente Democrático obtuvo un
cercano segundo lugar frente a Salinas. En 1989, Cárdenas constituyó formalmente un nuevo partido –el Partido de la Revolución
Democrática, el PRD– y fue elegido su primer presidente.

Por supuesto, los resultados de las elecciones de 1988 fueron
muy vergonzosos para el PRI, debido a que fueron bastante malos,
y en parte por el fraude y las dudas que surgieron en torno a la publicación de los mismos. El retraso (de casi una semana) en el anuncio de los resultados finales alimentó los rumores acerca de que, en
realidad, el PRI había perdido las elecciones. Los resultados, cuando
por fin se dieron a conocer, declaraban que Salinas (PRI) había obtenido 50.36 por ciento de los votos; Cárdenas (Frente Democrático),
31.12 por ciento; y Clouthier (PAN), 17.07 por ciento. Parece indudable que la escasa mayoría de 50 por ciento sobre la oposición
fue producto del fraude (Barberán et al., 1988). Sin embargo, al no
haber candidatos únicos de la oposición, el PRI arrasó en el Congreso con 249 de las 300 curules asignadas por mayoría absoluta.
No obstante, como ya se mencionó, un gran número de curules
también son asignadas de acuerdo con la representación proporcional, lo cual significó que el PRI sólo tuvo una mayoría general de
15 o 16 curules en la legislatura. Los senadores de oposición (Frente)
ganaron en uno de los 31 estados y en el Distrito Federal.

El PRI se alarmó al ver que ya no tenía curules suficientes para
llevar a cabo enmiendas constitucionales (que requieren de una mayoría de dos terceras partes). Por ello, en 1989 legisló una cláusula
de "gobernabilidad" que otorgaría al partido de mayoría poco
menos de 66 por ciento de las curules, proporción que aumentaría
una vez incluídos los partidos minoritarios de oposición "favora-

bles" al PRI. En cualquier caso, las elecciones de mediados de sexenio en 1991 beneficiaron bastante al PRI, pues obtuvo 290 de las 300 curules de elección directa, y al incluir las 31 curules de representación proporcional que le correspondieron, sumó 321 curules de los (ahora) 500 (Camp, 1993, 1996; Colosio, 1993). Luego de esas elecciones, el PRI ya no sintió la necesidad de protegerse mediante la cláusula de "gobernabilidad", y como tampoco era fácil justificarla públicamente, fue eliminada en 1993. De hecho, tan amplia era la mayoría priísta que a Salinas le preocupaba la legitimidad de las principales leyes, en particular la Reforma del Código Electoral de 1993, que podría ser cuestionada de ser respaldada sólo por el PRI. Por ello, se efectuaron amplias negociaciones con el PAN y el PRD; con el tiempo, el PAN aprobaría la reforma junto con el PRI, lo cual le permitió a Salinas insistir en que más de un partido la había apoyado.

Si bien la elección de Salinas estuvo manchada por un supuesto fraude, su popularidad en aquel momento era tal que ganó las elecciones de 1994 para Ernesto Zedillo. En general, esas elecciones se consideraron limpias, aunque injustas, dadas las enormes ventajas que el PRI había tenido en términos de presupuesto y acceso a los medios. Además, el PRI emprendió una campaña muy astuta para manejar el "voto del miedo" de quienes estaban alarmados por la insurrección en Chiapas y el aparente surgimiento de la violencia (véase Ward *et al.*, 1994). Había tomado mucho tiempo para que las reformas electorales permitieran unas elecciones libres, pero el campo de batalla estaba lejos de ser justo (Handelman, 1996). Zedillo obtuvo 53 por ciento de la votación; su rival del PAN (Fernández de Cevallos), 28.6 por ciento; y Cuauhtémoc Cárdenas del PRD, 18 por ciento. En las elecciones a diputados el PRI obtuvo 50.3 por ciento (11.4 menos que en 1991), pero con sus curules de representación proporcional, sumó 60 por ciento de todas las curules; el PAN, 24 por ciento; y el PRD, 14 por ciento (Handelman, 1996: 76). Ésta era sólo la antesala de la siguiente derrota del PRI en las elecciones de julio de 1997, y si bien continuaba siendo el partido más grande por un amplio margen, por primera vez perdió la mayoría absoluta en la Cámara baja del Congreso.

Los partidos

El PRI. Después de casi 70 años de ser el único partido "activo" en México, a partir de 1997 ha recibido duros golpes. Tradicionalmente, el partido se ha construido en torno a tres sectores: uno agrario, representado por la Confederación Nacional Campesina (CNC); el sector laboral, a cargo de la Confederación de Trabajadores Mexicanos (CTM); y un grupo socialmente heterogéneo, la Confederación de Organizaciones Populares (CNOP), que comprende profesionistas de clase media como los maestros, así como organizaciones locales que representan asentamientos de bajos ingresos, sindicatos de comerciantes, etcétera. Este último sector ha cambiado de nombre y posición organizacional desde la década de 1980: primero se convirtió en la UNE y luego en el Movimiento Territorial (Craske, 1994, 1996). Cada uno de estos sectores constituye una base sólida organizada en forma estrictamente jerárquica, con vínculos horizontales mínimos tanto entre sectores como entre federaciones individuales. Así, todos los dirigentes de partidos o federaciones recibían sus órdenes de arriba y a menudo competían abiertamente contra quienes estaban en un nivel similar al propio (Schers, 1972; Eckstein, 1977).

Si bien todos se hallaban bajo la misma organización (el PRI), esta estructura jerárquica ofrecía un amplio margen para la manipulación política desde arriba. Los militantes que iban ascendiendo podían ser puestos unos contra otros; quienes parecían prometedores podían ser ascendidos a un ámbito más importante; quienes se volvían demasiado poderosos podían ser "congelados" y aislados (Schers, 1972; Smith, 1979). Era un excelente campo de prueba para los políticos del partido. Sin embargo, durante la década de 1990, estos sectores corporativistas eran mucho más débiles que en décadas anteriores. La CTM, aunque todavía estaba encabezada por Fidel Velázquez –quien en ese entonces rondaba los 90 años– había perdido fuerza. Los sindicatos se volvieron internamente más democráticos y se deshicieron de sus líderes corruptos (Middlebrook, 1995: 300; Cook, 1996). La privatización, la apertura comercial, el fomento de las exportaciones y el TLC favorecieron notablemente a las grandes empresas manufactureras y los intereses de empresarios que llegaron a conformar la principal base de apoyo político para el gobierno de Salinas. Estos grupos se vieron beneficiados a expensas de los sindicatos (Middlebrook, 1995). El fuerte modelo corporativo de los tres sectores fue sustituido por un trato más personalizado y directo con los sindicatos, así como con los estados y comunidades (por ejemplo, las frecuentes visitas de Salinas al valle de Chalco al oriente de la ciudad de México).

A pesar del gran apoyo de las bases al partido en el gobierno, estos sectores nunca han funcionado para hacer llegar los intereses de la clase trabajadora hasta el Ejecutivo del PRI mediante los comités ejecutivos de cada sector, conformando así la política gubernamental en forma directa, como en un "modelo de interés agregado" (Scott, 1964; Huntingdon, 1968). De hecho, el partido tiene un poder mínimo en la toma de decisiones y sólo un acceso limitado a los recursos (Padgett, 1966; Hansen, 1974; Eckstein, 1977; Smith, 1979). Incluso la ilusión de la coincidencia partido/gobierno ha empezado a desvanecerse. El papel del PRI ha sido principalmente el de ofrecer una estructura profesional para los políticos que van ascendiendo; conciliar la negociación de empleos (es decir, el patronazgo), dados los numerosos cambios en los cargos electorales cada 3 y 6 años; y garantizar la legitimidad del gobierno movilizando el apoyo en las urnas. Ciertamente, esta última función se ha vuelto mucho más difícil ahora que el gobierno ya no controla las instituciones electorales; parece comprometido con la idea de elecciones abiertas; y, desde la perspectiva del PRI, está cediendo ante las demandas opositoras de una mayor igualdad en el presupuesto de campaña y el acceso a los medios. Frente a estas nuevas condiciones, el PRI ha comenzado a reconocer la necesidad de poder seleccionar a sus propios candidatos en el nivel local y de garantizar que éstos tengan credibilidad y, de ser elegidos, sean dignos representantes del partido (Rodríguez y Ward, 1996). Esto se contrapone con la tradición según la cual los candidatos para posiciones de elección más altas (en particular los gobernadores) eran designados desde el centro por el presidente nacional y los líderes más antiguos del partido y el gobierno (Yesecas Martínez, 1994). Entre 1997 y 1999, el PRI ha pensado elegir de esta manera no sólo a los candidatos a gobernador, sino también al candidato presidencial.

Aunque ha ido perdiendo apoyo, el PRI aún tiene ventajas considerables sobre los demás partidos. Primero, sigue siendo el partido en el gobierno y, si bien esto ha actuado en contra de sus candidatos en las elecciones posteriores a la crisis de 1995, cualquier crecimiento que logre el gobierno de Zedillo hacia finales de la década de 1990 y durante el año mismo de las elecciones, podrá resultar benéfico para el PRI. Segundo, el PRI es el único partido que realmente cuenta con una estructura de partido básica en el nivel nacional, y si logra definir con éxito un mensaje convincente, ya tiene los medios para darlo a conocer. Para asuntos electorales, el PRI se sigue organizando en cuatro niveles, en comités seccionales, municipales, estatales y nacional. Aunque en las elecciones de 2000 fue derrotado por amplio margen, y aún tiene por delante su reconstrucción y la de su imagen, es demasiado pronto para descartar las posibilidades del PRI para 2003 y 2006. Mucho dependerá de la forma en que Fox y el PAN respondan a las altas expectativas creadas durante su campaña electoral y su triunfo en 2000.

Las crecientes presiones relacionadas con la competencia electoral comenzaron a traducirse en presiones internas de las bases partidistas del PRI para reafirmarse: insistían en tener un mayor peso en la selección de los candidatos y, en la XVII Asamblea del Partido en 1996, introdujeron una nueva cláusula, la cual exigía que en el futuro todos los candidatos a gobernador y Presidente debían haber ocupado un cargo de elección con anterioridad. (Ninguno de los cuatro presidentes anteriores habría calificado.) También comenzaron a pedir la definición de una ideología de partido más precisa que superara el extenso término de "nacionalismo revolucionario" de años atrás, o de "liberalismo social" (que entonces rechazaban firmemente por estar relacionado tan de cerca con Salinas).

En la misma asamblea, el partido votó en contra de la propuesta de abrir la industria petroquímica a inversionistas privados. Por otra parte, los legisladores del PRI renunciaron al acuerdo de reforma política apoyado por Zedillo. Desdeñar públicamente al Ejecutivo y buscar transformar las posiciones ideológicas en las políticas gubernamentales, si bien constituyen el pan de cada día entre los partidos gobernantes en Estados Unidos y el Reino Unido, no tenía precedentes en la política mexicana de ese entonces. Para el presidente Zedillo y otros antiguos priístas y grupos poderosos dentro del PRI, parecía que la apertura iba demasiado rápido y sin el suficiente control o "guía" del entonces presidente del partido, Santiago Oñate; tanto que este último se vio obligado a renunciar en diciembre de 1996, y el líder de la mayoría priísta en el Congreso tomó su lugar escasos 8 meses antes de las siguientes elecciones cruciales. También él fue sustituido posteriormente, luego de que el partido llevara a cabo elecciones internas, y el nuevo líder completó la reforma del proceso de selección de candidatos que daría lugar a las elecciones primarias a finales de 1999.

El PAN. Fue establecido en 1939 por empresarios, profesionales e intelectuales católicos descontentos que se oponían a la nacionalización de la industria petrolera y a la agenda revolucionaria de Lázaro Cárdenas. Si bien ha conservado cimientos marcadamente religiosos (católicos), durante su evolución ha aceptado en sus filas a demócratas cristianos progresistas y otros reformadores democráticos (Sigg, 1993). Lo que mantenía unidos a estos diversos grupos era su enorme preocupación por el excesivo poder e intervencionismo mostrados por el Estado mexicano. El control electoral del PRI y el gobierno ya anunciaba cuál sería el reto electoral del PAN; no obstante continuó promoviendo las elecciones libres y logró un núcleo de apoyo de alrededor de 15 por ciento en las elecciones presidenciales (aunque boicoteó las elecciones de 1976 y no lanzó candidatos).

Algunos acontecimientos, como la nacionalización de la banca en 1982, galvanizaron esa oposición y la empujaron más hacia la derecha. Además, también fomentaron la entrada a la política de empresarios y hombres de negocios, sobre todo en ciertos estados

norteños como Chihuahua y Nuevo León (Mizrahi, 1994, 1995).
Hombres de negocios como Francisco Barrio en Chihuahua y Ernesto Ruffo en Baja California ganaron alcaldías en 1983 y 1986, respectivamente. Dada su limitada base partidista local y su falta de experiencia en el poder, estos nuevos vencedores incluyeron en su gobierno a otros empresarios locales (Mizrahi, 1994; Camp, 1995). Sus antecedentes empresariales introdujeron un nuevo *modus operandi* en el gobierno local, uno más transparente, eficiente y de una contabilidad más efectiva, el cual se acercaba bastante al modelo empresarial de gobierno (véase Rodríguez y Ward, 1992, 1994, 1995; Cabrero, 1996). Esta aparente apertura y la relativa eficiencia parecen haber generado una confianza local considerable, y si bien el PAN perdió las dos principales ciudades que había gobernado en Chihuahua entre 1983 y 1986, así como las elecciones estatales en las que participó el alcalde Barrio en 1986, parece indudable que el PRI ganó por fraude (Rodríguez y Ward, 1992; Aziz, 1994). Varios años después, con la mayor disposición de Salinas a tolerar victorias opositoras, el PAN comenzó a ganar elecciones consecutivas en varias ciudades grandes (Tijuana, León, Ciudad Juárez, etcétera), así como en el estado de Baja California en 1995. Tanto éxito tuvo el PAN en las elecciones locales que para 1996 gobernaba a una tercera parte de la población.

Estas victorias han provocado el surgimiento de diferentes grupos en el PAN. Por un lado están los pragmáticos, los que tienen experiencia gobernando en el nivel estatal o local, y que tienden a estar menos identificados con los principios de la ideología panista. Por el otro, están los militantes más tradicionales, que han tendido a dominar las oficinas del partido y las posiciones legislativas. En ese entonces, el presidente del PAN era el antiguo militante Luis H. Álvarez, quien logró favorecer a ambos lados al haber sido alcalde de Chihuahua (1983-1986) y militante panista con antecedentes impecables. Fue él quien empezó a promover una actitud más pragmática en el trato y las negociaciones con Salinas, aunque esto condujo a una inquietud considerable entre un grupo panista disidente que estaba alarmado por la forma en que el PRI (que se estaba acercando a la derecha) parecía estar robando las agendas política y económica del PAN. Los miembros de dicho grupo disidente querían una actitud inflexible y de no cooperación con el gobierno de Salinas. Finalmente abandonaron el partido en 1992 (Reynoso, 1994; Vicencio, 1996). Luis H. Álvarez fue elegido senador en 1994. Desde que renunció como presidente del partido en 1993, el PAN ha tenido tres líderes: Carlos Castillo Peraza (1993-1996), Felipe Calderón Hinojosa y Felipe Bravo Mena. Todos son militantes del partido con una amplia experiencia en el centro –en las oficinas y en la Legislatura–; pero ninguno ha desempeñado una posición ejecutiva de elección (como alcalde o gobernador). De hecho, el exgobernador Ruffo fue el principal rival de Calderón para obtener la presidencia. Otras figuras importantes del PAN son: Diego Fernández de Cevallos, cercano aliado de Álvarez y candidato del PAN en las elecciones presidenciales de 1994, y Carlos Medina Plascencia, antiguo gobernador (sustituto) de Guanajuato y líder del PAN en la Legislatura de 1997 a 2000. Aunque Zedillo y el PRI ganaron fácilmente en 1994, el PAN surgió como la segunda fuerza política, luego de que Fernández de Cevallos obtuviera casi 29 por ciento de la votación.

En menos de 10 años, el PAN se convirtió en una de las principales fuerzas en la política y el gobierno en México, a tal grado que desde 1994 lo que antes era inimaginable se volvió imaginable: la derrota del PRI en las elecciones presidenciales de 2000. Que se diera o no tal acontecimiento dependía de varios factores: el desempeño del gobierno de Zedillo en la política económica; el éxito o el fracaso de la reorganización del PRI; y por supuesto, los candidatos de cada partido. Hasta 2000 parecía que al PAN todavía le faltaba una estructura nacional efectiva capaz de movilizar el voto y ampliar su nivel de apoyo más allá de la tercera parte que tenía en ese momento. En realidad, para muchos ese sigue siendo el caso y, la victoria de Fox fue más que nada una respuesta a los fracasos del PRI y el deseo de cambio. De ser así, entonces no es probable que el PAN controle su propio destino sino hasta que desarrolle una estructura organizacional verdaderamente nacional;

entre tanto su éxito seguirá dependiendo de las carencias del PRI y otros partidos importantes.

El PRD. Como ya se señaló, el PRD se conformó en 1989 después de que Cárdenas contendiera con Salinas por la Presidencia. Creado en torno a priístas descontentos como el propio Cárdenas, Porfirio Muñoz Ledo, Ifigenia Martínez, entre otros, el partido ocupó el centro-izquierda que, al menos hasta 1982, siempre había formado parte de la ideología revolucionaria del PRI –si no en la práctica, al menos en la retórica. El cambio del PRI hacia la derecha con De la Madrid, intensificado por Salinas, invadió en forma notoria la fortaleza ideológica del PAN y dejó un amplio espacio para que el PRD se introdujera virtualmente sin competidores, en particular luego de que la alianza salinista con los mayores grupos de interés económico y la destrucción de algunos de los principales líderes sindicales debilitaran y desarticularan la capacidad de resistencia del movimiento obrero (Middlebrook, 1995).

El PRD no sólo ofreció asilo a los izquierdistas descontentos del PRI, sino también se convirtió en un crisol para muchos de los partidos y coaliciones de izquierda. Esta tendencia a crecer mediante la inclusión de los seguidores de antiguos partidos y diferentes ideologías se ha vuelto un problema para el PRD y le ha impedido convertirse en la fuerza que se esperaba en el momento de su creación. La urgencia de desarrollar un partido viable capaz de competir en las elecciones de 1991 y 1994 reflejaba el hecho de que el PRD tenía una base partidista nacional aún menor que la del PAN. Por ello, se ha visto obligado a adoptar un gran número de candidatos locales de considerable credibilidad y aceptación, pero que por alguna razón también están inconformes. En algunos casos, esto ha llevado a "buenos" gobiernos al mando de líderes respetados localmente (véase por ejemplo Cabrero, 1996: 159-192), pero no ha generado coherencia ni militancia partidistas. Dado que en México se requiere que todos los candidatos sean seleccionados por un partido, el PRD a menudo ha servido como "bandera de conveniencia" y, aunque muchos de sus candidatos han ganado sus respectivas elecciones, el PRD ha tomado la apariencia de un grupo más bien heterogéneo de actores y líderes políticos. Ni

Cárdenas ni los siguientes presidentes del PRD, Porfirio Muñoz Ledo
y Andrés Manuel López Obrador (este último también disidente del
PRI y antiguo gobernador de Tabasco) fueron capaces de fusionar a
estos seguidores bajo un estandarte partidista e ideológico claro.[5]
   Otro motivo para que la actuación del PRD como partido político haya sido menos dinámica (comparado con el PAN) fue la
violencia y opresión a que estuvo sujeto durante el gobierno de Salinas. La enemistad entre Cárdenas y Salinas era profundamente
personal y vehemente, pues el priísta culpaba a su antiguo rival
de haber manchado su victoria electoral y su legitimidad como
Presidente (pues Cárdenas nunca las aceptó). Tampoco estaba dispuesto Cárdenas a "negociar" con Salinas para garantizar el reconocimiento de las victorias electorales del PRD, como por ejemplo
en 1992 en Michoacán (bastión cardenista). Donde el PRD obtuvo
alcaldías, como en Morelia, capital de Michoacán, existen pruebas
claras de que ciertos funcionarios estatales y federales intentaron
castigar la ciudad y hacerle la vida difícil al gobierno municipal
(Bruhn y Yanner, 1995). Al parecer, tal revanchismo y partidismo
exagerado no se mostraron en contra del PAN, ni siquiera en contra
del PRD en otros estados como Oaxaca (Rodríguez y Ward, 1995;
Bailón, 1995). Tampoco se trató de una represión meramente administrativa; el gobierno de Salinas tenía un historial negativo de abusos en contra de los derechos humanos del PRD y sus militantes, de
entre los cuales murieron más de 200 como resultado de la violencia política (Morris, 1995; Cornelius, 1994).
   Las tensiones disminuyeron cuando Zedillo subió a la Presidencia y, como ya se señaló en este capítulo, hubo más respeto
hacia las victorias electorales legítimas de partidos ajenos al PRI
y menos intentos sistemáticos por socavar los gobiernos locales
del PRD. Sin embargo, dicho partido todavía no había tenido éxito
en el nivel estatal, aunque estuvo cerca de lograrlo en Tabasco a
finales de 1995. Si bien en principio el PRI ganó por un margen relativamente estrecho, los alegatos posteriores en torno a un enorme

---

[5] El siguiente presidente, Amalia García, posee una pureza ideológica intocada por una
previa militancia priísta, pero si será capaz de triunfar donde otros fracasaron sigue siendo
una incógnita. Ciertas disputas internas por la candidatura llevaron a Muñoz Ledo a renunciar
en 1999.

exceso en los gastos de campaña parecen estar bien fundamentados. Estas acusaciones se vieron alimentadas por las ambiciones del candidato perdedor (López Obrador) de convertirse en el presidente nacional del PRD, lo cual finalmente logró en 1996. Dentro del partido, Cárdenas continuó siendo una *eminencia* importante, tanto que logró ser el candidato a la gubernatura del Distrito Federal en las elecciones de julio de 1997. Luego de haber ganado dichas elecciones, seguramente obtendría la candidatura presidencial de 2000, a pesar de su pobre actuación en la campaña para las elecciones de 1994.

GOBIERNO SIN DEMOCRACIA EN LA CIUDAD DE MÉXICO:
A LA DEFENSA DE LA FORTALEZA ANTERIOR A 1996

La estructura del gobierno en el área metropolitana

El Distrito Federal (D.F.) ha existido como una entidad política especial dentro de la Federación desde agosto de 1928, cuando perdió su categoría de estado compuesto por una serie de municipios. Posteriormente, se convirtió en una entidad política especial dividida en un departamento central que comprendía varios cuarteles y 13 delegaciones. Existían dos razones principales para el cambio. Primero, los municipios estaban en graves problemas financieros y eran incapaces de proporcionar los servicios esenciales. Segundo, en los ayuntamientos locales se libraba una intensa lucha política entre los diversos partidos existentes durante el periodo carrancista, aun cuando todos ellos apoyaban al Presidente. Estos problemas continuaron durante la década de 1920 hasta que Obregón, como parte de su campaña electoral para Presidente, aceptó la propuesta de crear un distrito especial. De una sola vez, buscó marginalizar la fuerza del (entonces) Partido del Trabajo (PT) en los municipios y crear una estructura menos anárquica, capaz de mejorar la administración de la ciudad (Meyer, 1987; Cisneros Sosa, 1993). En 1970, los cuarteles se reconstituyeron como delegaciones para sumar las 16 que existen en la actualidad. Sin embargo, la reconfiguración original fue más política que espacial; se trataba de un distrito especial, sede de los poderes federales, que pertenecía a la nación en su conjunto. En lugar de tener representantes elegidos localmente para la alcaldía, el regente era designado por el Presidente, al igual que los 16 delegados locales, aunque en la práctica muchos de ellos eran nombrados por el regente y ratificados por el Ejecutivo.

Hasta 1996, el argumento siempre había sido que el Presidente era elegido, en efecto, también como gobernador del Distrito Federal. Dadas sus otras obligaciones, delegaba esas responsabilidades al regente y a los delegados. Las estructuras administrativa y política del Distrito Federal se muestran en la figura 10. El Congreso está a cargo de funciones legislativas tanto para todo el país como para el Distrito Federal. En 1988 se creó una estructura adicional (la Asamblea de Representantes del Distrito Federal) conformada por representantes electos de los diversos partidos políticos. En un principio sus funciones eran poco claras; en la práctica, durante las dos primeras asambleas (1988-1991; 1991-1994), pareció actuar como un importante control sobre los gastos y políticas del Departamento del Distrito Federal, y después ha ido desarrollando funciones cada vez más semejantes a las de un congreso local (Bassols y Corona Martínez, 1993; Incháustegui, 1994). Ya desde 1977, el Distrito Federal también había creado una estructura vecinal jerárquica para atender asuntos cívicos, organizada en el nivel delegacional (las "juntas de vecinos") y del Distrito Federal (el Consejo Consultivo).[6]

Una vez designado, el regente traía consigo a su propio personal para ocupar los cargos más importantes en el Departamento del Distrito Federal. Su puesto en el gabinete era de alto rango y su influencia aumentó como resultado del predominio económico del Distrito Federal en la economía nacional, su papel como centro político y su posición privilegiada en el escenario nacional y, en ocasiones, internacional. Por otra parte, también debe mantenerse contenta a la numerosa población, pues éste es terreno del presidente y no puede permitir que lo avergüence. Por lo tanto,

---

[6] El lector deberá notar los siguientes cambios importantes a la figura 10, los cuales entraron en vigor en 1997 y 2000: 1. a partir de 1997, el regente dejó de ser designado para convertirse en un jefe de Gobierno electo; y 2. la Asamblea de Representantes se convirtió en un cuerpo legislativo; y 3. a partir de 2000 quienes eran delegados designados se convirtieron en jefes de delegación por elección directa.

FIGURA 10

ESTRUCTURAS DE REPRESENTACIÓN POLÍTICA
Y DEL GOBIERNO EN LA CIUDAD DE MÉXICO HASTA 1997

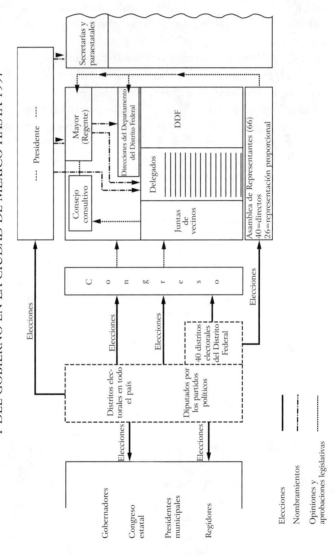

Elecciones
Nombramientos
Opiniones y
aprobaciones legislativas

la ciudad recibe un porcentaje desproporcionado de los recursos nacionales y sus habitantes tienen acceso preferencial a la vivienda, los servicios urbanos, el transporte subsidiado, etcétera. Así pues, tradicionalmente los gobiernos de la ciudad han comprado la "paz social" y el bienestar pasándole la cuenta al resto del país. Además, era probable que el Presidente designara para el cargo de regente a un político importante (desde 1954, algunos ejemplos son Uruchurtu, Corona del Rosal, Hank González), confiable y que no cometiera errores (véase figura 11). Otra alternativa era elegir a algún aliado maleable pero cercano de su propio grupo político, en quien pudiera confiar de manera implícita y mediante el cual pudiera intervenir de manera directa en caso de necesidad (por ejemplo, Sentíes, Aguirre y Camacho). Desde 1996, por supuesto, tales consideraciones han perdido relativamente su razón de ser gracias a las elecciones abiertas.

FIGURA 11

REGENTES DE LA CIUDAD DE MÉXICO
Y LAS BASES DE SU NOMBRAMIENTO

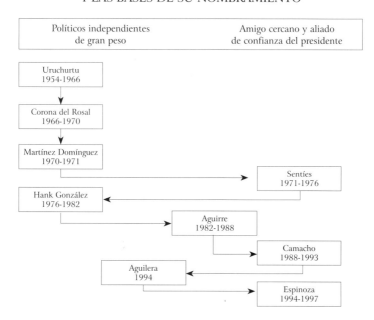

Los regentes anteriores: gobernantes de fuera

Hasta que Camacho tomó posesión como regente en 1988, ningún
otro elegido era originario del Distrito Federal: todos provenían de
provincia. Desde la década de 1950, sólo una persona ocupó el
cargo durante varios sexenios: Ernesto Uruchurtu, quien fue regente bajo el mando de tres presidentes consecutivos (cfr. figuras 9
y 11), en gran medida porque su firme control de los problemas y
la administración de la ciudad le ganó la confianza de ejecutivos
sucesivos. Sin embargo, el rápido crecimiento de la ciudad, la
creciente complejidad de sus problemas y su pérdida de control
sobre el desarrollo de asentamientos ilegales en el sur de la ciudad,
demostraron que sus políticas ya no eran útiles y se vio obligado
a renunciar en 1966 (véase también Davis, 1994). Alfonso Corona
del Rosal, quien lo sucedió, estaba relacionado de cerca con la Confederación Nacional de Organizaciones Populares (CNOP) y movili-
zó vínculos clientelares con grupos locales para ganar apoyo y
evitar el descontento social (Cornelius, 1975).

El mantenimiento de la paz social en la ciudad era la principal labor política del regente. Por ejemplo, cuando en 1971 estalla-
ron las manifestaciones en las calles, el regente Martínez Domínguez
fue considerado responsable y depuesto. En su lugar, Echeverría
nombró a un cercano amigo personal, Octavio Sentíes y, más que
cualquier otro Presidente, intervino directamente en los asuntos
de la ciudad, a menudo por encima del regente (Ward, 1981a). Este
patrón cambió cuando Carlos Hank González fue nombrado regente por López Portillo en 1976 (véase figura 11). Hank González
tenía una considerable base de poder propia, pero en última
instancia no podía ser candidato a la Presidencia porque sus padres
no eran mexicanos de nacimiento. Político importante, también se
pensaba que había hecho un buen trabajo en la esfera del desarrollo urbano como gobernador del Estado de México (1969-
1975), que rodea el Distrito Federal. Conocía muy de cerca los problemas de las zonas de bajos ingresos de la ciudad y sabía cómo
manejarlos. No obstante, sus intereses específicos se concentraban
en los grandes proyectos de desarrollo urbano, los cuales representa-

ban contratos y recursos para sus patrocinadores políticos. En gran parte por esto y porque Hank González dejó al Departamento del Distrito Federal en bancarrota y con deudas considerables, Miguel de la Madrid nombró regente a su cercano amigo, Ramón Aguirre (contador público), y le encargó estabilizar las finanzas de la ciudad. Si bien no poseía la claridad política de su predecesor, desempeñó su cargo decorosamente y fue uno de los seis "precandidatos" del PRI a la presidencia señalados por De la Madrid en 1986-1987.

Manuel Camacho (1988-1993) también era amigo de confianza del Presidente, en este caso Salinas, para quien había trabajado durante muchos años. Ex académico y "tecnócrata", era una persona capaz y muy respetada. Las derrotas sufridas por el PRI en el Distrito Federal, en las elecciones presidenciales y al Congreso, pudieron ser consideraciones importantes en su designación para ese puesto en específico. Si bien, dicho cargo nunca se ha considerado un buen trampolín para la Presidencia, el adecuado desempeño de Camacho lo llevó a ser el principal rival de Colosio como precandidato a la Presidencia en 1994. Sin embargo, cometió un error político, no en su papel de regente, sino como priísta, al romper la disciplina del partido tras el "destape" de Colosio (Whitehead, 1994). En lugar de esconder su frustración y mostrar solidaridad con el candidato, Camacho dejó ver su amargura y buscó debilitar la campaña de Colosio. Renunció a su puesto de regente y, durante un corto periodo, fue secretario de asuntos exteriores, antes de que Salinas lo nombrara negociador en el conflicto de Chiapas. Camacho mantuvo vivas sus esperanzas al restarle atención a Colosio y permanecer "elegible" en caso de que Salinas cambiara de parecer, o bien si él (Camacho) decidía lanzarse como candidato independiente. (Según la Constitución, los miembros del gabinete no pueden ser candidatos a menos que renuncien a su cargo varios meses antes de las elecciones, como lo hizo Camacho.) Luego de varios movimientos políticos y declaraciones ambiguas por parte de Camacho, Salinas lo obligó a renunciar a sus intenciones y a apoyar a Colosio. Finalmente lo hizo, pero sólo una semana después Colosio fue asesinado. La falta de lealtad

y disciplina partidista de Camacho molestó tanto a los priístas seguidores de Colosio que no lo consideraron como posible sustituto,
sin contar que su carrera política en el partido había terminado. Su
ambivalencia hacia el PRI y su indecisión ante el PRD continuaron
hasta que el PRI lo arrojó de sus filas a finales de 1995. Una vez
fuera del PRI, Camacho siguió siendo un politíco importante y, como
era de esperarse, formó un partido propio.[7]

Cuando Camacho se cambió a Asuntos Exteriores, el secretario de Gobierno del Distrito Federal, Manuel Aguilera, fue designado regente y terminó el sexenio con éxito. El regente elegido
por Zedillo fue una de las pocas sorpresas en su gabinete, dado que
poco se sabía sobre Espinosa Villareal. Sin embargo, no se le dio
mucha importancia a ello, pues los cambios constitucionales
anunciaban que las bases para elegir al regente cambiarían en 1997,
por lo que Espinosa sólo ocuparía su puesto durante 3 años. Más
adelante retomaré el tema de las bases para designar al regente.

Fuera del Distrito Federal, en el circundante Estado de México, la población local elige a su gobernador y presidentes municipales, quienes a partir de entonces ejercen la autoridad ejecutiva durante 6 y 3 años, respectivamente. Sin embargo, como ya
mencionamos, los propios candidatos son seleccionados por el presidente, el gobernador (en el caso de los presidentes municipales),
grupos sindicales (condescendientes) y el mismo PRI. Dicho partido arregla la elección para que determinados candidatos salgan
victoriosos de este proceso no democrático realizado a puerta
cerrada (Cornelius y Craig, 1991). No obstante, el electorado
puede demostrar su descontento con los candidatos propuestos
absteniéndose o bien votando por la oposición. También existen
elecciones locales para la legislatura estatal y para los regidores
en el ayuntamiento (aunque estos últimos están en el mismo nivel
que el presidente municipal, no son elegidos en forma directa). En
el nivel de los asentamientos puede votarse en dos niveles, aunque
su realización resulta un tanto irregular. El primer nivel es para
nombrar a los representantes del asentamiento en cuanto a temas de

---

[7] Y fue uno de los varios candidatos menores a la Presidencia en las elecciones de 2000.

desarrollo vecinal; el otro es para elegir a unos cuantos residentes locales para que actúen con la autoridad del presidente municipal y garanticen la presencia y conservación de la ley y el orden en el asentamiento. Aunque este arreglo incluye los principios de autonomía municipal, éstos se ven seriamente socavados por el control centralizado o estatal que se ejerce sobre los escasos recursos (Fagen y Tuohy, 1972; Rodríguez, 1997).

Además del regente Hank González, no ha habido una tradición de transferencia de funcionarios del Ejecutivo del Estado de México hacia el Distrito Federal. En general, las "camarillas", las trayectorias profesionales y la falta de voluntad para conceder poder político han conspirado para agudizar la división entre las dos entidades políticas, punto que retomaré más adelante.

Políticos y técnicos

Los gobiernos recientes se han vuelto cada vez más tecnocráticos. Sin embargo, las burocracias individuales difieren en el grado en que están guiadas por una racionalidad "técnica" o "partidaria" (Gilbert y Ward, 1985). Este espectro de racionalidad incluye parámetros de autonomía burocrática respecto de la interferencia partidaria diaria; la estabilidad del personal y los presupuestos; la responsabilidad de la actuación; y la "objetividad" de la toma de decisiones de acuerdo con los criterios y procedimientos establecidos. En general, entre más crítica sea cierta área de actividad sectorial para la producción económica o para las actividades de importancia estratégica, más tenderá hacia el extremo "técnico" del espectro. En gran medida, las secretarías y dependencias federales estarán menos sujetas a presiones partidarias que aquellas que tengan responsabilidades de carácter explícitamente espacial (gubernaturas, presidencias municipales, dependencias estatales y oficinas locales descentralizadas de secretarías de Estado).

Pero ¿qué tipo de racionalidad rige en el área metropolitana? La respuesta corta es que ambas. Es más probable que los funcionarios, cuya labor es administrar y conservar la paz social en entidades espaciales como las delegaciones y municipios, tomen decisiones con base en criterios políticos (es decir, que una acción en particular les pueda beneficiar o perjudicar). Sin embargo, por lo regular, su control sobre los recursos es limitado y deben dirigirse a las oficinas centralizadas para pedir ayuda. Es más probable que otros funcionarios a cargo de programas sectoriales se orienten hacia el establecimiento de normas y criterios administrativos que puedan implementarse tan ampliamente como los recursos lo permitan.

El regente y el gobernador, respectivamente, definen las políticas que deberán seguirse. Cada uno también ejerce una vigilancia general mediante el control de los recursos extrapresupuestales o centralizados y puede responder en forma discrecional a exigencias correspondientes. Por lo tanto, el regente y gobernador estatal, en última instancia, deben responder más a las influencias políticas que a las técnicas, sin importar cuáles sean sus antecedentes personales. Estas presiones no sólo varían en el espacio, sino también en el tiempo. Las cambiantes condiciones económicas, la inquietud social y la lucha de clases, las orientaciones políticas de las autoridades, y las predilecciones propias conformarán la naturaleza del ambiente para la toma de decisiones. Por otra parte, en los últimos 6 años los imperativos políticos electorales han reducido bastante los márgenes de error de gobiernos "malos" o ineficientes. Así, comenzando a menudo por los partidos de oposición, los alcaldes están ejerciendo una autonomía mayor que la de sus superiores tradicionales (los gobernadores), y están mejorando su capacidad administrativa para responder a las necesidades y demandas de la población local (Rodríguez y Ward, 1995, 1996). Algunas ciudades, tanto panistas como priístas, se han vuelto altamente tecnocráticas en su estilo de gobernar; dentro del área metropolitana tanto Naucalpan como Tlalnepantla constituyen excelentes ejemplos de los excesos de gobiernos tecnocráticos (del PRI, en este caso; Conde Bonfil, 1996; Ward, 1998).

Desde el punto de vista del gobierno central, una buena administración pública en el área metropolitana requiere que el descontento social sea contenido y aplacado. Esto puede lograrse con la mediación política así como con sistemas exitosos y eficientes de distribución de bienes públicos (Ward, 1986). Dependiendo

FIGURA 12

ESTRUCTURA ORGANIZATIVA DEL DEPARTAMENTO DEL DISTRITO FEDERAL HASTA1997

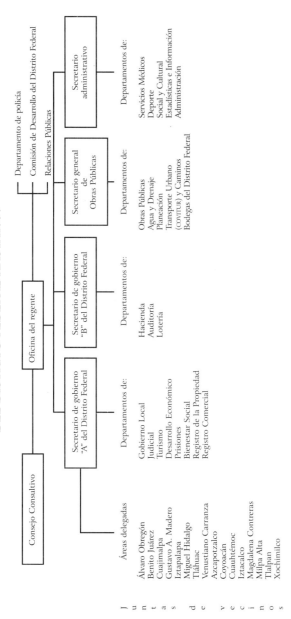

Fuente: Adaptado de Dirección General de Información. Análisis Estadístico Programación y Estudios Administrativos del DDF, en Miguel de la Madrid, *Primer Informe de Gobierno. Anexo Desarrollo Urbano y Ecología*, p. 204.

de las trayectorias profesionales individuales, si al mismo tiempo es posible avanzar en cuanto a las ambiciones partidistas-políticas y/o personales, tanto mejor. Pero esto es secundario: aunque el avance futuro resulta siempre incierto, la pérdida del control político y una débil capacidad administrativa llevarían sin duda a la destitución. Sin embargo, varias áreas de la estructura del Departamento del Distrito Federal son más abiertamente políticas que otras. El cargo de secretario de gobierno "A" era tradicionalmente el más crítico: en realidad se trata del brazo derecho del regente. La figura 12 indica que los delegados (es decir, los funcionarios políticos descentralizados) siempre estaban bajo el mando de este individuo, al igual que otros órganos clave del control del Estado (el Poder Judicial, el bienestar social, el registro de la tierra y el comercio). La seguridad pública y la policía son controlados directamente por el regente, mientras que los departamentos técnicos de mayores gastos son coordinados por un solo secretario de Obras Públicas.

La estructura fiscal de la ciudad de México: el tío rico del Distrito Federal, los primos pobres del Estado

Dentro de los presupuestos asignados a los diferentes departamentos, destacan ciertas oficinas técnicas tradicionales. Éstas son, invariablemente, aquellas empresas públicas dedicadas a las actividades en gran escala como los sistemas de suministro de energía y agua. Se trata de oficinas con grandes gastos, esenciales tanto para el consumo como para la producción. Si bien es muy probable que siempre sean importantes, su prioridad presupuestal variará según el énfasis particular que los diferentes gobiernos pongan en sus políticas: algunas veces es el drenaje profundo (a principios de la década de 1970); a veces los ejes viales de la ciudad (1979-1981); y en otras ocasiones son las ampliaciones del metro (1981-1983). Cierto estudio encontró que el Distrito Federal recibía más de la mitad del 19 por ciento del presupuesto federal asignado al desarrollo regional (Rodríguez, 1993). Aunque la tasa y el orden de introducción de los servicios locales, como el agua y la electricidad domésticas, para comunidades específicas tendía a sufrir cierta interferencia política de los delegados, el suministro de agua y energía, junto con la construcción de drenaje, por lo general están regidas por procedimientos relativamente técnicos. Para estos proyectos básicos casi siempre se requiere de una apropiación especial.

Las bases económicas del Distrito Federal y el Estado de México son bastante diferentes; como se vio en el capítulo 1, el Distrito Federal ha tendido a recibir un porcentaje desproporcionado de los ingresos nacionales y de los gastos de inversión, lo cual ha intensificado el resentimiento contra la población "chilanga". En la ciudad de México los ingresos provienen de dos fuentes: primero, de las participaciones federales. Estos fondos compartidos se envían a los estados, los cuales están obligados a compartir por lo menos una quinta parte con sus municipios. Dado que tradicionalmente se regresaba alrededor de 19 por ciento del total a los estados, los municipios recibían alrededor de 4 por ciento del total mediante la fórmula de las participaciones, cifra considerablemente menor que los porcentajes en otros países. (En años recientes ha habido un incremento en el porcentaje total transferido a los estados, que ahora reciben casi 24 por ciento (García del Castillo). Existen fórmulas claras para la asignación de estos fondos, las cuales toman en cuenta la población, el nivel de pobreza y la contribución de ingresos a la Federación. Para 1996, casi la mitad de los estados había desarrollado su propia fórmula correspondiente. La segunda fuente son los ingresos locales: tarifas, cargos a usuarios e impuestos locales sobre la propiedad (Cabrero, 1995; Rodríguez, 1995, 2000; Ward *et al.*, 1999).

Cuando los municipios comenzaron a reafirmar su autonomía luego de la Reforma municipal en 1983 (en especial las ciudades gobernadas por el PAN), comenzaron a explorar las posibilidades de generar ingresos locales para no depender tanto de los ingresos que les llegaban de la Federación. Hasta finales de los años ochenta, la mayoría de los municipios esperaba que entre 70 y 80 por ciento de sus ingresos provinieran de las participaciones (Rodríguez, 2000). Mediante políticas fiscales locales más agresivas, las ciudades fueron capaces de incrementar sus ingresos locales en forma notoria sin que sus participaciones disminuyeran (en términos reales). En efecto, estaban haciendo más con más (Ward, 1995) y, en la medida en que sus programas eran más eficientes y responsables, mejoraban la utilización de su presupuesto. Desde 1988-1989, en todo el país se ha dado un marcado aumento en la proporción de ingresos locales, básicamente gracias al cobro del consumo real de servicios (como el agua) y al aumento de los impuestos sobre la propiedad y la revisión regular del catastro según el cual se recaudan, para evitar su erosión en términos reales (Rodríguez, 1997).

De vuelta a los municipios en el área metropolitana, en 1981 alrededor de 62 por ciento de sus ingresos provenían de las participaciones; para 1989 esto había disminuido hasta 29 por ciento, pues la mayor parte ya se generaba en el nivel local (Pichardo Pagaza, 1990). Por ejemplo, en Naucalpan dicha proporción descendió de 86 a 33 por ciento durante el mismo periodo, para luego aumentar ligeramente a 38 por ciento en 1994 (Conde, 1996: 354). El incremento provino sobre todo de los impuestos, aunque los cargos a usuarios también fueron significativos.

A pesar de su posición administrativa anómala, el Distrito Federal también recibe participaciones y en 1989, 22.4 por ciento del total nacional se destinó a dicha entidad, mientras que el Estado de México recibió 9.3 por ciento (Blancas Neria, 1993: 284). A finales de la década de 1980, las participaciones representaron cerca de 51 por ciento de los ingresos del Distrito Federal, comparado con 37 por ciento en los municipios conurbados (Rowland y Gordon, 1996). Los cargos a usuarios constituyen un rubro de especial importancia dentro de las fuentes de ingresos locales del Distrito Federal (alrededor de una cuarta parte de los ingresos totales). Pero éstos resultaban insuficientes para cubrir los costos reales de los servicios, por lo que los subsidios federales cubrían la diferencia (Bassols y Corona Martínez, 1993). Salinas ordenó a Camacho incrementar seriamente la generación de ingresos locales aumentando los cargos a usuarios, impuestos, tarifas, etcétera, de modo que para 1990 el regente pudo informar a la Asamblea de Representantes que la ciudad ya no estaba "subsidiada por la provincia" y que generaba localmente más de 90 por ciento de su presupuesto anual (Bassols y Corona Martínez, 1993: 353). Cierto, hubo quejas sobre el drástico incremento en los distintos cargos, pero en gran medida reflejaban la antigua práctica del subsidio y el hecho de que los gobiernos anteriores no hubieran aumentado los impuestos y los cargos de acuerdo con la inflación. Hay quien piensa que ésta fue la venganza de Salinas contra la población de la ciudad que, en su mayoría, había votado por Cárdenas menos de 2 años atrás.

La democracia local en la ciudad de México: perdida y encontrada

Una característica importante derivada de la posición especial del Distrito Federal siempre fue la estructura de la representación política de sus ciudadanos o, más bien, la falta de representación. Pocos lugares del mundo democrático tenían menos democracia local que la ciudad de México. Se trataba de una posición altamente ventajosa que las autoridades del Departamento del Distrito Federal habían buscado defender por tanto tiempo y que, finalmente, fue derrotada el 6 de julio de 1997, cuando el Distrito Federal eligió en forma directa a su jefe de Gobierno.

Entre 1928, cuando el Distrito Federal perdió su estructura municipal, y 1997, cuando dio un paso decisivo hacia su redescubrimiento, los habitantes del Distrito Federal han sido regidos por el presidente a través de una autoridad delegada (Cisneros Sosa). Así, candidatos y funcionarios no electos, de los cuales poca gente había oído hablar antes de que fueran nombrados, desembolsaban enormes cantidades de recursos de la ciudad. Esta situación no pasó incontestada. Durante muchos años los partidos de oposición, así como el mismo PRI, habían exigido una mayor democracia en del Distrito Federal en dos frentes. Primero, la demanda de un congreso local con poderes y responsabilidades para el Distrito Federal, que prácticamente había ganado el apoyo de todos los partidos políticos cuando terminó la Consulta Popular de De la Madrid en 1984. Una segunda demanda, que no contaba con un

consenso general, era la elección directa del regente y los delegados. En general, los miembros del PRI se mostraron circunspec-
tos, pues sabían que sus jefes tenían ciertas aprensiones, mientras
que los partidos de oposición apoyaban la propuesta en forma
más abierta. Sin embargo, incluso el PRI quería un acceso más directo y preferencial a la elaboración de políticas y la distribución
de los recursos mediante secretarios distritales y canales corporativos locales. Durante muchos años, el PRI había visto con recelo
la falta de disposición por parte de muchos funcionarios del Departamento del Distrito Federal para otorgar a sus representantes
un acceso privilegiado a los servicios, la propiedad de la tierra,
etcétera (Ward, 1981a). Esto es deseable para fortalecer la legitimidad e influencia de los líderes priístas locales y como fuentes
de patrocinio que garanticen el voto para los candidatos del PRI
en las elecciones. Por otra parte, durante los años setenta y ochenta,
los partidos de oposición (en especial los de izquierda) estaban conscientes de que, en la mayoría de los casos, gran parte de su apoyo
provenía de residentes del área metropolitana, y resultaba frustran-
te no tener la capacidad para ejercer cualquier poder a favor de
sus posibles electores.

"Ya existen estructuras representativas adecuadas"

El gobierno del PRI se resistió a los llamados a democratizar
el Distrito Federal y restituirle su categoría de municipio hasta donde le fue posible, creando estructuras alternativas que incluían representantes electos localmente, pero que no gozaban de autoridad
ejecutiva. Como decía el dicho: "El PRI quiere cambiar todo para
que nada cambie". Desde 1929, el Distrito Federal ha tenido "consejos consultivos" que comprenden representantes de empresas
locales, grupos de interés, cabilderos, asociaciones de residentes,
etcétera. Algunas reuniones periódicas (semanales), moderadas por
el regente o su representante, permitirían a los consejos consultivos expresar sus opiniones sobre las necesidades de servicios y obras
públicas.

En 1970 la nueva Ley Orgánica del Distrito Federal conservó
la existencia del Consejo, pero lo amplió mediante juntas locales

de vecinos conformadas por representantes de distintas colonias. El presidente de la junta de la delegación formaba parte del Consejo Consultivo del Distrito Federal, cuya estructura no comenzó a funcionar sino hasta mucho después de su creación en 1970. En su lugar, el entonces presidente Luis Echeverría (pues llevaba su sello más que el del regente Sentíes), utilizaba patrones tradicionales de paternalismo para lograr el control social y electoral en los vecindarios de bajos recursos (Cornelius, 1975; Ward, 1981a).

Fue el regente Hank González quien comenzó a utilizar la estructura de las juntas de vecinos, en parte porque reconoció que ofrecían un mecanismo para desviar las responsabilidades (y las "broncas") hacia sus delegados locales y, aún más importante, un medio para enfrentar las críticas acerca de que el Distrito Federal era fundamentalmente no democrático y no representativo. ¿Qué mejor solución sino las elecciones cívicas directas para representantes de manzana, colonia, delegación y ciudad? Aunque la primera "ronda" de representantes de la junta fue promovida en gran parte por los delegados locales en 1977-1978, el regente Hank González invirtió un enorme esfuerzo para garantizar que las elecciones de 1980 fueran ampliamente difundidas; que acudiera una gran concurrencia a las urnas; y después que las juntas funcionaran (Ward, 1981a; véase también Jiménez, 1988). Esto no se debió a que Hank González creyera en la democracia local y los funcionarios elegidos: era precisamente porque no creía en ello. Su objetivo era que los ciudadanos se sintieran satisfechos con las oportunidades que les brindaba para tener una representación local (Ramírez Saiz, 1983; Cisneros Sosa, 1983). O al menos eso esperaba.

Sin embargo, la creación de la estructura de las juntas no produjo una mayor democracia local ni alivió las demandas de tener un congreso local, funcionarios y administradores electos. Si bien hay señales que indican que las juntas desempeñaron un papel importante para determinar la priorización de los programas de servicios en los asentamientos (Ward, 1981a; pero cfr. Jiménez, 1988), existen escasas evidencias de que esto continuara una vez que Hank

González dejó su cargo. A partir de 1983, su papel se redujo al de un instrumento de control local ejercido por los delegados. Además, cada vez con mayor frecuencia eran "asaltadas" por representantes de clase media vinculados de cerca con el patronazgo del delegado (Jiménez, 1989; véase también Aguilar Martínez, 1988). Las exigencias de un Congreso electo surgieron de nuevo durante las elecciones federales de 1982 (*Proceso*, 14 de mayo de 1982). La Consulta Popular iniciada en todo el país por el presidente Miguel de la Madrid en 1983 alimentó demandas similares por parte de los partidos de oposición, así como del PRI (*El Día*, junio de 1984). La respuesta del regente Aguirre fue que dichas propuestas serían cuidadosamente estudiadas por el Departamento del Distrito Federal y las recomendaciones se analizarían en las sesiones plenarias de la consulta.

Esto llevó a otro acuerdo cuyo fin era ampliar la democracia y la representación de la población local. Se trataba de un compromiso anunciado por el secretario de Gobierno del Departamento del Distrito Federal para establecer una asamblea local con responsabilidades que le permitieran crear "bandos", dictar reglamentos locales, vigilar a las autoridades, etcétera (*Gaceta Oficial*, 25 de febrero de 1988). Establecida mediante las elecciones del 6 de julio de 1988, la Asamblea de Representantes del Distrito Federal fue, en mi opinión, la última de una larga lista de iniciativas gubernamentales para evitar la democratización plena del Distrito Federal y su estructura administrativa.

Salinas creía haber salvado las demandas de contar con un regente y autoridades locales electas, al menos de momento. Sin embargo, como muchos lo señalaron, existían pocas ciudades en el mundo en donde los residentes opinaran tan poco sobre sus gobernantes y las políticas y gastos urbanos locales. Otros distritos especiales –como Washington D.C. y el Distrito Capital de Bogotá–, ejercían una mayor democracia local y elegían en forma directa a sus autoridades urbanas locales. En mi opinión, esto no fue un accidente histórico, sino el resultado del miedo de la élite revolucionaria ante la posibilidad de que la ciudad se viniera abajo sin los controles discrecionales ejercidos por el presidente y delegados en el regente. También les preocupaban los efectos políticos desestabilizadores que pudiera tener la contraposición de dos figuras poderosas, ambas electas, y con distintas opiniones y políticas. El territorio era demasiado grande, demasiado importante y demasiado cercano a la propia casa para confiárselo a la oposición o a otras facciones dentro del mismo partido (Ward, 1989).

Elecciones directas para funcionarios del DDF:
ventajas y desventajas

Un argumento a favor del regente electo era que la falta de funcionarios electos sería cada vez más anómala e injustificable respecto de la urgencia salinista de democratizar al partido, a los sindicatos, y al país en su conjunto. En particular, el argumento de que el Presidente era elegido por los residentes del Distrito Federal como el gobernador *de facto* ya no se sustentaba, puesto que el presidente Salinas perdió el Distrito Federal por un amplio margen frente a Cárdenas. En segundo lugar, era bastante evidente que el nivel de los subsidios en el Distrito Federal era injustificable y había un creciente reconocimiento de que tal vez era imposible gobernar la ciudad con éxito, por lo cual el PRI no tenía mucho que perder. En una situación en donde no había nada que ganar, si los problemas de la ciudad de México no tenían solución, entonces ¿por qué no permitir que la oposición entrara en escena, quizás para terminar de empeorar las cosas? El gobierno de la ciudad de México no era necesariamente un juego perdido para el PRI (al menos no mientras controlara los recursos generales a través del Congreso). El sistema de controles y balances, aunque en realidad nunca se había usado en el pasado, podía atarle fácilmente las manos a los funcionarios de un gobierno de oposición. En el Reino Unido, el gobierno conservador de Thatcher demostró que al retener el financiamiento del centro podía manejar a los consejos controlados por laboristas, con cuyas políticas de gastos no estaba de acuerdo.

Un tercer factor que apoyaba la idea de tener un Congreso y funcionarios locales electos era la consideración seria que Camacho y sus colaboradores hicieron respecto de las experiencias de otras grandes ciudades metropolitanas (Londres, París, Roma, São Paulo (donde el Partido de los Trabajadores (PT) acababa de ganar las elecciones). Estas ciudades habían elegido partidos de oposición sin que ello representara una amenaza inaceptable. Por otra parte, México empezaba a tener más experiencias con "gobiernos de oposición" (Mérida, San Luis Potosí, Chihuahua, Ciudad Juárez, Hermosillo, etcétera) y, a excepción de Juchitán (un municipio de Oaxaca controlado por la izquierda), la mayoría de las experiencias no había sido demasiado problemática desde el punto de vista del gobierno federal. Además, la existencia de un regente de oposición en la capital no debía plantear un problema insuperable por las razones que acabo de indicar (vigilancia del Congreso federal y/o local) y porque gran parte del presupuesto de la ciudad continuaba bajo el control federal. Por último, una creciente proporción (alrededor de 40 por ciento) de la población ya vivía fuera de los límites del Distrito Federal, donde ejercían sus derechos constitucionales, al parecer sin que ello planteara una amenaza inaceptable. Siempre y cuando no existiera una sola entidad político-administrativa para el área metropolitana, el control político absoluto no estaría amenazado.

Visto desde estas perspectivas, tal vez resulte difícil comprender por qué la oposición estaba tan ansiosa de consolidar los principios de representación local y de exigir que los principales funcionarios del Departamento del Distrito Federal fueran electos, y por qué el gobierno se resistía tanto a dichos movimientos. De cualquier manera, hubo razones de peso para ello. Primero, existían argumentos técnicos relacionados con la ubicación de los edificios e instituciones federales que desempeñan un papel nacional y que, por ende, pertenecen al país más que a una sola entidad. Si bien diversos funcionarios siempre esgrimían este argumento, había comenzado a resultar débil y poco convincente: las restricciones técnicas no eran insuperables. Segundo, existía la posibilidad de que un avance para la oposición en el Distrito Federal representara por fuerza una pérdida correspondiente para el PRI. Nadie podía estar seguro. Un tercer temor era la posibilidad de que el peligro no fuera la oposición, sino el mismo PRI. Si tanto el Presidente del país como el regente de la ciudad eran elegidos en elecciones nacionales y locales directas, respectivamente, sería demasiado difícil para el primero restringir al segundo mediante controles presupuestales en el Congreso. En esta situación se tendrían dos importantes políticos electos operando en la misma entidad, lo cual podría provocar desequilibrio político y conflictos potenciales. Un ejemplo desleído de ello es la situación que ya existía en el Estado de México, donde el candidato del PRI a la gubernatura era destapado por el ejecutivo saliente un año antes de que el nuevo Presidente asumiera su cargo. Como resultado, las relaciones entre el gobernador del Estado de México y el presidente entrante siempre habían sido difíciles y la coordinación entre ambas entidades había sido tradicionalmente pobre. La inestabilidad política se magnificaría si el regente tuviera un cargo de elección popular, independiente del de presidente. De hecho, sería muy difícil controlarlo y, en última instancia, destituirlo.

En cuarto lugar, parecía indudable que cualquier victoria de la oposición en el Distrito Federal fuera una importante victoria simbólica que anunciara, o tal vez acelerara la peor derrota del PRI, la pérdida de la presidencia misma. El efecto dominó, el filo de la navaja, el borde del abismo: ninguna de estas metáforas sirve para representar la inseguridad que el partido en el gobierno experimentaría de perder el control ejecutivo del Distrito Federal. Como ya se mencionó, en noviembre de 1996 los legisladores del PRI renunciaron a un acuerdo electoral previo que se dio antes de que el Congreso, luego de las elecciones una semana antes, anunciara pérdidas importantes para 1997. Una quinta razón fue sin duda la ambición personal del entonces regente. Manuel Camacho sabía que, si bien debía responder a estas exigencias, sus aspiraciones a la Presidencia se verían estropeadas si tomaba pasos constitucionales que acabaran por entregar la autoridad ejecutiva del Distrito Federal –o de partes del mismo– a los partidos de oposición.

Cuando escribí la primera edición de este libro (1989), me parecía que la creación de un congreso local y la de un ejecutivo electo en el nivel local no tenían por qué ser aceptadas o recha-

zadas al mismo tiempo. Podían estudiarse por separado, lo cual
habría sido una opción políticamente prudente y oportuna. Parecía bastante probable que, si la Asamblea de Representantes podía
funcionar sin interrumpir en forma significativa la administración
de la ciudad, disminuyera la resistencia a un congreso electo localmente con todas sus atribuciones. En la primera asamblea, los
partidos de oposición tenían una mayoría absoluta y representaban para muchos un foro importante para desarrollar demandas
multipartidistas de una democracia más representativa y participativa en el Distrito Federal (Incháustegui, 1994; Bassols y
Corona, 1993).

A final de cuentas, Camacho resolvió el nudo gordiano del
regente electo de manera por demás brillante. El asunto se sometió
a un plebiscito –en sí mismo una innovación– en marzo de 1993,
en el cual se plantearon tres preguntas: 1. ¿debía crearse un estado 32?, 2. ¿debía haber elecciones directas para las autoridades de
la ciudad?, y 3. ¿debía crearse una legislatura local? La respuesta
fue abrumadora a favor del cambio y una mayor democracia
representativa. Más de 84 por ciento de los participantes respondió
positivamente a las dos segundas preguntas; mientras que un porcentaje menor (67 por ciento) se manifestó a favor de crear un
nuevo estado. Si bien los resultados fueron contundentes, en gran
medida confirmaron lo que Camacho había esperado (*El Financiero*, Informe especial, 15 de mayo, 1993). La controversia surgió
no tanto en torno a los resultados, sino a la concurrencia, pues
hubo opiniones encontradas sobre la importancia de una participación total de 330,000 votantes. Aunque dicha cifra representaba
un porcentaje reducido del registro electoral (menos de 6 por ciento), muchos argumentaron que se trataba de un número importante, en especial dada la campaña de varios partidos en contra del
plebiscito. Reducido o no, fue interpretado como un mandato claro
para que Camacho prosiguiera.

La nueva propuesta, aprobada por el Congreso en 1993,
atendía las dos preguntas con mayor votación positiva: elecciones
directas y una legislatura local. La Asamblea de Representantes se convertiría en Legislatura (y por ende le correspondería esta-

blecer políticas) a partir de 1994. Y, desde 1997 (es decir, cuando se instalara la siguiente Asamblea), el Presidente elegiría al regente de entre los asambleistas electos del partido que obtuviera la mayoría. Éste era el elemento brillante en la propuesta de Camacho, pues el regente sería elegido en forma directa (a la Asamblea), pero la selección real la haría el Presidente, que elegiría a quien él considerara adecuado. La Asamblea tendría que ratificar la selección, y en caso de estancamiento luego de dos votaciones para dos candidatos presentados por el Presidente en forma consecutiva, el Senado haría la designación. En esencia, la propuesta combinaba un tipo de procedimiento de selección parlamentario con el arreglo existente del "dedazo", pero garantizaba que, estructuralmente, sería lo que se conoce en Estados Unidos como una "relación regente-consejo débil", algo bastante diferente del "regente fuerte" (aunque dependiente del Presidente) que había existido hasta entonces (Ward, 1996). Sin embargo, puso al Departamento del Distrito Federal bajo el firme control del Congreso (más que del Presidente).

Ante tal situación, aunque la reforma ya había sido aprobada por el Congreso, Zedillo intervino para simplificar la propuesta (ya fuera porque la sentía innecesariamente intrincada, o bien porque no confiaba en Camacho). Sea lo que fuere, sucedió lo que antes era inimaginable: el regente sería elegido en forma directa. En otra reforma, aprobada en el verano de 1996, se propuso que el Distrito Federal debía tener una Asamblea Legislativa y un "regente elegido en forma directa", aunque dicha entidad continuaría ocupando una posición especial. La reforma no incluía la creación de un estado 32 y tampoco contenía propuestas sobre las elecciones de delegados. Sin duda, esto vendría después. Por otra parte, el primer regente ocuparía su puesto sólo durante 3 años para poder sincronizar esta elección con la presidencial en 2000, después de lo cual el cargo de regente duraría seis años. El Congreso incluyó una cláusula para evitar que los antiguos regentes se postularan como candidatos; ello tenía por principal objetivo acabar con las intenciones de Camacho, o de sus recientes predecesores (Aguilera o Aguirre), de contender por el cargo.

La ciudad de México: ¿en manos de la oposición?
Las elecciones de 1997

Hasta 1997, y a excepción de las elecciones de 1988, el PRI era tradicionalmente el partido de la mayoría en toda el área metropolitana, aunque su nivel de votación estaba muy por debajo de su promedio nacional. En general, el PRI siempre obtenía una votación menor en los distritos urbanos que en los rurales, con un promedio de 49 contra 76 por ciento del total entre 1979 y 1988 (Cornelius y Craig, 1991:70). Durante el mismo periodo, su promedio en el Distrito Federal fue aún menor (41.2 por ciento) y, por supuesto, ha disminuido en forma significativa desde 1997. Sin embargo, dado que los votos no priístas se reparten entre otros dos partidos, y que las elecciones directas permiten que el ganador se lleve todo, hasta 1997 los partidos de oposición dependían casi exclusivamente de los votos de representación proporcional para participar en las 40 curules distritales del Distrito Federal en el Congreso y las 40 curules en la Asamblea de Representantes (donde en 1988 el PRI obtuvo 24 curules, el PAN 13 y el Frente 3). En 1988 y 1991, ninguno de los partidos de oposición obtuvo curules de elección directa, a excepción de la senaduría que ganó Muñoz Ledo en el Distrito Federal por parte del Frente (que poco después se convertiría en el PRD). En 1994, el PAN obtuvo algunas curules en provincia y tres diputaciones de elección directa en el Distrito Federal.

Por lo tanto, en las primeras elecciones para jefe de Gobierno en 1997 se esperaba una difícil batalla entre los contendientes de los tres partidos, todos ellos políticos importantes: Carlos Castillo Peraza (PAN); Alfredo del Mazo (PRI); y Cuauhtémoc Cárdenas (PRD), tercia que incluía a dos expresidentes de partido y a un ex gobernador del Estado de México y precandidato a la Presidencia en 1988 (Del Mazo). Se esperaba que la mayoría electoral del PRI se dividiera en 1997, dada la pobre actuación nacional de dicho partido en las elecciones de 1995 y 1996. Por otra parte, las elecciones municipales del Estado de México en noviembre de 1996 beneficiaron al PAN y PRD, los cuales obtuvieron municipios clave del área metropolitana que antes estaban en manos del PRI.

Además, si bien los partidos de oposición todavía no construían una base partidista amplia en el nivel nacional, en el Área Metropolitana de la Ciudad de México contaban con una buena organización.[8] No obstante, en realidad nadie esperaba que el voto del PRI cayera tan dramáticamente como ocurrió. De cualquier forma, el análisis espacial de los resultados anteriores a 1997 para el área metropolitana nos permite comprender de manera más matizada las expectativas (en ese entonces anteriores a las elecciones) de los partidos para 1997 y las bases de poder espaciales que cada uno podría desarrollar, en particular después de 2000, año a partir del cual las delegaciones podrían elegir en forma directa a sus delegados. Para señalar las zonas en las que cada partido tuvo más fuerza, marqué sus resultados en el mapa en relación con sus promedios en el área metropolitana; entre más obscuro sea el sombreado, mayor fue la votación del partido correspondiente en la zona. Si bien presenta ciertas distorsiones –pues entre mayor sea la votación de un partido respecto del total, más numerosas serán sus áreas "fuertes"–, este método nos permite conocer las fuerzas y debilidades espaciales de los diferentes partidos. Se realizaron mapas para tres grupos de elecciones federales desde 1988 y para las elecciones presidenciales de 1988 y 1994 (las de 1988 se reprodujeron en la primera edición de este libro y por ello no aparecen aquí). Dejando de lado los resultados de 1988 (sin importar cuán interesantes fueran en ese momento), las elecciones para diputados en 1991 y 1994 y para Presidente en 1994 muestran una notable consistencia respecto de las zonas fuertes y débiles de los diferentes partidos. Siendo así, no repetiré todas las cantidades aquí; simplemente describiré los resultados para los tres candidatos a la Presidencia en 1994. Esto me pareció apropiado puesto que los votantes eligieron a un individuo por su partido, y lo mismo ocurrió en 1997 y en 2000 en las elecciones de jefe de Gobierno del Distrito Federal. Mi objetivo es ofrecer una base para la distribución espacial del apoyo electoral por partido y por can

---

[8] Véase *Tiempos interesantes: tiempos de cambio. Preferencia de voto y opinión política en el Distrito Federal*, Ma. de Lourdes Fournier y Pedro Moreno Salazar (coords.), 2000, UAM, Xochimilco. Este libro contiene un análisis detallado de las opiniones de una amplia muestra de residentes del Distrito Federal antes y después de las elecciones de junio de 1997.

presidencial desde 1994. Estos mapas se compararán más adelante con los resultados de las elecciones de 2000.

Las figuras 13b-d muestran el comportamiento por distrito
(véase figura 13a) de los candidatos de cada partido en relación
con su propio promedio para toda el área metropolitana. Los tres
partidos muestran un desempeño moderadamente decoroso en
el Distrito Federal y han creado "nichos" en diferentes áreas: el
PAN en los núcleos de ingresos medios del centro-sur y norte
de la ciudad; el PRI en las zonas centrales y en los distritos de
ingresos superiores en occidente; mientras que el PRD domina en
los distritos más homogéneos de clase trabajadora al suroriente
y en las colonias al oriente de Ciudad Universitaria. El PAN
supera su promedio en 12 de los 40 distritos, comparado con 6
del PRI y el PRD, y de los tres, el PRI está por debajo de su promedio en mucho más distritos que los otros dos partidos. Estos
datos sugirieron que el PAN estaba desarrollando su fuerza espacial
a expensas del PRI, cuyos bastiones espaciales iban disminuyendo. Si bien el PRI poseía una mayoría absoluta sustancial (al
igual que en 1994), esta disminución no constituyó un problema, pues si bien su voto parecía ir en declive, aún tenía posibilidades de ganar la mayoría de las batallas distritales. Sin embargo,
si la votación general entre los tres partidos se estrechara, de
modo que el PAN y el PRD se acercaran al PRI, entonces los datos
de la figura 14 sugerirían que el PAN podría verse beneficiado en
el Distrito Federal, e incluso ganarlo. Dada la distribución espacial más reducida de la fuerza perredista, parece poco probable
que pudiera obtener una victoria general.

En cuanto al vecino Estado de México, los datos de 1994 sugieren que las zonas de predominio del PAN se encontraban al occidente y noroccidente, en distritos de los municipios de Naucalpan,
Tlalnepantla, Atizapán, Cuautitlán Izcalli y Tepoztlán; y ninguna
del lado del oriente. Aquí el PRD posee una fortaleza relativa en
Nezahualcóyotl, La Paz y Chimalhuacán. La fuerza oriental del PRI
es Chalco, lo cual no es de sorprender dados los enormes recursos
que recibió a través de Solidaridad durante el sexenio de Salinas.
No obstante, a excepción de Huixquilucan al occidente, Nicolás Romero al nororiente y los municipios del XXI distrito al norte

(Tultepec, San Martín de las Pirámides, etcétera), tiene pocos puntos de predominio, aunque tampoco parece estar por debajo de su porcentaje en muchas zonas (véase cuadro 7). Las actuaciones de 1994 se sometieron a prueba en las elecciones municipales de noviembre de 1996, cuando el PAN ganó en Naucalpan, Tlalnepantla, Atizapán, Cuautitlán Izcalli y Tepoztlán, pero también, de manera algo inesperada, en Nicolás Romero y San Martín de las Pirámides, donde parecía que el PRI tenía fuerza. El PRD obtuvo Nezahualcóyotl, Texcoco, Los Reyes y Chimalhuacán (ambos en el VIII distrito). La salvación del PRI fue obtener Chalco-Solidaridad, Ecatepec y Huixquilucan. Así, entre 1994 y 1996, los partidos tendieron a *intensificar sus fuerzas* hasta un nivel que les permitió ganar presidencias municipales.

Cierto es que, en el análisis final, estos patrones previos de votación no parecen haber servido de mucho, al menos en cuanto a las elecciones del Distrito Federal en julio de 1997. Los resultados, si bien no fueron una sorpresa a la luz de las múltiples encuestas efectuadas antes de las elecciones, no concordaron con la descripción de los patrones de votación anteriores. En este caso, una combinación del "voto de castigo" en contra del PRI y la vigorosa y determinada campaña de Cárdenas por parte del PRD, hizo a un lado las tendencias tradicionales de votación y le otorgó al segundo una contundente victoria. Los resultados finales arrojaron 48 por ciento para Cárdenas, 35.6 por ciento para Del Mazo (PRI) y 16 por ciento para Castillo Peraza (PAN). Al parecer, casi todo el voto "flotante", así como algunos antiguos seguidores del PRI, optaron por Cárdenas y el PRD en 1997. A diferencia de otras elecciones y otras partes del país, en el Distrito Federal el PAN no absorbió el voto "flotante" o el "de castigo" en contra del PRI; más bien alcanzó el nivel de su núcleo de apoyo tradicional (16-17 por ciento). Lo mismo sucedió en la Asamblea Legislativa, en la cual, para su propia sopresa, el PRD ganó 38 de los 40 distritos electorales (el PAN obtuvo los otros dos).[9] Lo mismo sucedió en

---

[9] Posteriormente, esto generó problemas para el gobierno de Cárdenas, pues la mayoría de los 38 representantes nuevos eran dirigentes locales sin experiencia, mientras que varios perredistas clave cercanos a Cárdenas que fueron colocados en las posiciones más importantes de la lista plurinominal no pudieron ser incluidos; tan contundente fue la victoria. Así, el bloque del PRD fue despojado de su liderazgo esperado, mientras que el PAN y el PRI sí vieron elegidas a sus figuras principales mediante la ruta plurinominal.

FIGURA 13

DISTRITOS ELECTORALES Y PATRONES DE VOTACIÓN
EN LAS ELECCIONES PRESIDENCIALES DE AGOSTO DE 1994,
POR CANDIDATO, EN EL ÁREA METROPOLITANA

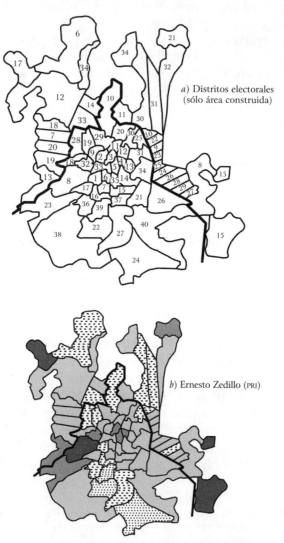

a) Distritos electorales
(sólo área construida)

b) Ernesto Zedillo (PRI)

Elección presidencial de 1994 en el AMCM

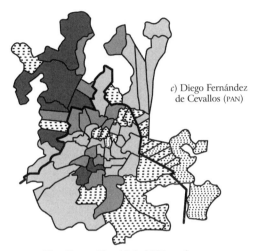

c) Diego Fernández
de Cevallos (PAN)

Elección presidencial de 1994 en el AMCM

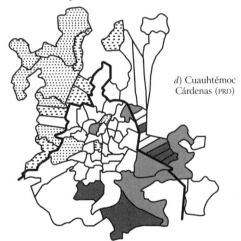

d) Cuauhtémoc
Cárdenas (PRD)

Elección presidencial de 1994 en el AMCM

Variación porcentual de la votación promedio para cada candidato en cada uno de los distritos del AMCM

■ Más de 4% superior al promedio	⠶ Más de 4.0% inferior al promedio
▨ Entre 2.0 y 3.9% superiór al promedio	—— Distrito Federal
⠿ Dentro del 1.9% superior o inferior	—— Distrito electoral (sólo área construida)
⠿ Entre 2.0 y 3.9% inferior al promedio	

las elecciones para diputados federales del Distrito Federal y el área metropolitana, en las que, de nuevo, el PRD arrasó (aunque el PAN conservó el distrito que incluye la parte de clase media de Naucalpan que ha conservado durante 18 años consecutivos). Por su parte, el PAN no logró extender el apoyo con que cuenta en ciertos distritos de clase media (señalados en las figuras 13) hacia la clase trabajadora, al menos no en las elecciones de 1997.

CUADRO 7

NÚMERO DE DISTRITOS DONDE LOS CANDIDATOS
PRESIDENCIALES OBTUVIERON UNA VOTACIÓN
SUPERIOR O INFERIOR AL PROMEDIO GENERAL
DEL ÁREA METROPOLITANA

	Fernández (PAN)		*Zedillo (PRI)*		*Cárdenas (PRD)*	
Área de distritos	D.F.	Edomex	D.F.	Edomex	D.F.	Edomex
Núm. de distritos donde el voto fue significativamente superior al promedio	12	8	6	5	6	7
Núm. de distritos donde el voto fue significativamente inferior al promedio	6	14	10	5	3	10

Fuente: Cálculos basados en la figura 13.

Fue evidente que, durante la campaña, los ataques personales que Castillo Peraza profirió en contra de Cárdenas resultaron contraproducentes y el perredista, en su papel de "víctima", supo aprovechar al máximo sus políticas anticorrupción y antisalinistas. Su eslogan de campaña, "recuperar tu ciudad", fue brillante, pues jugaba con la idea de recuperar tanto la democracia como la seguridad pública en las calles, principal preocupación del electorado. Por su parte, a pesar de todos sus esfuerzos, Del Mazo no logró superar la desconfianza general de los votantes en la capacidad del PRI y el gobierno federal para responder en forma adecuada a los problemas de la ciudad (Fournier y Moreno, 2000). El Distrito Fe-

deral estaba a punto de adoptar una estructura política del todo nueva
y la mayoría de los habitantes pensaba que esto debía hacerse sin el
bagaje del pasado.

FIGURA 14

DISTRITOS ELECTORALES GANADOS EN
EL DISTRITO FEDERAL POR LOS DIFERENTES PARTIDOS
EN LAS ELECCIONES DE 2000

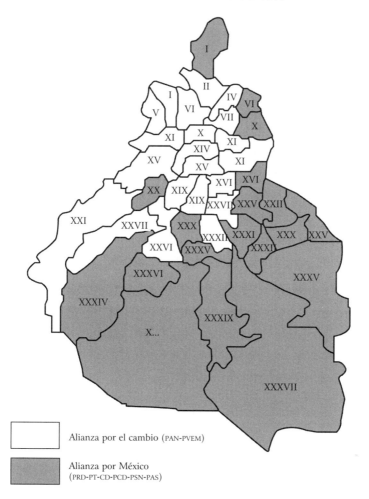

Alianza por el cambio (PAN-PVEM)

Alianza por México
(PRD-PT-CD-PCD-PSN-PAS)

Las elecciones de 2000: ¿la alternancia o hacia un sexenio completo para el PRD?

Los tres partidos lanzaron candidatos fuertes y conocidos para el cargo de jefe de Gobierno en las elecciones de 2000. El PRI estaba decidido a hacer todo lo posible por recuperar el Distrito Federal y, luego de una elección primaria en noviembre, seleccionó a Jesús Silva Herzog como su candidato; antiguo secretario de Hacienda y embajador en Estados Unidos, era bien conocido y apreciado. De haber ocupado un puesto de elección con anterioridad, habría sido un fuerte candidato a la Presidencia; de hecho, en la década de 1980 se le consideraba presidenciable. El candidato del PAN fue Santiago Creel, ex senador y político respetado en el nivel local y nacional. Después de sus elecciones primarias, el PRD seleccionó a su ex presidente de partido, Andrés Manuel López Obrador.

Al iniciar la campaña, parecía poco probable que el PRD lograra conservar el Distrito Federal en las elecciones de 2000, en parte debido a la pobre imagen pública del gobierno de Cárdenas (que analizaremos en el capítulo 8). De hecho, las primeras encuestas daban una ventaja clara a Silva Herzog, con Creel ligeramente detrás y López Obrador languideciendo en un tercer lugar distante. Tan mal había quedado que denunció como "poco profesionales" los resultados que estaba circulando la compañía independiente de encuestas Alduncín y asociados en *El Universal*. Sin embargo, para abril las encuestas sugerían que López Obrador era un firme contendiente y que, en efecto, estaba superando rápidamente a Silva Herzog del PRI. Para junio ya encabezaba las encuestas, por un margen tan amplio que, ni el PAN ni el PRI abrigaban muchas esperanzas de ganar. Resulta interesante que éste sea un patrón similar al de la recta final de las elecciones en 1997 (véase Fournier y Moreno Salazar, 2000).

Varios factores desempeñaron un papel importante en la arremetida de López Obrador en las encuestas. Primero, es excelente para hacer campaña, y no tardó en demostrar su habilidad política, sobre todo en los distritos de clase trabajadora de la ciudad. Por su parte, la campaña de Silva Herzog no estuvo bien organizada y pronto perdió ímpetu. Segundo, no fue sino hasta que el PRD publicó su lista de candidatos cuando comenzó a llegar el apoyo; antes de ello, los dirigentes locales aspirantes lo habían retenido. Tercero, de la misma manera en que Castillo Peraza dio algunos tropiezos al criticar a Cárdenas en 1997, tanto el PRI como el PAN hicieron mal al cuestionar la residencia de López Obrador, argumentando que no había vivido en el Distrito Federal el tiempo suficiente. Esto lo colocó en el papel de víctima política y, si bien existía la posibilidad real de que fuera descalificado, para sus oponentes era arriesgado que los identificaran de cerca con la acusación. Cuando el Instituto Electoral del Distrito Federal decidió –con votación de 3 a 2– que la residencia de López Obrador era válida, el daño ya estaba hecho. Al reconocer que cualquier apelación al IFE sólo empeoraría la situación, el PAN y el PRI se retractaron. En cuarto lugar, y de manera un tanto paradójica, a López Obrador le beneficiaba que Cárdenas ya no fuera jefe de Gobierno. Aunque la imagen más bien insulsa de Cárdenas como jefe de Gobierno estaba dañando su propia campaña por la presidencia, Rosario Robles, su sustituta desde septiembre de 1999, estaba haciendo bien las cosas y sus relaciones públicas más activas le habían procurado, a ella y al PRD, una mejor evaluación en el Distrito Federal. Retomaré esto más adelante, en el capítulo 8; baste decir que para junio de 2000 el efecto de "coleo" se estaba revirtiendo, pues Cárdenas comenzó a beneficiarse del avance de López Obrador en las encuestas y parecía estarle restando votos a los demás candidatos presidenciales, en especial en el Distrito Federal.[10] Así, al final no fue de sorprender que López Obrador y el PRD ganaran las elecciones del 2 de julio en el Distrito Federal, aunque tal escenario no parecía probable algunos meses atrás. Sin embargo, el candidato del PAN, Santiago Creel, se acercó a López Obrador mucho más de lo que las encuestas habían indicado, sólo los separaron cuatro puntos porcentuales (véase cuadro 8).[11] En retrospectiva, parece que en el área

---

[10] Cárdenas avanzó de alrededor de 9 a casi 20 por ciento en las encuestas de abril a junio.

[11] La noche de las elecciones, cuando muchos en el Distrito Federal comenzaron a festejar la victoria de Fox y los perredistas comenzaron a cantar victoria en el Distrito Federal, Cárdenas informó a sus seguidores que el resultado todavía no era seguro, pues los primeros resultados indicaban que las elecciones eran mucho más reñidas de lo que se había esperado. No fue sino hasta varias horas después cuando la victoria de López Obrador fue confirmada.

metropolitana Creel y los candidatos del PAN gozaron de ventajas significativas relacionadas con el claro triunfo de Fox en la Presidencia. Aun cuando el PAN no logró ganar el control absoluto del Distrito Federal, obtuvo cinco de las 16 delegaciones y nueve de los 15 municipios adyacentes; además, obtuvo más curules de elección directa en la Asamblea Legislativa que el PRD (obtuvo una participación igual tomando en cuenta la representación proporcional). El PAN también obtuvo 24 de las 30 curules uninominales del Distrito Federal en la Cámara de Diputados. El PRI logró un distante tercer lugar y no obtuvo ninguna curul de elección directa (a excepción de los tres municipios metropolitanos que logró conservar).

CUADRO 8

DISTRIBUCIÓN DE LAS POSICIONES ELEGIDAS
EN EL ÁREA METROPOLITANA DE LA CIUDAD
DE MÉXICO LUEGO DE LAS ELECCIONES FEDERALES
Y LOCALES DEL 2 DE JULIO DE 2000

	PAN*	PRI	PRD**
Porcentaje de votación para presidente en el D.F.	43.6%	23.96%	25.88%
Porcentaje de votación para jefe de Gobierno	33.4%	22.8%	38.1% López Obrador
Núm. de municipios en el Estado de México	32	69	21
Núm. de municipios que forman el AMCM	9	3	3
Núm. de delegaciones en el D.F.	5	0	11
Núm. total de representantes a la Asamblea Legislativa (cuota PR)	25 (4)	0 (16)	25 (6)
Núm. total de diputados federales para los 40 distritos del D.F.	34	0	6

* En alianza con el PVEM.
** En alianza con otros partidos (que sumaron 3.6 por ciento).

En otros términos, si bien el PRD tiene las riendas del poder en el Distrito Federal, tendrá que compartir ese poder de manera casi equitativa con el PAN. Los dos partidos se repartieron en partes iguales la Asamblea Legislativa y lo mismo ocurrió con las delegaciones metropolitanas (cada uno obtuvo 14,véase cuadro 8). Esto representa un cambio dramático respecto de la distribución del poder entre 1996-1997 y 2000. Aunque en esta carrera de tres caballos el PRI no obtuvo nada en las elecciones directas del Distrito Federal, es importante destacar que aun así consiguió casi una cuarta parte del voto general.

Desde la perspectiva espacial, se puede observar que en el Distrito Federal en 2000, los seguidores del PAN se distribuyeron, a grandes rasgos, en la parte norte de una diagonal que va desde el suroeste hacia el noreste; mientras que los del PRD se ubicaron al sur y este de dicha línea (véase figura 14), lo cual refleja, en términos generales, el apoyo que tiene dicho partido en las zonas pobres de la ciudad. En términos de los poderes ejecutivos, el PAN ganó unas cuantas delegaciones y municipios en zonas tradicionalmente de clase media al oeste y noroeste (Benito Juárez, Miguel Hidalgo, Naucalpan), así como varias zonas más bien mixtas y de clase trabajadora (como Cuajimalpa, Huixquilucan, Chalco, Tlalnepantla y Ecatepec). El PRD arrasó en las zonas restantes (véase figura 15). Como ya se mencionó, el PRI no consiguió obtener una sola delegación en 2000, pero conservó algunos municipios, en gran parte rurales, al este y suroeste de la ciudad. Ahora más que nunca, el área metropolitana es un entramado de gobiernos locales que representan a varios partidos, y todos ellos deben responder no sólo a las necesidades internas, sino también a las relacionadas con la estructura de la autoridad gubernamental en un nivel más alto (Distrito Federal y Estado de México según corresponda) y, por supuesto, también con el gobierno federal. Al menos en el Distrito Federal, este reto no tiene precedentes.

CONCLUSIÓN: RECUPERANDO LA CIUDAD

EN ESTE capítulo he identificado las bases políticas que sostienen la administración de la ciudad, en particular la del Departamento del Distrito Federal. Ya he expresado la opinión de que, hasta 1997, el contenido del proyecto político de los gobiernos recientes nunca había incluido una mayor democratización, justicia social, descentralización o reducción de desequilibrios centro-provincia. Más bien, el proyecto tradicional consistía en mantener un control social sostenido y detener el deterioro de las condiciones de vida (Ward, 1986, 1991). En la ciudad de México la estructura de poder que se desarrolló fue de control, no de desarrollo.

Sin embargo, a pesar del fortalecimiento de las funciones legislativas de la antigua Asamblea de Representantes (ahora Legislativa) y de la decisión de elegir en forma directa al jefe de Gobierno, parece que en México existe una renuencia constante a incluir agendas ejecutivas de desarrollo urbano en los manifiestos electorales de los partidos políticos (Ward, 1998b). Un buen ejemplo de ello es la Ley de Participación Ciudadana del Distrito Federal aprobada por primera vez en junio de 1995 y después, bajo una nueva apariencia, en 1999, a iniciativa de la Asamblea de Representantes/Legislativa. Básicamente, este proceso busca establecer elecciones directas de consejeros ciudadanos en el nivel delegacional con funciones en gran parte consultivas y no ejecutivas. Al recordar el análisis previo sobre los consejos consultivos, las juntas de vecinos, etcétera, surge un sentimiento claro de *deja vú* en torno a esta nueva ley (véase también Arreola Ayala, 1995). Lo más interesante es la disposición de que los partidos políticos no pueden lanzar candidatos a consejeros ciudadanos, pues éstos son considerados órganos de representación cívicos más que partidistas. Nuevamente, parece que la política partidista está siendo expulsada del discurso de desarrollo urbano en el Distrito Federal.

De hecho, la votación de las elecciones de noviembre de 1995 y julio de 1999 fue muy reducida, pues la mayoría del electorado de la ciudad de México las vio como lo que fueron: otro nivel de consulta por el que no había que molestarse. Resulta difícil justificar y explicar la insistencia de conservar estos órganos como cívicos (más que partidistas). Parece probable que en la medida en que la reforma política permita una mayor participación en el gobierno en el nivel delegacional, estos órganos –ya sea cívicos o partidistas– cobrarán mayor importancia.

Figura 15
PARTIDOS POLÍTICOS QUE GOBIERNAN
LAS DELEGACIONES Y MUNICIPIOS EN EL AMCM

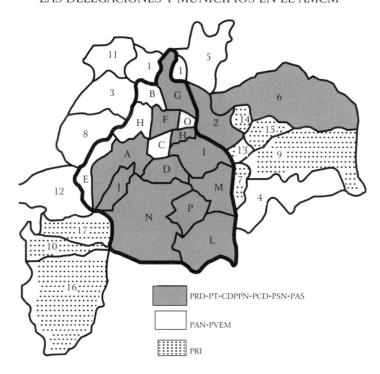

PRD-PT-CDPPN-PCD-PSN-PAS

PAN-PVEM

PRI

Distrito Federal	Estado de México
A. Álvaro Obregón	1. Tlalnepantla
B. Azcapotzalco	2. Nezahualcóyotl
C. Benito Juárez	3. Naucalpan
D. Coyoacán	4. Chalco
E. Cuajimalpa	5. Ecatepec
F. Cuauhtémoc	6. Texcoco
G. Gustavo A. Madero	7. Valle de Chalco Solidaridad
H. Iztacalco	8. Huixquilucan
I. Iztapalapa	9. Iztapaluca
J. Magdalena Contreras	10. Tianguistengo
K. Miguel Hidalgo	11. Atizapán de Zaragoza
L. Milpa Alta	12. Ocoyoacac
M. Tláhuac	13. Los Reyes la Paz
N. Tlalpan	14. Chimalhuacán
O. Venustiano Carranza	15. Chicoloapan
P. Xochimilco	16. Ocuilan
	17. Jalatlaco

En mi opinión, una estructura de poder orientada hacia el desarrollo tendría que implementar dos cambios fundamentales. Primero, ciertas funciones estratégicas de la ciudad tendrían que concebirse y administrarse como de *una entidad única* (aunque subdividida en zonas administrativas adecuadas y no, como en la actualidad, dividida en dos entre el Distrito Federal y el Estado de México). Esto es importante no sólo para lograr una coordinación entre las entidades espaciales, aunque ello ayudaría, sino para permitir que la ciudad enfrente sus problemas cruciales e implemente las iniciativas políticas fundamentales. Por ejemplo: si se debe crecer y hacia dónde; quién debe pagar (los ciudadanos locales o el país, y en qué proporción); y qué prioridad se debe asignar a los numerosos objetivos de desarrollo urbano.[12] De llevarse a cabo, esto tendría que hacerse de acuerdo con principios de *subsidiaridad* (es decir, buscando maximizar las funciones que pueden asignarse en forma adecuada al [nivel] más bajo de gobierno) (Ward, 2001).

Para abordar estas cuestiones, se requiere un segundo cambio fundamental: *la dotación de poder* a través de la democracia y la *representación plena*. Sólo una administración urbana elegida según su plataforma política y encargada de ponerla en práctica tiene posibilidades de acercarse a una estrategia basada en el desarrollo. Para resolver los problemas de la ciudad de México, se requiere de una voluntad política fuerte construida en torno a una plataforma de acciones firme y, en última instancia, sólo los políticos electos tienen el mandato de poner en práctica las políticas que los llevaron a ocupar su cargo. Si dichas políticas no se implementan o resultan inadecuadas, en la siguiente oportunidad el electorado de una sociedad plural podrá juzgar al gobierno como corresponda.

Las estructuras de gobierno existentes son fundamentalmente estructuras en las que el poder no se comparte. Hasta 1997, al menos en el Distrito Federal, eran antidemocráticas y estaban orientadas hacia la conservación del control social con la esperan-

---

[12] En 1999, Rosario Robles sostuvo con argumentos que la Federación debe examinar sus opciones para crear un cuarto nivel de gobierno metropolitano, incluido un parlamento metropolitano.

za de que las soluciones técnicas, una administración más eficiente y los compromisos políticos ocasionales permitieran a la ciudad
salir adelante, como de hecho lo hizo. Quienes imaginaron que
la ciudad estaba a punto de derrumbarse, los pesimistas, revolu-
cionarios y liberales, se han decepcionado: la ciudad de México
ha sobrevivido hasta ahora, a pesar de las intensas presiones y de
la desigualdad social arraigada, y sobrevivirá por muchos años más.
Sin embargo, no prosperará. Se pueden lograr mejoras mediante
sistemas más progresistas de imposición local y cargos de consumo;
mediante la reorganización administrativa; y mediante la disminución de la corrupción y la duplicación de labores, etcétera.
Como se verá en el capítulo 8, el PRD ha hecho un esfuerzo loable
para emprender dichas mejoras.

En este capítulo he descrito cómo las presiones en pro de la
democratización en el Distrito Federal han cobrado energía durante los últimos 20 años. No obstante, el nivel en el que estos
debates se llevaron a cabo y el contenido de los mismos (congreso y/o funcionarios electos), aunque importantes, están lejos de
lo que implica la democratización. Ésta se refiere a la participación popular en asuntos políticos y cívicos; a experimentar con
nuevas oportunidades de organización y expresión; a explorar nuevas
formas de liderazgo y representación y, en última instancia, a desarrollar estructuras de poder nuevas y diferentes que sean menos
jerárquicas y verticales. Por supuesto, esto es precisamente lo que
la volvió tan inaceptable para el PRI. En muchas formas importantes, estas nuevas estructuras cívicas fueron experimentadas y forjadas
en municipios alejados del centro y, a menudo, alejados del PRI (Cabrero, 1995, 1996).

Los movimientos sociales en la ciudad de México tampoco han
contribuido, en términos de Castells (1977: 263), a lograr "un
efecto cualitativamente nuevo en las relaciones de poder". La
mayoría de las organizaciones han sido manipuladas con éxito por
el gobierno y el PRI mediante mecanismos trillados de clientelismo, cooptación, represión, y principios como "divide y vencerás".
En las pocas ocasiones en que se dio una solidaridad horizontal y

grandes cantidades de personas se movilizaron, el gobierno no tardó en pactar.

Sin embargo, los cambios que he identificado anuncian el movimiento hacia una mejor administración de la ciudad. Además, el periodo actual (a partir de 1997) ha conllevado a más cambios y oportunidades potenciales importantes. Si bien en el pasado la red misma y los fundamentos del gobierno hacían los cambios demasiado lentos, estrechos y cuidadosamente moderados y restringidos por el Estado, ahora existen razones que nos permiten ser optimistas sobre los avances para superar la desigualdad espacial y social en la ciudad de México. No obstante, para que ello ocurra, la filosofía y la política de la administración de la ciudad todavía requieren de cambios radicales. La elección de Cárdenas comenzó dicho proceso; ahora le toca a López Obrador emprender el verdadero inicio de un gobierno de centro-izquierda.

CAPÍTULO 4

El uso de suelo urbano y el transporte

EL USO DE SUELO Y EL ACCESO
A LOS "SATISFACTORES"

TAL VEZ no exista una sola ciudad en el mundo donde los residentes no se quejen sobre el problema del tráfico. En el Reino Unido, quienes pronostican el tiempo y quienes planifican el transporte rivalizan por obtener la posición del profesionista más criticado por el público en general. El pronóstico del tiempo no figura realmente en la vida cotidiana de los mexicanos, puesto que el clima es bastante predecible de acuerdo con la estación. Quizás un verdadero problema sea el hecho de que, al menos hasta finales de los años ochenta, los planificadores del transporte tampoco figuraban, y si bien su papel se ha vuelto más prominente en años recientes, los intereses privados representados en los modos de transporte no público siguen siendo el principal obstáculo estructural para una acción concertada (Navarro Benítez, 1993; Castillo *et al.,* 1995). Por otra parte, las raíces del problema en la ciudad de México se relacionan con el hecho de que la política de transporte ha estado sujeta a marcadas rupturas en la continuidad que dependen de los ciclos presidenciales; ha favorecido demasiado a los grupos de ingresos superiores que utilizan el transporte privado; y ha vacilado en su compromiso con lo que se considera la forma más adecuada del transporte público.

Sin embargo, creo que se suele sobrestimar y exagerar el "problema" en lo que se refiere a la ciudad de México. En efecto, existen importantes problemas de tráfico, los cuales pueden ser particularmente molestos si se espera atravesar la ciudad durante las horas pico, en especial si está lloviendo. Pero esto representa una distancia de 40 a 50 kilómetros y muchas personas son, o se han vuelto, más prudentes respecto de sus necesidades y movilidad diaria, sobre todo en las últimas 2 décadas, con el crecimiento de la ciudad.

En este capítulo analizaré la estructura y naturaleza de los sistemas de transporte en la ciudad de México, así como su evolución y política. El capítulo versa en torno a la forma en que la gente obtiene el acceso físico a lo que llamaré, a grandes rasgos, "satisfactores" urbanos: empleo, mercados, centros de reunión y entretenimiento, escuelas y otras instalaciones de servicio social. Más adelante analizaré la manera en que el "acceso" en México suele estar social y económicamente estratificado, y demostraré cómo esto puede reproducir activamente los patrones existentes de desigualdad dentro de la sociedad. Sin embargo, en este caso me interesa identificar cómo el acceso físico a los satisfactores urbanos va cambiando con el tiempo; a qué costo; y si los viajes diarios que realiza la gente se están volviendo más fáciles o más difíciles. Para encontrar una respuesta a esta pregunta, es necesario que examinemos la estructura del uso de suelo urbano y la manera en que los habitantes se relacionan con éste. Sólo entonces podremos comenzar a evaluar la eficacia de la naturaleza cambiante de la oferta del transporte y el servicio que éste ofrece.

El uso de suelo y su acceso en la ciudad de México

En el capítulo 2, describí la dinámica física y poblacional del crecimiento en el área metropolitana. También identifiqué la constante segregación espacial entre los grupos económicos que, en gran parte, se relaciona con la expansión y producción de diferentes oportunidades de vivienda en la ciudad. En términos de cercanía de los elementos externos positivos, los ricos y los grupos de ingresos superiores compiten por los terrenos con servicios y vistas agradables, cerca de sus semejantes y de centros comerciales y servicios elegantes, al tiempo que evitan los elementos externos negativos como las plantas industriales, las zonas altamente contaminadas y aquellas que no tienen prestigio social. Con los pobres sucede lo contrario, pues a excepción de quienes consiguen el acceso privilegiado (ilegal) a algunas tierras ejidales, por lo general se ven obligados a buscar vivienda en aquellos terrenos con servicios mínimos y elementos externos negativos que resultan indeseables para todos los demás.

No obstante, también existe el argumento de que los pobres sí efectúan una elección real sobre dónde vivir. Llevan a cabo importantes trueques de lugares en las diferentes "etapas" de su experiencia urbana y residencial para maximizar la proximidad a ciertos "satisfactores" básicos: mercados baratos, fuentes de empleo no calificado y vivienda de alquiler barata (Turner, 1968a). Para un inmigrante recién llegado que está creando una "cabeza de puente" en la ciudad, el centro le ofrece el mejor acceso a estas oportunidades. En el capítulo 2 cuestioné varias de estas suposiciones y mostré la forma en que los patrones nunca se habían conformado del todo al modelo de Turner; también sugerí que, aun en los casos que había cierta semejanza, estos patrones han cambiado de manera significativa en las décadas recientes. Una razón importante ha sido la absorción gradual al área construida de las antiguas poblaciones aledañas. Como ejemplo tenemos, en orden de absorción a partir de la década de 1920, a Tacuba, Azcapotzalco, Tacubaya, Tlalnepantla, Tepeyac/La Villa, Mixcoac, Iztapalapa, Coyoacán, San Ángel, Ecatepec, Contreras y Tlalpan. También en la actualidad la expansión urbana hacia la periferia del área metropolitana está incorporando los núcleos de pueblos bien establecidos (en el sentido de las manecillas del reloj y comenzando por el norte: Tepotzotlán, Coacalco, Chiconcuac, Texcoco, Chimalhuacán, Chalco y Milpa Alta). Estos antiguos centros son importantes porque ofrecen un gran número de funciones de uso de suelo y servicios que, hasta antes de que fueran absorbidos, sólo se encontraban en el Centro Histórico de la ciudad. Un elemento integral de estos centros son los mercados de alimentos baratos, así como las numerosas oportunidades de empleo no calificado, servicios como baños públicos, escuelas, tiendas, parques, entretenimiento y a menudo también funciones político-administrativas (como oficinas delegacionales o municipales). Aunque algunas de las grandes casas dentro y alrededor de dichos centros han sido "embellecidas" (en especial las del sur), también existen viviendas de alquiler en vecindades de bajos ingresos o "ciudades perdidas".

El punto importante que debe reconocerse aquí es que, a medida que la ciudad ha crecido en tamaño y amplitud, sus funciones han evolucionado y creado una variedad de zonas espacialmente descentralizadas dentro del área metropolitana. Por lo tanto, la mayoría de la población ya no recurre al viejo Centro Histórico de la ciudad de México para obtener servicios y satisfacer sus necesidades cotidianas. En cambio, acuden al subcentro local más cercano. La funcionalidad de estas "ciudades dentro de la ciudad" fue reconocida por los planificadores a finales de los años setenta, y varios de los centros poblacionales existentes fueron programados para su "consolidación" como "centros urbanos metropolitanos" dentro del Plan de Desarrollo Urbano (véanse figura 16 y capítulo 5). En los lugares donde no existían tales centros (como en Pantitlán y Nezahualcóyotl), se creaban nuevos. Los planificadores de uso de suelo en otras "megaciudades" latinoamericanas han comenzado a argumentar que este arreglo policéntrico es un mecanismo efectivo para reducir la concentración en torno a una zona central urbana, disminuir los tiempos de desplazamiento diario, y desarrollar una mayor igualdad social al satisfacer las necesidades de los habitantes en el nivel local y de manera más efectiva (Riofrío, 1996: 170).

Si bien hay pequeños grupos de desarrollo industrial diseminados en gran parte del área metropolitana, identificaremos aquí algunos de los principales distritos industriales. Primero, antes de la década de 1950, la industria se desarrolló básicamente en dos sitios: al norte de la estación de ferrocarriles en Cuauhtémoc y hacia Azcapotzalco; y a lo largo de la orilla occidental de los (entonces) límites de la ciudad, concentrándose en la extracción de grava y arena, y más tarde de cemento y otras industrias mineras. A partir de la década de 1950 se ha dado una nueva expansión de las industrias ligeras al oriente del Distrito Federal en Iztapalapa, pero la zona industrial más importante sigue estando en Azcapotzalco.

FIGURA 16

PRINCIPALES USOS DE SUELO EN
LOS "CENTROS" URBANOS DEL ÁREA METROPOLITANA

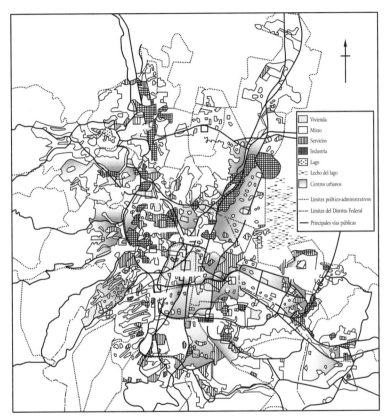

A finales de la década de 1950 se llevó a cabo un intento algo
disimulado por alentar el desarrollo industrial en otras partes del
territorio nacional para así reducir la excesiva concentración en la
capital. Fue "disimulado" porque no hubo intento alguno por incluir a los municipios circundantes como parte de la zona de exclusión industrial (Lavell, 1973; Unikel y Lavell, 1979). Frente a los
controles impuestos en el Distrito Federal, la industria (al igual que
los nuevos desarrollos industriales prohibidos por el entonces regen-

te, Uruchurtu) se estableció del otro lado de los límites del Distrito
Federal en Naucalpan, Tlalnepantla, Ecatepec, y más recientemente,
en Tultitlán y Cuautitlán.

Como señalamos en el capítulo 1, el área metropolitana conserva una parte desproporcionadamente grande del producto industrial y del empleo del país, y si bien esta proporción ha disminuido
en forma significativa desde 1975, sigue siendo importante. También
ha variado un tanto su ubicación. Existen dos sectores fundamentales de uso de suelo industrial que salen del centro hacia el noreste y noroeste respectivamente (véase figura 16). Entre 1960 y
1980 se dio un movimiento general de los establecimientos industriales del centro hacia la periferia, de modo que las delegaciones
centrales perdieron importancia relativa frente a Azcapotzalco
(hasta 1970) y Tlalnepantla, Naucalpan y Ecatepec (hasta 1975);
y a partir de entonces todavía más lejos hacia Cuautitlán Izcalli y
Cuautitlán de Romero Rubio (Garza, 1978: 102-107). En la actualidad, en la zona centro de la ciudad predominan las actividades que
requieren menos espacio (alimentos, bebidas, calzado, imprentas);
mientras que el primer "anillo" (véase cuadro 5) se concentra en
bienes de capital e intermedios, así como artículos de consumo duraderos, en cuyo caso se requiere mayor espacio (Villegas, 1988;
Rowland y Gordon, 1996). Entre 1975 y 1985, el segundo "anillo"
fue el más dinámico y cubría una amplia gama de producción de
bienes industriales. Sin embargo, como observamos en el primer capítulo, fue el más golpeado por la recesión de finales de los ochenta.

Así pues, esta distribución espacial de servicios y funciones industriales establece el patrón de más de 30 millones de viajes diarios, de los cuales el viaje al trabajo –que comprende más de 50 por
ciento del total– es el más importante. Le siguen los viajes a la escuela (cerca de 35 por ciento, que es particularmente alto en México
dada la estructura de edad joven de la población), y los viajes de
compras o de recreo, que representan cerca de 8 por ciento cada
uno (Lizt Mendoza, 1988: 228).

Los medios que utiliza la población para realizar estos viajes se
muestran en el cuadro 9. Tradicionalmente, los servicios de autobuses urbanos y suburbanos en conjunto eran los más importantes,
aunque complementados cada vez más por el metro. Desde la década

de 1990, los taxis colectivos dieron paso a los microbuses, que se han vuelto el medio de transporte más importante en la ciudad de México: en 1994 dieron cuenta de alrededor de 54 por ciento de todos los viajes (véase cuadro 9 e Islas Rivera, 2000; véase también UNDIESA, 1991; Navarro Benítez, 1993). La evolución de este medio ha pasado por los autos compartidos que llevaban hasta seis pasajeros de principios de los años setenta; combis que llevaban de 11 a 12 pasajeros hacia finales de dicha década y principios de la siguiente; hasta los microbuses, que llevan más de 20 pasajeros y que han funcionado desde mediados de los ochenta. Por otra parte, la importancia política de los llamados "colectivos" y su red de operación ha aumentado en forma notoria, así como el poder y la influencia de ese grupo en temas de política del transporte. Navarro Benítez explica este repunte como producto de la crisis de 1985, pero también se debe al fortalecimiento de la influencia de ese grupo de interés. Los automóviles representan alrededor de una quinta parte de los viajes personales diarios.

Antes de la década de 1990, los vehículos de baja capacidad (taxis, colectivos y automóviles) aumentaron de 10 por ciento de la "capacidad de transporte" en 1966 a 29 por ciento para 1985 y a casi 50 por ciento en 1990 (Navarro Benítez, 1993: 181). El transporte de "alta" capacidad (metro, ruta-100, trolebuses y tranvías) sólo cubrían poco más de la mitad de los viajes diarios en 1990. Sin embargo, el surgimiento de los microbuses ha cambiado la situación; si bien nominalmente son vistos como transportación colectiva de baja capacidad, en mi opinión han llegado a sustituir a los autobuses. Ya no ayuda considerar colectivos y microbuses como medios sustancialmente diferentes.

Dada la manera de conducir de los automovilistas, la existencia generalizada de baches y la ocasional coladera destapada, pocos se arriesgan a viajar en dos ruedas. El fácil robo de bicicletas y motocicletas es otro factor que restringe su uso. Casi no se ven bicicletas en la ciudad, a excepción de algunos triciclos usados en ocasiones por vendedores y repartidores –aunque la información visual sugiere que este método de entrega ha cobrado importancia en la economía de servicios– y las motocicletas usadas por servicios de mensajería y algunos otros.

CUADRO 9

EVOLUCIÓN DE LOS DIFERENTES TIPOS DE VIAJES
DIARIOS REALIZADOS EN EL ÁREA METROPOLITANA
DE LA CIUDAD DE MÉXICO, 1972, 1983 Y 1994

Medios de transporte	Número total de viajes en 1972 millones diarios	% de viajes en 1972	% de viajes en 1983	Número total de viajes, diarios 1994	% de viajes en 1994
Metro[1]	1.146	10.3	29	3.234	13.9
Ruta 100[2]	5.567	50.3	26	1.566	6.8
Automóvil	1.186	10.7	19	4.042	17.4
Autobús suburbano	0.307	2.8	14	0.802	3.5
Taxi colectivo/ microbús	0.371	3.3	8	12.510	54
Trolebús/ tranvía	0.610	5.5	1.5	0.131	0.6
Autobús escolar	0.23	2.1	0.9	nd	nd
Taxis ordinarios	1.195	10.8	0.7	0.569	2.4
Bicicleta	nd	nd	0.4	0.167	0.7
Motocicleta	nd	nd	0.1	0.018	0.1
Otros	0.305	2.8	0.4		
Total	11.085	100	100	23.186	100

Fuente: Adaptado de Lizt Mendoza (1988: 226), y de Islas Rivera (2000: 372).
[1] Incluye los transbordos dentro del sistema.
[2] En 1983 incluye rutas operadas por la Comisión de Transporte del Estado de México (Cotrem).

Las zonas industriales reciben los servicios de colonias de clase trabajadora, muchas de las cuales fueron asentamientos irregulares establecidos durante las décadas de 1950 y 1950 para albergar la mano de obra que alimentó el milagro económico de México. Para quienes vivían cerca, el transporte no era un gran problema. Sin embargo, para muchas de las más de 600,000 personas que en 1970 vivían en Nezahualcóyotl al oriente de la ciudad, llegar al trabajo significaba un viaje de una a dos horas hasta las fábricas del norte. Quienes trabajaban en el sector servicios recorrían un trayecto un tanto menor, pero no menos cansado, hasta el centro de la ciudad.

CUADRO 10

DURACIÓN Y COSTOS DEL VIAJE AL TRABAJO POR
JEFE DE FAMILIA EN LOS ASENTAMIENTOS IRREGULARES
DE LA PERIFERIA DE LA CIUDAD DE MÉXICO, 1979

	Isidro Fabela (%)	El Sol (%)	Santo Domingo (%)	Jardines de Tepeyac (%)	Liberales (%)	Chalma (%)	Total (%)	Número total
Principal medio de transporte								
A pie	15	5	13	12	13	4	11	(50)
Autobús	44	51	42	65	25	79	51	(235)
Pesero y autobús[1]	13	4	12	1	4	2	7	(31)
Metro y otro[2]	3	25	14	5	36	7	13	(62)
Otro[3]	25	15	18	17	23	9	18	(84)
Número total	(100)	(78)	(90)	(83)	(53)	(58)		(462)
Duración del viaje de regreso								
Una hora o menos	52	19	50	33	51	33	40	(178)
61-120 minutos	29	32	29	36	39	45	34	(151)
Más de 121 minutos	19	49	21	31	10	22	26	(116)
Número total	(94)	(79)	(88)	(75)	(51)	(58)		(445)
Duración promedio del viaje de regreso (en minutos)	86	141	93	116	78	108	104	
Costo promedio del viaje de regreso (en pesos)[4]	12	10	12	10	11	9	11	

Fuente: Encuesta de asentamientos, Estudio Pihlu; véase Gilbert y Ward, 1985.
[1] Incluye un número reducido que sólo toma peseros (taxis colectivos). Esta proporción debe haberse incrementado ligeramente durante la última década, pues la red de peseros se amplió con la llegada de los microbuses y se ha organizado e integrado para complementar las rutas del Metro.
[2] Metro o una combinación del Metro y otros tipos de transporte. (Liberales se encuentra cerca de la estación de Observatorio.)
[3] Incluye automóviles privados y otras combinaciones no identificadas.
[4] El salario mínimo promedio en la ciudad de México a principios de 1979 era de 138 pesos. La mayoría de los jefes de familia ganaba un poco más: en promedio, alrededor de 15 por ciento por encima del mínimo (Gilbert y Ward, 1985: 106-107). A finales de 1978 la tasa de cambio del dólar era de 22.8 pesos.

El problema era que, en ese entonces, Nezahualcóyotl tenía muy pocos "satisfactores" urbanos propios y contaba con una infraestructura limitada y calles que a menudo eran intransitables durante la temporada de lluvias. Así, mucha gente tenía que caminar por varias calles enlodadas hasta alcanzar una pavimentada,

hacer largas filas, sufrir arduos viajes en autobús hasta los límites
del Distrito Federal, donde todavía tenían que hacer otro viaje
para tomar el metro u otro autobús (Navarro Benítez, 1988a). Si
bien los costos del transporte estaban subsidiados y las tarifas a
menudo eran fijas, fuera del Distrito Federal eran más altas. El
sistema de tarifas fijas llevó a las compañías a planear rutas más
cortas, lo cual obligó a los usuarios a transbordar con mayor
frecuencia. Para quienes venían de muy lejos durante la década de
1960 y principios de la siguiente, los costos del transporte podían
ser significativos, aunque dudo que se acercaran a 25 por ciento del
salario mínimo básico, como lo sugieren algunos autores (Navarro
Benítez, 1988b).

Mis propios datos, recolectados en 1979, sugieren que la población de clase trabajadora gastaba menos de 10 por ciento del
salario mínimo diario en transporte, y los ingresos de la mayoría de
los trabajadores eran considerablemente mayores (véase cuadro
10). De este modo, los costos del transporte en la ciudad de México
son accesibles para la mayoría de los usuarios. Son los costos sociales y emocionales de los viajes diarios los que resultan más pesados,
junto con el tiempo perdido para otras actividades y el alargamien-
to del día de trabajo. No obstante, si bien las condiciones de viaje
han mejorado en forma notable durante la última década, para
quienes viven en las zonas alejadas de la periferia, camino a Puebla,
Pachuca o Querétaro, respectivamente, los viajes diarios a la ciudad
siguen siendo extenuantes. Para la gente que vive todavía más lejos,
gran parte de los viajes son centrípetos hacia la capital; 63 por
ciento de los viajes que inician en el eje del valle Cuautitlán-Texcoco
se dirigen hacia el Distrito Federal, y 98 por ciento de las concesiones de autobuses de los municipios metropolitanos tienen su terminal en alguna estación del metro (Castillo *et al.*, 1995: 78). Esto
genera serios problemas y dificultades para la integración efectiva
entre las redes de transporte del Distrito Federal y la zona metropolitana. En la medida en que 75 por ciento de los usuarios del
sistema de transporte colectivo son hombres, estos costos recaen
de manera desproporcionada sobre ellos. Sin embargo, alrededor de
46 por ciento de la movilidad observada está relacionada con el

hogar, y estos "costos" recaen en forma más pesada sobre mujeres y niños. Por consiguiente, existe una división por género del transporte en la ciudad de México que aún no ha sido estudiada. Si bien los usuarios de automóviles no sufren las mismas incomodidades físicas, sus viajes también pueden ser onerosos. Las distancias son considerables desde las colonias residenciales más alejadas del sur y noroeste, y durante las horas pico o después de una tormenta, el tráfico avanza lentamente incluso en las vías rápidas. Los diagramas isocrónicos sugieren un tiempo de viaje de unos 30 minutos desde el límite occidental del Distrito Federal hasta el centro de la ciudad (Domínguez, 1987). Además de las funciones de servicio ofrecidas por los viejos núcleos de los pueblos y otros "centros" urbanos, se han establecido grandes centros comerciales a lo largo del Periférico en sus secciones norte, sur y, más recientemente, occidente. El acceso está diseñado casi en forma exclusiva para el transporte privado y los usuarios son los grupos de ingresos medios y altos.

Más adelante en este capítulo analizaré con detalle la naturaleza y evolución del sistema de transporte. Aquí quiero sugerir que los tiempos promedio de viaje para la mayoría de los residentes de la ciudad de México no han aumentado mucho en años recientes. Esto puede ser un punto discutible porque la mayoría de la gente cree lo contrario; pero es importante recononcer que el alcance y la eficiencia del sistema de transporte han mejorado en forma notable. También es importante la aparición de funciones de uso de suelo en los centros múltiples que ya mencionamos. La mayoría de la población puede satisfacer sus necesidades cotidianas dentro del sector en el que vive. Su búsqueda de empleo y vivienda tiende a concentrarse en torno a sus redes sociales y la mayoría de la gente se relaciona con una zona amplia o, con mayor frecuencia, con un solo sector de la ciudad (Jackson, 1973). También la educación, las compras y otras necesidades se satisfacen localmente, a menudo mediante la estructura de ciudades dentro de la ciudad que ya describimos. Además, desde 1975 se ha dado una notoria mejoría en la distribución espacial de las actividades industriales en el área metropolitana (Villegas, 1988). La estructu-

ra industrial se ha diversificado más con el tiempo, ha generado un
creciente número de empleos en términos absolutos y, espacialmente, la ubicación del empleo se ha desplazado hacia el exterior,
con el crecimiento más rápido en el segundo "anillo". La importancia de esta descentralización de "satisfactores" mediante la
naturaleza cambiante del uso de suelo no debe subestimarse.

En un importante estudio realizado en 1983, el cual exami-
naba los viajes de una amplia muestra de habitantes en el área
metropolitana, se encontró que el viaje promedio duraba 52 minutos (Lizt Mendoza, 1988). De hecho, se calculaba que el tiempo de
viaje en 1994 era de cerca de una hora para quienes vivían en el
Distrito Federal y el Estado de México, lo cual representa un
incremento de alrededor de 20 minutos desde 1972 (Islas Rivera,
2000: 372). Estos datos son bastante similares a los míos. En una
encuesta realizada en 1979 en hogares de seis asentamientos
periféricos de la ciudad de México, donde se esperaría que la dura-
cion de los viajes fuera mucho más larga, encontré que el viaje redondo promedio al trabajo para los jefes de familia era de 104
minutos, resultado idéntico al de Lizt Mendoza. Además, en tres
ciudades de diferente tamaño en los tres países donde llevamos a
cabo la encuesta, el tamaño de la ciudad y la duración del viaje al
trabajo no pareció aumentar ampliamente de manera lineal. Más
bien, para quienes recorrían las distancias más largas, los tiempos de viaje tendían a nivelarse en el umbral de 60 a 80 minutos
(Gilbert y Ward, 1982b; y cuadro 10). En las ciudades pequeñas,
la gente bien puede atravesar la ciudad o ir hasta el centro, pero
en las grandes áreas metropolitanas se limita a una zona o sector.
Menos de una cuarta parte de los trabajadores de los asentamientos irregulares examinados en la ciudad de México pasaban más
de 2 horas viajando hacia y desde sus sitios de trabajo (véase
cuadro 10). Inevitablemente, quienes vivían en los asentamientos
más periféricos y aislados soportaban los viajes más largos, como
en el caso de El Sol y Jardines, pero las comunicaciones a estos
asentamientos han mejorado en forma considerable desde que
se llevó a cabo el estudio. También hay que señalar la manera en

que las tarifas fijas y subsidiadas anulan cualquier relación significativa entre tiempo (distancia) y costo (véase cuadro 10).

A pesar de que la población de la ciudad de México es enorme, su superficie no es como la de muchas otras ciudades modernas del mundo. Las densidades poblacionales son altas y una proporción relativamente pequeña de la ciudad tiene áreas verdes en forma de parques o jardines. En 1978, el Distrito Federal sólo contaba con 2.3 metros cuadrados de áreas verdes por habitante (5.2 metros cuadrados en toda el área metropolitana) y en 1997 esta cifra seguía siendo baja –de 3.7 metros cuadrados– comparada con la norma de 16 metros cuadrados establecida por la Organización Mundial de la Salud y los 9 metros cuadrados recomendados por las normas internacionales (Guevara y Moreno, 1987; Pisanty Baruch, 2000: 478). A pesar de estas densidades ya altas, se identificaron oportunidades considerables para mayores incrementos del espacio utilizado en forma "ineficiente" dentro de la ciudad, pues se estimó que 19 por ciento de todos los terrenos eran "baldíos". La política de planeación desde principios de la década de 1980 ha buscado alentar la conversión de los terrenos baldíos en terrenos de uso activo.

En el Distrito Federal, la tierra disponible para el desarrollo futuro está ubicada casi por completo en el sur. Sin embargo, una creciente conciencia ecológica del Estado y la sociedad ha identificado esta región como una zona que debe ser preservada para la agricultura y la conservación. Su importancia se nota en la necesidad de reoxigenar la tan contaminada atmósfera, y en el hecho de que constituye una de las principales áreas para el reabastecimiento de los mantos acuíferos naturales de la ciudad. Alrededor de 70 por ciento de la reserva de agua de la ciudad proviene de fuentes subterráneas del valle central y sin un reabastecimiento adecuado, los problemas de agotamiento, disminución del manto acuífero y resecamiento de los barros anhidros del antiguo lago conducirán a mayores problemas de hundimientos en las construcciones.

Patrones cambiantes de uso de suelo y la acumulación
del capital en la ciudad de México

El patrón cambiante de la actividad económica en la ciudad de México ya se analizó en el capítulo 1. Específicamente, señalé el cambio hacia una economía urbana basada en el sector terciario, sobre todo en el Distrito Federal. La zona central de la ciudad ha ido perdiendo su papel de núcleo industrial, y las funciones que quedan están orientadas hacia los bienes de consumo no duraderos como calzado y ropa, imprentas y, desde hace poco, algunos textiles. Los "anillos" primero y segundo están más orientados hacia los bienes de capital e intermedios y a los bienes de consumo duraderos (Villegas, 1988; cuadro 5). Sin embargo, la zona centro de la ciudad conserva una considerable importancia como área de producción industrial, aunque los terremotos de 1985 acentuaron su declive. Algunos cálculos sugieren que casi 18 por ciento de los establecimientos de la delegación Cuauhtémoc sufrieron enormes daños, en especial los pequeños y medianos talleres de fabricación de ropa (Garza, 1986).

Otros factores también intervienen para cambiar el patrón de uso de suelo. Si bien el terremoto amenazó con redefinir gran parte del centro de la ciudad, la apresurada decisión de reubicar a las familias de bajos ingresos en los mismos lugares donde sus viviendas se derrumbaron o fueron demolidas significó que el uso de suelo no cambiaría, aun cuando los edificios no fueran los mismos. Sin embargo, en otros sitios de la misma zona, los terrenos fueron convertidos en espacios abiertos o bien permanecen vacantes, en general donde había edificios públicos, hoteles privados o tiendas. En los mejores terrenos de toda la ciudad también se esperarían fuertes presiones de nuevo desarrollo del comercio para demoler las propiedades residenciales deterioradas e iniciar cambios hacia actividades más "eficientes" y rentables. A principios de la década de 1970, la avenida de los Insurgentes Sur, entre la colonia Nápoles y San Ángel, comprendía grandes residencias construidas durante los años cuarenta y principios de los cincuenta. En la actualidad, gran parte de esas residencias ha sido demolida y uni-

da a terrenos adyacentes para construir nuevas oficinas y tiendas.
Para el Departamento de Planeación del Distrito Federal, una de
las áreas políticamente más sensibles y problemáticas es Polanco
–zona residencial que solía ser exclusiva de las clases más privile-
giadas– donde hay serias presiones para la reconversión comercial
del suelo, a lo cual los residentes se oponen con fuerza, pues temen
una erosión de las funciones residenciales de la zona y la disminución del valor residencial del terreno.

En otros sitios, las investigaciones también han comenzado a
resaltar la existencia de las presiones del comercio organizado
para reconvertir terrenos. Las "ciudades perdidas" de la zona
centro han sido identificadas como sitios especialmente vulnerables en Río de Janeiro y en Bangkok, por ejemplo (Perlman, 1976;
Boonyabancha, 1983). De hecho, la filosofía del Banco Mundial
en 1980 buscaba "dar asistencia selectiva para la subdivisión de
nuevos terrenos, particularmente en beneficio de los hogares
urbanos pobres desplazados de lugares de los centros de las ciudades por la expansión de los usos comerciales del suelo" (Linn,
1983: 182). La lógica de los procesos de acumulación de capital
exige la penetración y comercialización de las funciones del uso de
suelo que antes eran ilegales o informales y su desplazamiento para
abrir paso a oportunidades de inversión más rentables.

De esta manera, una pregunta de especial importancia se relaciona con el destino de la población que tradicionalmente ha
habitado la zona centro: ¿Hasta qué punto se están cediendo las
zonas residenciales de la ciudad de México a actividades más comerciales? ¿Son los grupos de menores ingresos los más vulnerables
a estas presiones? Y, de ser así, ¿hasta qué punto existe un desplazamiento selectivo de estos grupos fuera de la zona centro?
Ciertamente, a menudo se arguye que el desplazamiento de estos
grupos es una consecuencia del nuevo desarrollo. Un estudio
destacó la creciente presión sobre las vecindades:

(la) existencia continua de edificios de alquiler a bajo precio
en el centro se ve amenazada con la sustitución de los propietarios originales por capital propietario más dinámico (el

cual está) adquiriendo vecindades y terrenos vacantes, algunas veces sin desarrollarlos inmediatamente, y en otros casos, construyendo condominios de precio medio (Copevi,
1977a: 43-44).

Existe más información que sostiene estos argumentos de desplazamiento, aunque a menudo se relacionan con proyectos de
desarrollo en gran escala (Batley, 1982; Suárez Pareyón, 1978). Por
ejemplo, en São Paulo una ampliación del metro llevó a la reconstrucción total de un vecindario de clase trabajadora y a la expulsión
de familias de bajos ingresos y actividades económicas tradicionales de la zona:

> los cambios para el nuevo desarrollo pasan de los inquilinos y
> pequeños propietarios a los acreedores, a los dueños de te-
> rrenos reorganizados en gran escala y a quienes son capaces
> de cumplir con las condiciones de crédito ampliado sobre los
> terrenos, los mercados de vivienda y bienes de consumo. Así,
> la expulsión está relacionada con la acumulación (Batley,
> 1982: 261).

Si bien podríamos estar de acuerdo con esta proposición,
existen señales de que estos procesos se encuentran lejos de ser
inevitables. Sin duda, la ampliación del metro hacia las zonas de
clase trabajadora en São Paulo, desplazó un gran número de habitantes locales, pero la franja de 70 metros de terrenos baldíos a
ambos lados de las vías actuales apenas se empezó a reconstruir
y comercializar a partir de la década de 1990, y además en forma
no agresiva y comprendiendo sobre todo departamentos de ingresos medio-bajos y de clase trabajadora. Probablemente, esto se
debe a las marcadas reducciones en las oportunidades de inversión
para el capital financiero, entre otros, durante la reciente crisis económica, y a un "cambio" hacia formas alternativas y más rentables
de inversión en otros lugares (véase también Benton, 1986, sobre
Montevideo). Algo similar puede observarse en la zona que rodea
el viejo mercado de abastos en la ciudad de México, donde las man-

zanas circundantes no están "embelleciéndose", como se pensaba que ocurriría (véase el capítulo 2). Sin embargo, es indudable que durante los periodos cuando la inversión de gran escala en el desarrollo urbano resulta rentable, se da un desplazamiento de la población similar al experimentado en Covent Garden (Londres) y otros lugares (Burgess, 1978). Tal situación ocurrió como prerrequisito de un nuevo desarrollo masivo de comercios y oficinas en Santa Fe, en las laderas occidentales de la ciudad. Algo similar habría sucedido de llevarse a cabo el proyecto para renovar la zona sur de la Alameda (el proyecto Reischmann), aunque en ese caso, en mi opinión, se habrían desplazado desarrollos comerciales de pequeña escala, pues la zona tiene una ocupación residencial relativamente baja (Herzog, 1995; Navarro, 1997).

Tampoco las viviendas de alquiler en las ciudades perdidas del centro de la ciudad fueron cedidas en forma sistemática al desarrollo comercial privado durante la década de 1970, aunque el gobierno había programado su demolición. Dichas ciudades perdidas eran lugares privilegiados para la reconstrucción comercial dada su ubicación dentro y alrededor del centro de la ciudad de México. A principios de los años setenta se reunió información detallada sobre estos lugares (Ward, 1976b). En 1982, todos ellos, a excepción de uno, con un área original entre media y una hectárea (o entre 50 y 99 familias) –es decir, de tamaño adecuado para el nuevo desarrollo– fueron visitadas y se elaboraron mapas detallados de uso de suelo. Esto proporcionó una muestra de 75 lugares separados, de los cuales 10 fueron enlistados en 1973 como erradicados; pero en nuestra encuesta de 1982, seis todavía tenían chozas (Ward y Melligan, 1985). La amplia presencia de viviendas en la mayoría de esos sitios sugirió que la reubicación y la reconstrucción habían tenido poco impacto. Sólo 13 lugares presentaron funciones residenciales escasas o nulas, y en este caso podemos suponer que hubo numerosas demoliciones. Unos 21 lugares más tenían entre 15 y 65 por ciento de terrenos habitados y su uso de suelo fue definido como "mixto". En nuestra investigación, 11 de ellos parecían haber sido afectados parcialmente por un programa de reubicación; pero no menos de 41 seguían albergando viviendas de bajos ingresos. En el extremo, menos de la mitad de todos los asentamientos estudiados fueron afectados en forma significativa por el programa de reubicación. Además, la evidencia sugería que donde había ocurrido una reconstrucción, ésta no había sido fomentada por presiones del capital comercial. Más bien, los cambios se dieron mediante iniciativas del sector público: básicamente la construcción de escuelas y calles, o proyectos de ampliación de calles. Al menos en ese entonces no existían evidencias claras de que el cambio a uso comercial constituyera un proceso especulativo amplio o generalizado (Ward y Melligan, 1985).

Así pues, si bien en la ciudad de México se está dando un "cambio" en la inversión de capital, éste no es sistemático y, ciertamente, no está produciendo cambios significativos para las zonas residenciales y comerciales existentes. Es más notorio en los procesos de desarrollo de suelo en la periferia, donde los terrenos agrícolas se han vuelto comerciales. No obstante, parece que dicho cambio ha desempeñado un papel mucho menos importante en el "embellecimiento" de la zona centro de lo que habíamos pensado. En parte esto se debe a la "construcción" social de la demanda del consumo mediante el ambiente construido que analizaré en el capítulo 7. En parte, también es resultado del acceso y la evolución del sistema de transporte que examinaremos a continuación.

EL SISTEMA DE TRANSPORTE EN LA CIUDAD DE MÉXICO

En beneficio de los privilegiados: compañías privadas y automóviles privados

La expansión física de la ciudad y, en particular, el establecimiento de centros industriales importantes en un arco hacia el norte del área metropolitana, requirió del surgimiento de un sistema de transporte que llevara a los trabajadores de las colonias populares de la periferia hacia las fábricas. Sin embargo, no fue sino hasta la creación del metro en 1968 y, de mayor importancia, su expansión a partir de 1977, cuando realmente surgió la intervención estatal directa a favor de los sistemas colectivos de transporte público masivo.

Incluso en la actualidad, la filosofía continúa siendo firmemente la de un sistema mixto público y privado, con escasa evidencia de que el gobierno esté contemplando con seriedad algún cambio en contra del uso de automóviles privados, o contra el marcado incremento de las concesiones de microbuses (colectivos). Si bien en años recientes ha habido avances en la planeación del transporte, el Estado sigue tratando al sector privado de manera extremadamente favorable. A continuación analizaremos, en primer lugar, las responsabilidades y el papel del sector privado.

En el área metropolitana está registrado 45 por ciento de los vehículos del país, y 71 por ciento de ellos son automóviles privados (Lizt Mendoza, 1988; Comisión Metropolitana, 1996). Como lo indica el cuadro 11, los vehículos de "baja capacidad" –definidos como automóviles privados, taxis y colectivos (actualmente en gran parte microbuses)– realizan poco menos de la mitad del total de viajes diarios (20 por ciento más de acuerdo con los cálculos de Navarro Benítez (1993)). Podría considerarse una proporción razonable. Sin embargo, hay que recordar que estamos hablando de una población de bajos ingresos, la cual, en su mayoría, no puede pagar este medio de transporte, por lo que en efecto gran parte se encuentra excluida. Además, la importancia de estos medios de "baja capacidad" es mucho mayor que el hecho de transportar a la mitad de la población. Los vehículos generan 76 por ciento de la contaminación, de lo cual casi la mitad proviene de los automóviles privados (véase cuadro 12; véase también Legorreta, 1988: 286; Castillejos, 1988: 302). De hecho, la fuente de ciertos elementos contaminantes es casi exclusivamente vehicular; 100 por ciento de las emisiones de plomo y 82 por ciento de monóxido de carbono (Navarro Benítez, 1993: 186). De este modo, 50 por ciento de los viajes diarios (cerca de 15 millones) se realizan en sistemas de transporte que generan la mayor parte de la contaminación del aire. Comparemos estas cifras con la otra mitad del total de viajes que se realiza en sólo 16,000 unidades de transporte de "alta capacidad", muchos de los cuales son autobuses, y que generan apenas 3 por ciento de todas las emisiones. Es fácil ver quiénes son los villanos de la obra.

CUADRO 11

EVOLUCIÓN DE LOS MEDIOS DE TRANSPORTE DE BAJA CAPACIDAD COMPARADOS CON LOS DE ALTA CAPACIDAD

	Porcentaje del total de viajes					
Capacidad	1966	1972	1979	1983	1985	1990
Vehículos de baja capacidad (taxis, colectivos y automóviles privados)[1]	10.7	31.5	32.2	32.1	29.2	50.0
Transporte de alta capacidad (metro, autobuses, trolebuses y tranvías)[2]	89.3	66.6	65.5	67.2	54.0	51.10
Otros[3]		1.9	2.3	0.7	17.0	nd

Fuente: Adaptado de Navarro Benítez (1993: 180).
[1] Incluye colectivos en rutas fijas.
[2] Sólo Ruta 100 y otras empresas estatales.
[3] Incluye taxis temporales sin itinerario fijo y autobuses suburbanos operados por el sector privado.

CUADRO 12

FUENTES Y NIVELES DE TOXICIDAD DE LA CONTAMINACIÓN DEL AIRE EN LA CIUDAD DE MÉXICO

Sector y fuente	% del total de emisiones	% de toxicidad de las emisiones
Transporte	76.6	42.4
Automóviles privados	34.9	
Camiones de gasolina	19.9	
Combis y microbuses	10.5	
Taxis	7.9	
Camiones diesel	1.6	
Autobuses del Estado de México	1.1	
Ruta 100 (autobuses del D.F.)	0.5	
Otros (trenes/aviones)	0.2	
Industria y comercio	4.4	16.9
Industria	3.7	
Comercio	0.7	
Energía	4.0	10.8
Pemex	2.4	
Plantas termoeléctricas	1.6	
Factores ecológicos	14.9	29.9
Áreas erosionadas	9.6	
Incendios y otros procesos	5.3	
Total	100	100

Fuente: Lacey, 1993.

Por otra parte, deben tomarse en cuenta otros costos sociales. La congestión causada por los vehículos privados frena el movimiento en las calles a 16 kilómetros por hora en las horas pico, lo cual también afecta los sistemas de transporte de alta capacidad (Lizt Mendoza, 1988). La inversión de capital en la construcción y el mejoramiento de las calles, los costos relativamente bajos de combustible, reparación y servicios, los costos no punitivos de los impuestos en automóviles y licencias de manejo, todo ello alienta la compra y el uso de automóviles privados. De hecho, en la ciudad de México, lo único que es relativamente caro es el seguro. Estos bajos costos representan subsidios ocultos a los usuarios de automóviles en particular. El uso de este medio en la proporción del total de viajes diarios aumentó de alrededor de una quinta parte a una cuarta parte en la década de 1975 a 1985, y la Coordinación General del Transporte pretende reducir esta cifra a 18 por ciento a finales de siglo.

La contaminación del aire en la ciudad de México se ve acentuada por su ubicación geográfica; primero, su altura sobre el mar (2,240 metros) requiere el uso de un combustible con un mayor índice de octano, el cual contiene más plomo. Segundo, su elevada altura provoca que bajo condiciones atmosféricas estables (a menudo en invierno), las inversiones térmicas atrapen el aire en niveles menos altos de la atmósfera, lo cual genera *smog* fotoquímico (Guerra, 1995). La luz del sol en la latitud de la ciudad de México acentúa el proceso, pues contiene una tasa de eficiencia 60 por ciento mayor para producir *smog* que en el caso de Los Ángeles (Rowland y Gordon, 1996). Algunos cálculos no oficiales sobre los costos del daño ambiental en la ciudad de México suman 830 millones de dólares anuales sólo por los días de trabajo perdidos por enfermedad y muerte prematura como resultado de las emisiones contaminantes (UNCHS, 1996: 407). Debemos tener cuidado al interpretar esta información, pues está basada en cálculos aproximados que no permiten saber si las condiciones han empeorado o mejorado en años recientes; tampoco ofrece datos comparados con otras ciudades.

La intervención del gobierno para reducir la contaminación aumentó en forma significativa durante la década de 1990. En 1992, el presidente Salinas creó la Procuraduría Federal de Protección al Ambiente (Profepa) y, más tarde, el presidente Zedillo la pondría a cargo de una nueva (y de mucho mayor influencia) Secretaría del Medio Ambiente y Recursos Naturales y Pesca, (Semarnap) encabezada en aquel entonces por Julia Carabias, ex directora del Instituto de Ecología. En la última década se han introducido varias medidas importantes para atender los problemas de contaminación en el área metropolitana. Si bien los vehículos de baja capacidad y sus usuarios son responsables de gran parte de la contaminación, la toxicidad de estas emisiones es menor en comparación con la industria y la producción de energía, como se puede observar en el cuadro 12. Para atender este problema, en 1991 el gobierno cerró la refinería de Pemex 18 de marzo. Por otra parte, las dos nuevas plantas termoeléctricas que suministran energía a la ciudad de México ahora utilizan gas natural y deben suspender sus operaciones ante la presencia de inversiones térmicas (Rowland y Gordon, 1996). Desde 1995 la Profepa, cuyo cometido es concentrarse básicamente en industrias que operan en el área metropolitana, ha acelerado su vigilancia e intervenciones. Dicha entidad llevó a cabo casi 20,000 inspecciones entre 1992 y 1995; ordenó más de 700 cierres parciales y 43 totales; e impuso multas de más de 26 millones de pesos (alrededor de 3.5 millones de dólares en 1997 y considerablemente más en términos reales en el momento del cierre o imposición de la multa). Se encontró que unas 12,700 empresas tenían niveles modestos de incumplimiento, y que la mitad de esa cifra cumplía con todas las normas. Las tasas de cumplimiento han mejorado 25 por ciento cada año a partir de 1993 (Comisión Metropolitana, 1996).

Según las nuevas leyes, dentro del Distrito Federal y el Estado de México la responsabilidad por el control de las instalaciones comerciales y de servicios, así como de todos los vehículos, recae en los gobiernos correspondientes. Desde 1990, el Departamento del Distrito Federal aplica el programa "Hoy no circula", que obliga a los usuarios a abstenerse de usar su automóvil una vez a la semana (el día depende del número de la placa). Dicho programa comenzó como un experimento de corto plazo para el invierno, época en que los niveles de contaminación resultaban inaceptables, y terminó aplicándose todo el año. En ocasiones, como medida de emergencia cuando las condiciones se deterioran aún más, se aplica el "Doble hoy no circula", y se toman otras medidas (como el cierre de escuelas) para disminuir los riesgos. Ésta fue la primera vez que el gobierno actuó en contra del uso de automóviles privados en la ciudad y, en general, el programa se ha considerado un éxito. Sin embargo, para quienes podían pagarlo, la opción fue comprar otro automóvil, lo cual provocó que las ventas de este medio de transporte aumentaran en forma significativa. En 1997, la mayoría de las familias de ingresos medios poseía al menos dos vehículos, y los padres ajustaban sus horarios y el uso de sus automóviles para compensar el día en que no circulaban.

El Distrito Federal mejoró sus controles anticontaminantes en los 3,500 autobuses del sistema Ruta 100, el cual a principios de la década de 1980, cuando tenía casi el doble de vehículos, constituía una notoria fuente de contaminación. El gobierno del Distrito Federal también fue introduciendo la obligatoriedad de los convertidores catalíticos anticontaminantes, que debían ser instalados en todos los automóviles nuevos a partir de 1992, y los viejos tenían hasta 1997 para convertirse. También se introdujo una nueva gasolina (sin plomo), así como un diesel bajo en sulfuro, y se estableció un programa de inspección vehicular obligatoria. Los convertidores catalíticos también se instalaron en taxis, al igual que en combis y microbuses. La situación era tan grave que en 1988 se calculaba que sólo 5 por ciento de los vehículos en circulación operaban con niveles óptimos en términos de la mezcla de aire y gasolina (Legorreta, 1988).

El cuadro 11 revela una paradoja: si bien el Estado tomó medidas concertadas para intervenir en la estimulación de los sistemas de transporte de alta capacidad a partir de la década de 1970, su incapacidad para controlar la creciente propiedad y uso de automóviles, junto con la marcada expansión de los taxis colectivos, significó que la importancia relativa de los vehículos de baja capacidad aumentara de 11 a 32 por ciento, y más recientemente a 50 por ciento (véase cuadro 11). En parte, esto se debe casi exclusivamente a la reorganización de los taxis colectivos. No sólo se ha incrementado su número, sino que el patrón tradicional de automóviles con un máximo de seis pasajeros con algunas rutas fijas ha sido superado por el amplio uso de combis verde con blanco que llevan 10 u 11 personas. En años aún más recientes, los grandes microbuses han comenzado a aparecer en ciertas rutas, las cuales están muy bien organizadas, atraviesan toda la ciudad y están mejor integradas con otros sistemas de transporte que hace una década (Sutherland, 1985). Como ya hemos observado, la cantidad de microbuses ha aumentado notoriamente desde 1995, y aunque parece indudable que el servicio que ofrecen ha mejorado, a menudo están sujetos a muchas de las críticas que se hacían a los autos privados (Navarro Benítez, 1988a). Sin embargo, opino que siempre y cuando reciban un buen mantenimiento, son mucho menos dañinos que los automóviles privados, dado que transportan a un número mucho mayor de pasajeros. Como ya lo mencionamos, quizás en la actualidad resulte erróneo considerar a los microbuses, por su nombre, vehículos de baja capacidad.

Las críticas en torno a los altos costos sociales se aplican sobre todo a los vehículos de baja capacidad, pero hasta que el Estado intervino seriamente en el transporte colectivo masivo, el efecto de la política gubernamental favorecía de manera sistemática al sector privado. Antes de finales de la década de 1960, el sistema de transporte de la ciudad de México se desarrolló de forma un tanto *ad hoc,* en respuesta a los intereses creados del sector privado en diferentes momentos. Era básicamente un sistema operado por la iniciativa privada, el cual empezó con un servicio de tranvías (de propiedad extranjera) anterior a la Revolución, y que después (1917-1946) se desarrolló hacia una red muy grande de rutas de autobuses operadas por el sector privado (Navarro Benítez, 1988b). La intervención estatal no buscaba obstaculizar dichos intereses en forma alguna; por el contrario, los operadores de autobuses fueron recompensados por su participación y su apoyo al aparato estatal posrevolucionario, y se les alentó a ampliarse y sustituir a los tranvías de propiedad extranjera. No fue sino hasta 1946 cuando el Estado intervino de manera formal en cuestiones de transporte, primero para expropiar los tranvías y luego para crear una red de trolebuses que complementaría la de los autobuses. No obstante, su papel para estimular los sistemas colectivos de transporte masivo siguió siendo demasiado limitado hasta que se inició la construcción del metro en 1968 (Davis, 1994).

Hasta ese entonces, la intervención estatal se concentraba en el desarrollo de la red de avenidas, en especial las que favorecían más a los automóviles privados: vías rápidas como el Viaducto, el Circuito Interior y el Anillo Periférico (véase fotografía 10). También se ampliaron otras avenidas principales durante los años cincuenta y sesenta para servir tanto a los automóviles como a las rutas de autobuses (por ejemplo, Insurgentes Norte y Sur, la calzada de Tlalpan, etcétera).

Muchos de estos avances no sólo favorecieron en forma deliberada el transporte privado, sino que también abrieron nuevas áreas de desarrollo urbano y especulación, en especial al sur de la ciudad. Por ejemplo, una razón importante para crear el "camino al Ajusco" a mediados de la década de 1970 era facilitar la proliferación de desarrollos de bienes raíces en el Pedregal al sur del Periférico. También ofrecía un acceso más directo al rancho de un secretario de Estado. Quienes conocían de antemano el proyecto pudieron adquirir grandes propiedades y obtener enormes ganancias debido al aumento en el valor de los terrenos generado por la nueva carretera. Por supuesto, no todas las nuevas rutas de carreteras estaban motivadas por intereses privados. En ocasiones evitaban tierras de políticos poderosos o grupos de interés privados, casos en los que la expropiación estatal hubiera sido vergonzosa desde el punto de vista político (Davis, 1994). Esto explica algunas de las curvas en la ruta del Periférico en el occidente. Algunas grandes compañías constructoras como ICA también habían presionado al gobierno para que aumentara la inversión en los sistemas de transporte, en especial el metro; pero el regente Uruchurtu se resistió hasta donde pudo. Su caída política ocurrió en parte al crecer la oposición entre poderosos intereses empresariales cuyas

Fotografía 10. Anillo periférico, vista hacia el norte, atravesando el Bosque de Chapultepec.

propiedades y propuestas de construcción estaban siendo obstaculizadas en el Distrito Federal.

Tampoco disminuyó la inversión en la construcción de avenidas en beneficio del sector privado al surgir un mayor compromiso público con los sistemas de transporte colectivo. Entre 1978 y 1979 se construyeron 16 ejes viales que comprendían avenidas de tres a cinco carriles equipadas con señales de tránsito integradas. Aunque fueron construidos con un enorme presupuesto y no sin considerables ataques públicos por la forma en que se planearon, los ejes han contribuido bastante a facilitar el rápido flujo del tráfico alrededor de la ciudad (véase figura 17 y fotografía 11). Aunque muchos de los ejes tienen un carril en contraflujo exclusivo para trolebuses (para evitar que otros vehículos lo utilicen), en general estos ejes no son muy utilizados por los sistemas de transporte público. Una vez más, los automóviles privados, colectivos y taxis fueron los más beneficiados.

Política de transporte público

Desde sus inicios, el metro fue diseñado para enfrentar dos problemas: primero, disminuir la congestión en la zona centro de la ciudad; segundo, ayudar a "dignificar" y rehabilitar el Centro Histórico (Navarro Benítez, 1988a). A pesar de que fue inaugurado a finales de los años sesenta, el metro no comenzó realmente a desempeñar su verdadero papel sino hasta principios de los ochenta. La red original sólo comprendía tres líneas que, aunque modernas y rápidas, cubrían de forma inadecuada el centro de la ciudad y las zonas del anillo intermedio con una red total de sólo 40 kilómetros. El sistema no se extendió hasta el corazón de la zona industrial del norte, ni a las principales colonias populares. Así, en realidad servía como sistema complementario para los usuarios que llegaban al Distrito Federal en autobuses suburbanos y debían ir al centro, para luego quizás tomar otro autobús hacia las zonas fabriles del norte. Durante las horas pico, la congestión en el sistema era intensa, particularmente en puntos nodales como la estación Pino Suárez. Las condiciones se deterioraron tanto que la policía tuvo que separar a los hombres, delimitando áreas especiales de la plataforma y carros específicos para las mujeres y los niños. Por el lado positivo, el sistema era limpio, silencioso, rápido, extremadamente barato y recibía un importante subsidio. En 1978, la tarifa fija era de un peso, lo cual equivalía a cinco centavos de dólar, y aunque se aumentó a 20 (viejos) pesos a principios de la década de 1980, y a 100 (viejos) pesos desde 1986, y el nivel del subsidio ha disminuido, el metro sigue siendo la forma más barata de transporte que verdaderamente está al alcance de todos. En términos reales, continúa costando alrededor de 15 centavos de dólar, y todavía recibe un fuerte subsidio. Actualmente también existe un boleto múltiple que puede usarse en otras redes de transporte integrado.

La expansión del sistema comenzó realmente entre 1979 y 1980, y durante los siguientes 10 años se construirían ampliaciones y nuevas líneas que, por primera vez, llegaban hasta los núcleos de la clase trabajadora y las zonas industriales de Azcapotzalco y Va-

Figura 17

PRINCIPALES REDES DE TRANSPORTE
EN LA CIUDAD DE MÉXICO, 1989

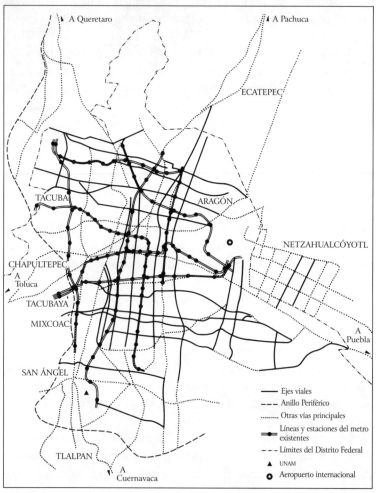

llejo en el noroeste (véase figura 17). Las líneas construidas en la
década de 1980 que corren de oriente a norte para evitar el centro de
la ciudad eran de especial importancia, así como las ampliacio-

nes que llevan a Ciudad Universitaria al sur y luego hacia el lado occidental de la ciudad, ambas potencialmente orientadas hacia los usuarios de clase media. La longitud total de la red casi se ha cuadruplicado en 10 años y la línea más reciente y sus ampliaciones dotaron a la ciudad de México de 190 kilómetros de red en 1999, lo cual la convierte en la más larga y usada en América Latina (Navarro Benítez y Bacelis Roldán, 2000; véase también Figueroa, 1996). Ningún otro sistema en América Latina presenta una proporción tan elevada de viajes diarios realizados por el metro: en los sistemas de São Paulo, Buenos Aires y Río de Janeiro, dicha proporción es considerablemente menor que 10 por ciento del total (Figueroa, 1996). La línea más reciente no está señalada en la figura 17, pero comprende 19 estaciones y corre de una terminal al norte del centro en Garibaldi, de ahí hacia el sur y luego al este hacia Iztapalapa. Se están planeando numerosas ampliaciones y líneas nuevas.

Fotografía 11. Eje vial y parte de la línea del Metro (arriba) más reciente. (Nótese el carril en contraflujo, para autobuses.)

Además, en la actualidad alrededor de 70 por ciento del equipo se produce en México (en lugar de Francia, que desarrolló los prototipos y los primeros carros), de modo que la mayor inversión ya no acentúa la pérdida de valiosas divisas (Domínguez, 1987). Sin embargo, el metro sigue siendo una empresa del Departamento del Distrito Federal y, con la sola excepción de la estación de Cuatro Caminos, que apenas llega a Naucalpan, el metro no se ha desarrollado fuera de los límites del Distrito Federal, ni existe una red integrada y complementaria en el Estado de México, aunque actualmente un tren ligero corre al este desde Pantitlán a La Paz. En el largo plazo, para 2020, se ha propuesto desarrollar casi 500 kilómetros de red (metro, tren ligero y metro férreo) en toda el área metropolitana (Navarro Benítez y Bacelis Roldán, 2000: 383).

No obstante, hasta hace poco, para quienes viven fuera del Distrito Federal y también para muchos residentes de la ciudad, los autobuses representaban la principal forma de transporte, a menudo junto con el metro. Fuera del Distrito, existen autobuses manejados por compañías privadas, a diferencia del sistema Ruta 100, operado exclusivamente en el Distrito Federal desde que las concesiones privadas fueron expropiadas por el regente Hank González en 1981. Antes de la construcción del metro y la expansión de los automóviles privados y microbuses, los autobuses constituían el principal medio de transporte de alta capacidad (véanse cuadros 9 y 11), y si bien su importancia relativa ha disminuido en forma notoria, siguen siendo un componente importante dentro de todos los viajes diarios.

Existen señales de una marcada disminución en el servicio de autobús en la década de 1980, y durante su campaña de 1988, el presidente Salinas manifestó que la Ruta 100 no estaba cumpliendo sus obligaciones en forma adecuada. Aunque parte de las críticas tenían razones políticas y estaban dirigidas al intransigente liderazgo sindical, el problema se debía a la insuficiencia de autobuses en operación y al hecho de que el servicio era demasiado irregular e ineficiente (Navarro Benítez, 1989). Si bien están mejor equipados que hace 15 años y contaminan mucho menos, parece que en

la actualidad ha disminuido en gran medida la intensidad del tráfico de autobuses en las calles del Distrito Federal. Además, la
diferencia de precio entre las tarifas de autobús y las del colectivo
se ha reducido en años recientes a medida que los últimos han aumentado su escala de operaciones y la regularidad de sus rutas
(Navarro Benítez, 1998b; cfr, Sutherland, 1985).

Para fortalecer la intervención del Estado en los sistemas de
transporte masivo, se ha intentado desarrollar servicios de tranvías
y trolebuses. El sistema de "tren ligero" se conecta con el metro en
la estación Taxqueña y extiende su servicio hasta Huipulco, 5 kilómetros más al sur. Un elemento importante en las futuras propuestas de política será la ampliación del papel de los trolebuses.

La Covitur fue creada por iniciativa del Distrito Federal en
1978 para coordinar y desarrollar las operaciones del metro. Sin
embargo, en el Estado de México no existe una institución equivalente, aunque en 1982 se creó la Cotrem para manejar los problemas de transporte y establecer vínculos con la Covitur y el DDF
(Lizt Mendoza, 1988; Flores Moreno, 1988). Varias de las funciones originales de la Covitur (como la adquisición de equipo y la
planeación) se encomendaron más tarde a otras instituciones (Castillo et al., 1995: 81). En particular, la Coordinación General de
Transporte tiene a su cargo la planeación y ha desarrollado un Programa Integral del Transporte que da prioridad a los desarrollos
que benefician a los barrios de clase trabajadora, lo cual, se dice,
tiene por objetivo recuperar el apoyo político para el PRI (Navarro
Benítez, 1993: 188). También se le critica por su excesivo centralismo, y por no considerar en forma adecuada otros desarrollos
de transporte en la zona, en particular la expansión de los colectivos (Castillo et al., 1995; Navarro Benítez, 1993).

El avance más reciente es la creación de un Consejo de Transporte del Área Metropolitana, en el cual participan autoridades
estatales y del Distrito. Si bien aplauden esta iniciativa, Castillo
y sus colaboradores (1995) presentan varias opciones que incluyen
la creación de instituciones mixtas públicas y privadas que integrarían a los diferentes proveedores y usuarios del transporte. Esto

implicaría la creación de una Corporación del Transporte Metropolitano –una compañía tenedora de proveedores de transporte público y privado–; y una Autoridad del Transporte Metropolitano que proporcionaría la normatividad y las directrices de la planeación.

Esta propuesta también es bastante centralizada y se vería beneficiada por cierta descentralización en el nivel delegacional; sin embargo, fomentaría dos avances fundamentales: integrar todos los intereses de los proveedores de transporte bajo un solo techo y alcanzar un nivel espacial de organización genuinamente *metropolitano*.

Si bien el gobierno ha comenzado a crear un compromiso coherente con el transporte masivo, esto no ha producido un cambio fundamental de política ni en la voluntad para reducir los subsidios indirectos y los apoyos al sector privado, ni para penalizar a los vehículos de baja capacidad. Quizás la creciente conciencia y preocupación del público sobre la contaminación fortalecerá la resolución del gobierno local para adoptar una postura más agresiva hacia los propietarios de automóviles privados en particular, y para alentar un cambio hacia la mayor utilización del metro y otras formas de transporte público por parte de la clase media. Queda abierta la pregunta de si el metro podría tolerar o no el incremento en su utilización, en particular en ciertas rutas y en las horas pico. Para muchos –y yo me incluyo–, el principal obstáculo para usar el metro sigue siendo el alto nivel de incomodidad relacionado con las multitudes que lo utilizan en las horas pico. Desde hace tiempo, siento que la única solución sería un sistema con carros de primera y segunda clase, vigilado estrictamente, sin importar que esto represente un anatema para el PRI. Sólo la combinación de estacionamientos seguros para dejar los vehículos en estaciones periféricas del metro y asientos garantizados en los compartimientos de primera clase podría persuadir a las clases medias mexicanas de utilizar este sistema de manera más asidua. Sin embargo, mientras continúen las políticas actuales, cristalizarán las desigualdades que ya existen dentro del sistema, en lugar de producir avances. A pesar de las importantes mejoras generales, la estructura del transporte sigue reproduciendo la desigualdad social en la ciudad.

La política en el transporte

La creación de un sistema de transporte no ocurre en el vacío; responde a los imperativos económicos, políticos y de inversión de su época. Las protestas públicas y la lucha de clases generadas en torno a los medios de transporte también podrían influir en las respuestas del Estado. Sin embargo, en general la ciudad de México ha evitado los movimientos de protesta de gran escala en torno a dichas cuestiones, ciertamente comparada con otras ciudades latinoamericanas como Bogotá y São Paulo. Los altos niveles de subsidio público y las tarifas relativamente bajas derivadas de los bajos precios del combustible son quizás las razones principales. Las consideraciones de los bajos niveles de comodidad y los altos costos sociales relacionados con viajar en sistemas públicos no han ocasionado protestas.

No obstante, la inversión en el transporte no ha sido inmune a consideraciones políticas. La Alianza de Camioneros tuvo vínculos cercanos con el gobierno entre las décadas de 1920 y 1940, y le ofrecieron una cuña para que la inversión extranjera participara en el sistema de tranvías antes de su expropiación en 1946. La cercana cooperación entre el gobierno y la alianza continuó posteriormente durante los años sesenta y principios de los setenta, a pesar del deterioro en la calidad del transporte en autobús durante ese periodo. Al gobierno le convenía mantener contentas a las compañías de autobuses para que éstas llevaran a los trabajadores a sus sitios de trabajo a un bajo costo, y también para garantizar que la CNOP dispusiera de autobuses para transportar a los colonos y grupos populares a las reuniones públicas en apoyo al PRI y funcionarios del gobierno. Por estas razones, el presidente Echeverría en particular no podía darse el lujo de permitir la alienación del sector propietario y operativo de los autobuses. También existían otros motivos: la familia de su esposa tenía fuertes intereses empresariales en las compañías de autobuses urbanos privados. Esto ayuda a explicar por qué se detuvo por completo el desarrollo del metro durante su sexenio, junto con el hecho de que el desarrollo inicial de este medio estaba relacionado de cerca con su predecesor (Díaz Ordaz), de modo que realizar nuevas ampliaciones no le habría dado mayor crédito público a Echeverría.

La política y los intereses creados también ayudan a explicar la política de transporte de Hank González. Este regente identificó el caos vial como el "pecado capital" del Distrito Federal (Navarro Benítez, 1988a: 154). A finales de los años setenta la Asociación de Industriales de Vallejo se quejaba de estar perdiendo 224,000 horas-hombre diarias debido a las largas distancias y viajes al trabajo de los 120,000 trabajadores empleados en sus 900 empresas (Rodríguez, 1985, citado en Navarro Benítez, 1988b: 42). De mayor importancia fue la intención de Hank González de emprender importantes programas de construcción pública para distribuir dádivas y favores entre sus patrocinadores políticos. No fue un accidente que se concentrara en los ejes viales y la ampliación del metro, pues ambos convenían a sus programas de gasto, en especial una vez que llegaron los ingresos petroleros (Teichman, 1988; Navarro Benítez, 1988a). En el siguiente capítulo explicaré cómo la adopción de un sistema formal de planeación favoreció el proyecto político de Hank González. Baste mencionar aquí que el programa de los ejes viales generó una notoria amenaza para el regente cuando surgieron protestas públicas en torno al caos provocado por las obras de construcción, y por parte de los residentes, quienes observaban cómo las palas mecánicas destruían los árboles de sus calles y se veían obligados a vender sus propiedades. Aunque se interpusieron numerosos amparos, sólo faltaba por completar un eje cuando el sistema se inauguró en 1979.

A diferencia de la protección que Echeverría ofreció a los camioneros, no hubo gran aveniencia entre Hank González y la alianza, a la cual criticó por la ineficiencia de su operación y cuya participación en el mercado propuso reducir de 42 a 19 por ciento entre 1978 y 1982 (Navarro Benítez, 1988b). Con el tiempo, en 1981 y bajo sus instrucciones, el servicio privado de autobuses en el Distrito Federal (que describía como un "pulpo") fue expropiado para formar la base de la Ruta 100, manejada por el Estado, junto con los nuevos 118 trolebuses inaugurados en 1977 (Navarro Benítez, 1988: 157). En 1988-1999, la Ruta 100 fue el

foco de un ataque políticamente motivado por la determinación
del presidente Salinas de purgar a los sindicatos de su liderazgo
corrupto e intransigente (Cornelius, 1989). Como ya mencionamos, la cantidad de autobuses operados por la Ruta 100 ha disminuido a la mitad y se ha modernizado para reducir la contaminación.

De este modo, los regímenes políticos han tenido un gran impacto sobre la política de transporte en la ciudad de México, aunque hay señales de que en la actualidad existe una mayor continuidad entre los diferentes sexenios. Sin embargo, la falta de continuidad
en los límites del Distrito Federal con el Estado de México sigue
siendo un problema importante e irá aumentando en forma constante mientras una proporción cada vez mayor de la población del
área metropolitana viva en los municipios circundantes. Las preguntas sobre una política de transporte coordinada entre ambas entidades, sobre quién deberá pagar los costos de la oferta de servicios
públicos y privados (en especial cuando los pasajeros pagan impuestos en el Estado de México pero trabajan en el Distrito Federal), etcétera, exigen, primero, una filosofía política coherente de
desarrollo urbano y, segundo, un sistema de planeación metropolitano unificado, quizás siguiendo las líneas propuestas por Castillo
y sus colegas, como ya se mencionó. Sin embargo, en el capítulo 3
vimos por qué las divisiones entre el Distrito Federal y el Estado de
México siguen estancadas, y en el siguiente capítulo me propongo
examinar el potencial para la creación de un sistema de planificación unificado. Pero podemos esperar sentados.

CAPÍTULO 5

La planeación en la ciudad de México: ¿decorativa o indicativa?

E N LOS capítulos anteriores, se ha demostrado la evidente necesidad de un cierto tipo de autoridad que supervise, regule y controle el desarrollo del uso de suelo en toda la ciudad. En este libro, he buscado identificar muchos de los problemas asociados con el crecimiento urbano acelerado, a saber: aumento del número de vehículos privados, largos viajes al trabajo en sistemas de transporte ineficientes, altos índices de contaminación, daño irreversible al ecosistema de la ciudad, niveles inadecuados de servicios públicos en la mayoría de las zonas habitacionales, etcétera. En el capítulo 3, concluí que estos problemas sólo pueden empezar a resolverse mediante un compromiso político que mejore las oportunidades y la calidad de vida de la mayoría. La planeación urbana por sí misma no superará problemas que son de origen estructural. Sin importar qué tan eficientes o imaginativos sean los planificadores, ni con cuánto apoyo político cuenten, su esfuerzo consistirá en "remiendos técnicos". Con todo, ya sea que los planificadores y los grupos de planeación sean instrumentos de políticos reaccionarios, "pacificadores" explotados que hacen lo mejor que pueden dentro de una tradición liberal, o voceros del pueblo que actúan como burócratas evangelistas, dependerán fundamentalmente de la coyuntura política en la que operen y del espacio político que sus superiores les ofrezcan.

En México, el problema clave era que, hasta finales de los años setenta, los planificadores urbanos no ocupaban espacio político alguno. A diferencia de Gran Bretaña, donde la "crisis de planeación" surgió cuando los planificadores se equivocaron, en México, la crisis se debió a que no existían planificadores como tales.

Hasta la década de 1970 nunca se habían implementado planes sistemáticos de desarrollo urbano en ningún lugar. Dentro del área metropolitana, las restricciones sobre el crecimiento urbano o determinados usos de suelo eran resultado de las decisiones particulares hechas por políticos o funcionarios, y no estaban basadas en normas y reglamentos. Esta situación aún no ha sido resuelta, como demostraré en este capítulo. La planeación todavía no se implementa de manera sistemática. Las oportunidades para la participación pública en el proceso de planeación son extremadamente limitadas, en especial el involucramiento activo. El nivel de coordinación entre las agencias de planeación del Distrito Federal y las del circundante Estado de México sigue siendo muy bajo. Pero, a pesar de estas dilaciones, sostendré que el incipiente proceso de genuina planeación urbana puede ser visto con optimismo y que, en su conjunto, puede llevar a resultados progresivos, y no regresivos, para la mayoría de la población urbana.

Tradicionalmente, la "planeación" en México ha significado planeación económica y, hasta finales de la década de 1970, se mostraba relativamente poca preocupación por la planeación física o urbana. El énfasis recaía sobre la asignación de recursos financieros, controles fiscales, incentivos para el desarrollo industrial, políticas comerciales y monetarias, etcétera, funciones que estuvieron a cargo de la Secretaría de Hacienda y Crédito Público (SHCP) hasta que, en 1988, fueron transferidas a la Secretaría de Planeación y Presupuesto (SPP). Sujetas a la tutela de la Presidencia, estas dos secretarías en efecto controlaban la planeación. Otras instancias menores, actuando casi como disidentes, buscaban ganar la aprobación presidencial para sus planes de acción y, con ello, no perder ventaja respecto de otros sectores de la burocracia estatal, como se vio en el capítulo 3. Por lo general, cada uno de estos departamentos tenía su propia "oficina de planeación". Dentro de este esquema altamente competitivo, se desconocía el deseo de que sectores individuales coordinaran las acciones de todas las instancias dentro de un único plan físico.

Desde la década de 1970, empero, las posturas han cambiado por varias razones importantes. Primero, existe un consenso creciente de que la planeación es deseable. El desarrollo urbano en una ciudad del tamaño de México, o en cualquier ciudad grande, es un asunto complicado. No se puede esperar que sectores individuales consideren todas las necesidades, ni que asuman la responsabilidad de evaluarlas y coordinarlas por igual. Si el papel de coordinación ha de ser una función que los departamentos de planeación deban cumplir, es una cuestión abierta. En México, este papel ha permanecido, por lo común, en manos del Ejecutivo, el gobernador del estado, el presidente municipal o el alcalde, quienes actúan a través de la estructura intergubernamental que exista en el momento (Convenio Único de Desarrollo [CUD, y más tarde CDS], Comisión para la Planeación del Desarrollo [Coplade] y, más recientemente Comité de Planeación y Desarrollo Municipal [Coplademun]).

Segundo, la planeación física puede ser cada vez más significativa, si no como un marco regulativo para el desarrollo urbano, sí como una herramienta ideológica para reforzar el control del Estado. Los planes "aprobados" anteriormente pueden servir para justificar acciones políticas. En ocasiones, también son un prerrequisito para adquirir crédito en agencias prestamistas internacionales (Gilbert, 1976a). Aunque las consideraciones políticas todavía son primordiales, la influencia de los tecnócratas ha aumentado en los últimos años. Esto no significa que la influencia de los planificadores urbanos se haya incrementado por igual. De hecho, su papel e influencia han continuado diluyéndose y debilitándose con las diferentes administraciones. Durante los cinco últimos gobiernos, la estrella de la planeación se alzó con el presidente Echeverría (1970-1976), llegó a su cúspide con López Portillo, y después cayó cuando un auténtico planificador económico (De la Madrid) se hizo cargo de ella (1982-1988). Aunque la posición *vis-à-vis* del presidente Salinas frente a los planificadores fue muy parecida a la de su predecesor, asumió la planeación urbana con mayor agresividad, ya que involucraba el trabajo conjunto de grupos del sector público y privado con el fin de incrementar la eficiencia económica y la competitividad en el desarrollo regional, mientras que el programa de desarrollo social (Pronasol), blanco de todas las miradas, buscaba aliviar la pobreza.

Tercero, el nuevo federalismo prometía delegar una mayor responsabilidad a los niveles estatal y local. Más aún, las innovaciones en estados y municipios gobernados por la "oposición" han otorgado un papel más importante a las instituciones de planeación (a menudo instituciones cuasipúblicas, en el caso de los institutos de planeación del PAN). En este tenor, la administración del presidente Zedillo presentó su Programa de Desarrollo Urbano para el periodo 1995-2000, que buscaba dar mayor responsabilidad directa para la planeación a los estados y municipios y fomentar la eficiencia y la equidad a través de la participación pública activa (Sedesol, 1996). De cualquier forma, en un nivel normativo, la Secretaría de Desarrollo Social (Sedesol), mantuvo una influencia considerable. Dado el peso político otorgado a la Sedesol desde su creación a finales de 1991, se convirtió en una agencia mucho más significativa para la "planeación" que cualquiera de sus predecesoras, la SAHOP y la Sedue.

En este capítulo deseo preguntar cómo y por qué la planeación urbana ha evolucionado en México. ¿Acaso está relacionada con la complejidad creciente del ambiente urbano, con las fluctuantes presiones económicas y políticas del exterior, con la presión interna de grupos sociales, con los caprichos de importantes personalidades en el gobierno? ¿Cuáles son los principales obstáculos que enfrenta la planeación y qué tan efectivas han sido las iniciativas recientes? Me propongo examinar con detalle un periodo anterior (1978-1982) durante el cual la planeación ganó una importancia considerable y en el que tuve la oportunidad de participar personalmente, lo cual me permitió obtener un modesto conocimiento interno.[13] Específicamente, me propongo examinar el destino del Plan de De-

[13] Las opiniones expresadas en este capítulo se basan, en parte, en mi propia participación dentro del proceso. En 1978-1979 colaboré como asesor de tiempo completo del departamento encargado de la elaboración de planes de desarrollo urbano en la recién establecida Secretaría de Asentamientos Humanos y Obras Públicas (SAHOP). Agradezco al arquitecto Roberto Eibenshutz (entonces director general de Centros de Población y hasta hace poco primer secretario de Desarrollo Urbano y Vivienda del PRD en 1997-2000). Debo agradecer también al arquitecto Javier Caraveo, colega a finales de los años setenta y después director de Planeación del Distrito Federal en 1980-1994, tiempo durante el cual se llevaron a cabo muchos avances en materia de planeación. La estructura de planeación vigente hoy se debe, en gran parte, al trabajo de estos dos hombres y sus equipos.

sarrollo Urbano del Distrito Federal. En tercer lugar, pregunto lo
que todo esto significa para la población en general, en qué medida
participa y cuáles son las probabilidades de que en verdad se in-
volucre en las decisiones de planeación. Por último, en la conclusión, pregunto a qué intereses responde la planeación. ¿Ha traído
mejoras para los pobres, o ha generado más medios para suprimir
sus acciones? Espero que las respuestas a algunas de estas preguntas
nos permitan evaluar las razones fundamentales para la planeación
en México.

Los obstáculos estructurales
para la planeación física

En México, como en el resto de América Latina, la planeación urbana es un fenómeno relativamente reciente. Si bien existieron sistemas nacionales de planeación durante la década de 1950 en algunos países como Colombia (1953), Nicaragua (1952) y
Ecuador (1954), y aun cuando algunos proyectos regionales o especiales también tuvieron estructuras significativas de planeación,
si acaso eran tomados en cuenta, era para relegarlos a subapartados
de proyectos más amplios, como el responsable de planear la nueva ciudad de Guayana (Rodwin *et al.*, 1969). Los programas de
inversión en beneficencia social, las iniciativas de reforma agraria,
etcétera, se dasarrollaron durante los años sesenta debido, en
parte, al apoyo recibido a través de la Alianza para el Progreso y
fueron importantes porque "hasta cierto punto, legitimaron el uso
de la planeación como un medio para promover el desarrollo" (De
Mattos, 1979: 78). Sin embargo, la emergencia de estructuras
de planeación en esta época se restringía estrictamente a aspectos que correspondían a los intereses de las élites económicas nacionales (Wynia, 1972).

La planeación también ha adolecido de varias debilidades
estructurales. En parte, los planificadores fueron culpables, ya que
se veían a sí mismos, de alguna manera, como superiores al sistema
político institucional (Cibotti *et al.*, 1974: 40). Estaban muy preo-
cupados por criterios técnicos y reglamentos, y a menudo ignora-

ban la realidad de las formas en que la toma de decisiones se da en toda América Latina. En su excesiva dependencia de técnicas extranjeras como los modelos de planeación lineales, el análisis de producción e insumos, los polos de crecimiento y los planes de estructura urbana, no lograron identificar el papel de los grupos dominantes en la determinación de los procesos de desarrollo (Kaplan, 1972: 28; Moore, 1978; Gilbert, 1984b; Angiotti, 1993). Por ejemplo, la planeación invariablemente amenaza importantes intereses de grupo. Es muy probable que propuestas tales como una reforma hacendaría redistributiva, controles sobre la especulación de predios, consumo coercitivo y restricciones al desarrollo en ciertas áreas entren en conflicto con esos intereses. Y, como afirma Angiotti (1993: 165): "el mundo no gira sobre el eje del arquitecto, el planificador o el diseñador urbano".

La planeación también representó una amenaza para las formas tradicionales de mediación política ejercidas a través del pratronazgo. Como asevera Wynia (1972: 84), "la planeación es un proceso ordenado; la mediación tradicional del conflicto político no lo es". Para los políticos, la prioridad es el control, no la eficiencia del desarrollo (Gilbert, 1981). Los políticos necesitan ser capaces de ejercer discrecionalmente el control sobre la distribución de recursos y actuar de forma personalista. En México, el precario "acto de malabarismo" mencionado en el capítulo 3, a través del cual las alianzas económicas y políticas en competencia deben ajustarse entre las administraciones sucesivas, genera poca simpatía por parte de los políticos hacia un marco de toma de decisiones influenciado por los planificadores.

Otro obstáculo ha sido el miedo de muchos políticos a depender demasiado de los "técnicos". En el pasado, estos últimos han sido excluidos invariablemente del equipo de confianza del Presidente y no es probable que el Ejecutivo vea con buenos ojos la creciente dependencia hacia un cuerpo de técnicos cuyo procesamiento de datos e información se torna indispensable. Dicho de manera simple, el cálculo presidencial puede ser empleado con firmeza contra la incorporación formal del proceso de planeación (Wynia, 1972; Gilbert y Ward, 1985).

Por último, existía el temor de que los planes llevaran de manera inevitable a una diseminación creciente de la información. En sociedades como la mexicana, en la que las decisiones se toman a menudo a puerta cerrada, de acuerdo con criterios sumamente particularistas, lo último que desean los responsables de la toma de decisiones es la crítica bien informada. En teoría, también, la planeación requiere de la participación activa de toda la población. Debería ser abierta, democrática y participativa. Sería ingenuo sugerir que estos epítetos se aplican del todo a los procesos de planeación en el Reino Unido o los Estados Unidos, pero ciertamente son un anatema en los países de América Latina en la actualidad. Tal vez no deberíamos esperar demasiado, ni esperarlo pronto, de sociedades como la mexicana, que tienen tradiciones fundamentalmente diferentes de toma de decisiones y planeación.

El surgimiento de la planeación en México

Antes de 1970, la planeación nacional en México se refería a la planeación económica e implicaba un proceso de "ajuste mutuo" encabezado por una "agrupación directiva central" conformada por cuatro de las principales instituciones: la Presidencia, la Secretaría de Hacienda, el Banco de México y Nacional Financiera (Schafer, 1966). Anteriormente, el presidente Cárdenas (1934-1940) había rehuido a la idea de una agencia de planeación centralizada que cumpliera con este propósito, idea que nunca más se retomó. Tampoco se estableció ningún marco integral de planeación regional. Más bien, las iniciativas eran parciales y, además de las tres áreas metropolitanas, habían surgido otras tres áreas de amplia inversión y desarrollo: la costa del golfo, el Bajío (noroeste central), y la zona de la frontera norte.

La promoción estatal de desarrollo nacional era débil y desintegrada e incluía principalmente programas únicos como los proyectos de la cuenca fluvial de 1947 y 1961; la eliminación de ventajas fiscales para las industrias localizadas en el Distrito Federal en 1954; la creación de pequeños parques industriales en un puñado de ciudades; y los planes de desarrollo regional para los estados de

Yucatán y Oaxaca, que fueron preparados por la Secretaría de Gobierno tras su creación en 1959. Estas acciones tuvieron un impacto limitado, no porque carecieran de asesoría técnica, sino en gran parte debido a la ausencia de algún grupo que, desde el interior de los sectores urbano-industrial o rural, se comprometiera con una industria agraria moderna o retomara la cuestión de la desigualdad regional (Unikel y Lavell, 1979).

Como parte de su estrategia de "desarrollo compartido", el presidente Echeverría (1970-1976) realizó actividades de planeación mediante la creación de varias oficinas de desarrollo rural (Goulet, 1983). Más específicamente, en lo que a la ciudad de México respecta, tomó medidas diseñadas para promover la descentralización de la industria y la estimulación de "polos" de desarrollo fuera de la ciudad. Se proporcionaron incentivos a la industria que discriminaban locaciones en las grandes áreas metropolitanas; se establecieron fondos para promover el desarrollo industrial; y se crearon comisiones en cada estado (las Coprodes) para alentar la colaboración entre los sectores público y privado con el fin de estimular el desarrollo socioeconómico. De 1973 en adelante, el Ejecutivo dio cada vez más importancia a las políticas urbano-industriales, que culminaron en una Ley de Asentamientos Humanos aprobada en 1976, quizás la ley más importante en el campo de la planeación urbana en México.[14] Esta ley constituyó la base para la intervención consistente e integrada del Estado en la planeación de asentamientos humanos, e identificó los niveles de responsabilidad en la instauración de políticas: nacional (esto es, federal), estatal, conurbada y municipal.

[14] Si bien fue una ley importante, el documento final fue una versión diluida de un borrador anterior que contenía una amplia gama de propuestas radicales dirigidas a confrontar la especulación de tierras y a imponer algún tipo de reforma urbana de la tierra (Saldívar, 1981). La aprobación de la ley generó un intenso conflicto entre el Estado y grupos oligárquicos más poderosos, pero tal vez esto se debió más al odio de estos últimos hacia Echeverría y sus reformas económicas que a una reacción intrínseca frente a las propuestas contenidas en el borrador de la ley. Sea como fuere, el Ejecutivo echó marcha atrás, y la ley que se aprobó contenía un gran número de objetivos generales para regular y ordenar asentamientos humanos en sistemas urbanos, para planear el acceso mejorado al empleo y los servicios públicos, para conservar el medio ambiente, para ejercer el control sobre el mercado de bienes raíces y para alentar la participación pública en la resolución de problemas urbanos (México, SAHOP, 1979). La Ley de Asentamientos Humanos fue sustancialmente reformada y reforzada en 1993 (bajo un comité encabezado por el PRD).

López Portillo consolidó la actividad de planeación dentro de la SAHOP. En el plazo de un año se publicó el Plan Nacional de Desarrollo Urbano, cuyo objetivo era enfrentar las enormes disparidades en la distribución de la población nacional. El plan establecía políticas para la organización territorial de la población tomando en cuenta las proyecciones del Consejo Nacional de Población (Conapo) que indicaban una reducción de la tasa de crecimiento poblacional del 3.6 por ciento en 1977 a 2.5 por ciento en 1982 y a 1 por ciento en el año 2000. La meta era restringir el crecimiento de las tres áreas metropolitanas más grandes (la ciudad de México, Guadalajara y Monterrey) y generar una jerarquía urbana con 11 centros de un millón de habitantes, 17 de 500,000 a un millón, y 74 centros de más de 100,000 (México, SAHOP,1978: 42-44).

De hecho, durante las dos décadas pasadas, la formulación de planes nacionales de desarrollo urbano se ha basado en la teoría de los polos de desarrollo y sus variaciones. Poco ha cambiado, excepto el énfasis sobre los centros de población como puntos vitales para el crecimiento y las estrategias sectoriales abocadas a la planeación territorial (inversión urbana, bienes raíces, industria y servicios económicos, etcétera). La misma premisa básica ha sostenido el Plan Nacional de Desarrollo Urbano (1988-1992), el Plan Nacional de Desarrollo (1983-1988), y el Programa Nacional de Fomento a la Industria y el Comercio (Pronafice), el Programa Nacional de Desarrollo Urbano (1990-1994), y recientemente el Programa Nacional de Desarrollo Urbano (1995-2000).

Bajo el primer Plan Nacional de Desarrollo Urbano se estableció un marco nacional de 11 zonas urbanas integradas con programas diseñados para dar forma a sistemas urbanos eficientes dentro de cada una de ellas. Los centros de población se sometieron a políticas de estímulos; consolidación u ordenamiento y regulación. Obviamente, la ciudad de México cayó dentro de la última categoría. La función de la Secretaría de Asentamientos Humanos era coordinar la ejecución del plan en los niveles nacional, estatal, conurbado y municipal, pero otra secretaría (la de Programación y Presupuesto) debía promoverlo. Esta dependencia de la buena voluntad y el apoyo de otro sector fue un tropiezo mayor. Más aún, el Plan Nacional de Desarrollo Urbano dependía

de la buena voluntad de otros sectores para ser operativo. De particular importancia era la actitud adoptada por la Secretaría de
Patrimonio y Fomento Industrial (Sepafin), cuyo Plan Nacional
de Desarrollo Industrial, aunque ostensiblemente congruente con
el Plan Nacional de Desarrollo Urbano, de hecho añadió otras 16
áreas de prioridad a las 11 zonas ya establecidas, y en efecto hizo
que la iniciativa de la SAHOP fuera virtualmente inoperante (véase
también Aguilar Barajas, 1992: 112). A pesar de su aparente
"actividad", la planeación permaneció pasiva en tanto siguió el
patrón establecido por los llamados sectores "eficientes" del crecimiento económico. Por lo tanto, validó los imperativos económicos del momento (Unikel y Lavell, 1979).

Después de 1983, el predominio tradicional de la planeación
económica fue reafirmado por el presidente De la Madrid. Formado como economista, durante su periodo al frente de la Secretaría
de Programación y Presupuesto se involucró en una intensa lucha
burocrática contra el eje de planeación física de la SAHOP y con
funcionarios del Departamento del Distrito Federal (DDF), como
Hank González. Este último, en particular, estaba vinculado más
de cerca con la filosofía expansionista encabezada por Petróleos
Mexicanos (Pemex) y su jefe, Díaz Serrano, que apoyaba el incremento de la producción petrolera (Teichman, 1988). El resultado
fue un agudo deterioro de la planeación física entre 1983 y 1988.
La SAHOP fue desmembrada: la gran rebanada de recursos que destinaba a obras públicas fue suprimida y finalmente se le renombró
como Secretaría de Desarrollo Urbano y Ecología (Sedue). A partir
de 1983, sólo hubo un "Plan" (el del presidente, el Plan Nacional de Desarrollo 1983-1988). Todos los demás se convirtieron en
"programas" y, en 1984, la Sedue publicó un Programa Nacional
de Desarrollo Urbano y Vivienda que fue poco más que una versión diluida y menos ambiciosa del anterior Plan de Desarrollo
Urbano. Este "nuevo" programa identificaba 168 centros urbanos,
de entre los cuales los tres más grandes estaban sujetos a políticas de control y consolidación. Otros 59 fueron calificados de "medianos" y considerados como un foco de desarrollo acorde con las
condiciones locales. Algunos fueron programados para el crecimiento industrial, mientras que otros fueron designados para ofrecer

apoyo a la agricultura y el turismo (Aguilar Barajas, 1992). Su selección parecía ser algo asistemática, basada en parte en procesos
económicos existentes y en parte en una necesidad política de
asegurar que todos los estados fueran incluidos (Campbell y
Wilk, 1986). Si las críticas (mencionadas antes) de Unikel y Levell
(1979) a las deficiencias del periodo anterior de planeación fueron
algo duras, ciertamente se aplicarían a las iniciativas que van de
1983 a 1985. Cuando Camacho encabezó la Sedue, en 1986, quedaba muy
poco tiempo del sexenio para revertir las cosas. Sin embargo, la
responsabilidad de la reconstrucción tras el terremoto recayó
sobre él, y su empleo competente y eficiente de los recursos de gran
escala, además de su sensibilidad política frente a lo que amenazaba con convertirse en un problema mayor en la zona centro, le
ganó considerable respeto. De cualquier manera, la alternativa
de una mayor descentralización ofrecida por el terremoto de 1985
fue rehuida, lo cual dejó al descubierto la falta de voluntad política para lograr un compromiso drástico con miras a un reordenamiento urbano a costa de la capital (Aguilar Barajas, 1992).

Durante el periodo de Salinas se aceleró la distribución territorial de la población, pero esto se debió más a la reestructuración económica y al relativo vigor de la economía, que a la implan-
tación estratégica de una nueva política territorial. Las áreas de
crecimiento se trasladaron a las ciudades del norte y a aquellas
áreas urbanas equipadas para tomar ventaja en la orientación del
mercado de exportación mexicano. Las políticas sectoriales se enfocaron especialmente en las áreas más favorecidas para el crecimiento a través de las exportaciones (el norte, la costa del golfo
y la costa oeste; véase Aguilar Barajas, 1992). Desde el punto de
vista territorial, el Plan de Desarrollo Urbano de Salinas armo-
nizó el anterior de las 100 ciudades agregando el corredor conurbado de Torreón-Gómez Palacio-Lerdo a las tres principales
áreas metropolitanas como zonas de "control regulado"; identificando otras 20 ciudades para la "consolidación", y 52 más para
el impulso intensificado del desarrollo; además de otras 70 ciudades medianas para el fortalecimiento, etcétera. En breve, el plan
era otra iteracción que seguía, *post hoc*, los imperativos económi-

cos del mercado, con el Estado actuando como sirviente del mercado.

El programa más reciente de desarrollo tampoco es muy diferente (Sedesol, 1986). También adopta las viejas estrategias: las 100 ciudades; la consolidación de áreas metropolitanas; la planeación territorial y promoción del desarrollo urbano; y, como innovación, un programa estratégico para promover la participación pública en el proceso de desarrollo urbano. Además de este último punto, el más reciente plan/programa también promete ser sustantivamente mejor que sus predecesores en la medida en que está conferido a una secretaría relativamente poderosa que, gracias a una gran habilidad desplegada en los últimos años, se las ha arreglado para colocarse en una posición dominante sobre otros sectores y secretarías dinosaurio encargadas del uso de suelo, como la de la reforma agraria (Jones y Ward, 1997). Más aún, como parte de la descentralización y el nuevo proyecto federalista, está buscando fortalecer la capacidad estatal y municipal para hacerse cargo de la planeación del desarrollo urbano local y regional que sea ecológica y políticamente sustentable. De hecho, el programa es algo testarudo en este respecto.

Así, las últimas 2 décadas del siglo XX presenciaron un importante crecimiento del compromiso con la planeación en México, aunque su suerte ha fluctuado de manera notoria. Si bien hace 2 décadas me mostraba escéptico ante la posibilidad de que la planeación del desarrollo urbano tuviera alguna vez un peso importante en la panoplia de la política pública mexicana, las recientes tendencias hacia la descentralización, combinadas con la pluralidad de partidos políticos y con gobiernos dispuestos a experimentar, ofrecen algunas razones para el optimismo.

También se han dado cambios importantes en los niveles regional y metropolitano, pero la capacidad para trabajar entre jurisdicciones de manera efectiva sigue siendo lamentablemente inadecuada. En la ciudad de México, esto ha sido un problema constante. En 1978 se elaboró una iniciativa de planeación potencialmente importante para coordinar la implementación y el desarrollo de las políticas públicas a través de toda el área metropolitana. La creación de la Comisión de Conurbación de la Región Centro cubría la zona metropolitana y grandes áreas de los estados adyacentes como el Estado de México, Hidalgo, Puebla, Tlaxcala y Morelos, e incluía las capitales de cada estado. El programa para la planeación territorial de la región central y el área metropolitana de la ciudad de México ideado por la comisión estaba enfocado principalmente hacia el crecimiento poblacional y económico de los centros urbanos ubicados más allá del área construida ya existente. Estos centros, como Huehuetoca, Teotihuacan, Chalco y Amecameca (véase figura 1), debían ser ligados por una autopista orbital mayor (el libramiento) y en algunos segmentos también por una vía férrea. El plan ofrecía una estrategia y una visión global del desarrollo regional, pero carecía de mecanismos específicos para asegurar su implementación. Más aún, carecía de una autoridad ejecutiva y de presupuesto (Campbell y Wilk, 1986; Castillo *et al.*, 1995). Dada la situación, cayó frente al primer obstáculo. Concebida como un foro para los ejecutivos principales de cada una de las entidades, entre 1978 y 1988 la comisión prácticamente nunca se reunió, y en 1989 fue desplazada para crear un Consejo Metropolitano Permanente. No obstante, justo antes de su desintegración, se produjo un reporte final, donde se señalaba como propuesta clave la necesidad de un organismo rector que reuniera a las autoridades más importantes de cada uno de los tres niveles gubernamentales para que llegaran a un acuerdo sobre los principales imperativos de la planeación del desarrollo: el uso de suelo, los servicios y la infraestructura. También se propuso que las agencias que proveyeran el transporte y las líneas de agua debían combinarse para formar una sola organización bajo el control de dicho organismo rector. En breve, la comisión proponía una autoridad interjurisdiccional con control ejecutivo de ciertas funciones estratégicas de planeación.[15]

Tampoco al Consejo Metropolitano Permanente le fue muy bien. Este consejo se desarrolló a partir de un documento interdis-

---

[15] Subrayo este punto porque la idea de una sola autoridad metropolitana para ciertas actividades estratégicas y de planeación es algo por lo que he abogado durante décadas. También forma parte de la discusión final en el capítulo 9 y el apéndice.

ciplinario del PRI, preparado para el Programa de Gobierno
1988-1994. El documento proponía que el consejo combinara
las acciones de tres oficinas en el nivel metropolitano: agua,
transporte y seguridad (en especial policiaca). Surgió del hecho de
que Manuel Camacho Solís, anterior secretario de la Sedue,
había sido destapado como el próximo regente, y las relaciones
entre Camacho y el recién electo gobernador del Estado de México,
Ramón Beteta, eran buenas. La propuesta para el Consejo Metropolitano Permanente consistía en unir los distintos niveles de gobierno con base en una serie de acuerdos tomados en el interior
de (sub)comisiones para el desarrollo urbano, habitacional y de
uso de suelo; agua y drenaje; transporte; ecología y medio ambiente; agroindustria y silvicultura; y desarrollo social y beneficencia. En
1989, estas subcomisiones plantearon una serie de propuestas
firmes y a algunas de ellas se les asignó un presupuesto preliminar
derivado, en la mayoría de los casos, de las instituciones colabora-
doras. En todo caso, a pesar del significativo avance hacia la
creación de una estructura capaz de desarrollar e implementar
una estrategia en el nivel metropolitano, las funciones del consejo
nunca se consolidaron, y la iniciativa y el compromiso nacieron
muertos (Castillo *et al.*, 1995: 40). No queda claro si esto fue una
simple propuesta de campaña para descartarse después de la elección, o si fue un genuino intento de colaboración estratégica para
la planeación que se quedó corta por razones políticas. Ciertamente
recibió un duro golpe cuando Ramón Beteta fue forzado a renunciar al gobierno del Estado de México (fue "castigado" por la mala
actuación del PRI en ese estado durante las elecciones de 1988).
También es probable que, una vez confirmado Camacho como
regente, él mismo haya cambiado su opinión acerca de una "metau-
toridad" a la que tendría que estar sujeto y que no podría controlar
de manera directa. Sea como fuere, el debate demostró claramente que existía la apreciación y el entendimiento sobre la necesidad de un consejo metropolitano, pero que el poder de las
jurisdicciones políticas separadas y la realidad política volvían
inaceptable el compromiso para tal consejo estratégico.

Como consecuencia de lo anterior, a lo largo de este periodo la planeación continuó estando a cargo de las jurisdicciones. Esto se dio a través de los comités de planeación de los estados y el Distrito Federal (Coplades), que habían existido desde 1891. Cada Coplade firmaba anualmente un "Compromiso Único de Desarrollo" (CUD) con el gobierno federal, que servía como el mecanismo primario a través del cual se aprobaban y financiaban programas mayores de desarrollo (sobre todo desde el gobierno central). Así, aquéllos daban vitalidad a los programas de inversión en el desarrollo regional, pero también eran el resultado de acuerdos políticos impuestos por el gobernador y la Federación con no poca intervención y cabildeo de los grupos locales. Por su misma naturaleza, los CUD eran derivaciones *internas*, más que un resultado de la colaboración interjurisdiccional. Como tales, se instalaban cómodamente en la rígida estructura jerárquica del sistema político mexicano. Los CUD aún existen, aunque su nombre ha cambiado al de Acuerdos de Desarrollo Social y, bajo las iniciativas del nuevo federalismo del presidente Zedillo, algunos estados han buscado desarrollar, junto con los municipios, comités estatales de planeación (Coplademun) que sean la base para la asignación de programas de inversión en todo el estado. En la medida en que el ministerio de desarrollo urbano de la Sedue tiene una mayor influencia en la actualidad, es capaz de buscar algún nivel de compatibilidad entre programas de inversión y planeación en las jurisdicciones adyacentes. Sin embargo, esto continúa quedando fuera del alcance de autoridades integradas para la planeación metropolitana.

INICIATIVAS DE PLANEACIÓN
EN EL ÁREA METROPOLITANA

EL EFECTO de la planeación física siempre ha sido más importante en la ciudad de México que en otras partes del país. El periodo de actividad en la planeación nacional durante la última parte de la década de los setenta y la primera de los ochenta descrito en la sección anterior también estuvo marcado por la fase más dinámica de planeación urbana que la capital ha llevado a cabo. En este sentido, es útil analizar con detalle la experiencia de planeación de la ciudad de México con miras a evaluar sus razones, su potencial y el impacto que ha tenido sobre la vida de sus habitantes.

De la planeación "decorativa" a la "indicativa"

Entre 1928, cuando la ciudad "perdió" su estatus municipal y se convirtió en una entidad especial, y a mediados de los años ochenta, la legislación para la planeación de la ciudad ha pasado por tres amplias fases (véase cuadro 13; véase Hiernaux, 2000: 707-711 para actualizaciones recientes). Primero, el periodo entre 1928 y 1952, cuando algunas leyes importantes fueron aprobadas, siendo la más significativa de ellas la Ley de Planeación y Zonificación de 1936 que, junto con sus precursoras y con modificaciones menores, fue la base para la planeación hasta 1970.[16] Se estableció una comisión de planeación, que en conjunción con la Dirección de Obras Públicas, debía crear un plan regulatorio que sería el instrumento clave para "la regulación del desarrollo ordenado del Distrito Federal" (*Diario Oficial,* 17 de enero de 1993, artículo 2). Además, se establecieron los consejos consultivos del Distrito Federal y sus contrapartes en las delegaciones como un medio para invitar al público a expresar sus opiniones sobre la necesidad de servicios y obras públicas. A lo largo de todo el periodo, los órganos fundamentales de la planeación se mantuvieron bajo el firme control del regente. La década de 1940 vio la consolidación de estos acuerdos. Pocas leyes sustantivas fueron aprobadas, pero la estructura existente parece haber sido reforzada y los problemas específicos fueron enfrentados a través de planes sectoriales para la zonificación industrial, el control de rentas, etcétera.

---

[16] Estos datos se derivan de un análisis del contenido de toda la legislación sobre planeación publicado en el *Diario Oficial* desde 1928 (véase también Gil Elizondo, 1987; Castillo *et al.,* 1995).

Cuadro 13

NATURALEZA DE LAS DIFERENTES LEYES DE PLANEACIÓN APROBADAS EN VARIOS PERIODOS A PARTIR DE 1928

Categoría de las leyes de planeación	Periodo 1928-1952	(1928-1941)	(1941-1952)	1953-1970 (1952-1970)	1971-1984	(9171-1976)	(1977-1982)	(1982-1984)
A. Formulación de leyes de planeación y zonificación sustantivas (incluye leyes "orgánicas")	7	(5)	(2)	1	13	(5)	(6)	(2)
B. Asignación de responsabilidades y creación de cuerpos encargados de la planeación	4	(1)	(3)	0	6	(2)	(1)	(3)
C. Leyes sobre problemas específicos de planeación o uso de suelo (vivienda, caminos, zonas industriales)	5	(1)	(4)	6	1		(1)	
D. Cambios, anulaciones, aclaraciones y procedimientos administrativos	10	(0)	(10)	2 (5)	6	(5)	(0)	(1)
Total	26			9	26			

Fuente: *Diario Oficial*.
Los datos indican unidades individuales de las leyes de planeación.

En marcado contraste, el segundo periodo, que va de 1953 a 1970, se caracterizó por una ausencia casi total de cualquier nueva iniciativa o legislación para la planeación. Esto se explica por la influencia que ejerció el regente Uruchurtu, quien ocupó ese cargo a lo largo de casi todo el periodo y para quien "la planeación era ajena al espíritu y los métodos de... operación, que acentuaban la discreción, la interpretación flexible de leyes y reglamentos, la rapidez y los resultados espectaculares a corto plazo" (Fried, 1972: 680).

El tercer periodo (1970-1988) cubre las tres administraciones analizadas en este capítulo. Sin duda éste es el periodo más significativo para la planeación urbana, tanto en el nivel nacional

como en la ciudad de México (véase cuadro 13). El sexenio de
Echeverría proporcionó los cimientos para el surgimiento de un
sistema de planeación totalmente estructurado que surgió entre
1980 y 1988. La Ley Orgánica del Distrito Federal fue revisada y
se inició un lento proceso de descentralización de funciones hacia
las delegaciones. Se renovó la existencia de los consejos consultivos,
aunque, como ya se ha señalado, éstos no fueron activados de
hecho hasta la siguiente administración. Por primera vez, se creó
una dirección de planeación independiente, responsable ante la
Secretaría de Obras Públicas del Distrito Federal (véase figura 18)
encargada de desarrollar el Plan Maestro, y de la planeación y
zonificación. Antes de esa fecha, una oficina investida con la responsabilidad de un Plan Maestro (Oficina del Plan Regulador)
existía como un subdepartamento en el Departamento de Obras
Públicas.

Los periodos o fases subsecuentes de la actividad planificadora no fueron analizados en la segunda edición de 1980, pero el
Atlas de la ciudad de México, de reciente publicación y editado por
Garza (2000), ofrece más detalles al respecto. Específicamente,
en ese atlas, Hiernaux describe el periodo de 1988-1997 como
uno de "planeación flexible", y el de 1997-2000 como de "planeación operativa". Mucho de lo que sigue, por lo tanto, es histórico,
pero presenta –espero– una visión general del surgimiento de la planeación en la ciudad de México y de la racionalidad que, hasta
tiempos recientes, la sostuvo.

En el Estado de México, entre 1969 y 1982, las funciones de
planeación fueron responsabilidad de Acción Urbana e Integración
Social (Auris) después, la Dirección General Estatal de Desarrollo Urbano y Habitacional asumió la responsabilidad principal
(véase figura 18). En 1976, se aprobó la Ley de Desarrollo Urbano
del Distrito Federal, la cual hizo obligatoria la existencia de un
plan urbano y de subplanes para cubrir cada delegación. Además,
la zona urbana debía tener un sistema de zonificación apropiado.
A pesar de estas iniciativas, ningún sistema de planeación se hizo
operativo hasta el final de la década, cuando el regente Hank González adoptó un nuevo Plan Maestro (1980), subplanes y una Ley
de Zonificación (ambos aprobados en 1982).

FIGURA 18

DEPARTAMENTOS Y SECRETARÍAS CON
RESPONSABILIDADES EN LA PLANEACIÓN URBANA
DE LA CIUDAD DE MÉXICO, 1970-1989

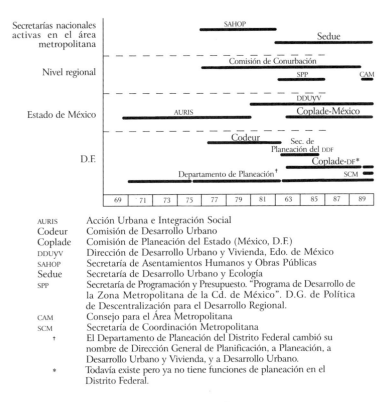

AURIS — Acción Urbana e Integración Social
Codeur — Comisión de Desarrollo Urbano
Coplade — Comisión de Planeación del Estado (México, D.F.)
DDUyV — Dirección de Desarrollo Urbano y Vivienda, Edo. de México
SAHOP — Secretaría de Asentamientos Humanos y Obras Públicas
Sedue — Secretaría de Desarrollo Urbano y Ecología
SPP — Secretaría de Programación y Presupuesto. "Programa de Desarrollo de la Zona Metropolitana de la Cd. de México". D.G. de Política de Descentralización para el Desarrollo Regional.
CAM — Consejo para el Área Metropolitana
SCM — Secretaría de Coordinación Metropolitana
† — El Departamento de Planeación del Distrito Federal cambió su nombre de Dirección General de Planificación, a Planeación, a Desarrollo Urbano y Vivienda, y a Desarrollo Urbano.
* — Todavía existe pero ya no tiene funciones de planeación en el Distrito Federal.

La planeación en la ciudad de México

El Plan Maestro de 1980 se aplicaba únicamente en el Distrito Federal y se refería al área metropolitana sólo en la medida en que identificaba como objetivo una población total que no excediera los 21.3 millones para el año 2000, 14 millones de los cuales se ubicarían dentro del Distrito Federal (México, DDF, 1980). El objetivo principal del plan era mejorar el acceso de la población a centros de actividad económica y a los "beneficios del desarrollo urbano" como tierra, vivienda, infraestructura y servicios públicos. La estrategia proponía cuatro grandes acciones en áreas urbanas, y dos en los distritos no urbanos del sur (véase figura 19). En el área urbana, apuntaba a crear o consolidar nueve centros que constituyeran el sitio de actividad comercial e industrial y, en menor medida, de vivienda. Cada centro tenía que ser complementado con subcentros y centros de barrios. Los sistemas de transporte colectivo se seguirían desarrollando, al igual que el Anillo Periférico y los ejes viales. Las arterias más importantes se consolidarían como "corredores urbanos" y, por último, se implementaría un sistema de zonificación para el uso de suelo. En muchos aspectos estas medidas validaban procesos y usos de suelo existentes. De cualquier modo, su identificación y los planes para su seguimiento resultaron positivos, pues concentraban recursos en locaciones selectivas que ya eran importantes en la vida diaria de las personas. Como se ha demostrado en capítulos precedentes, estos subcentros constituyen cada vez más los núcleos de "satisfactores" en esferas como la vivienda, los mercados y los centros de trabajo.

En las áreas no urbanas, el plan giraba en torno a los controles para prohibir el desarrollo en el área de conservación y evitar el uso de suelo temporal –como los campos deportivos y parques– en una zona llamada "amortiguadora". El objetivo también era reducir la cantidad de terreno recién incorporada de 12 kilómetros cuadrados por año entre 1978 y 1982, a 8 kilómetros cuadrados entre 1982 y 1988, y a 4 kilómetros cuadrados durante el periodo de 1988-2000. Las densidades en el Distrito Federal se incrementarían, en especial a través de medidas que estaban diseñadas para obligar a los propietarios de terrenos desocupados a utilizar su tierra de manera productiva. Se estimaba que 18 por ciento de los terrenos eran lotes baldíos.

El plan fue aprobado en 1980 y, un año después, una serie completa de subplanes (los "planes parciales") lo fueron también, uno para cada delegación, y otro para la zona amortiguadora de núcleos de conservación (México, DDF, 1980). A su vez, cada plan parcial incorporó planes de barrio que identificaban los usos de suelo permitidos en cada área (México, DDF, 1982). A mediados

FIGURA 19

USOS DE SUELO PROPUESTOS EN EL PLAN
DE DESARROLLO URBANO DEL DISTRITO FEDERAL

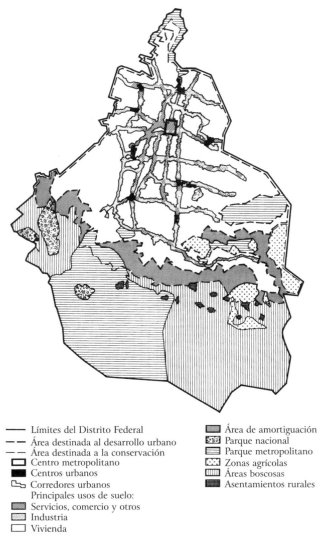

——— Límites del Distrito Federal
— — Área destinada al desarrollo urbano
— — Área destinada a la conservación
☐ Centro metropolitano
■ Centros urbanos
⌐⌐ Corredores urbanos
Principales usos de suelo:
▨ Servicios, comercio y otros
▧ Industria
☐ Vivienda

▨ Área de amortiguación
▩ Parque nacional
▤ Parque metropolitano
▨ Zonas agrícolas
▥ Áreas boscosas
▤ Asentamientos rurales

Fuente: DDF, 1980, Plan E4.

de 1982, se introdujeron reglamentos formales de zonificación. Sin embargo, estas medidas no tienen sentido sin su implementación efectiva. La oficina de planeación simplificó el proceso a través del cual se obtenían los permisos de planeación: los solicitantes sólo debían acudir a una ventanilla en la oficina local de la delegación; de ahí en adelante, la solicitud era turnada a las oficinas correspondientes para su consideración, evitando así la necesidad de que el individuo solicitante tuviera que ir de oficina en oficina. Hasta cierto punto, el director general de Planeación también presionó a los delegados para clausurar empresas o construcciones no autorizadas. Inevitablemente, esto derivó en conflictos sobre la importancia de los criterios técnicos o políticos en la toma de decisiones y sólo resultó sustentable cuando fue apoyado por el regente (lo que por lo general sucedía). (Tanto el director general de Planeación como el regente fueron severamente criticados por la presunta construcción discrecional de vivienda permitida en el Bosque de Chapultepec: un distrito residencial de élite en un área destinada a parques al occidente de la zona centro.)

El plan de 1980 contenía algunos problemas intrínsecos, entre ellos su incapacidad para abordar cuestiones de desarrollo económico y social, por lo que las estructuras económicas, de mercado y de empleo quedaban excluidas. Tampoco abordaba el problema de la complementariedad con iniciativas de planeación para la zona construida fuera de los límites del Distrito Federal. Sin embargo, el plan era realista en la medida en que intentaba asentar los procesos existentes. Casi todos los nuevos centros ya existían de manera informal y la propuesta era consolidarlos e integrarlos. También la zona "amortiguadora" tenía como meta restringir el crecimiento de un área en que la expansión parecía inevitable, incrementando así la posibilidad de preservar el área de conservación que, de otra manera, no hubiera tardado en erosionarse. Sin embargo, relativamente pocas de las personas que se encontraban invadiendo los terrenos o construyendo en la zona "amortiguadora" se enteraron del plan, una consideración nada desdeñable cuando se trata de evaluar sus logros (Aguilar Martínez, 1988 y 1987). En Tlalpan, (delegación sureña que comprende una parte crucial de la zona "amortiguadora"), unas 313 hectáreas de tierra fueron destinadas a la construcción entre 1980 y 1984, y más de tres cuartas partes de los desarrollos individuales fueron llevados a cabo por grupos de bajos o medianos ingresos en terrenos mucho más pequeños de lo que la regulación permitía, lo cual los hacía ilegales. Tampoco quienes vivían en la zona "amortiguadora" escucharon sobre el Plan de Desarrollo Urbano del Distrito Federal y sus reglamentos. Del 10 por ciento que sí lo conoció, la mayoría pertenecía a grupos de ingresos altos (Aguilar Martínez, 1987).

Si bien era evidente que no estaban funcionando muy bien, muchas de estas iniciativas perdieron ímpetu o fueron desechadas entre 1983 y 1988, aun cuando durante los primeros 2 años el anterior director general de Planeación continuó en el cargo. Paralelamente al giro de la planeación física a la planeación económica en el nivel nacional, el incipiente proceso de planeación de la ciudad de México había sido descartado. Aunque se creó una nueva Secretaría de Planeación del Distrito Federal que contaba con el fuerte respaldo político del (entonces) regente Aguirre, esto tenía poco que ver con la planeación física. Más bien, su visión se centraba en la contribución del Distrito Federal al Plan Nacional de Desarrollo (económico). La planeación física continuó siendo responsabilidad de una débil Dirección General de Desarrollo Urbano y Ecología. Si bien el personal de este departamento permaneció bastante estable, la dirección sufrió de una falta de recursos (véase cuadro 7) y de credibilidad. Entre 1983 y 1989 su nombre cambió en varias ocasiones: un signo claro de debilidad política, inseguridad y escasa claridad de funciones.

En ningún caso es más evidente la falta de claridad que en el destino del Programa para la Reorganización Urbana y la Protección Ecológica (PRUPE), que produjo la oficina de planeación a finales de 1984. En su forma original, el programa proponía la expropiación de 77,000 hectáreas al sur de la ciudad, las cuales constituirían una zona de conservación; esta acción implicaba el desalojo de muchos asentamientos ya establecidos en la región (Schteingart, 1987). Como era de esperarse, esto creó una enorme controversia prácticamente en todos los sectores de la población y, después de una serie de consultas, en los siguientes 10 meses el PRUPE se diluyó poco a poco. Para agosto de 1985, comprendía un área en que se declaró prohibida la urbanización; la zona ecológica definida; y los 37 asentamientos claramente demarcados en el sur (*La Jornada* y otros diarios, 24 de agosto, de 1985). Todo control o legislación efectiva que amenazara los intereses locales fue desechado, y la medida fue nulificada por completo.

Esta iniciativa un tanto absurda tuvo lugar al tiempo que se hacían las revisiones regulares al Plan de Desarrollo Urbano del Distrito Federal, en 1984 y 1987-1988 (*Diario Oficial*, 16 de julio de 1987). La principal diferencia entre estas revisiones y el plan anterior de 1980 estaba relacionada con la propuesta de la zona de conservación al sur de la ciudad. El concepto pragmático de una zona "amortiguadora" más allá de la cual se reforzaría la conservación, fue abandonado a favor del PRUPE. Así, en la medida en que el concepto del PRUPE decayó, también se esfumó la credibilidad del plan (ahora llamado Programa Director para el Desarrollo Urbano del Distrito Federal). Desde ese entonces, la operación y la puesta en práctica de los permisos de planeación iniciada en 1980-1983 parece haber sido más flexible. No obstante, se puso más atención a los planes parciales que fueron elaborados con lujo de detalle. Éstos fueron elaborados en forma de panfletos en los que cada zonificación propuesta para la respectiva delegación era mostrada en un mapa y detallada con una tabla de códigos relacionados con los usos de suelo permitidos y no permitidos. Siempre y cuando uno pudiera leer un mapa y entender algunas tablas claras, aunque algo complejas, el material era excelente. Sin embargo, como base de una consulta popular sobre la ley de planeación propuesta, aplicada a la población adulta, de la cual un gran porcentaje no había completado la educación primaria, no era demasiado realista.

Como lo demostraré más adelante, la autoridad para la planeación urbana ha sido diseminada por la existencia de múltiples oficinas con responsabilidades traslapadas y/o en competencia dentro del área metropolitana (véase posfacio del doctor Iracheta).

En el circundante Estado de México, se han dado algunos intentos recientes por desarrollar planes correspondientes en el nivel municipal. Éstos han sido preparados a través de la Secretaría de Desarrollo Urbano y Obras Públicas estatal, junto con las autoridades municipales respectivas y, hasta cierto punto, junto con los equipos de planeación del Distrito Federal. No obstante, en términos de un proceso de planeación que incluya planes, zonificación y reglamentos legislados para la implementación del plan, el proceso no está tan avanzado en el Estado de México. Se han preparado mapas detallados de uso de suelo para los municipios aledaños (Garza, *El atlas,* 1987 [véase también 2000]) y se han hecho algunos intentos por asegurar la amplia consistencia de usos de suelo en comunidades adyacentes a cada lado del límite que divide el Distrito Federal del Estado de México. Pero las categorías de uso de suelo no son las mismas, y la falta de reglamentos significa que presentan el resultado de procesos irregulares, y no que sirven como guías prescriptivas para el control del desarrollo futuro. Son lo que dicen ser: mapas de uso de suelo. Sin embargo, en la medida en que el Programa Director del Distrito Federal y los planes parciales carecen de fuerza y también fracasan en el proceso de conducción, uno puede argumentar, no sin razón, que la distinción entre planes y mapas de uso de suelo importa poco.

De cualquier modo, por un breve periodo a finales de los años setenta y principios de los ochenta, el Departamento de planeación funcionó mucho más sistemática y eficazmente que nunca. Desde entonces, la planeación ha continuado, aunque de una forma más débil. En mis entrevistas de principios de 1990 con el entonces director general de Planeación, se hizo evidente que el regente Camacho no estaba muy interesado en desarrollar el rubro de la planeación física, tal vez por las razones mencionadas antes. Más bien, las soluciones inmediatas eran la orden del día, combinadas con miniproyectos ligeros y relativamente baratos, pero muy visibles (miniurbanismo). Desde mi punto de vista, este enfoque es poco más que una estrategia de "pan y circo" para mantener la paz social. La planeación física parecía tan lejos de las mentes del equipo de planeación como lo estuvo durante el mandato del regente Sentíes durante la administración de Echeverría.

LA POSICIÓN Y LA AUTORIDAD DEL DEPARTAMENTO DE PLANEACIÓN DE LA CIUDAD DE MÉXICO, 1970-1980

UNA COSA es identificar las décadas de 1970 y 1980 como un periodo importante en la historia de la planeación, pero, como ya lo he sugerido, es muy distinto afirmar que se haya implementado un proceso de planeación urbana. En esta sección sostengo que la autoridad de que goza la planeación está restringida en dos sentidos: primero, por su estructura institucional; y segundo, por su bajo presupuesto.

En la figura 18 he identificado aquellos departamentos u oficinas que, durante los años setenta y ochenta tuvieron algún interés o un papel significativo en la planeación de la ciudad. Los datos no son exhaustivos y se excluyen algunos de los departamentos con mayores gastos, como la Comisión de Transporte y la Dirección General de Operación Hidráulica, que también tienen sus propias oficinas de "planeación". Aunque se han registrado cambios importantes desde 1989, notoriamente el surgimiento de Sedesol como oficina federal que sustituye a la Sedue, y la desaparición del Consejo Metropolitano y de la Secretaría de Coordinación Metropolitana, que no tuvieron ningún impacto, el panorama permanece casi igual. Esto demuestra la dificultad que cualquier oficina enfrenta al tratar de ejercer por sí misma la autoridad sobre el proceso de planeación. Resulta evidente que existe una multiplicidad de oficinas responsables de la planeación. Lo anterior puede ser explicado, en parte, por la existencia de dos entidades federales sobre las cuales se asienta la ciudad. Pero también refleja la tradición política de crear nuevos departamentos en cada cambio de gobierno para competir con, o para controlar algunas de las tareas de oficinas ya existentes. Al abrir nuevos puestos de trabajo dentro de la burocracia, esto incrementa las oportunidades de patrocinio. También permite al Ejecutivo y al regente manipular y enfrentar a las diversas facciones políticas: parte del "acto de malabarismo" al que me referí antes. A pesar de que las administraciones recientes han dado, de hecho, gran importancia a la eficacia

administrativa, parece que ha proliferado la burocracia con responsabilidades de planeación en la ciudad de México.

Como se ha observado en este mismo capítulo, el gobierno
nunca ha buscado con seriedad la creación de una autoridad
ejecutiva de planeación para toda la ciudad. La Comisión de Conurbación no cumplió este papel, pero se convirtió en una instancia
asesora mayor que cubría cinco estados centrales y el Distrito Federal. Tampoco lo hizo el Programa para la Región Metropolitana,
establecido en 1984 con un comité técnico de la Secretaría de Planeación y Presupuesto (SPP), conformado para un nivel regional y
que comprendía un documento normativo amplio sin estatus
ejecutivo. Su ímpetu estaba menos encaminado hacia la planeación
física y más hacia la coordinación de asignación de recursos para
los municipios.[17] Los Coplades también son comités con una
amplia base representativa diseñada para estimular la participación
local de los sectores público y privado en el desarrollo económico,
más que una instancia ejecutiva para la planeación física. Por último, el Consejo del Área Metropolitana fracasó en el cumplimiento de su promesa y no condujo a una relación más efectiva entre los
respectivos cuerpos de planeación.

Así, para que la planeación urbana sea efectiva bajo las condiciones actuales, se requiere de una cercana colaboración entre
las principales oficinas de planeación a cada lado de los límites
del Distrito Federal. Una cooperación de esta naturaleza ha sido
siempre poco probable, ya que el personal invariablemente participa en distintos grupos formados en torno a figuras políticas
mayores (camarillas) y la competencia entre estas facciones bu-
rocráticas es el sello distintivo del sistema político mexicano. Un
ejemplo clásico de lo anterior fue la elaboración del Programa Metropolitano de la SPP, que fue elaborado sin una consulta seria
y sin información de la Sedue, la Comisión de Conurbación o los
departamentos de desarrollo urbano del Estado de México y del
Distrito Federal.[18]

[17] El director general de este programa era Manuel Camacho Solís, entonces subsecretario
de la SPP. Su jefe inmediato era Carlos Salinas de Gortari, quien más tarde sería presidente.
[18] Otra razón para los bajos índices de colaboración radica en que es poco probable que
dos departamentos de planeación tengan un estatus realmente equivalente en cualquier punto
del tiempo. Es más probable que la influencia de un grupo se desvanezca con respecto a la del

Un segundo obstáculo para la planeación es que ésta cuenta con pocos recursos. Desde que, en 1971, se convirtió en una oficina autónoma, la Dirección de Planeación ha tenido uno de los menores presupuestos del Departamento del Distrito Federal. Si bien en términos reales el presupuesto para la planeación se duplicó entre 1971 y finales de esa misma década, en relación con otros departamentos, declinó de entre 2 y 4 por ciento del total a 1 por ciento. Sin embargo, un costo relativo bajo no garantiza la existencia continua ni la inmunidad ante recortes de gasto radicales. Durante la crisis de 1982, cuando la dirección recién había implementado el Plan Maestro de manera exitosa, sufrió recortes proporcionalmente más altos que los de muchos otros departamentos. Su presupuesto autorizado pasó de 1,300 millones de (viejos) pesos a 700 millones de pesos al comienzo del año, y después a alrededor de 280 millones de pesos en agosto. La planeación, a pesar de ser un ejercicio relativamente barato, debe sujetarse a los mismos recortes que cualquier otro departamento.

Las políticas de la implementación de planes

Una característica importante de la implementación de un plan es la manera en que puede servir a los propósitos políticos del regente de la ciudad. Hank González, por ejemplo, tenía poca simpatía o interés por la planeación cuando asumió el cargo. Su preocupación principal, como se demostró en el capítulo 4, consistía más bien en emprender grandes proyectos de construcción que ofrecieran oportunidades para gastar el presupuesto y enriquecerse a sí mismo. Aún así, se dio cuenta de que el Plan Maestro ofrecía varias ventajas. Primero, acataba la ley que exigía la exis-

---

otro. Sería un gesto magnánimo del departamento que estuviera "arriba" ayudar a su contraparte menos afortunada. Así, lo mejor que puede encontrarse es poco más que comunicación activa entre departamentos; lo peor, sería que cada uno intentara socavar las iniciativas del otro. La evidencia de una mayor colaboración activa informal entre el Departamento de Planeación del Distrito Federal y la Dirección de Desarrollo Urbano y Vivienda en el Estado de México después de 1982 es la excepción que confirma la regla. Ambos "equipos" surgieron del mismo grupo de una dirección de la SAHOP y, por lo tanto, eran colegas y a menudo amigos.

tencia de un Plan Maestro y su revisión periódica. Por sí misma, ésta es una explicación inadecuada: hubiera sido muy fácil elaborar un plan trivial o una revisión conveniente de una versión del Plan Maestro presentado, mas no implementado, en 1976. De hecho, durante los primeros 18 meses en su cargo, el regente mantuvo el plan anterior "congelado" y mostró poca inclinación a revisarlo o implementarlo.

Segundo, el plan ofrecía justificación y respaldo a la lucha del regente para obtener mayores recursos que permitieran continuar con el programa de construcción ya iniciado. Ciertamente, consideraciones de esta naturaleza apremiaban el deseo del regente de actualizar el Plan Maestro. Durante 1978-1979 se registró un incremento enorme de los gastos asumidos en la construcción de nuevas vías rápidas con semáforos computarizados integrados (los ejes viales). La oposición a estos programas de construcción se manifestó tanto entre los colegas del gabinete como en las calles, donde las protestas habían surgido contra la destrucción de avenidas bordeadas por árboles y el desalojo de residentes debido al ensanchamiento de la calle requerido para la construcción de los ejes. El regente debía ser capaz de demostrar que su programa (y otros que se estaban cocinando) estaban debidamente pensados e integrados dentro del Plan Maestro. Entonces, el plan requería de una elaboración rápida pero, por razones políticas, había sido puesto en manos de la SAHOP, en lugar de mantenerlo en casa con el (entonces) Departamento del Distrito Federal.[19]

[19] En ese entonces, yo era asesor de tiempo completo del funcionario responsable en la SAHOP y, por consiguiente, me encuentro en una posición apta para especular sobre las razones de esta petición sin precedentes para que otra secretaría se encargara de preparar el Plan del Distrito Federal. Parece que la petición fue impulsada debido a que la directora de planeación anterior continuaba en el cargo y Hank González no confiaba en ella. Aunque más tarde fue destituida, la responsabilidad del plan siguió siendo de la SAHOP. Sin duda, una consideración importante era la alianza política entre personal del DDF y la SAHOP. Para mayores datos véase Ward (1981b: 56-57). De cualquier modo, para cuando los funcionarios de la SAHOP ya habían entregado cálculos y proyectos para el nuevo plan, parece que el regente había ganado su batalla en el gabinete y asegurado los recursos financieros necesarios. Por lo que respecta a las protestas en la calle y en la prensa, el DDF hizo concesiones menores: los árboles fueron removidos para ser "replantados" en el parque de Chapultepec; los residentes e inquilinos de terrenos fueron indemnizados o sobornados para que se retiraran. Por ende, la propuesta de que el contrato continuara en manos de la SAHOP fue retirada, aunque más tarde se retomó.

Tercero, la planeación fue implementada en ese momento porque las formas tradicionales de mediación ya no eran adecuadas. De 1977 en adelante, los vínculos clientelares que habían predominado entre los altos funcionarios del gobierno y las comunidades locales fueron sustituidos por un arreglo más formal de relaciones entre el Estado y la comunidad incorporado en la estructura de los consejos vecinales o juntas de vecinos (Ward, 1981a), además de que se logró una mayor descentralización de responsabilidades hacia los delegados. Como parte de este cambio, el sistema de planeación comenzó a ser utilizado para proveer una continua legitimidad política. Esto se convirtió en un imperativo una vez que el nivel de debate sobre asuntos urbanos comenzó a ser más informado. A lo largo de la década de 1970, el interés en el urbanismo dejó de ser un coto de grupos elitistas y relativamente conservadores como las asociaciones profesionales de arquitectos e ingenieros, sin convertirse en un apartado rincón de la academia: había ingresado en la corriente política. Durante varios años, una escuela radical de arquitectura (autogobierno) en la UNAM había entrenado a sus egresados con una perspectiva muy distinta del desarrollo urbano, que desafiaba los enfoques convencionales. Más aún, habían surgido algunas otras vías profesionales, como la licenciatura en asentamientos humanos en la Universidad Autónoma Metropolitana. Tal vez lo más significativo fue la crítica informada y concertada que empezó a aparecer en forma regular en la prensa, pues muchos de sus columnistas eran maestros de esos cursos. Otros eran asesores de los partidos políticos de izquierda que estaban empezando a ejercitarse después de las reformas políticas de 1973 y 1977. La información y la argumentación crítica ingresaron en los manifiestos políticos e, incluso, en el Congreso, a través de los representantes de partidos minoritarios. La Coordinadora Nacional de Movimientos Urbanos Populares (Conamup) había unido con éxito un gran número de asentamientos de bajos recursos en una sola fuerza y, para 1980, estaba empezando a asentarse tanto en el nivel nacional como local. Era particularmente activa en la capital (Ramírez Sáiz, 1983). Por consiguiente, había una sofisticación creciente de la argumentación sobre el desarrollo urbano que demandaba respuestas técnicas coherentes que sólo podían ser presentadas por un equipo competente de planeación. El progreso del sistema de planeación se convirtió, entonces, en una importante herramienta para la mediación política.

De cualquier modo, la adopción de un sistema de planeación formal a finales de los años setenta también requirió de ciertos compromisos e intercambios que algunos sectores del gobierno y del PRI se mostraban renuentes a cumplir. La publicación de los planes inevitablemente se sumaría a la diseminación de la información sobre el desarrollo urbano de la ciudad de México. También se requeriría la restricción de decisiones particularistas de delegados, como expedir permisos de planeación a sus amigos para desarrollos no autorizados en el plan, o condonar acciones de ciertos grupos a cambio de apoyo político. Todo esto se vería amenazado cuando las decisiones ordinarias fueran tomadas con base en criterios técnicos y no políticos. Sin embargo, para el gobierno, estas eran concesiones relativamente pequeñas y, en todo caso, tal vez inevitables, ya que el nivel del debate público se había incrementado.

Claramente, la aparente reducción de la importancia otorgada a la planeación física desde 1983 podría contradecir mi argumento sobre la inevitabilidad de que los departamentos de Planeación desempeñaran un papel cada vez mayor en el manejo político. En algunas de mis entrevistas más recientes (1989-1990) con funcionarios de alto rango intenté explorar este punto. Algunos de ellos mostraron sorpresa ante el hecho de que un departamento de planeación urbana hubiera siquiera sobrevivido. Dados los antecedentes del presidente De la Madrid y del regente Aguirre, que hicieron énfasis en la planeación económica y la eficacia administrativa, aunados a la antipatía del presidente hacia muchas de las figuras centrales relacionadas con la planeación física durante la administración anterior, se sugirió que la existencia continua de un departamento de "desarrollo urbano" era inesperada. Sin embargo, sobrevivió en un estado sumamente debilitado, y su jefe anterior fue ratificado en el puesto. Las únicas explicaciones son la ineptitud administrativa o, con mayor probabilidad, que alguna

forma de estructura de planeación física hubiera sido aún políticamente útil. Dicha estructura servía para evitar cambios formales a la ley para derogar el Plan Maestro, con toda la vergüenza
política que esto causaría. Además, proporcionaba una importante protección para que los políticos enfrentaran la crítica pública
cuando la infraestructura urbana fallaba; por ejemplo, cuando se
registraron grandes inundaciones en la época de lluvias del año de
1984. Un programa de planeación también producía la ilusión
de actividad. Incluso el PRUPE, si bien resultó contraproducente
y no ganó el apoyo y la aprobación que el regente había esperado, engendró un debate largo y amplio que podía ser llevado a
buen efecto por las autoridades del DDF. Además, demostró seriedad en su preocupación por el creciente debate actual sobre asuntos
ecológicos. ¡Y prácticamente no costó nada! La planeación también
puede ser utilizada para controlar el descontento social. En palabras del regente Aguirre, cuando presentó el plan revisado de 1984:
"el gobierno del Distrito Federal no puede permitir que las cosas
sigan como hasta ahora, y no puede permitir que un problema
tan importante para mantener la estabilidad social se salga de
control..." (Ovaciones, 24 de agosto de1984). Aunque la planeación física siguió teniendo una prioridad muy baja, la sobrevivencia de sus vestigios fue políticamente útil. Esta utilidad creció
aún más tras la fundación de la Asamblea Representativa del
Distrito Federal en 1988, y en particular cuando ésta comenzó
un intenso escrutinio del DDF y de la política de desarrollo urbano de 1991 en adelante. En el futuro existen pocas dudas
sobre el papel del Departamento de Planeación como un importante muelle entre el cuerpo legislativo y el jefe de Gobierno
electo. El Departamento de Planeación en la Secretaría Urbana
bajo el gobierno del PRD (1997-2000) intensificó sus operaciones de planeación y ha elaborado 25 nuevos planes parciales en
conjunto con las 16 delegaciones.[20]

[20] El hecho de que hayan desarrollado 25 planes parciales es por sí mismo un indicador
de que se percibe la necesidad de planeación en áreas que no necesariamente corresponden
con los límites delegacionales. De hecho, varios conflictos surgieron cuando algunas comunidades quisieron ser asignadas a alguna delegación adyacente.

La participación pública en la planeación

En muchos aspectos, la participación pública es la prueba de fuego para determinar si existe o no un verdadero proceso de planeación. A principios de los años ochenta, algunos altos funcionarios de planeación en México la señalaron como el criterio más importante en cualquier definición de la planeación. Y es que la veían como un medio para asegurar que las políticas de planeación se llevaran a cabo. Al implicar a la población en el proceso, y al hacerla consciente de los asuntos por discutir y de la obligación de las autoridades públicas para instalar y mantener los servicios esenciales, los planificadores buscaron establecer un mecanismo dinámico a través del cual se implementaran las propuestas contenidas en el Plan Maestro. En forma similar, un elevado nivel de conciencia pública podría ayudar a sostener políticas a través de los sexenios y proveer un grado de continuidad del que anteriormente carecía el sistema político mexicano. Además, también justificaría la existencia de una oficina de planeación. Sin embargo, las aseveraciones de los planificadores sugieren una mayor preocupación por la difusión de la información que por la *participación* pública en la toma de decisiones o en el efectivo ordenamiento de las prioridades locales. En mis conversaciones con los funcionarios de planeación más afines a la idea de la participación pública, pude darme cuenta de que incluso ellos demostraban poco entendimiento sobre la manera en que el público puede estar involucrado más activamente en una forma propositiva (Gil Elizondo, 1987). Es justo decir que lo anterior es también una laguna en la teoría de la planeación en Europa y Estados Unidos, donde las primeras iniciativas en apoyo a la planeación y a un mayor grado de colaboración plural de grupos locales en el proceso de planeación nunca se realizaron (Davidoff, 1965).

La participación pública fue incluida en la preparación del Plan Maestro básicamente en el nivel de los subplanes delegacionales y de los planes de barrio. Estos últimos fueron la invención del propio regente Hank González y el Departamento de Planeación los incorporó sin entusiasmo. Se pensaba que los planes de barrio tenían sentido en poblaciones pequeñas, pero que no funcionaban en las grandes ciudades. Simplemente no era factible construir una pirámide estructural en la que un plan fuera retomado desde la base hacia arriba. Tal vez de forma equivocada, el vehículo seleccionado para el proceso de consulta y participación fueron las recién electas juntas vecinales. Se distribuyeron más de 30,000 cuestionarios a través de las delegaciones, de los cuales fueron devueltos unos 200. La circulación fue ignorada por casi todos los delegados y, en retrospectiva, la oficina de planeación se percató de que debía haber establecido contacto directo con las juntas vecinales. Una delegación insistió en trazar su propio subplan, lo cual se hizo con considerable éxito. Sin embargo, casi todas sus propuestas fueron ignoradas, en gran medida porque se habían entregado muy tarde, pero también porque no se ajustaban adecuadamente al Plan Maestro (*Unomásuno,* 3 de julio de 1982). Debido a presiones políticas externas, los planes debían ser completados en un plazo de 3 meses y medio, de manera que a la oficina central de planeación le fue imposible delegar responsabilidades. Los planes y subplanes de las poblaciones fueron preparados por asesores supervisados de cerca por la Dirección de Planeación. La participación pública fue puramente nominal y, aun cuando los jefes de planeación argumentaban que buscarían asegurar una mayor colaboración en revisiones subsecuentes, al parecer tenían poco claro cómo lo lograrían. Más aún, como apunté antes en este capítulo, la mayoría de la población no sabía sobre la existencia de un Plan de Desarrollo Urbano (Aguilar Martínez, 1987).

Otras oportunidades para la participación en el desarrollo urbano se dieron mediante la "iniciativa popular" y la organización de un referéndum (Aguilar Martínez, 1986; Ramírez Sáiz, 1983; *Unomásuno,* 21 de enero de 1985). Sin embargo, desde el punto de vista del gobierno, ambos representaron una gran amenaza y un freno a la acción ejecutiva. Los reglamentos para convocar a un referéndum nunca se elaboraron en forma satisfactoria, y esto era una demanda frecuente hecha por los partidos políticos durante la consulta popular del Distrito Federal de 1984. Según lo establecido entonces, la iniciación de un referéndum estaba en manos del Ejecutivo o del Congreso (y, en siguiente término, de la Asamblea de Representantes del Distrito Federal). Para proceder, el referéndum debía afectar a todos los ciudadanos del Distrito Federal en áreas relacionadas con necesidades sociales, y no aplicaba en materia de finanzas públicas y asuntos fiscales. No es de extrañarse que nunca antes se hubiera hecho un referéndum. No obstante, como vimos en el capítulo 3, en 1993 se organizó un referéndum en torno a los funcionarios electos y la representación ciudadana en el Distrito Federal.

El punto importante es que no se buscó la incorporación de la opinión pública en ninguno de los grandes proyectos urbanos llevados a cabo entre 1978 y 1982. Ni en la construcción del sistema de tránsito basado en los ejes viales, ni en el proyecto para la nueva Central de Abasto hubo participación o consulta pública alguna. De cualquier manera, ambos generaron un feroz debate. En el caso de los ejes viales, las protestas públicas fueron más intensas de lo que jamás se haya experimentado en un proyecto urbano. Los grupos residentes locales y los comités de defensa, en su mayoría de clase media, se alzaron en el intento por prevenir la demolición necesaria para crear la red de las 16 vías propuestas. Los grupos formados gozaron de poco éxito. La construcción de una de las 16 vías fue postergada cuando se ganó un amparo contra el Distrito Federal. Empero, en su mayoría casi todas las demandas fracasaron o fueron buscadas demasiado tarde, cuando las máquinas ya estaban derribando las casas. Un segundo éxito fue el anuncio de que los impuestos por "mejoramiento", destinados a resarcir el valor incrementado de los terrenos a los propietarios que se beneficiaban del proyecto, debían ser descartados por las autoridades (*El Día,* 1o. de junio de 1979). Se esperaba que quienes protestaron contra el daño ambiental debido a la remoción de árboles se tranquilizarían con promesas de trasplantar los árboles a otro lugar. Aparte de estas concesiones algo triviales, fue poco lo que se logró. Los grupos de protesta permanecieron aislados y fracasaron en la organización de un frente unido contra las autoridades. Una vez derrotados, comenzó la desbandada. Los únicos proyectos urbanos de desarrollo donde la participación popular fue activamente impulsada fueron obras públicas menores relacionadas con los servicios a los barrios. Pero, en estos casos, el objetivo principal era reducir los costos totales sirviéndose del trabajo comunitario.

Podría argumentarse que la participación en la planeación se ha logrado a través de las juntas de vecinos y mediante el Consejo Consultivo del Distrito Federal. Las juntas mensuales entre 10 altos funcionarios del Distrito Federal y las juntas de vecinos sirvieron para reforzar esta estructura de participación vecinal y, en ocasiones, se atendieron las demandas de los grupos después de haber participado en las reuniones (Ward, 1981a). Durante 1982, las asociaciones bien organizadas de residentes de ingresos medios usaron la plataforma que les otorgaban las juntas mensuales para denunciar a ciertos delegados y planificadores por contravenir los reglamentos de zonificación establecidos en el Plan Maestro. No obstante, los viejos funcionarios del Distrito Federal (aparte de los delegados locales) no asistían de manera regular a las reuniones después de 1983. Tampoco parecía que las juntas vecinales llevarían directamente a resultados positivos para las colonias (Jiménez, 1988).

Después de 1983, el término "participación" fue ampliamente enfatizado por el presidente De la Madrid. En primer lugar, se estableció una serie de "consultas populares" para recibir ideas y opiniones que proporcionaran información a las políticas gubernamentales. Si bien estas reuniones han generado la participación sustancial de un amplio espectro de grupos de interés, hay poca evidencia de que las propuestas hayan sido tomadas en serio. En segundo lugar, en mayo de 1983, se estableció un Sistema Nacional de Planeación Democrática bajo la dirección de la SPP. Sus funciones cubrían la organización de "consultas populares" y foros específicos como la reforma municipal; presentar propuestas para la implementación de sistemas de planeación a nivel estatal; crear planes regionales; ayudar a la implementación del Plan Nacional de Desarrollo; coordinar el Informe Presidencial, etcétera (México, 1983: XIV). Poco era lo que, en cualquiera de estas dos estructuras, sugería una genuina participación: en el mejor de los casos eran consultivas y, en el peor, se convertían en canales para la diseminación de información en beneficio del gobierno.

Una instancia en la que la población estuvo involucrada activamente fue el programa de reconstrucción que se implementó tras el terremoto (Gamboa de Buen, 1990). Con el fin de lograr un acuerdo sobre la naturaleza y los beneficiarios del programa de vivienda, unos setenta grupos fueron consultados para convertirse en signatarios de una concertación y, desde las habitaciones temporales adyacentes a los terrenos en que se estaban construyendo sus nuevas viviendas, fueron capaces de supervisar el progreso de los constructores. Algunos grupos insistieron en que se les permitiera desarrollar sus propios diseños en conjunto con ONG locales, y fueron autorizados para hacerlo siempre y cuando respetaran el costo general y las normas modulares que regían el programa de reconstrucción (véase capítulo 7). Sin embargo, esta participación nació, en parte, del importante papel que los grupos locales habían desempeñado en el proceso de rescate del terremoto, y por el alto nivel de organización interna y movilización que las perspectivas de reconstrucción habían llegado a generar (Tamayo, 1995; Eckstein, 1990b).

Por consiguiente, la participación pública en el proceso de planeación en México es más nominal que real. En muchos sentidos, la incapacidad para incorporar un nivel mucho más alto de participación real y activa constituye el obstáculo más importante para argumentar que en la ciudad de México se ha introducido un sistema de planeación. Más aún, como señalé en el capítulo 3, es difícil avistar una mayor devolución del poder de toma de decisiones a los grupos locales que ocurra en el futuro inmediato o a mediano plazo. La planeación puede persistir, y las estructuras diseñadas para facilitar la interacción comunidad-Estado y la participación popular pueden seguir evolucionando, pero su objetivo será mantener el *statu quo*. Las innovaciones genuinas para dar poder a las organizaciones locales y los partidos de oposición requerirán cambios políticos y sociales fundamentales.

Conclusión: la planeación,
¿para los intereses de quién?

En 1979, un importante planificador de la Secretaría de Asentamientos Humanos afirmó durante una entrevista que, en su opinión, la planeación en México todavía estaba en "la Edad Media". Esto sucedió cuando la planeación urbana estaba en su clímax, pero sólo algunos de los planes preparados por la SAHOP habían sido implementados de hecho. Incluso en el Distrito Federal, donde la experiencia había sido mucho más positiva, la planeación fue implementada principalmente por razones políticas. Más aún, no se habían discutido los cambios fundamentales en la racionalidad que gobernaba la toma de decisiones, ni la necesidad de una genuina participación pública dentro del proceso de planeación. De cualquier modo, vale la pena preguntar, a modo de conclusión, ¿a favor de qué intereses ha operado la planeación en el México contemporáneo? Los sectores urbanos más pobres en México, ¿se han beneficiado o se han visto perjudicados por la existencia del Plan de Desarrollo Urbano de 1980 y los reglamentos de zonificación relacionados con él?

Al parecer, el Plan ha tenido poco impacto en la prevención de la expansión física ilegal al sur de la ciudad y las invasiones en el "área de conservación" (Aguilar Martínez, 1984). La protección que la "zona amortiguadora" representaba fue eliminada por las subsecuentes versiones del plan. Una de las funciones originales del PRUPE era justificar y legitimar desalojos de asentamientos en el área. Sin embargo, la agitación en torno a la publicación del PRUPE, y las revisiones sustanciales que tuvo como consecuencia, significaron que el programa implementado careció de fuerza. Ante la ausencia de controles efectivos de planeación del uso de suelo, los delegados han pasado un mal rato combatiendo la invasión de los colonos. Esto implica la construcción de bardas limítrofes y la implementación de puestos de guardia, patrullaje de policía montada y desalojos sumarios de asentamientos irregulares (Pezoli, 1989). Si la planeación *per se* ha demostrado ser poco efectiva dentro del Distrito Federal, la situación es aún más aguda en la periferia urbana que se expande a grandes pasos en el Estado de México.

Las iniciativas de planeación han dado ventajas a varios grupos sociales. Como hemos observado, la planeación gubernamental se ha utilizado básicamente para legitimar decisiones. El motivo principal para revisar el Plan Maestro fue incorporar el nuevo sistema de vías urbanas y las extensiones del metro, ambos decididos a puerta cerrada por el regente y sus asesores sin consultar al Departamento de Planeación o a la población. Además, el plan otorga legitimidad para justificar los desalojos de paracaidistas y otros grupos de nuevos asentamientos irregulares. En otros lugares, podría justificar la decisión de no extender los servicios. Desde el punto de vista ideológico, el Departamento de Planeación también aumenta la habilidad del gobierno para enfrentar la crítica sobre el manejo de los problemas de desarrollo urbano. Por otro lado, la adopción de los programas de planeación implica ciertas desventajas para el gobierno: reduce la flexibilidad en la toma de decisiones. Esto no significa que ya no existan decisiones y autorizaciones personalistas: tengo evidencia de que se realizan, pero tal vez estén menos extendidas que en el pasado. Otra desventaja para el gobierno es la diseminación creciente de información que hace de la crítica informada de grupos de oposición y de asociaciones de residentes de ingresos medios un problema mucho mayor que en el pasado.

Los constructores y especuladores pueden verse afectados negativamente en la medida en que ya no tienen tanta libertad para desarrollar lo que quieran cuando quieran. Ahora serán obligados a cumplir con los reglamentos más rigurosos que existen en la actualidad. Si no lo hacen, entonces sus desarrollos pueden ser clausurados. No obstante, también se benefician en la medida en que el plan ofrece amnistía y condona efectivamente transacciones ilegales previas que hayan podido llevar a cabo. Más aún, la incorporación de terrenos y usos de suelo que antes habían quedado excluidos del plan, puede incrementar, para su beneficio, el valor de los terrenos que poseen.

Para la población en general, los resultados son diversos. Es probable que los grupos de ingresos medios se adhieran a los reglamentos de zonificación y busquen permisos formales de planeación, ya que no tienen ni los recursos ni el peso político para pasar por alto los reglamentos. De cualquier manera, pueden obtener beneficios en la medida en que serán capaces de presionar con más fuerza para lograr la exclusión de cualquier uso de suelo que no se desee en su colonia. Los constructores de bajos ingresos difícilmente buscarán permisos de planeación, pero pueden beneficiarse cuando sus asentamientos –antes no reconocidos– se incluyen en el plan y en la zonificación. Esto aumenta la seguridad de su tenencia y puede fortalecer su reclamo para la provisión de servicios. La inclusión de asentamientos en el plan también puede funcionar en sentido opuesto y dejar varios asentamientos aislados y fuera de la red de servicios. A un grupo de colonos que se acercó al director de Planeación para plantear la posibilidad de la introducción de servicios en su asentamiento se le informó que, de acuerdo con el plan, aquél se ubicaba más allá de la red de servicios. Su único recurso, les contestó el director, era participar en la siguiente revisión de los subplanes para asegurar que la red de servicios se extendiera hasta cubrir esa área (*Unomásuno,* 8 de abril de 1983). Para quienes buscan entrar en el mercado irregular de terrenos por primera vez, la existencia del Plan puede justificar su desalojo. Sin embargo, el plan de 1980 no es responsable por la erradicación de asentamientos que se fundaron mucho antes de que fuera implementado. En el pasado, la planeación *per se* no solía ser causa de desalojo, aunque ha sido usada para justificarlos.

En la medida en que la implementación del Plan Maestro llevará a un uso más racional de la tierra; al acceso mejorado al empleo, los mercados, los servicios públicos y las áreas de recreación; y a la conservación y preservación del medio ambiente, entonces todos se beneficiarán. Sin embargo, como he argumentado, el progreso hacia un sistema de planeación totalmente desarrollado en México es tanto lento como efímero. Los cambios ocurridos a través de cuatro sexenios son significativos, pero superficiales. El surgimiento de la planeación forma parte de una respuesta acrecentada del Estado en México para mantener la estructura subyacente. Se han hecho ciertas concesiones, pero son modestas y, en general, los beneficios que genera la planeación para el Estado en términos de legitimidad, mayor control social y acceso a recursos financieros, sugiere que la existencia continua de alguna forma de planeación física está asegurada. Tan sólo por estas razones, es probable que aumente su relevancia para el Estado. Para los funcionarios que creen que la planeación puede contribuir al mejoramiento de las condiciones de los sectores sociales más pobres mi conclusión no es del todo negativa. Si bien las oportunidades para mejorar las condiciones de los grupos menos favorecidos son limitadas, siguen existiendo. En ocasiones, las desigualdades sociales pueden ser ligeramente reducidas controlando los excesos de los más poderosos. A veces, también, las demandas de los pobres pueden fortalecerse identificando las obligaciones de las autoridades públicas para cumplir con el plan. Existen indicadores de que se han logrado ciertos avances en esta dirección dentro del Distrito Federal.

Si la planeación como un proceso abierto, democrático y, sobre todo técnico, ha de existir alguna vez en México, entonces la clave está ciertamente en la participación pública. Sólo involucrando a la población de manera activa en la toma de decisiones será posible la continuidad a lo largo de los sexenios. Esto no significa que ciertos aspectos del plan deban permanecer inmóviles conforme el gobierno cambia. Es perfectamente razonable pensar que las diferentes administraciones deberían tener diferentes prioridades de desarrollo. Es también razonable que los políticos esperen ser capaces de nombrar personal de su confianza para encabezar el Departamento o la Secretaría de Planeación. Sin embargo, el aparato institucional para la planeación debería estar definido en forma clara y no sufrir cambios fundamentales, al igual que el grueso del personal y los canales para la participación pública. Una vez establecidos, los planes deberían implementarse de acuerdo con criterios técnicos y abrirse al escrutinio público. Cualquier cambio sustancial en sus contenidos debería ser aprobado por la población.

Una visión del probable futuro de la planeación en México ha sido presentada en un plan detallado de planeación: "La recuperación democrática del territorio y el medio ambiente en México" creado por el Grupo Democracia y Territorio (Pradilla, 1995). A pesar de su título y su retórica nacionalista y patriotera, este documento, producido por un grupo altamente respetable de planificadores y arquitectos, busca establecer las bases para un marco nacional de planeación más democrático y equitativo dentro de una sociedad cada vez más plural. Entre otras cosas, convoca a una gama de acciones que garanticen:

1. una mayor pluralidad de los grupos económicos y sociales comprendidos por la planeación territorial;
2. un mayor involucramiento democrático y responsabilidad de los tres niveles de la actividad planificadora gubernamental (además de un cuarto nivel metropolitano);
3. una mayor competencia estratégica y técnica de las oficinas e instituciones de planeación y su fortalecimiento jurídico;
4. una mayor igualdad social en las medidas de planeación para remediar la desigualdad y reafirmar el bien público por encima de la ganacia privada; y
5. una mayor protección ambiental.

Pocos cuestionarían las propuestas generales y específicas del documento, pero aún en 1995 era difícil imaginar cómo se llegará "allá" desde "aquí". Sólo la intensificación del proceso democrático y un cambio significativo en el proceso político subyacente preparará el camino hacia un sistema de planeación más efectivo y políticamente responsable. También en este sentido existe evidencia de un avance significativo en años recientes. Tal vez todavía no sea el momento adecuado para adoptar el plan, pero debemos reconocer que el grupo de autores ha presentado una visión muy clara y detallada de la planeación en el futuro previsible. Además, algunos de ellos entraron al Departamento de Planificación 2 años después con la administración perredista de Cárdenas.

Capítulo 6

La reproducción de la desigualdad social: el acceso a la tierra, los servicios y la salud en la ciudad de México

E N COMPARACIÓN con otros estados del país, los habitantes de la ciudad de México han gozado tradicionalmente de un acceso privilegiado al gasto público. Los indicadores de varias dimensiones del bienestar social reflejan esta desigualdad espacial (México Coplamar, 1982; Conapo, 1990, 1996). Empero, esto no quiere decir que dentro de la ciudad el acceso a los recursos no esté espacial y socialmente diferenciado. Más aún, los medios a través de los cuales se provee, se "filtra" o se pelea por la asignación de estos recursos son los mecanismos que reproducen la diferenciación social y que, en algunos casos, la intensifican. Éste es el argumento principal del presente capítulo. En él, deseo examinar cuatro cuestiones fundamentales. Primero, ¿de qué manera el ambiente cambiante de la distribución del bienestar social en la ciudad de México ofrece al Estado oportunidades para la mediación política? Entiendo por "bienestar social" una amplia gama de provisión de servicios que abarca la seguridad social, los servicios públicos, salud, educación, planeación urbana y desarrollo comunitario, al igual que servicios de infraestructura como son el agua y la electricidad (Ward, 1986). Lo anterior puede analizarse examinando tanto el contenido de los programas como la forma en que son manejados por la burocracia. Segundo, ¿cuál es el efecto de la estratificación de los sistemas de suministro sobre los patrones de desigualdad social? Aquí es necesario examinar la naturaleza múltiple de la provisión y su impacto sobre las iniciativas de bienestar y la disposición de diferentes grupos sociales para ejercer presión y lograr mejoras. Tercero, ¿en qué medida la negociación y las exigencias entre el Estado y la comunidad reproducen o disipan las divisiones sociales existentes?

Cuarto, ¿hasta qué punto el "contenido" técnico mejorado de la política de bienestar social (mayor eficiencia, soluciones de "baja tecnología" más apropiadas, distribución expansiva, disminución de subsidios, mayor reproducción de programas, etcétera) contribuye a la reducción de los niveles de desigualdad social en la ciudad de México?

No hay espacio aquí para abordar estas cuestiones de manera sistemática en el contexto de todas y cada una de las dimensiones de la provisión de bienestar social. De ahí que, en cada caso, presente un aspecto distinto de la provisión como un ejemplo para el análisis. Reconozco que no todas las dimensiones de la provisión de bienestar social consideradas iluminan en la misma medida las respuestas a mis preguntas; por ello he sido selectivo. Sin embargo, debo apuntar que los principios generales identificados para un área en particular son aplicables, en mayor o menor grado, en otros ámbitos y que, en todos los casos, los resultados apuntan hacia una dirección similar. Mi propósito es tratar de aclarar la naturaleza, la fundamentación y los efectos de la provisión de bienestar social en la ciudad.

LA BUROCRACIA DE LA VIVIENDA Y EL SUMINISTRO DE SERVICIOS EN LA CIUDAD DE MÉXICO

La creciente intervención estatal

Una cuestión importante que surgió de la intervención pública en los últimos años es por qué el Estado se responsabiliza por el suministro de ciertos servicios y no de otros. Numerosos autores han tratado de explicar la creciente intervención estatal (O'Connor, 1973; O'Donnell, 1974; Collier, 1979; Harvey, 1985). En particular, la obra de Castells (1977, 1979) ha atraído una mayor atención. Él sostiene que, en las sociedades capitalistas avanzadas, la intervención del Estado es el resultado inevitable de la tasa decreciente de ganancias en la economía capitalista. Para mantener la tasa de acumulación de capital, el Estado asume la responsabilidad por el suministro de los servicios que son "consumidos colectivamente". En términos generales, estos servicios son los que ofrecen ganancias reducidas al sector privado, pero que son exigidos cada vez más por la clase trabajadora organizada:

> ...la intervención del Estado se vuelve necesaria para hacerse cargo de los sectores y servicios que son menos rentables (desde el punto de vista del capital), pero necesarios para el funcionamiento de la actividad económica y/o el apaciguamiento de los conflictos sociales (Castells, 1979: 18).

Sin embargo, como lo subrayó el presidente Salinas en su primer Informe de Gobierno, la intervención pública no significa necesariamente la propiedad pública. Pueden otorgarse fuertes subsidios al sector privado en lugar de nacionalizarlo. Hasta 1981, los servicios de autobuses en la ciudad de México eran administrados por compañías privadas que contaban con fuertes subsidios estatales sobre el precio del combustible, estructura que sigue aplicándose fuera del Distrito Federal. El Estado sólo tiende a convertirse en el proveedor único de un servicio cuando el tamaño, la complejidad y la naturaleza monopólica inherente al producto han generado problemas, como sucedió en la década de los sesenta, cuando la demanda de energía eléctrica aumentó de tal manera que la compañía privada de electricidad tuvo que incorporarse al sector público. Durante los años ochenta, se registró un interés creciente por la privatización de servicios en México, de acuerdo con las directrices del Banco Mundial y la experiencia de países como el Reino Unido (Roth 1987). Líneas aéreas, cadenas hoteleras y compañías telefónicas han sido transferidas del sector público al privado. En Naucalpan, el servicio de recolección de basura fue privatizado y 2 años más tarde remunicipalizado (Conde, 1996). Sin embargo, en comparación con otras metrópolis o grandes ciudades en América Latina, la ciudad de México no se ha precipitado en la privatización de los servicios públicos y de transporte (Ward, 1996). No obstante, la ciudad ha seguido la tendencia generalizada a reducir y/o retirar los subsidios sobre la mayoría de los bienes y servicios. Más aún, las autoridades citadinas han adoptado sistemas más eficientes para la recuperación del costo real del suministro de servicios y de su consumo, además de implementar formas de recaudación de impuestos y tarifas más efectivas.

Aceptemos o no el argumento de Castells, ciertos servicios y actividades son más proclives a caer en manos del Estado, y a algunos de ellos se les asignará mayor prioridad que a los otros. La disposición estará relacionada tanto con factores de crecimiento como de legitimidad. Connolly (1981) argumenta que toda actividad cae dentro de un *continuum* que va de las directamente productivas (y, por lo tanto, benéficas para el capital) a las improductivas. Un *continuum* paralelo corre desde las actividades con un alto contenido social (es decir, que consideran e integran a la población) a aquéllas con poco contenido social. Yo diría que, en la ciudad de México, la intervención concertada del Estado se da principalmente en las áreas necesarias para el crecimiento económico, y no en las que son vitales para beneficiar a los sectores depauperados. Los pobres se benefician y reciben agua o electricidad después de que las empresas clave y los grupos sociales de mayores ingresos han cubierto sus necesidades. Servicios públicos como la educación, la vivienda, la salud, la recolección de basura y los mercados, que resultan poco atractivos para el sector corporativo, tienen una prioridad menor o pueden ser, incluso, descartados. Los ricos pueden satisfacer sus necesidades a través del sector privado. Otros grupos pueden beneficiarse solamente en la medida en que son capaces de ejercer su influencia sobre el Estado. Por consiguiente, resulta inevitable que las agrupaciones laborales bien organizadas o que ocupan un sector estratégico en la industria, como los electricistas, los ferrocarrileros o los petroleros, puedan satisfacer sus demandas sociales; mientras que otros trabajadores son menos afortunados.

La responsabilidad por la vivienda y los servicios en la ciudad de México

Creamos una estructura matriz para proporcionar un panorama de la intervención diferenciada de los sectores público y privado en diversas actividades en la ciudad de México (véase figura 20).[21] La estructura muestra las principales responsabilidades del sector público y del privado respecto de las poblaciones de bajos y altos ingresos en varios niveles (local, regional, nacional). También indica la influencia ejercida por agencias internacionales. Los renglones contienen las principales actividades que afectan a la población de bajos ingresos en materia de vivienda y asentamientos. Cada renglón se subdivide para diferenciar entre quienes viven en el mercado "convencional" legalizado ("U"), y quienes habitan el mercado "irregular" de bajo ingreso ("B"). Queda claro que esta distinción no es absoluta, pero tampoco es errónea en el nivel de generalización que deseo presentar. El objetivo es describir los diferentes papeles que desempeñan los sectores público y privado con respecto a los grupos más ricos y más pobres, además de las formas en que los grupos más pobres y más ricos tienen acceso a la vivienda y los servicios.

Para cada función, la matriz muestra cuál de seis posibles oficinas públicas y privadas es responsable del suministro. La influencia de las instituciones de crédito internacionales, agencias de ayuda, y organizaciones crediticias y comerciales privadas se muestra en la primera columna. Enseguida, tres columnas del sector público muestran las responsabilidades de las instituciones gubernamentales locales, regionales y nacionales. Las últimas dos columnas tienen que ver con el sector privado; la primera, con el sector corporativo de gran escala (es decir, la industria manufacturera, los grandes terratenientes y las compañías constructoras); la segunda, con el sector individual y comunitario de pequeña escala (negocios personales, propietarios de vivienda y grupos comunitarios).

Cuando una institución, un grupo o una serie de individuos ejerce una influencia directa o tiene la responsabilidad del suministro, se coloca un cuadro sombreado; el grado de la influencia es sugerido por el tamaño del cuadro (pequeño o grande). Cuando la influencia o la responsabilidad es indirecta (mediante el control de precios, la prohibición de invasiones de tierras, la planeación,

---

[21] Remitimos al lector a la versión anterior de esta matriz, junto con sus contrapartes para Bogotá y Valencia (Gilbert y Ward, 1985).

etcétera), se coloca un cuadro vacío. Los números que acompañan cada símbolo remiten a las notas explicativas.

FIGURA 20

MATRIZ DE RESPONSABILIDADES EN VIVIENDA
Y SERVICIOS PARA LA CIUDAD DE MÉXICO

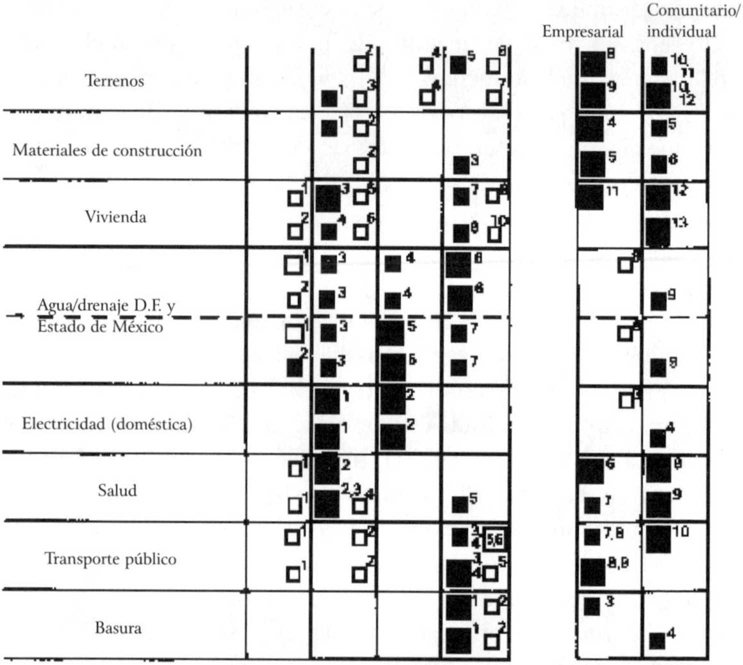

Columnas: Empresarial — Comunitario/individual

Filas: Terrenos; Materiales de construcción; Vivienda; Agua/drenaje D.F. y Estado de México; Electricidad (doméstica); Salud; Transporte público; Basura

Tierra

1. Terrenos provistos por el Estado para el desarrollo de barrios en las afueras de la zona urbana, esquemas de ubicación y servicios, etcétera. Oficinas involucradas: Banobras, 1960-1970; Indeco, 1976-1981; Infonavit, 1977-1983; FONHAPO, 1981-presente.

2. Políticas nacionales de vivienda y economía, legislación fiscal en bienes raíces, etcétera, todo afecta la oferta de terrenos.

3. Política nacional sobre el desarrollo de terrenos irregulares, afecta la disposición de los desarrolladores a promover los asentamientos de bajos ingresos.

4. Comisión de Conurbación (1976-1983), provee planes normativos que afectan los futuros usos de suelo y la oferta de terrenos para propósitos residenciales.

5. Oficinas que proporcionan terrenos para la urbanización, a menudo viviendas de bajos ingresos. Banobras, 1960-1983; Auris, 1969-1983; Indeco, 1973-1976; Codeur, 1977-1983.

6. Políticas de zonificación local o leyes fiscales, afectan la oferta de terrenos.

7. Política local de invasión y ocupación ilegal de terrenos, y disposición a regularizar y proveer de servicios, afectan la tendencia a ofrecer terrenos.

Figura 20

8. Desarrollos especulativos (a menudo legales) de compañías de bienes raíces.

9. Desarrollos especulativos (a menudo ilegales) de compañías de bienes raíces, años cincuenta y sesenta.

10. Terrenos ejidales alienados ilegalmente por el ejido. Resulta por lo general en asentamientos de bajos recursos, pero se han dado algunos desarrollos residenciales notables de ingresos medios.

11. Los pequeños propietarios también proveen terrenos para fraccionamientos.

12. Invasiones y compras de terrenos en pequeña escala por grupos de residentes.

Materiales de construcción

1. Empresas nacionales producen acero y otros bienes utilizados en la industria de la construcción.

2. Controles de precios y prácticas restrictivas afectan producto total.

3. Centros de abasto baratos proveen materiales para la autoconstrucción. Patrocinado por Indeco, 1973-1982; Auris, 1970-1975.

4. Sector de grandes compañías "industrializadas" y monopolios.

5. Materiales para construcción producidos por empresas medianas.

6. Empresas medianas, artesanos, pequeña producción, materiales reciclados, etcétera.

Vivienda

1. Asistencia internacional para viviendas "de interés social" y conocimiento convencional internacional; afectan políticas nacionales de vivienda. Específicamente, la Alianza por el Progreso proporcionó capital "semilla" para PFV, 1964.

2. Agencias internacionales que acogen la autoconstrucción, afecta las políticas nacionales de vivienda.

3. Proyectos de vivienda de interés social que proveen viviendas. Específicamente: Banobras, década de 1960; INVI, 1964-1970; Indeco, 1973-1976; Infonavit, 1973-1983; FONHAPO, 1981-presente; Institutos de vivienda estatales.

4. Oferta de oportunidades de ubicación y servicios para viviendas.

5. Políticas nacionales de vivienda, provisión de crédito, incentivos fiscales, etcétera.

6. Políticas nacionales de vivienda hacia soluciones de tipo autoconstrucción.

7. Proyectos de vivienda producidos por Habitación Popular, 1972-1976; Auris, 1970-1975.

8. Desarrollo de proyectos de autoconstrucción (Habitación Popular, 1972-1976; Auris, 1970-1975; Indeco, 1977-1982; Fideurbe, 1973-1976; FONHAPO, 1981-presente).

9. Políticas locales hacia vivienda y urbanización de interés social.

10. Políticas locales hacia la autoconstrucción y asentamientos irregulares.

11. Provisión corporativa de viviendas privadas.

12. Provisión individual mediante despachos de arquitectos, etcétera.

13. Autoconstrucción individual.

Agua y drenaje

1. Financiamiento internacional para suministro de agua y esquemas regionales de drenaje.

2. Financiamiento y presión internacional para suministro de servicio a comunidades de bajos ingresos; presión de OMS, etcétera, para reducir niveles de mortalidad y morbilidad.

3. Suministro y oferta nacionales a autoridades regionales. Antes de 1977, SARH; 1977-1983, SAHOP.

4. CAVM cubre 20 por ciento de las necesidades del Distrito Federal. Vende al Distrito Federal en volumen.

5. CAVM vende agua a CEAS que suministra a hogares en el Estado de México.

6. Obtención y suministro en Distrito Federal. El agua se obtiene de pozos y una parte se compra a CAVM. Antes de 1977, responsabilidad de la Dirección General de Operación Hidráulica y la Dirección General de Aguas y Saneamiento. A partir de esa fecha se unieron en una Dirección General de Operación Hidráulica. La DGCOH provee redes primarias y secundarias mientras que el suministro doméstico corre a cargo de la delegación.

7. Suministros secundarios de agua obtenidos y provistos por autoridades municipales en el Estado de México.

8. Provisión de redes por parte de urbanizador.

9. Drenaje de autoconstrucción, letrinas, etcétera.

Electricidad

1. CFE provee red nacional.

2. Compañía de Luz y Fuerza del valle de México provee suministro doméstico.

3. Provisión de red doméstica por parte de urbanizador.

4. Conexiones ilegales proveen a hogares.

Salud

1. Presión de organizaciones internacionales de la salud para mejorar niveles y provisión de servicios de salud.

2. Afiliados al sistema de seguridad social. IMSS, ISSSTE, y los creados para grupos de trabajadores en ferrocarriles, ejército, petroquímicos.

3. Sector estatal (SS).

Figura 20 (continuación)

   4. Política nacional sobre tratamiento de grupos de bajos ingresos.
   5. Dirección General de Servicios Médicos del DDF provee algunos servicios médicos, sangre para transfusiones, etcétera.
   6. Clínicas y hospitales privados.
   7. Caridad, Cruz Roja, etcétera.
   8. Doctores privados.
   9. Doctores privados, farmacéuticos, curanderos, etcétera.

Transporte público

   1. Ayuda condicionada de Francia para el metro.
   2. Política gubernamental para precios de combustible, subsidios y transporte público.
   3. Metro, tranvías y autobuses dentro del Distrito Federal (desde 1981).
   4. Trolebuses (servicio de transporte eléctrico).
   5. Política del Distrito Federal sobre necesidades de servicio de transporte público: estacionamiento, autopistas, etcétera.
   6. Política del Distrito Federal sobre transporte en general (COVITUR).
   7. Taxis.
   8. Taxis colectivos.
   9. Autobuses en el estado de México. El servicio de autobuses privados que operaba en el Distrito Federal fue nacionalizado en 1981.
   10. Automóviles privados.

Basura

   1. Departamento de limpia a cargo de delegaciones y fuera del Distrito Federal en manos de municipios.
   2. Incentivos para grupos de interés para invertir en materiales reciclados.
   3. Servicios privados, servicios de disposición de desechos industriales, etcétera.
   4. Basureros de autoconstrucción.

La matriz tiene limitaciones obvias. Se trata de una descripción estática compilada entre 1979-1980, y los cambios sólo se explican en las notas adjuntas. No he subdividido cada vector en las dos unidades administrativas del Distrito Federal y el Estado de México, a excepción del renglón de agua y drenaje, en el que existen diferencias importantes. La matriz no identifica la relación entre los diversos actores, por ejemplo, entre el gobierno y el sector corporativo. Tampoco ofrece ninguna información sobre la eficacia con que se cumplen las responsabilidades; aunque el sector público se presenta como responsable de los pobres, esto no significa que cumpla con su papel.

Al observar la matriz, resulta evidente que el sector privado domina el área de provisión de terrenos, una cuestión desarrollada más adelante. El sector corporativo privado tiene una enorme importancia como propietario y urbanizador. También son importantes las comunidades ejidales que solían ser agrarias, las cuales ofrecen terrenos básicamente a los grupos pobres. La producción de material de construcción también es exclusiva del sector privado, y sobre todo de las empresas corporativas. La participación del Estado se limita a la producción de acero, aunque ejerce una influencia indirecta mediante el control de precios y la regulación de la economía. La construcción de vivienda también es una actividad fundamentalmente privada, ya sea a través de compañías constructoras de gran o pequeña escala, o mediante la autoconstrucción. La creciente acción directa del Estado ha permitido una mayor disponibilidad de viviendas (véase también Ward, 1990). Por lo tanto, por lo regular, la vivienda generada directamente por la iniciativa gubernamental es menos importante que la producida por el sector privado.

Respecto de los servicios públicos, el Estado es el principal proveedor. A excepción de las pipas de agua y la distribución de agua embotellada, el sector público es totalmente responsable de los servicios de agua y drenaje, aunque son varias las instituciones que están involucradas en el mantenimiento y abastecimiento. Lo mismo sucede con la electricidad. La recolección de basura está organizada por el Distrito Federal y las autoridades municipales, pero también existen servicios privados de limpieza que operan en algunas empresas industriales o comerciales. Recientemente se ha intentado privatizar la recolección de basura en algunos municipios (Conde, 1996). En las nuevas colonias obreras o en las colonias más lejanas, los pobres deben quemar, enterrar o deshacerse de su propia basura de manera individual.

Por otra parte, la salud y el transporte público son responsabilidad de ambos sectores. Como demostraré más adelante, el Estado provee servicios de salud para los afiliados a diversas instituciones y para el resto de la población a través de la Secretaría de Salud. Pero el sector privado también es muy importante. Si bien los grupos pudientes y gran parte de la clase media recurren a la medicina privada, los pobres también deben hacerlo, por lo general visitando al doctor más cercano. De igual modo, las empresas públicas y privadas comparten el servicio de transporte. En la ciudad de México, el Distrito Federal administra el servicio del metro y los trolebuses; lo mismo sucede con la mayoría de los autobuses (desde 1981). Los taxis, los colectivos y, por supuesto, los vehículos particulares forman parte del sector privado.

Ahora podemos regresar a las cuestiones planteadas al inicio del capítulo y comenzar a examinar las formas en que algunas de estas dimensiones del bienestar social reproducen la inequidad social. En primer lugar, el acceso a la tierra para la construcción de vivienda.

LA REPRODUCCIÓN DE LA DESIGUALDAD SOCIAL A TRAVÉS DE LA MEDIACIÓN POLÍTICA: EL ACCESO A LA TIERRA PARA LA CONSTRUCCIÓN ILEGAL DE VIVIENDA EN LA CIUDAD DE MÉXICO

Los métodos de adquisición de la tierra en la ciudad de México

Aun cuando la ciudad de México ha recibido la mayor parte de los recursos gubernamentales asignados a la construcción de vivienda, la oferta jamás ha sido equivalente a la demanda. Incluso bajo el mandato de De la Madrid durante la década de 1980, cuando los programas de vivienda financiados con recursos públicos llegaron a su cúspide, calculo que sólo se satisfizo una quinta parte de la demanda anual total nacional (Ward, 1990). En consecuencia, la mayoría de la población se ha visto obligada a buscar métodos alternativos "informales" para la provisión de vivienda, por lo regular mediante la adquisición ilegal de terrenos y la autoconstrucción.

En cualquier sociedad, el proceso de distribución de la tierra implica una fuerte competencia entre grupos y, en una sociedad capitalista, es el mercado el que se encarga de regular dicha distribución (Gilbert y Ward, 1985). Quienes pueden pagar más o, de acuerdo con la teoría económica, se preocupan más por la ubicación de la tierra, adquieren las áreas más deseables (Gilbert y Ward, 1985). En México, la gran mayoría de los pobres se encuentra en el extremo inferior de un solo mercado, y los terrenos a los que tiene acceso son baratos porque no están legalizados, no cuentan con servicios, están ubicados en zonas inadecuadas y los grupos de mayores ingresos no las desean. En este sentido, puede decirse que ejercen un monopolio sobre dichos terrenos; sin embargo, el proceso de intercambio comercial no tarda en penetrar este mercado (véase el capítulo 7).

Los pobres adquieren terrenos de formas innumerables, casi todas ellas ilegales (véase Gilbert y Ward, 1985, para mayores detalles). En la ciudad de México han existido dos alternativas básicas: la primera consiste en invadir el terreno, la segunda, en comprar terrenos más allá de los límites de las zonas habitacionales legalizadas. Las invasiones en la ciudad de México ocurrieron con mayor frecuencia en las décadas de 1950 y 1960, cuando se promulgó una prohibición formal para cualquier nueva autorización de subdivisiones de bajos ingresos dentro del Distrito Federal. Las invasiones de gran escala fueron más comunes luego de que el regente Uruchurtu dejara su cargo y en los primeros años la administración de Echeverría, cuando el ambiente político propició la movilización popular.

La compraventa de terrenos adquiere muchas formas y es muy común en toda América Latina. En la ciudad de México representa, por mucho, el medio más importante de adquisición. Los terrenos son comprados a través de subdivisiones ilegales patrocinadas por compañías (fraccionamientos clandestinos) que proporcionan algún tipo de título de propiedad, pero con servicios limitados o inexistentes (véase fotografía 9). La enorme dimensión de estos desarrollos los distingue de otros similares en América Latina, e incluso de otras subdivisiones mexicanas. Los asentamientos que agrupan a varios miles de familias son comunes en Nezahualcóyotl y Ecatepec. Otra alternativa es comprar lotes en tierra ejidal; en 1970, aproximadamente 16 por ciento de la población total de la ciudad vivía en terrenos que originalmente habían sido ejidos, proporción que se ha incrementado desde ese entonces (Varley, 1985b; Copevi, 1978; Conapo, 1996; véase figura 21). Los ejidatarios o su representante local, el comisariado ejidal electo, son quienes llevan a cabo la venta de terrenos –de nuevo, carentes de servicios– (México, SAHOP, 1979; Varley, 1985a). Sea como fuere, el proceso es ilegal, ya que los ejidatarios sólo tienen derecho de uso sobre la tierra, que en teoría es inalienable (cfr. Cymet, 1992). Tampoco son únicamente los grupos de menores ingresos quienes están involucrados: durante la década de los

sesenta, grandes porciones de tierra ejidal fueron privatizadas para
el desarrollo de vivienda elitista, mientras que en los setenta
tanto ricos como pobres compraron terrenos ilegalmente en tierra
ejidal al sur de la ciudad (Varley, 1985a, 1985b). Desde finales de
los ochenta, la mayor área de formación de asentamientos de bajos
ingresos se encuentra en la frontera oriental de la ciudad de México,
en el ejido de Ayotla en el valle de Chalco, que tiene una extensión de unas 2,500 hectáreas. En 1993, el municipio fue renom-
brado como Chalco-Solidaridad por haber sido beneficiado
con fondos de Pronasol por el presidente Salinas. Desde que se
reformó el artículo 27 constitucional en 1992, es posible vender
terrenos ejidales en forma legal (Austin, 1994). No obstante, hasta
el día de hoy, nuestra investigación sugiere que la desregularización no ha desencadenado una alienación legal de ejidos significativa con propósitos residenciales o de otro tipo en la ciudad de México, aunque esto podría suceder en un futuro (Austin, 1994; Jones
y Ward, 1998).

A continuación, me propongo examinar cómo el proceso de
urbanización ilegal en la ciudad de México ha facilitado la mediación política y el control social por parte del Estado, perpetuando
así los patrones de desigualdad. Entiendo por "mediación política" las formas en que el Estado intenta impulsar los intereses de
grupos organizados poderosos que desea apaciguar y, al mismo
tiempo, logra mantener el control social y legitimarse asegurando
el apoyo político para el gobierno, aunque, como ya apunté en el
capítulo 3, desde las elecciones de 1998, este proceso también ha
entrado en crisis. Durante la década de los ochenta, al enfrentar
programas de austeridad, el gobierno intensificó sus esfuerzos para
mantener la "paz social" y el apoyo continuo del sector laboral
(Carr, 1986). Los terrenos para la vivienda de los pobres siempre
han sido un elemento importante de la estadística mexicana, y mi
objetivo es analizar de qué manera varios regímenes sucesivos en
la ciudad de México han logrado metas similares de control político manejando las cuestiones referentes a la tierra en dos formas:
primero, mediante el control del contenido de las políticas de
urbanización; segundo, a través de la burocracia que el gobierno

mexicano ha engendrado para hacerse cargo de las cuestiones de uso de suelo.

FIGURA 21

DISTRIBUCIÓN DE TERRENOS EJIDALES
Y ASENTAMIENTOS IRREGULARES
EN EL ÁREA METROPOLITANA

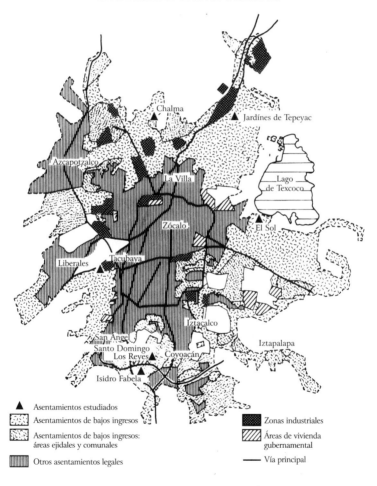

La mediación a través del contenido de las políticas
de desarrollo de terrenos urbanos

Un análisis de la intervención gubernamental en el mercado de
bienes raíces debe tomar en cuenta tanto la *actividad* como la *pasividad* de las autoridades. La falta de acciones puede reflejar ciertas
decisiones políticas, y esto ha sido (y sigue siendo) una característica importante del manejo de la urbanización en las zonas de bajos
ingresos en México. Pueden identificarse dos tipos de manejo. Primero, las acciones que afectaron la provisión de terrenos para los
asentamientos de bajos ingresos; y segundo, acciones como la regularización, el reconocimiento y la aprobación del suministro de servicios, que remediaron la situación de áreas irregulares.

Pueden identificarse tres grandes periodos de desarrollo urbano: antes de 1970, una fase de *laissez faire*, cuando muchas de las
colonias de bajos ingresos se formaron sobre el escenario de una
intervención gubernamental reducida. Durante este periodo, los
asentamientos irregulares en la ciudad de México pasaron de 23
por ciento del área construida y 14 por ciento de la población en
1952, a 40-50 por ciento del área construida y un porcentaje ligeramente mayor de un total de 8.5 millones de habitantes en la
ciudad hacia 1970 (México, BNH, 1952; Ward, 1976a; Copevi,
1977a). El periodo comprendido entre 1971 y 1977 se caracterizó
por una fase mucho más *intervencionista*, en la que el gobierno creó
una extensa burocracia de la vivienda y, en particular, instigó importantes medidas correctivas, cuya naturaleza era en gran medida
ad hoc. Desde 1977, el manejo de la urbanización se ha basado en
la administración técnica, en la que las intervenciones, tanto en la
esfera de la provisión de terrenos como en la de medidas correctivas, han sido más eficientes y sistemáticas. En esencia, sostengo
que, desde 1977, los gobiernos han intentado mantener el control
social cada vez menos a través de la manipulación, y más por el
"cumplimiento de promesas" (Ward, 1986). A continuación me propongo analizar los mecanismos básicos a través de los cuales las políticas referentes a la tierra han sostenido la mediación política
durante estos tres periodos.

Entre 1950 y 1970, la política gubernamental en torno a la provisión de terrenos para asentamientos de bajos ingresos era diferente a cada lado de la frontera del Distrito Federal. En el estado de México, durante los años cincuenta y sesenta, las autoridades actuaron de manera consistente para impulsar los intereses de los constructores.[22] Desde 1952, el gobernador estableció las llamadas "juntas de mejoramiento", ostensiblemente para coordinar la instalación de servicios en la región, pero se logró poco más que la promoción de la venta de terrenos en beneficio de las compañías. Más aún, las autoridades estatales no tomaron ninguna acción contra los abusos comunes, como el de vender el mismo terreno varias veces a diferentes personas. A pesar de la existencia de un reglamento comprensivo para la creación de subdivisiones de bajos ingresos (la Ley de Fraccionamientos de 1958), ni el gobierno del Estado de México ni el gobierno federal aplicaron sanciones contra los constructores. De hecho, hasta 1969, las autoridades continuaron autorizando la creación de nuevas construcciones incluso cuando las compañías habían sido denunciadas por los residentes debido a su incapacidad para satisfacer las condiciones establecidas en asentamientos anteriores (Guerrero *et al.*, 1974; Connolly, 1982).

En el Distrito Federal, el regente Uruchurtu impuso una prohibición sobre la autorización de nuevas subdivisiones, lo cual llevó a la proliferación de invasiones y subdivisiones ilegales desarrolladas por propietarios cuyos planes de construcción se habían frustrado.[23] La jurisdicción sectorial de Uruchurtu no se extendía a los terrenos ejidales, de manera que la provisión informal de los terrenos de los ejidos fue apoyada tanto por la acción como por la pa-

[22] La historia de la compraventa de terrenos, antes de que ésta cayera en manos de los constructores, es interesante. Brevemente, se trataba de terrenos originalmente federales que, durante la década de los veinte, fueron privatizados a un bajo costo bajo la condición de que serían mejorados con fines agrícolas (bonificación). Las mejoras no fueron llevadas a cabo y el gobierno intentó recuperar los terrenos que habían sido de su propiedad. Esto llevó a un litigio que la Suprema Corte dictó en contra del gobierno (Guerrero *et al.*, 1974). De ahí en adelante, durante los años cuarenta, la tierra comenzó a cambiar de manos y los precios aumentaron.
[23] El reciente Bando 2 (2001) que restringe la construcción de nuevos desarrollos de vivienda popular en el D.F. es una reminiscencia de la ley de Uruchurtu. Aparentemente, su efecto principal consiste en trasladar el foco de proyectos de vivienda hacia el Estado de México.

sividad del gobierno durante ese periodo. Hasta 1992, el uso de terrenos ejidales para la expansión urbana estaba prohibido por la Ley Agraria (artículo 91). Sin embargo, se podía despojar a los ejidatarios de sus terrenos "en beneficio del interés público" de dos maneras; por una permuta, o intercambio de un área ejidal por su equivalente en otro sitio; o por expropiación. Durante los años cincuenta y sesenta, hubo un extendido abuso de las permutas para obtener terrenos con diversos fines que no siempre podían justificarse por el "beneficio del interés público". Grandes zonas residenciales de altos ingresos como Jardines del Pedregal y parte de Ciudad Satélite surgieron de esta manera. Los asentamientos irregulares de bajos ingresos se formaban generalmente por medio de la manipulación de cierta facilidad legal según la cual una parte del ejido puede convertirse en un "centro urbano" que albergue a los ejidatarios y otros trabajadores de la comunidad. La solicitud para la creación de una nueva zona urbana ejidal, o para la extensión de una ya existente se presentaba ante la Secretaría de la Reforma Agraria, pero, mientras tanto, la comunidad del ejido "vendía" terrenos. El trámite para crear una zona urbana en un ejido era largo y complicado, y la mayoría de las veces no se alcanzaban las últimas etapas, pues, después de varios años, ya se había establecido un nuevo asentamiento. Entonces, se convertía en un problema resuelto a través de títulos de propiedad "chuecos" –un proceso que, en México, se llama "regularización" (Varley, 1985a).

La mediación a través del desarrollo de terrenos también se hacía evidente por el despido de ciertos funcionarios cuyas políticas resultaban demasiado inflexibles. Un buen ejemplo de ello es la oposición concertada que se granjeó el regente Uruchurtu durante los años sesenta, debido a su consistente negativa para autorizar o aprobar el suministro de servicios en asentamientos de bajos ingresos dentro del Distrito Federal. Y, lo que tal vez resulta más importante, es que sus políticas amenazaban los intereses de grupos poderosos involucrados en la especulación sobre bienes raíces en el sur de la ciudad (López Díaz, 1978). Uruchurtu también había paralizado las iniciativas para el desarrollo de un sistema de transporte más amplio, lo que aumentó la oposición, especialmente por parte del sector de construcción en gran escala (Davis, 1994). El enfoque más circunspecto y conciliatorio de sus sucesores y el rápido desarrollo de un sistema de metro confirma el hecho de que, para 1966, cuando Uruchurtu fue destituido, sus políticas se habían vuelto disfuncionales para el Estado (Cornelius, 1975; Alonso *et al.*, 1980).

Las acciones para prevenir el crecimiento descontrolado de los asentamientos irregulares fueron implementadas cuando ya era demasiado tarde e, incluso entonces, sólo afectaron la venta de terrenos privados por parte de las compañías. De manera significativa, esto ocurrió sólo cuando una organización de masas en el Estado de México (el Movimiento Restaurador de Colonos o MRC) precipitó una crisis política cuando declaró una moratoria contra los constructores. Sin embargo, para entonces muchas compañías habían perdido interés en el desarrollo de asentamientos irregulares y transferido su atención (y sus ganancias) hacia el mercado legal de bienes raíces para la población de ingresos medios. No fue sino hasta que el proceso ya estaba avanzado cuando el Estado respondió con fuerza a las subdivisiones de bajos ingresos realizadas por compañías privadas. El Estado de México embargó diversos asentamientos; una opción que siempre estuvo abierta para las administraciones anteriores y que, sin embargo, no había sido ejercida. Por lo general, el embargo se realiza exigiendo a las compañías el cumplimiento de las normas de servicios y el pago inmediato de cantidades masivas de impuestos atrasados y fianzas relacionadas con el manejo inadecuado de la subdivisión. La incapacidad para cumplir con estos requisitos deriva en la toma del asentamiento por parte de las autoridades estatales. De cualquier modo, como ya hemos visto, esta iniciativa llegó demasiado tarde para afectar la provisión de terrenos de manera significativa.

Aunque entre 1970 y 1973 se registraron varias invasiones importantes de terrenos, éstas ya no son toleradas. Durante el periodo 1977-1979, las autoridades del Distrito Federal llevaron a cabo acciones firmes para desalojar a los paracaidistas de los terrenos recién ocupados. En un intento de invasión en gran escala

ocurrido al sur de la ciudad y bautizado con el nombre de la esposa del presidente López Portillo, los colonos fueron desalojados
tantas veces como fue necesario. Sus viviendas temporales fueron
destruidas a pesar de que se habían amparado para prevenirlo.
Con el tiempo, los paracaidistas se dieron por vencidos y los
terrenos quedaron desocupados. El regente Hank González dictó
instrucciones explícitas a los delegados para que no permitieran
nuevas ocupaciones y elevaran la vigilancia de los terrenos desocupados.

Incluso una década más tarde, como lo expuse en el capítulo 5, el sur del Distrito Federal seguía siendo la principal zona
de conflicto entre el gobierno y los posibles invasores. Durante
1988-1989, hubo frecuentes desalojos en la colonia El Seminario,
en Tlalpan. Aunque bien establecida, la colonia se ubicaba en el
lado "equivocado" de la carretera a Picacho, en un área designada
como "reserva ecológica"; un concepto de poca importancia hasta
que fue adoptado por el gobierno como un elemento integral de su
nueva y ampliamente publicitada "agenda ecológica".

Debido a la caída de la oferta de las compañías privadas, el
sector ejidal se convirtió en la forma más importante de adquisición de terrenos por parte de los pobres. Sin embargo, también aquí
el gobierno fue incapaz de actuar. Ni el gobierno del Distrito Federal, ni el del Estado de México intentaron usar la tierra ejidal
con el fin de construir vivienda para la población de bajos ingresos, a pesar de que la oportunidad que ello proporcionaba era muy
clara. Ya en 1965, un autor señalaba: "Este tipo de reservas de
tierra, controladas por el Estado, han sido defendidas desde hace
tiempo en muchas áreas metropolitanas, pero pocas de ellas cuentan
con la buena fortuna de la ciudad de México, que tiene dichas reservas listas y a la mano" (Frieden, 1965: 86). Afortunado o no, el
gobierno no actuó. Aunque las nuevas oficinas de vivienda como
la Indeco y el Infonavit se esforzaron por desarrollar reservas de
tierra, sus acciones fueron muy limitadas tanto en su dimensión
como en su potencial (Makin, 1984). Corett, una nueva oficina
creada a principios de los años setenta, ofrecía un mayor potencial
en este sentido. Además de sus funciones principales, como la

regularización de asentamientos irregulares en tierras ejidales, la Corett tenía la capacidad de desarrollar subdivisiones de bajos ingresos en ejidos ubicados adecuadamente (*Diario Oficial*, 7 de agosto de 1973). Esta última función, de haberse llevado a cabo de manera seria, habría ofrecido al Estado una mayor oportunidad para abastecer de tierra a los pobres. Sin embargo, el sector ejidal se opuso con fuerza a esta área de responsabilidad potencial que, en lo subsecuente, fue removida de la agenda de Corett (*Diario Oficial*, 3 de abril de 1979). Todo lo que interfiriera con el proceso que beneficiaba a los ejidatarios, debía ser evitado. Para el Estado, el proceso también ofrecía ciertas ventajas: el sector ejidal, del que provenía gran parte del apoyo político, era apaciguado, al tiempo que la provisión de tierra a bajo costo para los pobres era constante. Aunque los principales agentes del desarrollo de tierras ya no eran los mismos, la pasividad del gobierno frente a la provisión informal de terrenos permanecía igual.

La prohibición tanto de las subdivisiones como de las invasiones significaba que la única fuente de tierra para los pobres era el sector ejidal. Aun así, los sucesivos gobiernos han hecho poco para restringir las ventas ilegales que realizan los ejidatarios. En 1979, se estableció una comisión intersectorial que agrupaba las secretarías de la Reforma Agraria, de Asentamientos Humanos y la Corett, intentando hacer expedita la identificación y expropiación de ejidos cuya tierra se vería afectada por el futuro crecimiento urbano. Aunque potencialmente esto significaba un gran paso adelante en la adquisición de terrenos rurales para desarrollos urbanos a largo plazo, en ausencia de medidas preventivas adicionales, tenía pocas posibilidades para controlar la alienación de tierras llevada a cabo por ejidatarios en el corto o mediano plazo. Por el contrario, frente al peligro de que la intervención gubernamental les negara la posibilidad de vender su tierra, los ejidatarios se vieron incitados a vender o a retrasar el proceso de cesión al gobierno. Aunque la acción firme en contra de ciertos ejidatarios particulares podría representar una actitud responsable en términos técnicos, políticamente sería considerada como un camino irresponsable hacia el conflicto con intereses creados en el sector

agrario; algo que el Estado mexicano parece no haber querido hacer
hasta principios de la década de 1990. Al reducir la oferta de tierra
para los grupos de bajos ingresos, también se generaba un conflicto potencial con los pobres: desde el punto de vista del gobierno,
era mejor dejar las cosas como estaban. Este "razonamiento" se
aplicaba en particular en el Estado de México, donde se encuentra
la mayor parte de tierra ejidal disponible para su incorporación
al área metropolitana. Una intervención importante para atajar los
asentamientos ilegales resultaba poco probable, debido a la expansión irregular en Ayotla y en Chalco aunada a la necesidad del PRI
de retener el apoyo del sector campesino y popular para no perder
las elecciones de 1993 en el Estado de México. Más bien, estas áreas
se convirtieron en el blanco de intervenciones masivas del Estado
(Solidaridad) para regularizar y suministrar servicios con el fin
de recabar apoyo político para el PRI, exitosamente en las elecciones de 1994 y, al menos en el caso de Chalco, también en las de
1996 (véase capítulo 3; Varley, 1996).

La constante pugna entre la Secretaría de la Reforma Agraria
y las oficinas de planeación por el control sobre el desarrollo del
uso de suelo ejidal y la regularización, pugna que existía desde
el establecimiento de las oficinas en 1970 (SAHOP, Sedue, etcétera),
no se resolvió sino hasta después de 1992. Hasta entonces, la Secretaría de la Reforma Agraria había actuado a voluntad y resis-
tido con éxito cualquier incursión seria sobre su mandato (Varley,
1996). Como ya argumenté, esta incapacidad de las oficinas de
planeación para actuar no era accidental, sino que representaba
una práctica fundamental de mediación política y de estadística.
Esto cambió en 1992, cuando el presidente Salinas tomó la drástica (e inesperada) decisión de desregularizar el sector ejidal. El
motivo de esta decisión fue una política macroeconómica para li-
beralizar el sector agrario y, en última instancia, hacerlo más eficiente y abrirlo al capital privado. La desregularización debilitó el
antiguo poder de la Secretaría de la Reforma Agraria y permitió
una mayor intervención de Sedesol en el proceso de regularización y privatización/desregularización de la tierra (Jones y Ward,
1998). Bajo la liberalización económica y mercantil, las relaciones

corporativas tradicionales entre el Estado y la sociedad se volvió contraproducente, y Salinas depositó su confianza en el crecimiento económico y en el suministro más eficiente y preciso del bienestar social (Dresser, 1991; Cornelius *et al.*, 1994; Jones, 1996). La descentralización hacia los estados también se tradujo en el paso de la hegemonía sobre el desarrollo de la tierra ejidal de la Secretaría de la Reforma Agraria a la Secretaría de Desarrollo Social y Urbano (Sedesol, 1996; Jones y Ward, en prensa).

El contenido de las políticas "correctivas" a partir de 1960

Antes de 1970, las acciones correctivas por parte del Estado estaban limitadas a ambos lados de los límites del Distrito Federal. En el área de dicha entidad, la regularización de asentamientos seleccionados se llevaba a cabo convenciendo al propietario de instalar servicios y entregar un título de propiedad legal o, con mayor frecuencia, por medio de la expropiación y la reventa a los residentes. En teoría, existía un acuerdo entre la Compañía Federal de Electricidad y el Departamento del Distrito Federal para no prestar el servicio de energía hasta que no se obtuviera un título legal; en la práctica, el servicio se prestaba a menudo.

Servicios como llaves de agua, regularización, al igual que campañas ligeras como la de vacunación infantil, recolección de basura en los asentamientos, etcétera, se negociaron y fueron provistos por la Oficina de Colonias en el Distrito Federal y por las autoridades municipales en el Estado de México. Sin embargo, las acciones correctivas serias no surgieron sino hasta el gobierno de Echeverría. Como ya se indicó, en el Estado de México la nueva administración se enfrentó de inmediato con una crisis política debida a la suspensión de pagos por parte de los residentes a las compañías. La respuesta del gobierno es reveladora, pues impulsó un enfoque mucho más intervencionista en el manejo de las cuestiones de uso de suelo, especialmente en el área de la *acción correctiva*, la cual fue emprendida de diversas maneras (Tello, 1978; Ward, 1981a).

En primer lugar, el problema político inmediato fue resuelto mediante un acuerdo especial que reintegraba a los constructo-

res menos del 40 por ciento del costo para que se hicieran cargo de
la provisión de los servicios que no habían instalado; mientras que
los residentes recibían un 15 por ciento de descuento sobre el
precio total de compra y un título de propiedad legal. El suministro de servicios debía comenzar de inmediato, y el gobierno se encargaría de ello, pero los costos debían ser recuperados con el pago
de los residentes en un plazo de 10 años. El acuerdo fue aceptado
por todas las partes involucradas, pero ha sido severamente criticado por favorecer a las compañías en la medida en que éstas
fueron exoneradas de toda responsabilidad por sus transacciones
ilegales, retuvieron la mayor parte de sus ganancias y se libraron
del pago de servicios (Guerrero *et al*., 1974; Martín de la Rosa, 1975;
Ferras, 1978).

En segundo lugar, la mediación política se logró a través de
acciones correctivas que identificaban la regularización como un
problema por sí misma. De manera significativa, la regularización
no tiene tal importancia en ningún otro país (Gilbert y Ward,
1985); pero en México surgió como un asunto de importancia crítica desde 1971, y la creación de una serie de oficinas encargadas
de entregar títulos legales a los colonos fue una innovación. No obstante, puede argumentarse que la naturaleza de las políticas de
regularización obedecía en aquel tiempo más a las necesidades gubernamentales que a las de los residentes, quienes estaban preo-
cupados por la seguridad sobre la tenencia de la tierra (Ward,
1982). La interpretación de que se requerían títulos de propiedad
legales la proporcionó el gobierno, y no los propios residentes. El
título de propiedad no era necesario para que los colonos pudieran
vender sus terrenos, y tampoco la instalación de servicios, ya que
este requisito había sido pasado por alto desde principios de la década de 1960. La seguridad sobre la tenencia podría haber sido
fácilmente otorgada por el simple reconocimiento de la ocupación
de facto, y no requería de una legalización completa a través de la
expropiación, la indemnización y la notarización de los títulos de
propiedad. El punto es que existe una "construcción social" de la
ilegalidad (Mele, 1987; Varley, 1989). La regularización fue vista
como un medio de negociación y de control social en la medida en

que constituía un recurso barato que podía ser otorgado o negado por las autoridades.

Después de 1977, y de nuevo después de 1989, se intensificó la regularización de la tierra en los asentamientos existentes (Varley, 1996: 210). Las oficinas responsables de la regularización se han vuelto más eficientes y el número de títulos expedidos cada año ha aumentado de manera considerable, en parte debido a los esfuerzos para simplificar el trámite. No obstante, la regularización también ha experimentado una transformación cualitativa importante. Desde 1977, se ha convertido tanto en un *medio para conseguir un fin*, así como en un *fin por sí mismo*. Ahora es concebida como un mecanismo para incorporar al pueblo al mercado formal de la tierra y sujetarlo así a la autoridad local del uso de suelo y a los controles de planeación, además de inscribirlo en los registros fiscales y en el pago de tarifas por los servicios. Una vez incluidos en el registro de la propiedad, las autoridades intentan "aclarar" las principales deudas fiscales que el colono ha contraído. Éstas pueden comprender tarifas atrasadas que se cobran retrospectivamente por un máximo de 5 años. Sin embargo, con frecuencia se incluye cierto número de cargos adicionales. En diferentes asentamientos, he encontrado múltiples ejemplos de valuación de impuestos relacionados con la construcción de carreteras iniciada varios años atrás; o cargos por permisos de construcción y numerosas multas en apariencia arbitrarias. A menudo, el incumplimiento de estos pagos generaba recargos. Cuando los residentes protestaban, ya sea a través de sus líderes o *en masse*, los cargos se volvían negociables y, la mayor parte de las veces, se acordaba un descuento. Esto demuestra la manera en que las autoridades buscaban aumentar los recursos del erario y, al mismo tiempo, usar el procedimiento como una dimensión de la mediación política y el control social. Durante 1978, la existencia deliberada de dicho vínculo político entre la regularización y el cobro de impuestos era abiertamente admitido por los funcionarios de la oficina catastral del Distrito Federal.

Como vimos en el capítulo 3, los ingresos urbanos generados en el nivel local se han convertido en un elemento importante del gasto público, de manera que el reforzamiento de la capacidad administrativa de los municipios se ha vuelto una consigna tanto del Programa de Administración Urbana del Banco Mundial, como de Sedesol (Jones y Ward, 1995;). Durante el gobierno de Salinas, se registró un mejoramiento sustancial en la eficacia del gasto público y se completó el proceso de regularización de la tierra ejidal.

La mediación a través de la manipulación burocrática

Además de la construcción de una política variable de uso de suelo, los gobiernos pueden lograr el control social manipulando la burocracia responsable de los asentamientos irregulares. Por ejemplo, la multiplicidad de oficinas con responsabilidades de regularización dentro del área metropolitana y creadas durante el gobierno de Echeverría llevó a numerosos traslapes de funciones. La agenda de Corett incluía responsabilidad por las tierras *ejidales* y *comunales*; sin embargo, en el Estado de México, Auris también estaba a cargo de terrenos ejidales. De igual modo, en el Distrito Federal, las oficinas de Fideurbe fueron creadas específicamente para cumplir con la tarea de regularizar los predios más conflictivos (como Padierna y Santo Domingo), y muchos de éstos se encontraban en tierras *ejidales* o *comunales*. Otro problema era que la responsabilidad por esos asentamientos la tenía originalmente una oficina federal, el Indeco, de manera que era posible la duplicación de funciones y una red entre oficinas como consecuencia de la transferencia de responsabilidad de una oficina a su sucesora. Indeco era una oficina con una amplia gama de funciones, lo cual significaba que operaba en el nivel nacional como una suerte de "reparador" ambulante y tenía la tarea de solucionar los problemas de los asentamientos como y cuando surgieran. En el Distrito Federal, la Procuraduría de Colonias Populares (PCP) desempeñaba un papel igualmente vago; se trataba de la antigua Oficina de Colonias, dominada por la CNOP, y reconstituida por el regente Sentíes para actuar como el vehículo a través del cual podría intervenir en los asuntos de los asentamientos de bajos ingresos. La PCP tenía ciertas funciones de regularización, pero también distribuía leche de manera gratuita, donaba regalos a los niños en Navidad, organizaba campañas de limpieza, etcétera. El director de esta oficina, en calidad de procurador, se veía a sí mismo literalmente como un "defensor" o "abogado" de los pobres.

La controversia entre oficinas es un aspecto de este tipo de estructura burocrática. A grandes rasgos, las "reglas" informales que gobiernan el comportamiento entre las oficinas en todos los niveles jerárquicos son: el conflicto y la competencia abierta; la alianza; y el acuerdo tácito de no intervenir en los asuntos del otro. De las tres alternativas, la "alianza" no figuraba en este periodo como una opción para las oficinas mencionadas más arriba.

De cualquier manera, mis primeros trabajos de campo y los de otros investigadores muestran amplia evidencia de que, entre 1973 y 1976, el Fideurbe y la PCP padecieron y engendraron conflictos entre sí (Alonso *et al.*, 1980: 37-39). En ocasiones, la Corett también tomaba parte en la disputa de manera innecesaria, como cuando declaró que, de estar a cargo de la regularización en el asentamiento del Ajusco, los costos serían mucho más bajos que los propuestos por el Fideurbe (López Díaz, 1978). Esta declaración, enunciada al tiempo que el Fideurbe trataba de asegurar la cooperación de los colonos, difícilmente puede ser interpretada como otra cosa que un sabotaje político.

Más aún, entre 1971 y 1976, el conflicto entre las oficinas fue propiciado también por los vínculos clientelares que los directores y el personal debían establecer con cada comunidad, y por la proliferación de diferentes grupos de liderazgo en cada asentamiento, particularmente en los más conflictivos (Varley, 1993). Cada grupo de residentes se dirigía, invariablemente, a una oficina diferente, de manera que resultaba común que algún grupo obtuviera apoyo del procurador; otro recurriera al director de Fideurbe; y otros más buscaran al delegado local (Alonso *et al.*, 1980). Al mismo tiempo, cuando un grupo se sentía amenazado, se acercaba al mismo presidente Echeverría, quien se mostraba dispuesto a recibir a sus delegaciones y escuchar su caso. Como resultado de estas acciones, abundaban los rumores, se adoptaban políticas contradictorias y las órdenes se contravenían. El director de una de estas oficinas lamentó la frecuente práctica de las audiencias abiertas entre los directores y el Presidente, que tenían el efecto de socavar su autoridad sin disminuir su responsabilidad. Otro director describió la experiencia como estar en constante "pie de guerra".

Si la estructura y el funcionamiento burocráticos eran meramente accidentales o si estaban diseñados es materia de especulación. De cualquier modo, lo importante es reconocer su funcionalidad para el gobierno de Echeverría. La existencia de varias oficinas, todas trabajando aparentemente en beneficio de los pobres, daba la impresión de que se estaba trabajando mucho. También era muy importante el contacto personal que Echeverría mantuvo con las organizaciones populares y que exigía también de los directores de las secretarías. El Presidente podía aparecer como un mediador que favorecía a ciertos grupos (Connolly, 1982). Por otra parte, cuando existía la amenaza de que una oficina se volviera demasiado poderosa, o que otra se volviera muy débil, el Presidente podía cambiar su apoyo para restablecer el equilibrio. Tanto la tierra como la burocracia se convirtieron en la carne de cañón de la mediación política para Echeverría.

De 1977 en adelante, la estructura de la burocracia a cargo del desarrollo de la tierra y del urbanismo y la manera en que se comportaba cambió en forma sustancial. En parte, esto se debió a la modernización general de varios sectores de la actividad gubernamental que López Portillo inició como parte de su reforma administrativa. También indicaba la creciente tecnocratización de la burocracia en la que los políticos habían sido sustituidos por técnicos (Varley, 1993; Centeno, 1994). En el Distrito Federal, esto fue parte de un esfuerzo consciente por cambiar la naturaleza de las relaciones entre el Estado y la comunidad, y para volver la regularización más eficiente y menos politizada.

El número de oficinas responsables de la regularización se redujo (Ward, 1989b). Lo que es más importante: se evitó la duplicación de funciones y se concentró la autoridad en una oficina específica, y no entre varias como sucedía antes. Cada oficina continuó desempeñando las tareas que le correspondían y se mantuvo al margen de las acciones de las otras. El proceso de modernización y tecnocratización ha continuado desde 1982. De 1990 en adelante, Pronasol se convirtió en el principal vehículo para promover los esfuerzos de coordinación de la Corett (Varley, 1996) y, más recientemente, Sedesol ha fomentado la participación del Estado y de las autoridades municipales en el proceso (Austin, 1994; Jones y Ward, 1998).

Varias cuestiones importantes surgen de esta revisión de la cambiante política gubernamental respecto de los asentamientos irregulares. Hemos visto que la provisión de tierra es un importante mecanismo para la mediación política en la ciudad de México. En lo que a la provisión de tierra concierne, la respuesta del Estado ha sido la pasividad. Al decidir no actuar contra las compañías de bienes raíces o contra los responsables de la venta de tierra ejidal, el Estado ha favorecido ciertos intereses a expensas de los pobres, además de que ha condonado prácticas ilegales. Al mismo tiempo, la provisión ilegal de tierra para grupos de bajos ingresos se ha mantenido.

Al establecer una política para los asentamientos irregulares existentes, los objetivos disimulados del Estado parecen haberse vuelto capitales. El Estado ha intentado usar la cuestión de la tierra como un medio para extender su influencia sobre los pobres y mantener así su inmovilidad. La forma en que esto se lleva a cabo se ha transformado de manera significativa en los últimos años. Antes de 1977, el control era ejercido principalmente a través de la manipulación, la cooptación y los vínculos clientelares con los pobres. A partir de esa fecha, aunque la estabilidad y la pasividad social siguen siendo metas fundamentales, el Estado ha desarrollado un marco más estructurado para lograrlas. Cada vez más, la legitimidad y el apoyo que se brinda al Estado depende de la entrega de recursos a los colonos y de una mayor eficiencia, y ya no de las formas tradicionales de mediación tales como el clientelismo y el aparato del PRI. En México, la regularización se ha convertido en un elemento importante del cálculo político. La naturaleza de la regularización ha evolucionado hasta reflejar las prioridades estatales, y no las de los grupos de bajos ingresos. No se trata simplemente de un medio para extender títulos de propiedad, sino, cada vez en mayor medida, de un medio para incorporar a los pobres a la ciudadanía urbana y a la base tributaria, punto que retomaré en el siguiente capítulo.

LA REPRODUCCIÓN DE LA DESIGUALDAD SOCIAL
A TRAVÉS DE LOS SISTEMAS ESTRATIFICADOS
DE SERVICIOS: EL SERVICIO DE SALUD EN
LA CIUDAD DE MÉXICO

EN EL Área Metropolitana de la Ciudad de México, los altos índices de mortalidad y morbilidad están relacionados con las áreas de bajos ingresos y condiciones precarias de vivienda. Quienes viven en los asentamientos irregulares al este de la ciudad, en Nezahualcóyotl, son especialmente proclives a las infecciones intestinales, debido a las deficientes condiciones sanitarias y de suministro de agua que existen en esa área, por lo menos hasta principios de la década de 1970. Quienes viven en las colonias obreras de Tepito y Guerrero, en el centro de la ciudad, padecen índices bastante altos de enfermedades respiratorias por el hacinamiento y los altos niveles de contaminación (Fox, 1972). Sin embargo, a pesar de cierto cambio en el enfoque hacia los servicios primarios de salud para cumplir con los lineamientos de la Organización Mundial de la Salud (1978, 1981), la filosofía de la atención médica en México se concentra en los cuidados y el tratamiento individuales, y no en programas colectivos para mejorar las condiciones de vida en general.

La estratificación de los servicios de salud
en México ¿quién hace qué?

Los servicios de salud y de seguridad social en México han evolucionado durante más de 4 décadas y, paralelamente a la expansión de otras áreas de la burocracia mexicana, presenta una mezcla de instituciones separadas, cuyas fortunas individuales han fluctuado con las diferentes administraciones.[24] Pero, además de la

---

[24] Una estratificación similar existe en la provisión de vivienda y, si el espacio lo permitiera, se podría desarrollar un argumento paralelo al de los servicios de salud. Véase Ward (1990) y para mayores detalles, véase un cuadro que muestra la estratificación y los niveles de producción de vivienda por institución en cada época.

bien documentada tendencia de las organizaciones a evolucionar por la presión de los grupos más poderosos (Mesa Lago, 1978), en México la cobertura también se ha extendido a los sectores menos favorecidos y, en particular, a amplios sectores de la clase trabajadora, que incluyen tanto a obreros como a burócratas. Esto ha sucedido por varias razones. Es el resultado de gestos políticos del Ejecutivo destinados a fortalecer la ideología popular de que los intereses de los pobres están siendo atendidos. Además, ha sido utilizado para granjearse el apoyo popular, mientras que en otros momentos proporciona un medio para compensar a los trabajadores por la falta de oportunidades y la devaluación de los salarios reales.

En México, las principales instituciones de seguridad social que se han establecido también organizan sus propios servicios médicos, y aquí me propongo enfocar sólo este aspecto de sus funciones. El acceso a la salud para los mexicanos se divide en tres categorías que describiré brevemente a continuación.

Las organizaciones de seguridad social

En primer lugar, se encuentran las organizaciones públicas de seguridad social, de entre las cuales la más grande es el Instituto Mexicano del Seguro Social (IMSS) fundado en 1944 y planeado originalmente para los trabajadores asalariados urbanos. Desde entonces, ha sido ampliado para incluir a los trabajadores asalariados del campo (a partir de 1954) y, desde 1973, la cobertura ha sido ofrecida progresivamente a todas las personas empleadas, e incluso a quienes trabajan por su cuenta. Sin embargo, a estos grupos se les otorga un estatus inferior en el que los beneficios no son comprensivos y están limitados a tratamientos médicos no especializados, además de que se excluye la maternidad. En vista de estas limitaciones, tal vez no sea sorprendente que la población no se haya apresurado a inscribirse. A pesar de los intentos para ampliar la cobertura a las áreas rurales, la inscripción al IMSS sigue siendo preponderantemente urbana: 91 por ciento en 1983 (De la Madrid, 1984, *Segundo Informe, anexo sector salud*).

En segundo lugar está el Instituto de Seguridad y Servicios Sociales de los Trabajadores del Estado, (ISSSTE) fundado mucho después (1960) para los trabajadores del Estado; ofrece un paquete más extenso y generoso de seguridad social y servicios de salud. La afiliación al ISSSTE se quintuplicó de 1966 a 1976 reflejando la expansión de la burocracia estatal en ese periodo. La expansión fue particularmente rápida a principios de la década de 1970, aunque los recursos per capita han declinado en forma constante desde entonces. Casi todos sus afiliados son urbanos y, como puede observarse en el cuadro 14, una gran proporción vive en el área metropolitana de la ciudad de México.

El sector gubernamental

El segundo nivel más grande en la provisión de servicios de salud proviene del sector gubernamental y, en él, la institución más importante es la Secretaría de Salud (SS, antes Secretaría de Salud y Asistencia, SSA), que proporciona la principal fuente alternativa de servicios de salud al grueso de la población que no está asegurada por ninguna de las organizaciones de seguridad social o por asistencia médica privada. En términos absolutos, las responsabilidades de la Secretaría de Salud han aumentado. En 1983, el secretario afirmó que entre 15 y 20 millones de personas en áreas rurales no cuentan con ningún acceso a los servicios de salud (*Excélsior,* 17 de abril, de 1983). De las tres instituciones, ésta es la menos favorecida, pero puede convertirse en un sistema de importancia crucial para los pobres. Aunque las estimaciones varían, es probable que para 18 o 20 por ciento de la población del área metropolitana, el sistema de la Secretaría de Salud represente la única alternativa a la medicina privada (véase cuadro 14). Desde el gobierno de De la Madrid, se han hecho intentos para descentralizar las responsabilidades del sector salud hacia los estados, pero al menos los primeros intentos fracasaron en sus intenciones de transferencia y se convirtieron, de hecho, en un intento por recentralizar el poder en torno a una estructura administrativa diferente (González Block *et al.,* 1989; Rodríguez, 1997, 2000).

El sector privado

El tercer nivel es el sector privado. Esto incluye tanto un sistema de salud privado como instituciones privadas de beneficencia como la Cruz Roja y la Cruz Verde. Aunque limitadas en número y en el espectro de servicios que prestan, con frecuencia las instituciones de beneficencia son la base de los servicios de salud. Tampoco se debe subestimar la importancia de los servicios privados de salud en México. Aun cuando la proporción del total de la población cubierta por la seguridad social creció de 22 por ciento en 1967 a casi 40 por ciento en 1980, esto hace que la mayoría dependa de los servicios gubernamentales y privados. Además, como demostraré más adelante, la medicina privada no es exclusiva de los ricos: los pobres también realizan un uso extensivo del sector privado, en especial para consultas "ligeras".

CUADRO 14

POBLACIÓN ATENDIDA POR LAS ORGANIZACIONES
DE SEGURIDAD SOCIAL Y POR LOS
SECTORES PRIVADO Y ESTATAL

	Área metropolitana[1]		País[2]	
	Porcentaje	Miles	Porcentaje	Miles
Seguridad social:				
IMSS	43.0	4,935.8	29.9	20,000[3]
ISSSTE	15.5	1,772.1	7.2	4,800
Otros	7.2	828.0	2.2	1,500
Gobierno: SSA y DDF	17.9	2,045.9	15.6	10,500
Sector privado	16-5	1,884.0	14.9	10,000
Sin atención	0	0	30.1	20,100
Total	100.1	11,455.8	100.0	66,900

[1] Fuente: DDF, *Plan Director*, capítulo VII, basado en datos de la SSA. La información es para 1976.
[2] Fuente: López Acuña (1980: 108), basado en datos de José López Portillo, II Informe. La información es para 1978.
[3] Fuente: Programa anterior a IMSS-Coplamar.

El aumento del número de personas que cubre cada una de estas instituciones ha tenido importantes implicaciones para la mano de obra y los recursos que cada una puede ofrecer. El nivel de personal e instalaciones ofrecidos por el ISSSTE ha sufrido un agudo deterioro debido, en gran parte, al aumento del número de afiliados entre 1973 y 1978. Las tasas per cápita de doctores, camas y enfermeras disminuyeron en forma notoria y la posición preponderante del ISSSTE pasó a manos del IMSS, que logró mantener sus niveles a pesar del aumento de las inscripciones (Ward, 1986). No obstante, ninguno de los dos casos se compara con la insuficiencia de recursos que experimentó la Secretaría de Salud durante el mismo periodo. En los años ochenta, las instalaciones per cápita con que contaban las organizaciones de seguridad social se mantuvieron mucho mejor que aquéllas del sector gubernamental. Tales niveles diferenciados de beneficios ofrecidos por los diversos "niveles" constituyen un mecanismo importante a través del cual se reproduce la desigualdad.

Las políticas no se formulan en el vacío: emergen en el ámbito de la economía política de una determinada época. Durante los primeros años de la década de 1970, bajo el gobierno del presidente Echeverría, se puso un firme énfasis al desarrollo de hospitales y centros médicos de gran escala y alta tecnología que López Acuña (1980: 182) describió como "elefantes blancos que, vorazmente, consumen los escasos recursos asignados a los servicios de salud en México". En parte como paliativo para las demandas de los pobres urbanos y rurales, Echeverría emprendió programas más "populistas" que tenían implicaciones potenciales de largo alcance para mejorar los servicios de salud para la comunidad, pero que terminaron en poco más que un gesto retórico. Estos programas incluían la creación de guarderías y centros de atención comunitarios que patrocinaran programas "ligeros" como la distribución gratuita de desayunos, educación sobre la nutrición, rehabilitación y educación para las víctimas de polio, así como campañas de salud y vacunación. Desde el punto de vista del gobierno, estas instituciones eran relativamente baratas, ofrecían flexibilidad para responder a crisis específicas y reforzaban la ideología de que se estaban realizando acciones significativas en pro de los menos favorecidos. En la sección anterior pudimos observar acciones paralelas llevadas a cabo en el ámbito de las políticas de uso de suelo.

Los cambios significativos en la política datan de los primeros años del gobierno de López Portillo (1976-1982). Las oficinas de salud intentaron cierta reorganización de la estructura de servicios médicos que hiciera un mayor énfasis en la necesidad de proveer a las comunidades locales un mayor acceso a los servicios generales, y de disminuir los costos de inversión en los programas del campo de la medicina intensiva y el tratamiento especializado. En el área metropolitana, buscando responder a las críticas anteriores que lo acusaban de abandonar el cuidado médico general a favor del tratamiento especializado, el IMSS reorganizó su sistema de salud, estableciendo una jerarquía de tratamientos. Tanto el IMSS como la Secretaría de Salud intentaron desarrollar las capas más bajas de los servicios de salud: unidades de medicina familiar que contaban con instalaciones quirúrgicas para proveer de tratamiento a pacientes no internados afiliados del IMSS. La Secretaría de Salud desarrolló programas de educación sobre problemas de salud y realizó tareas preventivas dentro de las delegaciones, además de abrir un nuevo departamento para atender las áreas "marginales". Sin embargo, la falta de recursos significó que, para 1979, sólo 59 centros de salud, de los 700 requeridos, se habían abierto.

El acceso a los servicios de salud en el Área Metropolitana
de la Ciudad de México

El acceso a instalaciones adecuadas de servicios de salud no es simplemente una cuestión de disponibilidad o pertinencia: dichas instalaciones también deben ubicarse en puntos accesibles en toda la ciudad. Los grandes hospitales de cuidado intensivo y especializados conforman una parte integral de cualquier jerarquía de suministro y por lo regular se espera encontrarlos cerca del centro de la ciudad o en un punto nodal de la red urbana de transporte. Empero, es más importante la necesidad de lograr un equilibrio y asegurar una distribución adecuada de instalaciones de tratamiento general (Eyles y Woods, 1983; Phillips, 1990; Garrocho, 1995a).

En la ciudad de México, existe una amplia jerarquía que comprende centros médicos integrales –hospitales generales–, clínicas y centros de salud. Esto se complementa con hospitales de especialidades e institutos. Estos últimos, junto con los centros médicos de funciones múltiples, proveen el servicio para la población nacional y regional. Debido a los altos costos que implica el establecimiento y mantenimiento de estas instituciones, resulta razonable ubicarlas en los centros urbanos más grandes. Sin embargo, podría cuestionarse la conveniencia de la duplicación de todos los niveles jerárquicos para cada sector. Tanto el IMSS como el ISSSTE y la SS cuentan con grandes centros médicos en la ciudad de México y, en algunos casos, más de uno.

Aquí no me interesa explicar cómo se ha llegado a esa situación; más bien, deseo analizar la eficiencia de la cobertura que existe en toda el área metropolitana. Si examinamos de cerca la ubicación de los servicios públicos de salud en la ciudad, la impresionante inadecuación de la cobertura se hace evidente. En 1965, cuando la rápida suburbanización de los asentamientos de bajos ingresos ya llevaba 2 décadas, había una provisión mínima de centros de salud al alcance de estas colonias pobres. Al este, sureste y noreste prácticamente no había instalaciones del sector público (véase figura 22). Casi todos los servicios médicos estaban alineados en forma de herradura en torno al parque de Chapultepec, y en su mayoría se ubicaban cerca del centro de la ciudad. En esencia, las zonas más viejas, bien establecidas y más ricas de la ciudad estaban abastecidas.

Sin embargo, a pesar de la duplicación de la población entre 1965 y 1980, y del hecho de que el mayor crecimiento se ha concentrado en las delegaciones suburbanas y los municipios adyacentes, el patrón establecido antes de 1965 no ha variado en forma apreciable (véase figura 23). Aunque se han establecido nuevas instalaciones en la periferia, éstas se encuentran muy separadas entre sí. Tanto el ISSSTE como el IMSS han hecho poco más que consolidar su red existente creando nuevos centros médicos y grandes hospitales, pero han mostrado poco esfuerzo real en la descentralización de la cobertura a través de centros de salud y clínicas para

FIGURA 22

UBICACIÓN DE LAS INSTITUCIONES QUE OFRECÍAN
TRATAMIENTO MÉDICO EN 1965

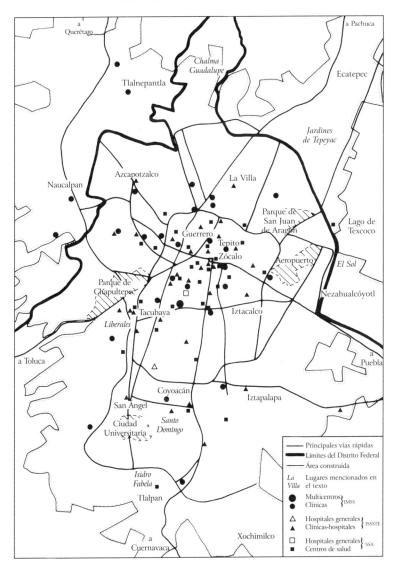

las colonias suburbanas. Si bien la falta de voluntad del ISSSTE para cambiar su política puede justificarse parcialmente con el argumento de que la mayor parte de sus afiliados no vive en asentamientos de bajos ingresos, no puede decirse lo mismo del IMSS. Por su parte, la Secretaría de Salud sí intentó aumentar el acceso a sus instalaciones y trasladar la ubicación de sus servicios hacia las áreas más pobres. Entre 1965 y 1971, la Secretaría de Salud inició una reorganización de sus instalaciones y cerró algunas de sus clínicas al tiempo que abría otras en las colonias depauperadas del Distrito Federal: un proceso que se extendió a la década de 1970 (véase figura 24). Desde 1977, se registró un notable aumento del sector de la beneficencia. Entre los dos, estos últimos sectores han emprendido las iniciativas más importantes para extender los servicios de salud a las colonias pobres de la ciudad.

Los servicios de salud para los residentes
de asentamientos irregulares

En 1979, como parte del estudio PIHLU (véase capítulo 2), unas 630 familias en seis asentamientos irregulares de bajos ingresos situados en la periferia de la ciudad fueron entrevistadas sobre cuestiones relacionadas con la salud familiar. Específicamente, los cuestionarios incluían una sección sobre las enfermedades que la familia había padecido durante los últimos 12 meses, el tratamiento recibido, y las opiniones relacionadas con la calidad de la atención médica. Esta información es parcial, ya que sólo proporciona una indicación de los patrones de salud para los habitantes de bajos ingresos en las colonias populares de la ciudad de México en un solo punto del tiempo. No obstante, proporciona una base para la evaluación independiente de la eficiencia de los servicios de salud, y algunos de los hallazgos resultan interesantes en el contexto de la discusión previa.

Tanto en términos espaciales como sectoriales, el tratamiento buscado resultaba de interés primordial. Por ende, era inevitable que muchos de los entrevistados identificaran las enfermedades más importantes que habían padecido, pasando por alto las me-

FIGURA 23

UBICACIÓN DE LAS INSTITUCIONES QUE
OFRECÍAN TRATAMIENTO MÉDICO EN 1982

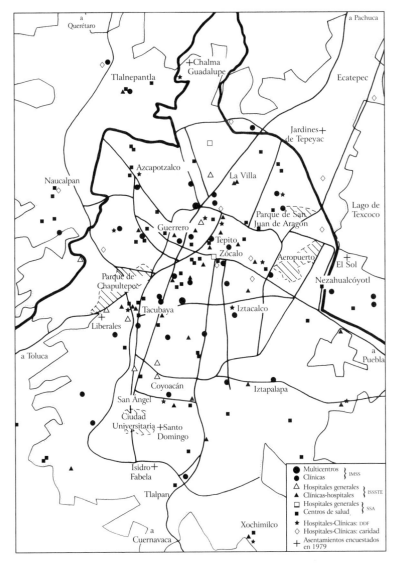

FIGURA 24

NUEVAS UBICACIONES DE TRATAMIENTO MÉDICO
ESTABLECIDAS EN LA CIUDAD DE MÉXICO ENTRE 1971 Y 1982

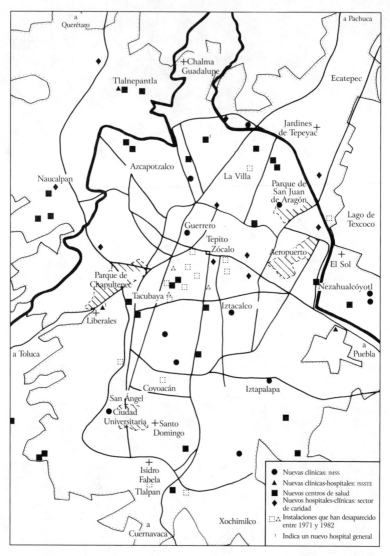

nores o las más cortas (como gripa y problemas intestinales). Más de la mitad del total de jefes de familia entrevistados declararon que por lo menos un miembro de la familia había estado enfermo en los últimos 12 meses. En la mayoría de los casos, la persona en cuestión era la esposa (36 por ciento) o un hijo o hija (42 por ciento). En muchos casos, resultaba difícil identificar con precisión la verdadera naturaleza de la enfermedad, ya que se trataba de padecimientos "menores" que no caían dentro de ninguna categorización. En los casos en que se especificaba la enfermedad, un número importante se relacionaba con salud perinatal o tratamientos para la gripe. También se mencionan desórdenes intestinales, pero tal vez no todos fueron reportados o bien forman parte de una categoría "no especificada" de enfermedades.

Al parecer, la fuente de la cual provenía el tratamiento se relaciona con dos consideraciones. Primero, si el individuo estaba cubierto o no por alguna forma de seguridad social. Segundo, la posibilidad de elegir, en la medida en que no todo el mundo utiliza el sistema más económico a su alcance. En la ciudad de México, aproximadamente 66 por ciento de la población cuenta con servicios de salud por parte de organizaciones de seguridad social; una proporción muy similar a la muestra de jefes de familia entrevistados, quienes pertenecían, en su mayoría, al IMSS (véanse cuadros 14 y 16). En específico, 60 por ciento de los individuos que reportaban una enfermedad estaban cubiertos por una de las organizaciones de seguridad social, aunque esa cobertura variaba considerablemente de un asentamiento a otro. Sin embargo, a pesar de que la mayoría contaba con seguridad social, y de que incluso quienes no estaban cubiertos podían recurrir al sector gubernamental, muchos de los entrevistados optaron por el tratamiento privado, en general recurriendo a un doctor en su consultorio (véase cuadro 15). De hecho, casi dos quintas partes del total de los tratamientos fueron proporcionados por el sector privado. Al parecer, la población de menores recursos a menudo prefiere utilizar los servicios privados, mismos que se hallan mejor ubicados que las instalaciones públicas (véase más adelante). Esto es más probable en los casos en que la enfermedad no requiere de cuidado intensivo u hospitalización. En estos últimos casos, y para los tratamientos que pueden ser más costosos, se utilizan casi de forma exclusiva los sectores oficial y de seguridad social. Por lo regular, la gente puede costear una consulta con el médico local; pero no pueden enfrentar los altos costos de la hospitalización o de un tratamiento privado constante. Este hallazgo se aplica tanto a los afiliados a organizaciones de seguridad social, como a quienes no están cubiertos, pero no de la misma manera. Es más probable que quienes cuentan con seguridad social recurran a ese servicio, pero 25 por ciento de los afiliados recurrieron a servicios privados, comparado con 82 por ciento de la población sin cobertura, cuya única alternativa son los sistemas oficial o de beneficencia (véase cuadro 16).

Pueden aventurarse dos explicaciones para el uso extensivo de la medicina privada por parte de los pobres. Primero, puede indicar la insatisfacción con el sector público, debida a la deficiencia de tratamientos anteriores, largos periodos de espera o porque la gente se siente culturalmente ajena a la medicina moderna. Sin embargo, ninguna de estas razones parece plausible, dado que casi todos (más de 80 por ciento) dijeron estar satisfechos con el tratamiento recibido, sin importar el sector que lo haya proporcionado. Esto no significa por fuerza que el servicio ofrecido sea satisfactorio, sino simplemente que los habitantes de bajos ingresos expresaron pocas quejas.

Una segunda explicación está relacionada con la disponibilidad. He demostrado que existe una marcada discrepancia entre la ubicación de las instalaciones de salud pública y las áreas de vivienda de bajos ingresos. Invariablemente, estas últimas no están bien abastecidas. Por ello, la mayoría de la gente se enfrenta a un largo viaje en transporte público o en taxi para llegar a una clínica gubernamental o de seguridad social y, como es de esperarse, prefiere visitar al médico local, casi siempre en su consultorio ubicado en el mismo asentamiento. En casi todos los asentamientos de la muestra, la mayoría de los entrevistados buscó tratamiento privado en las inmediaciones de su hogar. En otros casos, o cuando se requería un tratamiento especializado, recurrieron a la ins-

Cuadro 15

TIPO Y FUENTE INSTITUCIONAL
DE TRATAMIENTO MÉDICO PARA LOS
RESIDENTES DE ASENTAMIENTOS IRREGULARES

	Porcentaje	Número
Consultas:		
Hospital	2.3	8
Doctor privado	26.9	94
Centro de salud (SSA)	6.6	23
Clínica privada	2.3	8
Clínica del Seguro Social	27.8	97
"Curandero"	0.6	2
Enfermera	1.7	6
Consultas: subtotal	68.2	238
Hospitalización:		
Gobierno o caridad	7.7	27
Hospital privado	6.9	24
Seguridad social	16.9	59
Hospitalización: subtotal	31.5	110

Fuente: Encuesta de asentamientos PIHLU, 1979.

Cuadro 16

SECTOR EN EL QUE SE BUSCA TRATAMIENTO
DEPENDIENDO DE SI EL ENTREVISTADO
CUENTA CON SEGURO SOCIAL O NO

Sector en el que fue tratado	Todos (%)	Sin seguro social (%)	Con seguro social (%)
Gobierno y caridad	17	32	7
Privado	39	62	25
Seguridad social	45	6	68
Porcentaje total	101	100	100
Número total	349	129	195

Fuente: Encuesta de asentamientos PIHLU, 1979.

titución adecuada más cercana (véase figura 25). Estos casos se indican con líneas más gruesas, y puede apreciarse que implican viajar una distancia considerable, en especial en los asentamientos más cercanos a la periferia, como las colonias Jardines e Isidro Fabela. En promedio, la distancia de ida y vuelta hasta el lugar del tratamiento en estos dos asentamientos era (a vuelo de pájaro) de unos 12.5 y 10 kilómetros, respectivamente. Incluso los habitantes de asentamientos mejor abastecidos, como Chalma y Santo Domingo, debían viajar un promedio de 6 kilómetros. Paradójicamente, El Sol, que es uno de los asentamientos con menos servicios, parece no tener mayores problemas (8 kilómetros.), pero esto se debe a que la mayoría de los residentes no tiene otra alternativa más que recurrir a las instalaciones privadas locales, lo cual disminuye el promedio registrado de distancias recorridas en el asentamiento.[25] En El Sol, 19 jefes de familia reportaron haber utilizado instalaciones públicas para tratar la enfermedad identificada, y el promedio de la distancia del viaje redondo (a vuelo de pájaro) era de 19 kilómetros. Esto contrasta con los 5.4 kilómetros que recorren los 36 jefes de familia que aprovecharon las instalaciones privadas (e, invariablemente, locales). Muchas de estas personas (21) fueron tratadas dentro de su propia colonia.

La incapacidad del Estado para proveer un servicio adecuado de salud significa que muchos de los pobres se ven obligados a arreglárselas por sí mismos. Por conveniencia, una minoría sustancial recurre a instalaciones privadas y, en el caso de un padecimiento relativamente menor, la mayoría acude a un médico cercano. Aunque en estas colonias las consultas privadas son más o menos baratas, resulta paradójico que los pobres realicen un uso extensivo de este sector, dado que supuestamente existe un sistema público comprensivo. Este hecho enfatiza la necesidad de una distribución más amplia de centros de salud locales en las áreas periféricas de la ciudad. En particular el IMSS y la SS deberían dirigir mayores inversiones hacia la construcción de centros de salud comunitarios de bajo costo, ya que la población que más depende de este sector es la que recurre a médicos privados con mayor frecuencia.

---

[25] A primera vista, estas distancias pueden parecer razonables. Sin embargo, se trata de cálculos conservadores basados en distancias medidas a vuelo de pájaro y no consideran la ineficiencia de las redes de transporte público. También son promedios que incluyen las distancias cortas relacionadas con tratamientos en el interior de los asentamientos.

FIGURA 25

LUGARES EN DONDE PUEDEN RECIBIR
TRATAMIENTO MÉDICO LOS HABITANTES
DE SEIS ASENTAMIENTOS IRREGULARES
EN LA CIUDAD DE MÉXICO

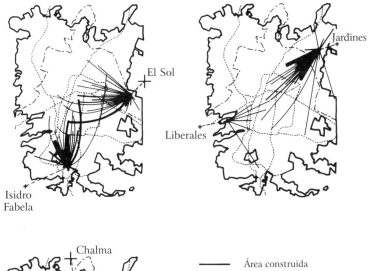

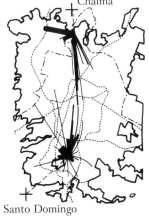

——— Área construida

---------- Caminos principales

– – – – Límites del Distrito Federal

+ + +   Nombre del asentamiento
2 5 15   (el tamaño representa el
         número de personas tratadas
1 2 51015 dentro del asentamiento)

Observaciones

El análisis del acceso a los servicios de salud en la ciudad de México demuestra cómo diversos grupos sociales se mantienen separados a través de los diferentes "niveles" de tratamiento de que disponen. Incluso los intentos del IMSS por extender su cobertura a las poblaciones que no contaban con ella, aunque bienvenidos, ofrecieron un servicio mínimo e inferior al que recibían los derechohabientes. Esto contribuye a crear otro nivel en un sistema de por sí altamente estratificado, y la desigualdad social existente se acentúa todavía más.

En segundo lugar, la desigualdad social se mantiene a través de la aguda diferenciación de los beneficios que se acumulan en cada "nivel" y de la manera en que cada uno es regresivo en materia financiera (Mesa Lago, 1978). Las contribuciones son una proporción de los salarios, de modo que, aunque los grupos mejor acomodados pagan sumas más altas, también los otros contribuyentes bipartitos o tripartitos lo hacen, sea el gobierno o el patrón (Midgley, 1984). En este último caso, las contribuciones son generadas a partir de las ganancias sobre los bienes, de manera que el consumidor es quien termina pagándolas. Como resultado de lo anterior, es más probable que las organizaciones que cubren a los trabajadores y los empleados mejor pagados sean las que restituyan sus recursos con mayor rapidez. Es claro que esta multiplicidad de estructuras no es un accidente histórico. Es el resultado deliberado del sistema político y facilita la manipulación de un sector o grupo de la población en contra de otro. También hace que la estructura sea altamente resistente al cambio: pocos grupos desearán ceder las ventajas que poseen.

Esto conduce a mi tercera conclusión general de que una estructura estratificada tiene funciones ideológicas importantes para el Estado. En forma velada, los sistemas de salud y de seguridad social sirven para cooptar a los grupos más poderosos y organizados de la sociedad. Así, los trabajadores federales son atendidos a través del ISSSTE; los que se desempeñan en industrias estratégicas cuentan con sus propios servicios de salud, como sucede con los militares. Estas condiciones, junto con la ampliación de los beneficios que proporciona cada sistema de seguridad en particular, han avanzado en respuesta a la presión de estos grupos poderosos (Mesa Lago, 1978). Todo el tiempo, han tratado de mantener su ventaja relativa frente a otros grupos. El IMSS ofrece el mejor servicio médico, pero sus beneficios de seguridad social no son tan generosos como otros. La Secretaría de Salud, que atiende a la mayoría de la población, no es más que un servicio de salud nominal. Tal vez, esta situación no persistiría si las personas o comunidades que no cuentan con una cobertura adecuada se organizaran de manera más efectiva para presentar sus demandas, o si mostraran cierta tendencia a protestar. Actualmente, el Estado tiene la capacidad para ofrecer el mínimo de servicios sin temor a fuertes protestas. Además, ha creado una serie de instituciones "reparadoras" que parecen hacer concesiones o proporcionar ayuda donde se la requiere.

LA REPRODUCCIÓN DE LA DESIGUALDAD SOCIAL MEDIANTE LA INTERACCIÓN COMUNIDAD-ESTADO

OTRO DE los medios a través de los cuales se reproduce la desigualdad son los arreglos del Estado para comprometerse e interactuar con las comunidades locales. Como argumenté en el capítulo 3, en el contexto del Distrito Federal, estos arreglos han cambiado con el paso del tiempo y han dejado de ser relaciones abiertamente clientelistas para convertirse en acuerdos mucho más estructurados que comprenden las juntas de vecinos. De hecho, una revisión general de los canales de acción comunitaria en tres países de América Latina, concluye que las estructuras tienden a imponerse de forma cupular, en lugar de ser una expresión de abajo hacia arriba de la movilización de los más desfavorecidos (Gilbert y Ward, 1984). La razón fundamental de su existencia obedece a las necesidades y los criterios del Estado, y no refleja las necesidades de los pobres. Claro que existen excepciones a este rígido patrón, pero no eran la regla, por lo menos hasta que la democratización en América Latina comenzó a abrir el espacio político a la participación en el desarrollo local (UNCHS, 1996: 168). Agencias internacionales y muchas oficinas de gobierno adoptaron las virtudes de la acción y participación comunitaria incluyente y lo consideran como un factor importante del desarrollo de los proyectos que patrocinan (Skinner y Rodell, 1983).

Pero si este punto de vista un tanto cínico refleja la práctica, ¿qué sucede con la teoría? ¿Acaso la lucha organizada –sea una lucha clasista en el sentido clásico o una lucha basada en una "coalición arcoiris" de intereses de grupos y partidos políticos– ofrece el potencial para superar la desigualdad social? Hace más de 2 décadas, existía un enorme interés y se tenía fe en las posibilidades de que el *Lumpentproletariat* (es decir, las masas en los países del Tercer Mundo que no se adecuaban a la vanguardia proletaria clásica, capaz de promover la lucha de clases) se rebelaría y destruiría a las élites dominantes (Fanon, 1967). Aunque desde una perspectiva idealista –la cual no fue capaz de identificar la manera en que una clase en sí misma se convierte en una clase por sí misma– este trabajo alentó la investigación sobre los métodos en que los pobres se movilizan y obtienen concesiones del gobierno (Goldrich, Pratt y Schuller, 1967; Ray, 1969; Cornelius, 1975). Sin embargo, estos estudios no apuntaban al radicalismo de los pobres, sino a su conservadurismo. El acceso privilegiado a los beneficios sociales y de vivienda que ofrecen los grandes centros urbanos, comparado con lo que los migrantes tuvieron que superar en las provincias, alentaba el apoyo al sistema. Más aún, la manera a través de la cual estos beneficios se obtenían mediante el intercambio de apoyo político también redujo la posibilidad de que los pobres se constituyeran como la vanguardia de una revolución exitosa o de una transformación social significativa.

En este contexto, la obra de Castells es muy importante. De hecho, su pensamiento temprano estuvo fuertemente influenciado tanto por la teoría ortodoxa de la lucha de clases, como por su experiencia en asentamientos irregulares (campamentos) de Santiago de Chile, durante el gobierno de la Unidad Popular (1970-1973). Su contribución fue una atractiva teoría sobre la formación de los movimientos sociales en relación con el crecimiento de la intervención estatal. Un breve resumen no hace justicia al trabajo de Castells, pero la existencia de análisis detallados (Lowe,

1986) y el hecho de que las ideas del propio Castells sobre la naturaleza y el potencial de los movimientos sociales urbanos hayan dado un giro de casi 360 grados entre 1971 y 1983, hace que este breve tratamiento sea un poco más justificable. Como ya indiqué antes en este capítulo, Castells argumenta que la creciente obligación del Estado de intervenir en el suministro de los "medios colectivos de consumo" proporciona, en efecto, un punto alrededor del cual se puede fraguar el conflicto en contra de la clase dominante o del grupo que controla dichos "medios" (el Estado, en este caso). Con un liderazgo apropiado, y vínculos con la clase trabajadora avanzada (cuya lucha en la relación del capital –medios de producción– fue de capital importancia), podría formarse un movimiento social que conduciría a un "nuevo efecto cualitativo" sobre las estructuras de dominación dentro de la sociedad (Castells, 1977).

Por varias razones, Castells se alejó de las restricciones de esta definición y comenzó a dar un peso mayor (equivalente) a la importancia de la lucha de clases "secundaria" o "desplazada". El vínculo con la relación del capital a través de una vanguardia proletaria ya no era fundamental. En última instancia, enfrentado al éxito sumamente limitado de los movimientos sociales urbanos durante los años setenta, junto con la creciente internacionalización del proceso económico, Castells retrocedió y argumentó que el cambio social es posible sólo cuando la movilización en torno a una cuestión de consumo colectivo se combina con la autogestión política y con la defensa de la identidad cultural y territorial (Castells, 1983: XVIII, 328). Sin embargo, ampliar el tema de la movilización no es suficiente, afirma Castells (p. 329), ya que los movimientos urbanos no pueden abarcar ni "reconocer la relación entre producción, consumo y circulación", tarea que se extiende más allá de los confines de la comunidad local. En el mejor de los casos, es probable que los grupos locales sólo sean eficaces en su resistencia contra "la explotación –la opresión alienante que la ciudad representa" (p. 330); ahí yacen su papel y su valor contemporáneos.

Otros se han mantenido más firmes en su creencia sobre la posibilidad de lograr el cambio social bajo condiciones de "acumulación flexible" y consideran prometedora la experiencia de los "Verdes" en Alemania occidental y de la "Coalición arcoiris" en los Estados Unidos (Harvey, 1987; Eckstein, 1989; Assies, 1993). Harvey (1987: 283) también dice que "el poder para los que no lo tienen debe ser ganado en la lucha desde abajo, y no otorgado como dádiva desde arriba". En la ciudad de México, el problema ha sido que la generosidad de arriba no ha dejado de privar del poder a cualquier movimiento serio encaminado hacia el cambio social. Incluso la movilización en torno a la reconstrucción de vivienda tras el terremoto en 1985-1986 y la formación de una Coordinación Única de Damnificados (CUD) bien organizada y, más tarde, de la Asamblea de Barrios, fueron cooptados por los términos generosos del programa mismo y por la concertación que todos los grupos firmaron como requisito para la inclusión (Eckstein, 1990b). Aunque, desde el punto de vista de las organizaciones de bajos recursos, esta experiencia fue una de las más positivas y anunció relaciones más simétricas con las autoridades locales, cuando la movilización amenazó con desestabilizar la paz social en el centro de la ciudad, entonces el Estado respondió como lo hace usualmente: pactando. Las protestas potenciales de quienes habían sido excluidos del programa inicial de reconstrucción fueron compensadas con un segundo programa disminuido: la Fase II. También la integridad interna de la Asamblea de Barrios comenzó a erosionarse bajo las luchas y la división internas (Greene, 1993).

No obstante, algunos autores consideran los movimientos sociales de manera más positiva y argumentan que dichos movimientos representan un medio importante para alcanzar el poder y pueden derivar en resultados positivos para los grupos menos favorecidos, en particular cuando existe una convergencia de varios factores como la necesidad, infraestructura social existente, apoyo de grupos supralocales en mejores condiciones y la apertura del espacio político (Eckstein, 1990b). Ciertamente, estas condiciones se cumplieron durante la reconstrucción del centro en la ciudad de México a finales de la década de 1980. Más aún, la apertura del espacio político en el nivel nacional en México, iniciada en 1989, junto con una mayor representación plural de partidos políticos en los gobiernos locales y el reforzamiento deliberado de la participación comunitaria en el programa Solidaridad han promovido, sin duda, oportunidades genuinas para una participación ciudadana más equitativa y menos restringida en materia de desarrollo urbano durante la última década (Haber, 1994; Contreras y Bennett, 1994; Bennett, 1995; Venegas, 1994). Además, muchos gobiernos urbanos parecen estar respondiendo en forma más abierta y positiva a los grupos de ciudadanos y habitantes locales, y evitando las prácticas corporativistas y de cooptación del antiguo PRI (Cabrero, 1995; Rodríguez y Ward, 1994a, 1996), lo cual sugiere que algunas de las formas de control descritas más adelante están convirtiéndose en una característica del pasado. Sin embargo, aún queda mucha evidencia de que estos cambios están lejos de ser totales (Dresser, 1991; Varley, 1993, 1996). ¿Cómo se logra esta privación del poder en el contexto de las políticas de uso de suelo, servicios de salud, vivienda y acuerdos para la infraestructura de servicios? Tradicionalmente, han existido tres mecanismos básicos: a través de la estructura de vinculación con el Estado; mediante tácticas de "divide y vencerás"; o por medio de la manipulación de la ideología popular.

El control a través de los vínculos entre el Estado
y la comunidad o los movimientos sociales

En el cuadro 17 se esbozan los diversos tipos de control que pueden ser ejercidos mediante las distintas formas de relación entre el Estado y la comunidad. El clientelismo implica un vínculo informal entre la comunidad y su líder y un "patrón", vínculo en el que se intercambian bienes y favores que distribuye el patrón por el apoyo político de la comunidad (Grindle, 1977). La *cooptación* y la *incorporación* ocurren cuando el líder o la comunidad se afilian con una organización nacional y, por ello, se ven sujetos a la ortodoxia, los procedimientos, las reglas, etcétera, propios de la organización. Por lo general, esto ocurre porque se piensa que el vínculo traerá consigo un trato preferencial y beneficios. En México, la cooptación es una estrategia clásica que el PRI utiliza dando la impresión de que tiene acceso preferencial a los recursos. En los hechos, la cooptación conduce a probabilidades *reducidas* de lograr resultados exitosos: lo que un autor llama, de manera apropiada, la "ironía de la organización" (Eckstein, 1997, 1998). La "rutinización" es una forma de integración que las oficinas gubernamentales utilizan cuando las comunidades son reconocidas y establecidas por la institución con el fin de lograr sus objetivos de manera eficaz. En último caso, las comunidades pueden resistir la mediación externa y rechazar, a través de sus líderes, los acercamientos que pudieran llevar a la pérdida de su autonomía. Esto sucede por razones de pureza ideológica, cuando el grupo es cuidadoso con la influencia corrosiva del Estado; o bien surge de la creencia en que la autonomía y el desenmascaramiento de las autoridades locales maximizará las oportunidades y la rapidez para asegurar el resultado deseado.

CUADRO 17

MÉTODOS DE CONTROL EJERCIDOS MEDIANTE DIFERENTES FORMAS DE LA RELACIÓN COMUNIDAD-ESTADO

Naturaleza de la relación	*Formas en las que se ejerce el control externo*
Patrón-cliente	Manipulación Concesiones *ad hoc*
Cooptación/incorporación	Concesiones ocasionales "ligeras" Cumplimiento de la ortodoxia externa
"Rutinización"	Aleccionamiento y concesiones Funcionarios que controlan la distribución de recursos "Papeleo" para retrasar y obstaculizar
Autonomía/independencia	Concesiones para pacificar Manipulación Represión, asesinato de líderes, etcétera

La forma en que las cuestiones del uso de suelo y del suministro de servicios han sido manejadas a través de las relaciones entre el Estado y la comunidad en la ciudad de México ofrece un panorama de varios de estos procesos. Aquí, por razones de brevedad, abordaré tan sólo el tema de la tierra. Hasta finales de los años setenta, el PRI recurrió a la cooptación y al clientelismo con buenos resultados, a menudo a través del ala de la CNOP, que estaba muy involucrada como mediadora entre los habitantes y el gobierno (Cornelius, 1975; Eckstein, 1977, 1988; Alonso *et al.*, 1980). En el Distrito Federal, la regularización de la tierra y el suministro de servicios cobraron importancia como un medio para asegurar y desarrollar el control y el apoyo políticos. A través de la Oficina de Colonias, los residentes eran presionados para asistir a mítines políticos y para votar por el PRI en las elecciones; a cambio, podían esperar alguna forma de reconocimiento de su asentamiento por parte del gobierno, y/o la instalación de servicios menores y favores ocasionales. Este proceso de negociación estaba mediado verticalmente por los líderes de los asentamientos, quienes actuaban como "intermediarios" en las redes informales del clientelismo, que involucraban a la comunidad y a políticos de alto nivel, así como a funcionarios del gobierno (Cornelius, 1975).

Aunque el control directo del PRI sobre los asuntos de los asentamientos se vio menguado con la creación de nuevas oficinas responsables de la regularización y la vivienda, sobre las cuales el partido tenía poca influencia directa, la proliferación de facciones y grupos dominantes en cada asentamiento antes de 1976 proveía un amplio espacio para que el PRI maniobrara. Diversos líderes buscaron la legitimidad mediante la creación de vínculos verticales de clientelismo con varios "patrones". Esta escisión de las facciones dentro de un solo asentamiento no fue enfrentada seriamente sino hasta 1977, después de que las relaciones "rutinizadas" entre las oficinas y los individuos se convirtieron en la orden del día. En el Estado de México, la tarea principal del partido durante los primeros años de la década de 1970 fue penetrar el movimiento social urbano de masas (el MRC) y su organización hermana en la quinta zona de Ecatepec. Para 1976, mediante métodos clásicos de cooptación e infiltración, la CNOP logró socavar el potencial de estas organizaciones (Cisneros Sosa, sin fecha).

De cualquier manera, la movilización social radical no siempre ha sido desviada por el clientelismo, la cooptación y la rutinización (Montaño, 1976; Ramírez Saiz, 1983). En tales casos, puede utilizarse la represión promovida por el gobierno en contra de la comunidad o de sus líderes para destruir cualquier oposición. La violencia desplegada durante 1974-1976 en contra del asentamiento "2 de octubre", en Iztacalco, y contra su líder Pancho de la Cruz también fue una advertencia para otros sobre este último recurso de disuasión.

El control a través de las tácticas de "divide y vencerás"

El segundo mecanismo principal a través del cual el Estado ejerce control sobre los movimientos sociales que amenazan con romper la paz social es la división de grupos. Cualquier intento por reunir un movimiento horizontal entre diferentes organizaciones espaciales o sectoriales genera la preocupación del Estado. Como a cabo de explicar, el Estado busca vínculos de mediación verticales hacia los líderes o las comunidades. El MRC, la Coordinación Nacional de Movimientos Populares Urbanos (Conamup) y la Coordinación de Damnificados por el terremoto (CUD) son ejemplos de movimientos que rompieron las reglas, por lo que al Estado concierne. La respuesta gubernamental es reveladora, y se han desarrollado varios mecanismos para enfrentar entre sí a las distintas facciones de un grupo.

Uno de ellos es el trato diferenciado sistemático hacia los asentamientos. Así, se acuerda el suministro de agua o la regularización de las tierras en un área, y en la otra no; se instala electricidad aquí, y allá no. Esto genera divisiones entre los líderes con respecto a las prioridades de mejoramiento y fue una forma importante en que se enfrentó a los asentamientos en Ecatepec durante los años setenta (Guerrero *et al.*, 1974). Como señalé antes, también los vínculos entre oficinas y grupos locales acentúan estas divisiones, particularmente cuando existen rivalidades interinstitucionales, como fue el caso durante el gobierno de Echeverría.

A veces los funcionarios locales también actuaban en forma diferenciada al negarle cualquier beneficio a ciertos asentamientos, mientras que fingían cubrir necesidades similares en un área adyacente. El objetivo aquí es socavar el liderazgo en los asentamientos que el Estado considera poco complacientes, y alentar a las facciones incipientes del mismo asentamiento para despojar al líder recalcitrante de su base de apoyo. En el "tratamiento" de estas áreas, Maquiavelo aún vive.

En otros lugares, no es necesario crear divisiones entre los diferentes grupos, puesto que éstas ya existen. Los inquilinos y residentes que habitan los asentamientos irregulares tienen prioridades muy diferentes en cuanto a la intervención estatal. De manera similar, los diferentes tipos de procesos para la adquisición de tierra que se describieron antes requieren solución de diferentes instancias: Corett para los terrenos ejidales, otras oficinas federales y estatales ubicadas en otros sitios dependiendo de la jurisdicción. Además, los intereses en la "regularización" de tierra ejidal a menudo conducen en varias direcciones, según la forma en que la tierra haya sido adquirida: por invasión, concesión, compra, avecindado, etcétera.

Las oportunidades de colaboración también están moldeadas por la forma de consumo de los bienes: individual o colectiva. Por ejemplo, a diferencia del agua, la electricidad, el drenaje y tal vez la regularización, que son "consumidos colectivamente" (esto es, requeridos de manera consistente por la mayoría de la comunidad), los servicios de salud y de educación se "consumen" de forma individual y efímera. Quienes tienen niños pequeños, los mandan a la escuela; la demanda varía de acuerdo con el número de niños y sus edades. No todos se interesan en el servicio educativo. El mismo argumento puede aplicarse a los servicios de salud: no todos necesitan un tratamiento médico. La mayor parte de las personas confían en su suerte y esperan que ningún miembro de la familia padezca una enfermedad grave. Si esto sucede, entonces el individuo afectado busca atención médica apropiada. De ahí que los líderes de los asentamientos identifiquen sólo aquellos servicios que generan un amplio apoyo como centro de la movilización. Aquí también la escala es importante. En México, el menor nivel

institucional que suele encontrarse para los servicios de salud es
la clínica o el centro de salud. Por lo regular, éstos están diseñados
para abastecer a ciertos asentamientos. En consecuencia, si se
presiona para persuadir al gobierno de que provea nuevas instalaciones, varias comunidades deben coordinarse al mismo tiempo.
Algunos factores impiden que esto suceda. Pocos asentamientos
tienen el mismo nivel de "integración" en términos de suministro
de servicios. Incluso en comunidades adyacentes, el liderazgo local
genera un orden jerárquico distinto de prioridades para las acciones futuras. Más aún, la naturaleza vertical de las relaciones entre
los asentamientos particulares y los políticos y oficinas gubernamentales en México actúa, de manera deliberada, contra las comunidades que trabajan en conjunto. Desde el punto de vista de
un líder, la movilización en torno a una cuestión de salud, que
requiere la colaboración de las comunidades vecinas, es un caso
perdido.

*Control mediante la ideología de la
provisión de bienestar social*

Otra base para dividir a grupos de clase social similar es moldear
la ideología popular de alguna manera que no resulte amenazado-
ra para el Estado. La demanda de servicios o bienes puede ser
construida socialmente por el gobierno. Por ejemplo, el contenido
actual del debate ecologista en el Distrito Federal fue tomado en
gran medida de los grupos radicales y verdes, eclipsando así sus
argumentos y secuestrando su ímpetu. De igual manera, en este
capítulo he demostrado cómo la legalización de los títulos de
propiedad "chuecos" en México ha sido esgrimida por el gobierno
como una "necesidad" popular. Las formas en que la ideología
popular se crea y conserva no han recibido la atención adecuada en
la investigación contemporánea en México y el resto del mundo
(Tamayo, 1995).
    Más aún, en el contexto de los servicios de salud en la ciudad
de México, no se debe pasar por alto el papel ideológico que un
sistema estratificado de seguridad social desempeña para prevenir
el movimiento social en torno a las cuestiones de atención médica.

Existe una división deliberada entre los pobladores de los asentamientos irregulares en la ciudad de México: algunos cuentan con el seguro completo del IMSS; otros con el seguro parcial; unos cuantos pertenecen al ISSSTE; y todos los demás saben que, de enfermar, podrán recurrir a la Secretaría de Salud o a algún doctor local para recibir asistencia. Al parecer, no existe una opinión única sobre la necesidad de mejores instalaciones ni sobre el tipo de atención que se debería buscar. Además, como ya observamos, la gente no considera que la provisión de servicios de salud sea un problema; la mayoría está satisfecha con el tratamiento que recibe. Si bien los criterios objetivos sugieren que los servicios de salud en la ciudad de México son inadecuados e inequitativos, la existencia misma de diversas fuentes de tratamiento fomenta la satisfacción con el *statu quo*. Quienes desean gozar de los beneficios de atención médica que ofrecen los esquemas de seguridad social saben que la manera más viable de lograrlo es obteniendo un empleo que los asegure de manera automática, y no ejerciendo presión hacia el Estado para que extienda dichos beneficios a toda la población.

Tampoco es probable que los grupos de presión existentes que han ganado beneficios de seguridad social para sus miembros ejerzan presión para que el sistema sea más equitativo. Continuarán luchando sólo para obtener mejoras para sí y conservar sus ventajas relativas sobre otros grupos en competencia. Como en el pasado, cualquier cambio significativo en la naturaleza de la provisión de servicios de salud para la mayoría provendrá de la iniciativa y generosidad del gobierno, más que de las acciones de sindicatos organizados o las movilizaciones en asentamientos.

LA PARADOJA: LA DESIGUALDAD SOCIAL EN LA CIUDAD DE MÉXICO, ¿HA MEJORADO O EMPEORADO?

El mejoramiento de las condiciones de vida urbanas

La literatura académica en México y el resto del mundo no se cansa de aseverar que las condiciones de vida urbana se están de-

teriorando: la oferta de vivienda y servicios cae por debajo de la
demanda; las densidades se elevan; los precios de la tierra muestran
un dramático aumento; la duración del viaje al trabajo se alarga;
y la gente acaba por ahogarse debido a la contaminación. A lo largo
de este libro he cuestionado dichas aseveraciones, por lo menos
a priori. Si las condiciones en verdad están empeorando en México
y otras ciudades del mundo, entonces nuestra labor como académicos es demostrar el grado y el índice de dicho deterioro. Pienso que
un área en la que pueden observarse mejoras significativas desde los
años sesenta es el nivel de servicios (véase cuadro 18).

Una vez adquiridos sus terrenos, los pobres se ocupan de la
introducción de servicios urbanos como agua, electricidad, transporte público, calles pavimentadas, alumbrado público, y otras
instalaciones que incluyen escuelas, mercados cubiertos y centros
de salud. A diferencia de los fraccionamientos de clase media, donde
la mayoría de estos servicios se ofrece desde el inicio, en general
los asentamientos irregulares deben esperar hasta que la zona esté
completamente habitada, y pueden existir largos retrasos antes de
que se introduzcan los servicios adecuados, si es que ello sucede.
Que un asentamiento reciba o no un servicio, y el tiempo que tarde
en recibirlo, depende de varios factores complejos: las prioridades
de los residentes, los costos totales y la facilidad de instalación,
los atributos del líder local, y la adherencia de la comunidad a las
reglas de politiqueo, todos ellos pueden ser consideraciones importantes (Ward, 1981a, 1986).

La distribución de los servicios públicos:
electricidad y agua

La industrialización durante los años cuarenta y cincuenta requirió, entre otras cosas, el suministro adecuado y confiable de
energía. Durante muchos años la inversión federal en la Comisión Federal de Electricidad (CFE) constituyó un área prioritaria y,
una vez satisfechas las necesidades industriales y comerciales, existía
una vasta oferta para cubrir también las necesidades domésticas.
En consecuencia, la mayoría de los hogares en la ciudad de México

goza de un servicio medido privado (véase cuadro 19). Si bien la población de la ciudad de México es privilegiada en este aspecto, y un alto porcentaje de viviendas en el nivel nacional no contaba con un suministro de energía formal aun en 1990, la mayoría de las áreas urbanas de todo el país parecen estar razonablemente bien servidas. El país en su conjunto experimentó una mejora absoluta y relativa en la distribución de suministro doméstico entre 1970 y 1990 (véase cuadro 18).

En gran medida, el suministro ha logrado mantener el ritmo del acelerado crecimiento de la ciudad, tanto en el Distrito Federal como en los municipios circundantes. Más aún, la mayoría de las familias que aún no cuentan con electricidad, no tardarán en recibir corriente mediante conexiones ilegales informales. Esta práctica es especialmente común en los asentamientos recientes, donde los grupos de residentes colaboran para comprar cable y se conectan a un poste cercano.

El suministro de agua y drenaje, tanto en el nivel nacional como en la ciudad de México, está mucho menos extendido que la electricidad. En 1990 poco más de una tercera parte de las viviendas en el área metropolitana no contaba con agua corriente en el interior, aunque aproximadamente la mitad de esas familias tenía acceso a una llave de agua fuera de la vivienda, por lo regular en el mismo terreno. Los datos del cuadro 19 indican un ligero deterioro en el suministro de agua a partir de 1980, pero esto podría ser engañoso y reflejar los errores en los datos del censo de ese año, y no un deterioro real de las condiciones. De cualquier manera, es evidente que los programas de austeridad de los años ochenta afectaron la capacidad estatal para mejorar notoriamente el nivel relativo de suministro de servicios. En el nivel nacional, y en la mayoría de las ciudades, el suministro no es tan extendido como en la capital. El registro de viviendas sin sistema de drenaje parece menos grave, pero esto se relaciona básicamente con la amplia definición de lo que constituye un sistema de drenaje según el censo mexicano (un "sistema higiénico para remover las aguas negras", véanse cuadros 18 y 19).

CUADRO 18

NIVELES CAMBIANTES DE TENENCIA DE LA VIVIENDA Y PROVISIÓN DE SERVICIOS EN LAS ÁREAS METROPOLITANAS DE MÉXICO, 1970-1990

	Número total de viviendas (en miles)			% de propietarios[a]			% de viviendas sin electricidad			% de viviendas sin agua en el interior[b]			% de viviendas sin drenaje[c]		
	1970	1980	1990	1970	1980	1990	1970	1980	1990	1970	1980	1990	1970	1980	1990
Total del país	8,286	12,075	16,035	66	68	78	41	25	12	61	50	50	59	43	35
Ciudad de México[d]	1,477	2,528	3,041	42	54	69	9	3	1	40	31	36	25	14	9
Tijuana	63	97	161	52	52	65	17	11	14	54	43	43	33	34	34
Ciudad Juárez	39	116	171	51	58	73	18	10	4	49	37	32	33	27	21
Monterrey	204	346	456	50	68	83	14	6	1	37	28	18	29	20	10
Durango	32	55	83	60	68	80	29	12	5	42	27	26	40	30	19
Culiacán	58	97	114	71	79	83	38	16	5	65	52	63	68	60	34
Acapulco	41	81	123	65	70	80	33	20	8	37	57	58	56	47	36

Guadalajara[d]	222	401	557	46	52	67	nd	3	3	28	18	16	16	9	6
San Luis Potosí[d]	41	77	129	57	64	74	18	13	5	32	22	13	23	22	9
Toluca	40	63	93	64	63	75	29	13	5	53	35	38	46	24	20
Veracruz[d]	47	80	111	44	52	70	9	6	7	39	36	38	24	20	16
Tampico	40	57	62	45	55	65	15	12	3	47	50	38	25	25	17
Coatz.-Minat.[d]	39	66	98	59	62	71	28	29	16	63	68	57	40	35	22
Oaxaca	22	30	44	nd	65	72	31	21	2	63	51	45	50	44	23
Mérida	42	90	122	71	77	84	16	7	4	44	36	31	46	40	26

[a] La clasificación de la tenencia cambió de 1970 a 1980. En 1970 se adoptó una clasificación doble: propietarios y no propietarios (lo cual incluía viviendas de alquiler, prestadas o adquiridas a través del trabajo). En 1980 el censo identifica a propietarios, inquilinos y "otros". Debido a la ambigüedad de las formas del censo, es probable que quiénes "compartían" la vivienda estuvieran incluidos en la categoría de propietarios.

[b] En 1980, más de 66 por ciento de las viviendas tenían acceso al agua entubada fuera de la vivienda, ya fuera en algún otro lugar dentro del edificio o en el mismo terreno. Para 1990, esta cifra fue de 79 por ciento.

[c] En 1970, el drenaje se definió como "un sistema higiénico" para remover las aguas negras; en 1980, se definió como drenaje entubado (el cual incluiría conexiones al drenaje principal, fosas sépticas y, en ocasiones, un hoyo en el suelo).

[d] El área metropolitana de la ciudad de México en 1970 incluía el Distrito Federal, Ecatepec, Naucalpan, Nezahualcóyotl, Tlalnepantla. En 1990, se incorporaron Atizapán, Coacalco, Tultitlán, Cuautitlán-Izcalli, La Paz y Texcoco. En 1990 se agregaron Chimalhuacán, Huixquilucan, Chalco, Ixtapaluca, Nicolás Romero y Tecámac. El umbral mínimo para la inclusión era de 100,000 habitantes. Monterrey incluye San Nicolás, Guadalupe, San Pedro Garza García y Santa Catarina. Guadalajara incluye Tlaquepaque, Zapopan y Tonalá. San Luis Potosí incluye Soledad. Veracruz en 1980 y 1990 incluye Boca del Río. Coatz.-Minat. se compone de Coatzacoalcos y Minatitlán.

CUADRO 19

NIVELES CAMBIANTES DE TENENCIA DE LA
VIVIENDA Y PROVISIÓN DE SERVICIOS
EN LA CIUDAD DE MÉXICO, 1970-1990

	Número total de viviendas (en miles)			% de propietarios[a]			% de viviendas sin electricidad			% de viviendas sin agua en el interior[b]			% de viviendas sin drenaje[c]		
	1970	1980	1990	1970	1980	1990	1970	1980	1990	1970	1980	1990	1970	1980	1990
Total del país	8,286	12,075	16,035	66	68	78	41	25	12	61	50	50	59	43	35
Ciudad de México[d]	1,477	2,528	3,041	42	54	69	9	3	1	40	31	36	25	14	9
Distrito Federal	1,219	1,747	1,789	38	48	65	5	3	1	36	30	28	22	14	5
Ecatepec	34.5	130.2	238.1	67	69	77	27	4	3	61	36	44	55	11	3
Naucalpan	65.3	134.4	158.1	57	59	68	15	3	1	47	36	43	33	13	3
Nezahualcóyotl	90.3	214.1	238.5	66	63	68	40	4	0	68	40	35	41	2	1
Tlalnepantla	60.4	138.8	144.0	56	63	71	17	3	0	49	32	35	35	15	3
Atizapán de Zaragoza	–	36.2	64.5	–	77	83	–	4	4	–	34	41	–	20	16

Coacalco	–	17.7	31.8	–	79	85	–	2	1	–	12	10	–	8	2
Tultitlán	–	24.0	49.7	–	76	82	–	6	2	–	31	34	–	32	17
Cuautitlán Izcalli	–	31.7	67.6	–	82	83	–	4	2	–	26	23	–	25	8
Nicolás Romero	–	19.4	34.6	–	79	84	–	15	3	–	65	66	–	54	27
La Paz	–	16.5	25.2	–	67	70	–	7	6	–	49	61	–	24	19
Texcoco	–	17.6	25.9	–	66	75	–	8	3	–	36	44	–	42	23
Chimalhuacán	–	–	43.9	–	–	82	–	–	11	–	–	78	–	–	56
Huixquilucan	–	–	25.2	–	–	81	–	–	4	–	–	48	–	–	19
Chalco	–	–	54.0	–	–	86	–	–	5	–	–	86	–	–	75
Ixtapaluca	–	–	26.4	–	–	77	–	–	9	–	–	67	–	–	41
Tecámac	–	–	24.0	–	–	80	–	–	3	–	–	57	–	–	20

[a] La clasificación de la tenencia cambió de 1970 a 1980. En 1970 se adoptó una clasificación doble: propietarios y no propietarios (lo cual incluía viviendas de alquiler, prestadas o adquiridas a través del trabajo). En 1980 el censo identifica a propietarios, inquilinos y "otros". Debido a la ambigüedad de las formas del censo, es probable que quienes "compartían" la vivienda estuvieran incluidos en la categoría de propietarios.

[b] En 1970 y 1980, más de 50 por ciento de las viviendas tenían acceso al agua entubada fuera de la vivienda, ya fuera en algún otro lugar dentro del edificio o en el mismo terreno. Para 1990, esta cifra fue superior a 90 por ciento.

[c] En 1970, el drenaje se definió como "un sistema higiénico" para remover las aguas negras; en 1980, se definió como drenaje entubado (el cual incluía conexiones al drenaje principal, fosas sépticas y, en ocasiones, un hoyo en el suelo).

[d] El Área Metropolitana de la Ciudad de México en 1970 incluía el Distrito Federal, Ecatepec, Naucalpan, Nezahualcóyotl, Tlalnepantla. En 1980, se incorporaron Atizapán. Coacalco, Tultitlán, Cuautitlán-Izcalli, La Paz y Texcoco. En 1990 se agregaron Chimalhuacán, Huixquilucan, Chalco, Ixtapaluca, Nicolás Romero y Tecámac. El umbral mínimo para la inclusión era de 100,000 habitantes. Monterrey incluye San Nicolás, Guadalupe, San Pedro Garza García y Santa Catarina. Guadalajara incluye Tlaquepaque, Zapopan y Tonalá. San Luis Potosí incluye Soledad. Veracruz en 1980 y 1990 incluye Boca del Río. Coatz.-Minat. se compone de Coatzacoalcos y Minatitlán.

De manera significativa, existe una marcada variación espacial en el nivel de suministro de servicios. En el nivel nacional, los centros urbanos están mejor servidos que las áreas rurales. Las capitales de los estados parecen tener un mejor nivel de servicios que otros grandes centros urbanos, mientras que las ciudades en las regiones tradicionalmente más pobres, como Oaxaca, Chiapas y Guerrero, tienen un nivel pobre (véase también Ward, 1986: 88). Las zonas en la ciudad de México con extensos asentamientos irregulares experimentan los niveles más altos de carencia relativa. Sin embargo, si bien muchos asentamientos todavía carecen de un drenaje adecuado y una fuente interior de suministro de agua, sería zafio no reconocer que se han registrado notables mejoras desde 1970 (véase cuadro 19). En el nivel nacional y el área metropolitana, el número de viviendas con una fuente interior de agua y un sistema de drenaje se duplicó entre 1970 y 1980, lo cual constituye un gran logro, y si bien la tasa de mejoramiento absoluto no se sostuvo, continuó existiendo un considerable progreso entre 1980 y 1990. Esto contribuyó al relativo mejoramiento en los niveles de servicios evidenciado en los cuadros 18 y 19. Empero, es importante reconocer que, a pesar de esta inversión, en términos absolutos la situación en 1990 era en realidad peor que una o dos décadas antes. En 1990 había menos viviendas con una fuente interior de agua corriente que en 1980 o 1970. Lo mismo ocurre respecto de las viviendas con un sistema de drenaje, a excepción del Área Metropolitana de la Ciudad de México, donde el número de viviendas sin servicios era aproximadamente el mismo una década atrás.

Estas cifras tampoco nos dicen nada sobre la calidad del servicio. Sin un purificador, el agua no es potable en sentido estricto. La mayoría de los residentes de la ciudad de México que puede pagarla, compra agua purificada embotellada. Por otra parte, el suministro mismo del agua suele ser irregular. Durante la temporada seca, la irregularidad del suministro de agua fue una característica común en algunos de los asentamientos analizados. En la colonia Santo Domingo, por ejemplo, a finales de los setenta los residentes decían que las autoridades se podrían haber ahorrado la instalación de fuentes domésticas, pues el agua fluía sólo en las primeras horas de la mañana y raras veces alcanzaba para llenar sus tanques. De manera similar, en muchos asentamientos de Nezahualcóyotl y Ecatepec, donde el agua y las redes de drenaje fueron instaladas durante mediados de los años setenta, el sistema de drenaje se ha roto. Las obras de urbanización posteriores y el tráfico pesado han reventado algunos tubos; el mantenimiento inadecuado significa que muchos drenajes están tapados; y la falta de agua significa que el sistema no está fluyendo bien.

Dadas estas fallas, debemos considerar los mejoramientos sustanciales alcanzados desde 1970 y 1980 con cierto grado de cautela. Sin embargo, las condiciones de vida registradas para la ciudad de México señalan un notorio mejoramiento durante dichas décadas, el cual continuó a pesar de los programas de austeridad de los años ochenta, aunque en un grado mucho menor (véase también Perló, 1988). A partir de 1990, el Programa solidaridad dio prioridad a la introducción del suministro de agua potable en las comunidades pobres de las áreas urbanas y rurales, de modo que unos 30 millones de habitantes se vieron beneficiados y 97 por ciento de quienes carecían de agua en 1990 ahora la tienen (aunque no necesariamente en sus casas, México, Sedesol, 1994: 100).

En este capítulo he mostrado que cualquier intento serio por mejorar las condiciones sociales en la ciudad de México y reducir los patrones existentes de desigualdad podría ser impedido por la naturaleza de la mediación política y la forma en que la burocracia está estructurada; por la estratificación de los sistemas de distribución en varias áreas de la provisión de bienestar social; y por los mecanismos que el Estado adopta para restar poder a los grupos sociales que podrían desencadenar cierta movilización y cambio social. En mi opinión, cada mecanismo tiene un efecto general regresivo, aun cuando el contenido real de las políticas a menudo ha mejorado, y las oficinas han comenzado a realizar sus funciones de manera más expedita y eficiente. En general, ahora el sistema mexicano proporciona un mejor servicio, peso por peso, en términos reales del que proporcionaba, digamos, a finales del periodo de Echeverría. No obstante, esto tiene un efecto despreciable cuando se ve contra las estructuras más amplias y los fundamentos subyacentes que actúan para mantener la desigualdad social en la ciudad.

Capítulo 7

La reproducción de la forma urbana: ambientes moderno, "vernáculo" y posmoderno en la ciudad de México

La relación entre la forma urbana y el proceso social

La arquitectura como espíritu de su época

AL INICIO de este libro analicé la reciente teoría sobre la forma en que los ambientes urbanos se crean y reproducen. También especulé sobre el impacto de la llamada "nueva división internacional del trabajo" y la globalización en ambientes urbanos como la ciudad de México. Espero que, a estas alturas, el lector aprecie que las explicaciones económicamente deterministas de la ciudad sólo dejan ver parte de la historia. Si bien un marco teórico marxista reconoce la importancia de los procesos sociales, políticos e ideológicos, la relación económica (de capital) sigue siendo para él la más importante. Sin embargo, en años recientes se ha dado un mayor peso a los procesos de producción social de los ambientes construidos y al papel del factor humano (Castells, 1983; Gregory, 1987; Hayden, 1994).

Como ya he mencionado, si bien en la ciudad de México los procesos económicos han alimentado el motor del crecimiento urbano, los niveles de pobreza, las bases de diferenciación social y la naturaleza real de la expansión urbana le deben a los factores políticos y sociales tanto como a los puramente económicos. No hay nada nuevo en este argumento, como lo demostraré enseguida. La ciudad de México, como todas las ciudades y poblaciones con bases urbanas, es un producto de los procesos históricos. La historia se *refleja* en el plano del terreno, la memoria colectiva, la estructura fí-

sica, el diseño y los monumentos de la ciudad. Así, refleja el espíritu de la época (*Zeitgeist*): el núcleo de lo que Mumford argumentó hace más de 50 años (1938). Otros autores como Glass
(1968: 48) han descrito lo "urbano" como "un espejo... de la historia, la estructura de clases y la cultura", mientras que más recientemente, Simmie (1986), en una introducción a la serie *Sociology,
Politics and Cities,* editada por él, sostuvo que las ciudades "son los
lugares donde los resultados de los conflictos económicos y políticos tanto del pasado como del presente dejan sus marcas más visibles". Sin embargo, no sólo el medio ambiente físico es resultado de los procesos históricos: la población absorbe esa historia
local y crea una nueva historia de la ciudad a través de sus propias
acciones y prácticas. Se trata de un proceso iterativo. Por lo tanto,
existe una conciencia colectiva de la gente en la ciudad o, como lo
argumentó Castells (1983: 302) al intentar redefinir lo "urbano",
un "significado social asignado a una forma espacial particular
por una... sociedad definida históricamente". Lo urbano es la síntesis de la forma histórico-social y los objetivos específicos de una
sociedad, conformada a través del conflicto entre diferentes grupos
con diferentes intereses.

Si existe o no algo intrínsecamente urbano sobre estos procesos en comparación con aquellos que operan en ambientes no urbanos es un punto bastante controvertido. Harvey (1985) reduce el
análisis a preguntas sobre el medio ambiente construido y la reproducción de la mano de obra, al tiempo que subestima la importancia de cualquier dialéctica rural-urbana, a excepción del terreno de
la ideología, donde, dice, ésta sigue siendo relevante. Saunders
(1986) va más allá y rechaza la noción de lo urbano como un objeto espacial. En su lugar, propone que lo distintivo de la sociología
urbana no es una preocupación particular por el espacio y mucho
menos por la ciudad como entidad espacial; más bien se concentra en un aspecto de la organización social (el Estado) inscrito en
el espacio. Escribe (1986: 287) que "el trabajo de autores como
Pahl y Castells ha sido enormemente sugestivo en términos del
enfoque que lo sustenta, pero ha terminado por derrumbarse frente
al intento de relacionar los procesos sociales con la forma espa-

cial". Yo no estoy de acuerdo con esta afirmación. En palabras de otro autor, "el espacio importa" (Massey y Allen, 1984) y, como lo demostraré en este capítulo, la forma física de la ciudad es otro medio para que la desigualdad social se reproduzca y mantenga. Sin embargo, esto no es nada nuevo: el trabajo anterior de Harvey en Baltimore demostró la misma proposición. Por fortuna, la resolución de estos debates no es esencial para el argumento que deseo desarrollar aquí.

Si bien se reconoce ampliamente la importancia de entender la relación condicionante entre los procesos económico y social, entre otros, y la forma urbana resultante, existen pocas investigaciones que se hayan ocupado explícitamente de las formas en que, una vez producida, la estructura urbana reproduce a su vez las relaciones sociales en la ciudad. En particular, si observamos la arquitectura de la ciudad, podemos descubrir tanto las filosofías del pasado como los fundamentos del desarrollo urbano, así como la forma en que la estructura física de la ciudad ayuda de manera acumulativa a conformar los patrones sociales y el comportamiento contemporáneos. La ciudad es un producto del pasado que, a través de su arquitectura y diseño, ayuda a crear el presente y el futuro. No se trata de caer en la trampa del determinismo arquitectónico o del diseño, pero creo que ambos ejercen un condicionamiento importante, aunque no crucial, en el comportamiento humano (Lynch, 1981; Newman, 1972; Dicken, 1986b). Más bien, se trata de afirmar que la estructura física de la ciudad (es decir, el plano del terreno que representa la filosofía de diseño del pasado [o su ausencia] así como su arquitectura) ayuda a articular y reproducir una amplia gama de procesos.

En un excelente estudio sobre la ciudad "posmoderna", Knox (1987) identifica la forma en que la arquitectura va conformando la reproducción urbana al tiempo que se construye. Primero, la arquitectura expresa y conforma la cultura en la medida en que "fija" las ideas sobre la ideología y la estética en el medio ambiente urbano, de modo que se convierte en parte de nosotros y nosotros de ella. Segundo, la arquitectura expresa la construcción social de la forma en que se edifican las cosas en términos de las leyes, regla-

mentos, etcétera, de una sociedad, así como también articula importantes temas políticos: de *laissez faire* (asentamientos irregulares,
por ejemplo); de *modernización* (como el diseño de "avión" de Lucio
Costa para el plano del terreno en Brasilia y los edificios modernistas de Oscar Niemeyer); de *represión* (como las ciudades en la época
del *apartheid* en Sudáfrica y la creciente tendencia de crear zonas
exclusivas y vigiladas dentro de áreas residenciales en el Reino
Unido y Estados Unidos); de *ambientalismo*; de *populismo*, etcétera
(véase también Holston, 1989; Ford, 1994). También existe una
hibridización de la política y la cultura, de modo que las ciudades
y la forma urbana pueden adoptar características de otras culturas
(dominantes), como en el caso de la arquitectura mexicana cuando se inclina hacia la cultura dominante estadounidense (García
Canclini, 1990, 1994; Herzog, 1999). En muchos aspectos, la arquitectura "posmoderna", que se analizará más adelante, refleja y
refuerza las filosofías políticas liberales e individualistas contemporáneas (O'Connor, 1984; Harvey, 1987, 1989). Tercero, la arquitectura da forma al proceso de acumulación del capital mediante
su representación de las nuevas modas y las oportunidades frescas
que ofrece para invertir en el medio ambiente construido. Harvey
(1987: 265) argumenta que las "prácticas espaciales" no carecen de
procesos de acumulación de capital y que "quienes tienen el poder
de ordenar y reproducir el espacio poseen una instrumentalidad vital
para la reproducción y expansión de su propio poder".

Una cuarta relación identificada en el artículo de Knox es la
que existe entre la arquitectura, la legitimación y la reproducción
social. La construcción y el diseño urbanos conforman la ideología de la ciudadanía urbana o, en palabras de Porphyrios (en Knox,
1987: 366-367): "la arquitectura devuelve a la realidad una coherencia imaginaria que hace que la realidad parezca natural y
eterna". En lo personal, no estoy seguro sobre el aspecto eterno,
puesto que la arquitectura contemporánea moderna y posmoderna
también puede reforzar la idea de cambio temporal, transitoriedad
y repetición, pero su opinión sobre el papel de la arquitectura en
la conformación de la realidad como la percibimos es poderosa e
importante. Los edificios llevan mensajes y nosotros debemos

saber más sobre los fundamentos y los autores de dichos mensajes. Ése es el principal objetivo de este capítulo: explorar hasta qué punto la arquitectura de la ciudad de México lleva consigo un mensaje y qué significa ese mensaje.

En capítulos anteriores afirmé que la desigualdad social y espacial en la ciudad de México son el resultado de procesos económicos y políticos mediados a través de una gama de actividades sectoriales: planeación, provisión de tierras, vivienda y servicios de salud, estructura de transporte, etcétera. Ahora mi objetivo es identificar las corrientes de la historia arquitectónica reciente de México y evaluar la influencia de los arquitectos en la conformación de la naturaleza urbana. Aquí, por supuesto, debemos examinar tanto la arquitectura "informal" representada por la autoconstrucción, como los elementos más formales del diseño urbano. Deseo saber en qué medida el diseño físico de la ciudad refuerza las estructuras existentes de desigualdad social. ¿Acaso representan y reproducen lo que, en términos de Harvey, es la "violencia" perpetrada en contra de las clases trabajadoras?

Ciudad de México: las bases de la estratificación social y su representación en la forma anterior de la ciudad

El enfoque de este texto ha sido evidente y abiertamente contemporáneo. Sin embargo, la "biografía" de la ciudad de México posee un alcance y una intensidad históricos mayores que cualquier otra ciudad del mundo: desde la gloria azteca precolombina, a la capital colonial de la Nueva España, pasando por la Independencia y la intervención en el siglo XIX, la Revolución y las revueltas en las dos primeras décadas del siglo XX (Kandell, 1988; Herzog, 1999). Todo esto y mucho más antes de que el material considerado en este libro comience siquiera. La ciudad de México es un palimpsesto de estas luchas pasadas y, en mayor o menor medida, dichas influencias siguen arraigadas en ella actualmente.

Tenochtitlan –la ciudad descubierta, conquistada y arrasada por Cortés– conformaba el centro de la cultura azteca y su imperio. Al surgir como una fuerza todopoderosa en el siglo XIV, los

aztecas fundaron su ciudad en un sitio donde, como se había pre-
dicho, encontraron un águila devorando una serpiente (hoy simbo-
lizada y plasmada en la bandera nacional). Su ubicación en medio
de una red de lagos, algunos de los cuales eran salinos, ha significado que, desde un principio, la historia de la ciudad de México
haya reflejado la preocupación por el suministro de agua potable,
lo cual sigue siendo un tema clave en la actualidad (Perló, 1988).
Parte del acueducto original todavía existe. El alimento se producía en forma intensiva en los jardines flotantes o "chinampas" (que
en realidad eran islas artificiales de cieno) de Xochimilco, en los
perímetros de agua dulce al sur del lago. No obstante, la ciudad fue
construida mediante la violencia y conquista de los territorios vecinos (y distantes) que debían pagar tributo y proveer esclavos y
guerreros para los sacrificios humanos. La organización social se ba-
saba en este proyecto. Un rey sacerdote era elegido de entre el
consejo de todos los clanes formados por quienes habían progresa-
do en las filas de los clanes individuales o *calpulli*, como se les
conocía. Cada *calpulli* estaba separado espacialmente, ocupaba un
barrio particular, educaba a sus niños, se dedicaba a un oficio o
función particular y, lo más importante, operaba como una unidad
de lucha, una suerte de batallón (Valiant, 1972; Offner, 1984). La
movilidad social se lograba mediante la promoción de los líderes
dentro de cada *calpulli*.

La cosmogonía de los aztecas se reflejaba claramente en la
forma de la ciudad. Era una ciudad notable: de gran esplendor
y violencia. Las pirámides y los palacios estaban cubiertos con
estuco y pintados predominantemente de blanco con adornos de
colores brillantes (véase fotografía 12). Los aztecas eran adoradores
del Sol y la procesión diaria de los sacrificios humanos se aceleraba
durante los tiempos de inestabilidad relacionados con el fin del ciclo de 52 años, cuando todos los fuegos se extinguían para
encenderse de nuevo si el mundo no se acababa (Soustelle,
1971). Casualmente, la llegada de Cortés coincidió con la inestabilidad asociada con el final de uno de esos ciclos. En un lugar
privilegiado frente al Templo Mayor se encontraban los cráneos de
miles de personas sacrificadas.

Fotografía 12. Mural de Tenochtitlan pintado por Diego Rivera en el Palacio Nacional.

El proyecto de los conquistadores y los posteriores gobiernos coloniales consistía en subyugar a la población indígena, convertirla al cristianismo y explotar las riquezas agrícolas y minerales que ofrecía México. El poblado fue el instrumento de este proceso. Se erigieron iglesias donde se encontraban los templos aztecas. El simbolismo de la derrota y la subyugación se vio reforzado por la naturaleza masiva y espléndida de dichas iglesias, en particular a finales del Barroco (véase fotografía 13). El plano de la ciudad seguía las normas de la época, que posteriormente serían asentadas en las Leyes de Indias de 1573. Las calles se construyeron con base en un patrón cuadriculado, con los principales edificios administrativos y eclesiásticos alrededor de una plaza central o zócalo. Las mansiones y palacios de los ricos fueron construidos en las cercanías de la plaza central, mientras que los pobres vivían en chozas y campamentos en la periferia.

La estructura social estaba construida en torno a un núcleo administrativo elitista de funcionarios españoles, los peninsulares, que dominaban tanto en lo político como en lo social, y vivían principalmente en las áreas urbanas. La economía agrícola llegó a estar cada vez más dominada por un grupo de descendientes de españoles en México. Surgieron conflictos entre la población criolla y los peninsulares, cuya dominación y control se resentían cada vez más y que, en última instancia, fueron derrocados gracias a la Independencia en 1821. En la pirámide social, debajo de los criollos estaban los mestizos (mezcla de español e indio); seguían los negros y mulatos; y, en la base de la pirámide, estaban los indios, o al menos los que lograron sobrevivir a las frecuentes epidemias de enfermedades hasta entonces desconocidas en México. Sin embargo, no se trataba de un sistema de castas rígido; existían ciertas posibilidades para la movilidad social y el "ascenso" basado en la riqueza (Chance, 1975).

También el siglo xix presenció la afluencia de otros europeos: de Francia durante la imposición de Maximiliano como "emperador" por parte de Napoleón iii, y de Gran Bretaña y otros lugares en relación con el gran desarrollo de infraestructura de gran escala emprendido en la ciudad de México y en el resto del territorio durante la dictadura de Porfirio Díaz en las últimas 2 décadas. Como demostraré más adelante, el inicio del siglo xx estuvo marcado por una afluencia de ideas e inspiración europeas en el arte y la arquitectura. Además, la mezcla original cultural y fenotípica se ha extendido aún más gracias a otros flujos de población: judíos de Europa oriental, libaneses y españoles que huían de Franco. Durante las décadas de 1960 y 1970, llegaron algunos refugiados del cono sur de América Latina. Si bien en términos de cantidades totales estos flujos de inmigración del siglo xx han sido relativamente insignificantes, la mayoría de los grupos se ha establecido en un nicho particular (y a menudo importante) de la sociedad y economía mexicanas.

En la actualidad, la mayoría de la población es mestiza. La descendencia puramente española trae consigo ciertas implicaciones antinacionalistas y no es muy deseable. Sin embargo, los mexicanos, si bien son intensamente nacionalistas, parecen despreciar de manera inconsciente lo "indígena" y lo "negro" y favorecer lo "blanco" y las influencias europeas y estadounidenses. Esto se ma-

Fotografía 13. Arquitectura barroca colonial: pórtico de la Catedral, Zócalo, ciudad de México.

nifiesta en varias formas: es más probable que los ricos sean rubios y de fenotipo europeo, y no morenos e indígenas; lo contrario también es verdad. También en la publicidad predominan las imágenes sexistas y racistas de modo mucho más penetrante que, digamos, en países más "políticamente correctos" como el Reino Unido y Estados Unidos.

En particular, la relación con Estados Unidos es muy ambivalente. Los mexicanos sienten admiración por el consumismo y la riqueza estadounidenses; sin embargo, también se sienten agraviados por su propia pobreza, sus pérdidas de territorio en el siglo XIX y el predominio cultural y económico actual del vecino país. Esto, junto con la intensa mezcla de las tradiciones culturales anteriores, ha generado lo que algunos describen como una personalidad nacional más bien "disfrazada" y contradictoria (Franco, 1967; Paz, 1961). También es una sociedad intensamente patriarcal en la que el machismo sigue arraigado y el marianismo (maternidad, pasividad y síndrome de la "madre abnegada" dentro de la familia) es apreciado, aunque el significado de estos términos tan generales se está volviendo mucho más matizado y menos estereotípico (véase Guttman, 1996 sobre los significados contemporáneos de "macho" en la ciudad de México).

El punto importante es reconocer que los mexicanos poseen una larga historia, racial y culturalmente muy diversa. También ha sido una historia bastante violenta. Si bien existe un marcado orgullo nacional por ser mexicanos, también hay muchas contradicciones: una relación de amor/odio hacia el consumismo y el Norte; vitalidad y exuberancia combinadas con fatalismo y una preocupación mórbida por la muerte; el predominio masculino que disfraza la inferioridad y los sentimientos de impotencia; un orgullo nacional y cierta ambivalencia hacia Estados Unidos; pasividad y violencia. Como observaremos más adelante, la apreciación de estos atributos y elementos de la personalidad es importante para cualquier interpretación del medio ambiente construido en la ciudad de México.

El predominio de la arquitectura vernácula

La forma construida de la ciudad de México contemporánea puede examinarse con base en la arquitectura formal y su inspiración, o bien mediante los procesos de construcción informales y tradicionales. Naturalmente, dada su ocupación secuencial y una cultura bastante diversa, se trata de una ciudad con una historia arquitectónica especialmente rica. Sin embargo, también es rica en otro aspecto: el de la iniciativa popular y las tradiciones de vivienda vernáculas. Si bien los asentamientos irregulares no son estrictamente ambientes "vernáculos" en el sentido de pertenecer a algún lugar o cultura particulares, en ocasiones se conciben como tales. "Los asentamientos espontáneos... sólo se acercan a los asentamientos vernáculos anteriores a la escritura y tradicionales en su apoyo a la cultura" (Rapoport, 1988: 59). En términos de los procesos que fundamentan su creación y del resultado positivo ("características del producto") que surge para los usuarios/habitantes, ambos son muy similares, afirma el autor. Concluye que estos ambientes autoconstruidos son a menudo de mayor calidad que los creados por diseñadores que trabajan dentro de sociedades desarrolladas o ricas, y que se puede aprender bastante analizándolos (Rapoport, 1988: 72-73). Mi objetivo aquí no es analizar los asentamientos irregulares con un optimismo exagerado, sino identificar la relación entre el proceso social y la forma espacial, y examinar cómo el proceso de *diseño físico y desarrollo* de los asentamientos de autoconstrucción en la ciudad de México reproducen la desigualdad social.

Movilidad sin movimiento

En términos de población y del área construida, ya he destacado desde el principio de este trabajo que la ciudad de México es básicamente un terreno de pobreza y desigualdad social. Alrededor de 50 por ciento de la población (unos nueve millones) y 60 por ciento del área construida de la ciudad de México está ocupada por asentamientos que surgieron mediante distintas formas ilegales (véanse capítulos 2 y 5). Las cifras estimadas sobre la proporción de la población urbana que gana alrededor del salario mínimo varían entre 45 y 66 por ciento (Stolarski, 1982: 61). En muchos hogares más de un miembro genera ingresos y así ganan un poco más, pero el capítulo anterior demostró la forma en que la mayoría de los residentes de bajos ingresos de la ciudad se ven obligados a valerse de métodos ilegales de adquisición de tierras para tener acceso a la vivienda. Una vez que se tiene asegurado un terreno y las familias sienten un mínimo de seguridad de que nadie tomará medidas para desalojar a la comunidad, el asentamiento va mejorando mediante la ayuda mutua y los esfuerzos cooperativos de los residentes, y mediante la intervención gubernamental para instalar los servicios públicos y garantizar la tenencia de la tierra. En el terreno, las familias asumen la responsabilidad de vigilar la construcción de sus viviendas, tomando decisiones individuales sobre asuntos de diseño, planos, secuencia de construcción de habitaciones, materiales y mano de obra, que puede ser contratada o bien aportada por la propia familia. Se puede observar un proceso de "consolidación" con el tiempo, de modo que, si no existen obstáculos, los asentamientos individuales pasan por varios niveles o "etapas" de desarrollo físico. Las aglomeraciones de chozas desprovistas de servicios se van reemplazando con habitaciones de tabique con techos de lámina, hasta que luego de 15 o 20 años se convierten en viviendas "consolidadas", a menudo de dos pisos, con todos los servicios (véanse fotografías 8 y 9); dado que al parecer las personas que desarrollan y viven en estos hogares son siempre las mismas, en ocasiones el proceso se ve como una oportunidad de movilidad social mediante el mejoramiento de las viviendas sin la necesidad de cambiarse de un barrio a otro (Turner, 1963, 1968b).

Como argumentaré más adelante, esta visión es simplista y un tanto errónea (véase también Eckstein, 1990a). Es un retrato que surgió a finales de los años sesenta y principios de los setenta como resultado de investigaciones que buscaban identificar los procesos que subyacen tras el desarrollo de asentamientos irregulares y sus habitantes (Turner, 1968a, 1968b, 1969; Leeds, 1969; Abrams, 1966). Los descubrimientos de la investigación fueron en parte una respuesta a las políticas represivas de muchos gobiernos del momento y tal vez exageraron deliberadamente los aspectos positivos de la autoconstrucción para alejar a los gobiernos de las políticas de desalojo de los asentamientos irregulares y de construcción de proyectos de vivienda relativamente costosos que sólo albergaban a una pequeña parte de la demanda total. En términos cuantitativos y cualitativos, estas políticas fueron inadecuadas (Gilbert y Ward, 1978).

Trabajando específicamente en la ciudad de México, Turner (1976) y sus colegas diferenciaron las "chozas de apoyo" de las "casas opresivas". Las primeras ofrecen refugio a un costo que los pobres pueden pagar, en ubicaciones que se ajustaban a sus empleos, redes sociales y otras necesidades. En lugar de desalojar a los paracaidistas y demoler esas áreas, los gobiernos deberían apoyar a sus habitantes para que hicieran lo que saben hacer mejor: diseñar y administrar la construcción de sus propias casas y trabajar como voluntarios en las iniciativas de desarrollo comunitario local. Por su parte, los gobiernos deberían intervenir no mediante desarrollos de vivienda de gran escala, sino ofreciendo los "elementos" de la vivienda que los autoconstructores no puedan costear por sí mismos: servicios de infraestructura que requieran de una gran inversión y cierto grado de control monopólico y coordinación como el agua, el drenaje y la electricidad. Como se argumentaba que la seguridad de la tenencia era primordial antes de que los residentes pudieran invertir en materiales de construcción permanentes, la "regularización" de la tenencia "dudosa" de la tierra era indispensable para otorgarle un título de propiedad legal a los propietarios *de facto*. En México, la forma en que se logran transferir los títulos ha tenido diferentes construcciones sociales a través del tiempo. En la actualidad, la práctica habitual consiste en expropiar las tierras ocupadas ilegalmente, compensar a los propietarios originales y venderlas a los ocupantes individuales que construirán allí sus viviendas (Varley, 1989).

Gradualmente, los argumentos de Turner, Abrams y otros ganaron adeptos poderosos, sobre todo entre las agencias internacionales que buscaban intervenir en los procesos de desarrollo urbano en los países en desarrollo (Banco Mundial, 1972; UNCHS, 1982; Linn, 1983). Para mediados o finales de la década de 1970, surgieron dos tipos de programas de apoyo a la autoconstrucción en México y el resto del mundo. Primero, se debía disponer de la tierra e instalar los servicios básicos antes de permitir que los autoconstructores adquirieran y ocuparan los terrenos individuales. Debido a los altos costos de la tierra en la ciudad de México, la enorme demanda existente y el miedo a que esta propuesta animara una mayor migración hacia la ciudad, las autoridades locales se han mostrado renuentes a desarrollar estos programas de gran escala en la ciudad. El mejoramiento constituye el segundo tipo de prescripción que, en la ciudad de México, resultó políticamente más aceptable y se necesitaba con urgencia dado el gran número de asentamientos desprovistos de servicios y los altos niveles de inseguridad y conflicto que prevalecían en ellos. Como indiqué en el capítulo anterior, la ciudad de México, al igual que la mayoría de las ciudades mexicanas, experimentó mejoras relativas significativas en el nivel de sus servicios durante los años setenta y en menor medida durante los ochenta.

Sin embargo, esta evaluación positiva de los asentamientos irregulares no ha pasado incontestada. En la última década, muchos analistas han cuestionado la adecuación y la utilidad analítica de este acercamiento desde varias perspectivas. En este estudio, al revisar la crítica, deseo también identificar la forma en que las características físicas de los asentamientos irregulares reproducen la desigualdad social.

Los límites de la autoconstrucción: cómo la desigualdad genera más desigualdad

Idealizando la realidad

Como ya sugerí, el argumento de que los asentamientos irregulares ofrecían una "arquitectura que funciona" (Turner, 1968) podía entenderse, en parte, por el deseo de romper con varias de las opiniones estereotípicas sobre los procesos de autoconstrucción y las poblaciones de bajos ingresos. Sin embargo, sostener que reflejan un medio a través del cual podía lograrse la autoexpresión, la movilidad y los ajustes de la vivienda al tamaño de la familia y la situación del empleo, es confundir *oportunidad*, con *restricción*. También disfraza los enormes costos sociales que implica vivir en asentamientos irregulares. La gente opta por la inseguridad asociada con la ocupación ilegal de terrenos sólo porque se ve obligada a ello, no porque lo desee (Harms, 1976). Construir una casa en terrenos invariablemente inadecuados para la urbanización, sin servicios y con niños (a menudo de meses) a cuestas, es una decisión que no se toma a la ligera y que implica constantes sacrificios y carencias. Un paracaidista me describió lo que implicó establecerse en el Pedregal, un área volcánica reciente con algo de vegetación al sur de la ciudad: "Había serpientes y escorpiones. Vivíamos en chozas a cielo abierto; no había calles ni autobuses. No había nada para nosotros en aquellos días." Para algunos de nosotros "acampar" por un día o dos puede resultar divertido, pero nos cuesta imaginar las dificultades diarias relacionadas con mantener a una familia en tal medio ambiente. En la actualidad se comprenden mejor estos costos sociales que hace una generación, aunque sigue existiendo invariablemente un optimismo subyacente (UNCHS, 1996).

Vivir en asentamientos irregulares implica enormes costos sociales y es una forma en que la desigualdad y la miseria se mantienen y reproducen en el medio ambiente físico. Las condiciones pueden mejorar gradualmente, pero la falta de servicios y la incapacidad para dotar a los trabajadores de un medio ambiente adecuado significan que el hogar es el principal medio donde se reproduce y experimenta la pobreza. Estos costos sociales recaen sobre todo en las mujeres, quienes llevan a cabo las tareas del hogar y cuyo sitio de trabajo es la vivienda misma (Chant, 1985; Chant y Ward, 1987).

Así como existe una diferenciación por sexo, existe igualmente una división familiar del trabajo, de modo que estos costos sociales no sólo afectan a las mujeres. También se espera que los niños ayuden, por lo general trayendo agua de las pipas con agua. Por su parte, los hombres sacrifican su "tiempo libre" para ampliar y mejorar la casa; en tanto, el domingo por la mañana hombres y mujeres se encargan de las faenas o labores de grupo organizadas por la asociación para mejorar el asentamiento. Hombres y mujeres se ocupan de las negociaciones, a menudo pospuestas, con las autoridades locales para obtener el reconocimiento legal, los servicios y las instalaciones públicas (Gilbert y Ward, 1985). Aunque los hombres a menudo "encabezan" dichas organizaciones, predominan las mujeres, quienes realizan gran parte del trabajo (Moser, 1989). Por ejemplo, en la Asamblea de Barrios, creada en 1986, 80 por ciento de los miembros son mujeres; sin embargo, su líder "Superbarrio" (quien aparece vestido con un atuendo similar al de Superman y una máscara) es hombre. Incluso cuando el liderazgo se dividía en varias facciones, cada una era encabezada por su propia versión de Superbarrio, y todos eran hombres (Greene, 1993). Durante un corto periodo, una lideresa vestida de "supermujer" se unió a Superbarrio, pero por lo regular las mujeres proporcionan el apoyo, siempre desde la retaguardia.

Sin embargo, a pesar de esta miseria existe una aparente paradoja, pues en general los residentes parecen estar satisfechos con sus esfuerzos y se muestran renuentes a condenar al Estado o a las autoridades locales por no ser capaces de ofrecerles una vivienda adecuada. Visto en retrospectiva, toda la sangre, sudor y lágrimas parecen valer la pena, y en las encuestas que realicé en varios asentamientos, pocos entrevistados expresaron pesar sobre su decisión de participar en la toma de terrenos, ya fuera mediante la compra ilegal o la invasión. La mayoría de los habitantes afirman que su pirncipal ganancia ha sido crear un patrimonio para sus hijos y la sensación de que pueden vivir más tranquilos en sus terrenos sin los conflictos interfamiliares relacionados con la vida en un terreno compartido y, en especial, en una vecindad. Por otro lado, si bien los asentamientos irregulares en la ciudad de México muestran niveles particularmente altos de enfermedades intestinales en comparación, digamos, con la zona centro, donde las enfermedades respiratorias son más frecuentes debido a las densidades y contaminación mayores (Fox, 1972), tal vez sea cierto que los niños gozan de un mejor medio ambiente que quienes viven en las vecindades del centro de la ciudad: tienen un espacio más amplio, las calles son más seguras y existe un mayor nivel de vigilancia en la calle por parte de los vecinos. Muchos habitantes de la ciudad de México que en la actualidad viven en asentamientos irregulares llegaron emigrando de provincia durante las décadas de 1950 y 1960. Su traslado a la ciudad, a menudo desde zonas rurales empobrecidas, junto con la relativa concentración de recursos en la capital, las oportunidades de trabajo y, en última instancia, la oportunidad de asegurarse un terreno propio, los convence de su buena fortuna. Desde principios de los años ochenta, la proliferación de los procesos de autoconstrucción se ha desacelerado y las familias han tenido que buscar formas alternativas para ajustarse a la pobreza (González de la Rocha, 1994; Chant, 1996; Tuirán Gutiérrez, 1992). Además, la segunda generación de inmigrantes y las actuales familias jóvenes de clase trabajadora parecen tener menos oportunidades de utilizar la autoconstrucción para satisfacer sus necesidades residenciales que sus padres.

Depredando a otros grupos de interés

Otra de las principales críticas a la autoconstrucción como mecanismo para reproducir la desigualdad se relaciona con la incapacidad de reconocer la "funcionalidad" de los asentamientos irregulares para diversos grupos de interés además de algunos de los pobres urbanos (Connolly, 1982). En específico, se argumenta que la "solución" relativamente barata que ofrecen los asentamientos de autoconstrucción es un elemento importante en el mecanismo que el Estado utiliza para reproducir de manera efectiva la mano de obra. Las nuevas generaciones de trabajadores nacen y crecen en estos barrios, proporcionando mano de obra para el futuro. Estos asentamientos también proporcionan un medio para que la mano de obra se reproduzca a diario: como un medio ambiente para vivir. Los bajos costos de la adquisición ilegal de terrenos y la práctica de invertir el tiempo y dinero en el mejoramiento gradual de la vivienda y el medio ambiente lo vuelven un proceso accesible para muchos. Sin embargo, también resulta un proceso de explotación en varios aspectos. Al abaratar los costos de la vivienda (un componente importante de los costos de reproducción de la mano de obra y, por tanto, de las demandas salariales), las presiones internas para elevar los salarios reales se reducen. Además, la mano de obra se ve explotada por partida doble: en el sitio de trabajo y luego en casa, pues el "tiempo libre" se convierte en producción y mejoramiento de la vivienda. De hecho, para las mujeres a menudo se trata de una triple explotación, puesto que también tienen la responsabilidad de desempeñar las actividades de reproducción del hogar, además del trabajo externo remunerado y la consolidación de la vivienda. La miseria –o "violencia", en términos de Harvey (1985)– se ejerce tanto en el sitio de trabajo como en el hogar.

En la ciudad de México la rápida expansión de los asentamientos irregulares desde mediados de la década de 1940 fue el mecanismo mediante el cual se estableció la fuerza de trabajo urbana a falta de una oferta de vivienda por parte del patrón o el sector público (Azuela y Cruz Rodríguez, 1989). El hecho de que los asentamientos fueran accesibles para los trabajadores que ganaban el salario mínimo, significaba que las demandas de mejoras salariales no podían intensificarse, en especial debido a las relaciones tan conciliadoras del liderazgo sindical con el Estado. (Tampoco era probable que el TLCAN produjera una convergencia sustancial en cuanto a los niveles salariales entre Estados Unidos y México, sin importar cuán vehementemente los seguidores del tratado arguyeran lo contrario.) De igual modo, los grupos de ingresos medios resultaban beneficiados debido a que los salarios bajos les permitían gozar de servicios baratos de mano de obra doméstica, jardineros, choferes, pintores, etcétera.

Además del capital industrial, otros grupos de interés se han visto beneficiados. El mercado de los materiales de construcción se ha incrementado, al igual que los vínculos multiplicadores con los mayoristas y distribuidores (Ball y Connolly, 1987). Aunque los grandes intereses en la construcción se vieron beneficiados igualmente por los proyectos públicos de gran escala, no ocurrió lo mismo con los proveedores y productores locales. Los asentamientos irregulares también ofrecían una reserva de mano de obra barata para la construcción que se contrataba y despedía dependiendo de los principales contratos en un momento determinado. Cuando las grandes empresas no necesitaban sus servicios, existían oportunidades de contratos temporales en el sector de la "autoconstrucción" (Ball y Connolly, 1987).

Los funcionarios del gobierno y los políticos pueden beneficiarse, pues los asentamientos irregulares ofrecen posibilidades de patrocinio político (a través del clientelismo), creación de imperios burocráticos o pueden simplemente constituir un mecanismo para mediar y disipar las presiones de grupos locales (Ward, 1986; Varley, 1993). Sólo cuando las demandas amenazan con superar la capacidad del sistema para responder y producen malestar social, los costos comienzan a sobrepasar los beneficios (Gilbert y Gugler, 1982). Sin embargo, rara vez se permite que esto suceda. En tales ocasiones, como ocurrió con el Movimiento Restaurador de Colonos en Nezahualcóyotl y Ecatepec en 1969-1970 y el surgimiento de grupos de protesta en la zona centro después del terremoto de 1985, el gobierno actuó con decisión para desviar la inquietud: por lo general pactando con los manifestantes y luego buscando deformar su movimiento (Gilbert y Ward, 1985).

Explotando a los pobres mediante
los programas de apoyo

El desarrollo de asentamientos irregulares también ofrece un mecanismo para que el capital penetre las zonas periféricas del medio ambiente urbano que antes eran "informales" y estaban parcialmente protegidas de los procesos directos de acumulación de capital. Este proceso se conoce como "valorización". Una crítica fundamental al trabajo de Turner fue que se concentrara en los valores de *uso* de la propiedad, ignorando el hecho de que incluso los asentamientos irregulares más recientes tienen un valor de *intercambio* en el mercado. El proceso de asentamientos ilegales y autoconstrucción, aunque informal, se sitúa firmemente en la esfera de la acumulación de capital y está sujeto a la lógica del modo de producción dominante. Para los paracaidistas, Burgess argumenta que (1982:66):

...no es la ausencia de un sistema tecnocrático y burocrático, ni la (ausencia de) normas de vivienda legal, o la secuencia de las operaciones de construcción lo que ha abaratado su casa, es simplemente *el hecho de que opera en una esfera diferente de circulación de capital –aquella cubierta por la producción de vivienda de pequeña escala*. No se ha librado del capitalismo, simplemente está en otra parte de éste. (Las cursivas son del original.)

388 PETER M. WARD

Los modelos dualistas de la teoría del desarrollo y las estructuras del empleo fueron superados desde finales de los años setenta a favor de los enfoques que destacan la integración y dominación de las estructuras periféricas dentro de un sistema más amplio (Corbridge, 1986; Bromley, 1978). De igual modo, es erróneo concebir los mercados de vivienda y bienes raíces en la ciudad de México como algo separado de los procesos generales de producción de viviendas y terrenos (Jones y Ward, 1994). Con algunas excepciones notables (como el acceso preferencial a ciertos terrenos ejidales), los pobres se encuentran al final de la fila para obtener tierras y sólo adquieren las zonas que no tienen mucho interés para los otros grupos (Gilbert y Ward, 1985). Lo importante es apreciar que el acceso a los terrenos para asentamientos irregulares en la ciudad de México se ha vuelto cada vez más difícil en los últimos años y los costos relacionados con la consolidación han aumentado bastante en términos reales. Además, la composición de dichos asentamientos ha cambiado de manera considerable, y ahora incluyen grandes cantidades de familias no propietarias (de inquilinos) (Gilbert, 1993; véase también Eckstein, 1990a).

En trabajos anteriores, busqué analizar los determinantes del mejoramiento "exitoso" en la ciudad de México y comparé tres zonas de paracaidistas en diferentes "etapas" de su trayectoria de desarrollo físico (Ward, 1978). Deseaba saber si la consolidación era en gran medida resultado de años de esfuerzo invertido en mejorar la vivienda propia, del tamaño y estructura de la familia, del tipo de empleo, o de algún otro factor. Mediante un análisis de índices de "consolidación" de la vivienda y de las características de los hogares individuales (propietarios), se hizo evidente que la capacidad de crear un "excedente de inversión" estaba relacionada más de cerca con mayores niveles de mejoramiento de la vivienda. Esto me llevó a examinar con mayor detalle la relación entre los factores económicos y la consolidación: el número de trabajadores, la naturaleza de los costos compartidos, los niveles salariales, etcétera. En pocas palabras, encontré que los niveles de ingresos, el acceso al empleo (tipo de salario y estabilidad del empleo) y las tasas de inflación respecto de los salarios y costos de los materiales de construcción eran los factores que más afectaban la consolidación. Así, concluí que los determinantes estructurales económicos de la pobreza en el nivel regional y nacional inhiben el éxito potencial de la autoconstrucción.

Desde inicios de la década de 1970, los residentes de los asentamientos irregulares en la ciudad de México han encontrado más dificultades para lograr las mismas tasas y niveles de consolidación exitosa que las generaciones anteriores entre 1950 y 1970. Esto a pesar de (y en parte debido a) las políticas gubernamentales más informadas y eficientes adoptadas desde 1971 (analizadas en el capítulo anterior). Las generaciones recientes están atrapadas en una doble trampa. Por un lado, el acceso al empleo asalariado se ha reducido y los salarios reales han disminuido, en especial desde 1982, de manera que la capacidad de crear un excedente de inversión se ha visto deteriorado. Por el otro, los costos de la producción de viviendas en los asentamientos irregulares han aumentado significativamente en términos reales. Los precios de la tierra han aumentado aunque no tanto como se habría esperado dada su creciente escasez (Gilbert y Ward, 1985; Ward *et al.*, 1994). Los costos de los materiales de construcción aumentaron bastante más que la inflación durante la década de 1970 (Ward, 1978). Además, la introducción de políticas gubernamentales para regularizar la tenencia de la tierra, proveer servicios e instalaciones públicas y *recuperar los costos* por parte de los beneficiarios ha significado la aparición de una serie de nuevos costos como resultado directo del apoyo "informado" a la autoconstrucción. (Sin embargo, debe indicarse que estos nuevos costos a menudo están subsidiados y tal vez no excedan por mucho los costos "informales" a los que están sujetos los residentes antes de recibir sus materiales de manera formal [Ward, 1986: 102].)

A menudo los críticos de la intervención gubernamental y quienes desean destacar el argumento de la valorización olvidan convenientemente este punto (Burgess, 1985). Además, existen intentos concertados para integrar los asentamientos irregulares a la base fiscal de la ciudad incluyéndolos en el registro catastral (Linn, 1983; Banco Mundial, 1990). En la ciudad de México, durante el gobierno de Hank González, hubo una campaña activa para integrar el programa de regularización con la recaudación de los impuestos prediales. A finales de la década de 1980, el gobierno del Distrito Federal también resolvió no aumentar las tasas de imposición a la propiedad y al consumo de servicios, sino garantizar el registro y la revisión regular de la base impositiva sobre la cual se fijan los pagos, con el fin de asegurar que el valor real de los impuestos no se vea erosionado por la inflación. Más recientemente, como se señaló en el capítulo 3, se ha intensificado la tendencia hacia una recuperación total de los costos y una recaudación más amplia y eficiente con base en la imposición a la tierra, los cargos a usuarios y los derechos de desarrollo urbano. Esto significa que la mayoría de la gente está pagando más en términos reales por la tenencia de la tierra y el consumo de servicios.

Por lo tanto, me inclino a apoyar ampliamente la tesis de valorización de Burgess y otros (Burgess, 1985; Ángel *et al.*, 1983; Fiori y Ramírez, 1987). Los residentes de los asentamientos irregulares están cada vez más expuestos a los procesos de penetración del capital en la periferia (véase Ward y Macoloo [1992] para un análisis más amplio de la "articulación" de los asentamientos irregulares en el mundo). Así, además de abaratar los costos de reproducción de la mano de obra, los grupos de bajos ingresos están expuestos de forma más activa a los procesos de acumulación de capital por parte de los agentes de bienes raíces, la industria de los materiales de construcción, las industrias de servicios públicos y privados, y el Estado mismo. La autoconstrucción es una respuesta a la pobreza, pero también puede reproducirla.

Reproduciendo la desigualdad mediante la ideología de la autoconstrucción

El argumento de que el cambio hacia un nivel de propiedad más extendido en la sociedad conduce a la adopción de valores más conservadores, pequeño-burgueses y con tendencia al mantenimiento del *statu quo*, no es nuevo (Burgess y Short, 1982). El componente de capital propio cultiva la creencia en la defensa de la propiedad privada, asegura los votos e individualiza las relaciones de propiedad. Por ende, la lucha por la vivienda como un bien común producido socialmente se ve socavada (Burgess, 1985).

En la ciudad de México, la provisión de vivienda ha estado vinculada de cerca con un proyecto estatal de control social. Esto puede lograrse de varias maneras. Primero, como vimos en el capítulo anterior, la estratificación de los programas de provisión de vivienda y otorgamiento de títulos de propiedad dividen a los sectores de bajos ingresos (y otros) en diferentes grupos de interés que a menudo deben competir entre sí por los escasos recursos. El problema no se relaciona con el tamaño del pastel, sino con negociar y competir por una de las rebanadas.

Segundo, el control ideológico y social se ejercía tradicionalmente a través de la manipulación y el control electoral del PRI mediados por el proceso de autoconstrucción (Eckstein, 1977; Azuela y Cruz Rodríguez, 1989). Las luchas populares por la adquisición de tierras, regularización, servicios y otros recursos urbanos han sido penetradas y conformadas sistemáticamente por las relaciones clientelistas comunidad-Estado, en un principio mediante la CNOP y la "oficina de colonias", luego en forma más amplia a través de diversos "patrones" políticos y ejecutivos, y directores de oficinas gubernamentales (no todos ellos militantes o partidarios priístas) durante el gobierno del presidente Echeverría; y por último, por medio de oficinas más técnicas y menos abiertamente partidistas. Cuando la paz social o la movilización popular amenazaban con salirse de control o demostrar una respuesta colectiva interasentamientos, el gobierno ha actuado con firmeza para desviar la inquietud mediante la negociación y subsecuente cooptación, utilizando la violencia y la represión como último recurso (Montaño, 1976). Aunque las movilizaciones corporativas tradicionales ocurren con mucho menor frecuencia en la actualidad, muchos arguyen que el clientelismo político del PRI sigue arraigado y se articula mediante el programa Pronasol (Fox, 1994; Varley, 1993; Dresser, 1994).

Tercero, la heterogeneidad de los asentamientos irregulares también puede socavar la respuesta colectiva al dividir los asentamientos con base en el modo de adquisición del terreno, la "etapa" de consolidación, las prioridades de prestación de servicios de los residentes, las estructuras de liderazgo comunitarias, las clases sociales y, sobre todo, las relaciones de tenencia de la tierra (propietarios *versus* "arrimados" *versus* inquilinos: véase Gilbert y Varley, 1990; Coulomb, 1989; Eckstein, 1990a). Estas divisiones en la tenencia multiplican aún más los grupos en los que pueden caer o dividirse los habitantes. Es probable que la perspectiva ideológica propia se conforme por el tipo de vivienda de cada quien. Es probable que los inquilinos, los paracaidistas hostigados, y los desplazados del centro sean más radicales y estén más dispuestos a manifestarse en contra del gobierno que quienes han sido comprados mediante políticas de vivienda constantes.

Por último, las relaciones sociales pueden reproducirse por medio de la estructura física del medio ambiente de la vivienda. Los patrones de interacción social varían de acuerdo con las características de diseño físico, así como el tipo y la ubicación de la vivienda. Por ejemplo, dadas sus ventajas de ubicación, las vecindades del centro muestran una considerable estabilidad poblacional. Los patrones de interacción social están fuertemente localizados *dentro* del edificio (Lewis, 1961; Valencia, 1964; Tamayo, 1995). Sin embargo, fuera del contacto con parientes en otras vecindades o barrios, gran parte de la interacción cotidiana se da dentro del mismo edificio (en especial entre las mujeres). La solidaridad en defensa de la propia vecindad es importante. Por su parte, los edificios más recientes en asentamientos irregulares periféricos o posperiféricos son más pequeños, relativamente más costosos y tienen una mayor movilidad de su población (Gilbert y Varley, 1990). A excepción de los hogares encabezados por madres solteras, las relaciones entre las familias de estas vecindades parecen más limitadas (Chant, 1985).

En los asentamientos irregulares, la gente tiene una gran variedad de antecedentes regionales y el tamaño relativamente grande de la mayoría de los asentamientos en la ciudad de México; se vuelve poco probable que predomine un grupo cultural o familiar de una región específica. No obstante, aun en este caso los patrones de interacción social están restringidos a la localidad inmediata.

En los tres asentamientos de paracaidistas analizados en 1973, los patrones de interacción social mostraron un alto nivel de localización, particularmente notorio entre los hogares más pobres y las mujeres (Ward, 1976a; véase también Lomnitz, 1977). Los hombres tendían a orientarse más hacia el exterior, al igual que los hogares con mayores ingresos. De este modo, el medio ambiente físico, sea un asentamiento de paracaidistas o una vecindad, tiene un efecto importante sobre la forma en que las relaciones sociales se articulan y reproducen. Sin embargo, en este caso los patrones de interacción social probablemente sirven para reducir las desigualdades intragrupales mediante mecanismos de patrocinio e intercambio (Lomnitz, 1977; Kemper, 1974). Además, Eckstein (1990a: 175-176) destaca que tanto la crisis económica de los años ochenta como la mayor heterogeneidad de los asentamientos irregulares han producido una marcada disminución en la solidaridad social interna, de modo que estas zonas ya no pueden considerarse positivamente como "barrios de esperanza", como en el pasado. También afirma que es en las ciudades de la zona centro donde se encuentra una mayor estabilidad y solidaridad orgánica entre los vecinos.

De este modo, he identificado cuatro mecanismos principales a través de los cuales la arquitectura "vernácula" desempeña un papel importante en la reproducción de las relaciones sociales y económicas en la ciudad de México. Lo logra en el nivel ideológico mediante la idealización de la pobreza y destacando el valor de uso más que el de cambio; por medio de la privatización e individualización de la provisión de vivienda; a través de la generación de diferentes grupos que compiten entre sí; y mediante los patrones de interacción social cotidiana que surgen en los asentamientos de bajos ingresos. En el nivel económico, he demostrado cómo la vivienda "vernácula" intensifica la valorización y abre el proceso de asentamiento de bajos ingresos a la depredación de la acumulación del capital. Si bien los resultados adversos de este proceso han sido probablemente sobrestimados y aun deben analizarse a profundidad, parece inevitable que los éxitos anteriores del mejoramiento y la autoconstrucción están siendo limitados por las condiciones de austeridad, los crecientes costos de la construcción y, en ocasiones, por la recuperación de los costos y la imposición fiscal creadas por las políticas gubernamentales. La producción de asentamientos de bajos ingresos a costos accesibles para los pobres facilita la reproducción de la mano de obra, lo cual, a su vez, beneficia a una gran variedad de grupos de interés sociales y económicos. Aunque en la ciudad de México predomina la arquitectura vernácula, definitivamente no lo hace bien.

La creación de desigualdad mediante la reconstrucción tras el terremoto

Tal vez el ejemplo más claro de la forma en que el gobierno de la ciudad de México ha actuado mediante el diseño físico para reproducir la desigualdad social y crear (sin darse cuenta de ello) divisiones sociales que no existían antes, es el programa de reconstrucción posterior al terremoto. Este programa se concentró en gran medida en la reubicación de los residentes de bajos ingresos más afectados por el terremoto en la zona centro de la ciudad. Muchos de los antiguos edificios fueron destruidos o dañados de manera irreparable por los terremotos de septiembre de 1985 y, a pesar de su fuerte compromiso público con una política de descentralización, el gobierno optó por la solución más políticamente aceptable de reconstruir *in situ*. La base de inclusión en el programa llevado a cabo por una dependencia especializada creada a propósito, Renovación Habitacional Popular (RHP), fue el decreto de expropiación dado a conocer muy poco después del desastre (México, RHP, 1988).

El programa de reconstrucción de viviendas emprendido por RHP en el Distrito Federal recibió enormes recursos y fue financiado por un préstamo del Banco Mundial y recursos fiscales nacionales (en partes más o menos iguales). Aunque no se reconoció públicamente, el gobierno no esperaba recobrar su inversión de capital real, mientras que el Banco Mundial sólo esperaba recuperar 50 por ciento. En efecto, esto significó que las viviendas estaban fuerte-

mente subsidiadas y la oportunidad de desarrollar una base de
capital para un programa de vivienda de fondo revolvente se vio
erosionada.

Cuando por fin se dio a conocer, en 1986-1987, la "solución"
de vivienda era muy impresionante. Unas 28,000 familias que
anteriormente vivían en vecindades fueron reubicadas, casi siempre
en el mismo lugar donde habitaban, pero ahora en viviendas
de propiedad privada, de dos habitaciones y construidas de acuerdo
con uno de cuatro prototipos de diseño. Unas 11,650 viviendas
más fueron rehabilitadas y en 4,500 hogares se efectuaron reparaciones menores (México, RHP, 1986). Se incorporaron elementos
de diseño "tradicionales" de la arquitectura mexicana con bastante éxito (colores vivos, patios centrales, grandes portones de entrada
común y balcones). Por ende, el resultado fue una vivienda de alta
calidad, con un valor de cambio de unos 6 millones de (viejos)
pesos (de aquel entonces), aunque cada unidad costó poco más de
3 millones de pesos que debían pagarse en un periodo de 8
años. El hecho de que la mayoría de los residentes se identificaba
fuertemente con un sentido de "barrio" que prevalece en la zona
(más o menos equivalente al orgullo "Cockney" en Londres),
junto con su reubicación *in situ*, y el hecho de que continuaran
trabajando en la zona centro, significa que muy pocos han ven-
dido sus viviendas (Connolly *et al.*, 1991; Tamayo, 1995). Muchos
de ellos estaban ansiosos de quedarse y gozar la "fortuna" que,
irónicamente, les había proporcionado el terremoto. Entonces,
¿cómo es que esta situación reprodujo e intensificó la desigualdad social?

Lo ha hecho mediante la forma arbitraria en que los beneficios de la reconstrucción llegaron a personas con clase y antecedentes culturales idénticos. Antes de los terremotos todos rentaban
sus viviendas, a menudo bastante deterioradas e insalubres. Ésta
era una zona de clase trabajadora estable donde la gente vivía y
trabajaba en el sector de los servicios o en los pequeños talleres
y empresas que abundan en el centro. El destino determinó los lugares que serían más dañados por el terremoto, pero fue un ina-

decuado instrumento del gobierno (el decreto de expropiación) lo que determinó exactamente cuáles familias serían beneficiadas. Así pues, las familias que vivían hacinadas en vecindades adyacentes se encontraron en uno de dos campos: incluidas en el grupo de personas que se convertirían en propietarios y beneficiarios de viviendas subvaluadas de alta calidad, o bien excluidos del programa RHP y, cuando mucho, incluidos en el programa "Fase 2", menos financiado y diseñado en parte para "deshacerse" de quienes habían sido excluidos. Lo que antes era una clase social ampliamente homogénea fue dividida de forma irrevocable.

Desde el inicio, surgió una gran inseguridad entre la población damnificada acerca de exactamente quiénes serían beneficiados. Luego de varios falsos inicios, Manuel Camacho (en ese entonces subsecretario en la SPP), pasó a encabezar la Secretaría de Desarrollo Urbano y Ecología (Sedue) y trajo consigo un nuevo equipo para administrar el programa RHP. El descontento social y los numerosos grupos de defensa que se habían multiplicado en la zona centro fueron aplacados con éxito gracias a una "concertación democrática" promovida por Camacho, mediante la cual los beneficiarios recibieron garantías sobre su inclusión en el programa, la naturaleza de la vivienda que recibirían, sus costos y la fecha de conclusión (México, RHP, 1988). De este modo, muchos grupos fueron, en efecto, comprados, mientras que la minoría excluida continuó luchando, pero ahora de manera bastante debilitada y dividida.

Esta experiencia en particular también ejemplifica la forma en que un importante programa de gobierno puede conformar los gustos estéticos de la población en cuanto a vivienda. Lo que entonces quería toda la gente de bajos ingresos en México eran departamentos terminados (más que autoconstruidos), de colores brillantes y por lo general bien diseñados. Además, comenzaron a rechazar las nociones de historia local y solidaridad colectiva enraizadas en la forma física de la vecindad, a favor de la identidad individual comercial del condominio (Tamayo, 1995). En la siguiente sección analizaré las raíces y tradiciones de la arquitectura formal de algunos de estos diseños.

REPRODUCIENDO LA CIUDAD:
ARQUITECTURA MODERNA Y POSMODERNA

Si BIEN actualmente muchos edificios de la ciudad son de estilo "internacional" y no se verían extraños en Londres, Frankfurt o Los Ángeles, por lo general han sido diseñados por arquitectos mexicanos y con prácticas nacionales, más que por empresas y consorcios transnacionales o estadounidenses (véanse fotografías 14 y 15). De hecho, algunos de los arquitectos mexicanos más exitosos e imaginativos han ganado comisiones en Estados Unidos y algunos tienen despachos exitosos en ambos países. Transnacionales como MacDonalds, Kentucky Fried Chicken, Fuddruckers' y otras han traido sus franquicias, logos, y diseños exteriores e interiores a esta ciudad, lo cual se ha realizado a través de empresas locales que, naturalmente, no alteran en forma significativa el símbolo y diseño de la franquicia. Sin embargo, sería erróneo subestimar la constante influencia mexicana que subyace tras la arquitectura y el diseño urbanos contemporáneos.

Fotografía 14. Logotipos y estilos internacionales: hamburguesas Fuddruckers en la ciudad de México.

Fotografía 15. Arquitectura y escultura modernista en el Paseo de la Reforma.

El siguiente análisis está basado, en parte, en discusiones y entrevistas que tuve el privilegio de disfrutar con varios arquitectos mexicanos contemporáneos. En específico, me interesaba descubrir las fuentes arquitectónicas e intelectuales del diseño urbano (presente y pasado) de la ciudad de México, como se manifiesta en los edificios y monumentos. Deseaba saber en qué medida el diseño de los edificios se conformaba por las corrientes intelectuales o más bien estaba sujeto a "influencias sugestivas" de un Estado en busca de congruencia y reforzamiento mutuo entre su "proyecto" de desarrollo y la estructura física de la ciudad. Es decir, ¿quién crea la ideología de la forma urbana y por qué?, y una vez creada, ¿es autosuficiente?

Eclecticismo y rechazo del pasado

Antes de iniciada la Revolución de 1910, las influencias arquitectónicas estaban dominadas por los estilos europeos, en especial los de Londres, París y Berlín (Ricalde y Sánchez, 1984). La centralización, la expansión y las ideas culturales europeas predominaron durante el porfiriato a principios del siglo XX, y esto se reflejaba en los grandes y suntuosos edificios, tanto públicos como privados, que reproducían, entre otros estilos, los elegantes diseños franceses del siglo XVIII. En ocasiones, también pueden observarse influencias del Art Nouveau, en particular en las decoraciones de las ventanas y los vitrales (Hernández, 1981). El tráfico en el "primer cuadro" de la ciudad, la electrificación de los tranvías, el surgimiento de transporte privado para los ricos y el deseo de reflejar la posición social mediante residencias y jardínes palaciegos había iniciado, para finales del siglo XIX, un movimiento centrífugo hacia las subdivisiones residenciales de ingresos superiores. Excelentes ejemplos de ello todavía pueden observarse en las colonias Juárez, Cuauhtémoc y Roma norte, las cuales fueron urbanizadas durante las dos primeras décadas del siglo XX.

Muchos edificios públicos también se inspiraron en los estilos neorromántico y neogótico, como el Palacio de Bellas Artes (comenzado en 1904) y la Oficina Central de Correos (terminada en 1907), ambos edificios diseñados por Adamo Boari (véase fotografías 16 y 17). Los estilos clásicos se adoptaron para edificios públicos como el Instituto de Geología y la Secretaría de Comunicaciones y Obras Públicas (1902-1911) y también son característicos de los monumentos erigidos en aquella época. Por ejemplo, uno de los más famosos y apreciados –"El Ángel"– data de ese entonces y es una réplica del original en Berlín. Otros, como "El Caballito" (en realidad es un monumento a Carlos IV de España erigido en 1802), el Hemiciclo a Benito Juárez (1910) y el monumento a Cristóbal Colón, también se basaron en el estilo clásico (véanse fotografías 18, 19, 20). Tales representaciones eran políticamente respetables, pues su fuente de inspiración no reflejaba orígenes indígenas. Más bien mostraban la grandeza que Porfirio Díaz quería proyectar, junto con el fuerte sentido de afinidad con Europa y un rechazo a las raíces nacionales: México comenzaba con el descubrimiento de Colón, y la falta de monumentos dedicados a las tradiciones precolombinas constituyó un intento por borrar la violencia de la Conquista de la memoria colectiva.

Fotografía 16. Palacio de las Bellas Artes (Adamo Boari, 1904. Terminado por Mariscal a principios de la década de 1930, el interior es un buen ejemplo de Art Déco).

Fotografía 17. Influencia italianesca en Correos (Adamo Boari, 1907).

Fotografía 18. Monumento a la Independencia, Paseo de la Reforma.

Fotografía 19. Estatua de Colón, Paseo de la Reforma.

Revolución y modernismo

Las tensiones sociales que trajo consigo la Revolución se reflejan
claramente en la red urbana, al menos una vez que el movimiento
terminó y tanto el país como la ciudad recuperaron cierto nivel de
estabilidad. También influyeron el surgimiento de una nueva clase
media durante los años veinte y la herencia de un amplio flujo
de población de provincia provocado por el conflicto y los seguidores de varios líderes que llegaban a la ciudad en busca de poder
y para forjar la nueva Constitución. Hubo una reacción en contra
de la reproducción de los estilos de la "academia" europea, pero
éstos continuaron adoptándose para algunas residencias privadas,
aunque con menos ostentación. Los diseños inspirados por los movimientos moderno y funcionalista fueron de creciente importancia, en especial para los edificios y monumentos públicos, aunque
en México trajeron consigo un fuerte sentido de identidad expresado en la escultura y el modelado. Fue a través de la escultura
y las artes plásticas como se expresaron las bases de inspiración nacional dentro de la arquitectura funcionalista derivada de la escuela Bauhaus en Alemania. El Art Deco representó un medio
excelente para los arquitectos mexicanos que buscaban adaptar
y modelar estilos de un modo nacionalmente único (Noelle y
Tejeda, 1993).

Este periodo no sólo produjo cambios sociales, sino que la Revolución y la ampliación de la base de desarrollo de México anun-
ciaron el surgimiento de una clase media que también necesitaba
mostrar su nueva posición a través de la segregación residencial
y el diseño de las residencias privadas. La colonia Roma, en especial la sección sur, se desarrolló en aquel entonces, al igual que los
nuevos distritos residenciales, como la colonia Hipódromo Condesa, iniciados durante la década de 1920. Los diseños arquitectónicos predominantes en ese momento comprendían casas que daban
directamente a la calle y solían tener patios interiores. Las fachadas y los ornamentos esculpidos eran menos grandiosos e incluían
angostos balcones "falsos", trabajo de estuco colonial e incluso
ciertos elementos prehispánicos. Ahora que las raíces prehispáni-

cas eran respetables, se erigieron monumentos a los héroes aztecas
y, al destacar las imágenes indígenas, se dio un intento consciente por replantear la cultura nacional reconociendo dichos orígenes.
No obstante, la violencia de la Conquista seguía siendo un problema, pues la mayoría de la población era mestiza más que indígena
pura. Cortés no fue homenajeado y muralistas como Diego Rivera
combinaron imágenes de la violencia de la Conquista con la violencia de la explotación industrial. En el trabajo de este artista en
particular, la lucha por la identidad nacional se mezcló con la imagen
de la lucha revolucionaria y de clases.

El modernismo en los años veinte, al promover los principios
del funcionalismo y del sentimiento antiburgués, requirió de una
arquitectura que satisficiera las necesidades de la era moderna sin
ornamentos. Knox (1987) describe el surgimiento del modernismo
como un rechazo de los techos altos, las cornisas adornadas, etcétera, que representaban las "coronas" de la vieja nobleza que la
burguesía había imitado. Los techos planos, los ángulos rectos lim-
pios de las fachadas austeras ofrecían una interpretación pura del
espíritu de la época, ejemplificado en el edificio de la Secretaría
de Salud terminado en 1926 (véase fotografía 21) y el hospital de la
tuberculosis en Tlalpan (entonces un pequeño poblado varios
kilómetros al sur del área construida). En la ciudad de México,
la inspiración para estos desarrollos provenía del espíritu revolucionario y socialista de la Revolución y de un nacionalismo que estaba
luchando por definirse. Artistas como el Doctor Atl, Diego Rivera, Siqueiros, Clemente Orozco y la generación que los rodeó utilizaron todo su talento e imágenes históricas (a menudo indígenas)
para encender dicha definición. Los murales y el modelado en
edificios públicos, la escultura y los monumentos buscaban cimentar esta ideología en la cultura nacional y urbana. En ciertos aspectos, estos monumentos y arte se asemejan bastante al realismo
socialista soviético y constituyen piezas clásicas de la arquitecutura
y escultura nacionalistas mexicanas estilo Art Deco. Ejemplos de
ellos son el propio monumento a la Revolución, diseñado en un
principio para ser la cúpula de un nuevo edificio del Congreso, pero
reestructurado posteriormente como una pieza independiente

Fotografía 20. Hemiciclo a Benito Juárez, Parque de la Alameda.

Fotografía 21. Edificio de la Secretaría de Salud (Santacilia, 1926).

en 1935-1936, cuando se acabaron los fondos para la construcción (véase fotografía 22); el monumento a Álvaro Obregón (1934) en San Ángel; y el teatro al aire libre en la colonia Hipódromo Condesa, construido en 1927 en el Parque España (véase fotografía 23). Muchos cines, hoteles como El Prado y el estadio nacional, que entonces se encontraba en la calle de Orizaba, recibieron la influencia del modernismo, aunque con un marcado espíritu nacionalista. En ocasiones, esto llegó a redefinir el modernismo por completo, como en el maravilloso, aunque poco visitado, museo Anahuacalli de Diego Rivera, oculto al sur de la ciudad y apropiadamente descrito por un informante como "preposmoderno" (véase fotografía 24).

Fotografía 22. Monumento a la Revolución.

Fotografía 23. Teatro al aire libre, Parque España (1927).

Fotografía 24. Preposmodernismo: Museo Anahuacalli de Diego Rivera y Juan O'Gorman, Coyoacán.

Para la élite, se comenzaron a urbanizar nuevas zonas residenciales durante la década de 1930 con un patrón de "saltos" de desarrollos residenciales que continuó hasta los años setenta. Por ejemplo, Polanco y Lomas de Chapultepec se desarrollaron en aquella época y el espacio libre se rellenó con viviendas más modestas de clase media y media superior en la Condesa y Cuauhtémoc. Aunque el modernismo mexicano siguió predominando durante los años treinta y cuarenta, estuvo acompañado por cierto grado de eclecticismo que se agrega a la rica variedad de estilos arquitectónicos que pueden observarse en esas zonas en la actualidad. Los edificios Art Deco todavía abundan (véase fotografía 25) y este estilo también fue adoptado por Mariscal cuando completó el interior del Palacio de las Bellas Artes (de Boami), cuyo trabajo se había suspendido desde el porfiriato. Los diseños "funcionalistas" de casas también incorporaron ideas intensamente mexicanas de textura, movimiento y, sobre todo, colores profundos, cuyo epítome lo constituyen los edificios y jardines de Luis Barragán, que a partir de la década de 1970 se volvieron una importante inspiración para muchos arquitectos mexicanos contemporáneos (véanse fotografías 26 y 36). Sin embargo, una vez más, resulta importante destacar que se trataba de representaciones altamente nacionalistas del credo arquitectónico dominante de la época y que estaban inspiradas en la cultura vernácula.

Es a partir de los años cuarenta cuando la "moda" arquitectónica desarrolla una rápida dinámica propia cuando la élite y las clases medias intentan superar a sus semejantes mostrando su posición social mediante el diseño de sus residencias y su ubicación en las zonas más *chic* de la época. Así, existe una secuencia en los desarrollos residenciales: Virreyes, extensiones hacia las Lomas, Jardines de San Ángel durante las décadas de 1950 y 1960, Tecamachalco en los años setenta y, más recientemente, las lujosas residencias dentro y alrededor de los viejos centros de los pueblos al sur de la ciudad (San Ángel Inn, Tlalpan, y Coyoacán). El diseño de las residencias en cada una de estas zonas refleja modas particulares que surgieron o fueron creadas. Por ejemplo, durante la década de 1940 se trató de un proceso "prostituido por la aberración

Fotografía 25. Residencia Art Déco en la colonia Condesa/Parque España.

burguesa del estilo colonial californiano" (Ricalde y Sánchez, 1984: 54), diseño que se estaba volviendo popular, en especial entre las residencias privadas de Polanco y Lomas de Chapultepec (véase fotografía 27). Extrañamente, la popularidad de este estilo se vio alentada por un radical, el propio Lázaro Cárdenas, lo cual llevó a que Juan O´Gorman dirigiera su ironía cáustica hacia los gustos arquitectónicos del ex presidente. Al visitar estas zonas en la actualidad, resulta evidente el marcado eclecticismo de los diferentes estilos ("rancho" californiano, tudor inglés, colonial, siglo XIII francés con techos mansardos, moderno, etcétera), en ocasiones mezclados en una sola casa (véase fotografía 28).

Una secuencia paralela surge para las clases medias. Por un lado, los grupos sociales que deseaban vivir lo más cerca posible del estrato superior comenzaron a "filtrarse" hacia las viviendas que antes pertenecían a la élite. Esto da cuenta de la densificación en Polanco y otras áreas, así como la subdivisión de residencias en departamentos en la Condesa, Roma Sur y otras áreas similares a partir de los años sesenta. Por otro lado, las clases medias comen-

Fotografía 26. Casas modernistas en el parque Melchor Ocampo (Luis Barragán, década de 1940).

Fotografía 27. Eclecticismo: residencia estilo colonial californiano, Polanco.

Fotografía 28. Eclecticismo: falso Tudor inglés en Virreyes.

zaron a emular el movimiento de la élite hacia los suburbios, aunque
de forma menos grandiosa. Las zonas residenciales que se desarrollaron de esta manera fueron las colonias Del Valle y Nápoles
durante la década de 1950, Satélite en los años sesenta y una
serie de fraccionamientos más allá de Satélite en Naucalpan (Estado de México).

Este eclecticismo también puede observarse en los monumentos
de la década de 1940, y destaca en la reafirmación del orgullo
nacional a través del monumento a La Raza (1940) y la estatua a
la "Diana cazadora", que es una representación moderna (y un
tanto hermosa) de una imagen clásica (véanse fotografías 29 y 30).
Sin embargo, aunque algunas residencias privadas se esmeraron en
adoptar el "fetichismo" arquitectónico durante los años cuarenta y
cincuenta, la mayoría de las casas, edificios públicos y monumentos
de ese entonces constituyen una interpretación intensamente nacionalista del modernismo, la cual mezclaba la arquitectura indígena
y la vernácula con los principios más amplios del pensamiento
funcional modernista.

El legado de la modernización

Sin embargo, en la esfera pública prevaleció la ortodoxia modernista y funcionalista durante el periodo de rápido crecimiento económico y creciente intervención estatal en el proceso de "modernización" (1945-1970). La arquitectura y el diseño urbanos reflejan
y refuerzan esta imagen, mientras que el dirigismo es evidente en los
primeros monumentos del periodo dedicados a los trabajadores
petroleros, los Niños Héroes y los camineros (véanse fotografías 31,
32, 33). Los edificios construidos por el sector estatal seguían casi
exclusivamente el modelo ortodoxo modernista, como el edificio
del Instituto del Seguro Social en Reforma (1947, fotografía 34),
el edificio de ciencias sociales de la Universidad Nacional
(1946-1952), la unidad habitacional Miguel Alemán (1949) y la
de Nonoalco Tlatelolco en 1960. A menudo se trataba de proyectos de gran escala que comprendían desarrollos de viviendas en
edificios altos, centros médicos con varios departamentos (Centro

Médico), edificios gubernamentales (Centro scop) y el enorme campus de Ciudad Universitaria.

Fotografía 29. "La Diana". Clasicismo con un toque moderno, por Juan Olaguíbel, Paseo de la Reforma (1946).

Fotografía 30. Monumento a la Raza.

Fotografía 31. Monumento a los trabajadores petroleros (Juan Olaguíbel).

Fotografía 32. Monumento a los Niños Héroes.

Fotografía 33. Monumento a los Camineros.

Fotografía 34. Modernismo por excelencia: edificio del Instituto Mexicano del Seguro Social (Santacilia, 1947), Paseo de la Reforma.

Aunque de estilo modernista ortodoxo, el nacionalismo mexicano una vez más no rechazaba la experimentación. Por ejemplo, si bien el campus de Ciudad Universitaria está basado en un diseño general de Mario Pani y Enrique del Moral, se permitió que un gran número de arquitectos diseñara los edificios, lo cual produjo una rica pluralidad de expresiones que incluye, por supuesto, los enormes murales de mosaico en las fachadas de algunos edificios (de los cuales el más famoso sea quizás el de Juan O´Gorman en la Biblioteca Central). Hasta cierto punto, esta modernización estuvo acompañada por una época de populismo, en especial durante el gobierno de López Mateos (1958-1964).

A partir de los años sesenta, la ciudad de México se volvió parte del escenario internacional. Aunque, como afirmé en el primer capítulo, no sirve de mucho considerarla una "ciudad mundial", avanzó firmemente hacia el escenario mundial gracias a eventos como las Olimpiadas de 1968 y la Copa Mundial de Fútbol (1970 y 1986, véase fotografía 35). De hecho, con motivo de las Olimpiadas, a los países participantes se les pidió que contribuyeran con grandes esculturas conmemorativas, que fueron distribuidas a lo largo del anillo periférico sur. En general, el propósito de los monumentos construidos desde la década de 1960 parece ser de reforzamiento ideológico: de lo moderno, lo abstracto y lo internacional. Más tarde, durante los años sesenta y setenta, estos estilos llegaron a reflejar un contenido aún más "internacional" de esculturas geométricas y fuentes modernas de alta tecnología (véanse fotografías 15 y 35).

Modernismo e internacionalismo

Cuando el estilo "internacional" de los edificios de vidrio y concreto comenzó a predominar (véanse fotografías 14 y 15), amenazó con diluir, en cierta medida, la fuerte esencia nacional en el diseño que había existido previamente. Los arquitectos empezaron a alejarse de su preocupación e interés en los materiales locales como piedra y mármol y la representación indígena, para utilizar materiales industrializados como el concreto y el vidrio. Por supuesto,

Fotografía 35. Modernismo e internacionalismo: Estadio Azteca (Ramírez Vázquez, 1968).

esto se relacionaba, en parte, con la creciente influencia de la Cámara de la Industria de los Materiales de Construcción y el papel de las grandes empresas internacionales que la conforman (Copevi, 1978). El Estado reforzó el proceso a través de la estandarización de diseños para los edificios de hospitales del IMSS e ISSSTE, de escuelas (a través de CAPFCE), etcétera.

Si bien la mayoría de los principales contratos de diseño para el desarrollo del sector privado adoptaron el estilo internacional (aunque con prácticas arquitectónicas mexicanas), éste no fue el único caso. Los principales arquitectos mexicanos de la época adoptaron el estilo internacional, pero a menudo de formas que producían una adaptación distintivamente mexicana. En particular, el arquitecto Ricardo Legorreta siguió la inspiración de Barragán, denominada corriente "emocional" de los años cuarenta y cincuenta, y basada en la arquitectura, escultura y arte vernáculos. Siguiendo las tradiciones mexicanas, los colores vivos y brillantes (morados, malvas, azules y café ocre) utilizados en las paredes externas de las casas de provincia, junto con el gusto por las amplias arcadas, Legorreta ha desarrollado un estilo arquitectónico cuyo epítome son las texturas rugosas de concreto, colores elaborados, paredes libres, juegos de luces y sombras, y fuentes que corren libremente (véase fotografía 36). Merecidamente, su trabajo es reconocido a nivel internacional y ha inspirado a toda una generación de arquitectos en México y el mundo. Por otra parte, continúa trabajando en México y tiene un despacho exitoso en Orange County, California. También es el principal arquitecto en la realización del proyecto de reconstrucción de la zona sur de la Alameda, analizado en el capítulo 2, cuya fuente internacional de financiamiento ha generado una importante controversia, al igual que el posible desplazamiento de las viviendas y comercios existentes.

Fotografía 36. Hotel Camino Real, ciudad de México (Ricardo Legorreta, 1968). Las paredes están pintadas de amarillo y rosa brillantes. Nótese las sombras creadas por las paredes libres.

En esencia, dos grandes tipos de arquitectura destacan en la actualidad. Por un lado, los edificios para las grandes empresas nacionales e internacionales, bancos, etcétera, que a menudo tienen una "firma" particular que desean conservar. Dado su estilo internacionalista, estos edificios no se verían fuera de lugar en otras grandes ciudades del mundo; refuerzan las ideas de modernidad, funcionalidad, dominación (de las finanzas y el comercio) y a menudo una falta de humanismo. También existen los edificios que, como un arquitecto entrevistado afirmó, "intentan afirmar algo". Éstos surgen del manantial "emocional", como en el caso del trabajo de Legorreta, aunque hay otros cuya obra representa una genuina reelaboración del modernismo que incorpora elementos tradicionales o indígenas del pasado en una forma que evita lo *kitsch*. Un importante arquitecto contemporáneo, Teodoro González de León, me explicó que su principal inspiración eran las pirámides de Teotihuacan, y que el evidente sentido masivo, cuyo epítome se observa en las iglesias y monasterios del siglo XVI, había entrado en su subconsciente desde muy joven. El uso de diferentes niveles, rampas, formas piramidales, grandes paredes libres, sombras marcadas, etcétera, son características de algunos edificios recientes como el Colegio Militar, El Colegio de México, el del Infonavit, el Museo Rufino Tamayo y muchos otros (véanse fotografías 37, 38, 39). Además, como ya lo mencioné en este capítulo, los colores vivos, una gran gama de entradas y arcos, audaces marcos para las ventanas exteriores, etcétera, eran todas características tradicionales incluidas en el programa de reconstrucción de vivienda para los grupos de bajos ingresos de la zona centro. Esto no sólo reforzó los vínculos de los residentes locales con el pasado, sino que conformó la demanda futura de vivienda provista por el Estado. Cuando se entregaron las viviendas a sus residentes, otros grupos de bajos ingresos comenzaron a exigir casas que no sólo fueran accesibles, sino también de colores vivos. Como ya lo mencioné, el programa de reconstrucción amenazó con cimentar una ideología particular, de condominios modernos e individualismo, que reemplazaría la solidaridad social y el sentido de pertenencia del rico patrimonio histórico del centro de la ciudad de México.

Evadiendo el posmodernismo

El importante elemento de la tradición vernácula, característico de la arquitectura mexicana, explica a profundidad por qué la arquitectura posmoderna no figura de manera significativa en la ciudad de México. El término "posmodernismo" es bastante difícil de definir, a pesar de su uso difundido (Harvey, 1987 y 1989; Gregory, 1987). A grandes rasgos, comprende una corriente intelectual y estética relacionada con la condición del capitalismo tardío. Se trata de una reacción en contra de la filosofía anterior que proponía que la planeación y el desarrollo debían darse en gran escala y ser tecnológicamente racionales, austeros y funcionalmente eficientes. En términos arquitectónicos, se trata de una respuesta a la "crisis" del modernismo y su impersonalidad. En su lugar, el posmodernismo resalta la pequeña escala, el nivel comunitario, los estilos neovernáculos y el uso juguetón y ecléctico de las imágenes históricas. Frontones, columnas, arcos, volutas, faroles, colores venecianos, todos están de moda, a menudo en una sola mezcla (véase fotografía 40). Como afirma Knox (1987 359):

> La arquitectura posmodernista se caracteriza por el uso consciente e irónico de las imágenes y estilos históricos, cierto énfasis en las propiedades escenográficas y decorativas (en oposición a las de composición) del medio ambiente construido y un rechazo de los objetivos sociales y pretensiones deterministas del modernismo.

Fotografía 37. Edificio de El Colegio de México (González de León y Zabludovsky, 1975).

Fotografía 38. Edificio del Infonavit (González de León, 1978).

Fotografía 39. Museo Rufino Tamayo (González de León y Zabludovsky, 1980).

Fotografía 40. Posmodernismo: frontones, columnas, ladrillo artesanal. Iglesia episcopal, Chapultepec.

Sin embargo, es más que un fetiche arquitectónico o de diseño. También debe verse como una condición relacionada con el régimen de "acumulación flexible" que surgió desde 1973 y como un mecanismo importante mediante el cual la inversión de capital en el medio ambiente construido puede reciclarse, condicionando así las relaciones sociales en torno a los procesos de acumulación renovados (Harvey, 1989; Dear, 1986). En el Reino Unido, la renovación y el embellecimiento de los centros de las ciudades es sólo una de las expresiones de la estética y revitalización posmodernas de la acumulación de capital. Harvey describe otros proyectos de inversión más elaborados (mediante "accesorios espaciales") en torno al consumo y el espectáculo (centros comerciales estadounidenses; el puerto de Baltimore; el festival campestre de Liverpool, etcétera). Incluso la última tendencia que se aleja del embellecimiento, así como el "revanchismo" de los desamparados y otros grupos desposeídos en las zonas centrales de Estados Unidos pueden considerarse como una reacción al posmodernismo (Smith, 1996).

A excepción, quizás, del importante proyecto de Santa Fe de los años noventa, ubicado en lo que fueran basureros y minas abandonadas al occidente, la ciudad de México no parece haber "gozado" de un excedente de inversión de capital incapaz de encontrar una salida rápida en el desarrollo urbano. En general, el acceso a los mejores sitios para el desarrollo se logra mediante la compra de grandes (aunque anticuadas) residencias en las calles principales como Insurgentes, o de grandes áreas de viejas minas (de grava) abiertas (y algunos asentamientos más bien precarios de bajos ingresos) en las montañas occidentales. Los estragos causados por el terremoto de 1985 en la zona sur de la Alameda podrían haber provocado una reconstrucción importante de haberse conseguido el financiamiento adecuado y el apoyo de las autoridades locales. Por lo regular ya existen varias salidas para el capital comercial sin la necesidad de realizar desalojos violentos en la zona centro (Ward y Melligan, 1985). La remodelación iniciada por el Estado en el primer cuadro, acompañada por la construcción de una central de abastos en la periferia para reemplazar el mercado de la Merced, tampoco condujo a una renovación estilo Covent Garden de Londres, ni a cambios en el uso de suelo. Si ésta era la intención de los planes de desarrollo del regente Hank González –y si existía la inversión de capital a finales de la década de 1970– se evaporó rápidamente durante la crisis y no resurgió sino con el proyecto Reichmann International para la zona sur de la Alameda.[26] En México no ha habido un embellecimiento significativo en la zona centro (Ward, 1993). Así, aunque es más una hipótesis que un hecho, una razón crucial por la cual no existe una corriente posmodernista en la ciudad de México es porque la lógica y los imperativos de la acumulación de capital no requieren de ella.

Sin embargo, esto sólo no explicaría por qué los edificios contemporáneos públicos y privados, así como los centros comerciales, etcétera, no han adoptado las "imágenes conscientes" posmodernas. Abordé esta pregunta en mis entrevistas con los principales arquitectos durante finales de los años ochenta. Parece que una

---

[26] El ímpetu de la iniciativa decayó debido a la crisis financiera de 1994. Una vez que el PRD subió al poder en 1997, el proyecto fue cancelado.

razón importante de la aparición bastante limitada de dichas imágenes en México es que *no existe una necesidad estética* para ello. Como ya lo demostré en este capítulo, la preocupación por lo vernáculo no sería nueva en la ciudad de México. Gran parte del área construida se desarrolló mediante la autoconstrucción. Además, las residencias privadas de ingresos medios adoptaron ampliamente estilos eclécticos durante el periodo modernista. Resulta más significativo, en el caso de los proyectos de construcción industrializados, el hecho de que los arquitectos mexicanos siempre han interpretado con éxito el modernismo utilizando imágenes tradicionales y locales. De este modo, el diseño arquitectónico "posmoderno" no podía ofrecer nada nuevo o significativo para los residentes de la ciudad de México. Esto no sugiere que la arquitectura posmoderna no exista en México: existe, pero en una escala bastante limitada. Un buen ejemplo de ello es el Hotel Marquís en Reforma, sumamente costoso y *kitsch*. Algunos frontones recuerdan el edificio Venturi AT&T, pero en gran medida el posmodernismo arquitectónico como lo conocemos en Estados Unidos y el Reino Unido está ausente del paisaje urbano de México. Y no hace falta. En la introducción de una guía reciente de la arquitectura contemporánea de la ciudad de México no se menciona ninguna corriente posmoderna y sólo se describe un edificio que sugiere una línea de inspiración posmoderna (Centro de Investigaciones y Posgrado del ITAM [Noelle y Tejeda, 1993: 124]). Hay quienes argumentarían que ciertas características de la arquitectura contemporánea son posmodernas, como los acabados de tubos de acero y los jardines en el techo del recientemente terminado edificio del Banco de México, de González de León (véase fotografía 41). No obstante, estas características siempre están integradas en una concepción mexicana; no se trata de un pastiche, ni de *kitsch*.

En el terreno económico, la ornamentación, la ostentación y los elevados costos de construcción del posmodernismo resultarían inapropiados para el clima de austeridad que ha predominado en la ciudad de México durante la década de 1980 y de nuevo tras la crisis de 1994. Incluso los grandes proyectos de inversión privada no parecen dispuestos a alardear y seguir la última "moda" importada de Estados Unidos. Aun cuando existió una mayor atracción hacia los diseños posmodernos durante el auge del periodo de Salinas (por ejemplo, el Hotel Marquís y algunos edificios en Santa Fe), fueron las excepciones que demostraron la regla.

Fotografía 41. El edificio del Banco Nacional de México (González de León, 1989). Arquitectura mexicana con un dejo de posmodernismo.

Si bien los arquitectos mexicanos nunca han evitado del todo las influencias arquitectónicas de ultramar, tampoco han adoptado con demasiado entusiasmo la ortodoxia estadounidense. Aunque el "estilo internacional" todavía predomina en la actualidad, el hecho de que no es algo inequívocamente estadounidense lo ha vuelto aceptable para la mayoría de los mexicanos, así como el hecho de que hoy día, como en el pasado, los arquitectos locales introducen sus propios estilos de inspiración indígena en los diferentes edificios y espacios.

Por ende, parecería que la arquitectura de la ciudad de México es un medio muy importante para que la filosofía e ideología actuales del desarrollo se interpreten y vuelvan legibles para el público en general. Sin embargo, esta interpretación de los edificios no es casual ni está dirigida por las autoridades estatales. Los principales arquitectos, como Legorreta y González de León, dicen escuchar a sus clientes acerca de los detalles, pero no se dejan instruir sobre cómo deben verse sus diseños. Si un cliente tiene una idea clara del tipo de edificio que quiere construir, busca al arquitecto que, por su trabajo anterior, sea el más adecuado para reproducir dicha idea. Son los arquitectos, y no el Estado, quienes determinan la forma de diseño de la ciudad, aunque el Estado puede tener una gran influencia cuando repite con regularidad algún estilo o "firma" particular, como sucede con las escuelas construidas por CAPFCE de acuerdo con el diseño original de Artigas.

Donde el Estado puede influir en forma más directa es al encargar monumentos que representan una oportunidad más clara para crear una impresión ideológica en la gente. Hemos visto cómo los monumentos de la ciudad de México se alejaron deliberadamente de los orígenes indígenas antes de la Revolución, aunque fueron adoptados con entusiasmo posteriormente, al menos hasta que la influencia del modernismo y el internacionalismo tomaron su lugar. Los monumentos son probablemente un mejor indicador sobre lo que piensa el Estado y lo que desea que piensen los ciudadanos.

CAPÍTULO 8

Gobierno y democracia en el Distrito Federal: un balance de la gestión de Cárdenas y el PRD, 1997-2001*

Como ya señalé en capítulos anteriores, con razón o sin ella, la ciudad de México tiene la reputación de ser una de las megaciudades –o grandes áreas metropolitanas– menos atractivas para vivir de todo el continente americano. A diferencia de Nueva York o Los Ángeles, sus megaciudades vecinas más cercanas, la ciudad de México no tiene mucho que aliente a los no "chilangos" a residir en ella de manera permanente. Incluso los chilangos, para 1997, estaban muy inquietos ante la aparente intratabilidad de problemas como el tráfico, los crecientes niveles de contaminación y una ola de violencia que amenazaba con hundir a la ciudad. Si bien no deseo trivializar estos problemas, que son muy reales, en este trabajo he tratado de analizar si en verdad son mucho más graves que unos 10, 20 o 30 años atrás. En algunos aspectos, claro que lo son; por ejemplo en el caso del crimen, como lo señalé en el prefacio a esta segunda edición. Sin embargo, quizás en cierto modo, no han empeorado, e incluso podría considerarse que han mejorado en forma considerable.

Dejando de lado por un momento cualquier opinión predecible sobre si la red urbana y la calidad de vida de la ciudad de México se han deteriorado en forma notoria o no, destacan dos hechos fundamentales, ambos mencionados en el capítulo 3. Primero, que hasta 1997 los residentes del Distrito Federal en realidad no tenían

* Agradezco al LBJ School of Public Affairs Policy Research Institute (Programa Metropolitano), 1999-2000 y al Institute of Latin American studies Mellon Travel Grant, 1999-2000 y al Institute of Latin american Studies Mellon Travel grant, 1999 por haber financiado la investigación necesaria para este capítulo junto con mi asistente de investigación Elizabeth Durden, el cual fue presentado por primera vez en el XXII Congreso de la Asociación de Estudios Latinoamericanos (LASA) llevada a cabo en Miami, del 16 al 18 de marzo de 2000.

derecho al voto, pues los administraba un delegado del Presidente
(el regente), y no fue sino a partir de esa fecha cuando por fin
tuvieron un alcalde y una Asamblea Legislativa electos. Hasta ese
entonces, los gobiernos no debían rendir cuentas a sus ciudadanos
ni al electorado, al menos no de manera directa. Segundo, abordar
estas cuestiones a menudo insolubles era básicamente un problema de administración política. De hecho, la inquietud de tener un
rival político importante que no fuera de la elección y confianza
del Presidente, aunado al temor a la (mala) administración en su
propio terreno, constituía un anatema para los gobiernos del PRI,
y ayuda a explicar la tenaz resistencia a la posibilidad de elecciones abiertas, al menos hasta 1997 (Ward, 1989). También ayuda
a dar cuenta de por qué la reforma política de 1996 postergó hasta
2000 el día en que los delegados habrían de ser electos y de por
qué tantas decisiones sobre la naturaleza y estructura del gobierno
en el Distrito Federal quedaron sin resolver. En efecto, el nuevo
jefe de Gobierno fue el encargado de examinar, junto con el presidente Zedillo y los congresos local y nacional, las decisiones y
detalles fundamentales que surgieron de la reforma de 1996. Mucha
gente deseaba saber si la democracia funcionaría en el Distrito Federal o si conduciría al estancamiento y la ingobernabilidad, como
algunos aún lo temían.

Por ende, a partir de 1997 una diferencia cualitativa fundamental para el análisis de la ciudad de México es que el estilo y los
resultados de la administración están sujetos a las elecciones y,
en efecto, dichas elecciones se han vuelto una especie de referéndum
sobre la efectividad del mandato del jefe de Gobierno. Tan impresionante es el nuevo escenario, que pospuse deliberadamente la
preparación de la segunda edición en español (la edición en inglés
apareció a principios de 1998) para incluir un nuevo capítulo que
evaluara el gobierno del PRD. Hay quienes argumentarían que el
primer periodo de mandato perredista, de sólo 3 años, que además
incluyó dos jefes de Gobierno y un líder en funciones (Cárdenas),
es demasiado corto para realizar una evaluación significativa. Sin
embargo, ese argumento es de carácter académico, pues los ciudadanos de México llevan realizando dicha evaluación desde el 5 de

diciembre de 1997, cuando Cárdenas tomó el cargo, y realizaron otra el 2 de julio de 2000 cuando eligieron a López Obrador para que gobernara el Distrito Federal durante un periodo de 6 años.

Así pues, este capítulo se concentra en el gobierno del Partido de la Revolución Democrática (PRD) desde su inicio el 5 de diciembre de 1997 y en la administración y los logros de su primer jefe de Gobierno hasta que éste renunció casi 2 años después para postularse a la Presidencia (véase Perló, 1998). En segundo lugar, evalúo los 15 meses en que su sustituta –Rosario Robles– ocupó el cargo, luego de que tomara las riendas del poder en otoño de 1999; como lo destaqué en el capítulo 3, reconozco su admirable actuación y su habilidad para replantear sus relaciones públicas y cambiar, así, la suerte electoral del PRD entre finales de 1999 y mediados de 2000. Por último, analizaré lo que sugieren el discurso del PRD en su campaña de 2000, las elecciones y la integración del gabinete de López Obrador y sus "Cien días de gobierno" respecto de la capacidad del PRD para conformar una "tercera vía" de centro-izquierda para gobernar el Distrito Federal.

Es importante aclarar que éste es un resumen interpretativo y, en cierta medida, subjetivo, basado en políticas, acontecimientos y entrevistas; por ende, no intento comparar de manera sistemática la información sobre el PRD con la de los gobiernos priístas que ha conformado la esencia de los capítulos anteriores. Sin embargo, debo decir que tuve una impresión bastante favorable acerca de la respuesta en varias áreas de elaboración de políticas, y que la imagen cautelosamente positiva que presento más adelante llamó la atención tanto en México como en Estados Unidos. Mi consideración principal es que, si bien los resultados y avances del gobierno de Cárdenas fueron mixtos, hubo mucho que aplaudir. No obstante, a pesar de mis comentarios modestamente positivos acerca del gobierno de Cárdenas, y de la evaluación aún más halagadora que recibió su popular sucesora, en marzo de 2000 no me sentía demasiado optimista en torno a las posibilidades de López Obrador para triunfar en el Distrito Federal unos meses después. El hecho de que ganara –y ganara bien– puede atribuirse a varias razones:

su fuerza y popularidad personales como líder del PRD, en especial en campaña; la actuación decepcionante y sorprendentemente pobre de sus rivales, en especial de Silva Herzog del PRI; pero, sobre todo, se trató de un voto de confianza en la capacidad de la izquierda para enfrentar con éxito los retos de la ciudad de México. A pesar de las deficiencias del primer gobierno perredista, a menudo atribuidas a Cárdenas, los residentes del Distrito Federal votaron para otorgarle al PRD un sexenio completo en el cargo, en un terreno cuyos parámetros y reglas de gobernancia son ahora mejor conocidos y más predecibles. El tiempo dirá si el PRD es capaz de enfrentar el reto; al menos ahora el nuevo gobierno debe rendir cuentas al electorado y, si fracasa, perderá su gobierno después de 6 años.

Retos y limitaciones enfrentados por Cárdenas y el PRD en 1997

Antes de emprender una evaluación del gobierno perredista, es importante identificar algunos de los retos que enfrentaron Cárdenas y su partido, así como las limitaciones que dificultaron su desempeño. Poco era lo que Cárdenas, como cualquier otro gobernador en México, podía hacer para influir las variables subyacentes de demografía, crecimiento económico y planeación estratégica, política de niveles salariales, política fiscal nacional, tipo de cambio, etcétera. Cuando mucho, podía realizar una administración microeconómica modesta. En pocas palabras, el trabajo del jefe de Gobierno radica esencialmente en la administración política, más que macro o incluso microeconómica.

Más aún, el tiempo con que contaba para cambiar las cosas era demasiado corto: 3 años cuando mucho, y casi seguramente menos, pues se esperaba que contendiera por la Presidencia (como lo hizo). Por otra parte, a pesar de haber obtenido una victoria tan contundente, los medios que apoyaban y se amoldaban al PRI podrían ser hostiles a Cárdenas, y tampoco se esperaba que la prensa y los servicios de noticias independientes lo halagaran demasiado. También era de esperarse que Zedillo y el gobierno federal obstaculizaran su trabajo, pues seguirían controlando gran parte de los recursos a través de Hacienda. En el Congreso tuvo suerte, pues en las mismas elecciones de mediados de sexenio el PRI perdió la mayoría absoluta en la Cámara de Diputados (que según la reforma de 1996 todavía legislaba para el Distrito Federal). Puede ser que con esta situación Cárdenas haya sufrido menos que de otra forma, aunque es de destacar que la mayoría conjunta de oposición PRD-PAN tampoco le fue demasiado favorable.

Otra limitación residió en el hecho de que la reforma que originalmente creó la posibilidad de tener elecciones en el Distrito Federal era una reforma "a medias". A excepción de las elecciones para jefe de Gobierno, el contenido era poco claro y ambiguo. Quedaban preguntas como quién designaría al jefe de la policía y al procurador general del Distrito Federal (el Presidente o el jefe de Gobierno); cómo se llevaría a cabo la larga transición entre agosto de 1997 y la toma de posesión en diciembre; cuál sería el papel de los delegados y la nueva Asamblea Legislativa dominada por el PRD; quién legislaría las reformas subsecuentes, ¿la ALDF o el Congreso? Cárdenas, como casi todos, no sabía mucho sobre estas cuestiones.[27] También hubo sabotaje directo por parte del gobierno saliente, el cual, al parecer, permitió deliberadamente que las cosas se derrumbaran durante los últimos meses, sobre todo en el terreno de la inseguridad pública, que alcanzó niveles alarmantes entre 1995 y 1997, aún mayores de lo que ya era una cifra bastante elevada para todo el periodo de 1990-1997. En promedio, los robos reportados aumentaron 57 por ciento, los asaltos 14.2 por ciento y las violaciones 5 por ciento. Al parecer, sólo los homicidios disminuyeron, 59 por ciento (Alvarado y Davis, 1999). Para otoño de 1997, parecía que los antiguos hampones y asesinos de la policía estaban lanzándose en contra de los ciudadanos y actuando con impunidad.

Por supuesto, en última instancia Cárdenas siempre podría decir que había tenido muy poco tiempo para cambiar las cosas, y que había enfrentado limitaciones insuperables y debilitadoras por parte del PRI. Sin embargo, también debía ser capaz de establecer cierto nivel de éxito tangible en una o dos áreas clave, así como

---

[27] El presidente Zedillo dio libertad de acción a Cárdenas para resolver estas cuestiones, quizás para no darle excusas si se le llamaba a acusar de ingobernabilidad.

emprender políticas loables y creíbles, aun cuando su eficacia sólo tuviera efecto en el largo plazo. Un área clave sobresalió por encima de las demás: la seguridad pública. En 1997, la ciudad estaba sumida en una ola de crimen. Otros asuntos importantes eran el medio ambiente en deterioro y el derrumbamiento de la capacidad organizacional local y el sentido de orgullo cívico. En su mayoría, estos problemas insolubles sólo podían enfrentarse aumentando la conciencia pública y la participación popular. Precisamente por estas razones, Cárdenas eligió "Recuperar tu ciudad" y "Una ciudad para todos" como lemas de campaña, frases que tuvieron un efecto importante en los votantes, al tiempo que sentaron el tono del nuevo gobierno.

La campaña y el éxito electoral de Cárdenas levantaron grandes expectativas. Había demostrado que la izquierda podía ganar en la ciudad de México y había prometido recuperar la ciudad y las calles para los ciudadanos. Hasta cierto punto, incluso se dejó llevar por la euforia y las expectativas del PRD, y cometió un grave error en su discurso inaugural al prometer que no tardaría en resolver los problemas de criminalidad e inseguridad. Con esta promesa, se puso en manos de la fortuna, además de sobrestimar seriamente su capacidad de acción y el tiempo que tardaría en desmantelar y sustituir el sistema de justicia criminal. Pero la mira ya estaba puesta en el siguiente premio –la Presidencia en el 2000– y el reto principal de Cárdenas era utilizar el cargo de jefe de Gobierno como plataforma para su siguiente campaña, además de mantener su control sobre el aparato del partido. Por ello, en algunos aspectos, resultó inevitable que en su papel de jefe de Gobierno no hiciera sino establecer el modelo de los patrones administrativos que habrían de adoptar funcionarios y delegados. A ellos también les delegó el futuro de la viabilidad electoral del PRD en el Distrito Federal. Y el PRI, por supuesto, estaba determinado a recuperarlo.

METODOLOGÍA Y ENFOQUE ADOPTADOS EN ESTE CAPÍTULO

CON EL fin de realizar la investigación para este capítulo, fue necesario elaborar un panorama general de las principales cuestiones y problemas enfrentados por el PRD, así como los enfoques de política adoptados por el partido, para utilizar esa información como base de las entrevistas semiestructuradas con funcionarios públicos, políticos, académicos y ciudadanos. Gran parte de dichas entrevistas se llevó a cabo durante el verano de 1999 –aproximadamente a la mitad de los 3 años del mandato perredista– y con miras a la renuncia de Cárdenas a finales de septiembre. A partir de entonces, me mantuve al tanto de los acontecimientos y del desarrollo de los problemas durante el gobierno de Rosario Robles. En específico, estaba ansioso de observar la formulación y las respuestas de las políticas dentro de varias de las áreas analizadas sistemáticamente en capítulos anteriores, así como otras que, si bien no examiné, constituyeron imperativos durante el periodo en cuestión, sobre todo el crimen y la inseguridad, y el medio ambiente. Me interesaba saber si dichas políticas presentaban diferencias significativas respecto de las anteriores, y en qué medida reflejaban una nueva ideología y visión de la ciudad relacionadas en forma directa con el PRD como partido de centro-izquierda.

Así pues, opté por analizar y evaluar en forma sistemática cinco de las principales áreas y problemas de las políticas públicas. Brevemente, éstas son: primero, la *Reforma política, administración pública y gobernancia*, que versa en torno a la naturaleza de la administración pública y el grado en que el gobierno buscó la inclusión y participación ciudadana. Dicha participación también implica, por supuesto, al órgano de cogobernancia recién elegido: la Asamblea Legislativa. También incluimos las bases para reformas políticas posteriores, en particular los debates sobre la constitución formal del Distrito Federal como el estado 32, a todas luces un objetivo importante del PRD, como mencionamos en el capítulo 3. Otra cuestión importante es la medida en que el gobierno del Distrito Federal fue capaz de coordinarse efectivamente con otros gobiernos de la región metropolitana.

Segundo, y quizás más obvio, el área de *Seguridad pública*, que se concentró en acciones y respuestas innovativas en torno a la prevención del delito, incluidos los intentos por reducir la corrupción, elevar la moral y la credibilidad de los sistemas de justicia criminal (en especial la policía) y, en general, reducir el cinismo y fomentar una mayor confianza ciudadana en dicho sistema. Tercero, el *Medio ambiente*, en particular los programas prioritarios del PRD para reducir la contaminación del aire, y "reverdecer" la ciudad. En cuarto lugar, quise observar el sector de *Desarrollo urbano y vivienda*, pero como éste no incluye las actividades de la Secretaría de Obras Públicas, gran parte de lo que se analiza aquí es normativo: planeación, política de vivienda y remodelación del centro. Por último, examiné el sector de *Desarrollo social*, puesto que el PRD prometió ocuparse de los grupos más vulnerables, como las mujeres, los niños y los muy pobres.

Para generar la cronología de los problemas, actores y posturas, se leyó a diario el periódico –*El Universal*– por Internet.[28] Cada día escaneábamos la primera plana para obtener las historias más importantes con saltos a otras secciones, antes de leer la sección metropolitana "Nuestra ciudad". Como muchos periódicos del Distrito Federal, *El Universal* se encuentra disponible en la red y ofrece números anteriores a partir de 1996. Por lo regular, se le considera un periódico relativamente neutral. En las pocas ocasiones que, por alguna razón, *El Universal* no apareció en línea, el equipo de investigación utilizó *Reforma* o *Excelsior*.[29] Esta información fue compilada en matrices computarizadas que, para cada área de elaboración de políticas, comprendían: una sinopsis del problema; los principales actores y departamentos mencionados; y la fecha. Cuando se consideró relevante, se obtuvo una impresión del artículo completo para el archivo. En 2 años, estas detalladas matrices generaron una cantidad importante de información, aunque fuera periodística. Los diversos artículos sirvieron como fuentes primarias que nos permitieron describir el incipiente desarrollo de la ciudad y el desarrollo de los temas en la elaboración de políticas. Además, como fueron compilados en computadoras, podían encontrarse y revisarse con rapidez utilizando palabras o temas clave.

---

[28] Agradezco a Elizabeth Durden por ayudarme a recopilar esta información, la cual dio como resultado una ponencia conjunta precentada en LASA 2000, "Government and Democracy in the DF: the PRD Cárdenas and the Curate's Egg".

[29] No elegimos *La Jornada* por considerla demasiado partidaria del PRD. Idealmente hubiéramos utilizado tanto *La Jornada* como *El Universal*, pero el tiempo no nos lo permitió.

Los principales temas que identificamos, así como los detalles específicos, proporcionaron la base para mis posteriores entrevistas semiestructuradas con más de 35 informantes clave durante cuatro diferentes visitas en el verano. Este método de ida y vuelta resultó útil, puesto que me permitió reflexionar y escribir de manera intercalada entre las visitas y facilitó las entrevistas de seguimiento. También facilitó el muestreo "bola de nieve" y las visitas repetidas. Entre los entrevistados hubo altos funcionarios públicos –varios delegados y secretarios–; el propio Cárdenas, junto con varios de sus principales asesores políticos; funcionarios de la prensa, políticos y representantes de partidos; académicos e intelectuales, etcétera. A excepción de los delegados y el jefe de Gobierno, la mayoría de las entrevistas tuvieron lugar durante desayunos o comidas –a instancia mía–, lo cual permitió que las reuniones rara vez duraran menos de una hora y, por lo regular, bastante más. Las discusiones se llevaron a cabo deliberadamente "en confianza" y se concentraron en torno a varios temas fundamentales que ya se habían identificado. Yo tomaba breves notas recordatorias que escribía con detalle inmediatamente después. Gran parte de la interpretación que sigue se deriva de esas conversaciones y, aunque se trata de una metodología cualitativa y discutiblemente subjetiva, confío en que proporcionará una evaluación imparcial de la primera experiencia perredista en el gobierno de una gran ciudad y de las diferentes perspectivas ciudadanas en torno a dicho gobierno.

Principales problemas y subáreas en la elaboración de políticas públicas

Los datos presentados en los cuadros 20 a 24 se derivan casi exclusivamente de las matrices generadas a partir del análisis de los periódicos para cada una de las cinco áreas de elaboración de políticas. Dichos cuadros ofrecen una síntesis de los principales problemas y subáreas para cada ámbito de análisis, al tiempo que buscan identificar las principales directrices adoptadas para la elaboración de políticas. No se debe pensar que todos los problemas

PETER M. WARD

fueron relevantes a lo largo de todo el periodo de análisis. Si bien muchas de las áreas clave fueron constantes, otras no lo fueron, como la propuesta para crear un programa obligatorio de seguro vehicular (SUVA), el cual fue muy bien recibido en los primeros días, pero generó tanta oposición que se abandonó discretamente en septiembre de 1998. Si bien resulta un tanto subjetivo, cuando sentí que existía suficiente información, incluí una indicación general de la eficacia percibida del programa: "Alta", "Moderada", "Limitada" y "Nula o retrógrada".

Seguridad pública

Como ya lo mencioné, resultaba primordial para Cárdenas dejar una buena impresión en torno a su manera de abordar el problema de la ola de criminalidad y reducir el nivel de inseguridad en las calles citadinas. De hecho, su gobierno se había comprometido a alcanzar resultados positivos sustanciales "en un corto tiempo".

El sistema de justicia criminal del Distrito Federal está organizado en torno a dos principales instituciones y áreas de la elaboración de políticas: el procurador general de Justicia del Distrito Federal, encargado en gran medida de reunir evidencia para los procesos criminales, eliminar a jueces corruptos, generar iniciativas de reformas legales y penales, etcétera; y el área de Seguridad Pública, a cargo de un secretario de Gobierno que se ocupa básicamente de elaborar políticas y garantizar la seguridad pública en general. Ambas áreas enfrentaron serias deficiencias que afectaron su capacidad para funcionar de manera adecuada: corrupción, falta de credibilidad pública y la oscura complicidad de un grupo conocido como "La Hermandad", una serie de importantes servidores del sistema de justicia criminal vinculados con el crimen organizado. Se dice que, hasta mediados de los años noventa, reinaba un acuerdo informal que permitía a los más altos escalones del crimen organizado operar libremente, siempre y cuando evitaran los excesos y contuvieran la violencia. Es bastante debatible si en verdad llegó a existir tal acuerdo, pero podría haber existido un reconocimiento de que el equilibrio o "estasis" era preferible a la inestabilidad, la cual se produciría si se contemplaban y realizaban serias reformas internas al sistema de justicia criminal, y si se retaba al crimen organizado. Frente a la creciente ola de criminalidad, el gobierno anterior había intentado la segunda alternativa, a menudo con policías fuertemente armados y operaciones cuasimilitares que, al parecer, no hicieron más que agravar la situación.[30] Una de las características importantes del gobierno de Cárdenas fue que abordó y llevó a cabo reformas. Sus designaciones para los dos puestos clave resultaron controvertidas: como procurador nombró a Samuel del Villar, brillante economista de la UNAM, franco y algo voluble, cuya naturaleza impredecible y carácter explosivo lo hacían bastante inadecuado para el cargo según sus detractores en la oposición;[31] como secretario de Seguridad, en el último minuto destapó a Rodolfo Debernardi, un policía profesional retirado. Ésta fue una elección inesperada, pero ocurrió luego de que la primera opción de Cárdenas había sido "rechazada" por la prensa. También es posible que el nombramiento de Debernardi fuera resultado de un compromiso, o incluso una imposición de Zedillo.

Del Villar enseguida dio a conocer un Programa de Seguridad y Justicia, cuyos principales objetivos eran:

1. reformar el Código Penal, considerado del todo obsoleto, y adecuar los castigos a los delitos;
2. revisar la fuerza policiaca, eliminando a los elementos corruptos y profesionalizando su operación; y
3. reformar y mejorar la operación de las cortes locales, así como crear una mayor sensibilidad entre los jueces y funcionarios respecto de las necesidades ciudadanas y el servicio público.

Tal vez fue inevitable que, dada su designación "tardía", Debernardi comenzara con mayor lentitud; sin embargo, en abril de

---

[30] La incursión y balacera policiaca en la colonia Buenos Aires, en una parte pobre del centro, en septiembre de 1917 fue particular mente notoria.

[31] En marzo de 2000 fue Del Villar quien inició el proceso formal en contra del ex regente del PRI Óscar Espinosa y su antiguo oficial mayor por supuesta corrupción.

1998 introdujo un Programa Integral de Seguridad Pública (más tarde aprobado como ley) que proponía reorganizar y reformar el trabajo de la policía en el Distrito Federal.[32] Esto incluía políticas y programas para despedir a elementos corruptos, modernizar las tácticas policiacas, elevar la moral, etcétera.

Sin embargo, de manera inevitable, emprender estas reformas implicaba que las cosas empeorarían antes de comenzar a mejorar, como lo demuestran los datos publicados durante la primera mitad de 1998. Debernardi fue sustituido por Alejandro Gertz Manero. En esencia, Debernardi sufrió las consecuencias de la afirmación de Cárdenas acerca de que el PRD no tardaría en resolver la ola de criminalidad. Por otra parte, su manejo de las relaciones públicas no fue bueno y contaba con un apoyo reducido por parte de la oficina del procurador, pues libraba una lucha de funciones con Del Villar. Gertz Manero no tardó en enfrentar este problema y sólo logró resolverlo amenazando con su renuncia menos de 2 meses después, en septiembre de 1998. A partir de entonces, ambos sectores y sus líderes parecen haber funcionado de manera menos atropellada o, por lo menos, sin obstaculizarse mutuamente.[33] En el 2000, el presidente Fox eligió a Gertz Manero como el nuevo Secretario de Seguridad Pública, lo cual, al menos en parte, habla bien de su credibilidad y efectividad en el cargo de 1998 a 2000.

El cuadro 20 muestra, a grandes rasgos, las seis áreas generales de seguridad pública que las políticas han buscado abordar mediante programas específicos. No cuento con el espacio necesario para realizar una evaluación de todas las directrices específicas de las políticas, pero el cuadro muestra bastante bien que las acciones pueden ser desde leyes y "programas" hasta campañas (contra robos en microbuses, por ejemplo). En breve, el gobierno de Cárdenas ha buscado abordar la seguridad pública en varias áreas prin-

---

[32] Muchos funcionarios importantes, si bien adivinaban que obtendrían una alta posición, no fueron confirmados sino hasta 2 días antes de asumir el cargo, lo cual hizo difícil que tuviera un buen comienzo. Esto se debió a varias razones, en especial al hecho de que Cárdenas no quería problemas con miembros de su propio partido, pues sabía que algunos de ellos se opondrían a sus nombramientos. Había quien ya estaba instalado en la Asamblea Legislativa en octubre, varias semanas antes de la toma de posesión, junto con la falta de sincronización entre la entrada en funciones de gobierno del Distrito Federal y la Asamblea Legislativa, inhibieron en gran medida la planeación y preparación previas.

[33] Como dice el dicho: "Yo no me meto contigo, si tú no te metes conmigo."

cipales. Primero, Del Villar y Gertz Manero, respectivamente, han hecho importantes incursiones en términos de la reforma interna del sistema de justicia criminal y la modernización de la fuerza policiaca, lo cual no ha sido un proceso fácil y ha encontrado una feroz resistencia. Incluso, Gertz Manero ha llegado a admitir en público que existen varias secciones de la fuerza policiaca que están fuera de su control. Sin embargo, parece que el programa sistemático para eliminar a los principales oficiales policiacos corruptos o desconfiables, la reorganización interna, las visitas a instalaciones, el suministro de equipos nuevos, los mejores salarios y pensiones, el entrenamiento de nuevos policías, etcétera, están teniendo un efecto importante. Algunas campañas ligeras (y muy publicitadas), como permitir que sólo las mujeres levanten las infracciones (porque, al parecer, son más confiables), ocultan los cambios más profundos que se están dando bajo la superficie. Sin embargo, el proceso de reforma aún está lejos de completarse. Luego de que Gertz Manero asumiera su cargo, hubo cierto avance en el desarrollo de una mayor coordinación y cooperación entre los sistemas judiciales del Distrito Federal y los del gobernador Camacho en el Estado de México. Esto incluía el acceso de la policía a ambas jurisdicciones para perseguir y arrestar delincuentes, así como el establecimiento de cinco "tráilers" del Ministerio Público –ubicados en la frontera del Distrito Federal con el Estado de México– que permitían a los magistrados escuchar casos de jurisdicción conjunta.

Más allá del frente de la justicia criminal, literalmente desde su primer día en el cargo, Cárdenas evidenció su decisión de acabar con las prácticas tradicionales de soborno al despedir al "cuerpo de inspectores", el sistema de inspectores en las diferentes áreas de actividad (salud, obras públicas, comercio, etcétera), encargados de aprobar las condiciones y lugares de construcción, etcétera. Desde hacía tiempo, el otorgamiento de los diferentes permisos estaba sumido en la corrupción y la falta de credibilidad pública. Sin embargo, con el nuevo gobierno, el papel de los inspectores se integraría en forma sistemática a las actividades sectoriales en el nivel delegacional y, así, estaría más abierto a la vigilancia y responsabilidad locales.

RESUMEN DE LAS PRINCIPALES ÁREAS DE ENFOQUE EN LA
ELABORACIÓN DE POLÍTICAS Y ACCIONES
PARA LA SEGURIDAD PÚBLICA, 1997-2000

Principales problemas y subáreas	*Enfoques de política adoptados*	*Efectividad*
Seguridad pública		
1. Policía ineficiente e inadecuada	–Programa Integral de Seguridad Pública (posteriormente ley).	Moderada
	–Modernizar policía; elevar moral; despedir policías corruptos.	
	–Mejorar beneficios de retiro y garantías (Caja de Previsión de la Policía Preventiva del Distrito Federal).	
	–Mejorar capacidad técnica del sistema de justicia criminal; integrar el Distrito Federal a la base nacional de registro de huellas digitales; adquirir nuevos vehículos, etcétera.	
	–Revisar multas por infracciones al reglamento de tránsito; descentralizar; ampliar telecomunicaciones.	
2. Combate a la "inseguridad social"	–Descentralizar elaboración de políticas hacia las delegaciones y aumentar "políticas comunitarias". Programa "Una ciudad segura para todos" introducido a finales de 1998.	Limitada
	–Abordar el problema de niños de la calle relacionándolo con delincuencia juvenil.	
	–Establecer métodos para reducir asaltos bancarios.	
	–Atacar contrabando y consumo de drogas mediante Plan Operativo de Seguridad en los Centros Educativos.	
	–Ley de Servicios de Seguridad Prestados por Empresas Privadas para regular fuerzas de seguridad privadas.	
	–Abordar problemas específicos de asaltos a turistas (en taxis) y pasajeros de microbuses: "respuesta contra la delincuencia a microbuses".	

3. Combate contra la corrupción policiaca	–Desmantelar cuadro de inspectores (uso de suelo, locales de oficinas y comercios) y crear nueva estructura. –Mejorar salarios policías. –Despedir agentes y jefes de policía corruptos. –Resolver problema de "La Hermandad" (protección política y resistencia a reforma/cambio).	Moderada
4. Mejorar el sector civil o confianza ciudadana	–Crear centros de justicia expedita. –Aumentar participación ciudadana para detectar y denunciar corrupción policiaca. –Fomentar aportaciones e involucramiento ciudadanos. –Enfrentar intentos de manifestantes por crear desorden al bloquear las principales arterias (disputas-trabajadores de la Merced, huelguistas UNAM, huelguistas policía).	Moderada
5. Mejorar el sistema penal	–Programa de Seguridad y Justicia. –Reformar el Código Penal hacia un nuevo Código Penal del Distrito Federal. –Endurecer sentencias (Código de Procedimientos Penales). –Construir y modernizar prisiones; reducir reincidencia.	Limitada
6. Reformas en relaciones intra e intergubernamentales	–Reorganizar Secretaría de Seguridad Pública (desmantelar Estado Mayor Policial). –Presionar autoridades federales para mayores fondos y resistir recortes presupuestales. –Abordar conflictos de jurisdicción entre Gobernación y Distrito Federal.	Limitada

Un segundo enfoque importante en la elaboración de políticas surge del reconocimiento de que el público debía integrarse al proceso mediante programas de vigilancia comunitaria; descentralización del patrullaje diario hacia las delegaciones; reducción del cinismo público de la policía; y el fomento a la participación ciudadana en la denuncia y suministro de información en torno a los delitos. Para atacar el tráfico y consumo de drogas se instituyó la "Operación de seguridad en nuestras escuelas". De nuevo, se convocaba a una ciudadanía participativa a unirse y enfrentar a los elementos corruptos de la sociedad. Por otro lado, se establecieron diversos métodos para reducir el número de asaltos bancarios, los delitos en contra de turistas, así como proporcionar taxis "seguros".

Por su parte, la Asamblea Legislativa, dominada por el PRD, aprobó una ley que permitía una mayor regulación de los guardias de seguridad del sector privado, asegurando el acceso a la información para que los elementos despedidos de la fuerza policiaca por corrupción no fueran contratados en el sector privado. De este modo, se ha implementado un programa generalizado para combatir la inseguridad pública e incrementar la responsabilidad ciudadana en la prevención del delito. A excepción de los robos a transeúntes y las violaciones, los datos parecen mostrar una reducción importante en las tasas de criminalidad a lo largo de 1997, y en especial en los últimos meses de 1999. Sin embargo, incluso en los casos de asalto o violación, es posible que la mayor confianza en las autoridades esté provocando que las tasas de denuncia aumenten. Los delitos tradicionalmente más denunciados –homicidio y robo de autos– han disminuido de manera significativa tanto en 1998 como en 1999 (www.pgjdf.gob.mx/estadísticas), aunque existen ciertas indicaciones de que dichos crímenes se han desplazado fuera del Distrito Federal hacia el área metropolitana, donde han aumentado en forma notoria (Alvarado, 2000).

Tercero, algo íntimamente relacionado con los anteriores enfoques en la elaboración de políticas es el intento por mejorar el sistema penal, reformando el propio código para adecuar los castigos a los delitos; creando centros de justicia expedita; elevando el número de procesos exitosos (sólo 15 por ciento de los delitos son procesados de manera exitosa); mejorando el sistema penitenciario y su capacidad; y elaborando programas correccionales que reduzcan las tasas de reincidencia. En pocas palabras, el gobierno del PRD ha reconocido y actuado con base en la suposición de que no tiene caso reformar un solo elemento del sistema de justicia criminal si no se abordan sus otras partes. Ésta fue una de las tantas ocasiones en que la Asamblea Legislativa se quedó corta en su mandato, pues no fue capaz de acordar una reforma amplia del Código Penal que se hubiera ocupado de varias expectativas importantes en esta área: la reforma de las leyes de violación, el debate sobre la pena capital como disuasivo, etcétera. De hecho, su incapacidad de aprobar la reforma de manera oportuna creó un hiato durante el cual no estaba en operación Código Penal alguno, de modo que se debió utilizar la Ley Federal mientras se autorizaba una extensión para el viejo código.

El medio ambiente

Como secretario del Medio Ambiente fue designado Alejandro Encinas, militante perredista con una considerable experiencia en la política y el partido. Había sido diputado en el Congreso anterior, donde encabezó la Comisión de Asentamientos Humanos y obtuvo el apoyo concertado para una Ley de Asentamientos Humanos revisada. La otra área principal en la que Cárdenas estaba decidido a lograr avances durante su periodo era la protección ambiental y, en particular, la reducción de la contaminación del aire. Como buen político, Encinas fue uno de los miembros más abiertos y notorios de la administración. Atacó los problemas ambientales con una amplia gama de recursos. Enfrentó dos áreas amplias en la elaboración de políticas: la calidad del aire y la reforestación urbana; sin embargo, sobresalió la primera, pues daba en el centro de las cuestiones de transporte público y privado y, en especial, la propiedad de automóviles privados.

Como señalamos en el capítulo 4, hasta ahora ningún gobierno, ni del PRI ni del PRD, ha desarrollado un programa para reducir el uso de automóviles a favor del transporte público, ni para interrelacionarlos mediante grandes estacionamientos ubicados en la periferia para que los automovilistas que vienen a la ciudad desde zonas alejadas dejen sus vehículos y utilicen el transporte público para el resto del trayecto. Todavía está por verse si esto formará parte del programa de gobierno 2000-2006 del PRD. Baste decir que no fue abordado formalmente por la administración de Cárdenas. En lugar de ello, Encinas buscó mejorar y extender el programa para reducir la contaminación de los automóviles, reconociendo que el mayor porcentaje de la contaminación del aire es producido por los vehículos y, en particular, por los automóviles privados. En este sentido, la iniciativa más importante fue el Programa para Mejorar la Calidad del Aire. En esencia, el PRD logró actualizar los vehículos de modo que contaminen menos, reduciendo así la dependencia del programa "Hoy no circula", que había funcionado durante 10 años. Dicho recurso –según el cual los vehículos dejan de circular un día a la semana– aún funciona, pero el gobierno del PRD desarrolló un programa de exención para:

1. automóviles de 1999;
2. vehículos anteriores a 1999 que tuvieran instalado un convertidor catalítico para reducir las emisiones y que aprobaran una verificación semestral; y
3. vehículos convertidos al uso de gas natural líquido (propano).

Si bien esta iniciativa causó cierta disensión entre los partidos de oposición e incluso dentro del mismo PRD (pues en apariencia favorecía a quienes tenían los recursos para actualizar sus vehículos), su implementación ha permitido que muchos estén exentos del programa "Hoy no circula" y, al mismo tiempo, no penaliza demasiado a los trabajadores con autos más viejos. Naturalmente, el programa está basado en la capacidad de los centros de verificación vehicular para vigilar las instalaciones e inspecciones, y para hacerlo sin corrupción. Aunque existen informes de sobornos para evitar las inspecciones y recibir la calcomanía/permiso, tales quejas no son tan graves para socavar el programa.[34] De cualquier modo, se establecieron multas considerables para los centros de

---

[34] Cierto estudio estudio sugiere que casi una tercera parte de los centros de verificación cometían irregularidades al otorgar los permisos a los vehículos.

verificación y operativos corruptos. En general parece que el programa ha funcionado bien. Muchas familias de ingresos medios dejan sus autos con el mecánico, quien los lleva al centro de verificación y vigila el proceso.

Además de las verificaciones, Encinas promovió la utilización y la confianza en los nuevos tipos de combustible para combatir la contaminación. Ciertas estaciones de servicio de gas propano venden combustible de baja contaminación, pero la cantidad de vehículos que lo usa es aún relativamente baja. También se adoptó un programa piloto (de seis autobuses) para probar si el uso de una combinación de etanol (85 por ciento) y gasolina (15 por ciento) reducía las emisiones y resultaba factible en una escala más difundida.[35] Otros programas se enfocaron en el establecimiento de acuerdos con fábricas específicas que, si bien operaban dentro de los límites legales, seguían siendo contaminantes relativamente pesados, ya fuera de forma directa o a través de su flota vehicular. Por otra parte, Encinas ejerció presión para que se prohibiera la circulación de autos y taxis viejos, lo cual generó ciertas críticas por parte de su propio partido y diputados locales, según los cuales tal iniciativa iba en contra de los intereses de los trabajadores y seguidores del PRD.

La segunda área principal en la elaboración de políticas dentro de la agenda de Encinas fue "reverdecer" la ciudad de México (véase cuadro 21). La reforestación del Distrito Federal se consideró una forma de mejorar la calidad del aire (al reducir el riesgo de erosión y las polvaredas), por lo que se estableció un programa de 120 millones de dólares en 5 años para plantar 110 millones de árboles nuevos. Por otro lado, Encinas promovió la conversión del Zócalo en un espacio más mixto, entre jardín y parque, proyecto que después se encargó a la Secretaría de Desarrollo Urbano y Vivienda (véase más adelante).

[35] Por supuesto, cualquier progreso en la reducción de las emisiones vehiculares en el Distrito Federal sería una victoria pírrica si nada se hiciera en el circundante Estado de México y los vehículos que provienen de dicha entidad. El gobernador Camacho desarrolló programas paralelos basados en el impuesto de 1 por ciento a la gasolina. Esto condujo a la creación de 150 "patrullas ecológicas" con equipo de monitoreo de emisiones; un programa para controlar las emisiones de vapor de las estaciones de servicio; y varios programas específicos para reducir las polvaredas en el lago de Texcoco y las emisiones de humo de las ladrilleras.

CUADRO 21

RESUMEN DE LAS PRINCIPALES ÁREAS DE ENFOQUE EN LA
ELABORACIÓN DE POLÍTICAS Y ACCIONES
PARA EL MEDIO AMBIENTE, 1997-2000

Principales problemas y subáreas	Enfoques de política adoptados	Efectividad
El medio ambiente		
1. Revisiones de vehículos y programa "Hoy no circula"	– Programa inicialmente extendido; nuevo régimen de licencias para vehículos con equipo anticontaminante aprobado; prohibición de ciertos vehículos (en especial los viejos); dos años garantía para autos nuevos (1999) antes de estar sujetos a inspecciones.	Alta a moderada
	– Creación de centros de verificación vehicular y sistema de exenciones con base en inspecciones aprobadas (Programa Integral de Recuperación de Emisiones Contaminantes [Pirec]); afinación y reforma del sistema de verificación; retiro de concesiones para autorizar talleres que no funcionan.	
	– Coordinación con Secretaría de Transporte para desarrollar más sistemas mixtos de transporte público y privado.	
2. Reforestación del Distrito Federal	– Asignación de dinero para plantar árboles en toda la ciudad de México.	Limitada
	– Asumir control de parques nacionales en ciudad de México.	
	– Trabajar para convertir la Plaza en jardín.	

3. Uso y confianza en los nuevos tipos de combustible	–Pronunciar áreas naturales protegidas; estudio de zonificación ecológica emprendido con SDUYV. –Aprobación de Nueva Ley del Medio Ambiente a finales de 1999. –Mantener estaciones de servicio urbanas que vendan gas propano para vehículos. –Programa piloto de uso de etanol y gas para mejorar emisiones.	Limitada
4. Continuar mejorando calidad del aire	–Incluye programas previamente mencionados. –Evaluación del Programa para Mejorar la Calidad del Aire, 1995-2000. –Creación de programa de contingencia (Hoy no Circula: fase I, etcétera) cuando se exceden los 175 puntos Imeca de partículas suspendidas en dos de cinco zonas.	Moderada
5. Combate a la corrupción	–Atacar "clientelismo electoral". –Trabajar para combatir la corrupción en los centros de verificación vehicular.	Moderada
6. Reciclaje de basura	–Enfrentar a "zares"/mafia de la basura. –La ciudad de México Recicla-eventos en delegaciones.	Limitada a nula

Al igual que en el terreno de la seguridad pública, la corrupción y el clientelismo constituyeron un impedimento importante para mejorar la situación ambiental de la ciudad de México. Encinas prometió atacar el "clientelismo electoral", en particular el que estaba vinculado con la invasión de tierras y las incursiones de los asentamientos irregulares en los terrenos rurales dentro de parques nacionales al sur del Distrito Federal. También trabajó para combatir la corrupción dentro de los centros de verificación vehicular –considerados focos de soborno y explotación–, dado que esto constituía uno de los puntos centrales en su campaña para reducir la contaminación del aire y la necesidad de programas de contingencia como "Hoy no circula". Sus intentos más bien nominales por promover el reciclaje de basura y manejar los intereses creados de los llamados reyes o "zares" de la basura –quienes organizan aproximadamente la mitad de la industria de selección y reciclado de basura en la ciudad– resultaron menos efectivos. (Estas mafias habían establecido redes clientelistas de trabajadores de bajos ingresos cuya manutención dependía del reciclado informal en los basureros.)

Desarrollo urbano y vivienda

Este rubro fue encomendado a Roberto Eibenshutz Hartman, arquitecto/planificador muy apreciado que se había desempeñado en varias posiciones importantes en gobiernos anteriores del PRI, incluida la dirección de Fonhapo y la Subsecretaría de Desarrollo Urbano y Vivienda. También fue rector de la Universidad Autónoma Metropolitana en Xochimilco, la cual había adquirido bastante experiencia en planeación gracias a una licenciatura en asentamientos urbanos establecida desde hacía tiempo y que fue ideada y dirigida, entre otros, por Eibenshutz. A este grupo me referí al final del capítulo 5. Sin embargo, el hecho de que había colaborado en el gobierno federal, no pertenecía al PRD, y unos 10 años antes había asumido la responsabilidad política de los daños causados por el terremoto en el conjunto habitacional de Tlatelolco (parte de sus obligaciones como jefe de Fonhapo), significó que varios dipu tados locales perredistas (algunos de los cuales tenían su base de poder en el centro) lo vieron con recelo desde el inicio. No obstante, su honestidad y capacidad técnica le permitieron llevar a cabo su labor moderadamente bien, a pesar de las limitaciones que hubo de enfrentar: ataques virulentos por parte de ciertos miembros de una Asamblea Legislativa hostil; falta de recursos adecuados; y la ocasional falta de apoyo y la obstrucción por parte de oficinas paralelas como Obras Públicas.

Es importante reconocer desde el inicio que el poder referente al desarrollo urbano siempre ha estado dividido entre los departamentos de Operación de Transporte, Obras Públicas y la Dirección General de Construcción y Operación Hidráulica. La relativamente nueva Secretaría de Desarrollo Urbano y Vivienda tiene cierta autoridad operacional en el ámbito de la vivienda, pero más allá de eso su papel es en esencia normativo, en especial a través de la planificación. (E incluso esta función ha sido a menudo pisoteada por secretarías más poderosas [véase Ward, 1998].)

En tres meses, Eibenshutz anunció su Plan Estratégico Trianual que, en esencia, proponía tres áreas de acción:

1. promover una nueva relación, compromiso e involucramiento de los ciudadanos con el proceso de planificación;
2. en conjunto con los residentes locales de las colonias pobres, planear y llevar a cabo programas locales de mejoramiento urbano que reflejaran las necesidades y prioridades de los ciudadanos; y
3. desarrollar programas de vivienda a través de un Instituto de la Vivienda reorganizado.

En el cuadro 22 describimos con mayor detalle las principales acciones que se realizaron. Sin embargo, el ámbito de la vivienda fue el núcleo de las actividades del sector y, en él, las limitaciones financieras fueron graves. Parte del problema residía en que, durante los gobiernos anteriores, los tres fondos principales para la vivienda recibieron financiamiento y préstamos que se habían asignado a través de líneas de crédito de vivienda que, en efecto, ya habían alcanzado sus límites. Por otro lado, una porción sustancial de esos recursos estaba comprometida para pagar intereses a la SHCP. Por lo regular, viniendo del mismo partido, podría haberse negociado, ya fuera la cancelación del préstamo intergubernamental o bien la autorización de más créditos. Sin embargo, con el PRD gobernando en el nivel local, las posibilidades disminuían, sin contar que la SHCP ha mostrado poca o ninguna disposición para hacer concesiones. Más aún, las propias paraestatales federales de vivienda (Infonavit, FONHAPO y Fovissste), así como el Fondo Federal de la Vivienda (Fovi), estaban operando con presupuestos muy reducidos. De esta manera, cualquier dinero para la vivienda debía ser, en gran medida, dinero nuevo, y las limitaciones de recursos inhibieron gravemente la capacidad de la secretaría para lograr avances significativos en el manejo del déficit de vivienda. En 1998 entregó poco más de 7,000 viviendas y, para finales de 1999, tenía proyectado entregar 3,000 casas nuevas y un programa que comprendía 3,600 mejoras a casas ya existentes. Pero frente a la demanda de unas 35,000 viviendas anuales, y las 45,000 casas que se habían prometido a los trabajadores que ganaban el salario mínimo, el balance es pobre. Esta deficiencia, si bien no es culpa de Eibenshutz, provocó críticas por parte de grupos de residentes vinculados con el PRI (sobre todo los relacionados con Antorcha Campesina al sur de la ciudad), así como de los asambleístas perredistas en la Asamblea Legislativa. En una ocasión, la Asamblea incluso amonestó y castigó al secretario por no haber entregado un informe de planeación a tiempo. En otra, los diputados del PRD lo culparon por irregularidades en el manejo de más de un millón de dólares para el programa "Casa propia". Con "amigos" como éstos, ¿quién necesita enemigos? Y no estaba sólo: otros secretarios y subsecretarios fueron criticados de igual modo y, en ocasiones, se vieron obligados a renunciar.[36]

---

[36] Por ejemplo, el director de Servicios Generales de Transporte fue condenado ampliamente por corrupción e ineficiencia cuando su departamento comenzó a revisar los argumentos propuestos a las tarifas en los sistemas públicos y privados de transporte, un tema siempre delicado. Antes de que se anunciara el aumento el director fue obligado a renunciar, aunque lo defendió fielmente su jefe en la Secretaría de Transporte, quien lo cambió a un puesto de asesor. Algunos meses después, el jefe también fue obligado a renunciar.

RESUMEN DE LAS PRINCIPALES ÁREAS DE ENFOQUE EN LA ELABORACIÓN
DE POLÍTICAS Y ACCIONES PARA LA VIVIENDA Y EL DESARROLLO URBANO, 1997-2000

Principales problemas y subáreas	Enfoques de política adoptados	Efectividad
Vivienda y desarrollo urbano 1. Aumento de oferta de vivienda	–Propuesta de programa estratégico de 3 años para la vivienda y la planeación. –Invertir en programa de construcción y reducir déficit de vivienda. –Recomendación para alterar el Código de Financiamiento para incrementar la vivienda. –Desarrollar programa de protección de familias en zonas de alto riesgo y reubicarlas a nuevas zonas de desarrollo de vivienda, Programa de Sustitución de Vivienda. –Reconstrucción emergente de viviendas para víctimas de inundaciones y damnificados del verano de 1998.	Limitada
2. Reorganización de bases administrativas del sector de vivienda de bajos ingresos en el Distrito Federal	–Reorganizar e integrar los tres fideicomisos Fividesu, Ficapro y Fideico en el Instituto de Vivienda (INVI). –Desarrollar Código de Financiamiento de la Vivienda. –Garantizar cancelación de deuda con SHCP para préstamos a agencias de vivienda del Distrito Federal heredados de gobiernos anteriores.	Limitada
3. Mejoras urbanas	–Reconstrucción austera del Zócalo (no hecho). –Programa Parcial de Desarrollo Urbano del Centro Histórico.	Limitada
4. Mantenimiento y desarrollo del proceso de planeación	–Revisar planes parciales para delegaciones. –Revisar Ley de Desarrollo Urbano. –Nuevo Plan para Asignaciones Ecológicas (con Medio Ambiente). –Revisar y examinar designación de nombres de calles. –Reducir corrupción y discrecionalidad en el proceso de planeación y autorizaciones de uso de suelo.	Moderada

Irónicamente, sólo la desastrosa inundación en agosto de 1998, la cual dejó a su paso pérdidas humanas y numerosas familias sin casa, dotó de nuevos fondos para la reubicación de emergencia y la reconstrucción de viviendas en lugares seguros. De hecho, alentó al gobierno a tomar más medidas generales y priorizar las acciones de vivienda para las zonas de alto riesgo. Esto incluía la autorización de 300 millones de pesos para comprar terrenos y construir 150 casas nucleares que serían ampliadas mediante la autoconstrucción, para lo cual los beneficiarios recibirían préstamos "ligeros". A finales de 1998, Eibenshutz solicitó un préstamo de 5,000 millones de pesos para 1999, cifra que representaba un aumento de 900 por ciento. Cuando menos, suponiendo que no habría aumentos importantes en el presupuesto por parte de la ALDF, su solicitud ayudaría a poner fin a futuras críticas.

Las otras áreas principales de actividad, aunque notables, eran menos dramáticas. Se desarrollaron 25 nuevos planes "parciales" en colaboración con las 16 delegaciones en las que serían aplicados. Tampoco esto pasó sin generar cierta controversia y negociaciones con grupos locales, en especial cuando se requería de autorizaciones para el cambio de uso de suelo. El equipo de planeación expuso evidencias de corrupción por parte de los funcionarios anteriores al momento de autorizar los permisos necesarios, evidencias que fueron remitidas a la oficina del procurador para un posible proceso. La remodelación del Zócalo era un proyecto que llamó bastante la atención. Para ello, se convocó a una competencia abierta de propuestas, estableciendo un modesto límite máximo de presupuesto de 200 millones de pesos (poco más de 20 millones de dólares) para el proyecto general. Sin embargo, también esta iniciativa se estancó, pues tanto Cárdenas como Robles se sintieron incómodos de emprender lo que podría ser criticado por ser un proyecto de "embellecimiento". Al parecer, ahora que Eibenshutz ya no está en el gobierno, dicho proyecto desapareció por completo de la plataforma de López Obrador.

Por último, la secretaría se involucró de cerca en el proyecto de renovación del Centro Histórico a través del fondo del mismo nombre. De nuevo, importunado por problemas de financiamiento, el fondo ha hecho un trabajo positivo al buscar financiamiento con-

junto de capital especulativo y al preservar algunos de los principales edificios en riesgo, sin conducir a un mayor desplazamiento de
la población. Ese equipo, encabezado por René Coulomb, permanece en su sitio.

Desarrollo social

Al igual que Desarrollo Urbano y Vivienda, la originalmente llamada Secretaría de Educación, Salud y Desarrollo Social contaba
con un presupuesto del todo inadecuado que, además, se redujo
a la mitad en otoño de 1999 (de 3.3 a 1.5 mil millones de pesos).
Para entonces, los sectores de educación y salud se habían separado, dejando una Secretaría de Desarrollo Social responsable de
desarrollar programas normativos descentralizados que operaran
en las delegaciones. En un principio, Cárdenas ordenó llevar a cabo
esta reorganización, pues no veía por qué el gobierno del PRD en el
Distrito Federal debía implementar la descentralización de la educación pública (como ocurría en los estados desde 1992), si los
gobiernos anteriores del PRI no lo habían hecho. De este modo,
la educación permaneció a cargo del gobierno federal. Por otra
parte, se pensaba que la red sustancial de salud manejada por el
Distrito Federal (junto con otros proveedores de servicios de salud
pública) debía incluirse en una secretaría aparte, lo cual se logró
luego de 12 meses.

Durante todo el periodo del PRD, el sector de desarrollo social
estuvo a cargo de Clara Jusidman. Ella es otro ejemplo de un alto
funcionario sin vínculos formales con el PRD; de hecho, antes había
servido como subsecretaria en el gobierno de Salinas. Sin embargo,
su integridad y su compromiso con el desarrollo social y los problemas de la mujer, en particular, le granjearon el aprecio de numerosas agrupaciones, incluidos grupos feministas locales. No
obstante, al igual que Eibenshutz, Jusidman enfrentó una considerable resistencia por parte de los militantes perredistas, en especial
de los que le habían sido impuestos como subalternos en la secretaría y de varios delegados y subdelegados. Por lo general, sus programas tuvieron una recepción más positiva por parte de las delegadas y funcionarias mujeres.

RESUMEN DE LAS PRINCIPALES ÁREAS DE ENFOQUE EN
LA ELABORACIÓN DE POLÍTICAS Y ACCIONES PARA
LA POLÍTICA SOCIAL, 1997-2000

Principales problemas y subáreas	Enfoques de política adoptados	Efectividad
Política social 1. Mayor igualdad para mujeres	–Fomentar reformas legislativas para eliminar discriminación de mujeres. –Resaltar los salarios limitados/mínimos de las mujeres. –Hacer campañas para recompensar a las mujeres por el trabajo doméstico y garantizar mayor participación de los hombres en el mismo. –Creación de siete Centros Integrales de Apoyo a la Mujer. –Creación de un Manual para Mujeres sobre los cambios del Código Penal del Distrito Federal y su impacto sobre la mujer, el divorcio, etcétera.	Moderada a limitada
2. Garantizar los intereses de grupos vulnerables: niños de la calle, grupos indígenas, ancianos, familias muy pobres, etcétera	–Programas de fortalecimiento familiar a través de redes locales de solidaridad social. –Dirigido a los indígenas; Centro de Atención al Indígena Migrante. –Programas para la población indígena (15,000); creación de refugios para los desamparados.	Limitada

3. Racionalizar actividades de salud y educación por parte de la Secretaría de Desarrollo Social	–Programas para los niños de la calle (4,000-5,000) y en contra de la prostitución infantil para 5,000 niños entre 10 y 12 años. –Vivienda de invierno para niños de la calle; distribución de medicinas y ropa para niños; comidas calientes para niños de la calle y desamparados durante los meses de invierno. –Mejorar educación y acceso a la salud para los "marginados". –Dejar educación pública en manos federales. –Separar servicios de salud en una secretaría aparte. –Crear Programa de Educación para la Salud de la Familia y los muy pobres para recopilar información sobre su situación. –Sancionar al personal del Distrito Federal que no proporcione tratamientos de emergencia.	Moderada/baja
4. Regular Junta de Asistencia Privada	–Reformar operación de Junta de Asistencia Privada. –Aprobar nueva Ley que regule instituciones de asistencia privada.	Alta
5. Desarrollo de centros culturales y sociales	–Ampliar impacto en organizaciones deportivas. –Centros culturales más inclusivos y menos limitados en su funcionamiento.	Limitada a nula

Sus actividades como secretaria constituyen otro buen ejemplo del proyecto del PRD para desarrollar una mayor credibilidad en varias nuevas áreas de política social, sin dedicar mayores recursos para ello u obligar a las delegaciones a implementar dichos programas en forma sistemática. De allí que, en el cuadro 23, califique la efectividad de los programas como moderada o limitada. Los programas prioritarios de la Secretaría de Desarrollo Social estuvieron dirigidos a los niños de la calle (una preocupación fundamental de Cárdenas); a la creación de albergues para los desamparados; y a actividades diseñadas para proporcionar una mayor protección a los grupos vulnerables, como la distribución de comida y ropa caliente durante los meses invernales. Sin embargo, como puede observarse, se trata de respuestas "ligeras" y en ocasiones superficiales.

Una importante área de atención para Jusidman era el desarrollo de una mayor equidad para las mujeres a través de varios programas; quizás el más importante de ellos fue la creación de siete centros integrales de apoyo para la mujer. Luego de que Rosario Robles sustituyera a Cárdenas, las cuestiones relacionadas con la mujer cobraron mucha mayor importancia; ejemplo de ello fueron las reformas al Código Penal del Distrito Federal en el verano de 2000, las cuales ampliaban las leyes que permitían el aborto legal. (Esto ocurrió en una época cuando los miembros del partido de Fox estaban actuando rápidamente en dirección contraria, para limitar el aborto y los derechos reproductivos de la mujer.)

En el otro extremo, Jusidman encontró que los intereses creados dentro de las ligas deportivas y las asociaciones de artistas eran casi impenetrables al cambio. Sin embargo, una de las expectativas más importantes levantadas durante la campaña de Cárdenas fue la idea de promover una definición más amplia de cultura –popular, indígena, joven, etcétera– que trascendiera las actividades tradicionales y superficiales de los centros culturales, como los grupos de costura, macramé, etcétera. No obstante, muchos de los designados para encabezar dichos centros formaban parte de la comunidad artística y sus ideas de desarrollo social estaban demasiado concentradas en las artes, de modo que fue poco lo que se pudo lograr en cuanto a ampliar la gama de actividades o el nivel de participación. El área más exitosa para el PRD estuvo relacionada con su decisión de regular y reestructurar las numerosas organizaciones (más de 450) que conformaban la Junta de Asistencia Privada. Dichas organizaciones estaban notoriamente mal administradas, por lo que la Ley de Asistencia Privada –aprobada a finales de 1998– buscó ejercer un control público más firme sobre la junta, garantizando que no más de 25 por ciento de los recursos se gastaran en administración y que la ley de transparencia y asignación de fondos fuera obedecida. Debe reconocerse que muchas de las organizaciones filantrópicas estaban vinculadas con grupos del PAN o el PRI, de manera que la política partidista también entraba en juego. De hecho, gran parte de la iniciativa para dicha legislación provenía de la mayoría perredista en la ALDF. No es de sorprender que la ley fuera contestada en la Suprema Corte por el PAN y el PRI, quienes argumentaban que las organizaciones privadas no podían ser legisladas por la ALDF, sino sólo por el Congreso nacional. En este caso, la corte votó unánimemente a favor del gobierno del PRD en septiembre de 1999.

Reforma política, administración pública
y gobernancia local

Por último, analizaremos la extensa área de la reforma política y la administración en el Distrito Federal considerando, como lo sugiere el cuadro 24, varios temas y subáreas cruciales dentro de la evaluación. En pocas palabras, nos interesaba saber si la naturaleza del gobierno y el ejercicio de gobierno o gobernancia habían cambiado en forma significativa con el PRD. Parte del proyecto perredista era, por supuesto, desarrollar un estilo diferente de gobierno que fuera más inclusivo, más participativo y más centrado en cuestiones de desarrollo equitativo, si no es que en la ideología del partido y el compromiso partidista. Tal vez es justo decir que la existencia de cambios significativos fue notoria, pero aun así los resultados fueron mixtos.

CUADRO 24

RESUMEN DE LAS PRINCIPALES ÁREAS DE ENFOQUE EN LA ELABORACIÓN
DE POLÍTICAS Y ACCIONES PARA LA REFORMA POLÍTICA,
ADMINISTRACIÓN PÚBLICA Y GOBERNABILIDAD, 1997-2000

Principales problemas y subáreas	Enfoques de política adoptados	Efectividad
Reforma política, administración pública y gobernabilidad		
1. Reforma política del Distrito Federal	–Conversión a estado 32; naturaleza de integración del consejo delegacional; referenda y consultas sobre futuras propuestas. –Ley y Código Electoral; Ley de Participación. –Realizar consulta popular sobre la reforma política. –Establecer Instituto y Tribunales Electorales del Distrito Federal para supervisar elecciones locales y aprobar sus presupuestos. –Realizar elecciones cívicas para consejos de vecinos y referéndum sobre reforma política. –Desde 2000, crear cuarta estructura de gobierno en nivel metropolitano y parlamento metropolitano.	Limitada a nula
2. Descentralización y fortalecimiento de capacidad y respuesta de delegaciones como órganos de gobierno (cfr. administración)	–Exigir mayor integridad a funcionarios públicos; declaración inicial de patrimonio e intereses. –Descentralización de funciones; continuación de programas Ventanilla Única; centros de información; políticas de puertas abiertas; puntualidad y calidad en la administración en general. –Reestructuración de papel subdelegados a favor de directores generales y jefes sistemáticos de sectores. –Reforma de Ley Orgánica de la Administración Pública.	Moderada a alta
3. Relación intergubernamental y coordinación metropolitana	–Convenios con Estado de México (incluida policía e inspecciones vehiculares).	

	-Perseguir/resistir controversias constitucionales contra el gobierno federal (Código Electoral del Distrito Federal y Ley de Coordinación Fiscal, y Ley de Educación del Distrito Federal, respectivamente). -Relaciones intergubernamentales con Federación: presupuesto, controversias constitucionales; Coordinación Fiscal; límites de deuda. -Creación de Fondo Metropolitano de Servicios y Obras Públicas.	Limitada
4. ALDF-Fortalecer funciones como cuerpo de discusión y legislativo	-Las principales iniciativas legislativas incluyen: Ley de Participación Ciudadana; Ley Electoral; Reforma Penal; Ley sobre la Prostitución y Pornografía Infantil; Ley de Mercados Públicos; Ley del Medio Ambiente; Revisión del Código Civil y Procedimientos Civiles (febrero de 2000); Reforma de Código Penal sobre derecho al aborto. -Funciones de vigilancia a funcionarios mayores. -Informes anuales y regulares de funcionarios mayores y de alto rango. -Aprobación de presupuesto anual.	Limitada
5. Reforma administrativa y dirección	-Mediante Contraloría Interna despedir o castigar a funcionarios culpables de comportamiento ilegal o inadecuado. -Integridad de servidores públicos mayores (declaraciones de patrimonio personal); recortes salariales; no aguinaldo ni bonos. -Reforma administrativa; modernización, recorte administrativo; promover surgimiento de servicio civil. -Red de defensa ciudadana. -Manejo de "sucesión" cuando Cárdenas salga. -Aumento de ingresos fiscales reduciendo evasión fiscal (López Obrador).	Moderada
6. Responder a demandas de grupos laborales, sindicatos, huelguistas, etcétera	-Regularizar ambulantes, otorgar permisos periódicos y licencia. -Resolver demandas de empleados Ruta 100. -UNAM. -Policías en huelga.	Moderada

Un área que, al parecer, fue bastante exitosa para el PRD es la descentralización de funciones y responsabilidades hacia las delegaciones a través de un principio (implícito) de subsidiaridad (es decir, maximizar las actividades hacia el menor nivel adecuado posible). Existen numerosos ejemplos de ello, algunos de los cuales ya he mencionado antes: otorgamiento de permisos, patrullaje comunitario, autorizaciones de planeación, programas sociales, etcétera. Más allá de eso, en muchas delegaciones (incluso en aquéllas encabezadas por no perredistas) el gobierno del PRD ha logrado cambiar el *modus operandi* de la gobernancia. En todos los niveles (pero sobre todo en el de los altos funcionarios) se alcanzó una mayor integridad y menor corrupción; de hecho, esto constituyó una de las principales exigencias de Cárdenas para con sus designados. Los servidores públicos desarrollaron una conciencia de su labor mucho mayor que nunca antes, y se comenzó a exigir cada vez más puntualidad de funcionarios y ciudadanos para las citas. El principio de la ventanilla única para otorgar permisos y autorizaciones se heredó de administraciones previas. Por lo regular, éstas se ubican en "centros de recursos ciudadanos" con equipos recientes donde varios funcionarios proporcionan ayuda y consejo mediante búsquedas asistidas por computadoras. Las delegaciones establecieron sus propios boletines mensuales que sirven para mantener informada a la gente. Los presupuestos, programas e informes de progreso son más transparentes que nunca antes.

Por supuesto se han dado variaciones y no ha resultado tan fácil implementar tales cambios en las grandes áreas de bajos ingresos y tradicionalmente clientelistas, por ejemplo, Iztapalapa, como lo ha sido en distritos donde predominan las clases medias, por ejemplo, Benito Juárez. En esta última, el delegado y militante perredista Ricardo Pascoe obtuvo una evaluación impresionantemente alta, tanto que fue uno de los candidatos a sustituir a Cárdenas. En lugar de ello, contendió para el cargo de jefe de delegación en Benito Juárez y, para sorpresa de muchos, perdió ante un candidato del PAN que resultó beneficiado por la votación hacia Vicente Fox en las elecciones presidenciales (*coattails effect*).

Además de las importantes variaciones en el nivel de ingresos, la gravedad de las necesidades y la naturaleza de los grupos de presión y cabildeo que existen en las diferentes delegaciones, un obstáculo significativo para el PRD ha sido su política interna y la lucha de facciones en el nivel delegacional. Dado que la Asamblea Legislativa debía aprobar a todos los candidatos de Cárdenas antes de que prestaran juramento y dado que este proceso tomaba en ocasiones varias semanas, los subdelegados designados eran quienes asumían el cargo durante el interregno. La mayoría de ellos eran una suerte de "alquilados" del partido, y muchos seguían en su puesto una vez que el nuevo delegado tomaba juramento.[37] A menudo esto se volvía problemático porque creaba fuentes internas de oposición y resistencia, o bien intermediarios del poder alternativos con todo tipo de oportunidades para el sabotaje interno. En el caso de Pascoe esto no fue un problema, pues su base de poder dentro del partido era segura y él formaba parte del equipo de transición, de modo que designó a su propia gente sin impedimento alguno. Sin embargo, en muchas otras delegaciones se trataba de un dolor de cabeza constante y, en ocasiones, ciertas confrontaciones o apelaciones dirigidas a Cárdenas provocaron el despido del delegado o (más a menudo) del subdelegado.[38] (La misma situación prevalecía en algunas secretarías.) Paulatinamente, Cárdenas y el liderazgo central reconocieron la influencia destructiva que estaban ejerciendo algunos subdelegados sobre el asunto de la gobernancia local y actuaron tanto para eliminarlos como para reasignar algunos de sus deberes a otros departamentos (por ejemplo, la responsabilidad de las inspecciones).

Esta apertura y la mayor confianza pública en los asuntos de la delegación, así como el obvio mejoramiento en la distribución de servicios locales como la reparación de calles, fue una constan-

---

[37] Ésta era la única forma en que Cárdenas pudo pacificar parte de la ira y el descontento de miembros de su propio partido que veían con recelo a alguno de sus designados y su falta de involucramiento con el partido. También le permitió poner a esas mismas personas en puestos importantes y el proporcionó un sistema de vigilancia interno dentro de cada delegación. (Ésta es una práctica común en la política mexicana según la cual los altos ejecutivos designan subalternos debajo de empleados que no son de su propio grupo, equipo o, cada vez más en la política plural actual, de su propio partido.)

[38] Tal vez el caso más notorio haya sido el de Elio Villaseñor, delegado de Iztapalapa.

te evidente en mis conversaciones, incluso cuando los entrevistados eran abiertamente hostiles y críticos del PRD en general y de
Cárdenas en particular. Esta transformación es importante, pues
sugiere que las delegaciones están tomando los primeros pasos para
convertirse en *gobiernos locales* más que en distritos administrativos
delegados (Ziccardi, 1998). Se podría esperar que el proceso con-
tinúe una vez que los delegados sean elegidos por derecho propio a
partir de las elecciones del dos de julio de 2000. Entonces, parte
del reto será desarrollar el principio de autonomía-con-subsidiaridad,
y evitar que las delegaciones se vuelvan feudos personales.

Ésta es una de las razones por las que el proyecto de reforma
política del Distrito Federal se ha vuelto un tema de importancia
central (véase cuadro 24). Empero, si bien se ha invertido bastante
energía en el debate, los grupos de trabajo, las consultas públicas
y referenda, etcétera, los resultados efectivos en esta área han sido
limitados y muy poco convincentes. Cierto, en particular en el tema
de la reforma distrital jurídica y política, ha existido una intensa
oposición por parte del PRI y del PAN, y en última instancia cualquier
reforma política debe ser aprobada por el Congreso (lo cual resulta
bastante difícil con la mayoría del PRI en el Senado); sin embargo,
esto ha constituido la carne de cañón de la política partidista durante 3 años, y no se ha alcanzado ningún concenso. El PRD quería
hacer del Distrito Federal un estado con municipios constituyentes,
mientras que el PRI buscaba conservar el *statu quo* con algún cuerpo
colegiado en el nivel delegacional para que actuara como consejo de contrapeso del delegado electo. En mayo de 1999 se llevó
a cabo un referéndum al respecto, en el cual la gente favoreció una
suerte de estatus municipal para las delegaciones; sin embargo,
el voto se dividió en cuanto a transformar el Distrito Federal en
estado. En breve, en términos de reforma política y organización
territorial, el gobierno del PRD no ha logrado avances significativos más allá del acuerdo de reforma en 1996.

En otras áreas de la reforma política –el Código Electoral, la
creación de instituciones electorales, la Ley de Participación
Ciudadana, etcétera– se ha dado un mayor avance en cuanto a que

estas leyes han sido aprobadas, pero a menudo han quedado "incompletas". Con frecuencia, estas leyes han sido aprobadas por la mayoría perredista a pesar de varias impugnaciones y del boicot o abandono de la mesa de negociaciones por parte de los otros partidos. De igual modo, una vez aprobadas, no han tardado en descubrirse sus fallas. Algunas secciones de la Ley Electoral fueron impugnadas con éxito en la Suprema Corte y, una vez establecido, el Instituto Electoral atormentó al gobierno del Distrito Federal al tratar de renegociar su presupuesto a niveles que podrían considerarse inflados.

Más aún, mucha gente considera que la Ley de Participación Ciudadana contiene una falla fundamental, pues desconoce la integración de las planillas por parte de los partidos políticos para las elecciones cívicas; ésta fue siempre una insistencia del PRD, en su afán por construir un mayor involucramiento "ciudadano" como parte de su proceso de cambio democrático. Así, las planillas o listas de candidatos contendientes se identificaban por número y no por partido (aun cuando era claro para algunos que las planillas se organizaban con base en los partidos). De cualquier manera, en los discursos de campaña, así como en las elecciones mismas, la filiación partidista había sido extirpada. El resultado fue la confusión y una baja participación (10 por ciento del electorado) en las elecciones vecinales del 4 de julio de 1999. La consulta anterior, en mayo del mismo año, sobre las opciones de reforma política también tuvo una participación baja, de poco más de 150,000 (alrededor de la mitad de quienes votaron la propuesta anterior cuando el regente era Camacho en 1993).

Poco fue el progreso formal en términos de la creación de una estructura metropolitana de gobierno para toda la ciudad, aunque como ya vimos antes, se lograron avances y una colaboración bisectorial considerable en los ámbitos de medio ambiente, transporte, planeación urbana y seguridad. Cárdenas y su encargado de coordinación metropolitana sentían que tanto el Distrito Federal como el Estado de México se verían más beneficiados por acuerdos bisectoriales que pudieran aprobarse en ambas legislaturas. Esto evidenció la necesidad de cambios constitucionales y conservó la flexibilidad política, pero también se quedó corto en cuanto a la creación de una estructura de gobernancia que garantizara la planeación metropolitana sistemática en áreas estratégicas de la elaboración de políticas. Con todo, varios funcionarios de ambas entidades comentaron que había sido más fácil negociar con funcionarios de un gobierno de oposición de lo que había sido cuando el PRI gobernaba en ambas jurisdicciones.

La relación interjurisdiccional avanzó aún más cuando el gobernador Montiel tomó posesión como gobernador del Estado de México en 1999. En el verano de 2000, Montiel y Rosario Robles acordaron crear un Fondo Metropolitano de Servicios y Obras Públicas que se encargara de las 16 delegaciones y 28 municipios del área metropolitana más amplia. Además, Robles ha ejercido presión en cuanto a que la Federación debe examinar las opciones para crear un cuarto nivel de gobierno metropolitano, incluido un parlamento metropolitano (véase cuadro 24).

Sin embargo, por lo regular las relaciones intergubernamentales con el gobierno federal no fueron fáciles para el PRD. El Distrito Federal y el gobierno federal se enfrentaron en numerosas cuestiones: el límite del presupuesto asignado a deuda; los recortes de gastos federales; la Ley de Coordinación Fiscal y el retiro de participaciones al Distrito Federal a partir de 1999 (impugnado sin éxito por Cárdenas en la Suprema Corte); así como las controversias sobre el Código Electoral que ya mencionamos. A pesar de dichos recortes y límites de gastos, el presupuesto general del Distrito Federal sigue siendo significativo: alrededor de 52,000 millones de pesos en 1999 (unos 6,000 millones de dólares). Sin embargo, dadas las necesidades urgentes y las reclamaciones constantes acerca de la insuficiencia del presupuesto, Cárdenas y, por extensión, algunos de sus secretarios de gobierno fueron criticados duramente cuando a finales de año quedaron cantidades importantes sin gastar.

No obstante, en general el intento por hacer "más con menos" fue exitoso. En términos de reforma administrativa y gestión, si bien no fue frugal, el gobierno del PRD tampoco fue demasiado generoso. Una de las razones por las que Cárdenas se resistió al aumento del presupuesto del Instituto Electoral fue porque no deseaba ver nuevas leyes que generaran acusaciones sobre el enaltecimiento propio. El mismo motivo ayuda a explicar por qué el líder perredista asignó un presupuesto tan reducido a sus relaciones públicas y por qué se esforzó tan poco por contrarrestar su terrible imagen pública (al menos hasta su inminente partida), ante la consternación de muchos de sus colaboradores cercanos. Existieron intentos importantes por simplificar y lograr una modesta reducción en los gastos: hubo sustanciales recortes salariales para todos los altos funcionarios, quienes, además, renunciaron al tradicional aguinaldo y tuvieron que declarar su patrimonio personal al tomar posesión, acallando así cualquier acusación futura de enriquecimiento ilícito.

Otro ámbito importante de administración y gestión política se relaciona con el departamento del secretario de Gobierno, que es el segundo cargo en importancia y estaba en manos de Rosario Robles antes de que se convirtiera en jefa de Gobierno ante la renuncia de Cárdenas. Muchas de las iniciativas de esta área fueron, estrictamente hablando, remesas de otros departamentos, en particular la planeación de trabajo y beneficio social; sin embargo, algunas de ellas resultaron bastante problemáticas, en especial porque muchos de los grupos laborales implicados tenían vínculos cercanos con el PRI, de manera que el conflicto se extendía a la política partidista. No tengo el espacio necesario para ampliar la discusión, pero las principales cuestiones se relacionaron con los vendedores ambulantes (un dolor de cabeza político durante más de una década); las demandas irresueltas del desaparecido sindicato de la Ruta 100; y las demandas de tierra por parte de Antorcha Campesina al sur del Distrito Federal. Hubo avances en todos estos frentes, pero debe señalarse que el PRD no mostró ningún favoritismo particular hacia estos (u otros) grupos laborales, a pesar de su supuesta orientación a favor de los trabajadores (Bruhn, 2000).

Con respecto a los ambulantes, fue necesario un enfoque regulatorio para reubicarlos en mercados fijos, cobrándoles tarifas modestas por licencias que les permitían ocupar puestos de máximo 5 metros cuadrados, consintiendo que operaran durante ciertos periodos de festividades nacionales, etcétera, lo cual generó una enorme oposición del PRI en contra del PRD en la Asamblea Legislativa, a pesar del hecho de que se trataba de la misma política que había adoptado el regente priísta en 1994. Más tarde, como jefa de Gobierno, Rosario Robles continuó actuando con prudencia, sin sobrepasarse con los huelguistas de la UNAM y manejando con éxito a los huelguistas de la policía a principios de 2000.

La última subárea que revisaré en esta sección es la de la Asamblea Legislativa y la medida en que este cuerpo ha madurado, dada la lenta evolución de sus poderes desde 1988. Nuestra opinión es que en realidad no ha madurado, y que sus logros durante 1997-2000 fueron limitados. Con una sola excepción, ninguno de los entrevistados habló bien de ella. Si bien la Asamblea Legislativa y su mayoría perredista han sido escandalosos, notorios y se han mantenido ocupados, el proceso y los resultados dejan mucho que desear. La responsabilidad por la incapacidad de buscar y alcanzar un mayor concenso es también de las facciones del PAN y el PRI. En general, los representantes de estos partidos tenían más experiencia, pero se sentían claramente amenazados por ser una minoría tan reducida. De cualquier modo, varios representantes del bloque perredista no han sabido manejar su nuevo poder, y han desempeñado su papel legislativo en forma demasiado partidista y orientada hacia su propia facción. A menudo se han comportado como la oposición con su propio gobierno, y en general no han estado a la altura de sus responsabilidades de cogobernancia. A menudo, las luchas internas del partido se han reflejado en las ramas legislativa y ejecutiva del Distrito Federal. Por momentos en el verano de 1999, la transición parecía plagada de problemas y de un posible derrumbamiento del liderazgo, pero Cárdenas consiguió hábilmente pasar el cargo a Rosario Robles, asegurando que su designación tuviera el apoyo suficiente dentro del bloque legislativo del PRD.

Conclusión.
La actuación general:
Mejor de lo que se le ha pintado

En esta sección final del capítulo, retomaré los retos que ya había identificado antes y que el gobierno entrante del PRD debió enfrentar al tomar las riendas del poder como el primer gobierno electo de manera democrática en diciembre de 1997. En pocas palabras, ¿qué tan exitoso ha sido este primer experimento democrático? La respuesta, por supuesto, está implícita en el subtítulo de esta conclusión. Esta revisión de actividades desde diciembre de 1997 hasta finales de 2000 sugiere un panorama mucho más positivo de lo que se suele percibir entre ciudadanos y periodistas. La ira de estos últimos se deriva, en parte, de la incapacidad del PRD para enfrentar en forma efectiva la información distorsionada y en ocasiones partidista de los medios. No fue sino hasta que Rosario Robles subió al poder cuando se dedicaron esfuerzos más sistemáticos a mejorar las relaciones públicas y a mostrar en forma más agresiva algunos de los logros del PRD. Otra razón fue, por supuesto, la incapacidad evidente para resolver en forma expedita muchos de los problemas insolubles que enfrentaba la ciudad. No es fácil vender el mejoramiento gradual en lugar de la solución de problemas, y esto se ha sentido con especial fuerza en el área de seguridad pública.

Sin embargo, quizás el motivo más importante ha sido la incapacidad del PRD para cumplir con las muy altas expectativas que ellos mismos crearon durante la campaña de Cárdenas, y que los lanzaron al poder (Perló, 1998). La gente deseaba un profundo cambio en la integridad de la administración, en la participación ciudadana, en el desarrollo de políticas equitativas, en la distribución de los beneficios sociales y económicos de la parte más rica de la nación y en la efectividad de la protección social que se les ofreció. ¡Y lo querían ya! Las expectativas se elevaron a un nivel inalcanzable, por lo que no es de sorprender que la gente se sintiera decepcionada.

470 PETER M. WARD

Sin embargo, existe mucho que aplaudir. Lo primero y más importante es que el PRD supo manejar la transición, demostrando que es posible gobernar en forma democrática sin que la ciudad se erosione o derrumbe. Como hemos visto a lo largo de este trabajo, casi de un día a otro la ciudad cambió de un patrón de gobernancia que tradicionalmente había sido bastante centralizado y controlado por el Estado a uno (relativamente más) descentralizado y democrático. Ya no hay vuelta atrás: las futuras generaciones de ciudadanos del Distrito Federal tendrán la oportunidad de elegir a sus gobernantes, para bien o para mal. Más aún, el PRD supo manejar una segunda transición cuando Cárdenas le dejó el poder a Rosario Robles para contender por la Presidencia. Muchos temían un vacío del poder cuando Cárdenas se retiró, y lo consideraban la única persona capaz de conservar la unidad entre las diversas facciones del PRD. Su autoridad personal era el pegamento que mantenía unido al gobierno; tras su partida, ocurriría una escisión. En realidad, sucedió lo contrario. En sólo unos cuantos meses, Rosario Robles demostró que era capaz de cimentar aún más el rumbo de su administración. Como ex secretaria de gobierno del Distrito Federal, conocía la dinámica interna y los puntos de presión. Además, tenía autoridad dentro del partido (aunque en mucho menor medida que Cárdenas). Y, como condición para su apoyo, acordó con los legisladores que casi no habría cambios de personal. En sus propias palabras: "Es el mismo equipo, y las mismas políticas."

En realidad, el PRD ha logrado dos transiciones: la primera de Cárdenas a Robles y la segunda cuando Robles transfirió el poder a Andrés Manuel López Obrador, luego de una elección exitosa. En mi opinión, la victoria del 2 de julio le debió más a Robles que a Cárdenas, y tal vez incluso más que a la (considerable) habilidad política de López Obrador. Robles hizo que la administración del PRD avanzara un escalón, al menos en cuanto al ejercicio de gobierno se refiere. Cárdenas sentó las bases para luego delegar responsabilidades, y rara vez se involucró o tomó posiciones en las disputas entre sus altos funcionarios. Pero también fue una suerte de regente de medio tiempo, pues una buena parte de sus energías las dedicó a cuestiones personales relacionadas con su candidatura a la Presidencia y su posición como principal *eminencia* dentro del partido. Por su parte, Robles se concentró mucho más en su trabajo y fue más activa. Más aún, su imagen pública, abierta y atractiva, contrastó fuertemente con la figura hosca e "ingenieril" de Cárdenas. Robles dirigió desde el frente estableciendo un ejemplo público, y no como un intermediario oculto del poder, al igual que su predecesor. Además, contó con la ventaja de no atraer el mismo nivel de ira y antagonismo por parte de los medios y de un gobierno federal hostil.

Así pues, la sustituta de Cárdenas fue capaz de tomar la iniciativa, revisando las relaciones públicas, mostrándose más astuta que el ex regente del PRI y entonces secretario de turismo Óscar Espinosa (a quien Del Villar llevó a juicio en el 2000 por supuesta corrupción), e incluso enseñando una lección de cortesía común al presidente Zedillo al negarse a cancelar sus propios compromisos de un momento a otro para acompañarlo en una gira oficial por el Distrito Federal. De nuevo en sus propias palabras: "Tiene la falda bien puesta", parodiando la tradicional imagen del macho rudo y manipulador que "tiene los pantalones bien puestos".

En general, entre 1997 y 2000, el PRD logró resolver con un módico éxito varios de los profundos retos que enfrentó. Como ya sugerí, al final de su primer periodo, la administración perredista de Cárdenas y Robles logró avances considerables al replantear el sistema de justicia criminal, sentar las bases de una fuerza policiaca más creíble, y reducir los niveles de violencia y amenazas a la seguridad pública, aun cuando todavía resta un largo camino para resolver estas cuestiones. En otra área clave –la contaminación– en la cual la ciudad enfrentaba problemas de proporciones críticas, también hubo mejoras considerables, o por lo menos, las cosas no empeoraron. Hoy día todos los vehículos deben pasar por verificaciones regulares y menos automovilistas dejan de conducir un día a la semana. Los otros sectores analizados, desarrollo urbano y desarrollo social, hicieron un buen esfuerzo al establecer las bases de políticas futuras, aunque ambos estuvieron muy limitados por falta de financiamiento. Además del dinero gastado en patru-

llaje y seguridad, la ciudad invirtió grandes cantidades en infraestructura para el transporte, mejoramiento de las calles, disminución
del desperdicio de agua causado por fugas de pipas, arreglo de
baches, etcétera. Rara vez fueron dichas mejoras aventuradas o dramáticas, pero aun siendo modestas, se llevaron a cabo.

Tal vez fueron las áreas de administración general y descentralización donde se lograron los avances más profundos. Los altos
funcionarios se esmeraron de manera considerable para demostrar
integridad y eficiencia en el servicio público, y han mejorado la
calidad de la atención y la capacidad de respuesta a través de las
delegaciones. Este panorama sugiere que las delegaciones van dejando de ser cuerpos administrativos para desarrollarse cada vez
más como espacios de gobernancia genuina. Esto es importante
para efectuar la transición hacia 2001, año a partir del cual habrán
de tener una mayor autonomía y desempeñar un papel más importante. Ya he descrito las marcadas variaciones en la ciudad: no
fue tan fácil realizar cambios en los grandes sectores de clase
trabajadora, por ejemplo Iztapalapa, como lo fue en los distritos
de clase media y con mayor conciencia cívica del centro-occidente.
Con todo, al acercar el gobierno a la gente, el PRD avanzó en su
promesa a los ciudadanos de "recuperar" su ciudad y convertirla en
"una ciudad para todos".

Si suponemos que la reforma política seguirá evolucionando
a partir de 2001, idealmente permitiendo una mayor expansión
de la arquitectura de la democracia representativa en el nivel local,
entonces estos cambios iniciales demostrarán haber tenido un
importante "efecto de demostración" al promover un verdadero
proceso de devolución del poder. A propósito de ello, ya existe
una amplia ambivalencia dentro del gobierno del PRD (así como
en los demás partidos) acerca de si se ha dejado ir el proceso
demasiado lejos y demasiado rápido. Aún se cierne el espectro de
las pequeñas "repúblicas" dentro del Distrito Federal y permanece el temor de que ahora, con los delegados electos, la capacidad del regente de ejercer un control general normativo y operacional se vea debilitada irrevocablemente. La incapacidad de la
Asamblea Legislativa para abordar estos temas y desarrollar las

directrices para un gobierno interno (delegaciones) tipo consejo
y para la futura naturaleza de las relaciones intergubernamentales
(Distrito Federal-delegaciones) fue una de las deficiencias más graves
del PRD.

Al esforzarse por lograr una mayor coordinación metropolitana, el PRD ha evadido importantes cambios estructurales a favor
de acuerdos sectoriales entre el Distrito Federal y el Estado de
México, con algunos resultados modestos. Y aunque la idea de un
nivel metropolitano de gobierno aún parece un tanto lejana (Ward,
1999, 2000), Rosario Robles la puso en la mesa y, después, lo
hicieron la actual administración y la Asamblea Legislativa. Más aún,
entre 1997 y 2000, las relaciones intergubernamentales con el gobierno federal, aunque a menudo difíciles, no se salieron de control.
Por lo regular, el gobierno del Distrito Federal salió perdiendo en
estas luchas: en específico, tuvo que manejar recortes presupuestales mayores que los de otras entidades; algunas de sus participaciones fueron retiradas; y se vio mermado en su capacidad de elevar
sus límites de endeudamiento. Sin embargo, también obtuvo algunas victorias en cuanto a las controversias constitucionales que
interpuso ante la Suprema Corte. Lo más importante fue que el
gobierno federal no puso de rodillas al PRD, como algunos temían y
otros esperaban, sino todo lo contrario: ha vivido para luchar una
vez más, y esta vez durante todo un sexenio.

Internamente, la actuación de los principales actores dentro
de la Asamblea Legislativa dejó mucho que desear. Muchas de sus
iniciativas fueron preparadas con demasiada prisa y contenían
fallas, pero la mayoría del PRD las aprobó o bien las envió al Congreso, a sabiendas de que serían rechazadas por la mayoría priísta
en el Senado. La incapacidad para lograr un mayor consenso en
numerosas cuestiones reflejó la inexperiencia de la Asamblea, así
como su intenso partidismo. La Asamblea Legislativa aún tiene
mucho que aprender sobre la cogobernancia efectiva (Ward y Rodríguez, 1999). Tal vez ahora, con una integración más plural y
equilibrada (véase cuadro 24), y muchos legisladores nuevos con
una mayor experiencia, demostrará ser capaz de ejercer un papel
más responsable.

En general, esta revisión sugiere que la primera oportunidad del PRD para gobernar el Distrito Federal ha generado una evaluación mixta, más que negativa. Si bien el gobierno del PRD quedó lejos de lograr su objetivo de faciliar la recuperación ciudadana de la ciudad, debemos reconocerle el establecimiento de directrices importantes para la elaboración de políticas, las cuales deberían intensificarse en el futuro. En general, creo que es bueno que el PRD haya ganado las elecciones por segunda ocasión y que tenga un periodo adecuado para demostrar lo que es capaz de hacer. Igualmente saludable resulta el éxito electoral del PAN en el área metropolitana, pues éste garantiza que los siguientes 3 años serán un periodo de cogobernancia efectiva, tanto en la Asamblea Legislativa como en una tercera parte de las delegaciones. Además, López Obrador deberá tender puentes hacia un gobierno federal encabezado por Fox; hacia un congreso plural en el que su propio partido es una fuerza minoritaria; y hacia un estado vecino tan poderoso como su propia entidad, aún en manos del PRI.

En efecto, el primer reto importante que enfreta López Obrador son las relaciones intergubernamentales con otros gobiernos. Específicamente, deberá avanzar en cuanto a la reforma política definitiva para el Distrito Federal y el proyecto perredista de convertir la entidad en el estado 32. Si ello ocurre, entrará en debate la pregunta aún irresuelta de si se deben crear consejos delegacionales o cuerpos colegiados, pues éstos adoptarían la estructura del cabildo, que está siendo revisada legislativamente en el Congreso (Ward, 1998b). López Obrador deberá seguir presionando al gobierno federal y, en particular, a Hacienda, para recibir más recursos de los fondos de infraestructura social (Faism) y los fondos para el fortalecimiento municipal dirigidos al mejoramiento de la seguridad (Fafm), dos líneas de recursos para el Distrito Federal que fueron cortadas en 1997. En cuanto al Estado de México, López Obrador debe continuar explorando las oportunidades para desarrollar una planeación y una elaboración de políticas más efectivas en el nivel metropolitano, tal vez retomando las sugerencias de Robles en torno a un parlamento metropolitano.

En el momento de escribir esta conclusión (principios de 2001), el gobierno de López Obrador también ha mostrado un inicio mixto. Su eslogan general es "La ciudad de la esperanza" y su administración está adoptando una postura firme respecto de las cuestiones de equidad social y las medidas progresivas que mejorarán las oportunidades para los pobres. Sin embargo, su Bando 2 sobre los nuevos proyectos de vivienda de bajos ingresos es algo ingenuo y poco prudente, además de que va en contra de su gobierno de "tercera vía", según el cual el Estado desempeña un papel social más aseverativo e imaginativo. En un ataque ligeramente velado a Fox y al PAN, el jefe de Gobierno descarta una situación donde "...el mercado sustituye al Estado, la ley de la oferta y la demanda desplaza al estado de derecho: el gerente sustituye al gobernante, la administración de empresas eclipsa a la administración pública, el cliente sustituye al ciudadano, el dinero sustituye al poder social...".[39]

Del lado positivo, se ha comenzado a atender la subrepresentación de las mujeres en los puestos políticos importantes al asignar más de la mitad (ocho) de los cargos del gabinete a mujeres, al igual que cuatro de las 11 delegaciones electas. Una tercera parte de los representantes de elección directa del PRD a la Asamblea Legislativa son mujeres, cifra considerablemente mayor que la de cualquiera de los otros dos partidos principales. Además, la inauguración del nuevo gobierno fue modesta, y se sirvieron bebidas no alcohólicas en las recepciones. López Obrador está recurriendo a palabras clave relacionadas con Benito Juárez, como sobrio, discreto, modesto, honesto, recto, etcétera. Como lo hizo Cárdenas desde un principio, está exigiendo mayores niveles de calidad en el servicio público. Gran parte de su gabinete y los principales funcionarios tienen patrimonios modestos y tuvieron que declararlos desde el inicio. Hubo un recorte salarial de 15 por ciento para todos los puestos importantes y la administración emprendió de inmediato un programa de "austeridad" para adelgazar el gobierno, aumentar la eficiencia, ahorrar energía, reducir el derroche, etcétera.

[39] Jefatura de Gobierno, p. 23, "100 días de Gobierno: Informe", www.df.gob.mx

El nuevo alcalde reorganizó el gobierno del Distrito Federal, creando cuatro subgabinetes para lograr una mayor integración, impulsar la descentralización y mejorar la distribución de los servicios. Por otra parte, ha destacado que el problema de la seguridad pública sigue siendo prioritario, y que la tendencia delictiva continúa disminuyendo, aun en el primer cuatrimestre del año. Además, desea atender las áreas vulnerables que generan la inseguridad pública: pobreza, disolución familiar, corrupción e impunidad.

A pesar de los argumentos de que el Distrito Federal recibe un trato injusto por parte de Hacienda y que el resto del país ya no lo subsidia como antes, el presupuesto general del Distrito Federal sigue siendo considerable: 70,000 millones de pesos en 2001 (alrededor de 7,000 millones de dólares).[40] López Obrador desea emplear dichos recursos en las familias de bajos ingresos, el mejoramiento de la calidad de vida para todos los ciudadanos y la generación de mejores oportunidades educativas, incluida una "universidad de la ciudad". En todos los casos, el objetivo es hacerlo con discreción, responsabilidad y de maneras que fortalezcan las estructuras e infraestructura existentes. Sin embargo, López Obrador también reconoce que, en última intancia, es fiscalmente vulnerable. Por ende, tiene como prioridad "limpiar" la hacienda del Distrito Federal; designar un nuevo equipo que sea más agresivo en la recaudación de impuestos y en la reducción de las tasas de evasión fiscal; aumentar las tarifas y volverlas progresivas, etcétera. En sus "100 días de gobierno", destacó que los ingresos propios se han incrementado 25 por ciento sobre el año pasado, lo cual significó 22 millones de pesos diarios. En sus propias palabras: "Con una mejor recaudación, con el plan de austeridad y con el combate a la corrupción, estamos financiando el presupuesto, sobre todo, lo destinado al desarrollo social."[41] Aunque no se dé cuenta, éste es un enfoque clásico del PAN: limpiar la propia casa y buscar protegerse del castigo fiscal y de la indiferencia de sus superiores en la jerarquía intergubernamental (Rodríguez y Ward, 1992, 1994b).

[40] Aunque había solicitado un aumento de 30 por ciento, de 59,000 a 85,000 millones.
[41] *Ibidem*, p. 19.

López Obrador también ve el gobierno del Distrito Federal como una oportunidad de asirse a las diferencias ideológicas que separan a su partido del PAN y del PRI en un intento por reconstruirlo. En cierto modo, también parece considerarse la conciencia de la izquierda que reta a la derecha conservativa del gobierno de Fox, aun cuando, dice, sea a costa de su propia popularidad. En este aspecto ya ha tenido enfrentamientos con el Presidente: sobre el rechazo a disminuir los subsidios al metro (calculados en tres pesos por viaje); sobre las políticas de imposición que, argumenta, son regresivas, etcétera. A diferencia de Fox, el PRD debe comprometerse con la izquierda y preocuparse sobre hacer bien las cosas, y no buscar ataques baratos y una popularidad frívola. Ambos funcionarios se enfrentaron incluso sobre la implementación del horario de verano, pues López Obrador rechaza la conformidad de México con los patrones empresariales internacionales, argumentando que invade y rompe los ritmos de la vida familiar.

Debemos esperar que tanto el jefe de Gobierno como el Presidente de la República dejen de atacarse mutuamente. Tanto el PRD como el PAN tienen la oportunidad de demostrar responsabilidad en la cogobernancia del Distrito Federal. Ahora, en gran medida gracias a los logros "en partes" de Cárdenas y Robles, López Obrador tiene todo un sexenio para demostrar si un partido de centro-izquierda es capaz de desarrollar una "tercera vía" de gobernancia en el Distrito Federal. Luego de su decepcionante actuación en los demás estados del país durante las elecciones de 2000, lograr algo especial en la capital podría ser la última oportunidad del PRD para seguir siendo una fuerza electoral viable en México.

De este modo, si bien he argumentado que la actuación del PRD ha sido mixta más que negativa, el gobierno de Cárdenas quedó lejos de lograr su objetivo de facilitar la recuperación ciudadana de la ciudad. Sin embargo, se le debe reconocer el establecimiento de directrices importantes para la elaboración de políticas, las cuales deberían intensificarse en el futuro. El éxito de López Obrador en las elecciones de 2000 le debe mucho a la imagen fresca y el vigorizado sentido de confianza que Rosario Robles fue capaz de imprimir al PRD desde septiembre de 1999. De cualquier forma, ahora tiene una oportunidad real para demostrar si el gobierno del PRD es verdaderamente diferente de los anteriores gobiernos priístas y en qué medida. Lo más importante es que tiene el reto de demostrar que un partido de izquierda es capaz de desarrollar una "tercera vía" y de seguir una plataforma que permita a sus ciudadanos prosperar y no sólo sobrevivir, puntos que retomaré en el siguiente capítulo.

CAPÍTULO 9

La ciudad de México: ¿Conclusión o epitafio?

E N ESTE breve capítulo final, deseo ofrecer una interpretación de la problable dirección del desarrollo futuro de la ciudad de México en el fin de siglo y la primera década del nuevo milenio. Los enormes cambios que he observado durante los varios años que he conocido esta ciudad me sugieren ser cauteloso acerca de la exactitud de cualquier predicción. Lo mismo ocurre con la experiencia del error colectivo que cometí en la primera edición al confiar en el censo nacional (1980) para fundamentar mis pronósticos demográficos. Sin embargo, espero haber logrado esbozar, en los capítulos anteriores, las direcciones que podrían tomar los problemas existentes, así como demostrar las formas en que los ciudadanos, políticos y administradores urbanos han tendido a responder a medida que la ciudad evoluciona. Esto debería proporcionarnos una base para obtener información suficiente para realizar alguna interpretación acerca del futuro. Mi intención no es repetir ni resumir las conclusiones de cada capítulo, sino reunirlas en una interpretación más amplia de lo que podrían deparar los años siguientes. Se trata de un punto de vista personal y no de uno tomado de otros textos. Tampoco lo he discutido con los principales responsables de la toma de decisiones en el México actual. Como lo afirmé en el prefacio, mi intención siempre ha sido "describir las cosas como las vi" y, tras haber llegado hasta este punto, pienso que me encuentro en una posición adecuada para hacerlo.

En 1978 escribí un artículo periodístico llamado "La ciudad de Mexico: ciudad que el mundo observará". Podría considerarse que éste es un titulo más bien pretencioso, lo cual tal vez sea cierto. Sin embargo, en cierta forma preveía que la ciudad de Mexico se convertiría en la más grande del mundo. Lo más importante es que, dado que la expansión urbana más rápida en el futuro ocurriría en gran medida en los países en desarrollo, estaba seguro de que la ciudad de México serviría para desmostrar si las grandes ciudades –en este caso, megaciudades– podrían sobrevivir en contextos donde los recursos son escasos y prolifera la pobreza. En resumen, si las consecuencias del crecimiento de las megaciudades son temibles, México sería el primer lugar donde se manifestarían. Gran parte de las investigaciones posteriores se han concentrado, de manera exagerada, en los peores momentos de la crisis y en las visiones de una "Hiroshima ecológica" (*Time Magazine*, 2 de enero de 1989; véase también el prefacio original de este libro). En la actualidad (2001), ya no estoy tan seguro de que la ciudad de México sea la ciudad que el mundo observará. La marcada disminución en la tasa de crecimiento y la revisión de las cifras del censo de 1980, las cuales quitaron a la ciudad de su primer lugar como la más grande del mundo, han restado interés al escrutinio. Por último, el simple hecho de que la ciudad no se haya venido abajo ha reducido todavía más el drama. Sólo los crecientes niveles de criminalidad podrían sugerir que las cosas se están derrumbando de manera irrevocable, pero fueron en gran parte resultado del cambio y la apertura democráticos. Más aún, dada la completa revisión del sistema de justicia criminal necesaria para abordar la criminalidad en México, era muy probable que las tasas de criminalidad empeoraran antes de mejorar. Tampoco la reforma democrática que alejó al gobierno de la ciudad de un régimen de control altamente centralizado y dirigista y lo acercó a uno de gobierno electo y devolución del poder a las unidades locales ha generado ingobernabilidad y estancamiento, como algunos lo predecían.

Aunque estas crisis son reales, no son nuevas. Una de las ventajas de investigar a través de informes gubernamentales, artículos y comentarios periodísticos, y artículos de revistas académicas desde los años cincuenta, es que se puede observar la continuidad de la crisis. Durante los años cincuenta, cuando la ciudad ya era grande según las normas mundiales (3.1 millones de habitantes en ese entonces), muchos autores tenían dificultades para comprender un área metropolitana con una población estimada de 5 y 8.5 millones para 1960 y 1970, respectivamente. De la misma forma, la gente se aturdía ante la inevitabilidad de una población de más de 18 millones de habitantes viviendo en el área metropolitana para finales de siglo y tal vez 22 millones para el año 2010. También estoy seguro de que los historiadores podrían proporcionar evidencia de que en décadas anteriores, o incluso en otros siglos, existían preocupaciones similares. Si bien las crisis antiguas no siempre se relacionaban con cuestiones de crecimiento, el contenido de los debates se ha concentrado invariablemente en los servicios, el suministro de agua para la ciudad y la eliminación de aguas negras y basura. El monumento de Echeverría al sistema de drenaje profundo ubicado en la delegación Gustavo A. Madero no es sólo un tributo a la enorme inversión emprendida en la decada de 1970; es un tributo a varios siglos de trabajo y preocupación por los problemas del agua y el drenaje. Quizás la única crisis *nueva* en la ciudad de México sea la que identifiqué en el prefacio a la segunda edición: la falta de seguridad y la creciente violencia que caracterizaron la década pasada.

Los académicos tampoco están seguros acerca de si debe permitirse o no el crecimiento de las ciudades. Hay quien arguye que entre más grande sea la ciudad, más grandes serán las economías de escala, mayor la productividad de la mano de obra, y los costos de la infraestructura no aumentarían per cápita con el tamaño de la ciudad. Por ende, debe permitirse que las ciudades crezcan (Richardson, 1973, 1976). Otros abogan por la cautela y sugieren que existen "variables que intervienen" y determinan una mayor productividad (como una mejor oferta de mano de obra e infraestructura) que no se relacionan con el gran tamaño de una ciudad y las economías conjuntas. Las ciudades más pequeñas son más fáciles de "administrar" y es menos probable que dependan de dispositivos sofisticados de planeación (Gilbert, 1976b). Por lo tanto, es mejor mantenerlas pequeñas cuando sea posible. Otros afirman que el crecimiento de la ciudad, abandonado a sus propios mecanismos, podría sufrir una "reversión de la polarización", según la cual las tendencias anteriores hacia la divergencia regional cambiarían cuando las tasas de crecimiento de las ciudades secundarias ubicadas en las afueras excedan las del centro metropolitano (Townroe y Keene, 1984; cfr. Gwynne, 1985 y Gilbert, 1996).

Puede ser importante resolver estas cuestiones en el contexto de los esfuerzos de descentralización y los patrones y políticas actuales de crecimiento urbano en los países en desarrollo. Sin embargo, en el caso de la ciudad de Mexico, esto no importa mucho. La ciudad ya es enorme y, como afirmé en el capítulo 2, continuará creciendo aún más, a pesar de la significativa disminución de las tasas de crecimiento lograda desde finales de los años setenta. La crisis es continua, pero también lo son las respuestas e iniciativas ciudadanas, y la política pública, en torno a la cual hemos observado avances y reformas importantes que podrían tener un efecto positivo en los ciudadanos del futuro. Por lo tanto, necesitamos replantear ciertas preguntas. ¿En qué medida serán capaces las poblaciones futuras de la ciudad de México de enfrentar y manejar su crecimiento? Y, ¿qué medidas, si es que las hay, mejorarán las posibilidades de éxito?

En respuesta a la primera pregunta, me siento cautelosamente optimista, a pesar de las críticas que he expresado a lo largo de este libro en torno a la falta de compromiso político demostrada por los gobiernos sucesivos para resolver en forma *genuina* los problemas y las desigualdades de la ciudad. Tampoco creo en la inevitabilidad del deterioro de las condiciones de vida que sostienen muchos marxistas contemporáneos. Me siento optimista por dos razones básicas: primero, porque los mexicanos son enormemente ingeniosos y ya han sobrevivido al crecimiento urbano rápido y disfuncional en el pasado, aunque con enormes costos sociales; segundo, porque ha surgido un compromiso político que parece capaz de promover la consolidación de una estructura verdaderamente democrática en México. Estoy seguro de que se ajustará, y espero que no lo haga mediante la represión (aunque siempre existe esa posibilidad). La cuestión crítica es si podrá ajustarse lo suficiente y con suficiente rapidez.

En términos del crecimiento y la expansión física de la ciudad, la crisis depende, en realidad, de lo que se logre fuera del Distrito Federal. Si suponemos que no existirá una integración de las entidades políticas del Distrito Federal y el Estado de México, entonces el éxito o fracaso dependerá de lo que sea capaz de lograr el gobierno del Estado de México (Iracheta, 2000). En 1984, 64 por ciento de la población vivía en el Distrito Federal; el resto vivía fuera de él. A finales del siglo XX la proporción se distribuyó equitativamente entre ambas entidades, y es probable que para 2010 el porcentaje correspondiente al Distrito Federal disminuya a 40 por ciento. Entre 1980 y el año 2000, la mayoría de las delegaciones crecieron más lentamente. Por ende, la mayor parte del crecimiento está dándose en el Estado de México, sobre todo en los municipios exteriores del área metropolitana (véase figura 1). Sin embargo, hasta ahora he observado poca evidencia de la capacidad y visión de las autoridades del Distrito Federal y el Estado de México para planear dicho crecimiento, y poco ha sido el progreso hacia el desarrollo de un compromiso político y las herramientas para manejarlo (Iracheta, 1993, Merino, 1996; Proyecto, 1997, etcétera).

Mi interés principal en este libro, al igual que el del gobierno y los analistas académicos, se ha concentrado en la evolución pasada y presente de la población de la ciudad. Por lo regular, no hemos logrado observar de manera adecuada el área precisa donde se ganará o perderá la batalla del crecimiento de la ciudad: en los municipios conurbados del Estado de México.[42]

En cuanto a la estructura urbana, mi optimismo se basa en las evidencias (descritas en su mayoría en el capítulo 2) que indican el reordenamiento de los usos de suelo que ha ocurrido en el pasado. A pesar de la considerable pérdida de población de las delegaciones centrales desde 1970, la zona centro conserva su vitalidad y cultura popular. Los subcentros de la ciudad, a menudo construidos alrededor de los núcleos de las antiguas poblaciones, se han vuelto el centro más importante de la vida cotidiana de la gente. Este proceso ha sido controlado y estimulado mediante la política de planeación en el área metropolitana durante los últimos 10 años.

La ciudad de México ha desarrollado múltiples centros y la gente se ha ajustado a su crecimiento relacionándose cada vez más con una parte relativamente pequeña de ésta. Ello ha estado acompañado de cambios importantes en la ubicación adecuada de la industria y otros usos de suelo.

Otra razón de mi optimismo se relaciona con el surgimiento de un proceso de planeación en el Distrito Federal, aunque haya sido efímero. La exhortación de técnicos y académicos sobre la necesidad y las virtudes de la planeación no servirá de mucho; sin embargo, confío en que los políticos se darán cuenta de que sus ventajas superan cualquier pérdida de control personalista y de idiosincrasia. No me impresionan demasiado las acciones emprendidas por los recientes equipos de planeación del Distrito Federal y sus regentes, cuyo enfoque ha consistido en responder de manera reflexiva buscando manejar los problemas a medida que van surgiendo o con base en un debate más amplio (seguridad pública, ecología, etcétera). Las iniciativas del desarrollo urbano se limitaron a acciones superficiales de "pan y circo" (miniurbanismo) las cuales, evidentemente, no bastan. No obstante, se puede esperar que esto cambie cuando la regencia se vuelva un puesto de elección popular; entonces los planificadores y la oficina de planeación deberán, casi con seguridad, desempeñar un papel más prominente en las políticas reactivas y activas del desarrollo urbano.

Mi optimismo también deriva de ciertas observaciones según las cuales, tal vez por primera vez en México, se aproxima una verdadera descentralización y devolución del poder, ambas en los niveles nacional y regional. En el nivel nacional, el presidente Zedillo logró soltar algunas de las riendas del poder centralizado y, mediante el nuevo federalismo, comenzó a permitir que los estados ejercieran una mayor soberanía sobre sus propios asuntos (Ward *et al.*, 1999). En el nivel regional, y en este caso, en la ciudad de México, también puede observarse una tendencia de descentralización hacia los municipios y delegaciones. Esto constituye tanto una oportunidad como un peligro, pues por un lado permitirá una genuina expansión de la participación cívica y política en la gobernancia local –la que más importa a los ciudadanos–, pero por el otro podría generar una "balcanización" del área metropolitana cuando los gobiernos locales se conviertan en "minirrepúblicas". A partir de 2000, las delegaciones del Distrito Federal han tenido sus jefes de delegación electos que, en algunos casos, son del mismo partido que preside el nivel más amplio del Distrito Federal (PRD); pero en otros casos no. Existe una situación similar en los municipios circundantes del Estado de México. El reto es encontrar la forma de desarrollar un sistema coordinado y funcional de relaciones intergubernamentales basado, tal vez, en el principio de subsidiaridad, según el cual ciertas funciones y actividades del gobierno recaen en los niveles apropiados más bajos. Reparar los baches en las calles debería ser una tarea local, mientras que la planeación y construcción de las vías principales y las redes de transporte público requieren una coordinación urbana y regional.

La segunda consideración importante para el futuro de la ciudad de México se relaciona con los cambios logrados en su estructura política. En el capítulo 3 identifiqué la forma en que la movilización social popular en México ha sido mediada por el Estado, primero mediante el clientelismo y más tarde mediante las juntas de vecinos. Sin embargo, ninguno de estos mecanismos resultó adecuado para enfrentar el surgimiento de movimientos sociales urbanos independientes como el Conamup –a finales de los años setenta y principios de los ochenta–, el CUD y la Asamblea de Barrios –en la década posterior al terremoto–; así como tampoco logró detener el cambio hacia los partidos políticos de oposición. En mi opinión, el motivo tras la creación de la Asamblea de Representantes fue acallar las demandas a favor de un Congreso local electo y de la elección directa de los funcionarios del ayuntamiento según las directrices que existen en los demás estados de la República. Si bien esperaba cierto avance hacia el Congreso local, me sentía menos optimista en torno a las elecciones directas del regente y los delegados. Sin embargo, desde 1990 las reformas políticas y electorales han tenido la fuerza suficiente para convencer al gobierno federal y al PRI de abandonar lo que era, fundamentalmente, una estructura política antidemocrática. Las elecciones del 7 de julio de 1997 para jefe de Gobierno del Distrito Federal representaron un avance importante para mejorar la calidad de la gobernancia en la ciudad de México, pues acercaron a los ciudadanos mucho más a lo que había identificado como los dos imperativos para el desarrollo urbano de la capital.

IMPERATIVOS PARA EL DESARROLLO FUTURO DE LA CIUDAD DE MÉXICO

Imperativo núm. 1: un gobierno metropolitano

El primero de estos imperativos se relaciona con la distribución de la responsabilidad de gobernancia para el área construida/área metropolitana. Hasta 2000, los poderes seguían divididos entre dos principales entidades políticas: el Distrito Federal y el Estado de México; cada una se subdivide en municipios y delegaciones, y cuenta con sus propios ejecutivos electos. En mi opinión, sigue existiendo la necesidad urgente de crear una estructura metropolitana de gobierno, la cual podría tomar una de dos formas. Por una parte, se podría conformar una (nueva) entidad politica única (tal vez electa) capaz de elaborar una estrategia incluyente e integrada de desarrollo metropolitano, aunque esto requeriría importantes cambios constitucionales. O bien, se podría crear una comisión conjunta del Estado de México y el Distrito Federal que tuviera autoridad ejecutiva y que rindiera cuentas (para su aprobación) al Congreso estatal y a la Asamblea Legislativa, respectivamente, entidades que también controlarían su presupuesto de operación.

Como ya lo mencioné, lo que ocurre fuera del Distrito Federal afecta tanto a esa entidad como al área metropolitana en su conjunto; sin embargo, hasta ahora el Distrito Federal no tiene la capacidad de responder. Además, deben tomarse algunas decisiones difíciles sobre el financiamiento general del desarrollo de la ciudad y sólo un Ejecutivo con responsabilidad para toda el área puede enfrentarlas. Tal vez serviría algún tipo de acuerdo parecido al del Consejo del Gran Londres (GLC). Este "nivel" de gobierno metropolitano podría incluso dejar la estructura municipal más o menos intacta y no requerir una revisión importante de la organización político-administrativa del Estado de México. Sin embargo, ello implicaría un nuevo nivel de autoridad responsable de la estrategia y dirección generales a las cuales tendrían que atenerse los municipios o sus distritos equivalentes. El hecho de que el gobierno conservador eliminara al GLC no se debió a que este último fuera poco eficaz o estuviera agonizando; más bien ocurrió porque funcionaba demasiado bien. El gobierno central resentía su poder y el hecho de que fuera capaz de presentar estrategias y políticas que resultaban detestables para los conservadores. Para la ciudad de México, se requiere precisamente este tipo de autoridad y liderazgo ejecutivo metropolitano.

De hecho, la necesidad de tener una "autoridad estratégica" (consejo) y un alcalde electo en Londres cobró importancia como parte del programa de gobierno del Partido Laboral. En 2000 se llevaron a cabo elecciones para elegir al alcalde y a un pequeño consejo que actuaría como contrapeso de dicho funcionario. Esto se asemeja bastante a la estructura actual del Distrito Federal, con la principal diferencia de que no cubre toda el área metropolitana, sino sólo la mitad.

En 1997, no creía en la posibilidad de un avance concertado hacia la creación de una autoridad metropolitana en la ciudad de México en el corto o mediano plazo. Ni siquiera el extendido control del PRD, tanto en el Distrito Federal como en varios municipios circundantes, en 1997-2000 condujo a una colaboración y coordinación significativas (no más que con el PRI). De hecho, varios funcionarios del gobierno perredista me comentaron sobre la existencia de una mayor disposición a colaborar entre los funcionarios priístas del Estado de México que entre los miembros de su propio partido. La idea de crear "consorcios municipales" es buena en teoría; pero raramente funciona en la práctica. Tal vez ahora (2001) que existe una estructura de poder más dividida en el Distrito Federal (PRD-PAN en la Asamblea Legislativa y en las delegaciones), ha llegado el momento de crear un arreglo mejor definido de colaboración y responsabilidades entre las entidades.

Imperativo núm. 2: dotación de poder a los partidos

El segundo imperativo comprende la relación entre ejecutivos y ciudadanos. En mi opinión, sólo una estrategia que forme parte de la plataforma o manifiesto de un *partido político electo* tiene la autoridad y legitimidad necesarias para ser implantada. Si se queda corta en su realización, la gente querrá saber las razones. Estamos hablando de la dotación de poder: a la gente, a sus representantes electos, y al *gobierno*. Ésta es la razón por la cual la elección del jefe de Gobierno del Distrito Federal y de los jefes delegacionales era un paso tan importante para México, al igual que la elección de alcaldes y gobernadores de oposición (no priístas) en varios lugares del país. Gracias a la dotación de poder, la política de partidos vuelve a formar parte de la gobernancia (cfr. Martínez Assad, 1996). Se están adoptando nuevos enfoques de gobierno local que han constituido un importante efecto de demostración para el PRI, aunque fuera un poco tarde para mantenerlo en el poder. Si en el futuro se permiten las oportunidades de reelección (quizás con límites de tiempo), se intensificarían los incentivos para que los gobiernos fueran más responsables y mejoraran su capacidad de respuesta, al igual que lo haría una reforma de la base de integración de los cabildos. Tal vez éstos sean los siguientes pasos.

Sin embargo, en última instancia, gobernar la ciudad de México puede ser bastante difícil y no existe garantía alguna de éxito. Si bien Cárdenas y Robles tuvieron un éxito moderado, otros jefes de Gobierno podrían fracasar. Tal vez, después de todo, la ciudad sea ingobernable. Esto me lleva a mi tercera proposición sobre el futuro de la ciudad, la cual tiene que ver con el contenido de las políticas y su implementación. He afirmado en este libro y en otros trabajos que el enfoque del gobierno de México se está volviendo más tecnocrático. Esto resulta especialmente obvio en el Distrito Federal, donde los políticos, secretarios de gobierno y funcionarios siempre han dependido mucho menos del patrocinio del PRI para obtener y conservar sus empleos. Además, desde 1997 los altos funcionarios han demostrado una mayor integridad y eficiencia en el desempeño de sus obligaciones. De igual importancia resulta el hecho de que en la mayoría de los campos de la administración urbana y sectorial, las políticas responden mucho más a las necesidades de la gente y a la comprensión técnica más avanzada de las alternativas políticas. Existe una mayor eficiencia, controles presupuestales más firmes y, sobre todo, políticas más apropiadas para satisfacer las necesidades de los ciudadanos. En términos reales, peso sobre peso, los ciudadanos están mucho mejor servidos que en el pasado.

El mejoramiento de los niveles de servicios, las políticas de vivienda más sensibles y realistas, el surgimiento de una estructura y proceso de planeación, el sistema de transporte ampliado y mejorado, una mayor conciencia ecológica, etcétera, han tenido un impacto real y positivo sobre las vidas y expectativas de vida de los habitantes de la ciudad de México. En ninguno de estos casos existe causa alguna de complacencia, pero los logros son reales. Que a fin de cuentas hayan ocurrido puede explicarse por la intensificación de la crisis durante las décadas de 1960 y 1970, y por la necesidad de una respuesta del Estado en el nivel local y nacional. Con ello, las autoridades nacionales y locales se vieron obligadas a enfrentarse a grupos de interés que en otro momento habrían protegido. Por otra parte, como lo hemos visto a lo largo de este libro, el Estado ha llevado a cabo acciones que buscaban mejorar las condiciones objetivas, al tiempo que pacificaban, dividían y estratificaban a las poblaciones de bajos ingresos.

En realidad dudo mucho que los futuros gobiernos de la ciudad de México sean capaces de continuar desviando la inquietud social mediante una administración eficiente y una mejor distribución de los bienes urbanos. Los resultados de las elecciones de 1997 y 2000 sugieren que la gente está buscando algo más que eso, que comienza a exigir un mejor servicio público de los funcionarios electos y designados, y a mostrar una mayor disposición a involucrarse en la gobernancia local. Esto dificultará las intervenciones dirigistas y la rápida imposición e implementación de proyectos de desarrollo urbano. Pero lo más importante es que devolverá la ciudad a sus ciudadanos. La ciudad sobrevivirá pero, a menos que no tarde en llevarse a cabo el tipo de cambios y reformas que he identificado, nunca prosperará. Mi optimismo, mi admiración ante el ingenio del pueblo mexicano y mi análisis del pasado reciente de la ciudad de México sugieren que no debería escribir su epitafio; al menos, no por ahora, y esperemos que nunca.

Alfonso Iracheta Cenecorta*

Estado de México:
la otra cara de la megaciudad**

Presentación

Peter Ward ha vuelto a las andanzas. Nos ofrece la segunda edición ampliamente corregida y aumentada de su exitoso libro *México: una megaciudad. Producción y reproducción de un medio ambiente urbano*, publicado originalmente en 1991, con lo que deja constancia nuevamente de su interés por México y de su seriedad como académico.

Digo esto porque esta segunda edición es realmente otro libro en muchos sentidos: porque amplía de manera importante la visión del primero; porque revisa detalladamente las afirmaciones, datos y orientaciones, y ofrece correcciones, nueva información y un balance académico, político, ideológico y urbanístico muy respetable que nos obliga a leer éste –y releer el otro–; porque ofrece elementos que permiten enriquecer puntos de vista, comprender los procesos que ocurren en la gran metrópoli mexicana y facilita, a quienes están involucrados de múltiples maneras con esta metrópoli, sus decisiones de política pública y privada. Pero lo más importan-

* Doctor en estudios regionales, fundador de la primera escuela universitaria de Planeación Urbana y Regional de México en 1986. Ha escrito tres libros y editado o coeditado otros cuatro, además de haber publicado múltiples artículos y capítulos de libro, así como dictado más de 100 conferencias sobre temas territoriales, del desarrollo y la planeación, tanto en México como en otros países. Actualmente es coordinador del Programa Interdisciplinario de Estudios Urbanos y Ambientales (Prourba) de El Colegio Mexiquense e Investigador Nacional II.

** Este texto fue preparado originalmente para el "Taller de Coordinación Metropolitana: Búsqueda de Alternativas" organizado por el Programa Universitario de Estudios Sobre la Ciudad (PUEC)-UNAM con el título: *Quién paga qué en la Zona Metropolitana del Valle de México: la difícil relación entre el Distrito Federal y el Estado de México*. Agradezco la disposición del PUEC para publicarlo como *posfacio* de este libro.

te es que con este libro hoy sabemos más y nuestro conocimiento sobre este fenómeno socioespacial, que es la ciudad de México o Zona Metropolitana del Valle de México (ZMVM), es mejor que el de ayer. Para lograr esto se requieren varios elementos y condiciones que el investigador debe crear, gestionar y promover. Un libro así exige un conocimiento previo sobre México y la ciudad de México; una percepción propia sobre hechos, personajes y fenómenos, de los que los libros y los informantes poco o nada pueden aportar al autor, como información actual, relevante y correcta; requiere también de contactos y relaciones con quienes conocen los temas del libro y están dispuestos a compartir; requiere, en fin, de paciencia y capacidad de interpretar el pensamiento y la idiosincrasia del otro. Todo ello es aportado por alguien no mexicano, pero sí conocedor perspicaz y perceptivo de lo mexicano, británico para mayor detalle, avecindado en Austin, Texas, y casado con una extraordinaria intelectual mexicana.

INTRODUCCIÓN

ESTE BREVE ensayo surgió a raíz de una conversación con Peter Ward sobre la publicación de este libro. Cuando se habla de la ciudad de México, la referencia territorial corresponde al Distrito Federal y no a la Zona Metropolitana del Valle de México. Si buscáramos un símil, sería como considerar solamente al municipio de São Paulo o la Ciudad Autónoma de Buenos Aires, al margen de los más de treinta municipios conurbados con el primero, o de los propios de la provincia de Buenos Aires. Ward ha concentrado su esfuerzo en la Zona Metropolitana de la ciudad de México –ahora denominada del Valle de México–, con énfasis en los procesos políticos de la capital nacional de México (ciudad de México) sin involucrarse con igual profundidad en los fenómenos que ocurren en el Estado de México, o en sus municipios conurbados. En todo caso, su referencia a los municipios conurbados corresponde a la de Conapo (38 municipios). Véase el capítulo 1, "La estructura económica cambiante de la ciudad de México. Los límites de la ciudad de México", y las que yo utilizo son las de Conapo (34 municipios) y la del Programa de Ordenación de la Zona Metropolitana del Valle de México (58 municipios).

En dicha conversación surgió la conveniencia de elaborar y presentar algunas ideas sobre los procesos relevantes metropolitanos que ocurren en dichos municipios, ya que existe una fuerte tendencia, especialmente en la planeación territorial, de fraccionar a la gran metrópoli, predominando los estudios y políticas con una fuerte orientación centralizada –en favor del Distrito Federal–, no obstante que a la vuelta del siglo los municipios del Estado de México conurbados con el Distrito Federal ya concentran más de la mitad de la población metropolitana, ocupan igualmente más de 50 por ciento del área urbanizada y en ellos está ocurriendo, desde los años ochenta, la mayor parte del crecimiento metropolitano.

Por el carácter de este ensayo y por su enfoque de apoyo y complemento al espléndido trabajo de Peter Ward, me propuse concentrarme en aquellos temas que, siendo propios de los municipios metropolitanos, su conocimiento permitiría cumplir con el propósito del ensayo y aportar al lector una nota adicional sobre la metrópoli. Así, me parece que los temas centrales corresponden a los procesos políticos mexiquenses;[1] la evolución de la planeación y administración metropolitana; la difícil relación entre los gobiernos del Distrito Federal y del Estado de México, y el fenómeno de la desigualdad en la distribución de los recursos públicos entre ambas entidades. Así, he titulado este apéndice "Estado de México, la otra cara de la megaciudad" con el propósito de ampliar la discusión de Ward de esta "mitad" de la ZMVM que corresponde a los municipios del Estado de México. También para enmarcar y ampliar la elaboración de un argumento que compartimos y que refiere la incapacidad gubernamental para asumir una visión institucional metropolitana que, como menciona Ward, el primer imperativo del futuro (capítulo 9).

---

[1] El gentilicio *mexiquense* se aplica a los habitantes del Estado de México; mientras que el de *mexicano*, a los habitantes de la nación mexicana.

La importancia de continuar y estimular la discusión sobre la Zona Metropolitana del Valle de México, deriva de una cuestión aparentemente simple: el tema no ha sido resuelto en México, pero tampoco en el mundo; es decir, no existen fórmulas ni posiciones definitivas sobre este fenómeno social y espacial y en consecuencia no hay soluciones que podamos asumir para la gran metrópoli nacional. El fenómeno metropolitano es casuístico y ha ido evolucionando en las últimas décadas. Así encontramos espacios metropolitanos policéntricos ocupando grandes regiones funcionalmente conectadas que han dejado atrás la certeza de delimitaciones territoriales precisas. ¿Quién podría hoy de manera clara y definitiva delimitar cualquiera de las grandes metrópolis del mundo?

Desde otra perspectiva, las nuevas condiciones socioespaciales de estas regiones metropolitanas exigen nuevas ideas para su gobierno y administración. Es claro que pensar en gobiernos metropolitanos únicos y todopoderosos para espacios que exigen diversos tipos de coordinación según el fenómeno a atender, es no sólo inadecuado sino fuera del contexto de la realidad actual. Se requieren fórmulas estables de organización política y administrativa más allá de la mera coordinación entre las partes que integran la metrópoli. Estas fórmulas deben ser permanentes para rebasar el centralismo, ya que cada vez es más claro que la asociación de las unidades locales básicas (municipios, departamentos, cantones, etcétera) para efecto de atención de sus problemas, es más posible y adecuada siempre y cuando se reconozca desde el poder nacional y estatal que la redistribución del gasto público es vital para que cada una de las unidades locales actúe de acuerdo con las exigencias de su espacio.

Ante las dificultades de asumir perspectivas metropolitanas, especialmente desde el gobierno, como se aprecia hoy en América Latina y claramente en México, no se puede imponer sino estimular la coordinación metropolitana por medio del planeamiento estratégico y premiando el asociacionismo en lugar de controlarlo o impedirlo, no obstante que representa una fuerza política creciente ante los otros ámbitos de gobierno. No es sólo la coordinación entre las entidades federativas, sino entre los municipios, lo que permite abrir nuevas vetas para resolver los problemas de la gran aglomeración. Contar con acuerdos generales de las características del proyecto metropolitano y el rumbo que debe seguir en el futuro es la base para coordinar y orientar los esfuerzos de las partes; aquí tiene mucho que decir el gobierno federal y los estatales; sin embargo, las nuevas tendencias claramente muestran que además de esta orientación, es necesario ofrecer incentivos para atender los problemas que rebasan a un municipio. El ejemplo de la legislación francesa sobre aglomeraciones urbanas funciona, ofreciendo recursos adicionales a las ciudades que se asocien para la atención de los problemas metropolitanos. El proceso lo están impulsando los municipios; ellos están decidiendo qué compete a quién y cómo cofinanciar los proyectos y crear los esquemas de coherencia con el nivel estatal o regional; en este proceso, no ha sido necesario proponer un gobierno metropolitano.

Otro elemento a considerar en el presente y futuro de las grandes aglomeraciones urbanas es la seguridad y su mínima eficacia actual. El reforzamiento de la estructura de coordinación metropolitana abonaría a una mayor gobernabilidad y con ello a una mayor seguridad ciudadana. El crecimiento de las metrópolis, tiende a generar diversas desigualdades, mismas que aumentan si se carece de políticas de equilibrio dentro de la metrópoli. Destacan las desigualdades provocadas por la acción del mercado; corresponde al Estado corregir las desviaciones del mercado y no seguirlo; esto implica nuevas formas de ver el desarrollo de las grandes ciudades y las formas de coordinar y corregir la acción de los diversos agentes sociales que la transforman día a día. Finalmente, la sustentabilidad ambiental exige también una visión metropolitana ya que los fenómenos y problemas del manejo de los recursos naturales y del ambiente, no quedan constreñidos a territorios político-administrativos.

En síntesis, los procesos de elevación de la productividad económica, de búsqueda de la seguridad ciudadana, la cohesión social y la sustentabilidad ambiental, evidentemente requieren de políticas metropolitanas. Lo metropolitano es un destino anunciado; la realidad mundial nos está llevando a la concentración poblacional y económica en grandes aglomeraciones; las metrópolis tendrán muchas opciones de organización, si reconocemos que el papel estratégico que tienen las grandes ciudades, al convertirse en el ámbito más importante de las naciones, es aquél donde se decide la oferta económica y se dirimen los principales conflictos sociales.

ESTADO DE MÉXICO: PROCESOS POLÍTICOS RELEVANTES
Y SU IMPACTO EN LA METRÓPOLI

DESDE LOS años cincuenta hasta el nuevo siglo, la forma de hacer política en el Estado de México posee características especialmente interesantes cuando el tema de preocupación es la evolución metropolitana de la ciudad de México. Esto es así porque la mayor parte de los políticos del partido que ha dominado la política estatal desde finales de los años veinte –el PRI, del que han surgido todos los gobernadores del Estado de México–, con excepciones muy particulares, han tenido su origen en el valle de Toluca, o más precisamente en el poniente de la entidad y no en el Valle de México, con lo cual la política estatal priísta ha tenido también un importante componente territorial.

Visto históricamente, este desequilibrio pareciera una muestra de inocencia política, cuando es claro que de manera creciente desde hace 5 décadas, la población así como los problemas y oportunidades, se han concentrado mayoritariamente en el Valle de México y pareciera también que desde el partido en el poder, la defensa de las posiciones de los políticos de Toluca (y Atlacomulco), es decir fuera del Valle de México, ha sido fuerte y sistemática. Este carácter de la política que se pudiera denominar localista ha tenido diversas consecuencias en la historia reciente del Estado de México. Los casos concretos son muchos y muy relevantes, ya que van desde periodos gubernamentales truncados y aspirantes a la gubernatura que han quedado en el camino, hasta la tendencia a la concentración del voto opositor al PRI en los municipios más urbanizados del Valle de México, como resultado del "abandono" de esta región por parte del partido en el poder y las dificultades de los opositores para hacer política en el valle de Toluca (Arreola, 1995).

CUADRO 1

GOBERNADORES DEL ESTADO DE MÉXICO

Nombre	Periodo
Alfredo del Mazo Vélez	1945-1951
Salvador Sánchez Colín	1951-1957
Gustavo Baz Prada	1957-1963
Juan Fernández Albarrán	1963-1969
Carlos Hank González	1969-1975
Jorge Jiménez Cantú	1975-1981
Alfredo del Mazo González	1981-1986
Alfredo Baranda García*	1986-1987
Mario Ramón Beteta	1987-1989
Ignacio Pichardo Pagaza*	1989-1993
Emilio Chuayffet Chemor	1993-1995
César Camacho Quiroz*	1995-1999
Arturo Montiel Rojas	1999-2005

Fuentes: Alexander Naime Libién, 1985, *Monografía de la administración pública del Gobierno del Estado de México 1824-1984*, Universidad Autónoma del Estado de México (UAEM), Instituto de Administración Pública del Estado de México (IAPEM), México. GEM, Informes de Gobierno, 1986-2001, Toluca, Estado de México.
*Gobernador sustituto.

Así, desde los años sesenta se afirmó una tendencia a la fragmentación de la entidad. Por una parte, el valle de Toluca de donde emanó el control de la política del PRI y por la otra, el valle de México, donde germinó buena parte de la oposición. A partir de entonces, se ha mantenido una tendencia electoral que durante los años noventa se acentuó especialmente en los municipios más urbanizados, donde la oposición en su conjunto reúne casi la mitad, o más, de los votos emitidos a favor del PRI (Arreola, 1995; 291). Como argumenta Ward en el capítulo 3, el presidente Carlos Salinas optó por un modelo férreo de cambio –*perestroika* sin *glasnost* (Lorenzo Meyer *dixit*), cambiando gobernadores y eligiendo candidatos al margen de la realidad política de los partidos; mientras su modelo fue tecnócrata, en el Estado de México persistían los políticos del PRI tradicionales y éstos perdieron. Mientras en 1990 el PRI alcanzó 56.6 por ciento de los votos para presidentes municipales, en 2000 cayó a 36.6 por ciento. En 1987, obtuvo 71.5 por ciento para gobernador y en 1999, 42.5 por ciento. Para Presidente de la República, en 1988 sólo alcanzó 30 por ciento, recuperándose en la elección del presidente Zedillo hasta 47.6 por ciento, volviendo a caer hasta 32.6 por ciento en la elección de 2000.

Un elemento importante es que, por más de 5 décadas, se ha propiciado la disciplina política en torno al grupo dominante, lo que ha sido una de las fuentes centrales de la unidad priísta en el Estado de México, estando claro que el poder central se encuentra en el valle de Toluca. Contradictoriamente, ha provocado también fracturas internas que se han reflejado en defenestraciones de políticos relevantes que han cambiado de partido político; también en pérdida de posiciones importantes, en el Congreso estatal y en el federal, así como en ayuntamientos. Al margen de estas consideraciones esencialmente políticas, estas formas de operación han llevado al gobierno estatal a entender poco y mal los procesos socioespaciales que ocurren en el valle de México, con la probable excepción del gobierno del profesor Carlos Hank González. Por eso argumenta Ward en el capítulo 3, que este político mexiquense fue designado por el presidente López Portillo en 1976 para la regencia del Distrito Federal, porque siendo un político importante... "también se pensaba que había hecho un buen trabajo en la esfera del desarrollo urbano como gobernador del Estado de México (1969-1975), que rodea el Distrito Federal. Conocía muy de cerca los problemas de las zonas de bajos ingresos de la ciudad y sabía cómo manejarlos". En este sentido, no sobra comentar que, no obstante su origen mexiquense y conocedor de las diferencias e inequidades federales hacia los municipios de la ZMVM, Hank González, como regente del Distrito Federal, hizo poco por reducirlas.

No resulta extraño, entonces, que desde la mitad y finales de los años setenta e inicio de los ochenta, el PRI haya caído en las preferencias electorales, de un promedio cercano a 88 por ciento, a cerca de 34 por ciento en las elecciones municipales de 2000, a casi 43 por ciento en las elecciones de gobernador de 1999, y a cerca de 33 por ciento en las elecciones para Presidente de la República de 2000 (véase cuadro 2). Estos procesos se tornaron drásticos durante los años noventa. Después del resultado adverso en 1988, el Estado de México se convirtió en laboratorio para experimentar procedimientos y técnicas diferentes para conquistar al electorado, lo que permitió al PRI recuperar terreno en 1990. Sin embargo, desde las elecciones municipales de 1990 y 1993, se terminó con el esquema unipartidista que había caracterizado al Estado de México, y se transitó a un sistema de partidos con alta competencia, que trastocó la vida política al aparecer nuevos actores políticos e interlocutores antes débiles, por lo que se redujo en lo general el margen de maniobra para la toma de decisiones (Arenas, 2000).

No obstante, es hasta 1996 que se opera un giro radical. Prácticamente la mitad de los municipios, y en su mayor parte metropolitanos, son conquistados por partidos opositores. Consecuentemente, la competitividad en las categorías de alta[2] y muy alta[3] alcanza también la mitad de los municipios, reduciéndose la categoría de baja[4] a menos de la quinta parte...

[2] La categoría *alta competitividad* comprende situaciones en las que existen dos partidos que se disputan el poder en condiciones de igualdad, y el resultado puede inclinarse indistintamente. En tales casos, los márgenes de victoria oscilan entre 0 y 20 por ciento y NP entre 1.5 y tres partidos.
[3] La situación de *muy alta competitividad* consiste en disputas electorales sumamente cerradas, involucrando a tres partidos o más, que lo hacen en igualdad de condiciones. Los márgenes de victoria pueden oscilar entre 0 y 10 por ciento, y NP es igual o *mayor* de tres partidos. Por la experiencia histórica, otra de las características asociadas a las dos últimas categorías, es la tendencia al conflicto poselectoral debido a lo estrecho de los márgenes de victoria.
[4] El rango de baja competitividad se refiere a situaciones en las que existe un partido hegemónico y la presencia de otros partidos es marginal. Consecuentemente, los márgenes de victoria son predominantemente superiores al 30 por ciento, y en la mayor parte de los casos, el índice NP se mantiene entre uno y dos partidos. La noción de margen de victoria se refiere

En la expresión municipal de la elección de Gobernador del
año... [1998, fue]..., evidente la notoria recuperación del PRI,
pues... [entonces]... sólo 3 de cada 10 municipios se... [ubi-
caron]... en la categoría de alta (Arenas, 2000: 8).

Este comportamiento electoral desfavorable al PRI pudiera
explicarse como producto de la crisis que inició al final del año
1994 y que provocó una gran irritación social; otros hechos tuvieron también una cuota importante en estas tendencias, entre los
que destacan: la menor cohesión política al interior de dicho partido en todo el país, derivada de la pérdida de posiciones en el
poder, los magnicidios políticos y el "abandono" presidencial al
partido y, finalmente, la creciente capacidad de otros institutos políticos, especialmente el Partido Acción Nacional (PAN) y el Partido de la Revolución Democrática (PRD), para ocupar posiciones de
gobierno y ofrecer nuevas expectativas al electorado.

Geográficamente, estos cambios en el comportamiento electoral mexiquense tienen un significado más profundo, porque representan una crisis de identidad estatal que se ha ido agudizando
en la medida en que la población de los municipios conurbados con
la ciudad de México no ha contado con las respuestas que esperaba del gobierno estatal –ni de los gobiernos municipales– frente
a los relativos avances observados en la capital nacional y en otras
ciudades importantes del país.

De ello se desprende que si tomamos en cuenta que en la ZMVM
reside población con promedios educativos superiores y con una
visión más cosmopolita, los procesos analizados representan
nuevos fenómenos en el panorama político, como es la emergencia del
electorado racional (Arenas, 2000: 8) que no es otra cosa que la va-
loración más consciente de las ofertas políticas como base para adoptar

---

a la diferencia entre el partido ganador en una elección respecto a su más cercano persegui-
dor, la segunda fuerza. El índice número de partidos (NP): una preocupación recurrente entre
politólogos es la de un instrumento que permita contar el número de partidos realmente existentes en un sistema de partidos (...). La ventaja de NP sobre los otros índices es que no
sobrevalora al partido ganador (...).

las decisiones electorales, propiciando la presencia de nuevos actores y el retroceso del voto duro.

Las pruebas de esto las ofrece Ward al analizar las elecciones de 1994 en las que no obstante que el PRI obtuvo más de 40 por ciento de los votos en la elección presidencial, la pérdida histórica de presencia electoral en los municipios metropolitanos tomó fuerza, abriendo el camino a un predominio regional por parte del PAN y del PRD. Dice Ward (capítulo 3)...

En cuanto al vecino Estado de México, los datos de 1994 sugieren que las zonas de predominio del PAN se encontraban al occidente y noroccidente, en distritos de los municipios de Naucalpan, Tlalnepantla, Atizapán, Cuautitlán Izcalli y Tepotzotlán; y ninguna del lado del oriente. Aquí el PRD posee una fortaleza relativa en Nezahualcóyotl, La Paz y Chimalhuacán. La fuerza oriental del PRI es Chalco, lo cual no es de sorprender dados los enormes recursos que recibió a través de Solidaridad durante el sexenio de Salinas. No obstante, a excepción de Huixquilucan al occidente, Nicolás Romero al nororiente y los municipios del XXI distrito al norte (Tultepec, San Martín de las Pirámides, etcétera), tiene pocos puntos de predominio, aunque tampoco parece estar por debajo de su porcentaje en muchas zonas... Las actuaciones de 1994 se sometieron a prueba en las elecciones municipales de noviembre de 1996, cuando el PAN ganó en Naucalpan, Tlalnepantla, Atizapán, Cuautitlán Izcalli y Tepotzotlán, pero también, de manera algo inesperada, en Nicolás Romero y San Martín de las Pirámides, donde parecía que el PRI tenía fuerza. El PRD obtuvo Nezahualcóyotl, Texcoco, Los Reyes y Chimalhuacán (ambos en el VIII distrito). La salvación del PRI fue obtener Chalco-Solidaridad, Ecatepec y Huixquilucan. Así, entre 1994 y 1996, los partidos tendieron a intensificar sus fuerzas hasta un nivel que les permitió ganar presidencias municipales.

CUADRO 2

ESTADO DE MÉXICO: PARTICIPACIÓN DE LOS PARTIDOS POLÍTICOS EN LAS ELECCIONES PARA AYUNTAMIENTOS, GOBERNADOR Y PRESIDENTE DE LA REPÚBLICA 1975-2000

Año	Participación por partido político (por ciento)						Variación (por ciento)				
	PAN	PRI	PRD	Suma	Otros	Total	PAN	PRI	PRD	Suma	Otros
Elecciones ayuntamientos:											
1981	7.1	87.6	1.2	95.9	4.1	100.0	–	–	–	–	–
1984	12.6	73.6	2.9	89.1	10.9	100.0	77.5	–16.0	141.7	–7.1	165.9
1990	16.1	56.6	14.9	87.6	12.4	100.0	27.8	–23.1	413.8	–1.7	13.8
1996	30.5	37.2	21.6	89.3	10.7	100.0	89.4	–34.3	45.0	1.9	–13.7
2000	38.0	33.6	20.2	91.8	8.2	100.0	24.6	–9.7	–6.5	2.8	–23.4

Elecciones gobernador:

Año											
1975	13.4	84.0	–	97.4	2.6	100.0	–	–	–	–	–
1981	7.6	82.1	3.4	93.1	6.9	100.0	–43.3	–2.3	–	–4.4	165.4
1987	11.1	71.5	10.1	92.7	7.3	100.0	46.1	–12.9	197.1	–0.4	5.8
1993	17.8	62.6	8.6	89.0	11.0	100.0	60.4	–12.4	–14.9	–4.0	50.7
1999	35.4	42.5	22.0	99.9	0.1	100.0	98.9	–32.1	155.8	12.2	–99.1

Elecciones presidenciales:

Año											
1976	–	90.5	–	90.5	9.5	100.0	–	–	–	–	–
1981	24.0	58.8	5.4	88.2	11.8	100.0	–	–35.0	–	–2.5	24.2
1988	16.2	30.0	51.2	97.4	2.6	100.0	–32.5	–49.0	848.1	10.4	–78.0
1994	26.2	47.6	18.6	92.4	7.6	100.0	61.7	58.7	–63.7	–5.1	192.3
2000	44.5	32.6	19.1	96.2	3.8	100.0	69.8	–31.5	2.7	4.1	–50.0

Fuentes: Gustavo Ernesto Emmerich (coord.), 1999, *El voto ciudadano en el Estado de México 1990-1997*, Universidad Autónoma del Estado de México, Toluca, México. Instituto Electoral del Estado de México (IEEM), 1997, *Memoria, procesos electorales 1996*, Toluca, México; Instituto Federal Electoral (IFE), 2000, *Cómputos distritales de las elecciones federales de diputados de mayoría relativa del 2000*, México, D.F.

Cuadro 3

PARTICIPACIÓN DE LOS PARTIDOS POLÍTICOS EN LAS ELECCIONES PARA AYUNTAMIENTOS, GOBERNADOR Y PRESIDENTE DE LA REPÚBLICA, EN LAS ZONAS METROPOLITANAS DEL ESTADO DE MÉXICO, 1990-2000

Año	Municipios metropolitanas del valle de México (34 municipios) (por ciento)					Resto de municipios (por ciento)				
	PAN	PRI	PRD	Otros	Total	PAN	PRI	PRD	Otros	Total
Elecciones ayuntamientos:										
1990	19.8	51.5	14.7	14.0	100.00	39.8	30.5	22.2	7.5	100.00
1993	17.8	56.8	13.1	12.3	100.00	16.1	56.8	14.8	12.3	100.00
1996	31.7	33.3	23.8	11.2	100.00	18.2	64.3	16.8	0.7	100.00
2000	39.8	30.5	22.2	7.5	100.00	14.9	52.5	13.8	18.8	100.00
Elecciones gobernador:										
1993	20.5	58.2	9.5	11.8	100.00	14.4	50.6	13.2	21.8	100.00
1999	48.6	39.3	12.1	s.d.	100.00	54.3	29.9	15.8	s.d.	100.00
Elecciones presidenciales:										
1994	30.0	48.2	21.1	0.7	100.00	14.4	50.7	13.2	21.7	100.00

Fuente: Instituto Electoral del Estado de México (IEEM) (2002), en Internet: http://www.ieem.gob.mx
s.d. Sin datos.

Planeación metropolitana desde el gobierno del Estado de México

En buena parte del mundo, los gobiernos nacionales han enfrentado la necesidad de crear fórmulas de atención al fenómeno de metropolización de su capital nacional, por ser el asiento de los poderes nacionales y porque en general su crecimiento poblacional y su expansión física rebasa las demarcaciones locales o municipales, creando conurbaciones.

El crecimiento acelerado de las metrópolis ha rebasado las capacidades municipales, debido por una parte a la ampliación de las necesidades sociales como producto del crecimiento demográfico y de mayores expectativas materiales de la comunidad, y por la otra, como consecuencia de la expansión de las posibilidades tecnológicas para ofrecer bienes y servicios públicos, que han obligado a las autoridades locales a ampliar, modernizar y mejorar los servicios y acciones que ofrecen a la población. Desde hace más de 5 décadas, el resultado ha sido que las autoridades locales han sido en general rebasadas por estas realidades. Y las respuestas han sido varias: desde el aumento o reducción del número de demarcaciones locales, hasta la creación –y en varios casos su posterior desaparición– de administraciones e incluso gobiernos metropolitanos. Lo que es claro es que al margen de las decisiones tomadas, en prácticamente todo el mundo el fenómeno ha alcanzado un carácter estratégico, especialmente cuando las grandes ciudades son capitales nacionales.

¿Qué ha ocurrido con la conurbación del valle de México? La ZMVM no sólo es la más poblada del país y la de mayor concentración de recursos y poder, sino que es la única en la que se requiere de la concurrencia de una multitud de autoridades, tanto para legislar sobre su estructura y funcionamiento, como para operar planes y programas: tienen presencia con fuerza de autoridad el gobierno federal, los gobiernos del Estado de México y del Distrito Federal, los gobiernos municipales, así como los cuerpos legislativos nacionales y de las dos entidades federativas.

Mapa 1a

ELECCIONES DE AYUNTAMIENTOS
EN EL ESTADO DE MÉXICO

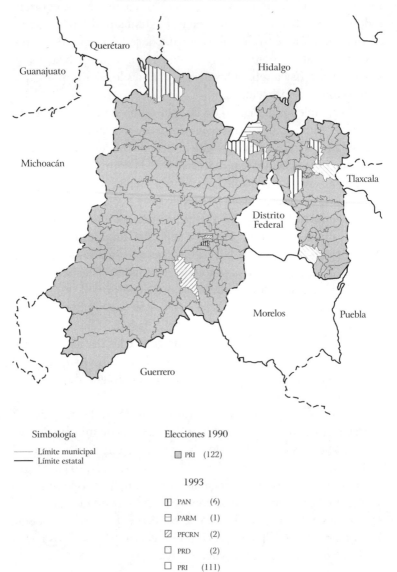

Simbología   Elecciones 1990

—— Límite municipal   ▨ PRI (122)
——— Límite estatal

                                      1993

                              ▥ PAN   (6)
                              ⊟ PARM   (1)
                              ▨ PFCRN (2)
                              ☐ PRD   (2)
                              ☐ PRI   (111)

Mapa 1b

ELECCIONES DE AYUNTAMIENTOS EN EL ESTADO DE MÉXICO

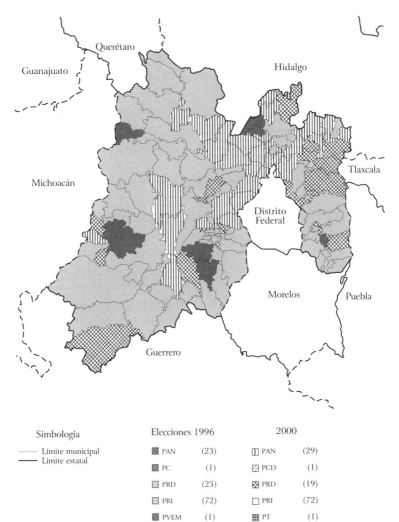

Simbología	Elecciones 1996		2000	
···· Límite municipal	■ PAN	(23)	⊞ PAN	(29)
— Límite estatal	■ PC	(1)	▨ PCD	(1)
	▢ PRD	(25)	⊠ PRD	(19)
	▢ PRI	(72)	▢ PRI	(72)
	■ PVEM	(1)	▦ PT	(1)

En conurbaciones de otros países se han creado sistemas centralizados que asignan responsabilidades a los gobiernos nacionales, porque tienen una influencia especialmente importante en las metrópolis y porque los costos de infraestructura y su mantenimiento rebasan las capacidades locales, dejando la coordinación y el desarrollo de servicios y aspectos puntuales a los acuerdos entre autoridades de nivel municipal, por medio de convenios de "igual a igual" (Asesoría Especial para Estudios de la Conurbación Metropolitana, 1994: 85).

En la zmvm se ha carecido de un proyecto metropolitano, al grado que pareciera que el gobierno federal (y los gobiernos de las dos entidades) no se han enterado de la existencia de esta gran conurbación. Por ello, las decisiones que han conducido el desarrollo de la metrópoli han sido tomadas por el gobierno federal y por el del Distrito Federal, principalmente.

Si bien esto comenzó a cambiar desde los años setenta, cuando el gobierno del Estado de México empezó a intervenir en el desarrollo de la conurbación, sus propias flaquezas abonaron a la persistencia del esquema de atención parcializado y favorable al Distrito Federal, prolongando en el tiempo el carácter periférico de los municipios conurbados. Una evidencia de ello, ha sido la distribución de recursos federales para inversión pública, siempre favorable al Distrito Federal y desfavorable al Estado de México.

Probablemente la intervención del gobierno mexiquense en el valle de México con criterio metropolitano se inicia al final de la década de los años sesenta, cuando el gobernador Hank González creó el Instituto Auris en 1969. Por el enfoque metropolitano y la voluntad expresada para atender el fenómeno, la política urbana en los municipios conurbados del valle de México tuvo un futuro promisorio, porque en ese momento en que la segunda explosión demográfica metropolitana ocurrió, el gobierno del Estado de México parecía entender este fenómeno y sus implicaciones en la metrópoli. La elaboración de estudios serios, así como planes, programas y proyectos concretos sobre los temas centrales con los que se iniciaba la década de los años setenta –crecimiento demográfico, distribución de la población urbana, asentamientos irregulares, nuevas infraestructuras, proyectos productivos, vivienda– puso a esta institución a la vanguardia de las políticas públicas urbanas en el país. Al realizar estos trabajos para y desde el gobierno estatal, su utilidad se hacía evidente, y al realizarlos por voluntad política de un gobernador que percibía los problemas metropolitanos y sus perspectivas en el largo plazo, la aplicación de las propuestas era posible, rebasando la idea generalizada de una planeación más bien decorativa y de justificación ideológica y política, construyendo una más indicativa y con mayor efectividad. Así, durante unos años la sociedad y los políticos de dicha entidad contaron con un espacio "de inteligencia" a nivel institucional, para que realizara la función de pensamiento, análisis, reflexión y propuesta sobre los grandes temas del desarrollo y la planeación socioespacial.

De esta manera, se planteó un proyecto metropolitano, tal vez apenas esbozado y no consensuado en su totalidad con el gobierno del Distrito Federal, pero que a través de estudios que avizoraban el futuro de los municipios metropolitanos, especialmente en la región oriente,[5] concluyeron con propuestas de grandes acciones y sentaron las bases de una estructura para dar continuidad y madurar las ideas y proyectos metropolitanos desde la perspectiva del Estado de México.

Entre las grandes acciones realizadas destacan, por una parte, el fideicomiso para enfrentar el problema del inmenso asentamiento irregular que dio pie al nacimiento de ciudad Nezahualcóyotl y su posterior conversión en municipio; por el otro, la construcción de la nueva ciudad Cuautitlán-Izcalli, diseñada para recibir más de un millón de habitantes, desconcentrando a la gran metrópoli y contando con condiciones e infraestructura para ser autosuficiente, desde el empleo hasta los servicios. He presentado una crítica a este proyecto en otros textos (Iracheta, 2000), porque si bien atendió una necesidad clara, bajo los principios de planeación urbana en boga –los New Towns británicos, las metrópolis de equilibrio francesas, etcétera– careció de una política de suelo que

---

[5] Destacan entre otros: T-T-Ch (Teotihuacán, Texcoco, Chalco); Tultitlán-Tultepec; el proyecto del tren elevado en el norponiente de la conurbación, etcétera.

evitara conurbaciones indeseadas como de hecho ocurrió desde los años ochenta.

No obstante haber sido pionero en el país en el desarrollo de nuevas capacidades públicas para la planeación del desarrollo urbano desde finales de los años sesenta, el gobierno del Estado de México poco a poco perdió el rumbo para conducir de manera efectiva el proceso de metropolización del valle de México. Entre los elementos que soportan esta aseveración, se encuentra la forma en que han sido manejadas y coordinadas las dependencias y organismos responsables de la planeación urbana y de la creación de las infraestructuras para la organización física de la gran metrópoli, y que se han caracterizado por hacer de la disciplina urbanística una actividad pública secundaria, carente de la voluntad política para su aplicación y de los instrumentos para que existan consecuencias por su incumplimiento. El énfasis ha sido entonces la obra pública, en la medida en que ésta es una fuente natural de votos y materialización de aspiraciones y compromisos con grupos y comunidades. Los esfuerzos relevantes posteriores al gobierno de Hank González, sean las políticas de desconcentración urbana, de control al crecimiento urbano (Pinte su raya), de atención a nuevos asentamientos irregulares (Chalco-Solidaridad), hasta los planes y programas regionales y metropolitanos como el Proriente y el Programa de Ordenación de la Zona Metropolitana del valle de México, carecieron de continuidad y sobre todo de voluntad política suficiente para convertirlos en acciones de transformación del caótico proceso de metropolización dentro del Estado de México.

Entre otros problemas, ha existido una alta rotación de funcionarios en las dependencias y organismos responsables del desarrollo urbano y en las que de manera indirecta se vinculan a este proceso, y lo más grave es que muchos de ellos no han sido especialistas en esta materia tan compleja o en su planeación, con lo que se han cometido graves errores como dejar crecer sin límite los asentamientos irregulares, construir vialidades sin tomar en cuenta sus consecuencias espaciales, carecer de una política de reserva territorial y de atención a los excesos del mercado inmobiliario, o hacer muy poco para que lo establecido en los planes territoriales se cumpla. Igualmente, se ha descuidado la integración de planes, su ejecución y sobre todo la gestión con la sociedad para realizar las acciones de ordenamiento territorial. Evidencias de ello han sido la insuficiencia de planes aprobados, desde el estatal de desarrollo urbano, los regionales metropolitanos o los municipales de desarrollo urbano; la baja capacidad de los ayuntamientos para planificar el desarrollo urbano; el descuido en la integración de los planes y programas, que en muchos casos presentan serias limitaciones y la escasa coordinación que han tenido con el resto de los instrumentos de planeación territorial, ambiental y socioeconómica, que ha impedido, inclusive, la generación de procesos de discusión seria para su aprobación. Los errores cometidos son la síntesis de lo señalado: funcionarios sin capacidad técnica y baja responsabilidad pública –dado que desde la oficina de los distintos gobernadores no existe evidencia de que haya sido suficientemente valorada esta función–, siendo el producto documentos sin concierto con el resto de planes y programas estatales, no avalados por las oficinas públicas responsables de los sectores que impactan el desarrollo urbano, ni por los ayuntamientos del valle de México y, consecuentemente, sin base social.

Otro proceso importante fue la transformación del Instituto Auris, del espacio planificador de excelencia que fue, en una oficina de construcción y posteriormente como gestor de vivienda popular. Desde 1970, este instituto ofreció elementos para formular y ejecutar políticas metropolitanas, reunió a lo más granado del pensamiento urbanístico de México y fue capaz de desarrollar los proyectos más importantes de la metrópoli que hasta el final del siglo no han sido superados.

Finalmente, la muy baja efectividad del resto de las oficinas dedicadas a atender los problemas urbanos de la metrópoli, destacando el área responsable de la regularización de la tenencia de la tierra, que en más de 20 años de existencia ha mantenido esquemas muy similares de actuación, sin aportar algo relevante a la atención de este grave problema. La evidencia de ello es que el gobierno no ha contado con un sistema que permita conocer el tamaño del fenómeno de la irregularidad o ilegalidad de la tenencia de la tierra urbana; se ha limitado la acción pública a la regularización jurídica de lotes habitacionales y no se logró integrar una política exitosa de reserva territorial o de desarrollo de nuevos instrumentos para el manejo del suelo urbano, con el fin de ofrecer tierra urbanizada o al menos servida con los servicios públicos básicos, para los pobres de la metrópoli.

Al margen de las acciones de las oficinas responsables directamente de las políticas urbanas, un elemento a considerar es el papel que han tenido las dependencias que tienen a su cargo resolver los graves problemas del transporte y del ambiente. Al igual que el caso anterior, estas dependencias han carecido de proyectos metropolitanos y cuando los han tenido han sido fuertemente sectorialistas, han actuado siguiendo la lógica política del gobernador en turno, con poca vinculación con los planes y programas aprobados, y han expresado una tenue voluntad política para acordar acciones relevantes con el Distrito Federal y para enfrentar los graves problemas de la metrópoli. Basta recorrer las principales vialidades de los municipios metropolitanos para constatar el gran desorden, la baja calidad y el elevado riesgo para los usuarios que priva en el transporte público de pasajeros, al grado que este problema se ha convertido en uno de los más contestatarios en el valle de México. Los intereses gremiales y privados de los transportistas han podido más que la fuerza del gobierno de la segunda entidad más importante del país. En cuanto a las tecnologías de riel, prácticamente nada se ha hecho, al grado de que las ampliaciones de líneas de metro que han llegado a municipios metropolitanos han provenido básicamente del gobierno del Distrito Federal.

Estando asentada más de la mitad de la población metropolitana en municipios del Estado de México y siendo el nivel de ingreso de esta región inferior al del Distrito Federal, ¿cómo es posible que no exista un proyecto de transporte masivo de largo plazo que ordene el espacio metropolitano y atienda las necesidades de la mayoría de la población? Sorprende que estos temas hayan sido analizados y desde principios de los años ochenta, y 20 años después se siga en espera de las respuestas.[6]

Para concluir, los esfuerzos de planeación y ordenamiento metropolitano que se iniciaron en el gobierno del profesor Carlos Hank se caracterizaron por una fuerte voluntad política para atenderlos basada en la comprensión del fenómeno, la calidad de los trabajos y su concreción en acciones; posteriormente, más allá de algunos esfuerzos relevantes, se puede afirmar que se ha carecido de un proyecto metropolitano en el gobierno del Estado de México y en sus municipios.

DISTRITO FEDERAL Y ESTADO DE MÉXICO:
HISTORIA DE UNA CONCERTACIÓN FALLIDA

La política

Para las grandes ciudades del mundo, un elemento lógico para actuar a nivel metropolitano ha sido la necesidad de hacer eficiente el otorgamiento de los servicios, aprovechando las economías y las externalidades de manera tal que la población que habita en alguna demarcación aproveche los servicios de otras, al laborar, estudiar o realizar otras actividades urbanas. Ello implica acuerdos y visiones comunes, así como políticas compensatorias. Cuando éstas no existen entre los agentes políticos que deciden sobre la asignación de los recursos públicos, es decir, cuando la administración y gobierno de la metrópoli están fragmentados, el resultado es el desorden y la baja eficiencia económica y social, además de efectos de toda naturaleza no previstos. No obstante la lógica que soporta las ideas anteriores, las relaciones institucionales entre el Distrito Federal y el Estado de México durante las últimas tres décadas para enfrentar un fenómeno socioespacial que les es común, a saber, la ZMVM, son una evidencia del centralismo y la soberanía estatal; del encuentro y el desencuentro; de la falta de voluntad

---

[6] Véase Alfonso Iracheta, 1981, *El problema del transporte por autobús en los municipios metropolitanos del Estado de México*, UAEM, Toluca. También: Alfonso Iracheta, 1984, *El suelo, recurso estratégico para el desarrollo urbano*, GEM-UAEM, Toluca.

política para cooperar y del aislamiento de las determinaciones centralizadas; de la planeación institucional y la decisión personal. En síntesis, son el reflejo de la política mexicana y de la propia estructura socioespacial de la metrópoli, ambas caracterizadas por la fragmentación y la contradicción.

Los problemas propios de ambas entidades se han ido agudizando y haciendo más complejos como producto del fenómeno de la conurbación. Es claro que dicho fenómeno ha sido, por una parte, el resultado histórico de un modelo de desarrollo desequilibrado que ha expulsado población del campo para concentrarla en grandes metrópolis; pero también es un fenómeno que fue auspiciado por los gobiernos de las dos demarcaciones, y por ello no puede considerarse que una "afectó" a la otra. Desde los años cincuenta, con la prohibición de nuevos desarrollos habitacionales e industriales dentro del Distrito Federal, y con la atracción de estas actividades por parte del Estado de México, se crearon las condiciones de una acelerada conurbación. Nuevamente, al inicio del siglo XXI parece repetirse la historia; el Distrito Federal emitió el llamado Bando 2 a través del cual limita severamente el asentamiento habitacional en las delegaciones periféricas del Distrito Federal trasladando la oferta de suelo para vivienda popular a los municipios conurbados del Estado de México. Por su parte, esta entidad no ha planteado límites a la construcción de unidades habitacionales, permitiendo la ampliación de la frontera urbana hasta municipios cada vez más alejados del centro metropolitano.

La densa y compleja trama urbana entre las dos entidades se conforma por miles de kilómetros de calles, avenidas y líneas férreas; por líneas de conducción de agua, energía eléctrica y otros energéticos; por líneas de transporte y especialmente por relaciones sociales, económicas, políticas y culturales sostenidas por cerca de 19 millones de personas que, en su mayor parte, entienden a este conglomerado urbano como una única y gran ciudad. Sin embargo, en la realidad son dos ciudades o, si se quiere, una multitud de ciudades las que conforman la gran metrópoli desde la perspectiva de sus gobiernos. Para el Distrito Federal o para el Estado de México, la ciudad se agota dentro de sus límites y considera que la otra entidad es, en efecto, "otra" en casi todos los sentidos. El esquema ya empieza a reproducirse en las delegaciones del Distrito Federal y en los municipios de la conurbación pertenecientes al Estado de México, por obra y gracia de la "democratización" de la política mexicana. Los presidentes municipales –en el Estado de México– y los delegados –en el Distrito Federal– conciben "su territorio" de manera aislada, con poca relación, interdependencia y corresponsabilidad con sus vecinos, alejándose de una visión metropolitana.

Esto se explica también por la creciente autonomía que ha ido adquiriendo el Distrito Federal y sus demarcaciones –delegaciones políticas–, por una parte, y por la pluralización política de los ámbitos de gobierno que tienen presencia en la metrópoli, por la otra; fenómenos que si bien son altamente positivos para la modernización de la política nacional, han provocado un alto costo. En relación con lo primero, a lo largo de los últimos tres lustros se ha transformado el estatuto jurídico institucional del Distrito Federal hasta lograr una autonomía política que le permite elegir a sus autoridades ejecutivas –centrales y delegacionales– y legislativas, en un proceso que culminará seguramente en la asunción de un estatuto del tipo "Ciudad Autónoma", casi similar al de las demás entidades de la Federación, pero manteniendo su papel de capital nacional; destaca sin embargo, la baja atención que ha tenido el fenómeno metropolitano en este proceso y que ha mantenido sin aprobación a la reforma política del D.F. En relación con lo segundo, al inicio del nuevo siglo, el gobierno federal había emanado de una alianza centrada en el Partido Acción Nacional (PAN); el del Distrito Federal, de otra alianza en torno al Partido de la Revolución Democrática (PRD) y el del Estado de México del Partido Revolucionario Institucional (PRI). De la misma forma, los municipios y delegaciones, por un lado, y los congresos locales –Asamblea Legislativa del Distrito Federal y Cámara de Diputados del Estado de México–, por el otro, contaban con gobiernos y estructura partidaria, respectivamente, emanados de estos tres partidos con presencia relativamente equilibrada, de manera

que difícilmente alguno pudiera ser dominante. Algo similar ocurría
con el Congreso de la Unión y sus dos cámaras, que de diversa manera tienen influencia en la ZMVM, y con la composición partidista de los cabildos mexiquenses de los municipios conurbados. Si
a dicha mezcla le agregamos la escasa madurez de estos institutos
políticos para convivir en condiciones de alta competitividad y para
construir una estructura jurídica para el fenómeno metropolitano, el resultado ha sido una tendencia a que prevalezcan las posiciones de partido por encima de las orientaciones políticas y
las visiones territoriales, lo que se traduce en posiciones competitivas y no cooperativas o solidarias, con lo cual, en estricto sentido, la ZMVM ha carecido de gobierno y tiende a alejarse de esta
posibilidad. En su lugar predomina la atomización, al grado que
los cerca de 19 millones de habitantes que tenía en el año 2000,
estaban gobernados por entre 34 y 58 ayuntamientos (según la
versión de metrópoli que se asuma), 16 delegaciones políticas,
dos gobiernos estatales (considerando al del Distrito Federal como
tal) y el gobierno federal. A su vez, legislaban: el Congreso de la
Unión, la Cámara de Diputados del Estado de México, la Asamblea
Legislativa del Distrito Federal, además de los cabildos municipales. Cada cual crea leyes, planes y políticas públicas con clara orientación local o propia y con un desapego generalizado hacia el fenómeno metropolitano, porque para estas instancias de poder sigue
siendo un fenómeno poco conocido. Prueba de ello, es la inexistencia de un estatuto constitucional que obligue al gobierno, en
sus tres ámbitos, a actuar desde perspectivas metropolitanas. Finalmente, desde el gobierno federal es clara esta división. En primer
lugar, ha decaído sensiblemente el interés por la planeación territorial desde los años ochenta, con lo cual las conurbaciones interestatales como la ZMVM han carecido de presencia federal en su
planeación; en segundo lugar, la distribución de recursos federales para el desarrollo urbano por medio de la inversión pública
federal, se ha hecho históricamente sin considerar a la metrópoli como unidad propiciando los desequilibrios y la fragmentación
socioespacial que se observan entre las dos entidades que la conforman.

¿Qué propuestas se pueden derivar de lo anterior?:

a) A partir de la legislación vigente es posible precisar el fenómeno de conurbación y establecer las normas que garanticen el carácter obligatorio de la coordinación interestatal e intermunicipal en áreas metropolitanas. Sin embargo, poco ha funcionado en la práctica porque las metrópolis –al igual que las regiones– no existen como ámbito territorial en la legislación mexicana. Se requiere un estatuto constitucional que reconozca el fenómeno metropolitano y su modalidad interestatal, como es el caso de la ZMVM.

b) Es necesario definir con precisión responsabilidades y atribuciones; es decir, qué corresponde a quién entre los tres ámbitos de gobierno y qué es específicamente metropolitano, en la atención a las necesidades de planeación y ordenación metropolitana y la provisión de servicios y equipamientos públicos.

c) Se requiere adoptar un sistema de planeación y ordenación metropolitana que parta de un proyecto para la ZMVM acordado entre los tres ámbitos de gobierno y que sea la base obligatoria sobre la que se desarrollen los planes y programas espaciales y sectoriales, estatales y municipales que afectan a la metrópoli.

d) Promover y facilitar el asociacionismo municipal –y delegacional– como mecanismo privilegiado para el desarrollo de proyectos metropolitanos.

e) El gobierno federal debe asumir su responsabilidad de coordinación interestatal y aportación de recursos para el desarrollo de la ZMVM.

Las relaciones institucionales y algunos de sus problemas

A partir del aceleramiento de la urbanización metropolitana en la década de los años setenta, se fueron ampliando los desequilibrios en diversos asuntos relativos a la metrópoli, que han tenido como producto un cierto alejamiento entre los gobiernos del Distrito Federal y del Estado de México, con la consecuente descoordinación en la planeación de la metrópoli. Los elementos más visibles de dicha relación han sido los siguientes:

El agua

Uno de los temas más relevantes de la relación entre las dos entidades es el abastecimiento de agua potable para la ZMVM, que en el año 2000 alcanzó alrededor de 62 metros cúbicos por segundo de los que 43.5 por ciento correspondieron a los municipios conurbados del Estado de México y 56.5 al Distrito Federal[7] (véase cuadro 4). Por su fuente, 51.43 por ciento del caudal para el Distrito Federal provino del acuífero del valle de México, 11.43 por ciento del acuífero de Lerma y 37.14 por ciento del sistema Cutzamala. Por su parte, los municipios metropolitanos recibieron 70.34, 3.74 y 25.92 por ciento respectivamente de dichas fuentes. Destaca que la fuente principal de agua para la metrópoli sigue siendo el acuífero del valle de México que, de acuerdo con las fuentes oficiales, presenta un alto grado de sobreexplotación, que ha llegado a casi duplicar la recarga, ya que se extraían (en 1994) del orden de 1,300 millones de metros cúbicos por año, aunque la infiltración alcanzaba aproximadamente 700 millones de metros cúbicos.[8] En 2000 se consumían en la ZMVM del orden de 300 litros por habitante al día, destacando el Distrito Federal con 351 litros por habitante al día, 20 por ciento más que el consumo diario en los municipios conurbados (véase cuadro 5). Se tenían registradas en 2000 más de 2.7 millones de tomas de agua, de las que 53.85 por ciento se localizaban en los municipios conurbados y el resto 46.15 por ciento en el D.F., mientras que en 1998, las proporciones fueron de 47.44 por ciento para esta última entidad y 52.56 para los municipios del Estado de México, situación que muestra la tendencia a la concentración urbana en éstos (véase cuadro 6). Si se estima que el consumo diario de agua en la ZMVM es del orden de 5.35 millones de metros cúbicos, cada toma implicaría un consumo general de 2.11 metros cúbicos

---

[7] Enrique Castelán 2002, *El manejo del agua en la ZMCM: la forma difícil de aprender*, informe de investigación, Centro del Tercer Mundo para el manejo del agua, México D.F.

[8] Comisión de Aguas del Distrito Federal *et al.*, 1994, *Agua, una nueva estrategia para el Distrito Federal*, México, D.F.

por toma al día. Sin embargo, si consideramos que el consumo humano (doméstico, industrial y de servicios) corresponde a 3.04 millones de metros cúbicos al día, el consumo por toma sería de 1.20 metros cúbicos por toma al día (véanse cuadros 6 y 7).

Durante décadas, para satisfacer la creciente demanda, la única política fue incrementar la oferta sin visualizar en toda su magnitud los costos económicos, sociales, políticos y ambientales asociados. La inconformidad social en Xochimilco (Distrito Federal) y en Ecatepec (Estado de México) dentro de la cuenca de México debido a la sobreexplotación del acuífero es una evidencia de lo anterior. La política de incrementar la oferta trasladó el problema al valle de Lerma, al poniente del Estado de México. Este valle ha abastecido de agua al Distrito Federal por cerca de 50 años, agotándose el recurso y secando las lagunas que todavía en los años ochenta eran fuente de una flora y fauna rica y variada, debido a que presenta una sobreexplotación de aproximadamente 65 por ciento de acuerdo con información del Consejo Consultivo del Agua del Estado de México. Lo anterior ha provocado la desaparición de cuerpos de agua que se han convertido en terrenos que están siendo ocupados para usos urbanos con nueva población, de la cual una parte importante proviene de la ciudad de México.

Una vez que la extracción de agua del acuífero del valle de México y del sistema Lerma fue insuficiente, en una segunda etapa ha sido el sistema Cutzamala, ubicado también al poniente del Estado de México, el que ha estado aportando su caudal para ser transportado a la ciudad de México. Su aportación, sumada a las demás, ha resultado insuficiente para las necesidades crecientes y, ante la inminente crisis hídrica del valle de México, se han iniciado gestiones para ampliar la importación del líquido desde nuevas fuentes, cada vez más alejadas y con mayores complicaciones técnicas y políticas. Lamentablemente, obras consideradas oficialmente como fundamentales no han tenido continuidad. Los gobiernos del D.F. y del Estado de México, iniciaron la construcción de un gran circuito de distribución de agua potable que rodearía la metrópoli dividido en dos semicírculos que se encontrarían en el gran tanque denominado La Caldera en el oriente del Estado

de México. El D.F. le llamó Acuaférico y el Estado de México Ma-
crocircuito. Como declaró Antonio Dovalí del gobierno del D.F.:
"Las primeras etapas del Acuaférico fueron construidas para transportar hasta 20,000 litros de agua potable por segundo, pero ahora
solo lo aprovechamos para suministrar 200 litros por segundo a
la delegación Tlalpan" (*Reforma*, 7 de julio de 2002, p. 7B). Es decir
sólo 1 por ciento de la capacidad de diseño.

Los principales destinos del agua en la Zona Metropolitana del
Valle de México corresponden al consumo humano y las fugas,
ambos con cerca de 23 metros cúbicos por segundo (véase cuadro 7). Al grave problema de sobreexplotación del acuífero del
valle de México y del valle de Toluca-Lerma, se agregan las fugas,
siendo sorprendente que casi el mismo caudal destinado al consumo de los habitantes de la metrópoli se pierda por esta causa; es
decir la pérdida de agua a lo largo de los sistemas de distribución
y en el mobiliario hidráulico en todo tipo de instalaciones, edificios y vivienda (tanques, muebles de baño y cocinas, llaves y vál-
vulas). Esta pérdida es equivalente a 37 por ciento del volumen
total del líquido que se consume diariamente en la zmvm. Las causas
de este problema son la antigüedad de las redes e instalaciones, la
mala calidad de sus materiales y mano de obra al construirlas, así
como su falta de mantenimiento, los excesos en la presión hidráulica, los hundimientos en la cuenca de México agudizados por
fenómenos sísmicos y el robo de agua.[9]

La cobertura de servicios de agua potable y alcantarillado en
la metrópoli alcanzó 94.10 y 80.70 por ciento respectivamente
en el año 2000. Por entidad la cobertura de agua en el D.F. fue
de 95.99 por ciento y la de alcantarillado de 93.59 por ciento.
Por su parte los municipios metropolitanos alcanzaron una cobertura de 92.20 por ciento en agua y de 67.80 por ciento en
alcantarillado.[10] Estos datos, especialmente sobre saneamiento,
muestran la gran diferencia existente entre ambas entidades en

[9] Fideicomiso de Estudios Estratégicos sobre la Ciudad de México, 2000, *La ciudad de México hoy*, México, D.F., p. 93.
[10] Fuentes: inegi, 2000, *Estadísticas del medio ambiente del Distrito Federal y Zona Metro-politana*, Aguascalientes, México, y caem, 2001, *Sistema estatal de información del agua, Gobier-no del Estado de México*, Toluca, México.

cuanto a capacidad de atención de los servicios básicos para la población.

La gran metrópoli ocupa menos de 1 por ciento del territorio del país, concentra del orden de 20 por ciento de la población nacional y produce 31.3 por ciento del PIB. Su ubicación a 2,200 metros sobre el nivel del mar, provoca costos y problemas adicionales de abastecimiento, ya que la importación de agua exige bombearla a alturas superiores a 1,000 metros para cruzar las sierras que bordean al valle de México y, por otra parte, esta metrópoli enfrenta una ocupación urbana prácticamente incontrolada con una demanda de agua creciente, lo que ha agotado las fuentes superficiales y abatido los niveles de las fuentes subterráneas. Por ello, los sistemas de importación de agua desde fuentes distantes, se consideran como parte de la infraestructura hidráulica básica de la ZMVM, así como también sus sistemas de drenaje, siendo lógico bajo esta perspectiva que se esté desarrollando el proyecto que permita durante los primeros años de la década del 2000, la incorporación de otros 5 metros cúbicos por segundo de agua, provenientes del río Temascaltepec, en el sur del Estado de México, existiendo oposición en la región, por lo que no se garantiza esta posibilidad. La declaración del titular de Obras del Gobierno del Distrito Federal a un periódico fue clara: "El D.F. no puede borrar de su agenda de prioridades el proyecto Temascaltepec, pero tampoco hay signos de que pudiera ser retomado" (*Reforma*, 7 de julio de 2002, p. 7B). Esta fuente sólo podrá compensar la reducción paulatina del caudal del sistema Lerma y una parte del incremento en la demanda asociada al crecimiento poblacional. Después de Temascaltepec seguirá el río Amacuzac que desemboca en el Pacífico o del río Tecolutla, y de seguir las cosas así, en el futuro no quedará más fuente que el mar.

La estrategia anterior ha alcanzado su límite. Los daños ambientales de la sobreexplotación son palpables e irreversibles. La ampliación de las actividades económicas y sociales, la expansión poblacional y la acelerada y desordenada ocupación, densificación y expansión urbana de la ZMVM, son los elementos centrales de la problemática que rebasan el estrecho marco del manejo

522   ALFONSO IRACHETA CENECORTA

de los recursos hidráulicos, ya que se trata de un problema más amplio que involucra las actividades socioeconómicas y la forma en que éstas ocupan el territorio. El crecimiento poblacional y la actividad económica seguirán generando cuantiosas demandas adicionales de agua en la ZMVM, por lo que de continuar con las tendencias de consumo y la contaminación de los cuerpos receptores, se acrecentará la degradación del medio natural y las fuentes de abastecimiento serán insuficientes. De acuerdo con Mazari *et al.* (2000),[11] hacia el 2010 la ZMVM tendrá aproximadamente 21 millones de habitantes –escenario intermedio a los presentados en el cuadro de escenarios de población–, requiriéndose aproximadamente 80 metros cúbicos por segundo de agua para su abastecimiento, es decir del orden de 3.81 metros cúbicos por segundo por millón de habitantes. Existen indicaciones que el tema de abastecimiento de agua potable llegó a un punto de inflexión al agotarse la política indiscriminada de importación de agua: "se creyó que siempre íbamos a poder traer agua de otras cuencas y que, además de Lerma y Cutzamala, podría disponerse de los caudales de Amacuzac, Oriental o Tecolutla" (*Reforma*, 7 de julio de 2002, p. 7B).

En relación con el saneamiento, en la región hidráulica de la Comisión Nacional del Agua donde se ubica el valle de México, existen 41 plantas de tratamiento de aguas residuales municipales y 120 plantas industriales y de servicios, haciendo un total de 161, la mayoría de las cuales se ubican en la ZMVM. El caudal de aguas residuales producidas en la metrópoli, al término del siglo, era de aproximadamente 43 metros cúbicos por segundo durante la temporada de estiaje; es decir del orden de dos tercios del consumo. En la época de lluvia, dicho caudal máximo puede sobrepasar los 340 metros cúbicos por segundo. (Mazari *et al.*, 2000). No obstante la existencia de plantas de tratamiento, entre municipales e industriales en la región del Valle de México, la falta de una política ambiental ha llevado a que sólo se traten y aprovechen del

[11] Mazari *et al.*, 2000, "Contaminación del agua", en Gustavo Garza (coord.) (2000), *La ciudad de México en el fin del segundo milenio*, Gobierno del Distrito Federal, El Colegio de México. D.F.

orden de 6.5 metros cúbicos por segundo, equivalentes a menos de 10 por ciento del abastecimiento, mediante 91 plantas de muy diversos tamaños y que no trabajan a plena capacidad, 69 de ellas localizadas en el Distrito Federal. Resalta, por una parte, que se siguen mezclando las aguas negras con las pluviales y sin mayor aprovechamiento se drenan fuera del valle en un trayecto de aproximadamente 100 kilómetros hasta llegar al estado de Hidalgo después de salir de la cuenca de México por medio del Tajo de Nochistongo y los túneles de Tequisquiac; también resalta que la desproporción entre el número de plantas de tratamiento entre el D.F. y los municipios conurbados confirma las diferencias de infraestructura entre las dos partes de la metrópoli y consecuentemente las diferencias de calidad y cantidad de servicios básicos que recibe la población de una y otra entidad, dejando claro también, que este problema se atiende con diferente prioridad en cada una de las entidades.

Existe un programa de saneamiento hidráulico del valle de México que en 1996 permitió la firma de un convenio para realizar cuatro grandes macro-plantas de tratamiento de aguas servidas[12] con un costo total de 1,035 millones de dólares, de los que el BID aportó mediante crédito 365; 410 millones los comprometió el gobierno japonés y 260 se integrarían a un fideicomiso –denominado 1928– en el que confluirían las aportaciones del gobierno federal y los del D.F. y Estado de México. Por diferencias de apreciación en lo técnico y político el proyecto se suspendió no obstante que es claro que el vertido de las aguas negras de la metrópoli al valle de Mezquital en el estado de Hidalgo, con las que se riegan áreas de cultivo, ha provocado enfermedades diversas desde hace décadas al transportar metales pesados y patógenos. Como indica el proyecto del BID:[13] "Se espera que reduzca la incidencia de

[12] Todas ellas localizadas en el Estado de México y denominadas: El Salto (en el punto de salida por el tajo de Nochistongo al valle del Mezquital, en el estado de Hidalgo, tratando aguas de los emisores central y poniente; Coyotepec, en el municipio del mismo nombre tratando aguas del emisor poniente; Nextlalpan, en el municipio del mismo nombre, tratando aguas del Gran Canal; Texcoco Norte, en el municipio del mismo nombre, tratando aguas del Gran Canal.

[13] Proyecto 976/OC-ME del Banco Interamericano de Desarrollo, citado en *Reforma*, 7 de julio de 2002, p. 7B.

enfermedades de origen hídrico que estarían afectando aproximadamente a 400,000 habitantes del valle del Mezquital". Lo grave de esta suspensión, independientemente de la legitimidad de los argumentos para ello, es que al inicio del nuevo siglo no se cuente con alternativas consensuadas para atender este grave problema, estando siempre en el fondo de ello las diferencias políticas entre los gobiernos del D.F. y del Estado de México, así como con el gobierno federal, que han predominado por encima de las necesidades de los casi 20 millones de habitantes de la metrópoli.

El tema del costo del agua es muy serio por la falta de recursos que enfrentan las entidades para desarrollar y mantener la infraestructura y por la falta de políticas adecuadas sobre las tarifas. El gobierno del D.F. comunicó que pagó a la Comisión Nacional del Agua –CNA– por concepto de agua en bloque proveniente del Sistema Cutzamala y por derechos de explotación –acuífero del valle de México y Alto Lerma– 1,200 millones de pesos el año 2001[14] lo que equivaldría a 3.29 millones de pesos por día. De acuerdo con la información del cuadro 2, se estima que el costo de agua por día en la ZMVM es de casi 23 millones de pesos, de los que 58 por ciento corresponde al D.F. –13.15 millones– y 42 por ciento a los municipios metropolitanos, es decir 9.56 millones de pesos. Frente a esto, las cifras de ingresos brutos por derechos de agua potable registradas oficialmente (véase cuadro 8), muestran cuando menos dos cuestiones importantes: la primera corresponde a la gran diferencia de ingreso entre el D.F. y los municipios conurbados del Estado de México, ya que mientras que en 1995 el ingreso del primero fue de 12 a 1, para 2000 la relación fue cercana a 25 a 1. La segunda, es la baja cantidad de recursos por este concepto. Si estimamos en aproximadamente 23 millones de pesos el costo diario de agua para la ZMVM, el ingreso bruto anual para 2000 alcanzó casi 2,496 de pesos, lo que representaría del orden de 6.84 millones de pesos por día; es decir, aproximadamente un tercio del costo.

[14] Berta Teresa Ramírez 2002, "Dice el GDF que no debe agua", en *La Jornada*, Agenda, año XVIII, número 6395, México, 18 de junio de 2002, p. 31.

No obstante que el agua que se explota en la cuenca de México y la que es importada para el consumo en la ZMVM tiene un costo promedio muy superior –fundamentalmente por las externalidades negativas– al de ciudades con equilibrio entre recarga y explotación de acuíferos locales, se usa una sola vez, y a costos también superiores a promedios nacionales, se drena hacia el río Pánuco, prácticamente sin tratamiento, con lo que se incurre en profundas contradicciones: no hay agua, se compra muy cara y no se aprovecha con múltiples reusos; no se limpia y se traslada la contaminación metropolitana a otras cuencas, hasta descargar en el golfo de México. Un simple cálculo económico-financiero, tan en boga desde los años ochenta en México como base de la política de desarrollo, debería ser razón suficiente para aprovechar al máximo cada litro de agua en la ZMVM, puesto que se ha convertido en una mercancía extremadamente cara.

Otro elemento central es la distribución del costo del agua entre las dos entidades. La información sobre los costos de inversión y mantenimiento de los sistemas de explotación, en el valle de México, en el valle de Lerma y en el Sistema Cutzamala, son manejados de manera restringida al grado que el gobierno del Estado de México no conoce los datos sobre el sistema Lerma o sobre los pozos operados por el Distrito Federal; igualmente ocurre con esta entidad y ambas con la Comisión Nacional del Agua. El resultado es la inexistencia de un estudio completo y aceptado por las partes en el que claramente se calculen los costos y beneficios incurridos por cada entidad. Un ejemplo de esto es, que si bien el Distrito Federal explota de manera directa el acuífero de Lerma, paga los costos involucrados y entrega agua a municipios mexiquenses, tanto en el valle de Lerma como en el de México. Igualmente ocurre con las aguas servidas de la metrópoli que tienen su origen en varias fuentes –Lerma, valle de México, Cutzamala– y son utilizadas por la población de las dos entidades; se canalizan por infraestructura que es mantenida por ambas y por el gobierno federal; se aprovechan mínimamente en el valle de México para riego en algunos municipios; y se trasladan al estado de Hidalgo y posteriormente al golfo de México. Aparentemente, los mayores costos de esto son asumidos por el gobierno del Distrito Federal. De la misma forma, si se analiza el cobro por derechos de agua en las dos entidades, es claro que el Distrito Federal, recupera mucho más que los municipios conurbados (véase cuadro 8). En síntesis, el Estado de México y el Distrito Federal aportan sus caudales de agua para la metrópoli; sin embargo, un balance con la información disponible muestra que el primero aporta mucho más y que este caudal es aprovechado por la población del Distrito Federal. Por su parte, esta entidad ha invertido más en infraestructura hidráulica y de tratamiento que el Estado de México, beneficiando a éste con dichas obras; también ha reducido en mayor medida que los municipios conurbados, las fugas de agua y ha logrado recaudar bastante más dinero como producto de los derechos de consumo. La importación de agua al Distrito Federal ha creado serios problemas ambientales, económicos y sociales en las fuentes y el Estado de México reclama compensación por ello.

Sin embargo, al no existir un análisis de los costos y beneficios por cada entidad y por cada usuario, desde el origen hasta el destino de cada metro cúbico de agua, las gestiones, negociaciones y reclamos, carecen de suficiente soporte y se aleja la posibilidad de un acuerdo marco que permita, por una parte distribuir los costos y beneficios del consumo de agua y por la otra, aprovechar juntos el escaso líquido con que cuenta el valle de México.

Por todo lo anterior, pareciera ser claro que se carece de un proyecto integrado, que sea soportado por la sociedad metropolitana, lo que pone en tela de juicio el futuro urbano del valle de México, ya que cada vez más los habitantes de las regiones de exportación de agua para la metrópoli muestran oposición creciente a ceder este recurso natural.

¿Qué se puede hacer en esta materia?

Como en el pasado los alimentos fueron la razón de muchas guerras y confrontaciones, sin duda que el agua lo está siendo, como ya lo muestra la ZMVM. La responsabilidad gubernamental en esta materia es estratégica, ya que se trata de un asunto de seguridad nacional. No obstante que el tema se encuentra desde hace décadas en la agenda pública, la realidad es que más allá de ampliar la oferta de agua, se ha carecido de un proyecto hidráulico metropolitano que aproveche las oportunidades tecnológicas y reduzca los riesgos de abastecimiento y deterioro de este recurso. Prácticamente no existen acciones relevantes para captar agua de lluvia, para reforestar las sierras en el valle de México o en las cuencas de las que se importa agua, ni para evitar su ocupación con usos urbanos, o para reducir sensiblemente las pérdidas por fugas, para desarrollar políticas tarifarias y administrativas, modernas y eficaces, para crear un mecanismo o ente único responsable del manejo del agua, coordinado y concertado entre los tres ámbitos de gobierno, o para desarrollar proyectos para el reuso masivo del agua residual tratada como fuente fundamental para el abastecimiento futuro de la zmvm.

Una política, difícil de aplicar pero seguramente redituable en el mediano plazo, es la sustitución del caudal que proviene de la cuenca del río Lerma por agua recuperada por reducción de fugas y por reciclaje. En paralelo, es necesario pactar, más allá del concepto del agua como recurso nacional administrado por el gobierno federal, políticas compensatorias a favor de las áreas exportadoras de agua, tanto dentro del valle como fuera, especialmente el valle de Toluca-Lerma, restituyéndoles al menos, una parte del potencial perdido como producto de la desecación.

Para diseñar una política hidráulica consensuada, es necesario que las tres partes directamente involucradas –CNA, GDF y GEM– realicen los estudios que permitan conocer los datos básicos de producción, transporte, distribución, consumo, fugas, reciclaje y desecho de agua, para cada fuente y entidad, ya que no se comparte información suficiente entre ellas, dando pie a la persistencia de enfoques parciales y sesgados. Igualmente, las grandes diferencias en los datos publicados por oficinas de las tres esferas de gobierno, hace necesario un análisis detallado y preciso sobre el costo del agua en la metrópoli desde tres perspectivas.

–La primera, considerando el costo directo de explotación además de los costos indirectos, especialmente las externalidades –ambientales, económicas y sociales– en las fuentes.

–La segunda, corresponde al costo de traslado y distribución desde las fuentes hasta los usuarios finales, incluyendo los costos derivados del mantenimiento y reposición –en su caso– de los tramos de red que están provocando las fugas.

–Finalmente, el costo de consumo en cuanto a la administración de los sistemas de agua y de cobro.

Estas tres perspectivas debieran compararse con la evolución histórica de las tarifas, diferenciando usos, magnitudes de consumo y áreas, entre otros factores relevantes a fin de establecer estrategias integradas a nivel metropolitano de acercamiento en el mediano plazo entre costos reales y de tarifas. En paralelo, conociendo los costos directos y asociados del sistema hidráulico vigente en la ZMVM, así como las aportaciones de las partes –inversión, mantenimiento, operación y otros– sería posible plantear estrategias y políticas alternativas, estrictamente fundadas en estos estudios, con lo cual podría dar inicio la solución a este grave problema.

CUADRO 4

CONSUMO DE AGUA EN LA ZMVM
POR FUENTE, 2000
(m³/seg)

Fuente	D.F.	Municipios conurbados	ZMVM
Acuífero del valle de México	18	19	37
Acuífero de Lerma	4	1	5
Sistema Cutzamala	13	7	20
Total	35	27	62

Fuente: GDF, (2001), *Compendio de la DGCOH*, México, D.F. y CAEM (2001), *Sistema estatal de información del agua*, Gobierno del Estado de México, Toluca, México.

Nota: Incluye 34 municipios del Estado de México que son: Acolman, Atenco, Atizapán de Zaragoza, Coacalco de Berriozábal, Cuautitlán, Cuautitlán Izcalli, Chalco, Chiautla, Chicoloapan, Chiconcuac, Chimalhuacán, Ecatepec de Morelos, Huixquilucan, Ixtapaluca, Jaltenco, La Paz, Melchor Ocampo, Naucalpan de Juárez, Nextlalpan, Nezahualcóyotl, Nicolás Romero, Papalotla, Tecámac, Teoloyucan, Teotihuacan, Tepetlaoxtoc, Tepotzotlán, Texcoco, Tezoyuca, Tlalnepantla de Baz, Tultepec, Tultitlán, Valle de Chalco Solidaridad y Zumpango.

CUADRO 5

CONSUMO Y COSTO DEL AGUA
EN LA ZMVM, 2000

Entidad	Consumo/ hab./día (m³)	Consumo/ hab./bimestre (m³)	Costo/m³ (pesos corrientes)	Costo/hab./día (pesos corrientes)	Costo/hab./ Bimestre (pesos corrientes)	Consumo (m³/día)	Costo/día (pesos corrientes)
Distrito Federal	0.351	21.06	4.35	1.53	91.61	3'024,000	13'154,400
Municipios conurbados	0.253	15.18	4.10	1.04	62.24	2'332,800	9'564,480
ZMVM	0.301	18.06	4.24			5´356,800	22'718,880

Fuentes: CAEM (2001), *Sistema estatal de información del agua*, Gobierno del Estado de México, Toluca, México, INEGI, 2000, *Estadísticas del medio ambiente del Distrito Federal y Zona Metropolitana*, México.
Nota: Incluye 34 municipios del Estado de México.

CUADRO 6

TOMAS DE AGUA REGISTRADAS
EN LA ZMVM, 1998-2000

Ámbito espacial	Tomas de agua*				% del total de la ZMVM			ZMVM/ Nacional (%)
	Distrito Federal	Municipios conurbados[1]	ZMVM	Nacional	Distrito Federal	Municipios conurbados	ZMVM	
1998	1'255,961	1'391,249	2'647,210	14'126,291	47.44	52.56	100.00	18.74
1999	1'256,245	1'445,773	2'702,018	14'694,525	46.49	53.51	100.00	18.39
2000	1'256,245	1'466,015	2'722,260	15'155,134	46.15	53.85	100.00	17.96
Incremento de tomas 1998-2000								
Número de tomas	284	74,766	75,050	1,028,843	–	–	–	–
(%)	0.02	5.37	2.84	7.28	–	–	–	–

Fuente: INEGI (2002), *Anuario de Estadísticas por Entidad Federativa*, Aguascalientes, México.
*Adiciona tomas domésticas, industriales, comerciales y de uso no doméstico de servicio medido, destinadas a riego de parques y jardines, mercados y otros.
[1] Incluye 34 municipios del Estado de México.

CUADRO 7

DESTINO DEL AGUA EN LA ZMVM, 2000

Concepto	m³/seg	(Por ciento)
Consumo humano	23.44	37.80
Fugas	22.94	37.00
Industria y servicios	11.72	18.90
Agricultura	3.90	6.30
Total	62.00	100.00

Fuente: Fideicomiso de Estudios Estratégicos sobre la Ciudad de México (1999), p. 93 y Enrique Castelán (2002), *El manejo del agua en la* ZMCM: *la forma difícil de aprender,* Informe de investigación, Centro del Tercer Mundo para el Manejo del Agua, México, D.F.

CUADRO 8

INGRESOS BRUTOS POR DERECHOS DE AGUA POTABLE EN LA ZMVM, 1995-2000

Municipio	Año Millones de pesos corrientes			
	1995	1998	1999	2000
Municipios conurbados:	62.2	208.4	221.3	95.7
Distrito Federal:	768.5	3,711.1	4,335.7	2,394.2
ZMVM	830.7	3,919.5	4,557.0	2,489.9
Ingreso por hab./Derechos de agua potable (pesos corrientes):				
Municipios conurbados	7.5	23.4	24.3	10.4
Distrito Federal	90.5	203.9	246.6	278.2

Fuente: INEGI (2000-2002), *Finanzas públicas estatales y municipales (1995-1998)-(1996-1999)-(1997-2000),* Aguascalientes, México, y Gobierno del Distrito Federal (2001), *Informe de avance programático-presupuestal,* enero-diciembre de 2001, México, D.F.
Nota: Incluye 34 municipios del Estado de México.

La población metropolitana

En 1950 poblaban la zona metropolitana del orden de 3 millones de habitantes que representaron cerca de 11 por ciento de la población nacional; en 2000, con 17.8 millones de habitantes, la metrópoli nacional concentró 18.2 por ciento del total nacional.

En 50 años, la población de la metrópoli se multiplicó casi por 6 veces y el área urbanizada por un poco más de 5.6 veces (véase cuadro 9). En 1995, la población metropolitana se asentaba en proporciones casi iguales entre los municipios conurbados del Estado de México (8.8 millones) y el Distrito Federal (8.6 millones). Sin embargo, dado que desde los años ochenta, prácticamente todo el incremento poblacional se ha concentrado en el Estado de México, en el año 2000 el Distrito Federal mantenía su población de 8.6 millones de habitantes, equivalente a 48 por ciento del total metropolitano, mientras que los municipios conurbados habían alcanzado 9.2 millones de habitantes, concentrando 52 por ciento del total metropolitano (véase cuadro 10).

Como consecuencia de este proceso, el Distrito Federal tiende a estabilizarse demográficamente, dado que ha crecido a tasas del orden de 0.7 por ciento promedio anual entre 1990 y 1995, y de 0.2 por ciento entre 1995 y 2000; y el Estado de México tiende a seguir concentrando población a ritmos muy por arriba de la media nacional, al crecer a tasas promedio anuales de aproximadamente 3.3 por ciento entre 1990 y 2000, mientras que el país creció a 2.4 por ciento entre 1990 y 1995 y a 1.8 por ciento entre 1995 y 2000 (Fideicomiso de Estudios Estratégicos sobre la Ciudad de México, 1999: 16). Como se aprecia en el cuadro 6, en términos absolutos el Distrito Federal creció en población 25.2 por ciento en 30 años, mientras que los municipios metropolitanos lo hicieron en más de 320 por ciento en el mismo periodo.

El fenómeno migracional ha sido fundamental en la relación entre el D.F y el Estado de México. Los nacidos en la entidad crecieron del orden de 45 por ciento en el Distrito Federal en las tres últimas décadas del siglo xx y los nacidos en otra entidad crecieron negativamente –19.5 por ciento; por su parte, en los municipios conurbados del Estado de México, los primeros crecieron 236 por ciento y los segundos 383 por ciento, con lo que una proporción mayor del crecimiento poblacional de los municipios conurbados del Estado de México se debió a inmigración. En consecuen-

cia, en el año 2000, 49 por ciento de los habitantes de los municipios
conurbados con la ciudad de México nacieron en otra entidad, con-
siderándose inmigrados, mientras que en el Distrito Federal esta
cifra fue de 21.2 por ciento (véase cuadro 11). Según Negrete
(1993), 71 por ciento de los inmigrados que llegaron a los municipios metropolitanos del Estado de México durante la segunda mitad de los ochenta provenían del Distrito Federal. De acuerdo
con el Fideicomiso de Estudios Estratégicos sobre la Ciudad de
México (1999: 22), entre 1990 y 1995, 65 por ciento de los emigrantes del Distrito Federal se dirigieron al Estado de México, reduciéndose para el año de 1995, según el Conteo de Población y Vivienda de 1995, a 58 por ciento.

Los escenarios demográficos ampliamente aceptados para la
ZMVM (véase cuadro 12), establecen que tendrá en el 2020 entre
21.8 y 26.2 millones de habitantes, según las hipótesis programática o tendencial, respectivamente, de crecimiento demográfico
desarrolladas en el Programa de Ordenación de la Zona Metropolitana del Valle de México –POZMVM–. Los municipios del Estado de México concentrarán 55.5 por ciento de esta población y
44.5 el Distrito Federal, según la hipótesis programática que implica
acciones de política redistributiva de la población. Según la hipótesis tendencial, los municipios concentrarían 65.6 por ciento del
total de población y el Distrito Federal, el 34.4 por ciento restante.
Se puede observar que el escenario programático ya fue rebasado
al final de los años noventa, sin que existan condiciones apreciables
para revertir el proceso observado. Es más probable el escenario
tendencial, ya que por una parte, las políticas de "dejar hacer" del
Estado de México, a través de las cuales, decenas de miles de viviendas se han autorizado en los municipios del oriente del valle
de México, están ampliando de manera dramática la frontera de la
urbanización, sin que se aprecie una estrategia fundada en un proyecto metropolitano; por la otra, las políticas establecidas por el
gobierno del Distrito Federal al inicio de la década del 2000 tendrán
como efectos, durante el primer quinquenio de esa década, el aceleramiento de la migración intrametropolitana hacia el Estado

de México. En efecto, no obstante que se han propuesto medidas para retener población y "repoblar" el centro del Distrito Federal (Bando 2), uno de los efectos que tendrá esta medida es el traslado de la población más pobre que habita la periferia metropolitana, de las delegaciones externas del Distrito Federal a algún municipio metropolitano. Para éstos, la hipótesis programática plantea una reducción importante en su ritmo de crecimiento, de manera que en lugar de los 8.5 millones de habitantes adicionales estimados por la tendencia entre 1995 y 2020, se ha propuesto que sean 3.4 millones, es decir, una diferencia de 5.1 millones de habitantes. Por lo anterior, la población de estos municipios se ubicará entre ambos escenarios, aunque los elementos de análisis existentes permiten asumir que estará más cerca de la tendencia. Otras proyecciones de población para la metrópoli fueron realizadas en la época de elaboración del POZMVM, por la Comisión Metropolitana de Asentamientos Humanos –Cometah- y por el Consejo Nacional de Población –Conapo– considerando dos escenarios (véase cuadro 12). El primero llamado Expulsión-Expansión, que parte de la persistencia en la expulsión de población del Distrito Federal hacia los municipios conurbados del Estado de México, lo que provocará una mayor expansión del área urbana en esta última entidad. El segundo, llamado Consolidación-Densificación, si bien considera que la expulsión de población hacia los municipios será muy importante, es posible concentrar el crecimiento bajo políticas de densificación y consolidación de las áreas ya urbanizadas, especialmente dentro del Distrito Federal.

Este proceso de expulsión de población del Distrito Federal al Estado de México, tiene una explicación importante en las diferencias de calidad de infraestructura y equipamientos urbanos, así como de recursos públicos para obra que persisten entre ambas entidades. En efecto, la mejoría constante de la infraestructura en el Distrito Federal, superior a los avances en los municipios metropolitanos, tiene consecuencias en el incremento de los precios de suelo y edificios y acelera el proceso de "expulsión" de población pobre por la vía del mercado inmobiliario hacia las áreas de menor precio,

ALFONSO IRACHETA CENECORTA

que se ubican generalmente en la periferia de la metrópoli, es decir, en los municipios menos dotados. La movilidad física de la población dentro de la metrópoli es muy importante; lo que para una persona o familia representa un cambio de domicilio o de residencia –de una colonia en el Distrito Federal a otra en algún municipio del Estado de México–, para el gobierno representa un movimiento migratorio con consecuencias en inversión pública, consumo de suelo habilitado y todo tipo de servicios. Lo que resalta es que no existe una política integrada entre los gobiernos de ambas entidades para enfrentar el fenómeno.

Cuadro 9

POBLACIÓN TOTAL Y ÁREA URBANIZADA
EN LA ZMVM, 1950-2000

Año	Población total en México (habitantes)	Número de delegaciones del Distrito Federal	Número de municipios del Estado de México conurbados al D.F.	Población total en la ZMVM (habitantes)	Área urbana de la ZMVM (hectáreas)	Densidad neta (habs./ha)*
1950	27'791,017	11	2	2'982,075	26,270	113.5
1960	34'923,129	15	4	5'155,327	41,690	123.7
1970	48'225,238	16	11	8'656,851	72,240	119.8
1980	66'846,833	16	17	13'734,654	89,110	154.1
1990	81'249,645	16	27	15'047,685	129,500	116.2
2000	97'483,412	16	34	17'786,983	147,928	120.2

Fuentes: INEGI, 1996, *Estados Unidos Mexicanos. Cien Años de Censos de Población*, Aguascalientes, México; INEGI, 2001, en Internet (http://www.inegi.gob.mx); Fideicomiso de Estudios Estratégicos para la Ciudad de México (Feecime), 2000, *La Ciudad de México hoy. Bases para un diagnóstico*, Gobierno del Distrito Federal, México, D.F.; Gobierno del Estado de México (GEM), 1997, *Plan Regional Metropolitano del Valle Cuautitlán-Texcoco. Propuesta*, mimeo.
Nota: Los datos no coinciden con la tabla 2.1 del libro debido a que al momento de elaborar sus argumentos Ward tomó datos censales preliminares y también porque consideró un número diferente de municipios conurbados en el Estado de México.
*Esta densidad neta es sólo indicativa no obstante que se refiere al área urbana efectiva, ya que los datos difieren. Así, mientras que el Feecime anota una superficie urbanizada dentro del D.F. de 76,856 hectáreas. Para el año 2000, el anexo estadístico del Segundo Informe de Gobierno del D.F. (2002), cita una superficie de 59,900 hectáreas. Por otro lado, conforme se van incorporando nuevos municipios a la metrópoli, la densidad tiende a decrecer.
Por redondeo de cifras y fuentes censales preliminares, varios datos de población no coinciden con los del texto de Ward.

CRECIMIENTO DE LA POBLACIÓN
EN LA ZMVM, 1970-2000

Tipo	Distrito Federal				Municipios conurbados				ZMVM			
	1970	1990	2000	Variación 1970-2000	1970	1990	2000	Variación 1970-2000	1970	1990	2000	Variación 1970-2000
Nacidos en la entidad	4'538,283	6'143,892	6'578,928	44.97	1'197,671	3'166,120	4'021,645	235.79	5'735,954	9'310,012	10'600,573	84.81
Nacidos en otra entidad	2'269,469	1'990,652	1'827,644	-19.47	979,410	3'678,195	4'728,942	382.84	3'248,879	5'668,847	6'556,586	101.81
Nacidos en otro país	66,413	55,412	56,187	-15.40	7,891	15,921	21,003	166.16	74,304	71,333	77,190	3.88
No especificado	–	45,788	142,480	–	–	42,057	432,642	–	–	87,845	575,122	–
Población total	6'874,165	8'235,744	8'605,239	25.18	2'184,972	6'902,293	9'204,232	321.25	9'059,137	15'138,037	17'809,471	96.59

Fuente: SIC-INEGI, 1972-2001, *Estado de México y Distrito Federal, IX-XII Censo General de Población y Vivienda 1970-2000*, Resultados definitivos.
Nota: Incluye 34 municipios del Estado de México.

CUADRO 11

POBLACIÓN INMIGRANTE Y EMIGRANTE EN LA ZMVM, 2000

(Habitantes)

Concepto	Distrito Federal	Porcentaje respecto al total de población	Municipios conurbados*	Porcentaje respecto al total de población	ZMVM
Población nacida en otra entidad (inmigrantes)	1'827,644	21.24	4'812,943	49.39	6'540,587
Población de 5 años y más residente en otra entidad (emigrantes)	418,547	4.86	669,501	7.27	1'088,048
Saldo migratorio	1'409,097		4'143,442		5'452,539

Fuente: INEGI, 2000, *Estadísticas del Medio Ambiente del Distrito Federal y Zona Metropolitana*, Aguascalientes, México; INEGI, 2001, *XII Censo General de Población y Vivienda 2000. Estado de México*, Aguascalientes, México; INEGI, 2001, *Anuario Estadístico del Estado de México*, Aguascalientes, México; INEGI, 2001, *XII Censo General de Población y Vivienda 2000. Distrito Federal*, Aguascalientes, México; INEGI, 2001, *Anuario Estadístico del Distrito Federal*, Aguascalientes, México.

Nota: Incluye 34 municipios del Estado de México.

CUADRO 12

ESCENARIOS DE POBLACIÓN PARA
LA ZMVM, 2000-2020
(Millones de habitantes)

	Distrito Federal	Municipios conurbados	ZMVM
Escenarios tendenciales			
Año 2000			
INEGI (Censo de Población y Vivienda)	8.60	9.17	17.79
Año 2010			
UAM-X	8.80	13.60	22.40
Conapo, Escenario Expulsión-Expansión	8.90	11.40	20.30
Cometah	s.d.	12.20	s.d.
Año 2020			
Programa de Ordenación de la ZMVM	9.00	17.20	26.20
G-IV, Cometah	s.d.	16.20	s.d.
Escenarios programáticos			
Año 2010			
UAM-X	9.20	11.40	20.60
Cenvi, Escenario 2	9.20	11.20	20.40
Año 2020			
Programa de Ordenación de la ZMVM	9.70	12.10	21.80
Fuente			
UAM-X	8.60	10.10	18.70
Conapo	8.60	9.50	18.20
Cometah	8.80	8.70	17.50

Fuentes: UAM-X/PIM; Conapo 1996, *Proyecciones de población. Estimaciones*, OCIM (Cenvi/UAM-A), México y Grupo IV (vivienda), (Cometah). INEGI, 2002, En Internet (http:// www.inegi.gob.mx).

Nota: Incluye 34 municipios del Estado de México. Los datos de población 2000 con que se construyeron los dos escenarios presentados son en millones de habitantes. Las diferencias se originan en las fechas de elaboración de cada estudio y las fuentes utilizadas (Conteo de Población 1995 y proyecciones de cada institución): s.d.= Sin datos; INEGI= Instituto Nacional de Estadística, Geografía e Informática; Conapo= Consejo Nacional de Población; Cenvi= Centro de la Vivienda y Estudios Urbanos; G-IV= Grupo IV de la Cometah; Cometah= Comisión Metropolitana de Asentamientos Humanos; UAM-X/PIM= Universidad Autónoma Metropolitana-Xochimilco/ Programa de Investigación Metropolitana.

La expansión física de la metrópoli

En 1990 la mancha urbana de la ciudad de México y sus conurbaciones hacia el Estado de México, se distribuía en 51.11 por ciento en el D.F. y 48.89 por ciento en los municipios metropolitanos. En el año 2000, se estimó que la mancha urbana de la ZMVM ocupaba del orden de 147,928 hectáreas y se distribuía 51.96 por ciento en el D.F. y 48.04 por ciento en el Estado de México. No obstante lo anterior, dado que se espera que prácticamente todo el incremento de población se concentre en los municipios del Estado de México, es de esperarse igualmente que la mancha urbana se expanda más dentro de esta entidad (véase cuadro 13). Esta situación plantea un serio reto para los municipios en los que se asienta el crecimiento metropolitano por varias razones: La primera, porque la mayor parte de la población que migra a estos municipios, lo hace desde el D.F. y las razones predominantes son económicas, en el sentido que el costo de vivir en el D.F. le resulta muy alto a una parte importante de la población o bien al requerir una vivienda la población de menor ingreso "descubre" que el mercado legal no le ofrece un solo producto –lote urbanizado o pie de casa– acorde con su ingreso,[15] por lo que la única opción es el hacinamiento en viviendas de otra persona o familia, la adquisición ilegal de un predio o el asentamiento irregular en lugares donde los costos son asequibles por no ofrecer casi nada –seguridad jurídica sobre la propiedad, servicios públicos, equipamientos sociales. La segunda, porque no existe una política o un acuerdo para distribuir entre las dos entidades el crecimiento físico de la metrópoli; esto representa para los municipios del Estado de México un proceso permanente de expansión de la frontera de la urbanización y para el D.F. consolidar lo ya construido. De no mediar acuerdos y compensaciones, continuará el crecimiento desordenado en los municipios ante la imposibilidad de atender las necesidades de urbanización que plantea una masa creciente de pobladores (véase mapa 2).

Como se aprecia en el cuadro 14 y en el mapa 2, la ocupación de la mancha urbana en la ZMVM a partir de 1960 es claramente

---

[15] Véase el estudio sobre suelo y vivienda en México, elaborado para el Banco Mundial por Iracheta y Medina (2001).

preeminente en el Estado de México, incorporando decenio a decenio nuevos municipios hasta alcanzar cuando menos 34, aunque el Programa de Ordenación de la Zona Metropolitana del Valle de México considera 58 del Estado de México y uno del de Hidalgo. Si dividimos la población de la ZMVM y de sus dos partes (Distrito Federal y municipios metropolitanos), entre el área total obtenemos una densidad bruta y si dicha población la dividimos entre la superficie realmente urbanizada, obtenemos la densidad neta. En el año 1990, la ZMVM tuvo una densidad bruta de 29.4 habitantes por hectárea que se elevó a 34.6 en 2000. Al D.F. le correspondieron los valores de 54.9 y 57.4 y a los municipios conurbados 18.9 y 25.2, respectivamente. La densidad neta en 1990 fue para la ZMVM de 116.9, elevándose a 120.4 en el 2000. En el D.F. esta densidad fue de 124.4 en 1990 reduciéndose a 112 habitantes por hectárea, mientras que en los municipios metropolitanos, pasó de 109 a 129.5 (véase cuadro 13).

La densidad es sólo un indicador auxiliar en el análisis de concentración poblacional en un territorio. Es claro que la densidad bruta urbana entre las dos entidades es sumamente diferente al grado que el D.F. más que duplica la de los municipios conurbados. Lo anterior resulta lógico en la medida que los municipios son el espacio de ampliación de la frontera urbana y el D.F. es el de consolidación. En consecuencia, mientras que en los primeros la urbanización es de baja densidad, en el segundo, la mayor parte de las acciones de urbanización tienden a mantener o incrementar la densidad. Desde la perspectiva de las necesidades de inversión pública para enfrentar este fenómeno, mientras que para el Estado de México son necesarios recursos para ampliar la frontera urbana, creando todo tipo de infraestructuras y equipamientos, para el D.F., el problema central es la reposición y ampliación de las redes y equipamientos, cuando se eleva la densidad urbana.

Con relación a la densidad neta, se aprecia un cambio importante en su distribución entre las dos partes de la ZMVM; mientras que en 1990 el D.F. presentaba mayor densidad, en 2000 se aprecia el resultado del cambio demográfico en cada una de estas entidades; el D.F. ha dejado de crecer demográficamente y el Estado de México recibe casi todo el crecimiento poblacional.

Cuadro 13

EVOLUCIÓN DE LA MANCHA Y DENSIDAD URBANA EN LA ZMVM, 1990-2000

Región	Territorio total (ha)	Área urbana (ha)			Densidad bruta (habs./ha.)			Densidad neta (habs./ha.)		
		1990	1995	2000	1990	1995	2000	1990	1995	2000
Distrito Federal	149,900	66,190	69,688	76,856*	54.9	56.6	57.4	124.4	121.8	112.0
Municipios conurbados**	364,789	63,312	70,607	71,072	18.9	22.7	25.2	109.0	117.5	129.5
ZMVM	514,689	129,502	140,295	147,928	29.4	32.6	34.6	116.9	119.6	120.4

Fuente: Fideicomiso de Estudios Estratégicos sobre la Ciudad de México (2000), *La ciudad de México hoy*, Gobierno del Distrito Federal, México, D.F.
* El anexo estadístico del Segundo Informe de Gobierno del Distrito Federal (2002), cita una superficie de uso urbano de 59,900 hectáreas.
** Incluye 34 municipios del Estado de México.

MAPA 2
EVOLUCIÓN HISTÓRICA DE LA ZONA METROPOLITANA DEL VALLE DE MÉXICO

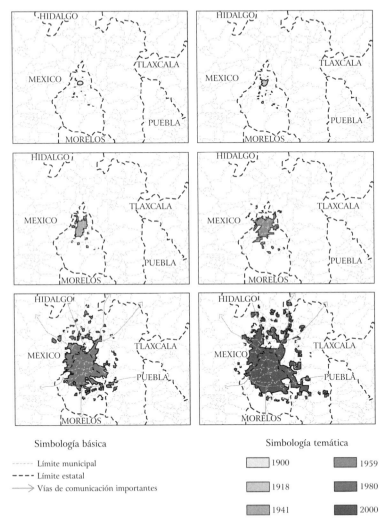

Simbología básica

----- Límite municipal
- - - - Límite estatal
——⟶ Vías de comunicación importantes

Simbología temática

☐ 1900   ■ 1959

☐ 1918   ■ 1980

■ 1941   ■ 2000

Fuente: Conapo, *Escenarios demográficos y urbanos de la Zona Metropolitana de la Ciudad de México, 1990-2010*, México, 1998; Jorge Gamboa de Buen, *Ciudad de México. Una visión*, México, 1994.

CUADRO 14
INCORPORACIÓN DE UNIDADES TERRITORIALES A LA ZMVM, 1940-1995

Concepto	1940	1950	1960	1970	1980	1990	1995
Población (miles)	1,965	2,952	5,093	8,623	13,761	15,048	16,784
Número de delegaciones	10	11	14	15	16	16	16
Número de municipios	0	1	4	11	18	27	34
Delegaciones	1. Cuauhtémoc 2. Miguel Hidalgo 3. Benito Juárez 4. Venustiano Carranza 5. Azcapotzalco 6. Coyoacán 7. Gustavo A. Madero 8. Iztacalco 9. Álvaro Obregón 10. Magdalena Contreras	11. Iztapalapa	12. Cuajimalpa 13. Talpan 14. Xochimilco	15. Tláhuac	16. Milpa Alta		
Municipios		1. Tlalnepantla	2. Naucalpan 3. Atizapán de Zaragoza 4. Chimalhuacán	5. Ecatepec 6. Nezahualcóyotl 7. La Paz 8. Cuautitlán 9. Tultitlán 10. Coacalco 11. Huixquilucan	12. Chalco 13. Chicoloapan 14. Ixtapaluca 15. Nicolás Romero 16. Tecámac 17. Tepotzotlán 18. Cuautitlán Izcalli	19. Acolman 20. Texcoco 21. Atenco 22. Jaltenco 23. Melchor Ocampo 24. Nextlalpan 25. Teoloyucan 26. Tultepec 27. Zumpango	28. Papalotla 29. Teotihuacán 30. Tepetlaoxtoc 31. Tezoyuca 32. Valle de Chalco S. 33. Chiautla 34. Chiconcuac

Fuente: DGE, V Censo de Población, 1940; VII Censo General de Población, 1950; VIII Censo General de Población, 1960; IX Censo General de Población, 1970, INEGI, X Censo General de Población y Vivienda, 1980; XI Censo General de Población y Vivienda, 1990 y Conteo de Población y Vivienda, 1995, Aguascalientes, México.

La distribución de recursos públicos en el Distrito Federal y el Estado de México

El Estado de México comparte la ZMVM con el Distrito Federal y recibe desde los años ochenta prácticamente todo el crecimiento poblacional metropolitano. Al inicio del nuevo siglo, más de la mitad de la población y área urbana de la metrópoli corresponde a municipios del Estado de México. La población que habita esta parte de la metrópoli es predominantemente pobre y se asienta en lugares que carecen de infraestructura básica. Frente a esto, el Distrito Federal cuenta con infraestructura más consolidada y con recursos muchas veces superiores para inversión pública cada año, atrayendo como consecuencia una creciente población flotante proveniente mayoritariamente de los municipios conurbados, que se trasladan a trabajar, consumir e incluso estudiar provocando importantes movimientos pendulares –commuting.

El producto interno bruto del Distrito Federal –del orden de 22 por ciento del total nacional para 2000– es más del doble que el del Estado de México –del orden de 10 por ciento–, mientras que la concentración de la PEA es de 10 por ciento para el D.F. y 15 por ciento para el Estado de México (Gobierno del Distrito Federal, 2001: 70). Esta distribución ha justificado una mayor cantidad de recursos presupuestales de la Federación a favor del primero, independientemente de que su participación poblacional en la ZMVM, al inicio del siglo XXI, haya sido de 47 por ciento, frente a 53 por ciento del Estado de México, y que la población total del Distrito Federal sea del orden de 65 por ciento de la población total del Estado de México.

Lo anterior implicaría que el Distrito Federal es más productivo que el Estado de México. Sin embargo, se ha discutido mucho –y estudiado poco– que una razón para esta alta concentración del PIB y mayores recursos fiscales es consecuencia del registro de actividades económicas para efectos fiscales que coordina la Secretaría de Hacienda y Crédito Público del gobierno federal. Es decir, por la mayor capacidad de infraestructura y equipamiento y por la concentración de las fuerzas económicas, políticas y sociales que deciden el desarrollo del país, en el Distrito Federal tienden a asentarse las empresas de diversos sectores de la economía, aunque algunos de sus establecimientos productivos se ubiquen en otras entidades, con lo cual diversos impuestos no son captados por los estados, sino por el Distrito Federal. Una de las consecuencias de lo anterior es la distorsión en cuanto a la capacidad productiva y fiscal entre ambas entidades federativas, además de la inequidad en la captación de impuestos y en la distribución de recursos fiscales resultante. Este fenómeno tiende a agudizarse en el Estado de México, al ubicarse las fábricas en sus áreas industriales metropolitanas –del valle de México y del Valle de Toluca– y las empresas matrices en los centros de negocios del Distrito Federal. Resulta necesario realizar investigaciones detalladas que permitan conocer con precisión este fenómeno y cuantificar los impuestos que siendo generados en una entidad son cuantificados en la otra. Una evidencia de esta necesidad ha sido la confrontación entre la Conago (Conferencia Nacional de Gobernadores) y el Poder Ejecutivo federal durante 2002, que ha dejado claro que no existe información plenamente compartida ni fórmulas claras y aceptadas por todos sobre las participaciones de recursos federales a las entidades federativas.

Como menciona Ward (2002, capítulo 3):[16]

A pesar de su posición administrativa anómala, el Distrito Federal también recibe participaciones y en 1989, 22.4 por ciento del total nacional se destinó a dicha entidad, mientras que el Estado de México recibió 9.3 por ciento (Blancas Neria, 1995: 284). A finales de la década de 1980, las participaciones representaron cerca de 51 por ciento de los ingresos del Distrito Federal, comparado con 37 por ciento en los municipios conurbados (Rowland y Gordon, 1996).

De acuerdo con la legislación de ingresos y egresos del Distrito Federal y del Estado de México, en 2002 las participaciones federales representaron para el primero 25,516 millones de pesos y

---

[16] Peter Ward, 2002, *Ciudad de México, megaciudad*, El Colegio Mexiquense, Toluca, México (en prensa).

16,679 para el segundo, lo que equivale a que cada habitante recibió 2,880 y 1,222 pesos corrientes respectivamente (cuadros 17 y 18). Puede suponerse que la base de cálculo para estas participaciones es la capacidad productiva del D.F. frente a la del Estado de México, bajo el principio que la fórmula de participaciones tiene como componentes centrales, la recaudación de impuestos federales (IVA e ISR, principalmente) y la población asentada en cada entidad federativa. Al no coincidir este cálculo, cuando menos en la población asentada entre el D.F. y los municipios conurbados, es de suponerse que prevaleció la idea de "cuidar" la ciudad de México por ser el asiento de los poderes federales.

Algunos datos que avalan lo anterior son los siguientes:[17]

a) Egresos totales (recursos federales y estatales)

A fin de calcular el monto total de recursos que anualmente se destinan a las entidades federativas y acercarnos a entender las diferencias entre el Distrito Federal y el Estado de México por fuente de recursos, fue necesario analizar cada una de éstas participaciones, inversión pública federal, otros programas federales, Ramo 33 y gasto educativo por el lado federal y los recursos propios de las entidades y de los municipios. Asimismo, fue necesario separar el gasto total del Estado de México del estimado para los 58 municipios considerados metropolitanos en el valle de México, de manera que el total de gasto en el D.F. se correspondiera territorialmente con el ejercido en los municipios metropolitanos, contando así con un cálculo de ejercicio para la ZMVM (véanse cuadros 15 y 16).

De acuerdo con esta metodología, en los municipios conurbados con la ciudad de México, considerando todos los recursos federales, estatales y municipales, se ejercieron un poco menos de 16,000 millones de pesos (mdp) en 1995 y del orden de 42,000 mdp en 2000, es decir, casi tres veces. En el D.F. estos montos fueron

[17] Los datos consignados en esta sección se calcularon a partir de la información oficial, tanto del gobierno federal –especialmente de la Secretaría de Hacienda y Crédito Público– como del gobierno del Estado de México. Originalmente, en buena parte, se consignaron en un estudio realizado por el autor, con el apoyo de Serafín Maya y de Roberto Alva, titulado: "Recursos financieros para el desarrollo del Estado de México, 1999-2005. Elementos estratégicos". Todos los datos en pesos están expresados en precios corrientes.

de 52,000 mdp y más de 129,000 mdp, en dichos años, lo que equivale a 3.25 y 3.07 veces (véase cuadro 15). Visto por habitante, en los municipios metropolitanos se ejercieron casi 1,368 y 3,214 pesos, en 1995 y 2000, respectivamente, mientras que en el D.F., a cada habitante correspondieron 5,594 y 11,990 pesos respectivamente. De ahí que mientras que en 1995 la proporción por habitante fue de 4.08 veces a favor del D.F., para 2000 se redujo ligeramente a 3.73 veces. Si sólo se consideran los recursos federales, en 1995 la proporción por habitante fue de 6.67 veces y en 2000 de 4.77 a favor del D.F. Dos conclusiones derivan de los datos anteriores. La primera que las disparidades mayores corresponden a los recursos federales que recibe cada entidad y, la segunda que se aprecia una tendencia a la reducción de dichas disparidades.

Si se analizan los recursos federales por fuente –participaciones, inversión pública federal, otros programas federales, Ramo 33, y gasto educativo- cada habitante del D.F. en 1995 recibió 3.62 veces más recursos por participaciones federales que los pobladores de los municipios metropolitanos que se redujeron a 2.67 veces en 2000.

En lo relativo a inversión pública federal, mientras que en 1995 cada habitante del D.F. recibió 7.76 veces más recursos que los del Estado de México, la desproporción se incrementó a 7.89 veces en 2000. Prácticamente la totalidad de los recursos de inversión que recibe el gobierno del Distrito Federal se utilizan en proyectos y acciones urbanas y para la administración de la ciudad, mientras que los que recibe el gobierno del Estado de México tienen que ser distribuidos para una población una vez y media mayor y en una superficie 14 veces superior a la del Distrito Federal. Deben atender, además, las necesidades de la zona metropolitana de Toluca con más de 1 millón de habitantes, y cerca de 5,000 comunidades, desde ciudades medias hasta rancherías, y un territorio de más de 21,000 kilómetros cuadrados con problemas agropecuarios, forestales y ambientales.

En el caso de "otros programas federales" en 1995 cada habitante de los municipios conurbados recibió 4.15 veces más recursos que en el D.F., situación que se revirtió en 2000, cuando cada habitante del D.F. recibió 1.68 veces los recursos de sus homólogos de los municipios conurbados. Con relación al Ramo 33, en 2000 cada habitante del D.F. recibió 1.67 veces más recursos que los de los municipios conurbados. Finalmente, con relación al gasto educativo, mientras que en 1995 cada habitante del D.F. recibió 10.07 veces más recursos que cada poblador de los municipios metropolitanos, en 2002 se redujo esta proporción a 6.40 veces (véase cuadro 16).

De los datos anteriores se podría desprender que mientras que en algunos rubros con fuerte sensibilidad política como es el gasto educativo, se aprecia una estrategia de reducción de las profundas disparidades entre las dos entidades que conforman la zmvm, en otras fuentes como la inversión pública federal e incluso las participaciones federales, la política es precisamente la contraria; siendo estas tres fuentes de recursos fundamentales para el desarrollo estatal, la conclusión es que no se aprecia una política federal homogénea de distribución de recursos, orientada a la reducción de desequilibrios entre estas dos entidades que comparten en partes iguales la gran metrópoli nacional.

b) Presupuesto de egresos

Con el propósito de conocer la capacidad de gasto de ambas entidades en la metrópoli, se consideraron por una parte los egresos totales ejercidos por los dos gobiernos centrales –Estado de México y D.F.– y por la otra, los egresos totales correspondientes a los 58 municipios metropolitanos del Estado de México y las 16 delegaciones políticas del D.F. Para el caso mexiquense fue necesario considerar la proporción de población que tienen los 58 municipios para calcular el ejercicio del gobierno estatal en la metrópoli. Igualmente, fue necesario separar los recursos que ejerce directamente el gobierno central, de ambas entidades, del correspondiente a los gobiernos locales –municipios y delegaciones (véase cuadro 17).

Visto por habitante, en 1995 en los municipios metropolitanos del Estado de México el gobierno estatal y los 58 municipales ejercieron un promedio anual de casi 1,512 pesos y para 2002 se estima en 4,860 pesos a precios corrientes; es decir, un poco más de tres veces. Por su parte, el gobierno central y las 16 delegaciones políticas del D.F. ejercieron un promedio de casi 2,360 y 8,820 pesos corrientes en 1995 y 2002, respectivamente; es decir, casi cuatro veces más. En 1995, el egreso total gubernamental por habitante en el D.F. fue 56 por ciento mayor que en los municipios metropolitanos y para 2002 se estima que fue 81 por ciento superior.

Si consideramos a la metrópoli como un todo, en 1995 del egreso total ejercido por ambos gobiernos incluyendo los recursos de los municipios, el D.F. concentró 60.2 por ciento y el Estado de México 39.8 por ciento. Para 2002, se estima que estas proporciones corresponden a 39.2 y 60.8 por ciento, respectivamente, aunque en población asentada en la metrópoli, el D.F. concentra del orden de 47 por ciento y los municipios metropolitanos aproximadamente 53 por ciento. Es interesante observar que se aprecia una tendencia a mayor crecimiento del ejercicio por parte de los gobiernos locales –municipios y delegaciones- con relación a los dos gobiernos centrales, ya que en 1995 los primeros ejercieron conjuntamente 16.4 por ciento del total de recursos ejercidos por ambas entidades en la metrópoli, mientras que en 2002 se estima que alcanzó 22.1 por ciento su aportación. Por su parte, la distribución de recursos entre el D.F. y los municipios del Estado de México, marca una tendencia a la ampliación de la brecha entre ambas partes de la metrópoli, ya que el crecimiento del monto de recursos que se ejercen en los municipios metropolitanos es menor al que se registra en el D.F. y por otra parte, la aportación de recursos que se ejercen dentro del D.F. tiende también a crecer más que proporcionalmente con los que se ejercen en los municipios conurbados del Estado de México.

c) Gasto educativo

Otro tema que hace evidente la falta de una política distributiva equilibrada de los recursos públicos entre las dos entidades de la Federación responsables del desarrollo de la zMVM es el gasto y la inversión dedicada a la educación pública. En el ciclo escolar 1990-1991, el gasto en educación medido por alumno representó 1,845 pesos corrientes para el Distrito Federal y casi 307 para el Estado de México, con un promedio nacional de 650 pesos corrientes por alumno; para el ciclo 2000-2001, estos montos por alumno fueron de 14,372 y 3,576 para dichas entidades, respectivamente, con un promedio nacional de 6,492 pesos por alumno (véase cuadro 18). Esto muestra una variación a favor de cada alumno del D.F. de 497 por ciento para el periodo 1990-1991 y de 302 por ciento para el periodo 2000-2001. Igualmente, muestra que cada alumno del D.F. recibió del orden de tres veces el promedio nacional y cada alumno del Estado de México menos de la mitad de dicho promedio.

Si consideramos los pesos por alumno que cada entidad recibió considerando sólo las participaciones federales, en 1990 cada alumno del D.F., recibió 3.3 veces más recursos que sus homólogos del Estado de México; para 1995 esta proporción se redujo a casi 2.6 veces. Con relación a la media nacional, esta proporción fue de cerca de dos veces en 1990 y de 1.4 veces en 1995, a favor del resto de las entidades (véase cuadro 19). Finalmente, si tomamos como referente el gasto público federal en educación, el D.F. recibió 133 por ciento en 1991 de su gasto público, en gasto público federal educativo, incrementándose esta proporción a 172 por ciento en 1996; por su parte, el Estado de México recibió 27 y 17 por ciento de su gasto público, en gasto público federal para educación, respectivamente (véase cuadro 20).

En síntesis, no obstante que las tendencias en general apuntan a reducir los desequilibrios en la distribución de los recursos federales entre entidades federativas, la brecha entre el D.F. y el Estado de México es aún sumamente grande, situación que afecta las posibilidades de planeación y ordenación de la ZMVM.

Así como existe un serio problema de distribución de recursos federales entre las entidades, poniendo en tela de juicio la capacidad federalista del gobierno federal, también existen diferencias muy grandes en la capacidad de ingreso entre las dos entidades que comparten la metrópoli. Entre 2000 y 2002 (véase cuadro 21), se aprecian estas diferencias, ya que mientras el D.F. tuvo recursos propios en 2000 del orden de 35,509 mdp, para 2000, se elevaron a 40,879 mdp que equivale en términos absolutos a 5,369 millones y en relativos a 15.1 por ciento. Por su parte, el Estado de

México captó 8,537 mdp en 2000 y 12,154 mdp en 2002, lo que implica un incremento de 3,617 mdp y en términos relativos de 42.3 por ciento. De ahí que mientras que el D.F. contaba con un monto de recursos propios en 2000 equivalente a casi 4.2 veces al del Estado de México, para 2002 esta proporción se redujo a cerca de 3.4 veces. Visto por habitante, las cantidades alcanzaron 4,126 pesos en 2000 y 4,615 en 2002 para el D.F. y 652 y 891 pesos por habitante para el Estado de México; dado que la población de los municipios es cercana al 80 por ciento de la total del estado, la cifra por habitante se reduce sensiblemente. La conclusión entonces, es que el D.F. cuenta con una cantidad de recursos propios muy superiores a los del Estado de México aunque crecen de manera muy inferior a los de esta última entidad, quedando claro sin embargo la notable diferencia entre ellos que, en última instancia se refleja en las condiciones de vida de los habitantes de las dos partes de la metrópoli.

Ocurre algo parecido con las fuentes que específicamente pueden considerarse urbanas y que permiten a las haciendas locales incrementar sus ingresos, es decir los impuestos al mercado inmobiliario. Como se aprecia en el cuadro 22, el D.F. obtuvo en 1995 casi siete veces más recursos por este concepto que los municipios metropolitanos, creciendo la diferencia hasta 8.6 veces en el año 2000. Esto muestra la gran diferencia de capacidad entre ambas entidades para recaudar estos impuestos. Muestra desde otra óptica, el fenómeno de fragmentación que enfrenta la ZMVM; por una parte, la ciudad central más consolidada y más regularizada –en cuanto a derechos de propiedad– con una estructura que le permite recuperar casi 610 pesos/habitante/año, frente a una periferia metropolitana receptora de fábricas y de población, especialmente de bajo ingreso, que no paga impuestos y que se localiza en condiciones socioespaciales de muy baja calidad, por lo que no es extraño que se haya recaudado en 2000 apenas un poco más de 66 pesos/habitante/año. También muestra la baja importancia que el Estado mexicano ha dado históricamente a la fiscalización a la propiedad raíz, no obstante el acelerado proceso de urbanización que enfrenta el país desde los años setenta del siglo pasado al grado de hacer de México un país mayormente urbano.

El problema estructural del Estado de México es, entonces, que enfrenta el proceso de crecimiento poblacional y urbanización más fuerte del país y uno de los más dinámicos del mundo, y comparte con el Distrito Federal el espacio urbanizado de mayor importancia estratégica para la nación, donde además se asientan los poderes federales. Para enfrentar este fenómeno, no sólo no ha contado con apoyos financieros extraordinarios por parte del gobierno federal, sino que ha tenido que enfrentar el proceso bajo condiciones económicas más desfavorables que el resto de las entidades del país. Si bien durante los años noventa ocurrieron algunos cambios tendientes a reducir la inequidad entre ambas entidades, la realidad es que las condiciones generales observadas al inicio de dicha década se han mantenido. Como argumenta Ward (2002, cap. 3):

Por otra parte, también debe mantenerse contenta a la numerosa población... (del D.F.) ..., pues éste es terreno del presidente y no puede permitir que... (el gobernante en turno)... lo avergüence. Por lo tanto, la ciudad recibe un porcentaje desproporcionado de los recursos nacionales y sus habitantes tienen acceso preferencial a la vivienda, los servicios urbanos, el transporte subsidiado, etcétera. Así pues, tradicionalmente los gobiernos de la ciudad han comprado la "paz social" y el bienestar pasándole la cuenta al resto del país.

Por su parte, para el D.F. el problema estructural es que ha desarrollado una mejor infraestructura y equipamiento para funciones públicas –vialidad, transporte, educación, salud, entretenimiento, abasto– que es también utilizado y consumido por personas que provienen de los municipios del Estado de México y de otras entidades de la región centro del país.

Con lo anterior se ha creado una paradoja difícil de resolver; mientras más desproporción de recursos recibe la ZMVM a favor del D.F., más problemas de congestión y consumo de la infraestructura se da por parte de personas que no radican ahí. La distribución equitativa de recursos y la búsqueda de una infraestructura adecuada para todos los municipios metropolitanos, favorecería también al D.F.

CUADRO 15

RECURSOS TOTALES EJERCIDOS EN EL DISTRITO FEDERAL, EL ESTADO DE MÉXICO Y LA ZMVM, 1995-2000

(Millones de pesos corrientes)

Entidad	Gasto estatal de recursos federales						Gasto recursos estatales (B)	Total gasto estatal (C) = (A)+(B)	Total gasto municipal[6] (D)	Egreso total estatal más municipal E = (C)+(D)
	Participaciones[1]	Inversión pública federal	Otros programas federales[2]	Ramo 33[3]	Gasto educación[4]	Total (A)				
Estado de México. Gobierno estatal										
1995	3,858.1	3,008.1	558.0	0.0	3,547.5	10,971.7	7,801.7	18,773.4	2,603.7	21,377.1
2000	14,885.9	7,144.6	934.6	2,897.8	12,720.4	38,583.2	7,808.9	46,392.2	10,177.2	56,569.3
58 Municipios ZMVM[5]										
1995	2,889.7	2,253.0	417.9	0.0	2,657.1	8,217.7	5,843.4	14,061.1	1,926.4	15,987.5
2000	11,076.4	5,316.2	695.4	2,156.2	9,465.1	28,709.3	5,810.5	34,519.9	7,300.3	41,820.1
Distrito Federal:[7]										
1995	7,591.1	12,648.3	73.1	0.0	19,406.5	39,718.9	9,037.0	48,755.9	3,520.8	52,276.7
2000	19,560.5	27,557.7	769.3	2,361.0	39,817.4	90,065.9	29,516.5	119,582.4	9,806.9	129,389.3

Total entidades: (D.F. + Edomex)

1995	11,449.2	15,656.4	631.1	0.0	22,954.0	50,690.6	16,838.7	67,529.3	6,124.5	73,653.8
2000	34,446.4	34,702.3	1,703.9	5,258.8	52,537.8	128,649.1	37,325.4	165,974.6	19,984.0	185,958.6

Total ZMVM: (D.F. + 58 municipios)

1995	10,488.8	14,901.3	491.0	0.0	22,063.6	47,936.6	14,880.4	62,817.1	5,447.1	68,264.2
2000	30,636.9	32,873.9	1,464.7	4,517.2	49,282.5	118,775.2	35,327.0	154,102.3	17,107.1	171,209.4

Fuentes: GEM (1996-2001), *Cuentas de la Hacienda Pública del Gobierno y Organismos Auxiliares del Estado de México 1995-2001*, Toluca, México, Gobierno del Distrito Federal (2002): *Segundo Informe de Gobierno, Anexo Estadístico*, México, D.F. Poder Ejecutivo Federal (2002), *Segundo informe de Gobierno, Anexo*, México, D.F.

Nota: La población considerada para el Estado de México es: a nivel estatal en 1995 de 11'707,964 y en 2000 de 13'096,686 habitantes; para los 58 municipios: en 1995 de 8'769,175 y en 2000 de 9'745,094 habitantes. Para el Distrito Federal: en 1995 de 8'489,007 y en 2000 de 8'605,239 habitantes. Para la Zona Metropolitana del Valle de México: en 1995 de 17'258,182 y en 2000 de 18'351,878 habitantes.

[1] Excluye las transferencias de participaciones a ejercer por los municipios, en el caso del Estado de México.

[2] Incluye programa de apoyos para el fortalecimiento de las entidades federativas, y otros ingresos de apoyos federales.

[3] En el Estado de México, se excluyen las transferencias de los fondos a ejercer directamente por los municipios y de los orientados a los servicios educativos.

[4] Para 1995, incluye el gasto ejercido por los ramos 11 y 25. Para el 2000, aparte de lo anterior incluye los fondos de educación del Ramo 33.

[5] Los egresos federales ejercidos del Estado de México en los 58 municipios metropolitanos, excluyen las participaciones, apoyos y fondos del Ramo 33 asignados a los municipios, así como de los egresos de los demás conceptos, se calculó aplicando el monto total por habitante.

[6] Los egresos municipales corresponden al ejercicio propio de los municipios del Estado de México, considerando las transferencias de recursos federales.

[7] En el caso del Distrito Federal: corresponde al ejercicio total del gobierno descontadas las participaciones a las delegaciones, de acuerdo a las cuentas públicas de los ejercicios de 1995 y el 2000.

CUADRO 16

RECURSOS TOTALES EJERCIDOS POR HABITANTE EN EL DISTRITO FEDERAL, EL ESTADO DE MÉXICO Y LA ZMVM, 1995-2000

(Pesos corrientes por habitante)

| Entidad | Participaciones[1] | Gasto estatal de recursos federales | | | | | Gasto recursos estatales (B) | Total gasto estatal (C) = (A)+(B) | Total gasto municipal[6] (D) | Egreso total estatal más municipal E = (C)+(D) |
		Inversión pública federal	Otros programas federales[2]	Ramo 33[3]	Gasto educación[4]	Total (A)				
Estado de México. Gobierno estatal										
1995	329.5	256.9	47.7	0.0	303.0	937.1	666.4	1,603.5	222.4	1,825.9
2000	1,136.6	545.5	71.4	221.3	971.3	2,946.0	596.3	3,542.3	777.1	4,319.4
58 Municipios ZMVM[5]										
1995	246.8	192.4	35.7	0.0	226.9	701.9	499.1	1,201.0	166.6	1,367.6
2000	845.7	405.9	53.1	164.7	722.7	2,192.1	443.7	2,635.8	578.2	3,214.0
Distrito Federal:[7]										
1995	894.2	1,490.0	8.6	–	2,286.1	4,678.87	688.4	5,367.2	226.9	5,594.1
2000	2,273.1	3,202.4	89.4	274.4	4,627.1	10,466.40	675.2	11,141.6	848.4	11,990.0

Total entidades: (D.F. + Edomex)

1995	1,223.8	1,746.9	56.3	–	2,589.1	5,616.0	1,354.7	6,970.7	449.3	7,420.0
2000	3,409.7	3,748.0	160.8	495.6	5,596.4	13,412.4	1,271.5	14,683.9	1,625.4	16,309.3

Total ZMVM: (D.F. + 58 municipios)

1995	1,141.0	1,682.4	44.3	–	2,513.0	5,380.8	1,187.4	6,568.2	393.5	6,961.7
2000	3,118.8	3,608.4	142.5	439.0	5,349.8	12,658.5	1,118.9	13,777.4	1,426.6	15,204.0

Fuentes: GEM (1996-2001), *Cuentas de la Hacienda Pública del Gobierno y Organismos Auxiliares del Estado de México 1995-2001*, Toluca, México, Gobierno del Distrito Federal (2002); *Segundo Informe de Gobierno*, *Anexo Estadístico*, México, D.F. Poder Ejecutivo Federal (2002), *Segundo informe de Gobierno*. Anexo, México D.F.

Nota: La población considerada para el Estado de México es: a nivel estatal en 1995 de 11'707,964 y en 2000 de 13'096,686 habitantes; para los 58 municipios: en 1995 de 8'769,175 y en 2000 de 9'745,094 habitantes. Para el Distrito Federal: en 1995 de 8'489,007 y en 2000 de 8'605,239 habitantes. Para la Zona Metropolitana del Valle de México: en 1995 de 17'258,182 y en 2000 de 18,351,878 habitantes.

[1] Excluye las transferencias de participaciones, a ejercer por los municipios, en el caso del Estado de México.

[2] Incluye programa de apoyos para el fortalecimiento de las entidades federativas, y otros ingresos de apoyos federales.

[3] En el Estado de México, se excluyen las transferencias de los fondos a ejercer directamente por los municipios y de los orientados a los servicios educativos.

[4] Para 1995, incluye el gasto ejercido por los ramos 11 y 25. Para el 2000, aparte de lo anterior incluye los fondos de educación del Ramo 33.

[5] Los egresos federales ejercidos del Estado de México en los 58 municipios metropolitanos, excluyen las participaciones, apoyos y fondos del Ramo 33 asignados a los municipios, así como los egresos de los demás conceptos, se calculó aplicando el monto total por habitante.

[6] Los egresos municipales corresponden al ejercicio propio de los municipios del Estado de México, considerando las transferencias de recursos federales.

[7] En el caso del Distrito Federal: corresponde al ejercicio total del gobierno descontadas las participaciones a las delegaciones, de acuerdo con las cuentas públicas de los ejercicios de 1995 y el 2000.

CUADRO 17

EGRESOS EJERCIDOS EN LA ZONA METROPOLITANA
DEL VALLE DE MÉXICO, 1995-2002

		Egresos totales ejercidos *Miles de pesos corrientes*		
Ámbito de gobierno		*1995*	*2000*	*2001*
Estatal	Estado de México: (58)[1]A	11'331,354.9	28'497,949.5	34'943,805.3
Municipal	58 Municipios:[2] B	1'926,354.0	7'300,272.50	9'529,045.7
Suma Estado de México: C		13'257,708.9	35'798,222.0	44'472,851.0
Central	Distrito Federal: (16):[3]D	16'500,847.9	50'721,762.8	53'444,712.9
Delegacional	16 Delegaciones: E	3'520,761.9	9'806,863.0	13'452,295.4
Suma Distrito Federal: F		20'021,609.8	60'528,625.8	66'897,008.3
Total ZMVM: C + F		33'279,318.7	96'326,847.8	111'369,859.3
Estatal-Central	A + D	27'832,202.8	79'219,712.3	88'388,518.2
Municipal-Delegacional	B + E	5'447,115.9	17'107,135.5	22'981,341.1
Total ZMVM:		33'279,318.7	96'326,847.8	111'369,859.3

Fuente: GEM 1996-2001, *Cuentas de la Hacienda Pública del Gobierno y Organismos Auxiliares del Estado de México 1995-2000*; GEM, 2000-2001, *Gacetas de Gobierno*, 29 de diciembre de 2000 y 31 de diciembre de 2001; Gobierno del Distrito Federal, 2002: *Segundo Informe de Gobierno, Anexo Estadístico*.

Nota: De 1995 a 2001 la información corresponde a cuentas públicas del Gobierno del Distrito Federal. Para 2002, corresponde al presupuesto original autorizado por la Asamblea Legislativa del Distrito Federal.

[1] Egresos totales ejercidos del Estado de México en los 58 municipios metropolitanos, excluyendo las participaciones, apoyos y Ramo 33 asignados a los municipios. Se calculó aplicando el monto total por habitante.

[2] Corresponde al ejercicio propio de los municipios considerando las participaciones estatales. Para los años 2001 y 2002, cifras estimadas con base en el crecimiento medio anual de 1995-2000.

[3] Corresponde al ejercicio total del gobierno central descontadas las participaciones a las delegaciones.

[4] Para el Distrito Federal: (1995) 8'489,007 habitantes; (2000) 8'605,239; (2001) 8'827,695; (2002) 8'857,833. Para la Zona Metropolitana del Valle de México: (1995) 17'258,182 habitantes; (2000) 18'351,878; (2001) 18'932,829; (2002) 19'233,451.

	Egresos por hab. ejercidos[4] 96 del total de egresos de la zmvm				Pesos a precios corrientes			
2002	1995	2000	2001	2002	1995	2000	2001	2002
37,983,282.3	34.0	29.6	31.4	29.6	1,292.2	2,923.9	3,367.9	3,660.8
12,438,263.3	5.8	7.6	8.6	9.7	219.7	749.0	918.4	1,198.8
50,421,545.7	39.8	37.2	39.9	39.2	1,511.9	3,672.9	4,286.3	4,859.6
62,168,227.8	49.6	52.7	48.0	48.4	1,943.8	5,894.3	6,054.2	7,018.4
15,942,260.4	10.6	10.2	12.1	12.4	414.7	1,139.6	1,523.9	1,799.8
78,110,488.2	60.2	62.8	60.1	60.8	2,358.5	7,033.9	7,578.1	8,818.2
128,532,033.9	100.0	100.0	100.0	100.0	1,928.3	5,248.9	5,882.4	6,682.7
100,151,510.1	83.6	82.2	79.4	77.9	1,612.7	4,316.7	4,668.5	5,207.2
28,380,523.7	16.4	17.8	20.6	22.1	315.6	932.2	1,196.7	1,475.6
128,532,033.9	100.0	100.0	100.0	100.0	1,928.3	5,248.9	5,882.4	6,682.7

Cuadro 18

GASTO EDUCATIVO POR ALUMNO, 1990-2000

Ciclo escolar	Matrícula total (miles de alumnos)			Gasto federal (millones de pesos)			Gasto total por alumno (pesos)		
	D.F.	Edo. Méx.	Nal.	D.F.	Edo. Méx.	Nal.	D.F.	Edo. Méx.	Nal.
1990-1991	2,737.9	2,852.6	25,092.00	5,052.9	875.6	16,311.7	1,845.5	306.9	650.1
1991-1992	2,716.9	2,884.2	25,209.00	8,076.0	1,228.1	24,208.1	2,972.5	425.8	960.3
1992-1993	2,672.2	2,951.6	25,374.10	10,554.1	1,562.4	32,454.2	3,949.6	529.3	1,279.0
1993-1994	2,663.6	3,024.1	25,794.60	13,423.1	2,006.8	41,776.2	5,039.5	663.6	1,619.6
1994-1995	2,657.4	3,113.3	26,352.10	15,139.8	2,643.2	51,227.9	5,697.2	849.0	1,944.0
1995-1996	2,666.8	3,173.7	26,915.60	19,406.5	3,547.5	64,077.7	7,277.1	1,117.8	2,380.7
1996-1997	2,742.0	3,257.7	27,623.70	17,880.7	5,634.1	84,724.2	6,521.0	1,729.5	3,067.1
1997-1998	2,741.4	3,334.4	28,094.20	24,991.7	7,391.1	109,779.0	9,116.4	2,216.6	3,907.5
1998-1999	2,740.2	3,408.8	28,618.00	32,156.4	8,886.5	144,189.9	11,735.1	2,606.9	5,038.4
1999-2000	2,777.8	3,485.6	29,216.20	34,377.1	10,919.5	166,160.2	12,375.7	3,132.7	5,687.3
2000-2001	2,770.4	3,557.7	29,669.00	39,817.4	12,720.4	192,601.2	14,372.4	3,575.5	6,491.7

Fuente: Poder Ejecutivo Federal-SEP (2001), I Informe de Labores, 1o. de septiembre del 2001. (Matrícula) Poder Ejecutivo Federal (2000), 6o. Informe de Gobierno, Anexo, 1 de septiembre de 2000. (Cifras del Gasto Educativo).

CUADRO 19

PARTICIPACIONES FEDERALES CON RELACIÓN
A LA MATRÍCULA TOTAL DE EDUCACIÓN BÁSICA
POR ENTIDAD, 1990-1995
(Pesos/alumno)

Entidad federativa	Años					
	1990	1991	1992	1993	1994	1995
Media Nacional	1,060	1,496	1,925	1,915	2,118	2,699
Distrito Federal	2,423	3,076	3,592	4,083	4,099	4,948
México	736	991	1,235	1,510	1,612	1,909

Fuente: INEGI, *Finanzas públicas estatales y municipales de México*, 1991-1995, México.

CUADRO 20

GASTO PÚBLICO FEDERAL EN EDUCACIÓN
CON RELACIÓN AL GASTO PÚBLICO POR
ENTIDAD FEDERATIVA, 1991-1996
(Porcentajes)

Entidad federativa	1991	1992	1993	1994	1995	1996
Total nacional	54	61	56	51	46	46
Distrito Federal	133	170	170	174	159	172
México	27	22	21	16	19	17

Fuente: Alfonso Iracheta, 1998, *Recursos financieros para el desarrollo el Estado de México, 1999-2005. Elementos estratégicos*, GEM, Toluca, México, mimeo.
Nota: No se incluye la inversión no distribuible geográficamente y en el extranjero.

GRÁFICA 1

PARTICIPACIONES FEDERALES CON RELACIÓN A LA MATRÍCULA TOTAL DE EDUCACIÓN BÁSICA POR ENTIDAD, 1990-1995
(Pesos por alumno)

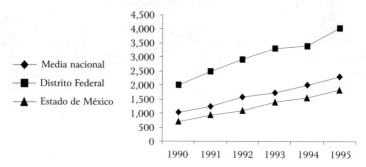

Fuente: Alfoso Iaracheta, 1998, *Recursos financieros para el desarrollo del Estado de México, 1999-2005. Elementos estratégicos*, GEM, Toluca, México, mimeo.

CUADRO 21

INGRESOS PROPIOS REALES EJERCIDOS DEL DISTRITO FEDERAL Y EL ESTADO DE MÉXICO, 2000-2002

Entidad federativa	*Ingresos propios reales* (miles de pesos de 2002)*			Incremento 2000-2002	
	2000	*2001*	*2002*	*Valor*	*Porcentaje*
Ingresos por entidad:					
Distrito Federal	35'508,645	37'169,283	40'877,988	5'369,343	15.12
Estado de México	8'536,701	10'035,844	12'153,540	3'616,839	42.37
Ingresos por persona: (pesos por persona)					
Distrito Federal	4,126	4,211	4,615	488	11.84
Estado de México	652	750	891	239	36.67

Fuente: GEM, 2001-2002, *Cuentas de la Hacienda Pública del Gobierno y Organismos Auxiliares del Estado de México 2000-2001*; GEM, 2001, *Ley de Ingresos del Estado de México para el Ejercicio Fiscal del 2002*, "Gaceta de Gobierno", 31 de diciembre de 2001, Gobierno del Distrito Federal; 2002, *Segundo Informe de Gobierno, Anexo estadístico*.
* Se considera una inflación anual del 4.5 por ciento.
Nota: La población aplicada para el Distrito Federal fue: en el año 2000 de 8'605,239; en el año 2001 de 8'827,695, y en el año 2001 de 8'857,833.
La población aplicada para el Estado de México fue: en el año 2000 de 13'096,686, en el año 2001 de 13'377,270, y en el año 2001-13'642,704.

CUADRO 22

INGRESOS BRUTOS POR IMPUESTOS SOBRE
LA PROPIEDAD RAÍZ EN LA ZMVM, 1995-2000

Municipio	Año (millones de pesos)			
	1995	1998	1999	2000
Municipios conurbados	281.5	477.8	565.9	611.3
Distrito Federal	1,954.5	3,711.1	4,335.7	5,237.6
ZMVM	2,252	4,216.4	4,934.2	5,884.8
Ingreso per cápita del impuesto a la propiedad raíz:				
Municipios conurbados	33.9	53.7	62.2	66.4
Distrito Federal	230.2	425.0	425.0	608.7

Fuente: INEGI, 2000-2002, *Finanzas Públicas Estatales y Municipales (1995-1998)-(1996-1999)-(1997-2000)*, Aguascalientes, México. Gobierno del Distrito Federal, 2001, *Informe de Avance Programático-Presupuestal*, enero-diciembre de 2001, México, D.F.

Se refiere a 34 municipios conurbados que son: Acolman, Atenco, Atizapán de Zaragoza, Coacalco de Berriozábal, Cuautitlán, Cuautitlán Izcalli, Chalco, Chiautla, Chicoloapan, Chiconcuac, Chimalhuacán, Ecatepec de Morelos, Huixquilucan, Ixtapaluca, Jaltenco, La Paz, Melchor Ocampo, Naucalpan de Juárez, Nextlalpan, Nezahualcóyotl, Nicolás Romero, Papalotla, Tecámac, Teoloyucan, Teotihuacan, Tepetlaoxtoc, Tepotzotlán, Texcoco, Tezoyuca, Tlalnepantla de Baz, Tultepec, Tultitlán, Valle de Chalco Solidaridad y Zumpango.

El transporte metropolitano

Las diversas infraestructuras que permiten el funcionamiento de la metrópoli deben ser compartidas entre las dos entidades y deben operar de manera interconectada, ya que en la práctica conforman una sola red. Esto implica que las grandes inversiones requeridas para el desarrollo de nueva infraestructura y para su mantenimiento deberían ser acordadas, financiadas y operadas bajo esquemas coordinados y/o conjuntos. Si bien esto ocurre con algunas redes, como la de agua o la eléctrica, en las que influyen de manera fundamental las políticas federales, en el resto predominan las visiones estatales, e incluso municipales. Probablemente, los casos más graves sean las redes viales y las del transporte público en las que claramente las acciones del Distrito Federal, las del Estado de México, e inclusive las de diversos municipios, no responden a un plan maestro previamente acordado entre todos, por lo que la eficiencia en las inversiones, y sobre todo en la operación, es sumamente baja. El gobierno federal tiene en esto una responsabilidad importante, ya que históricamente ha apoyado con recursos al gobierno del Distrito Federal para la construcción del Sistema de Transporte Colectivo (metro), para la reestructuración del transporte de superficie o para la construcción de grandes obras viales, dejando de lado las necesidades de los municipios conurbados del Estado de México, en los que todavía predomina un sistema de vialidad y transporte muy limitado. Por ello, entre las causas de la grave contaminación ambiental de la atmósfera del valle de México destaca la muy baja calidad y organización del transporte especialmente en los municipios metropolitanos.

El fenómeno del transporte es probablemente uno de los aspectos peor atendidos por el gobierno y por los empresarios, tanto en México en general, como en la ZMVM en particular. Sorprende revisar los análisis realizados mucho tiempo atrás y descubrir que los problemas se han agudizado en lo general y que persiste la incapacidad económica, política y social para enfrentar sus contradicciones y limitaciones.

En una investigación realizada al inicio de los ochenta (Iracheta, 1981)[18] se evidenciaron los problemas del transporte metropolitano, especialmente por autobús, en la parte del Estado de México, los cuales al inicio del siglo XXI no sólo no habían sido resueltos sino que en general, se habían exacerbado. Por su vigencia, vale la pena transcribir algunas de las principales conclusiones de dicho estudio, que muestran lo que al inicio de los ochenta se consideraron como temas esenciales relativos al transporte metropolitano:

En el contexto metropolitano, resulta sorprendente que no exista un organismo que coordine y planifique las acciones del D.F. y del Estado... de México..., y que se ciña además a los objetivos federales de descentralización y reducción de las disparidades regionales. Asimismo, resulta sorprendente que las

[18] Alfonso Iracheta (coord.) 1981, *La situación del transporte urbano en las áreas metropolitanas del Estado de México*, Facultad de Arquitectura y Arte, UAEM, Toluca, México.

políticas de nivel metropolitano, tiendan en forma genérica a interpretar los problemas como físicos y espaciales y no sociales y económicos, con la consecuencia de que se realizan grandes obras de infraestructura que se concentran en pocos puntos y absorben recursos que de otra manera podrían ayudar a resolver los problemas de la mayoría.

El AMCM (Área Metropolitana de la Ciudad de México) …seguirá creciendo de manera importante (…). Físicamente, dicha región metropolitana se localizará en 4 entidades federativas, formando una "megalópolis" que incluirá el AMCM, la de Toluca y posiblemente la de Cuernavaca.

Desde el punto de vista económico, el sector transporte se ha visto fuertemente influenciado por la industria automotriz, por la de la construcción y por el sector inmobiliario. Por un lado, el crecimiento de la industria de automóviles y la manera como ha penetrado el mercado urbano ha traído como consecuencia el fenómeno (de la) …"cultura del automóvil". La industria de la construcción ha sido determinante en los programas de vialidad e infraestructura urbana, finalmente, el sector inmobiliario (…) ha sido responsable de la desarticulación (del AMCM) …

…la situación que presenta el transporte público urbano debe ser comprendida a la luz de factores y fuerzas económicas y sociales que de hecho han determinado su estructura. De ahí que no es posible aislar al sector transporte de la lógica de desarrollo del resto de la economía. Mientras ésta determina al transporte, éste a su vez determina a la economía como condición básica para su reproducción (Iracheta, 1981: 364-366).

En el mismo trabajo se concluyó, a partir del análisis de diversos documentos de planeación, que las causas de los problemas viales en la ciudad de México eran:

• La inadecuada localización de usos del suelo y la anarquía de los fraccionadores en la ubicación y forma de sus desarrollos.

• El excesivo uso del automóvil individual, por una minoría social y con bajos índices de ocupación, frente a un deficiente transporte colectivo utilizado por la mayoría social que se ve afectada por los problemas generados por el transporte individual sin disfrutar sus ventajas.

• La falta de planeación y de coordinación entre prestatarios de servicio de transporte público y la ausencia de articulación entre este servicio y el desarrollo urbano, ha sido consecuencia del predominio del interés individual de las empresas concesionarias frente al interés colectivo (Iracheta, 1981: 366-367).

• La búsqueda de obtención de tasas relativamente altas de ganancia (...) aunada a la ausencia de controles reales por parte del Estado, ha traído como consecuencia que los concesionarios controlen el "mercado" de transporte público con amplios márgenes de libertad; con el fin de incrementar la tasa de ganancia, los concesionarios han recurrido a diversos mecanismos, a saber:

—Fragmentación de rutas y recorte de horarios, provocando un alto índice de transbordos y recambio de pasaje, lo que redunda en un mayor costo (...) para el usuario.

—Invasión de rutas y desatención de áreas no rentables.

—Reducción en la inversión para el mantenimiento de las unidades con el consecuente "chatarrismo".

—Aumento de tarifas.

—Sobreexplotación de la fuerza de trabajo (que se manifiesta) ...en largas e intensas jornadas de trabajo. Remuneraciones por debajo de las vigentes en el mercado. Deficientes prestaciones.

...los grandes concesionarios se apropian de las economías de escala inexistentes para los pequeños concesionarios lo que acentúa la capacidad de los primeros para concentrar y centralizar capital (y poder) ...en el sector.

• La planeación e intervención del Estado se ha caracterizado (...) por lo que podríamos denominar "ideología espacialista", la que se ha traducido en una interpretación del medio urbano como espacio físico y no como unidad económica y social determinante de ese espacio. De ahí que las acciones públicas a nivel del transporte se centren en la construcción de las obras de vialidad, las que por sí mismas han demostrado claramente no ser la vía de solución a los problemas de este sector. La persistencia de esta óptica sobre el transporte urbano podría exacerbar más que solucionar la actual situación... (Iracheta, 1981: 368-374).

La síntesis apretada de algunas ideas que desde los ochenta se han difundido, sobre la importancia estructural del transporte en el desarrollo metropolitano y en las posibilidades de la sustentabilidad de su cuenca atmosférica, intenta hacer evidente no sólo que no se ha avanzado en la solución de sus problemas, sino que existe conocimiento y conciencia de éstos como para poder haber incidido más de lo logrado y, sin embargo, desde el capital y desde el gobierno, se ha determinado aplicar fundamentalmente la estrategia "dejar hacer", con lo cual, entre los elementos que han propiciado la crisis ambiental metropolitana, el transporte, aparece en primer sitio.

De acuerdo con estudios mencionados por el INE, llama la atención que casi ninguna ciudad del mundo ha alcanzado éxitos importantes en la disminución de la congestión vehicular, en la disminución de la contaminación atmosférica, los ruidos y emisiones, etcétera. También salta a la vista que... "el único rubro exitoso en la mayoría de las ciudades es el mejoramiento del transporte público" (INE, 1995: 47).

El transporte y su infraestructura son elementos torales en la orientación del crecimiento físico de la mancha urbana de la metrópoli. A donde entra una "combi" o un "micro" de transporte público o un camión repartidor de refrescos en la periferia de la metrópoli, la expansión de la urbanización se da con gran velocidad, independientemente que sea en barrancas, lechos secos de ríos, o cualquier otro tipo de terreno.

Una característica entonces de la urbanización, es que es inducida por la accesibilidad de servicios de transportación, por encima de otros, como pudiera ser el agua, el drenaje o la pavimentación. Las vialidades y los transportes son responsables primarios de la suburbanización del valle de México y los consecuentes movimientos pendulares o de *commuting*, entre el D.F. y los municipios metropolitanos del Estado de México, ya que el primero cuenta con mejor infraestructura, equipamientos y servicios y el segundo concentra más espacio habitacional. Las previsiones poblacionales antes anotadas, agudizarán este fenómeno, ya que la política de expansión urbana en el Estado de México, donde se han estado concentrando las áreas habitacionales, es muy limitada en cuanto al desarrollo de los equipamientos necesarios para ofrecer "autonomía" a estas nuevas áreas. Al no asumir una política de "hacer ciudad", se promueve mucha mayor movilización física y en consecuencia se incrementan las necesidades de vialidades y transportes, acelerando dichos movimientos pendulares.

La movilidad que permiten las vialidades rápidas intra e interurbanas genera altos costos económicos y sociales como son:

la onerosa factura energética para alimentar los parques vehiculares, millones de horas-hombre perdidas en embotellamientos carreteros y urbanos, cientos de vidas humanas que se pierden en accidentes automovilísticos, inmensos costos ambientales que incluyen la contaminación de las cuencas atmosférica e hidráulica, la desaparición de grandes cantidades de suelo valioso para el adecuado funcionamiento de los ecosistemas, e incluso la alteración generalizada del clima. Es también una consecuencia de esa enorme movilidad, el que se dé el círculo vicioso de la suburbanización como un impedimento adicional para el logro de un buen sistema de transporte (INE, 1995: 52).

El parque vehicular de la metrópoli ha crecido de manera constante con tasas del orden de 10 por ciento anual, estimándose por parte del INE que probablemente se duplique en no más de 10 años. En 1980, de acuerdo con los anuarios estadísticos del INEGI, existían en el Distrito Federal y en el Estado de México, sumados, del orden de 2'100,000 vehículos, de los que más del 90 por ciento se ubicaban en la ZMVM. Del total, 83.8 por ciento eran automóviles. En 1999 esta proporción se elevó a casi 97 por ciento (véase cuadro 23). En 1997 existían del orden de 3.2 millones de auto-transportes en la ZMVM, de los que más de 2.8 millones (88.7 por ciento) eran automóviles; para 1999 este parque automotor se elevó a 3.7 millones. Del total, cerca de 25 por ciento (1.28 millones) tenía más de 10 años de uso y era responsable de aproximadamente 60 por ciento de la contaminación vehicular total ya que estos vehículos contaminan hasta 60 veces más que los modelos 2000. Al Distrito Federal correspondió 84 por ciento del parque auto-motor y 14 por ciento a los municipios conurbados del Estado de México (véase cuadro 23).

En 1993 las ventas de vehículos en el Distrito Federal alcan-zaron 213,443 unidades y en el Estado de México 52,895, lo que implica que probablemente cerca de 250,000 correspondieron a la ZMVM. Esta cifra agregada de ventas para las dos entidades se elevó a 275,000 en el año de 1994, representando 46.47 por ciento de las ventas nacionales de vehículos (INEGI, 1995).[19] Se estima que el parque vehicular de la ZMVM alcanzará del orden de 4.7 millones de vehículos en el año 2010 y 5.6 en 2020, corres-pondiendo a automóviles particulares del orden de 4.2 (89.4 por ciento) y 5.0 (89.3 por ciento) respectivamente. El consumo de gasolina será entonces de 31.2 y 37.1 millones de litros por día (Fideicomiso…, 2000: 202-203), a lo que deberá sumarse la tendencia a la mayor presencia de vehículos viejos y la mayor con-gestión vehicular, situación que podrá agudizar los problemas de contaminación de la cuenca atmosférica metropolitana. Frente a esto, destaca que los vehículos de transporte público realizan del orden de 84 por ciento de los viajes/persona/día, con tan sólo 7 por ciento del parque vehicular. De acuerdo con un estudio de 1987, las pérdidas económicas y en bienestar social en la ZMVM, deriva-das del uso irrestricto del automóvil, ascendieron entonces a 7,000 millones de dólares anuales. Otros estudios demuestran que, año con año, crece el número de viajes promedio en automóvil y su longi-tud y que los ahorros en tiempo por el uso del automóvil se pierden por el incremento en los recorridos, ya que el promedio de tiem-

[19] INEGI, 1995, *Cuaderno de información oportuna regional, número 42, Cuarto Trimestre, 1994*, Aguascalientes, México.

po dedicado en desplazamientos vehiculares en la ZMVM se estima entre 1.5 y 3.5 horas por persona al día (Fideicomiso..., 2000: 199). Los costos y las consecuencias sociales, económicas, territoriales y ambientales de estos excesos son ya muy graves y no existe una política consistente desde los gobiernos estatales para enfrentarlo. El Banco Mundial estimó en 1992 que el costo anual de la contaminación metropolitana en la salud de sus habitantes, alcanzó del orden de 1,070 millones de dólares, calculado como efectos en la morbilidad y mortalidad provocadas por partículas suspendidas, ozono y plomo.

En síntesis, de acuerdo con los estudios del INE[20] "el papel preponderante que juegan los automóviles en la dinámica diaria de la vida en la ZMVM contradice elementales criterios sociales, energéticos, de planeación urbana, ambientales y económicos" (INE, 1995: 29). Este problema ha llevado en varias ocasiones a las autoridades del DD.F., la Sedesol y el Estado de México, a elaborar diversos estudios y programas para enfrentarlo. Desde 1986 se introdujeron medidas relacionadas con los combustibles que han ofrecido resultados. En 1990 se elaboró el "Programa Integral de Lucha Contra la Contaminación Atmosférica en la ZMVM" (PICCA), que permitió algunos avances del lado tecnológico básicamente (sustitución de combustóleo por gas natural, elaboración de diesel y combustóleo con bajo contenido de azufre, introducción de convertidores catalíticos y nuevas gasolinas); además se reformuló el gas LP para que fuera menos reactivo y se agregó gasolina de mayor octanaje. Todo esto permitió reducir los índices de plomo. Una acción importante fue el desmantelamiento de la Refinería 18 de Marzo que se encuentra en plena zona urbana y que era altamente contaminante. En la actualidad se impulsa con la industria azucarera el uso de etanol en vehículos; se espera que se aplique al 10 por ciento del total del combustible, reduciendo del orden de 30 por ciento la contaminación (Fideicomiso 2000: 200); igualmente, se ha impulsado el uso de gas natural como combustible vehicular. Los avances logrados por el PICCA en relación con el transporte

---

[20] INE, 1995, *Elementos de política ambiental para una ciudad sustentable: El manejo de la cuenca atmosférica*, documento de trabajo, borrador preliminar, mimeo., México, D.F.

fueron francamente insuficientes, al grado que 5 años después (1995), los problemas se habían agudizado.

entre 1988 y 1994, la infraestructura del metro se amplió en un 26 por ciento. Por el otro, la renovación de autobuses urbanos (Ruta 100) y la reordenación del transporte eléctrico fueron sumamente limitadas, estancándose el desarrollo de estos importantes medios de transporte. Igualmente fracasaron los proyectos de autorización de rutas particulares de autobuses y de estimulación del transporte institucional... este retroceso en el transporte público masivo se ha visto capitalizado por las líneas de minibuses y peseros que paulatinamente han absorbido la mayor parte de la demanda. Este hecho se refleja en la actual distribución modal del transporte, la cual indica que más del 50 por ciento del total de viajes/persona/día se realiza en minibuses (INE, 1995: 39).

Con el propósito de enfrentar de manera más integrada el fenómeno del deterioro del ambiente en la metrópoli, se integró la Comisión para la Prevención y Control de la Contaminación Ambiental en la ZMVM, en la que intervienen el Distrito Federal, el Estado de México y el gobierno federal. En el seno de esta comisión, a partir de 1989 surgieron diversos programas como Hoy no Circula, el de mejoramiento de gasolinas o el de incorporación de convertidores catalíticos en vehículos automotores, mismos que desde la segunda mitad de los noventa se han profundizado con acciones más precisas; también el Proaire que integra las políticas consensuadas entre las dos entidades y el gobierno federal. Aunque estos avances son importantes, en ningún caso se ha logrado intervenir en las causas de los problemas centrales, como es el caso del uso del automóvil, el sistema de transporte público, la desconcentración de industrias contaminantes o la descentralización de actividades económicas y población de la metrópoli hacia otras regiones del país.

Las políticas de renovación del parque vehicular tuvieron escaso éxito por la crisis financiera y económica nacional de 1994,

CUADRO 23

PARQUE VEHICULAR REGISTRADO EN LA ZMVM, 1997-1999
(Número de vehículos)

	1997							
	D.F.		Municipios conurbados		ZMVM		D.F.	
Tipo de vehículo	Abs.	%	Abs.	%	Abs.	%	Abs.	%
Automóviles	2'516,008	91.15	368,768	75.74	2'898,562	88.70	2'979,663	91.64
Autobuses	12,901	0.47	4'101	0.84	17,170	0.53	14,054	0.43
Camiones	186,611	6.76	110,741	22.75	304,162	9.31	193,429	5.95
Motocicletas	44,816	1.62	3,262	0.67	48,078	1.47	64,419	1.98
Total	2'760,336	100	486,872	100	3'267,972	100	3'251,565	100

Fuente: INEGI (2001), *Estadísticas de Medio Ambiente del Distrito Federal y Zona Metropolitana 2000*. INEGI, (2001): *Anuario Estadístico del Estado de México*, Edición 2001.
Incluye vehículos oficiales.
Para las delegaciones comprende: particulares, oficiales y las denominadas de alquiler; para los municipios se refiere a oficiales y particulares.

| 1998 | | | | | | 1999 | | | | |
| Municipios conurbados | | ZMVM | | D.F. | | Municipios conurbados | | ZMVM | |
Abs.	%	Abs.	%	Abs.	%	Abs.	%	Abs.	%
494,231	75.31	3'488,837	88.76	3,084,311	91.47	512,190	71.66	3,661,410	97.06
5,062	0.77	19,330	0.49	14,384	0.43	5,062	0.71	19,696	0.52
152,579	23.25	353,568	9.00	203,451	6.03	182,637	25.55	6,238	0.17
4,362	0.66	68,781	1.75	69,943	2.07	14,862	2.08	84,805	2.25
656,234	100	3'930,516	100	3'372,089	100	714,751	100	3'772,149	100

aunque a partir de 2000 repuntaron las ventas de automóviles en el país y en la ZMVM. Una medida que ha desarrollado el gobierno del Distrito Federal desde 1999, es el apoyo al transporte colectivo y el desestímulo al automóvil privado, tratando de reducir el número de vehículos en circulación; el gobierno del D.F. ha planteado (Fideicomiso, 2000: 201), la sustitución de 28,000 microbuses obsoletos por autobuses de mayor capacidad y 3,500 taxis por automóviles de modelo más reciente. Como el propio gobierno apunta, la crisis económica es la mayor limitante para estas políticas, al carecerse de recursos y créditos suficientes para ejecutarlas. Por parte del Estado de México, poco se ha realizado predominando el sistema de transporte por microbús, "combi" y autobús, todos ellos privados, con bajo control, peor calidad y seguridad y pocas perspectivas de resolver los problemas que enfrenta.

Problemas ambientales

a) La contaminación de la cuenca atmosférica del valle de México

El problema de la cuenca atmosférica del valle de México, es el resultado de una combinación de factores naturales –geográficos y meteorológicos– y de acciones económicas, espaciales y sociales que, en general han sido adversas para su equilibrio ambiental. Se origina porque los usuarios de la cuenca, sean transportes, industrias, servicios o familias, descargan contaminantes a este recurso –el aire– que es común a toda la comunidad metropolitana, sin que esto les represente un costo y cuando así ocurre (por ejemplo por reducción de actividad económica en contingencias o multas por contaminación ostensible), no es representativo. Al acceder a la cuenca prácticamente sin restricciones y predominando el objetivo de cada usuario de maximizar sus intereses particulares, se ha llegado al punto de que desaparezcan los beneficios para todos, cargándose los costos a toda la sociedad, cuando la explotación y deterioro de la cuenca se realiza de manera diferencial. Así, los beneficios son privados y los costos públicos. De acuerdo con el Fideicomiso de Estudios Estratégicos para la ciudad de

México,[21] dado que dentro de la metrópoli, el punto más bajo se encuentra a 2,240 metros sobre el nivel del mar, el contenido de oxígeno es del orden de 23 por ciento menor que al nivel del mar, los procesos de combustión son menos eficientes y en consecuencia, producen más contaminantes. A este fenómeno se agrega la estructura topográfica del valle, ya que las sierras (Ajusco, Chichinautzin, Nevada, Las Cruces, Guadalupe y Santa Catarina) dificultan la circulación del viento y no permiten el desalojo del aire contaminado, lo que se agrava por la presencia de vientos suaves e intermitentes que se agudizan en invierno provocando una mayor estabilidad atmosférica, con lo que se limita el mezclado vertical de aire. Además, por su ubicación en la latitud 19°, el valle de México recibe abundante radiación solar, siendo su atmósfera altamente fotorreactiva (por ejemplo 40 por ciento mayor a la de la ciudad de Los Ángeles) (Fideicomiso..., 2000: 195).

El monitoreo atmosférico En la mitad de la década de los cincuenta, se llevaron a cabo las primeras evaluaciones de la calidad del aire en el valle de México por parte de la Secretaría de Salubridad y Asistencia del gobierno federal. A partir de 1966 se inició el monitoreo atmosférico en el valle de México para emisiones de bióxido de azufre, polvo sedimentable y partículas suspendidas. En 1974 se instaló la red automática para el monitoreo continuo y en 1984 se crea la Red Automática de Monitoreo Atmosférico (RAMA), que cuenta con 20 estaciones para medir ozono, monóxido de carbono, bióxido de azufre, bióxido de nitrógeno y PM 10 (Fideicomiso, 2000: 198-199). No obstante este esfuerzo, como menciona Pradilla (en Fideicomiso..., 2000: 199) se ha comprobado que la contaminación a nivel de peatón es mayor y que es de dos a cinco veces superior en el centro de las vialidades y dentro de los vehículos que transitan por ellas, por lo que los riesgos para la salud serían mayores a los estimados a partir del monitoreo. Igualmente ocurre con el interior de los vehículos de transporte público en los que la contaminación es varias veces superior a la detectada por el sistema de monitoreo. En 1986 la red de monitoreo ambien-

21 Fideicomiso de Estudios Estratégicos para la Ciudad de México, 2000, *La ciudad de México hoy, bases para un diagnóstico*, GDF, México, D.F.

tal registró 233 días con más de 100 Imeca y 23 días con más de 200. En 1994 fueron 345 días con más de 100 y, 95 días con más de 200 Imeca, lo que implica que de manera acelerada se rebasó la capacidad de carga y equilibrio de la cuenca en este periodo. Sin embargo:

> existen avances significativos (en la atención al fenómeno de la contaminación del aire)... que parten de 1986, sobre todo de 1991, cuando la atención a este problema adquirió cierta continuidad... No obstante se enfrentan diversas dificultades difíciles de superar, las cuales derivan principalmente de la compleja articulación de factores que provocan la contaminación, entre los que destaca el predominio del consumo de combustibles fósiles en una cuenca cerrada a gran altura y poco propicia para la renovación del aire (Fideicomiso..., 2000: p. 195).

Las acciones realizadas a lo largo de los noventa, permitieron un cambio dramático en la calidad del aire, ya que mientras en 1995 los días sin contingencia atmosférica fueron 292, en 1999 alcanzaron 328 días, haciendo de este año el de mejor calidad del aire en cuanto a parámetros históricos; las tendencias muestran que esta situación mejorará paulatinamente y que difícilmente se enfrentarán situaciones críticas como la del invierno de 1990-1991, cuando los niveles Imeca rebasaron los 300 puntos (Fideicomiso..., 202). No obstante, los daños han alcanzado amplios espacios del valle, como es el caso de las zonas del Ajusco y del Desierto de los Leones en las que desde la primera mitad de los ochenta se demostró el impacto negativo del ozono y otros gases sobre sus coníferas.

El consumo de energía El origen del elevado consumo de energía y los problemas que provoca en el ambiente radica en una estructura urbana desordenada y caótica que crece sin control en la periferia y que, consecuentemente, provoca un altísimo consumo de energéticos dentro de la cuenca. El 55 por ciento del consumo de energía en la ZMVM es atribuible al transporte, 25 por ciento a la industria y los servicios, 9 por ciento a las termoeléctricas y el restante 11 por ciento a otros, destacando entre todos los energéticos la gasolina, con 44 por ciento del consumo total anual, misma que mantiene un crecimiento tendencial que generó un consumo de 16 millones de litros al día en 1989, elevándose a 20 millones en 1994 (INE, 1995). De acuerdo con el Fideicomiso de Estudios Estratégicos para la Ciudad de México (2000: 195), en 1996 el consumo de combustibles en la ZMVM alcanzó 44 millones de litros por día, correspondiendo 41 por ciento a gasolina (18 millones). Estos consumos se encuentran directamente asociados con la generación de la contaminación del aire en la ZMVM, aunque persiste un problema de precisión con respecto a esta relación por falta de información, al no contarse con un inventario desarrollado y constante que permita realizar las mediciones necesarias. Los esfuerzos realizados (1989), mostraron que de un total de 4'356,391 toneladas/año de emisiones contaminantes, 8.4 por ciento correspondió a la industria y los servicios y 76.7 por ciento a los transportes, situación que se ha incrementado del lado de estos últimos.

b) Desechos sólidos

El fenómeno de los desechos sólidos metropolitanos adquiere una especial relevancia en la relación entre el Estado de México y el Distrito Federal por dos razones: la primera corresponde a quién produce más basura en la ZMVM y, la segunda, dónde se depositan los residuos. La ZMVM produjo el año 2000 un promedio diario de 21,500 toneladas de basura, correspondiendo 53 por ciento al D.F. y el restante 47 por ciento a los municipios conurbados del Estado de México. Cada habitante del primero generó del orden de 1.33 kilogramos diarios de basura y 1.10 generó cada habitante del segundo (véase cuadro 24). De acuerdo con las condiciones geográficas del valle de México y la forma en que se ha desarrollado la metrópoli, es claro que desde hace años y especialmente en el futuro, el depósito de residuos sólidos de todo tipo tenderá a realizarse en algún sitio alejado al centro metropolitano, es decir, en algún municipio del Estado de México. No existen acuerdos entre las dos entidades para garantizar que esto ocurra de manera ordenada, científicamente estructurada y políticamente gestionada. De acuerdo con la información oficial que cotidianamente se ofrece a la prensa, la mayor parte de los depósitos abiertos se encuentra a punto de la saturación, por lo que el tema es de la mayor importancia. En principio podría suponerse que el depósito de los residuos de una gran ciudad debería realizarse donde científicamente fuera más adecuado, tomando en cuenta los factores de localización de estos equipamientos, independientemente de la demarcación política y administrativa. Igualmente, podría suponerse, que el sitio debiera ser diseñado con las técnicas más acordes con las necesidades ambientales, económicas y sociales de la ciudad y, finalmente, que la demarcación receptora de los residuos debiera contar con las garantías de seguridad para sus habitantes y las compensaciones correspondientes por asumir esta función metropolitana.

El problema es que estas condiciones no parecen estar creadas en la ZMVM y por ello, los riesgos de verter los residuos en lugares inadecuados es creciente, una vez que los autorizados alcancen la saturación. Como puede apreciarse en el cuadro 25, los sitios de depósito se localizan en municipios metropolitanos y no en el D.F. y, al tiempo, la mayor producción de basuras corresponde a esta última entidad. Por ello, la coordinación entre ambas entidades resulta central en el momento en que el fenómeno se convierte en un problema que exige de solución en plazos sumamente cortos.

CUADRO 24

GENERACIÓN DE DESECHOS SÓLIDOS
EN LA ZMVM, 2000
(Toneladas por día)

Concepto	Superficie	Población	Desechos sólidos	Porcentaje	Desechos sólidos por habitante	Desechos sólidos por km²
Distrito Federal	1,484.1	8'605,239	11,424.00	53	1.33	7.70
Municipios conurbados	3,441.0	9'204,232	10,124.66	47	1.10	2.94
ZMVM	4,925.1	17'809,471	21,548.66	100	1.21	4.38

Fuente: INEGI, 2001, *Anuario Estadístico del Distrito Federal*, Aguascalientes, México.
INEGI, 2001, *Anuario Estadístico del Estado de México*, Aguascalientes, México.

La percepción de la metrópoli

Los habitantes de la metrópoli, en cuanto al uso y aprovechamiento de las ventajas urbanas, en general no reconocen fronteras entre las entidades que la conforman y se desplazan libremente de un lugar a otro. La población de los municipios conurbados que se desplaza al Distrito Federal de manera cotidiana, sea para trabajar, recibir servicios de educación, cultura y recreación o para realizar actividades comerciales, provoca un desgaste de la infraestructura de esta última entidad. Igualmente, la población del Distrito Federal que se traslada al Estado de México a trabajar o radicar, provoca costos por el uso de infraestructura y equipamiento que deben ser asumidos por la autoridad estatal o municipal. En el seno de diversas organizaciones del Distrito Federal han surgido ideas para resolver el problema de la metrópoli, creando una nueva entidad federativa de acuerdo con lo que se estableció desde la Constitución de 1824. Se han planteado, entre otras ideas, la de establecerla parcial o totalmente en territorio del Estado de México, con lo que se supondría una nueva segregación territorial de dicha entidad. Además de los diversos problemas que presenta la propuesta, es inaceptable dicho planteamiento para la población del Estado de México y para su gobierno.

Desde otra perspectiva, ha sido claro el interés no sólo metropolitano, sino nacional, por alcanzar una estructura democrática y representativa en el gobierno del Distrito Federal, la que seguramente abonaría en mucho a una relación equilibrada entre iguales, para el desarrollo de la metrópoli. También es de interés nacional alcanzar acuerdos para el gobierno y administración de la ZMVM. La realidad es que la estructura constitucional mexicana no considera otro ámbito de gobierno –metropolitano o regional–, ni existen condiciones políticas para que el Estado de México ceda territorio para crear una nueva entidad de la Federación. En las condiciones de baja gobernabilidad que enfrenta México, estos serían distractores de problemas más severos –como la inseguridad o la crisis hidráulica en la metrópoli. El tema central es alcanzar acuerdos políticamente civilizados y eficientes para que los ámbitos de go-

CUADRO 25

SITIOS DE DEPÓSITO DE DESECHOS SÓLIDOS EN LA ZMVM, 2000

(Ton./día)

Municipio	Sitio	Localización	Denominación	Depósitos en promedio	Acumulado (ton)
Acolman	Sin sitio	Dispone en Ecatepec	Relleno sanitario	18	18
Atenco	Sin sitio	Dispone en Bordo Poniente	Relleno sanitario	50	68
Atizapán de Zaragoza	Atizapán	Paraje puerto de chivo	Relleno sanitario	750	818
Coacalco	El Ayacal	Dentro del área natural protegida Sierra de Guadalupe	Proceso de saneamiento	130	948
Cuautitlán México	Sin sitio	Dispone en Tlalnepantla	Relleno sanitario	50	998
Cuautitlán Izcalli	Huitango	Ejido de San José Huitango	Sitio controlado	390	1,388
Chalco	Santa Catarina	Santa Catarina	Sitio controlado	160	1,548
Chiautla	Sin sitio	Dispone en Bordo Poniente	Relleno sanitario	20	1,568
Chicoloapan	El Arenal	Camino a Tlalmimilolpan	Sitio controlado	23	1,591
Chiconcuac	Sin sitio	Dispone en Bordo Poniente	Relleno sanitario	20	1,611
Chimalhuacán	Tiradero municipal y las islas	Tlatel Xochitenco y canteros	En proceso de saneamiento	271.5	1,882.5
Ecatepec	Ecatepec V	Santa María Chiconautla	Relleno sanitario	1,500	3,382.5
Huixquilucan	Sin sitio	Dispone en Naucalpan	Sitio controlado	50	3,432.5
Ixtapaluca	Sin sitio	Dispone en Santa Catarina	Sitio controlado	170	3,602.5
Jaltenco	Tiradero municipal	Cabecera municipal	En proceso de saneamiento	7	3,609.5
La Paz	Tiradero municipal	Col. Tepetates, San Sebastián Chimalpa	En proceso de saneamiento	192	3,801.5

Melchor Ocampo	Tiradero municipal	Col. Torresco	Disposición inadecuada	30	3,831.5
Naucalpan	Rincón Verde	Ejido de San Mateo	Sitio controlado	1,200	5,031.5
Nextlalpan	Tiradero municipal	Paraje cajiga	Sitio controlado	6	5,037.5
Nezahualcóyotl	Neza II	Av. Bordo Xochiaca	En proceso de saneamiento	400	5,437.5
Nicolas Romero	Sin sitio	Dispone en Tlalnepantla	Relleno sanitario	150	5,587.5
Papalotla	Tiradero municipal	A 2 km de la cabecera municipal	Sitio controlado	2	5,589.5
Tecámac	El Chivo	Km. 45 carretera a Pachuca.	Sitio controlado	50	5,639.5
Teoloyucan	Tiradero municipal	Barrio San Sebastián	En proceso de saneamiento	17	5,656.5
Teotihuacan	Tiradero municipal	Ejido de Santiago Atlatongo	Sitio controlado	40	5,696.5
Tepetlaoxtoc	Tiradero municipal	Paraje puente el Gavilán	Sitio controlado	2	5,698.5
Tepotzotlán	Tiradero municipal	5 km al norte de la cabecera municipal	Sitio controlado	45	5,743.5
Texcoco	Sin sitio	Dispone en Bordo Poniente GDF	Relleno sanitario	250	5,993.5
Tezoyuca	Sin sitio	Dispone en Ecatepec	Relleno sanitario	7	6,000.5
Tlalnepantla	Relleno sanitario	Barrientos	Relleno sanitario	800	6,800.5
Tultepec	Tiradero municipal	Col. Amado Nervo y la Palma	Sitio controlado	60	6,860.5
Tultitlán	Buenavista	Sierra de Guadalupe	Proceso de saneamiento	145	7,005.5
Valle de Chalco Solidaridad	Sin sitio	Dispone en Santa Catarina GDF	Sitio controlado	140	7,145.5
Zumpango	Tiradero municipal	Cabecera municipal	Disposición inadecuada	40	7,185.5
Total				7,185.5	

Fuente: GEM, Secretaría de Ecología, 2002, *Registro de los residuos sólidos municipales*, Dirección General de Prevención y Control de la Contaminación del Agua, Suelo y Residuos, Gobierno del Estado de México, mimeo.

bierno involucrados en el desarrollo de la metrópoli asuman su plena responsabilidad más allá de visiones partidistas y localistas.

No obstante que el fenómeno metropolitano como tal ha sido socialmente reconocido desde el inicio de los años setenta, para los medios de comunicación y para una buena parte de la población, e incluso para las autoridades del Distrito Federal, la denominación *"ciudad de México"* sigue siendo sinónimo de Distrito Federal. Por su parte, el Estado de México acuñó el concepto de Valle Cuautitlán-Texcoco ante la necesidad de identificar la parte del espacio metropolitano que se ubica en su territorio. El lenguaje es una representación de lo que somos y lo que pensamos; los términos que utilizamos son una traducción verbal de los conceptos que orientan nuestras ideas. Por ello, mientras que otras sociedades han internalizado la idea de su metrópoli y, con ello, han ido adaptando el lenguaje: "Gran São Paulo, Gran Buenos Aires", la población de la Zona Metropolitana del Valle de México persiste en identificarla como ciudad de México. Si bien es claro que existen razones históricas de gran peso para ello, también es claro el concepto centralista predominante y la percepción del resto de la conurbación como periferia. Esto muestra lo lejana que se encuentra aún la posibilidad de reconocer, con todas sus consecuencias, a la metrópoli como una unidad socio-espacial.

Conclusión

Las diferencias anotadas entre las dos entidades que comparten la zmvm han tenido como consecuencia una mayor cantidad y calidad de infraestructura y equipamiento en favor del Distrito Federal. Por otro lado, esta última entidad ha contado con políticas más certeras de ingresos y una mayor capacidad administrativa de su gobierno para enfrentar los problemas de la metrópoli, lo que se traduce en mejores posibilidades de planificar y desarrollar proyectos en diversos sectores y áreas. Con ello, se ha dado una tendencia al predominio del Distrito Federal en la conducción de asuntos metropolitanos, como por ejemplo los grandes proyectos de transporte masivo, de dotación de agua potable y drenaje, las políticas contra la contaminación del aire, entre otros. Si estas diferencias pudieron ser vistas como normales en el pasado, ya no se corresponden con los procesos económicos y espaciales que ocurren dentro de la ZMVM, en los que, como menciona Ward (2002, capítulo 1), las actividades económicas y el empleo han evolucionado de manera diferencial en los tres anillos en que se divide espacialmente a la metrópoli; así, hoy tenemos una metrópoli más poblada y extensa en los municipios metropolitanos que en el D.F. Se esperaría desde los gobiernos –estatal y federal– que las decisiones de recursos públicos para la metrópoli consideraran estos procesos. De ahí que probablemente la lejanía política entre los gobiernos del Distrito Federal y del Estado de México, que tanto ha afectado el desarrollo y ordenación de la ZMVM, tenga entre sus orígenes la diferencia e inequidad histórica en la distribución de recursos públicos federales para la gran ciudad, más que otros aspectos relevantes como las diferencias políticas entre sus gobernantes o entre los partidos que han gobernado a estas entidades de la Federación.

Una evidencia más al respecto es que desde los años setenta hasta la mitad de los noventa, los gobiernos de ambas entidades surgieron del PRI. Sin embargo, esto que pareciera ser contundente con la información antes comentada, no lo es para los gobiernos, especialmente el federal, ya que desde la Secretaría de Hacienda y Crédito Público, este fenómeno ha sido prácticamente desconsiderado, fomentando mayores problemas entre las entidades federativas. Entre los gobiernos del Distrito Federal y del Estado de México han existido interpretaciones, en general poco informadas por ambas partes, relativas a los costos en que cada entidad incurre por atender las necesidades de la población de la otra parte de la metrópoli. De un lado, se argumenta que la población que trabaja y tributa en el Distrito Federal, tiene su domicilio en el Estado de México; por el otro, se argumenta que la población que vive en el Estado de México utiliza la infraestructura del Distrito Federal para trabajar, sin retribuir por ello. Como ha argumentado el gobierno del Distrito Federal a través del Fideicomiso de Estudios Estratégicos sobre la Ciudad de México (2000: 321), la falta de mecanismos de corresponsabilidad financiera para desarrollar obras y servicios de interés metropolitano afectan sus finanzas públicas; este argumento ha sido igualmente expresado por el gobierno del Estado de México. Para el gobierno del Distrito Federal, es claro que enfrenta problemas fiscales derivados de la asunción de los costos de infraestructura, equipamientos y servicios regionales, que también son consumidos por una población flotante que proviene de los municipios conurbados del Estado de México y del resto de la región centro que no tributa en el Distrito Federal (Fideicomiso…, 2000: 321). Más aún, en el Programa General de Desarrollo Urbano del Distrito Federal 2001 (2001: 74), se establece que el futuro de las finanzas públicas de esta entidad depende de un incremento real de los ingresos ordinarios, a partir del pago de los costos de la capitalidad (sic) del D.F. por parte del gobierno federal, y una mayor contribución al financiamiento del desarrollo urbano por parte de quienes usan a la ciudad para la generación de riqueza. Por su parte, el gobierno del Estado de México, desde los años ochenta y particularmente desde el final de los años noventa, ha planteado de manera enérgica al gobierno federal la exigencia de compensar a la entidad por el agua que exporta al Distrito Federal (aunque una parte se destina a los municipios conurbados), por su mayor esfuerzo en el gasto educativo y por el desequilibrio en la distribución de las participaciones que el gobierno federal entrega a las entidades federativas cada año, cuyo origen es la recaudación fiscal estatal y que representan la mayor parte de los recursos presupuestales de los estados de la Federación mexicana. Más allá de los recursos que en justicia a cada entidad corresponde, en relación con el fenómeno metropolitano, la realidad es que sólo existen evidencias documentadas del trato diferencial del gobierno federal hacia ambas entidades. No existen estudios y evidencias suficientes sobre el costo que cada estado asume frente al otro por acciones de interés común; esta ausencia ha creado diversos "lugares comunes" que sólo han enrarecido la atmósfera política y reducido la capacidad de acuerdos interestatales en favor de la metrópoli. Es necesario elaborar esos estudios para conocer el monto de aportación de cada cual, con el fin de establecer las políticas de compensación que correspondan. También es necesaria una definición de competencias para acordar para cada servicio, infraestructura y equipamiento, si es de interés metropolitano o bien estatal o municipal, de manera que cada parte aporte y asuma lo que le corresponde.

Finalmente, lo que es claro para prácticamente todos los gobiernos nacionales, debería serlo también para el gobierno de México. Los recursos financieros que requiere la capital nacional, especialmente cuando frente al resto del sistema urbano del país presenta una situación de primacía, deben provenir también del gobierno federal. Hasta ahora, se han canalizado preferentemente al Distrito Federal, desconociendo a la metrópoli como unidad. El problema metropolitano del valle de México ya dejó de ser un asunto local, en la medida en que la situación crítica que enfrenta su desarrollo urbano y su ambiente se ha reflejado en las estructuras social y política nacionales. Asumir lo metropolitano como condición básica para reordenar y para desarrollar a la ZMVM es central; en ello, la responsabilidad en la distribución equilibrada de recursos nacionales para enfrentar las necesidades de infraestructura y equipamiento corresponde al gobierno mexicano. Y corresponde a los dos gobiernos estatales alcanzar la madurez en su relación y en su concepción del gran espacio urbanizado en el valle de México como metrópoli, y no como dos partes aisladas, en las que las políticas se diseñan sin acuerdo y se aplican individualmente y sin coordinación.

PLANEACIÓN METROPOLITANA: HISTORIA Y REALIDAD

La planeación metropolitana concertada: una nota histórica

Cuando menos desde los años setenta, los gobiernos del Distrito Federal y del Estado de México han intentado, con diversos niveles de voluntad y éxito, acordar medidas conjuntas para enfrentar el fenómeno de la metropolización de la ciudad de México. En 1976 se constituyó la Comisión de Conurbación de la Zona Centro del País, declarándose como zona conurbada la comprendida en las áreas dentro de un radio de 30 kilómetros, cuyos centros estarían localizados en los puntos de convergencia de las fronteras entre el Distrito Federal, con los estados de México y Morelos (véase mapa 3) y se aprobó el Plan de Ordenación de la Zona Conurbada, preservándose el carácter de organismo descentralizado a la comisión. En 1988 se eliminó este carácter y se le dio un enfoque de coordinación y concertación de acciones, trasladándose las funciones sustantivas a las dependencias federales correspondientes.

La disminución de atribuciones estatales y municipales en la planeación del desarrollo de la zona y su absorción por parte de las dependencias federales significó en la práctica que esta comisión con su nueva figura haya tenido un mínimo impacto, tanto en la planeación como en el ordenamiento metropolitano (Asesoría Especial para Estudios de la Conurbación Metropolitana, 1994: 107).

En 1983, con las reformas al artículo 115 de la Constitución nacional, los ayuntamientos asumieron importantes responsabilidades en la planeación del desarrollo urbano. En dicha reforma, el tema de las conurbaciones sufrió un cierto cambio al denominarse a este fenómeno por su continuidad demográfica y no geográfica, como ocurría anteriormente.

En 1988 se creó la Comisión del Área Metropolitana entre los gobiernos del Estado de México, el Distrito Federal y el gobierno federal, con el propósito de planificar su desarrollo, reordenar los usos del suelo, controlar su crecimiento y realizar programas y acciones conjuntas para atenderla de manera coordinada.

Mientras que el Departamento del Distrito Federal creó la Secretaría de Coordinación Metropolitana, que posteriormente se transformó en dirección general, el Estado de México constituyó un comité integrado por los funcionarios estatales y los presidentes de los municipios considerados como conurbados. Los productos de esta comisión fueron bastante modestos, no obstante que se lograron diversas acciones normativas y operativas.

La Comisión del Área Metropolitana tuvo poca presencia y actividad. En la práctica, los acuerdos logrados en algunas materias se alcanzaron mediante concertaciones específicas por área o actividad entre los responsables de ambas entidades.

Por el lado del Distrito Federal, la Secretaría de Coordinación Metropolitana intervenía en todas las negociaciones, y por ello se constituyó en un enlace institucional y permanente para esos efectos. Por el contrario, el comité creado por el gobierno del Estado de México no tuvo actuación o presencia alguna; la relación entre el gobierno del Estado y el del Departamento del Distrito Federal se atendió de manera práctica por cada responsable sectorial (Asesoría Especial para Estudios de la Conurbación Metropolitana 1999: 108-109.)

Como menciona Ward en el capítulo 5, han existido muchos intentos para alcanzar algún nivel de concertación entre los planes desarrollados por el Distrito Federal y el Estado de México; todos han fallado o nunca se tomaron en serio. La situación desde los años ochenta sugiere que las cosas poco han cambiado. En 1989 se integró el Consejo del Transporte del Área Metropolitana, que fue robustecido por un acuerdo adicional en esta materia, firmado en 1992, determinándose que realizaría labores de planeación, coordinación de acciones e incluso obras importantes como una línea del metro. Sin embargo, como plantea la Asesoría Especial para Estudios de la Conurbación Metropolitana (1994: 110), por carecer de funciones claras y sobre todo por carecer de autoridad, las decisiones que propuso en materia de ordenamiento del transporte público no lograron concretarse. Los problemas entre transportistas de ambas entidades, especialmente por invasión de rutas, no fueron resueltos por este consejo. De igual manera, los proyectos de infraestructura tuvieron múltiples problemas por las diferencias en la respuesta financiera de cada entidad y por el escaso apoyo federal para estos proyectos. De hecho, no obstante lo declarado oficialmente por ambas entidades, las acciones gubernamentales sobre el problema del transporte metropolitano han hecho evidente que no ha existido la suficiente voluntad para enfrentarlo de manera coordinada (e incluso individual), y que no se cuenta con un conocimiento claro del fenómeno ni de su significación estratégica en la configuración metropolitana, situación que a la vuelta del siglo persiste.

En 1992 se creó a instancias federales la Comisión para la Prevención y Control de la Contaminación Ambiental, con el propósito de atender el creciente problema del deterioro del aire, sobre todo de la metrópolis. Es probablemente esta comisión la que con más eficacia ha cumplido su cometido, al lograr acuerdos que han permitido la medición de la contaminación en la cuenca atmosférica de la metrópolis, la creación de programas de saneamiento del suelo y de reforestación, y programas diversos como "Hoy no circula", además de otros orientados a la educación y el desarrollo tecnológico.

Después de 1992 y hasta 1995 se crearon otras comisiones relativas a seguridad pública y procuración de justicia; manejo del agua y del drenaje; asentamientos humanos, y se sustituyó la del transporte por la Comisión Metropolitana de Transporte y Vialidad, con propósitos similares a las vigentes hasta entonces, siendo dotadas todas ellas de un secretariado técnico, cuyo responsable pertenecería de manera rotativa a los gobiernos del Distrito Federal y del Estado de México, así como al gobierno federal.

Como producto de la reforma política del Distrito Federal, en 1995 se estableció a nivel constitucional la posibilidad de los gobiernos de suscribir convenios para atender el fenómeno de metropolización, dando pie al convenio entre los gobiernos del Distrito Federal, el Estado de México y el federal, creándose en ese año la Comisión Metropolitana de Asentamientos Humanos (Cometah), que abrió la puerta para dar cumplimiento a la obligación constitucional para los tres ámbitos de gobierno de planificar y ejecutar las acciones de ordenamiento territorial y los asentamientos humanos en la metrópoli. Se creó también el Consejo de Titulares de las Comisiones Metropolitanas con el fin de atender asuntos considerados urgentes de manera ejecutiva y directa. En este contexto, es destacable la elaboración conjunta del Programa de Ordenación de la Zona Metropolitana del Valle de México entre 1995 y 1996 y su aprobación por el jefe de Gobierno del Distrito Federal y el gobernador del Estado de México en 1998. Con este acto político, se estableció un esquema de desarrollo metropolitano que permite prefigurar un proyecto más acabado, y sobre todo, dar pasos para lograr que conjuntamente se tomen decisiones sobre el futuro de la metrópoli. Este programa, sin embargo, de acuerdo con una primera evaluación (Rébora, 2001), en la realidad no ha tenido aplicación ni fuerza para normar las acciones de los gobiernos involucrados en la planeación y administración del espacio metropolitano.

Entre 1995 y 2000 se dieron otros avances. Destaca la integración de la Comisión Ejecutiva de Coordinación Metropolitana en 1998, para establecer las bases de coordinación del desarrollo entre los municipios metropolitanos y las demarcaciones del Distrito Federal; igualmente, para definir los temas de la agenda metropolitana y dar seguimiento y evaluar de manera concurrente los programas, proyectos y acciones derivadas de las prioridades de la metrópoli, además de coordinar los trabajos de las comisiones metropolitanas. También, en mayo de 2001 fue conformado el Consejo Técnico de Ordenamiento Territorial y Desarrollo Urbano de la Región Centro del País, con un enfoque de planeación megalopolitana en el que participan los gobiernos del Distrito Federal y de los estados de México, Hidalgo, Morelos, Tlaxcala y Puebla.

Igualmente, los esfuerzos para avanzar en la reforma política del Distrito Federal han permitido que a la vuelta del siglo esta entidad cuente con importantes avances, como la creación de la Asamblea Legislativa (desde 1988 como Asamblea de Representantes), con importantes avances, aunque insuficientes con relación a las facultades de un Congreso estatal. Igualmente, avanzó en la aprobación de paquetes de leyes y reglamentos, sobre diversos aspectos de la vida metropolitana. Se logró la elección ciudadana, libre y democrática desde 1997 del jefe de Gobierno; la creación del Instituto Electoral del Distrito Federal y la institucionalización de la participación ciudadana en la gestión urbana desde 1998; la elección libre y democrática desde 2000 de los jefes delegacionales, aunque estas demarcaciones siguen careciendo de cuerpos colegiados (tipo cabildo) y capacidad para recaudar impuestos (Gobierno del Distrito Federal, 2001: 63). Este proceso facilitará la descentralización de funciones, poder y recursos hacia las

ALFONSO IRACHETA CENECORTA

delegaciones, así como una mayor autonomía política y administrativa del gobierno del Distrito Federal frente a la Federación, lo que permitirá que esta entidad seguramente alcance un estatus especial que le permita contar con características muy cercanas a una entidad federativa, preservando las condiciones de ciudad-entidad federativa y capital de la República del tipo "ciudad autónoma".

Una interpretación de los esfuerzos conjuntos para planificar, administrar y coordinar acciones de desarrollo metropolitano entre los gobiernos del Estado de México y del Distrito Federal, y entre éstos y el federal con base en las evidencias de la historia reciente, permiten asumir que se han centrado en un esquema de actuación más voluntarista y contractual, tanto en la integración de órganos colegiados –comisiones metropolitanas– como en el diseño, discusión, acuerdo y ejecución de las medidas acordadas por estas comisiones. En la práctica, las políticas y acciones acordadas corresponden a las dependencias y organismos públicos de cada entidad o del gobierno federal, las que no necesariamente cumplen con las recomendaciones y propuestas de las comisiones. Adicionalmente, no cuentan con estructuras para crear proyectos integrados con enfoque metropolitano, ni con recursos dedicados a ellos, salvo algunos ejemplos relevantes sobre el tema hidráulico o ambiental, y casos muy particulares que han tenido baja importancia, como la emisión de la placa de circulación de cierto tipo de vehículos con carácter metropolitano.

El Programa General de Desarrollo Urbano del Distrito Federal 2001 (Gobierno del Distrito Federal, 2001: 165), en referencia a las comisiones antes señaladas, establece que los avances han sido insuficientes, siendo necesario trascender los procedimientos tradicionales, impulsar una estrategia que converja territorialmente para una gestión urbana más efectiva, que lleve a la adopción de patrones de urbanización ambientalmente sustentables en el espacio compartido entre el Distrito Federal y el Estado de México. En este contexto, destaca la evolución del fenómeno metropolitano y su desborde hacia la región centro del país, conformando una megalópoli que involucra a seis entidades federativas con sus propias conurbaciones, cuya interacción hace más notoria la necesidad de formas institucionales de cooperación, acuerdo y gestión de políticas y proyectos conjuntos de toda naturaleza, entre los ámbitos de gobierno responsables de su administración y desarrollo. Sin duda que después de varias décadas de abandono gubernamental, resulta primordial rescatar los principios de la planeación regional, como instrumento de atención a una problemática tan compleja como la de la megalópoli del centro de México.

Igualmente, resulta estratégico crear las estructuras intermunicipales que permitan una coordinación entre este nivel de gobierno de manera horizontal o con el gobierno del Estado de México y en su caso, entre las delegaciones y el gobierno del Distrito Federal, para construir una política metropolitana. Algunos esfuerzos en tal sentido, como la disposición legal de constituir comisiones de conurbación intermunicipales (1977), entre otras, nunca operaron en el espacio de la ZMVM.

Finalmente, resulta central involucrar al Poder Legislativo para la construcción de un proyecto metropolitano. En el contexto de la ZMVM, políticamente se ha intentado en diversas ocasiones alcanzar acuerdos amplios incluyendo a este poder, por medio de las reuniones interparlamentarias entre el Estado de México y el Distrito Federal. No obstante la importancia de la temática tratada en las tres reuniones realizadas a lo largo de los años noventa y al inicio del nuevo siglo, ningún acuerdo o acción relevante se alcanzó, confirmando las limitaciones que han signado esta relación en torno al fenómeno metropolitano del valle de México. Como consecuencia, destaca que los sucesivos gobiernos no han dado cumplimiento al mandato constitucional que establece la obligatoriedad de planificar las áreas metropolitanas coordinadamente entre los tres órdenes de gobierno, como es el caso de la ZMVM, no obstante que para ello se creó la Comisión Metropolitana de Asentamientos Humanos. Persisten limitaciones fundamentales para que las políticas y acciones alcancen un nivel de actuación metropolitano, derivadas de la heterogeneidad de las leyes y reglamentos entre ambas entidades y la ausencia de homologación de políticas y normas diversas, lo que ha provocado la desarticulación de infraestructuras y servicios que por principio son comunes. No obstante que estas limitaciones, ampliamente reconocidas en diversos ámbitos, deberían obligar a la toma de decisiones, el tiempo avanza y la metrópoli se acerca a puntos críticos, muchos de ellos sin retorno. El diseño, la gestión, aprobación y aplicación de formas novedosas de coordinación metropolitana, que consideren la pluralidad política y la gestión compartida entre los diversos grupos sociales, es una necesidad que hace tiempo desbordó el ámbito puramente político-administrativo entre los gobiernos de las dos entidades, para convertirse en asunto estratégico del desarrollo económico y social de la gran conurbación y de la nación mexicana.

Mapa 3
LA MEGALÓPOLIS DEL CENTRO DE MÉXICO

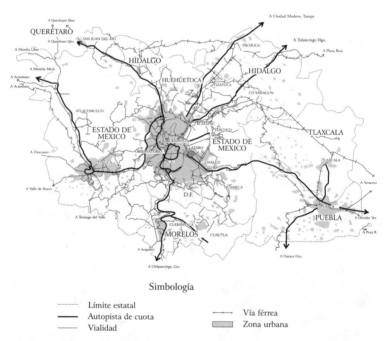

Simbología

.... Límite estatal
——— Autopista de cuota   ←——→ Vía férrea
——— Vialidad   ▨ Zona urbana

Fuente: Alfonso Iracheta (1997), *Planeación y Desarrollo, Una visión del futuro*, Plaza y Valdés Editores, México.

¿Planeación metropolitana?

Una forma evidente de medir la voluntad y capacidad de coordinación entre entidades que comparten un espacio metropolitano es la formulación conjunta de planes, programas y proyectos que atiendan el fenómeno metropolitano y, especialmente, su ejecución concertada. Históricamente, no obstante la clara necesidad de planificar la ZMVM como un gran espacio metropolitano, cada entidad ha desarrollado sus propuestas con poca consideración de la opinión de la entidad vecina. Cuando se ha avanzado en la elaboración de proyectos conjuntos, poco es lo logrado en la atención de los problemas más visibles y más graves de la conurbación. No obstante que en 1998 se autorizó el Programa de Ordenación de la Zona Metropolitana del Valle de México por los dos gobernadores –del Distrito Federal y del Estado de México– los documentos posteriores de planeación emitidos por ambas entidades reflejan el escaso interés por una visión metropolitana.

A manera de ejemplo, el gobierno del Distrito Federal publicó en 2001 el Bando 2, emitido por el jefe de Gobierno, en el que establece:

> Que es vital preservar el suelo de conservación del Distrito Federal impidiendo que la mancha urbana siga creciendo hacia las zonas de recarga de mantos acuíferos y donde se produce la mayor parte del oxígeno para la ciudad.
> Que en los últimos treinta años las cuatro delegaciones del centro, Cuauhtémoc, Benito Juárez, Miguel Hidalgo y Venustiano Carranza, han disminuido su población en un millón doscientos mil habitantes, en tanto que en las delegaciones del sur y del oriente la población ha crecido en forma desproporcionada...[por ello se establece]... la aplicación de las siguientes políticas y lineamientos:
> I. Con fundamento en las leyes, se restringirá el crecimiento de la mancha urbana hacia las delegaciones Álvaro Obregón, Coyoacán, Cuajimalpa de Morelos, Iztapalapa, Magdalena Contreras, Milpa Alta, Tláhuac, Tlalpan y Xochimilco.

II. En estas delegaciones se restringirá la construcción de unidades habitacionales y desarrollos comerciales que demanden un gran consumo de agua e infraestructura urbana, en perjuicio de los habitantes de la zona y de los intereses generales de la ciudad.

III. Se promoverá el crecimiento poblacional hacia las delegaciones Benito Juárez, Cuauhtémoc, Miguel Hidalgo y Venustiano Carranza para aprovechar la infraestructura y servicios que actualmente se encuentran subutilizados.[22]

En la propuesta de Programa General de Desarrollo Urbano del Distrito Federal 2001 (2001: 69) se confirma esta política, a partir de escenarios demográficos que dejan clara la necesidad de reducir el despoblamiento de las delegaciones centrales y la sobrepoblación de la periferia. Sin embargo, al determinarse en este instrumento que la producción de vivienda dentro del Distrito Federal se limitará a las delegaciones centrales, con el propósito de reducir el despoblamiento del centro de la ciudad de México, se han provocado diversas consecuencias:

• La primera es que tiende a trasladarse la demanda por vivienda popular, cuya localización es periférica, a los municipios del Estado de México, provocando efectos indeseados, como es la mayor ocupación de suelo y la ampliación de la frontera de la metrópoli.

• La segunda está íntimamente vinculada a la anterior, ya que los precios del mercado inmobiliario en las delegaciones centrales del Distrito Federal son elevados para los grupos de menor ingreso, y tenderán a elevarse como resultado de la aplicación de este Bando, y no serán atractivos para el sector privado. El resultado es el aceleramiento de la "expulsión" de población pobre hacia la periferia metropolitana, limitada sólo a municipios del Estado de México.

• La tercera es que al no permitirse construcción de vivienda en las delegaciones "periféricas", los precios del suelo tenderán

[22] Documento <http://www.comsoc.df.gob.mx/agencia/bandos.php3?id=2384444>

a caer, creando una paradoja, ya que donde sí se permite y fomenta la producción de vivienda popular, los precios se elevan, mientras que donde se prohíbe, los precios se reducen e inclusive se fomenta la producción irregular o clandestina.

En esta decisión, si bien existe una racionalidad local, se ha carecido de una metropolitana. Igualmente, resalta que no se consideró adecuadamente la operación del mercado inmobiliario, ya que de haber sido así, las tendencias registradas hubieran sido diferentes.

Otro ejemplo relevante es la decisión del jefe de Gobierno del Distrito Federal en el año 2002 de construir "segundos pisos" a las vialidades primarias de la ciudad central –viaducto Miguel Alemán y Periférico– como medida para resolver los crecientes problemas de congestión del tránsito vehicular. Al presentar el gobierno del Distrito Federal el Programa Integral de Transporte y Vialidad al inicio del año 2002, propuso además de atender las necesidades del transporte público, mejorar la infraestructura vial debido a un déficit estimado de 410 kilómetros de vialidades primarias y 120 kilómetros de vías de acceso controlado, y planteó como objetivo lograr mayor fluidez en las vialidades en beneficio del transporte público y particular. Con relación a esta propuesta, destacan varias cuestiones:

La primera es que no responde a un plan metropolitano de vialidad y transporte; la obra se orienta esencialmente a apoyar el transporte individual equivalente al 20 por ciento de los viajes en la metrópoli; la tercera es que la escasez financiera y los problemas del transporte público, supondrían que todo recurso iría al transporte público; la cuarta es que existe un acuerdo explícito de que deben apoyarse las acciones de transporte público por encima de cualquier otra obra o acción pública para atender las necesidades de movilización de personas en la metrópoli; la última es que cada acción vial incrementa el parque de automóviles, reduciendo la operación del transporte masivo.

Dicho de otra manera, ante la falta de un transporte público eficiente, cómodo, seguro y a precio razonable, que sólo se crea en el mediano plazo, el ciudadano seguirá utilizando el automóvil privado, aunque cada día se reduzcan las condiciones de tráfico, se eleve la contaminación, y los costos individuales y sociales sean más altos.

Por el lado del Estado de México ocurre algo similar. Los planes regionales metropolitanos y los municipales en general no consideran ni las políticas ni las opiniones del gobierno del Distrito Federal, con las consecuencias evidentes en la planeación integral de la metrópoli. Fue hasta la elaboración de la última propuesta de Plan Regional Metropolitano del Valle Cuautitlán-Texcoco[23] que, de manera explícita, el gobierno estatal consideró las orientaciones de planeación del gobierno del Distrito Federal, aunque dicho plan al inicio de 2002 no había sido autorizado y por ello carecía de fuerza legal.

Otra evidencia de esta visión parcializada de la metrópoli fue la decisión, después de prácticamente 30 años, de localizar el nuevo aeropuerto internacional de la metrópoli. Independientemente de que la decisión se tomó a finales del año 2000 para construirlo en terrenos desecados del ex lago de Texcoco dentro del Estado de México, para luego cancelarla en agosto de 2002 (véase mapa 6), lo que sorprende es que durante el proceso las posiciones fueron opuestas entre los gobiernos del Distrito Federal y del Estado de México, justificando y argumentando ambos su planteamiento a partir de consideraciones de ordenamiento territorial y ambiental, al grado de que el primero ha acudido a la última instancia de decisión contemplada por la legislación nacional, que es la controversia constitucional ante la Suprema Corte de Justicia de la Nación, con lo cual habría esperado que la decisión se revocara. La decisión de cancelar el proyecto, por lo menos ante la opinión pública, fue el producto de la presión violenta ejercida

---

[23] El valle Cuautitlán-Texcoco comprende a los 57 municipios considerados metropolitanos por el Programa de Ordenación de la Zona Metropolitana del Valle de México. Desde una perspectiva de planeación estatal, considera 34 municipios como efectivamente conurbados con la ciudad de México (véanse mapas 5 y 6).

por los campesinos y pobladores de San Salvador Atenco, uno de los núcleos ejidales a los que se expropiaron tierras para el proyecto. Es muy difícil que se conforme, pero la opinión de analistas y expertos durante este proceso fue que además de la razón que asistía a los pobladores, los partidos políticos, intereses económicos no beneficiados por la localización del aeropuerto en Texcoco e incluso los gobiernos afectados o que estuvieron en contra, apoyaron de diversas maneras y con diferente profundidad la protesta. Por ello, es claro que la cancelación de la expropiación[24] fue un acto político y no jurídico o técnico basado en una decisión de la Corte Suprema.

Desde el Programa General de Desarrollo Urbano del Distrito Federal 2001 (Gobierno del Distrito Federal, 2001: 74), se establecía:

> La ubicación del nuevo aeropuerto internacional en el ex vaso del lago de Texcoco en el Estado de México es inviable, dado que pondría en riesgo la sustentabilidad de una zona que, aun sin contar con el equipamiento programado, está expuesta a una presión poblacional formal e informal en terrenos no aptos para el desarrollo urbano.

La decisión tomada por el gobierno federal no fue respaldada por un estudio serio sobre las repercusiones de un emplazamiento regional con proyección global. Por otro lado, la propuesta contradice los convenios de coordinación establecidos formalmente para la planeación y aplicación de acciones conjuntas en la zona metropolitana del valle de México, concretamente los acuerdos de la Comisión Metropolitana de Asentamientos Humanos, órgano creado para resolver la problemática compartida en cuanto a ordenamiento territorial y los asentamientos humanos.

---

[24] Así fue anunciada por las autoridades federales, aunque expertos coincidieron entonces que no podía ser una decisión unilateral del Poder Ejecutivo federal, ya que como hecho consumado, las tierras ya pertenecían a la nación y por ello se requería de un procedimiento más allá que sólo suspender o cancelar la decisión de expropiación.

Así como con razón, el gobierno del Distrito Federal argumentó el incumplimiento de los acuerdos de coordinación al no participar la Comisión de Asentamientos Humanos en el proceso de decisión, igualmente, asistiría la razón a quien le reclamara lo mismo a dicho gobierno, ya que ni el mencionado Bando 2, ni el proyecto de los segundos pisos a las vialidades troncales de la metrópoli fueron analizados por comisión metropolitana alguna.

En una sociedad civilizada en la que las discusiones políticas son el resultado de la lucha entre proyectos diferentes de desarrollo, se esperaría que la localización de un equipamiento regional como un aeropuerto o la realización de grandes obras viales tendrían como elemento natural de análisis las prioridades metropolitanas previamente consensuadas entre los gobiernos responsables de su administración. Se esperaría que las diferencias partidarias y personales entre los políticos encontrarían otras arenas de confrontación, afectando lo menos posible a los ciudadanos, simplemente porque éstos valorarían las propuestas y actuarían en consecuencia en las siguientes elecciones. En los procesos de decisión de los proyectos ya mencionados, ha quedado claro que la política civilizada es apenas una idea en las formas de decidir en México. Por delante han estado sin rubor las diferencias políticas, partidistas y personales entre políticos; al margen han quedado los 19 millones de habitantes de la metrópoli.

Ante estos ejemplos brota naturalmente una pregunta: ¿fue la propuesta del nuevo aeropuerto metropolitano de "derecha" y la de las nuevas vialidades en segundo piso de "izquierda"? Es decir, se reconoce y asume desde dentro de los gobiernos involucrados, que existe cierta incapacidad para construir consensuadamente un proyecto de ciudad más allá de diferencias partidistas, simplemente porque la lucha política en el México de inicio del siglo XXI se limita a ganar votos a cualquier precio porque, como un alto funcionario mencionó: si no ganamos los votos, lo demás queda en utopía.

MAPA 4

ZONA METROPOLITANA DEL VALLE DE MÉXICO (ZMVM)
AL 2000
(34 municipios)

Simbología

—— Límite delegacional o municipal

– – Límite estatal

Área urbana del Estado de México

Área urbana del Distrito Federal

Cuerpo de agua

Fuente: Plan Regional Metropolitano
del Valle Cuautitlán Texcoco.

Distrito Federal

Álvaro Obregón, Azcapotzalco, Benito Juárez, Coyoacán, Cuajimalpa, Cuauhtémoc, Gustavo A. Madero, Iztacalco, Iztapalapa, Magdalena Contreras, Miguel Hidalgo, Milpa Alta, Tláhuac, Tlalpan.

Estado de México

Acolman, Atenco, Atizapán de Zaragoza, Coacalco, Cuautitlán, Cuautitlán Izcalli, Chalco, Chiautla, Chicoloapan, Chiconcuac, Chimalhuacán, Ecatepec, Huixquilucan, Isidro Fábela, Iztapaluca, Jaltenco, Jilotzingo, Los Reyes la Paz, Melchor Ocampo, Naucalpan, Nextlalpan, Nezahualcóyotl, Nicolás Romero, Tecámac, Temamatla, Temascalapa, Teoloyucan, Teotihuacan, Tepotzotlán, Texcoco, Tezoyuca, Tlalnepantla, Tultepec, Tultitlán, Valle de Chalco, Zumpango.

Nota: Los límites municipales y delegacionales son del Gobierno del Estado de México y del Distrito Federal.

MAPA 5

ZONA METROPOLITANA DEL VALLE DE MÉXICO (ZMVM)
AL 2000
(58 municipios)

Población 18'350,333
Superficie territorial (km²) 7,844
Densidad (hab/km) 2,339

Distrito Federal

Álvaro Obregón, Azcapotzalco, Benito Juárez, Coyoacán, Cuajimalpa, Cuauhtémoc, Gustavo A. Madero, Iztacalco, Iztapalapa, Magdalena Contreras, Miguel Hidalgo, Milpa Alta, Tláhuac, Tlalpan.

Simbología

—— Límite delegacional o municipal

-- Límite estatal

Estado de México

▓ Área urbana del Estado de México

▓ Área urbana del Distrito Federal

▓ Cuerpo de agua

Acolman, Amecameca, Apaxco, Atenco, Atizapán de Zaragoza, Atlautla, Axapusco, Ayapango, Coacalco, Cocotitlán, Coyotepec, Cuautitlán, Cuautitlán Izcalli, Chalco, Chiautla, Chicoloapan, Chiconcuac, Chimalhuacán, Ecatepec, Huehuetoca, Hueypoxtla, Huixquilucan, Isidro Fabela, Iztapaluca, Jaltenco, Jilotzingo, Juchitepec, Los Reyes la Paz, Melchor Ocampo, Naucalpan, Nextlalpan, Nezahualcóyotl, Nicolás Romero, Nopaltepec, Otumba, Ozumba, Papalotla, San Martín de las Pirámides, Tecámac, Temamatla, Temascalapa, Tenango del Aire, Teoloyucan, Teotihuacan, Tepetlaoxtoc, Tepetlixpa, Tepotzotlán, Tequisquiac, Texcoco, Tezoyuca, Tlalmanalco, Tlalnepantla, Tultepec, Tultitlán, Valle de Chalco, Villa del Carbón, Zumpango.

Fuente: Plan Regional Metropolitano del Valle Cuautitlán Texcoco.

Mapa 6
PROYECTO AEROPUERTO TEXCOCO

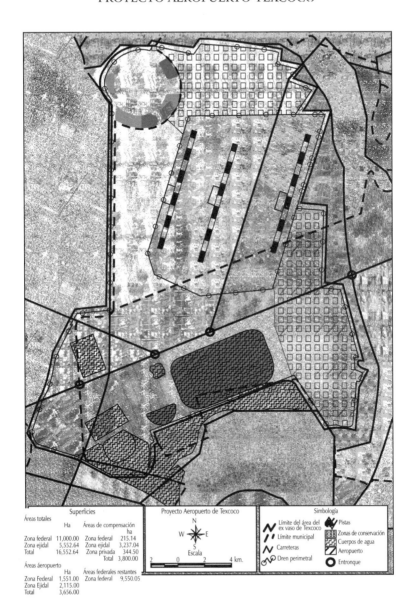

Superficies

Áreas totales

	Ha
Zona federal	11,000.00
Zona ejidal	5,552.64
Total	16,552.64

Áreas aéropuerto

	Ha
Zona Federal	1,551.00
Zona Ejidal	2,115.00
Total	3,656.00

Áreas de compensación

	ha
Zona federal	215.14
Zona ejidal	3,237.04
Zona privada	344.50
Total	3,800.00

Áreas federales restantes

Zona federal	9,550.05

Proyecto Aeropuerto de Texcoco

N
W—E
S
Escala
2   0   2   4 km.

Simbología

Límite del área del ex vaso de Texcoco
Límite municipal
Carreteras
Dren perimetral
Pistas
Zonas de conservación
Cuerpos de agua
Aeropuerto
Entronque

CONCLUSIÓN

La APRECIACIÓN y estudio de la ciudad de México, como si fuera un fenómeno confinado solo dentro del territorio del Distrito Federal, independientemente de su expansión y conurbación con municipios del Estado de México, sigue siendo un hecho generalizado que, a mi juicio, se origina en dos situaciones:

La *primera* es que la ciudad de México ha tenido y tiene un estatus particular entre las ciudades mexicanas por ser el origen histórico y cultural de la nación. Desde la fundación de la gran Tenochtitlan como centro y capital del imperio mexica o azteca; posteriormente, su transformación en capital de la Nueva España y, finalmente, en su conformación como capital del México independiente, su fuerza frente al resto del territorio ha sido inmensa. En buena medida el país y su política, economía y cultura han girado en torno a la ciudad de México. La consecuencia ha sido que las decisiones e inversiones públicas han tenido como eje las necesidades del Distrito Federal, al grado de que muchas consecuencias de esta visión centralizada que han impactado otros espacios han sido desatendidas, como es el caso de la extracción de agua de cuencas distintas para surtir al valle de México y su desalojo sin tratamiento hacia el valle de Tula y el golfo de México.

La *segunda* situación, derivada de la anterior, es que la expansión del área urbana de la ciudad de México hacia territorio del Estado de México no se ha considerado, hasta hace apenas unos años, como un fenómeno relevante. La frase popular que recupera Peter Ward en el prefacio de este libro: "fuera de México (ciudad) todo es Cuautitlán", y que él mismo asume como rebasada, correspondió a una evidente percepción del centralismo de la capital frente al resto del país, representado por la hiperconcentración de poder de toda naturaleza en la ciudad de México, siendo su entorno no más que una periferia poco valorada.

Hasta hoy, los gobiernos del Distrito Federal han determinado las políticas metropolitanas –agua, transporte, grandes usos del suelo– en el sentido de que, pensando en su territorio, de manera indirecta han influido en lo que ocurre en los municipios conurbados, aunque hace 50 años que la metrópoli es compartida con el Estado de México. Muy recientemente se ha iniciado un proceso distinto, al recaer en el gobierno del Estado de México y en los gobiernos municipales la responsabilidad de las grandes decisiones –nuevas áreas de crecimiento, vialidades, equipamientos regionales– para atender los problemas y expansión metropolitanos que ocurren en su mayor parte en esta entidad de la Federación. El problema de esto es que en lo concreto, es decir en la planeación territorial, en la distribución de los recursos públicos, en los acuerdos políticos e inclusive en la apreciación social y cultural, no existe la Zona Metropolitana del Valle de México, y por ello carece de reconocimiento jurídico y estatus político. Tanto el gobierno del Distrito Federal como el del Estado de México han elaborado sus planes y programas de desarrollo urbano y de otras materias al margen de la opinión del otro, salvo excepciones notables, como las vinculadas al ambiente, por citar un ejemplo.

Si observamos a la metrópoli con ojo ajeno y muy perceptivo como lo hace Peter Ward, nos sorprende la baja capacidad que se ha tenido para enfrentar los problemas de desorden urbano, el transporte caótico, la destrucción de los recursos naturales o su contaminación y el crecimiento de la inseguridad e impunidad criminal. Seguramente una de las respuestas a ello, aunque no la única, es la ausencia de un proyecto de ciudad compartido, comprometido, gestionado y apoyado por el gobierno y la sociedad. La idea de la ciudad desde el Distrito Federal ha sido muy diferente de la propia del Estado de México y la que ha tenido el gobierno de esta entidad no ha coincidido con la que han hecho explícita buena parte de los municipios metropolitanos a través de acciones.

De hecho, hace muchos años que, especialmente desde la academia, la prensa y organizaciones de la sociedad, nos hemos preguntado si existe un proyecto o varios –uno para cada parte de la metrópoli– que sea congruente con las necesidades sociales y la capacidad de carga del ambiente; lamentablemente, la respuesta no ha sido positiva. Y sin embargo, la ciudad se mueve y funciona porque, como menciona Peter Ward en el prefacio de este libro, vivir en la ciudad de México puede llegar a ser exasperante y atemorizante, y cuando te está llevando al límite, misteriosamente su "duende" te pone en el camino otra vez y se reinicia el ciclo de vida.

Como producto de los avances en la coordinación metropolitana entre las dos entidades y el gobierno federal, más recientemente se ha acordado denominar a la metrópoli como Zona Metropolitana del Valle de México, cuando menos para efectos de la operación de las comisiones metropolitanas y los programas que de ahí derivan. El problema es que en el discurso –político, social, de comunicación masiva– estos pasos no se han dado. Las diferencias analizadas en este texto marcan la distancia que se requiere recorrer para alcanzar una coordinación metropolitana; más grave aún, dejan clara la escasa voluntad política que existe en las autoridades de ambas entidades y del gobierno nacional para alcanzarla, ya que con sus acciones se han creado condiciones de desarrollo metropolitano sumamente diferenciadas, destacando la menor capacidad del Estado de México para enfrentar los problemas y necesidades de la urbanización acelerada.

Resulta sorprendente que durante más de 4 décadas se hayan asentado población y actividades económicas en la metrópoli bajo condiciones sumamente desordenadas, especialmente en los municipios conurbados, creándose un patrón de ocupación regresivo en todos los aspectos del bienestar social y la sustentabilidad ambiental; frente a esta realidad no existen todavía condiciones políticas para enfrentarla como un asunto estratégico de interés nacional y estatal. La urbanización continúa bajo patrones similares de configuración, ocupando cerros, cañadas, lechos de ríos, espacios agrícolas; siguiendo los mismos procedimientos y métodos observados desde los sesenta, ya sea por medio de invasiones de terrenos, provocadas o auspiciadas por partidos políticos, personeros y funcionarios públicos; ventas irregulares o ilegales de todo tipo de terrenos sin el respeto mínimo que exigiría el asentamiento humano, y con una especulación en el mercado de suelo y edificios prácticamente ilimitada, ya que muy poco se ha hecho desde entonces para limitar u orientar dicho mercado.

Esto marca las diferencias mayores que se están gestando entre ambas entidades. Por una parte, un Distrito Federal con un mercado inmobiliario caro, con una estructura urbana más consolidada y con capacidades de reposición de infraestructura y equipamientos, frente a municipios conurbados en el Estado de México con una estructura urbana siempre en construcción y expansión, con el asentamiento creciente de grupos sociales de menor ingreso y sin capacidad para construir siquiera la infraestructura esencial de servicios públicos que la población que se asienta cada año requiere, con la consecuente agudización de las necesidades y los reclamos sociales.

Esto marca también un "ya basta"; no es posible continuar así. La primera década del siglo XXI deberá marcar el nuevo camino caracterizado por la planeación integrada, la administración compartida, la participación social ampliada y la responsabilidad del gobierno federal asumida, para hacer de la gran capital de México un espacio más justo, habitable y sustentable para todos los mexicanos.

[*Lerma, México, noviembre de 2002*]

BIBLIOGRAFÍA

II Asamblea Legislativa del Distrito Federal (2001), *Presupuesto de egresos 2002 del Distrito Federal*, México, D.F.

LIV Legislatura del Estado de México (2001), *Presupuesto de egresos 2002 del Estado de México*, Toluca, México.

Arenas, Ernesto (2000), "La transición política mexicana desde el Estado de México 1990-2000", *Documentos de Investigación núm. 40*, El Colegio Mexiquense, Zinacantepec, México.

Arreola, Álvaro (1995), *La sucesión en la gubernatura del Estado de México 1917-1993*, El Colegio Mexiquense, Zinacantepec, México.

Asesoría Especial para Estudios de la Conurbación Metropolitana (1994), *La Zona Metropolitana del Valle de México*, Gobierno del Estado de México, Toluca, mimeo.

Blancas, Neria (1993), "Finanzas públicas y gasto social" en A. Bassols Batalla, C. González Salazar, y J. Delgadillo Macías (eds.), *Zona*

Metropolitana de la Ciudad de México, complejo geográfico, socioeconómico y político: qué fue, qué es y qué pasa, Instituto de Investigaciones Económicas, UNAM, México, p. 284.

CAEM (2001), *Sistema estatal de información del agua*, Gobierno del Estado de México, Toluca, Méx.

CASTELÁN, Enrique (2002), *El manejo del agua en la ZMCM: la forma difícil de aprender. Informe de investigación*, Centro del Tercer Mundo para el Manejo del Agua, México D.F.

COMISIÓN DE AGUAS DEL DISTRITO FEDERAL Y FUNDACIÓN PARA LA CONSERVACIÓN DEL AGUA EN MÉXICO (1994), *Agua, una nueva estrategia para el Distrito Federal*, México, D.F.

CONAPO (1998), *Escenarios demográficos y urbanos de la Zona Metropolitana del Valle de México. 1990-2010.*

DGE, *V Censo de Población, 1940; VII Censo General de Población, 1950; VIII Censo General de Población*, 1960.

EMMERICH, Gustavo Ernesto (coord.) (1999), *El voto ciudadano en el Estado de México 1990-1997*, Universidad Autónoma del Estado de México, Toluca, México.

FIDEICOMISO DE ESTUDIOS ESTRATÉGICOS SOBRE LA CIUDAD DE MÉXICO (1999), *La ciudad de México en el siglo XXI, versión para discusión*, partes I y II, Gobierno del Distrito Federal, México, D.F.

_____ (2000), *La ciudad de México hoy. Bases para un diagnóstico*, Gobierno del Distrito Federal, México, D.F.

GRAIZBORD, Boris (1989), "Zona Metropolitana de la Ciudad de México: fragmentación política y planeación del Valle Cuautitlán-Texcoco", en Gustavo Garza (comp.), *Una década de planeación urbano-regional en México, 1978-1988*, El Colegio de México, D.F.

GOBIERNO DE LA CIUDAD DE MÉXICO, Sedesol, Gobierno del Estado de México (1998), *Programa de Ordenación de la Zona Metropolitana del Valle de México*, México, D.F.

GOBIERNO DEL DISTRITO FEDERAL (2001), *Informe de avance programático-presupuestal*, enero-diciembre de 2001, México, D.F.

_____ (2001), *Programa General de Desarrollo Urbano del Distrito Federal 2001*, México, D.F.

_____ (2001), *Compendio de la DGCOH*, México, D.F.

_____ (2002), *Segundo Informe de Gobierno*, Anexo estadístico, México, D.F.

GOBIERNO DEL ESTADO DE MÉXICO (GEM), *Informes de Gobierno, 1986-2001*, Toluca, México.

_____ (1996-2001), *Cuentas de la Hacienda Pública del Gobierno y Organismos Auxiliares del Estado de México 1995-2001*, Toluca México.

_____ (1997), *Plan Regional Metropolitano del Valle Cuautitlán-Texcoco*, propuesta, mimeo.

_____ (2001-2002), *Cuentas de la Hacienda Pública del Gobierno y Organismos Auxiliares del Estado de México 2000-2001.*

_____ (2001), "Ley de Ingresos del Estado de México para el Ejercicio Fiscal del 2002", *Gaceta de Gobierno*, 31 de diciembre del 2001.

_____ Secretaría de Ecología (2002), *Registro de los residuos sólidos municipales*, Dirección General de Prevención y Control de la Contaminación del Agua, Suelo y Residuos. Gobierno del Estado de México, mimeo.

Informe de Avance Programático-Presupuestal, enero-diciembre de 2001, México D.F.

INE (1995), *Elementos de política ambiental para una ciudad sustentable: El manejo de la cuenca atmosférica*, documento de trabajo, borrador preliminar, mimeo, México, D.F.

INEGI (1970), *IX Censo General de Población y Vivienda*, Aguascalientes, México.

_____ (1980), *X Censo General de Población y Vivienda*, Aguascalientes, México.

_____ (1990), *XI Censo General de Población y Vivienda*, Aguascalientes, México.

_____ (1991-1995), *Finanzas Públicas Estatales y Municipales de México, 1991-1995*, Aguascalientes, México.

_____ (1995), *Conteo de población y vivienda*, Aguascalientes, México.

_____ (1995), *Cuaderno de información oportuna regional, número 42, Cuarto trimestre, 1994,* Aguascalientes, México.

_____ (1996), *Estados Unidos Mexicanos. Cien Años de Censos de Población*, Aguascalientes, México.

_____ (1997), *El ingreso y gasto público en México*, Aguascalientes, México.

_____ (1999), *Estadísticas del medio ambiente del Distrito Federal y Zona Metropolitana,* Aguascalientes, México.

_____ (2000), *Estadísticas del medio ambiente del Distrito Federal y Zona Metropolitana*, Aguascalientes, México.

_____ (2000-2002), *Finanzas públicas estatales y municipales (1995-1998)-(1996-1999)-(1997-2000)*, Aguascalientes, México.

_____ (2001), *Anuario Estadístico del Distrito Federal*, Aguascalientes, México.

_____ (2001), *Anuario Estadístico del Estado de México*, Aguascalientes, México.

_____ (2001), *XII Censo General de Población y Vivienda, 2000*. Distrito Federal, Aguascalientes, México.

_____ (2001), *XII Censo General de Población y Vivienda, 2000*, Estado de México, Aguascalientes, México.

_____ (2001), *Estadísticas de medio ambiente del Distrito Federal y Zona Metropolitana 2000*, Aguascalientes, México.

_____ (2002), *Anuario de Estadísticas por Entidad Federativa*, Aguascalientes, México.

_____ (2002), en Internet (http://www.inegi.gob.mx).

INSTITUTO FEDERAL ELECTORAL (IFE) (2000), *Cómputos distritales de las elecciones federales de diputados de mayoría relativa del 2000*, México, D.F.

INSTITUTO ELECTORAL DEL ESTADO DE MÉXICO (IEEM) (1997), *Memoria, procesos electorales 1996*, Toluca, México.

_____ (2002), en Internet (http://www.ieem.gob.mx).

IRACHETA, Alfonso (coord.) (1981), *La situación del transporte urbano en las áreas metropolitanas del Estado de México*, Facultad de Arquitectura y Arte, UAEM, Toluca, México.

_____ (1984), *El suelo, recurso estratégico para el desarrollo urbano*, GEM-UAEM, Toluca.

_____ (1998), *Recursos financieros para el desarrollo del Estado de México, 1999-2005*. Elementos estratégicos, GEM, Toluca, México, mimeo.

_____ (2000), "Plan Regional Metropolitano del Valle de Cuautitlán-Texcoco, 1997", en Gustavo Garza (coord.), *La ciudad de México en el fin del segundo milenio*, Gobierno del Distrito Federal, El Colegio de México, D.F.

_____ y Susana Medina (2001), "Limitaciones en la oferta de vivienda", en *Banco Mundial, México: Estudios sobre vivienda de bajo ingreso*, México.

MAZARI-HIRIART, Marisa y Adalberto Noyola Robles (2000), "Contaminación del agua", en Gustavo Garza (coord.) (2000), *La Ciudad de México en el fin del segundo milenio*, Gobierno del Distrito Federal, El Colegio de México, D.F.

NAIME LIBIÉN, Alexander (1985), *Monografía de la administración pública del gobierno del Estado de México 1824-1984*, Universidad Autónoma del Estado de México (UAEM), Instituto de Administración Pública del Estado de México (IAPEM), México.

NEGRETE, Ma. Eugenia *et al.* (1993), *Población, espacio y medio ambiente en la Zona Metropolitana de la Ciudad de México*, El Colegio de México, México, D.F.

PODER EJECUTIVO FEDERAL (2000), *VI Informe de Gobierno. Anexo*, 1o. de septiembre, cifras de gasto educativo.

_____ (2002), *Segundo Informe de Gobierno, Anexo*, México, D.F.

_____ SEP (2001), *I Informe de Labores*, 1o. de septiembre, matrícula.

RAMÍREZ, Berta Teresa (2002), "Dice el GDF que no debe agua", *La Jornada: Agenda*, año XVIII, número 6395, 18 de junio, p. México, p. 31.

Reforma (2002) "Rezago hidráulico", reportaje periodístico por Iván Sosa y Alejandro Ramos y entrevista a César Buenrostro y Antonio Dovalí, *Sección Ciudad y Metrópoli*, 7 de julio, p. 7B.

RÉBORA, Alberto (coord.) (2001), *Programa de Ordenación de la Zona Metropolitana del Valle de México: evaluación y perspectivas, trabajo elaborado para el gobierno del D.F.*, El Colegio Mexiquense, Zinacantepec, México, mimeo.

ROWLAND, A. y P. Gordon (1996), "México city no longer a leviathan?", en A. Gilbert (ed)., *The megacity in Latin American, The United Nations University Press*, Tokio, p. 23.

SECRETARÍA DE ECOLOGÍA (2002), *Registro de los residuos sólidos municipales*, Dirección General de Prevención y Control de la Contaminación del Agua, Suelo y Residuos, Gobierno del Estado de México, mimeo.

SECRETARÍA DE HACIENDA Y CRÉDITO PÚBLICO (SHYCP) (1997), *Tercer Informe de Gobierno*, anexo.

SIC-INEGI, (1972-2001), *Estado de México y Distrito Federal, IX-XII Censo General de Población y Vivienda 1970-2000, Resultados definitivos.*

UAM-X/PIM, CONAPO (1996), *Proyecciones de población. Estimaciones*, OCIM (CENVI/UAM-A), México, D.F. y Grupo IV (vivienda), (Cometah).

WARD, Peter (2002), *Ciudad de México, megaciudad*, El Colegio Mexiquense, Toluca, México. (en prensa).

Bibliografía

ABRAMS, C., *Squatter Settlements: the problem and the opportunity*, Department of Housing and Urban Development, Washington, DC., 1966.

AGUILAR BARAJAS, I., "Descentralización industrial y desarrollo regional en México, 1970-1980", en Aguilar, A.G. (ed.), *Política regional, ciudades medias y desconcentración urbana*, Instituto de Geografía, UNAM, número especial, pp. 101-144, 1992.

AGUILAR CAMÍN, H. y Meyer, L., *In the shadow of the Mexican Revolution*, Austin, University of Texas Press, 1993.

AGUILAR MARTÍNEZ, G., "Política y planeación urbana en el Distrito Federal. Evolución y actualidad", ponencia presentada en el Coloquio Anglo-mexicano de Geógrafos en la ciudad de México, septiembre, mimeo, 1984.

_____, "Urban planning in the 1980 in Mexico City: operative process or political facade?", en *Habitat International*, 11 (3), pp. 23-38, 1987, traducción al español en *Estudios demográficos y urbanos*, 5, pp. 273-299, 1987.

_____, "Community participation in Mexico City: a case study", en *Bulletin of Latin American Research*, 7 (1), pp. 22-46, 1988.

_____, "Dinámica metropolitana y terciarización del empleo en México. 1970-1990", en Aguilar, A.G. (ed.), *Desarrollo regional y urbano: tendencias y alternativas*, t. II, UNAM y U. de G., Juan Pablos Editor, S.A., México, pp. 75-97, 1995.

AGUILAR, Adrián Guillermo, "Reestructuración económica y costo social en la ciudad de México. Una metrópoli periférica en la escena global", ponencia presentada en el Seminario "Economía y urbanización: problemas y retos del nuevo siglo", UNAM, 20-22 de mayo, 1996.

AGUILAR, A.G., Graizbord, B., y Sánchez Crispín, A., *Las ciudades intermedias y el desarrollo regional en México*, Consejo Nacional para la Cultura y las Artes, México, 1996.

AGUILAR, A.G. y Rodríguez, F., "Tendencias de desconcentración urbana en México, 1970-1990", en A. Aguilar, L.J. Castro Castro, y E. Juárez Aguirre (eds.), *El desarrollo urbano de México a finales del siglo XX*, Instituto de Estudios Urbanos de Nuevo León, Nuevo León, México, pp. 75-100, 1995.

AGUILAR VILLANUEVA, L. F., "El federalismo mexicano: funcionamiento y tareas pendientes", en A. Henández Chávez, (ed.), *¿Hacia un nuevo federalismo?*, El Colegio de México y Fondo de Cultura Económica, México, pp. 109-152, 1996.

ALONSO, J., *et al.*, *Lucha urbana y acumulación de capital*, Ediciones de La Casa Chata, México, D.F., 1980.

ALVARADO, Arturo, "La Seguridad Pública", en C. Garza (ed.), *La ciudad de México en el fin del segundo milenio*, Departamento del Distrito Federal y El Colegio de México, México, D.F., pp. 410-419, 2000.

AMIN, S., *Accumulation on a world scale: a critique of the theory of underdevelopment*, Monthly Review Press, Nueva York, 1974.

ÁNGEL, S., "Upgrading slum infrastructure: divergent objectives in search of a consensus", en *Third World Planning Review*, 5, pp. 5-22, 1983a.

_____, "Land tenure for the urban poor", en S. Ángel *et al.* (eds.), *Land for housing the poor*, Select Books, Singapur, pp. 110-142, 1983b.

ÁNGEL, S. ARCHER, R. Tanphiphat, S. y Wegelin, E. (eds.), *Land for housing the poor*, Select Books, Singapur, 1983.

ANGIOTTI, T., *Metrópolis 2000: planning, poverty and politics*, Routlege, London, 1993.

ARREOLA AYALA, A., "Ley de participación ciudadana: ¿avance o letra muerta?", en *Asamblea*, 1, 5, pp. 30-32, 1995.

ARIAS, P. y Roberts, B., "The city in permanent transition", en Walton (ed.), *Capital and labour in the urbanized world*, Sage, London, pp. 149-175, 1985.

ARIZPE, L., *Migraciones, etnicismo y cambio económico: un estudio sobre migrantes campesinas a la ciudad de México*, El Colegio de México, México, D.F., 1978.

ARNOLD, L., *Bureaucracy and bureaucrats in México City, 1742-1835*, Tucson University Press, Tucson, 1988.

ARROM, S., *The women of Mexico City, 1790-1912*, Stanford University Press, Stanford, 1985.

ASSIES, W., *To get out of the mud: neighbourhood associativism in Recife, 1984-1988*, CEDLA Latin American Studies Monograph núm. 63, Amsterdam, 1993.

AUSTIN, "The Austin memorandum on the Reforma of Art. 27, and its impact upon the urbanization of the ejido in México", en *Bulletin of Latin American Research*, 13, 1, pp. 327-335, 1994.

AZIZ NASSIF, A., "Chihuahua: historia de una alternativa", *La Jornada* ediciones y CIESAS, México, D.F., 1994.

AZUELA, A., "La legislación del suelo urbano: ¿auge o crisis?", en *Relación campo-ciudad: la tierra, recurso estratégico para el desarrollo y la transformación social*, Ediciones SIAP, México, D.F., pp. 514-531, 1983.

————— y Cruz Rodríguez, M.S., "La institucionalización de las colonias populares y la política urbana en la ciudad de México (1940-1946)", en *Sociológica*, 4 (9), pp. 111-133, 1989.

————— y Duhua, E. (eds.), *Gestión urbana y cambio institucional*, Universidad Autónoma Metropolitana, Azcapotzalco, México D.F., 1993.

BADCOCK, B., *Unfairly structured cities*, Blackwells, Oxford, 1984.

BAILÓN, M.J., "Municipios, opposition mayorships and public expenditure in Oaxaca", en V. Rodríguez y P. Ward (eds.), *Opposition government in Mexico*, University of New México Press, Albuquerque, pp. 205-219, 1995.

BALÁN, J., Browning, H., y Jelin, E., *Men in a developing society: geographic and social mobility to Monterrey, México*, University of Texas Press, Austin, 1973.

BALÁN, J., "Regional urbanization and agricultural production in Argentina: a comparative analysis", en A. Gilbert *et al.* (eds.), *Urbanization in contemporary Latin America*, Wiley, Chichester, pp. 35-58, 1982.

BALCHIN, P. y Bull, C., *Regional and urban economics*, Harper and Row, Londres, 1987.

BALL, M. y Connolly, P., "Capital accumulation in the Mexican construction industry 1930-1982", en *International journal of Urban and Regional Research*, 11, pp. 153-171, 1987.

Banco Mundial, *Urbanization*, Sector Policy Paper, Banco Mundial, Washington, 1972.

—————, (con UNDP y UNCHS), *Urban management program phase 2: capacity building for urban management in the 1990's*, Banco Mundial, Washington, 1990.

BARBERÁN, J., Cárdenas, C., López Monjardín, A. y Zavala, J., *Radiografía del fraude: análisis de los datos oficiales del 6 de julio*, Nuestro Tiempo, México, 1988.

BARKIN, D. y Esteva, C., *Inflación y democracia: el caso de México*, Siglo XXI, México, D.F., 1978.

BAROSS, P., "The articulation of land supply for popular settlements in Third World cities", en S. Ángel *et al.* (eds.), *Land for Housing the Poor,* Select Books, Singapur, pp. 180-210, 1983.

BASÁÑEZ, M., "Is Mexico headed towards its fifth crisis?", en R. Roett, (ed.), *Political and economic liberalization in Mexico: at a critical juncture?,* Lynne Reinner Publishers, Boulder, pp. 95-116, 1993.

BASSETT, K. y Short, J., *Housing and residential structure,* Routledge & Kegan Paul, Londres, 1980.

BASSOLS, M. y Corona Martínez, 1993. "La Asamblea de representantes del Distrito Federal: ¿una reforma que nadie quería?", en A. Bassols Batalla, C. González Salazar, y J. Delgadillo Macías (eds.), *Zona metropolitana de la ciudad de México, complejo geográfico, socioeconómico y político: qué fue qué es y qué pasa,* Instituto de Investigaciones Económicas, Universidad Nacional Autónoma de México, México D.F., pp. 339-372, 1993.

BATAILLON, C. y D'Arc, H., *La ciudad de México,* Sepsetentas, México D.F., 1973.

BATLEY, R., "Urban renewal and expulsion in Sao Paulo", en A. Gilbert *et al.* (eds.), *Urbanization in contemporary Latin America,* Wiley, Chichester, pp. 231-262, 1982.

BAZANT, J., *Rentabilidad de la vivienda de bajos ingresos,* Editorial Diana, México D.F., 1979.

BAZDRESCH, C., "Los subsidios y la concentración en la ciudad de México", en B. Torres (ed.), *Descentralización y democracia en México,* El Colegio de México, México, pp. 205-218, 1986.

BEAUREGARD, R., "City profile: Philadelphia", en *Cities,* 6, 4, pp. 300-308, 1989.

—————, *Voices of Decline: the postwar fate of US cities,* Blackwells, Oxford, 1993.

BELTRÁN, U. y Portilla, S., "El proyecto de descentralización del Gobierno mexicano (1983-1984)", en B. Torres (ed.), *Descentralización y democracia en México,* El Colegio de México, México, pp. 91-118, 1986.

BENERÍA, L., 1991. "Structural adjustment, the labour market, and the household: the case of Mexico", en C. Standing y V. Tokman (eds.), *Toward social adjustment: labor market issues in structural adjustment,* International Labor Office, Ginebra, pp. 161-183, 1991.

BENÍTEZ ZENTENO, R., "Distribución de la población y desarrollo urbano", en Aguilar, A.G. (ed.), *Desarrollo regional y urbano: tendencias y alternativas,* tomo I, UNAM y U. de G., Juan Pablos Editor S.A., México, pp. 165-198, 1995.

BENNETT, V., *The Politics of Water: urban protest, gender and power in Monterrey, Mexico*, University of Pittsburgh Press, Pittsburgh, PA, 1995.

BENTON, L., "Reshaping the urban core: the politics of housing in authoritarian Uruguay", en *Latin American Research Review*, 21 (2), pp. 33-52, 1986.

BIRKBECK, C., "Self-employed proletarians in an informal factory: the case of Cali's garbage dump", en *World Development*, 6, pp. 1173-1185, 1978.

BLAKELY Ed, y Snyder, Gail, *Fortress America: Gated and Walled Communities in the United States*, Lincoln Institute of Land Policy, 1995.

BLANCAS NERIA, A., "Finanzas públicas y gasto social", en A. Bassols Batalla, C. González Salazar, y J. Delgadillo Macías (eds.), *Zona metropolitana de la ciudad de México, complejo geográfico, socioeconómico y político: qué fue qué es y qué pasa*, Instituto de Investigaciones Económicas, Universidad Nacional Autónoma de México, México D.F., pp. 276-309, 1993

BOONYABANCHA, S., 1983. "The causes and effects of slum eviction in Bangkok", en *Land for Housing the Poor*, S. Ángel *et al.* (eds.), Select Books, Singapur, pp. 254-283, 1983.

BORJA, J., "Past, present, and future of local government in Latin America", en R. Morse y J. Hardoy (eds.), *Rethinking the Latin American city*, Johns Hopkins University Press, Baltimore, pp. 130-144, 1992.

BORTZ, J., "La cuestión salarial actual", en *Análisis Económico*, UAM Azcapotzalco, México D.F., vol. 2, pp. 103-120, 1983.

BOURNE, L., "The demise of gentrification? A commentary and a prospective view", en *Urban Geography*, 14, pp. 95-107, 1993.

BRAMBILA Paz, C., "Ciudad de México; ¿la urbe más grande del mundo?", en G. Garza (ed.), *El atlas de la ciudad de México*, Departamento del Distrito Federal y El Colegio de México, México, D.F., pp. 146-151, 1987.

_____, *Expansión urbana en México*, El Colegio de México, México, D.F., 1992.

BRICEÑO LEÓN, R., "Violence and the Right to Kill: Public Perceptions from Latin America", ponencia presentada en el taller internacional de investigación *Rising Violence and the Criminal Justice Response in Latin America: Towards an Agenda for Collaborative Research in the 21st Century* llevado a cabo en la University of Texas, Austin, 6 a 9 de mayo, 1999.

614   PETER M. WARD

BROMLEY, R., "Organization, regulation and explotation in the so-called «urban informal sector»: the street traders of Cali, Colombia", en *World Development*, 6, pp. 1161-1171, 1978.

BROWN, J., *Patterns of intra-urban settlement in Mexico City: an examination of the Turner theory*, Dissertation Series 40, Cornell University Latin American Studies Programme, Ithaca, 1972.

BRUHN, Kathlen, "Cuauhtémoc Rey: el PRD en el poder", en Víctor Alejandro Espinoza Valle (ed), *Alternancia y Transición Política: ¿Cómo gobierna la oposición en México?*, COLEF y Plaza y Valdés, México, 2000.

BRUHN, K. y Yanner, K., "Governing under the enemy: the PRD in Michoacán", en V. Rodríguez y P. Ward (eds.), *Opposition government in Mexico*, University of New Mexico Press, Albuquerque, pp. 113-131, 1995.

BURGESS, J., "Conflict and conservation in Covent Garden", en *L'Espace Geographique*, 2, pp. 93-107, 1978.

BURGESS, R., "Self-help housing advocacy: a curious form of radicalism. A critique of the work of John F.C. Turner", en P. Ward (ed.), *Self-help housing: a critique*, Mansell, Londres, pp. 55-97, 1982.

_____, "The limits to state-aided self-help housing programmes", en *Development and Change*, 16, pp. 271-312, 1985.

_____, "The political integration of urban demands in Colombia", en *Boletín de estudios latinoamericanos y del Caribe*, 41, pp. 39-52, 1986.

_____, *Labor, Shelter and Global Capitalism*, Methuen, Londres, (1990).

BUSTAMANTE LEMUS, C., 1993. "Crecimiento metropolitano y políticas urbanas, 1970-1992", en A. Bassols Batalla, C. González Salazar, y J. Delgadillo Macías (eds.), *Zona metropolitana de la ciudad de México, complejo geográfico, socioeconómico y político: qué fue qué es y qué pasa*, Instituto de Investigaciones Económicas, Universidad Nacional Autónoma de México, México D.F., pp. 128-153, 1993.

BUSTAMANTE, J., Reynolds, C. e Hinojosa, R. (eds.), *U.S.-Mexico Relations: labor market interdependence*, Stanford University Press, Stanford, 1992.

BUTTERWORTH, D., "Two small groups: a comparison of migrants and nonmigrants in Mexico City", en *Urban Anthropolgy*, 1 (1), pp. 29-50, 1972.

CABRERO MENDOZA, E., *La nueva gestión municipal en México. Análisis de experiencias innovadoras en gobiernos locales*, Miguel Ángel Porrúa, México D.F., 1995.

_____ (ed.), *Los dilemas de la modernización municipal: estudios sobre la gestión hacendaria en municipios urbanos de México*, Miguel Ángel Porrúa, México D.F., 1996.

CALDEIRA, Teresa Pires del Rio, *City of Walls. Crime, Segregation and Citizenship in Sao Paulo*, University of California Press, Berkeley, 2000.

CALNEK, E., "The organization of food supply systems: the case of Tenochtitlán", en *Las ciudades de América Latina y sus áreas de influencia a través de la historia*, en J. Hardoy y R. Schaedel (eds.), Ediciones SIAP, Buenos Aires, 1975.

_____, "The internal structure of Tenochtitlán", en E. Wolf (ed.), *The valley of Mexico*, University of New Mexico Press, Albuquerque, 1976.

CAMACHO, C., 1987. "La ciudad de México en la economía nacional", en G. Garza, (ed.), *El atlas de la ciudad de México*, Departamento del Distrito Federal y El Colegio de México, México D.F., pp. 95-99, 1987.

CAMP, R. Ai, 1993. *Politics in Mexico*, Oxford University Press, New York, 1993. (Segunda edición revisada, 1996.)

_____, "The PAN's social bases: implications for leadership", en Rodríguez y P. Ward (eds.), *Opposition Government in Mexico*, University of New Mexico Press, Albuquerque, NM, 1995, pp. 65-80.

CAMPBELL, T. y Wilk, D., "Plans and plan making in the Valley of Mexico", en *Third World Planning Review*, 8 (4), pp. 287-313, 1986.

CAMPOSORTEGA CRUZ, S., "Evolución y tendencias demográficas de la ZMCM", en Consejo Nacional de Población, *La Zona metropolitana de la ciudad de México: problemática actual y perspectivas demográficas y urbanas*, Conapo, México D.F., pp. 3-16, 1992.

CÁRDENAS SOLÓRZANO, C., *Segundo Informe de Gobierno. Anexo estadístico*, Gobierno del Distrito Federal, 1999.

CÁRDENAS ZEPEDA, A. y Santos Zavala, J., "El caso de Tlalnepantla, estado de México", en Cabero. E., *Los dilemas de la modernización municipal: estudios sobre la gestión hacendaria en municipios urbanos de México*, Miguel Ángel Porrúa, México D.F., pp. 329-432, 1996.

CARR, B., "The Mexican left, the popular movements, and the politics of austerity", en B. Carr (ed.), *The Mexican left, the popular movements, and the politics of austerity*, Monograph Series núm.18, Centre for US-Mexican Studies, University of California, San Diego, 1986.

CASTELLS, M., *The urban question: a marxist approach*, Edward Arnold, Londres, 1977.

_____, *City, class and power*, Macmillan, Londres, 1979.

_____, *The city and the grassroots*, Edward Arnold, Londres, 1983.

CASTILLEJOS, M., "Efectos de la contaminación ambiental en la salud de niños escolares en tres zonas del área metropolitana de la ciudad de México", en S. Puente, y J. Legorreta (eds.), *Medio ambiente y ca-*

lidad de vida, Plaza y Vanes y Departamento del Distrito Federal, México, D. F., pp. 301-330, 1988.

CASTILLO, H., Camarena, M. y Ziccardi, A., "Basura: procesos de trabajo e impactos en el medio ambiente urbano", en *Estudios Demográficos y urbanos,* 2 (3), pp. 513-543, 1987.

CASTILLO, H., Navarro, B., Perló, M., Plaza, I., Wilk, D., y Ziccardi, A., *ciudad de México: retos y propuestas para la coordinación metropolitana,* Universidad Autónoma Metropolitana, Unidad Xochimilco, D.F., 1995.

CASTRO CASTRO, J.L., "El programa de 100 ciudades de la Secretaría de Desarrollo Social", en A. Aguilar, L.J. Castro Castro, y E. Juárez Aguirre (eds.), *El desarrollo urbano de México a fines del siglo* XX, Instituto de Estudios Urbanos de Nuevo León, Nuevo León, México, pp. 1117-1126, 1995.

CENTENO, M.A., *Democracy within reason: technocratic revolution in Mexico,* Penn State University Press, Pensilvania, 1994.

CHANCE, J., "The colonial Latin American city: pre-industrial or capitalist?", en *Urban Anthropology,* 4 (3), pp. 211-223, 1975.

CHANT, S., 1984. "Las olvidadas: a study of women, housing and family structure in Querétaro, México", tesis doctoral sin publicar, University of London, 1984.

————, "Family formation and female roles in Querétaro, México", en *Bulletin of Latin American Research,* 4 (1), pp. 17-32, 1985.

————, *Women and survival in Mexican cities: perspectives on gender; labour markets and low-income households,* Manchester University Press, Manchester, 1991.

————, *Gender, urban development and housing,* Publications Series for Habitat II, Volume 2, United Nations Urban Development Programme (UNDP), Nueva York, 1996.

CHANT, S. y Ward, P., "Family structure and low-income housing policy", en *Third World Planning Review,* 9 (1), pp. 5-19, 1987.

CHISLETT, W., "The causes of Mexico's financial crisis and the lessons to be learned", en G. Philip (ed.), *Politics in Mexico,* Croom Helm, Londres, pp. 1-14, 1985.

CIBOTTI, R. *et al.,* "Evolución y perspectivas de los procesos de planificación en América Latina", en ILEPES, OEA, BID, *Experiencias y problemas de planificación en América Latina,* Siglo XXI Editores, México, 1974.

CISNEROS SOSA A., "La colonia el Sol", mimeo., México D.F., sin fecha.

————, "Los ciudadanos del Distrito Federal", en *Revista de Ciencias Sociales y Humanidades,* UAM, Iztapalapa, p. 9, 1983.

_____ _____, *La ciudad que construimos: registro de la expansión de la Cd. de México (1920-1976)*, Universidad Autónoma Metropolitana, Iztapalapa, México, D.F., 1993.

COCKCROFT, J.D., "Mexico. Class formation, capital accumulation and the state", en Monthly Review Press, Nueva York, 1983.

COHEN, M., y Leitmann, J., "Will the World Bank's «New Urban Policy» please stand up?", en *Habitat International*, 19,1, 117-126, 1995.

COLLIER, D. (ed.), *The new authoritarianism in Latin America*, Princeton University Press, 1979.

COLOSIO, L.D., "Why the PRI won the 1991 elections", en R. Roett (ed.), *Political and economic liberalization in Mexico: at a critical juncture?*, Lynne Reinner Publishers, Boulder, pp. 155-168, 1993.

Comisión Metropolitana *Comisión Metropolitana para la prevención y el control de la contaminación ambiental en el valle de México. Avances de las acciones para prevenir contingencias atmosféricas, 1995-1996*, Agency Publication, 1996.

COOK, M., *Organizing Dissent. Unions, the state and the democratic teachers' movement in Mexico*, Penn State University Press, Pensilvania, 1996.

Conapo, *Indicadores socioeconómicos e índice de marginación municipal 1990*, publicación de Conapo, México, D.F., 1990.

_____, *Escenarios demográficos y urbanos de la zona metropolitana de la Cd. de México, 1999-2010*, ponencia interna preparada para una reunión en Toluca, abril de 1996.

CONDE BONFIL, C., "El caso de Naucalpan de Juárez, Estado de México", en Cabero. E., *Los dilemas de la modernización municipal: estudios sobre la gestión hacendaria en municipios urbanos de México*, Miguel Ángel Porrúa, México, D.F., pp. 329-432, 1996.

CONNOLLY, P., "Towards an analysis of Mexico City's local state", mimeo., 1981.

_____, "Uncontrolled settlements and self-build: what kind of solution? The Mexico City case", en P. M. Ward (ed.), *Self-help housing: a critique*, Mansell, Londres, pp. 141-174, 1982.

_____, "Finanzas públicas y el estado local: el caso del DDF.", en *Revista de ciencias sociales y humanidades*, UAM, (11), pp. 57-91, 1984.

_____, "Crecimiento urbano, densidad de población y mercado inmobiliario", en *Revista A*, 9 (25), pp. 61-85, 1988a.

_____, "Productividad y relaciones laborales en la industria de la construcción", en *Vivienda*, 13 (1), pp. 82-99, 1988b.

_____, "La reestructuración económica de la ciudad de México", en R. Coulomb. y E. Duhua (eds)., *Dinámica urbana y procesos socio-po-*

líticos, Programa observatorio de la ciudad de México, 1970-1988, UAM y CENVI, México, D.F., pp. 45-70, 1993.

_____, "Urban planning and segmented land markets: illustrations from Cancún", en G. Jones y P. Ward (eds.), *Methodology for land and housing market analysis,* UCL Press, Londres, pp. 251-266, 1994.

CONNOLLY, C., Duhau, E. y Coulomb, R., *Cambiar de casa pero no de barrio. Estudios sobre la reconstrucción en la ciudad de México,* CENVI y UAM-Azcapotzalco, México, D.F., 1991.

Copevi, *La producción de vivienda en la zona ntetropolitana de la ciudad de México,* Copevi, A.C., México D.F., 1977a.

_____, *Investigación sobre vivienda: las políticas habitacionales del estado mexicano,* Copevi, A.C., México, D.F., 1977b.

_____, "Estudio de densidades habitacionales y revisión de la zonificación secundaria", varios volúmenes, mimeo., COPEVI, A.C., México, D.F., 1978.

COMISIÓN METROPOLITANA PARA LA PREVENCIÓN Y EL CONTROL DE LA CONTAMINACIÓN AMBIENTAL EN EL VALLE DE MÉXICO. "Avances de las acciones para prevenir contingencias atmosféricas", publicación de la oficina, 1995-1996.

CONTRERAS O. y Bennett, V., "National Solidarity in northern borderlands: social participation and community leadership", en W. Cornelius, A. Craig y J. Fox (eds.), *Transforming state-society relations in Mexico: the National Solidarity strategy,* Center for U.S.-Mexican Studies, UCSD, La Jolla, San Diego, pp. 281-308, 1994.

COPPEDGE, M., "Democracy: you can't get there from here", en R. Roett, (ed.), *Political and economic liberalization in Mexico: at a critical juncture?",* Lynne Reinner Publishers, Boulder, pp. 127-140, 1993.

CORBRIDGE, S., *Capitalist world development: a critique of radical development geography,* Macmillan, Basingstoke, 1986.

CORDERA, R. y Tello, C., *México: la disputa por la nación,* cuarta edición, Siglo XXI, México, 1983.

CORNELIUS, W., "Contemporary Mexico: a structural analysis of urban caciquismo", en R. Kern (ed.), *The caciques: oligarchical politics and the system of caciquismo,* University of New Mexico Press, Albuquerque, pp. 135-191, 1973.

_____, *Politics and the migrant poor in Mexico,* Stanford University Press, California, 1975.

_____, ** *Mexican Politics in Transition...,* 1993.

_____, Mexico's delayed democratization, en *Foreign Policy,* 95 (verano), pp. 53-71, 1994.

CORNELIUS W. y Craig, A., *The Mexican political system in transition*, Monograph Series, núm. 35, Centre for US-Mexican Studies, University of California, San Diego, 1991.

CORNELIUS, W., Gentleman, J. y Smith, P. (eds.), "The dynamics of political change in Mexico", en *Mexico's alternative political futures*, Monograph Series, Centre for US-Mexican Studies, University of California, San Diego, pp. 1-55, 1989.

_____ y Myhre, D. (eds.), *The Transformation of Rural Mexico*, Centre for US-Mexican Studies, UCSD, La Jolla, San Diego, CA, 1997.

CORONA CUAPIO, R. y Luque González, R., "El perfil de la migración de la zona metropolitana de la ciudad de México", en Consejo Nacional de Población, *La Zona metropolitana de la ciudad de México: problemática actual y perspectivas demográficas y urbanas*, Conapo, México D.F., pp. 21-31, 1992.

COULOMB, R., "Rental housing and the dynamics of urban growth in Mexico City", en A. Gilbert (ed.), *Housing and land in urban Mexico*, Monograph Series núm. 31, Centre for US-Mexican Studies, University of California, San Diego, pp. 39-50, 1989.

_____, "El acceso a la vivienda en la ciudad de México", en Consejo Nacional de Población, *La zona metropolitana de la ciudad de México: problematica actual y perspectivas demográficas y urbanas*, Conapo, México D.F., pp. 179-201, 1992.

_____, (ed.) *Pobreza urbana, autogestión y politica*. CENVI, México, D.F., 1992.

COULOMB, R. y Duhua, E. (eds), *Dinámica urbana y procesos socio-políticos*, Programa observatorio de la ciudad de México 1970-1988, UAM y CENVI, México, D.F., 1993.

CRASKE, N., *Corporatism revisited: Salinas and the reform of the popular sector*, Research Paper 37, Institute of Latin American Studies, Londres, 1994.

_____ "Dismantling or retrenchment? Salinas and corporatism", en Aitkin, R., Craske, N., Jones, G., y Stansfield, D. (eds.), *Dismantling the Mexican State?*, Macmillan, Londres, pp. 78-91, 1996.

CRESPO, J.A., *Urnas de pandora: partidos políticos y elecciones en el gobierno de Salinas*, Espasa Calpe, México, D.F., 1995.

_____, *Votar en los estados: análisis comparado de las legislaciones electorales estatales en México*, Fundación Friedrich Naumann, Miguel Ángel Porrúa, y CIDE, México, D.F., 1996.

CRUZ RODRÍGUEZ, M., "El ejido en la urbanización de la ciudad de México", tesis de licenciatura, UAM, Azcapotzalco, México, D.F., sin fecha.

CYMET. D., *From ejido to metropolis, another path*, Peter Lang, New York, 1992.

Davidoff, P., "Advocacy and pluralism in planning", *Journal of the American Institute of Planners*, 31: 331-8, 1965.

DAVIS, D., *Urban leviathan: Mexico City in the twentieth century*, Temple University Press Filadelfia, 1994.

DAVIS, Diane, y Arturo, Alvarado, "Descent into Chaos? Liberalization, Public Insecurity and the Deteriorating Rule of Law in Mexico City", documentos de trabajo en Justicia Social y Democracia, 1999.

DE LA MADRID, M., *Los grandes retos de la ciudad de México*, Grijalbo, México, D.F., 1982.

DE LA PEÑA, G., Durán, J. M., Escobar, A. y García de Alba, J. (eds.), *Crisis, conflicto y sobrevivencia: estudios sobre la sociedad urbana en México*, Universidad de Guadalajara y CIESAS, Guadalajara, 1990.

DE MATTOS, C., "Plans versus planning in Latin American Experience", en CEPAL *Review*, 8, 1979.

DEAR, M., "Post-modernism and planning", en *Society and space, 4*, pp. 367-384, 1986.

_____, "The post-modern challenge: reconstructing human geography", en *Transactions of the institute of British Geographers*, 13, pp. 262-274, 1988.

DELGADO, A., y Perló, M., *El estado de conocimiento sobre el mercado del suelo urbano en México*, El Colegio Mexiquense (en conjunto con el Lincoln Institute of Land Policy), México, 2000.

DELGADO, J., "El patrón ocupacional territorial de la ciudad de México al año 2000", en *Estructura territorial de Ia ciudad de México*, O. Terrazas, y E. Preciat (eds.), Plaza y Janés y Departamento del Distrito Federal, México, D.F., pp. 101-141, 1988.

_____ "Tendencias megalopolitanas de la ciudad de México", en Consejo Nacional de Población, *La Zona metropolitana de la ciudad de México: problemática actual y perspectivas demográficas y urbanas*, CONAPO, México, D.F., pp. 51-70, 1992.

DICKEN, P., *Global shift: industrial change in a turbulent world*, Harper & Row, Londres, 1986a.

_____, "Review of Utopia on Trial", en *International Journal of Urban and Regional Research*, 10, pp. 297-300, 1986b.

DOMÍNGUEZ, L., "Sistema de transporte colectivo el metro", en G. Garza, (ed.), *El atlas de la ciudad de México*, Departamento del Distrito Federal y El Colegio de México, México D.F., pp. 198-201, 1987.

DOMÍNGUEZ. J. y McCann, J., *Democratizing Mexico: public opinion and electoral choices*, Johns Hopkins Press, Baltimore, 1996.

DORNBUSCH, R., "Mexico's economy at the crossroads", en *Journal of International Affairs*, pp. 43, 313-326, 1990.

DOS SANTOS, "The structure of dependence", en *American Economic Review* 60, pp. 231-236, 1970.

DRAKAKIS-SMITH, D., *Urbanisation, housing and the development process*, Croom Helm, Londres, 1981.

DRESSER, D., *Neopopulist solutions to neoliberal problems: Mexico's National Solidarity Program*, Current Issue Brief Series núm. 3, Center for U.S.-Mexican Studies, La Jolla, San Diego, 1991.

_____, "Bringing the poor back in: National Solidarity as a strategy of regime legitimation", en W. Cornelius, A. Craig y J. Fox (eds.), *Transforming state-society relations in Mexico: the National Solidarity strategy*, Center for U.S.-Mexican Studies, UCSD, La Jolla, San Diego, pp. 143-166, 1994.

DUHAU. E., "Planeación urbana y políticas medio ambientales", en R. Coulomb y E. Duhua (eds.), *Dinámica urbana y procesos socio-políticos*, Programa observatorio de la ciudad de México, 1970-1988, UAM y CENVI, México, D.F., pp. 186-206, 1993.

DURÁN, D., *Historia de las Indias de Nueva España*, Editorial Porrúa, México, 2 vols., 1967.

DURAND, J., *La ciudad invade el ejido*, Ediciones de la Casa Chata, México, D.F., 1983.

DUSSEL PETERS. E., "From export-oriented to import-oriented industrialization: changes in Mexico's manufacturing sector, 1988-1994", en G. Otero (ed.), *Neoliberalism revisited: economic restructuring and Mexico's political future*, Westview Press, Boulder, Colorado, pp. 63-84, 1996.

ECKSTEIN S., *The poverty of revolution: the state and the urban poor in Mexico*, Princeton University Press, 1977. Edición revisada, 1988.

_____ (ed.), *Power and popular protest: Latin American social movements*, University of California Press, Berkeley, 1989.

_____, "Urbanisation revisited: inner-city slum of hope and squatter settlement of despair", en *World Development*, 18, 2, 165-181, 1990a.

_____, "Poor people versus the state and capital: anatomy of a successful community mobilization for housing in Mexico City", en *International Journal for Urban and Regional Research*, 14, 2, 274-296, 1990b.

_____, "Formal versus substantive democracy: poor people's politics in Mexico City", en *Mexican Studies/Estudios Mexicanos*, 6, 2, pp. 213-239, 1990c.

EIBENSHUTZ HARTMAN, R. (ed.), *Bases para la planeación del desarrollo urbano en la ciudad de México. Tomo I. Economía y sociedad en la metrópoli,* Miguel Ángel Porrúa y UAM-Xochimilco, México, D.F., 1997a.

_____ (ed.), 1997b. *Bases para la planeación del desarrollo urbano en la ciudad de México. Tomo II Estructura de la ciudad y su región,* Miguel Ángel Porrúa y UAM -Xochimilco, México, D.F., 1997b.

_____ "Una estrategia para el futuro de la metrópoli", en EIBENSHUTZ, R. (ed.), *Bases para la planeación del desarrollo urbano en la ciudad de México. Tomo II: Estructura de la ciudad y su región,* Miguel Ángel Porrúa y UAM-Xochimilco, México, D.F., pp. 413-473, 1997c.

ESQUIVEL HERNÁNDEZ, M. T., "Dinámica socioespacial de la zona metropolitana de la ciudad de México y patrones de segregación 1980-1990", en *Anuario de Estudios Urbanos,* 2, pp. 297-315, 1995.

EYLES, J. y Woods, K., *The social geography of medicine and health,* Croom Helm, Londres, 1983.

FAGEN, R. y Tuohy, W., *Politics and privilege in a Mexican city,* Stanford University Press, California, 1972.

FANON, F., *The wretched of the earth,* Penguin, Harmondsworth, 1967.

FERRAS, R., *Ciudad Nezahualcóyotl: un barrio en vía de absorción por la ciudad de México,* Centro de Estudios Sociológicos, El Colegio de México, México, D.F., 1978.

FIGUEROA, O., "A hundred million journeys a day: the management of transport in Latin America's mega-cities", en A. Gilbert (ed.), *The mega-city in Latin America,* United Nations University Press, Nueva York, pp. 110-132, 1996.

FIORI, J. y Ramírez, R., "Notes for comparative research on self-help housing policies in Latin America", mimeo., 1987.

FLORES, G., "Ambulantes que operan con absoluta impunidad, denuncia la CONACO", en *El Financiero,* 12 de febrero de 1995.

FLORES MORENO, J., "El transporte en la zona metropolitana de la ciudad de México", en R. Benítez y J. Benigno (eds.), *Grandes problemas de la ciudad de México,* pp. 265-280, 1988.

FORD, L., *Cities and buildings: skyscrapers, skid rows and suburbs,* Johns Hopkins Press, Baltimore, 1994.

FORO NACIONAL, Foro Nacional: Hacia un Auténtico Federalismo, *Memoria de la reunión en Guadalajara,* marzo 29-31, 1995.

FOURNIER, Ma. de Lourdes y Pedro Moreno Salazar (coords.), *Tiempos interesantes: tiempos de cambio. Preferencia de voto y opinión política en el Distrito Federal,* UAM-Xochimilco, 2000.

Fox, D., "Patterns of morbidity and mortality in Mexico City", en *Geographical Review,* 62, pp. 151-186, 1972.

Fox, J., "Targeting the poorest: the role of the National Indigenous Institute in Mexico's Solidarity Program", en W. Cornelius, A. Craig y J. Fox (eds.), *Transforming state-society relations in Mexico: the National Solidarity strategy,* Center for U.S.-Mexican Studies, UCSD, La Jolla, San Diego, pp. 179-216, 1994.

Franco, J., *The modern culture of Latin America: society and the artist,* Pall Mall Press, Londres, 1967.

Fried, R., "Mexico City", en W. Robson y D. Regan (eds.), *Great cities of the world,* tercera edición, Sage, Beverly Hills, pp. 645-688, 1972.

Frieden, W., "The search for a housing policy in Mexico City.", en *Town Planning Review* 36, pp. 75-94, 1965.

Frieden, B. y Sagalyn, L., *Downtown Inc. How America rebuilds cities,* MIT Press, Cambridge, 1990.

Friedmann, J., "Where we stand: a decade of world city research", en P. Knox y P. Taylor (eds.), *World cities in a world system,* Cambridge University Press, Cambridge, pp. 21-47, 1995.

Friedmann, J. y Wolff, G., "World city formation: an agenda for research and action", en *International Journal for Urban and Regional Research,* 6 (3), pp. 309-343, 1982.

Furtado, C., *Economic development of Latin America: a survey from colonial times to the Cuban Revolution,* Cambridge University Press, 1971.

Gamboa de Buen, J., 1990. "Gestión urbana y participación ciudadana", en M. Perló (ed.), *La modernización de las ciudades en México,* Universidad Nacional Autónoma de México, México, D.F., pp. 431-439, 1990.

Garavita Elias, R., "La protección al salario", en *Análisis Económico* vol. 2, UAM, Azcapotzalco, México, pp. 121-150, 1983.

García, B., Muñoz, H. y de Oliveira, O., *Hogares y trabajadores en la ciudad de México,* El Colegio de México y el Instituto de Investigaciones Sociales, UNAM, México, D.F., 1982.

_____, *Trabajo femenino y vida familar en México,* El Colegio de México, México, D.F., 1994.

_____, "El mercado de trabajo", en Gustavo Garza (ed.), *La ciudad de México en el fin del segundo milenio,* El Colegio de México y Gobierno del Distrito Federal, México, D.F., pp. 279-286, 2000.

García Canclini, N., *Culturas híbridas,* Grijalbo, México, D.F., 1990.

_____, *Transforming modernity: popular culture in Mexico,* University of Texas Press, Austin, 1993.

_____ (ed.), *Los nuevos espectadores: cine, televisión y video en México,* Instituto Mexicano de Cinematografía y Consejo Nacional para la Cultura y las Artes, México D.F., 1994.

GARRIDO, L. J., *La ruptura: la corriente democrática del PRI,* Grijalbo, México D.F., 1993.

_____, "The crisis of *presidencialismo",* en W. Cornelius, J Gentleman, y P. Smith, (eds.), *Mexico's alternative political futures,* Monograph Series, Centre for U.S.-Mexican Studies, University of California, San Diego, pp. 417-434, 1989.

GARROCHO, C., "El centro de la zona metropolitana de la ciudad de México: ¿auge o decadencia?", en C. Garrocho y J. Sobrino, J. (eds.), *Sistemas metropolitanos: nuevos enfoques y prospectiva,* El Colegio mexiquense y SEDESOL, México, pp. 63-105, 1995.

_____, *Análisis socioespacial de los servicios de salud: accesibilidad, utilización y calidad,* El Colegio mexiquense, A.C., México, 1995a.

GARZA G., *Ciudad de México: dinámica económica y factores locacionales, temas de la ciudad,* DDF., México D.F., 1978.

_____, "Ciudad de México dinámica industrial y perspectivas de descentralización después del terremoto", en B. Torres (ed.), *Descentralización y democracia en México,* El Colegio de México, México, pp. 219-236, 1986.

_____, "Distribución de la industria en la ciudad de México", en, G. Garza (ed.), *El atlas de la ciudad de México,* Departamento del Distrito Federal y El Colegio de México, México, D.F., pp. 102-107, 1987.

_____, *Desconcentración, tecnología y localización industrial en México,* El Colegio de México, México, D.F., 1992.

_____ (ed.), *El atlas de Monterrey,* El Gobierno del estado de Nuevo León y El Colegio de México, Monterrey, 1995.

_____ (ed.), *La ciudad de México en el fin del segundo milenio,* El Colegio de México y el Gobierno del Distrito Federal, México D.F., p. 769, 2000.

_____, "Superconcentración, crisis y globalización del sector industrial, 1930-1998", en Gustavo Garza (ed.), *La ciudad de México en el fin del segundo milenio,* El Colegio de México y el Gobierno del Distrito Federal, México, D.F., pp. 170-177, 2000.

GARZA, G. y Rivera, S., "Desarrollo económico y distribución de la población urbana en México, 1960-1990", en A. Aguilar, L. J., Castro Castro, y E. Juárez Aguirre (eds.), *El desarrollo urbano de México a fines del siglo XX,* Instituto de Estudios Urbanos de Nuevo León, Nuevo León, México, pp. 17-53, 1995.

_____ y Schteingart, M., *La acción habitacional del estado mexicano*, El Colegio de México, México, D.F., 1978.

GATES, M., "The debt crisis and economic restructuring: prospects for Mexican agriculture", en G. Otero (ed.), *Neoliberalism revisited: economic restructuring and Mexico's political future*, Westview Press, Boulder, Colorado, pp. 43-62, 1996.

GERIFFI, G., "Mexico's «old» and «new» maquiladora industries: contrasting approaches to north American integration", en G. Otero (ed.), *Neoliberalism revisited: economic restructuring and Mexico's political future*, Westview Press, Boulder, Colorado, pp. 85-106, 1996.

GIL ELIZONDO, J., "El futuro de la ciudad de México. Metrópoli controlada", en G. Garza (ed.), *El atlas de Ia ciudad de México*, Departamento del Distrito Federal y El Colegio de México, México, D.F., pp. 415-418, 1987.

_____, "Planeación y participación ciudadana", en M. Perló (ed.), *La modernización de las ciudades en México*, Universidad Nacional Autónoma de México, México D.F., pp. 421-430, 1990.

GILBERT, A., *Development planning and spatial structure*, Wiley, Chichester, 1976a.

_____, "The arguments for very large cities reconsidered", en *Urban Studies* 13, pp. 27-34, 1976b.

_____, "Bogotá: politics, planning and the crisis of lost opportunities", en W. Cornelius y R. Kemper (eds.), *Latin American urban research*, vol. 6, Sage, Londres, pp. 87-126, 1978.

_____, "Bogotá: an analysis of power in an urban setting", en Pacione, (ed.), *Urban problems and planning in the modern world*, Croom Helm, Londres, pp. 65-93, 1981.

_____, "The tenants of self-help housing: choice and constranit in the housing market", en *Development and Change* 14, pp. 449-477, 1983.

_____, "Self-help housing and state intervention: illustrated reflections on the petty-commodity production debate", ponencia presentada en el Coloquio de Geógrafos británico-mexicanos, México, D.F., septiembre, 1984a.

_____, "Planning, invasions and land speculation: the role of the state in Venezuela", en *Third World Planning Review*, 6, pp. 11-22, 1984b.

_____, "Self-help housing during recession: the Mexican experience", en M. González de la Rocha, y A Escobar, (eds.), *Social responses to Mexico's economic crisis of the 1980s*, Contemporary Perspectives Series 1, Center for U.S.-Mexican Studies, UCSD, La Jolla, San Diego, pp. 221-241, 1991.

_____, *In search of a home: rental and shared housing in Latin America,* The University of Arizona Press, Tucson, 1993.

_____, *The Latin American* city, Latin American Bureau, Londres, 1994.

_____, "Land, housing, and infrastructure in Latin America's major cities", en A. Gilbert (ed.), *The mega-city in Latin America,* The United Nations University Press, Nueva York, pp. 73-109, 1996.

_____ y Goodman, D. (eds.), *Development planning and spatial structure,* Wiley, Chichester, 1976.

_____ y Gugler, J., *Cities, poverty and development: urbanization in the Third World,* Oxford University Press, 1982 (segunda edición, 1992).

_____ y Varley, A., *Landlord and tenant: housing the poor in urban Mexico,* Routledge, Londres, 1990.

_____, y Ward, P., "Housing in Latin American cities", en D. Herbert and R. Johnston (eds.), *Geography and the Urban Environment,* Wiley, Chichester, 1978.

_____ y Ward, P., "The state and low-income housing", en A. Gilbert *et al.* (eds.), *Urbanization in contemporary Latin America,* Wiley, Chichester, pp. 79-128, 1982a.

_____, "Residential movement among the poor: the constraints on housing choice in Latin American cities", en *Transactions of the Institute of British Geographers,* New Series, 7, pp. 129-149, 1982b.

_____, "Community action by the urban poor: democratic involvement, community self-help, or a means of social control?", en *World Development,* 12 (8), pp. 769-782, 1984.

_____, *Housing, the state and the poor: policy and practice in three Latin American cities,* Cambridge University Press, 1985.

_____, "Latin American migrants: a tale of three cities", en F. Slater (ed.), *People and environments,* Collins Educational, Londres, pp. 24-42, 1986.

GLASS, R., "Urban sociology in Great Britain", en R. Pahl (ed.), *Readings in urban sociology,* Pergamon, Oxford, pp. 21-46, 1968.

GOLDRICH, D., Pratt, R. y Schuller, C., "The political integration of lower-class urban settlements in Chile and Peru", en *Studies in Comparative International Developments,* 3, 1, 1967.

GONZÁLEZ BLOCK, M.A., "Economic crisis and the decentralization of health services in Mexico. Self-help housing during recession: the Mexican experience", en M. González de la Rocha, y A. Escobar, (eds.), pp. 67-90, *Social responses to Mexico's economic crisis of the 1980s,* Contemporary Perspectives Series 1, Center for U.S.-Mexican Studies, UCSD, La Jolla, San Diego, 1991.

GONZÁLEZ BLOCK, M., Leyva, R., Zapata, O., Loewe, R., y Alagón, J., "Health services decentralization in Mexico: formulation, implementation and results of policy", en *Health Policy and Planning*, 4, 4, pp. 301-315, 1989.

GONZÁLEZ CASANOVA, P., *Democracy in Mexico*, Oxford University Press, Nueva York, 1970.

GONZÁLEZ DE LA ROCHA, M., "Economic crisis, domestic reorganisation and women's work in Guadalajara, México", en *Bulletin of Latin American Research*, 7 (2), pp. 207-23, 1988.

_____, *The resources of poverty: women and survival in a Mexican city*, Blackwells, Oxford, 1994.

_____ y Escobar, A. (eds.), *Social responses to Mexico's economic crisis of the 1980s*, Contemporary Perspectives Series 1, Center for U.S.-Mexican Studies, UCSD, La Jolla, San Diego, 1991.

GONZÁLEZ GARCÍA DE Alba, L. *et al.*, "Distribución territorial en las estrategias sectoriales 1990-1994E, en Aguilar, A.G. (ed.), *Política regional, ciudades medias y desconcentración urbana*, número especial, Instituto de Geografía,UNAM, México, D.F., pp. 168-188, 1992.

GONZÁLEZ RUBI, R., "La vivienda, un desafío atroz", en *Comercio Exterior*, 34 (números de mayo, julio y agosto), pp. 390-396, 592-598, 728-734, 1984.

GOTTDIENER, M., *The social production of urban space*, segunda edición, The University of Texas Press, Austin, 1994..

GOTTLIEB, *Long swings in urban development*, NBER, Nueva York, 1976.

GOULET, D., *Mexico: development strategies for the future*, University of Notre Dame Press, Indiana, 1983.

GRAIZBORD, B. y Arias, R., "Prospectiva del crecimiento de la Zona Metropolitana de la ciudad de México", en *Vivienda, 13 (1)*, pp. 100-107, 1988.

GRAIZBORD, B. y Mina, A., "La geografía de la descentralización demográfica de la ciudad de México", en A. Aguilar, L.J. Castro Castro, y E. Juárez Aguirre (eds.), *El desarrollo urbano de México a fines del siglo XX*, Instituto de Estudios Urbanos de Nuevo León, Nuevo León, México, pp. 101-114, 1995.

GRAYSON, G., 1995. "Pemex to gain currency abroad?", en *Petroleum Economist*, 62, 11, (noviembre), pp. 20-22, 1995.

GREENE, K., "Complexity, cohesion, and longevity in an urban popular movement: the Asamblea de Barrios de la ciudad de México", mimeo., 1993.

GREGORY, D., "Post-modernism and the politics of social theory", en *Society and Space*, 5, pp. 245-248, 1987.

GRINDLE, M., *Bureaucrats, politicians and peasants in Mexico: a case study in public policy*, University of California Press, Berkeley, 1977.

GUERRA, L. M., *El aire nuestro de cada día*, Editorial Diana, México, D.F., 1995.

GUEVARA, S. y Moreno, P.,1987. "Áreas verdes de la zona metropolitana de la ciudad de México", en G. Garza, (ed.), *El atlas de la ciudad de México*, Departamento del Distrito Federal y El Colegio de México, México D.F., pp. 231-236, 1987.

GUERRERO, Ma. T. *et al.*, "La tierra, especulación y fraude en el fraccionamiento de San Agustín", mimeo., México D.F., 1974.

GUNDER FRANK, A., *Capitalism and underdevelopment in Latin America*, Monthly Review Press, Nueva York, 1967.

GUTIÉRREZ GUZMÁN, F., "Las fuentes de la información demográfica para la ZMCM", en Consejo Nacional de Población, *La zona metropolitana de la ciudad de México: problemática actual y perspectivas demográficas y urbanas*, Conapo, México, D.F., pp. 17-22, 1992.

GUTTMAN, M., *The meanings of macho: being a man in Mexico City*, University of California Press, Berkeley, 1996.

GWYNNE, R., *Industrialisation and urbanisation in Latin America*, Croom Helm, Londres, 1985.

HABER, P., "Political change in Durango: the role of National Solidarity", en W. Cornelius, A. Craig y J. Fox (eds.), *Transforming state-society relations in Mexico: the National Solidarity strategy*, Center for U.S.-Mexican Studies, UCSD, La Jolla, San Diego, pp. 255-280, 1994.

HALLQVIST, M., *Centro histórico de la ciudad de México: restauración de edificios. 1984-1994*, Cementos Apasco; Colegio de Arquitectos de la ciudad de México, A.C.; Sociedad de Arquitectos Mexicanos, A.C., México, D.F., 1994.

HALPERN, R., *Rebuilding the inner city: a history of neighborhood initiatives to address poverty in the United States*, Columbia University Press, Nueva York, 1995.

HAMNETT, C., "The blind man and the elephant: the explanation of gentrification", en *Transactions of the Institute of British Geographers*, 16, 2, pp. 173-89, 1991.

HANDELMAN, H., *Mexican politics: the dynamics of change*, St Martin's Press Nueva York, 1996.

HANSEN, R., *The politics of Mexican development*, Segunda edición, Johns Hopkins University Press, Baltimore, 1974.

HARBE, M., *Captive cities*, John Wiley, Chichester, 1977.

HARDIMAN, M, y Midgley, J., *The social dimensions of development: social policy and planning in the Third World,* Wiley, Chichester, 1982.

HARDOY, J., *Urbanization in Pre-Columbian America,* Studio Vista, Londres, 1967.

_____ y Dos Santos, M., *El centro de Cusco: introducción al problema de su preservación y desarrollo,* UNESCO, 1983.

_____ y Gutman, M., "The role of municipal government in the protection of historic centers in Latin American cities", en *Environment and Urbanization,* 3, 1, pp. 96-108, 1991.

HARLOE, M., *Captive cities,* John Wiley, Chichester, 1977.

HARMS, H., "The limitations of self-help", en *Architectural Design,* 46, p. 231, 1976.

HARVEY, D., *Social justice and the city,* Edward Arnold, Londres, 1973.

_____, *The urbanization of capital,* Basil Blackwell, Oxford, 1985.

_____, "Flexible accumulation through urbanization: reflections on postmodernism' in the American City", en *Antipode,* 19 (3), pp. 260-86, 1987.

_____, *The condition of postmodernity,* Blackwells, Oxford, 1989.

_____, "Social justice, postmodernism and the city", en *International Journal of Urban and Regional Research,* 16, 4, pp. 588-601, 1992.

HAYDEN, D., *The power of place: urban landscapes as public history,* MIT Press, Cambridge, MASS., 1994.

HEATH, J., "Contradictions in Mexican food policy", en G. Philip (ed.), *Politics in Mexico,* Croom Helm, Londres, 1985.

HENDERSON, J., "The new international division of labour and urban development in the world system", en D. DrakakisSmith (ed.), *Urbanisation in the developing world,* Croom Helm, Londres, pp. 63-84, 1986.

HERNÁNDEZ, V., *Arquitectura doméstica de la ciudad de México (1890-1925),* UNAM, México, D.F., 1981.

HERNÁNDEZ FRANYUTI, R. (ed.), *La ciudad de México en la primera mitad del siglo XIX,* Instituto Mora, México D.F., 1994.

HERZOG, L., *Where North meets South: cities, space and politics on the United States-Mexico border,* University of Texas Press, Austin, 1990.

_____, "Rethinking public space in Mexico City's historic core", ponencia presentada en el taller internacional de investigación "The cutural patrimony of Mexican inner-cities: towards equitable conservation policies and practices", The Mexican Center, University of Texas at Austin, 8-9 de diciembre, 1995.

_____, *From Aztec to high tech: architecture, landscape and the cultural integration of Mexico and the United States,* Johns Hopkins Press, 1999.

HIERNAUX, D., "Historia de la planeación de la ciudad de México", en Gustavo Garza (ed.), *La ciudad de México en el fin del segundo milenio,* El Colegio de México y el Gobierno del Distrito Federal, México, D.F., pp. 707-711, 2000.

_____, *Metrópoli y etnicidad: los indígenas en el valle de Chalco,* El Colegio Mexiquense y el Fondo Nacional para la Cultura y las Artes, México, D.F., 2000.

_____, Alicia Lindón, y Jaime Noyola (coords.), *La construcción social de un territorio emergente: el Valle de Chalco,* El Colegio Mexiquense, México, D.F., 2000.

HOLSTON, J., *The modernist city,* Chicago University Press, Chicago, 1989.

HOME, R., *Inner city regeneration,* E. & F.N. Spon, Londres, 1982.

HUERTA GARCÍA, R., 1993. "Aspectos monográficos de la industria manufacturera", en A. Bassols Batalla, C. González Salazar, y J. Delgadillo Macías (eds.), *Zona Metropolitana de la ciudad de México, complejo geográfico, socioeconómico y político: qué fue qué es y qué pasa,* Instituto de Investigaciones Económicas, Universidad Nacional Autónoma de México, México, D.F., pp. 154-174, 1993.

HUNTINGDON, S., *Political order in changing societies,* Yale University Press, New Haven, 1968.

INCHÁUSTEGUI, T., *La ciudad de México ante el cambio en el modelo económico y ante la reforma política,* Facultad de Ciencias Políticas y Sociales, UNAM, México, D.F., 1994.

IRACHETA, Alfonso, *Hacia una planeación urbana crítica,* Universidad Autónoma del estado de México, 1992.

_____, "Programa de ordenación de la zona metropolitana del Valle de México", en Gustavo Garza (ed.), *La ciudad de México en el fin del segundo milenio,* El Colegio de México y el Gobierno del Distrito Federal, México D.F., pp. 723-728 y 729-734, 2000.

ISLAS RIVERA, V., "Transporte metropolitano de pasajeros", en Gustavo Garza (ed.), *La ciudad de México en el fin del segundo milenio,* El Colegio de México y el Gobierno del Distrito Federal, México, D.F., pp. 371-377, 2000.

JACOB ROCHA, Enrique, Carlos Alfara, y Nelson Arteaga, *Niveles de desarrollo en el municipio de Naucalpan,* Idem/Naucalpan, 1996.

JACKSON, H., 1973. "Intra-urban migration of Mexico City's poor", tesis de doctorado sin publicar, University of Colorado, 1973.

JÁUREGUI, E., "Aspectos meteorológicos de la contaminación del aire en la ciudad de México", en *Ingeniería Hidráulica en México*, 23, 1,1969.

_____, *Mesoclima de la ciudad de México*, Instituto de Geografía, UNAM, México, D.F., 1971.

_____, "The urban climate of Mexico City", en *Erdkunde*, 27 (4), pp. 298-307, 1973.

_____, "Climas", en G. Garza (ed.), *El atlas de la ciudad de México*, Departamento del Distrito Federal y El Colegio de México, México, D.F., pp. 370, 1987.

JEANNETTI DÁVILA, E., "Descentralización de los servicios de salud", en Torres, B. (ed.), *Descentralización y democracia en México*, El Colegio de México, México, pp. 91-118, 1986.

JIMÉNEZ, E., "New forms of community participation in Mexico City: success or failure?", en *Bulletin of Latin American Research*, 7 (1), pp. 17-31, 1988.

_____, "A new form of government control over *colonos* in Mexico City", en A. Gilbert (ed.), *Housing and land in urban Mexico*, Monograph Series núm. 31, University of California, Centre for U.S.-Mexican Studies, San Diego, pp. 157-172, 1989.

JIMÉNEZ J. H., *La traza del poder*, CODEX, México, D.F., 1993.

JOHNSTON, R., "Towards a general model of intra-urban residential patterns. Some cross-cultural observations", en *Progress in Geopraphy*, 4, pp. 81-124, 1973.

_____, *City and society: an outline for urban geography*, Penguin, Harmondsworth, 1980.

JONES, G., "The Latin American city as contested space: a manifesto", en *Bulletin of Latin American Research*, 13, 1, pp. 1-12, 1994a.

_____, "World Heritage sites", en T. Unwin (ed.), *Atlas of world development*. Belhaven, Londres, 1994b.

_____, "Dismantling the *ejido*: a lesson in controlled pluralism", en Aitkin, R., Craske, N., Jones, G., y Stansfield, D. (eds.), *Dismantling the Mexican State?*, Macmillan, Londres, pp. 188-203, 1996.

_____ y Bromely, "The relationship between urban conservation programmes and porperty renovation: evidence from Quito, Ecuador", en *Cities*, 13, 6, pp. 373-375, 1996.

_____, Jiménez, E. y Ward, P., "The land market under Salinas: a real estate boom revisited?", en *Environment and Planning A*, 25, pp. 627-651, 1993.

_____ y Pisa, R. "Public-private partnerships for urban land development in Mexico: a victory for hope versus expectation?", en *Habitat International*, 24, 1-18, 2000.

_____ y Varley, A., "The contest for the city centre: street traders versus buildings", en *Bulletin of Latin American Research*, 13,1, pp. 27-44, 1994.

_____ y Ward, P. (eds.), *Methodology for land and housing market analysis*, University College London Press, Londres, 1994.

_____, "The World Bank's «New» Urban Management Programme: paradigm shift or policy continuity?", en *Habitat International*, 18, 3, pp. 33-51, 1994a.

_____, "The blind men and the elephant: a critics reply", en *Habitat International*, 19, 1, pp. 61-72, 1995.

_____, "The privatization of the commons: reforming the ejido and urban development in Mexico", *International Journal of Urban and Regional Research*, 22, 1, pp. 76-93, 1997.

JUSIDMAN, C., 1988. "Empleo y mercados de trabajo en el área metropolitana de la ciudad de México 1975-1988", en S. Puente y J. Legorreta (eds.), *Medio ambiente y calidad de vida*, Plaza y Valdés y Departamento del Distrito Federal, México, D.F., pp. 225-250, 1988.

KANDELL, J., 1988. *La capital: the biography of Mexico City*, Random House, Nueva York, 1988.

KAPLAN, M., *Aspectos políticos de la planificación en América Latina*, Biblioteca Científica, Montevideo, 1972.

KEMPER, R., "Migration and adaptation of Tzintzuntzán peasants in Mexico City", tesis doctoral sin publicar, Berkeley, 1971.

_____, "Family and household organization among Tzintzuntzán migrants in Mexico City: a proposal and a case study", en W. Cornelius y F. Trueblood (eds.), *Latin American Urban Research*, vol. 4, Sage, California, pp. 23-46, 1974.

_____, *Campesinos en la ciudad de México: gente de Tzintzuntzán*, Sepsetentas, México, D.F., 1976.

KING, A., (ed). *Re-presenting the city: ethnicity, capital and culture in the 21st century metropolis*, Macmillan, Londres, 1996.

KNIGHT, A., "Cardenism: Juggernaut or Jalopy?", en *Journal of Latin American Studies*, 26, pp. 73-107.

_____, "Salinas and social liberalism in historical context", en Aitkin, R., Craske, N., Jones, G., y Stansfield, D. (eds.), *Dismantling the Mexican State?*, Macmillan, Londres, pp. 1-23, 1996.

KNOX, P., "The social production of the built environment: architects, architecture and the postmodern city", en *Progress in Human Geography*, 11, pp 35-77, 1987.

————— y Taylor, P. (eds.), *World cities in a world system*, Cambridge University Press, Cambridge, 1995.

KOUYOUMDJIAN, A., "The Miguel De la Madrid *sexenio:* major reforms or foundation for disaster?", en G. Philip (ed.), *The Mexican economy*, Routledge, Londres, pp. 78-94, 1988.

KOWARICK, L., *Capitalismo e marginalidade na América Latina*, Paz e Terra, Río de Janeiro, 1975.

LAMARCHE, F., "Property development and the economic foundations of the urban question", en C. Pickvance (ed.), *Urban sociology: critical essays*, Tavistock, Londres, 1976.

LAVELL, A., "Capital investment and regional development in Mexico", en *Área*, 5,1, 1973.

LEAR, J., "Workers, vecinos and citizens: the revolution in Mexico City, 1909-1917", tesis doctoral sin publicar, Dept. of History, University of California, Berkeley, 1993.

LEEDS, A., "The significant variables determining the character of squatter settlements", *América Latina*, 12: 44-86, 1969.

LEGORRETA, J., *El proceso de urbanización en ciudades petroleras*, Centro de Ecodesarrollo, México, D.F., 1983.

————— "El transporte público automotor en la ciudad de México y sus efectos en la contaminación atmosférica", en S. Puente y J. Legorreta (eds.), *Medio ambiente y calidad de vida*, Plaza y Valdés y Departamento del Distrito Federal, México D.F., pp. 262-300, 1988.

LEHMANN, D., *Democracy and development in Latin America: economics, politics and religion in the postwar period*, Polity Press, Cambridge, 1990.

LEWIS, O., *The children of Sanchez: autobiography of a Mexican family*, Penguin, Harmondsworth, 1964.

LEZEMA. J. L., "Ciudad y conflicto: usos de suelo y comercio ambulante en la ciudad de México", en M. Schteingart (ed.), *Espacio y vivienda en la ciudad de México*, El Colegio de México, México D.F., pp. 121-135, 1991.

LIRA, A., *Comunidades indígenas frente a la ciudad de México. Tenochtitlán y Tlatelolco, sus pueblos y barrios, 1812-1919*, El Colegio de México, México D.F., 1983.

LINN, J. F., *Cities in the developing world: policies for their equitable and efficient growth*, Oxford University Press, 1983.

LIZT MENDOZA, S. "Respuestas del transporte urbano en las zonas marginadas", en R. Benítez Zenteno y J. Benigno Morelos (eds.), *Grandes problemas de la ciudad de México*, Plaza y Valdés y Departmento del Distrito Federal, México D.F., pp. 21-52, 1988.

LOGAN, J. y Molotch, H., *Urban fortunes: the political economy of place*, The University of California Press, Berkeley, 1987.

LOJKINE, J., "Contribution to a Marxist theory of capitalist urbanization", en C. Pickvance (ed.), *Urban sociology: critical essays*, Tavistock, Londres, pp. 119-146, 1976.

LOMBARDO, S., "Esplendor y ocaso colonial de la ciudad de México", en G. Garza (ed.), *El atlas de la ciudad de México*, Departamento del Distrito Federal y El Colegio de México, México D.F., pp. 60-63, 1987.

LOMNITZ, L., *Networks and marginality*, Academic Press, Nueva York, 1977.

LÓPEZ ACUÑA, D., *La salud desigual en México*, Siglo XXI, México D.F., 1980.

LÓPEZ DÍAZ, C., "La intervención del estado en la formación de un asentamiento proletario: el caso de la colonia Ajusco", tesis de licenciatura, Departamento de antropología, Unversidad Iberoamericana, México D.F., 1978.

LOWE, S., *Urban social movements: the city after Castells*, Macmillan, Basingstoke, 1986.

LUJAMBIO, Alonso, *Federalismo y progreso en el cambio político de México*, UNAM, México D.F., 1995.

LUNA PICHARDO, M. A. y Gómez Olvera, R., "Límites al crecimiento de la zona metropolitana de la ciudad de México", en Consejo Nacional de Población, *La zona metropolitana de la ciudad de México: problemática actual y perspectivas demográficas y urbanas*, CONAPO, México D.F., pp. 35-49, 1992.

LUSTIG, N., *Mexico: the remaking of an economy*, Brookings Institute, Washington, DC, 1992.

LYNCH, K., *A theory of good city form*, MIT Press, Massachusetts, 1981.

MACPHERSON S. y Midgley, J., *Comparative social policy and the Third World*, Harvester Press, Brighton, 1987.

MAKIN, J., "Self-help housing in Mexico City, and the role of the state", tesis doctoral sin publicar, Heriot Watt University, 1984.

MANTECÓN, A. y Reyes Dominguez, G., *Los usos de la identidad barrial: Tepito 1970-1984*, Universidad Nacional Autónoma de México, México, 1993.

MARCUSE, P.,1994. "Not chaos but walls: postermodernism and the partitioned city", en S. Watson y K. Gibson (eds.), *Postmodern cities and space*, Blackwells, Oxford, 1994.

MARTIN, R., "The new economics and politics of regional restructuring: the British experience", ponencia presentada en la *International Conference on "Regional Policy at the Cross Roads"*, University of Leuven, abril 22-24, 1987.

MARTÍN DE LA ROSA, *Netzahualcóyotl: un fenómeno,* Testimonios del Fondo, México, D.F., 1975.

MARTÍNEZ ASSAD, Carlos, *¿Cuál destino para el D.F.? Ciudadanos, partidos y gobierno por el control de la capital,* Océano, México, D.F., 1996.

MASSEY, D. y Allen, J. (eds.), *Geography matters,* Oxford University Press, 1984.

MELE, P., 1987, "Urban growth, illegality and local power in the city of Puebla", ponencia presentada en la Annual Conference of the Institute of British Geographers, Portsmouth, 9 de enero de 1987.

_____, *Puebla: urbanización y políticas urbanas,* Benemérita Universidad Autónoma de Puebla y UAM-Azcapotzalco, Puebla y México, D.F., 1994.

MERINO MAÑÓN José, *Ensayos sobre la Zona Metropolitana del Valle de México,* Instituto de Adminsitración Pública del Estado de México, 1996.

MESA LAGO, C., *Social security in Latin America: pressure groups, stratification and inequality,* University of Pittsburgh Press, 1978.

México, BNH, 1952. *El problema de la habitación en la ciudad de México,* informe del BNH, México D.F., 1952.

_____, Coplamar, *Necesidades esenciales en México: Salud,* Siglo XXI, México, D.F., 1982.

_____, DDF., *Plan de desarrollo urbano: plan general del Plan Director, versión abreviada,* publicación del DDF., México, D.F., 1980.

_____, DDF., *Sistema de planificación urbana del Distrito Federal,* publicación del DDF., México, D.F., 1982.

_____, DDF., *Programa general de desarrollo urbano del Distrito Federal,* 1996.

_____, Invi. *Las colonias populares de la ciudad de México: problemas y soluciones,* publicación del INVI, México, D.F., 1958.

_____, (Renovación Habitaciónal Popular) RHP, *Programa operativo,* publicación de RHP, México, D.F., 1986.

_____, RHP. *Housing reconstruction program: a memoire,* informe de RHP, México, D.F., 1988.

_____, SAHOP, *Plan Nacional de Desarrollo Urbano, versión abreviada,* publicación de la secretaría, México, D.F., 1978.

_____, SAHOP, "La incorporación de los procesos que generan los asentamientos irregulares a la planeación de los centros de población", SAHOP, DGCP, México, D.F., 1979.

————, Sedesol, *Solidaridad: seis años de trabajo,* publicación de Sedesol, México, D.F., 1994.

————, *Programa nacional de desarrollo urbano 1995-2000,* publicación de Sedesol, México, D.F., 1996.

————, SPP, *Plan nacional de desarrollo, 1983-1988,* publicación de la SPP, México, D.F., 1983.

MEYER, L., 1987. "Sistema de gobierno y evolución política hasta 1940", en G. Garza, (ed.), *El atlas de la ciudad de México,* Departamento del Distrito Federal y El Colegio de México, México, D.F., pp. 372-375, 1987.

————, "En México, perestroika sin glasnost", en *Excelsior,* 13 de diciembre de 1989.

MICHELI, J., *Nueva manufacturera globalización y producción de automóviles en México,* Universidad Nacional Autónoma de México, México, D.F., 1994.

MIDDLEBROOK, K., *The paradox of revolution: labor, the state, and authoritarianism in Mexico,* Johns Hopkins University Press, Baltimore, 1995.

MIDGLEY, J., *Social security, inequality and the Third World,* Wiley, Chichester, 1984.

MIZRAHI, Y., "Rebels without a cause? The politics of entrepreneurs in Chihuahua", en *Journal of Latin American Studies,* 26 (1), pp. 137-158, 1994.

————, "Entrepreneurs in the opposition: modes of political participation in Chihuahua", en V. Rodríguez y P. Ward (eds.), *Opposition government in Mexico,* University of New Mexico Press, Albuquerque, pp. 81-96, 1995.

MOLINAR Horcasitas, J., 1991, *El tiempo de la legitimidad. Elecciones, autoritarismo y democracia en México,* México, D.F., Cal y Arena.

———— y Weldon, J., "Electoral determinants and consequences of National Solidarity", en W. Cornelius, A. Craig y J. Fox (eds.), *Transforming state-society relations in Mexico: the National Solidarity strategy,* Center for U.S.-Mexican Studies, UCSD, La Jolla, San Diego, pp. 123-142, 1994.

MONNET, J., *Usos e imágenes del centro histórico de la ciudad de México,* DDF y Centro de estudios mexicanos y centroamericanos, México, D.F., 1995.

MONTAÑO, J., *Los pobres de la ciudad de México en los asentamientos espontáneos,* Siglo XXI, México, D.F., 1976.

MOORE, R., "Urban problems and policy responses for Metropolitan Guayaquil", en W. Cornelius y R. Kemper (eds.), *Latin American Urban Research,* vol.6, Sage, Beverly Hills pp. 181-204, 1978.

MORALES, M. D., 1987. "La expansión de la ciudad de México (1858-1910)", en G. Garza, (ed.), *El atlas de la ciudad de México,* Departamento del Distrito Federal y El Colegio de México, México, D.F., pp. 64-68, 1987.

MORENO TOSCANO, A., "La «crisis» en la ciudad", en *México Hoy,* P. González Casanova y E. Florescano, (eds.), Siglo XXI, México, D.F., pp. 152-176, 1979.

MORRIS, S., *Political reformism in Mexico: an overview of contemporary Mexican politics,* Lynne Reinner, Boulder, 1995.

MORSE, R., "Trends and issues in Latin American urban research, 1965-1970", en *Latin American Research Review,* 6, (3), pp. 3-52, 1971.

MOSER, C., "Gender planning in the Third world: meeting practical and strategic gender needs", *World Development,* 17: 1799-1825, 1989.

MUMFORD, L., *The culture of cities,* Secker and Warburg, Londres, 1938.

MUÑOZ, H. y de Oliveira, O., "Migración, oportunidades de empleo y diferencias de ingreso en la ciudad de México", en *Revista Mexicana de Sociología,* 1, pp. 51-83, 1976.

_____ y Stern, C. (eds.), *Migración y marginalidad ocupacional,* Universidad Nacional Autónoma de México, México, D.F., 1977.

NAVARRETE, I. Martínez de, "La distribución del ingreso en México: tendencias y perspectivas", en D. Ibarra *et al.* (eds.), *El perfil de México en 1980,* vol.1, Siglo XXI, México D.F., pp. 15-71, 1970.

NAVARRO ÁLVAREZ Tostado, E., "Revitalización del Centro Histórico de la ciudad de México. Proyecto Alameda, 1991-1995", ponencia presentada en la XVII Annual Instititute of Latin American Studies Student Association Conference on Latin America, Austin, Texas, primero de marzo de 1997.

NAVARRO BENÍTEZ, B., "Sistemas de transporte y metropolización en la ciudad de México", en O. Terrazas, y E. Preciat (eds.), *Estructura territorial de la ciudad de México,* Plaza y Valdés y Departamento del Distrito Federal, México, D.F., pp. 143-160, 1988a.

_____, "El transporte público en la zona metropolitana de la ciudad de México", en *Vivienda,* 13 (1), pp. 34-47, 1988b.

_____, *El traslado masivo de la fuerza de trabajo en la ciudad de México,* Plaza y Valdés y DDF., México, D.F., 1989.

_____, "Dialéctica contradictoria del transporte", en A. Bassols Batalla, C. González Salazar, y J. Delgadillo Macías (eds.), *Zona Metropolitana de la ciudad de México, complejo geográfico, socioeconómico y político: qué fue qué es y qué pasa,* Instituto de Investigaciones Económicas, Universidad Nacional Autónoma de México, México, D.F., pp. 175-191, 1993.

————— y Bacelis, S., "El Metro como sistema de transportación masiva", en Gustavo Garza (ed.), *La ciudad de México en el fin del segundo milenio*, El Colegio de México y el Gobierno del Distrito Federal, México, D.F., pp. 378-383, 2000.

NEEDLER, M., *Mexican politics: the containment of conflict*, Praeger, Nueva York, 1982.

NEGRETE SALAS, M. E., "Evolución de las zonas metropolitanas en México", en C. Garrocho y Sobrino, J. (eds.), *Sistemas metropolitanos: nuevos enfoques y prospectiva*, El Colegio mexiquense y SEDESOL, México, pp. 19-46, 1995.

NEGRETE SALAS, M. E. y Salazar, H., "Dinámica de crecimiento de la población de la ciudad de México (1900-1980)", en G. Garza, (ed.), *El atlas de la ciudad de México*, Departamento del Distrito Federal y El Colegio de México, México, D.F., pp. 125-128, 1987.

NEWMAN, O., *Defensible space*, Macmillan, Nueva York, 1972.

NOELLE, L. y Tejeda, C., *Catálogo guía de arquitectura contemporánea, ciudad de México*, Fomento Cultural Banamex, A.C., México, D.F., 1993.

NORD. B., *Mexico City's alternative futures*, University Press of America, Lanham, 1996.

NUÑEZ, O,. "Causas sociales y políticas en las movilazaciones de los colonos en el D.F., 1970-1973", en *Tabique*, 2, pp. 3-33, 1983.

O'CONNOR, J., *The fiscal crisis of the State*, St. Martin's Press, Nueva York, 1973.

—————, *The accumulation crisis*, Basil Blackwell, Oxford, 1984.

O'DONNELL, G., "Corporatism and the question of the state", en J. Malloy (ed.), *Authoritarianism and corporatism in Latin America*, University of Pittsburgh Press, pp. 47-87, 1974.

OFFNER, J., *Law and politics in Aztec Texcoco*, Cambridge University Press, 1984.

OLIVEIRA, de O. y García, B., "El mercado de trabajo en la ciudad de México", en G. Garza, (ed.), *El atlas de la ciudad de México*, Departamento del Distrito Federal y El Colegio de México, México, D.F., pp. 140-145, 1987.

ORELLANA, C., "Mixtec migrants in Mexico City: a case study of urbanization", en *Human Organization*, 32, pp. 273-283, 1973.

ORGANIZACIÓN MUNDIAL DE LA SALUD (OMS), *Primary health care*, OMS, Ginebra, 1978.

—————, *Global strategy for health for all by the year 2000*, OMS, Ginebra, 1981.

ORME, W., *Understanding* NAFTA: *Mexico, free trade and the new North America*, University of Texas Press, Austin, 1996.

PADGETT, L.V., *The Mexican political system*, Houghton Mifflin, Boston, 1966.

PADILLA ARAGÓN, E., *México: hacia el crecimiento con distribución del ingreso*, Siglo XXI, México, D.F., 1981.

PAHL, R., *Whose city?*, Penguin, Harmondsworth, 1975.

PALMA, G., "Dependency: a formal theory of underdevelopment or a methodology for the analysis of concrete situations of underdevelopment?", en *WorldDevelopment*, 6, pp. 881-924, 1978.

PANSTERS, W., "Citizens with dignity: opposition and government in San Luis Potosí, 1938-1993", en Aitkin, R., Craske, N., Jones, G., y Stansfield, D. (eds.), *Dismantling the Mexican State?*, pp. 244-266, Macmillan, Londres, 1996.

PARNWELL, M. y Wongsuphasawat, L., "Between the global and the local: Extended metropolitanisation and industrial location decision making in Thailand", en *Third World Planning Review*, 19, 2, pp. 119-138, 1997.

PARNREITER, Cristof, "Mexico City: The Making of a Global City?", ensayo preparado para volumen en prensa editado por Saskia Sassen, *Cities in their Crossborder Networks*, UNU Press, Tokyo, 1999.

PARTIDA, V., "El proceso de migración a la ciudad de México", en G. Garza, (ed.), *El atlas de la ciudad de México*, Departamento del Distrito Federal y El Colegio de México, México, D.F., pp. 134-140, 1987a.

_____, "Proyecciones de la poblacion de la zona metropolitana de la ciudad de México", en G. Garza, (ed.), *El atlas de la ciudad de México*, Departamento del Distrito Federal y El Colegio de México, México, D.F., pp. 410-414, 1987b.

PAZ, P., *The labyrinth of solitude*, Grove Press, Nueva York, 1961.

PERLMAN, J., *The myth of marginality*, University of California Press, Berkeley, 1976.

PERLÓ, M., "Política y vivienda en México, 1910-1952", en *Revista Mexicana de Sociología*, 3, pp. 769-835, 1979.

_____, "Los problemas financieros de la ciudad de México", en *El Día*, 7 de junio de 1984, 1980.

_____, *Estado, vivienda y estructura urbana en el Cardenismo*, Cuadernos de investigación social 3, Instituto de Investigaciónes Sociales, UNAM, México, D.F., 1981.

_____, "De como perdió la ciudad de México su municipalidad sin obtener a cambio ni una democracia de manzana", mimeo., México, D.F., sin fecha.

————, "Historia de las obras, planes y problemas hidráulicos en el Distrito Federal", mimeo, 1988.

————, (ed.), *La modernización de las ciudades en México*, Universidad Nacional Autónoma de México, México, D.F., 1990.

————, "El primer año de Cárdenas: resultados pobres para una ciudad desbordada", en *Etcétera*, 307, pp. 19-22, 17 de diciembre, 1998.

————, *El paradigma porfiriano. Historia del desagüe del valle de México*, Miguel Ángel Porrúa, México, D.F., 1999.

PEZZOLI, K., "Irregular settlement and the politics of land allocation in Mexico City: the case of Ajusco", mimeo., 1989.

PICCATO, P., "Criminals in Mexico City, 1900-1931: a cultural history", tesis doctoral, University of Texas at Austin, 1997.

PICHARDO PAGAZA, I., *Primer Informe de Gobierno*, Gobierno del Estado de México, Toluca, 1990.

PICKVANCE, C. (ed.), *Urban sociology: critical essay*, Tavistock, Londres, 1976.

PISANTY BARUCH, I, "Ecosistema y áreas verdes urbanos", en Gustavo Garza (ed.), *La ciudad de México en el fin del segundo milenio*, El Colegio de México y el Gobierno del Distrito Federal, México, D.F., pp. 475-482, 2000.

PHILLIPS, D., 1990. *Health and health care in the third world*, Longman, 1990.

POMMIER, P., "The place of Mexico City in the nation's growth: employment trends and policies", en *International Labour Review*, 121, pp. 345-360, 1982.

PRADILLA, E., "Notas acerca del «problema de vivienda»", en *Ideología y Sociedad*, 16, pp. 70-107, 1976.

———— "Crisis y arquitectura de subsistencia en México", en O. Terrazas, y E. Preciat (eds.), *Estructura territorial de la ciudad de México*, Plaza y Valdés y Departamento del Distrito Federal, México, D.F., pp. 45-77, 1988.

————, "La política territorial y la configuración urbana-regional", en Aguilar, A.G. (ed.), *Desarrollo regional y urbano: tendencias y alternativas*, t. II, UNAM y U. de G., Juan Pablos Editor, S.A., México, pp. 131-151, 1995.

PRIETO INZUNZA, E. y Delgado Lamas, R., "Cronología histórica mínima de la zona sur de la Alameda", ponencia presentada en el taller internacional de investigación *The cutural patrimony of Mexican inner-cities: towards equitable conservation policies and practices*, The Mexican Center, University of Texas at Austin, 8-9 de diciembre, 1995.

PROGRAMA DE COINVERSIÓN SOCIAL NOVIB-GOBIERNO DE LA CIUDAD DE MÉXICO, *Espejo de la ciudad: Jornadas Sociales de la Cd. de México*, Novib-GDF, 1999.

PROYECTO... "Proyecto de programa de ordenación de la zona metropolitana del Valle de México", DDF/Sedesol/Estado de México, 1997.

PUENTE, S., 1987. "Estructura industrial y participación de la zona metropolitana de la ciudad de México en el producto interno bruto", en G. Garza, (ed.), *El atlas de la ciudad de México,* Departamento del Distrito Federal y El Colegio de México, México D.F., pp. 92-95, 1987.

PURCELL, S. y PURCELL, J., "State and society in Mexico", en *World Politics,* 32, pp. 194-227, 1980.

RAMÍREZ SAIZ, J. M., *Carácter y contradicciones de la ley general de asentamientos humanos,* Instituto de Investigaciones Sociales, UNAM, México, D.F., 1983.

RAPOPORT, A., "Spontaneous settlements as vernacular design", en C. Patton (ed.), *Spontaneous shelter: international perspectives and prospects,* Temple University Press, Philadelphia, pp. 51-77, 1988.

RAY, T., *The politics of the barrio,* University of California Press , Berkeley, 1969.

REYNOSO. V. M., "Estructura interna y lucha de fracciones. La propuesta de reforma a los Estatutos del Partido Acción Nacional (1991-1992)", en J. Reyes del Campillo, E. Sandoval Forero y M. A. Carrillo (eds.), *Partidos, elecciones y cultura política mexicana contemporánea,* UAEM, UAM-Xochimilco y COMECSO, México D.F., pp. 52-61, 1994.

RICALDE, H. y Sánchez, F., *Arquitectura Mexicana: Siglo XX,* Asociación de ingenieros y arquitectos de México, A.C., México, D.F., pp. 48-80, 1984.

RICHARDSON, H., *The economics of urban size,* Saxon House and Lexington Books, 1973.

————, "The arguments for very large cities reconsidered: a comment", en *Urban Studies,* 13, pp. 307-310, 1976.

RIOFRÍO, G., "Lima: Mega-city and mega-problem", en A. Gilbert (ed.), *The mega-city in Latin America,* The United Nations University Press, Tokyo, pp. 155-172, 1996.

ROBERTS, B., *Cities of peasants: the political economy of urbanization,* The United Nations University Press, Londres, 1978.

————, "Transitional cities", en R. Morse y J. Hardoy (eds.), *Rethinking the Latin American city,* Johns Hopkins University Press, Baltimore, pp. 50-65, 1992.

642

PETER M. WARD

————, "The making of citizens: cities of peasants revisited, Edward Arnold, Londres, 1994.

RODRÍGUEZ, V., "The politics of decentralization in Mexico", tesis doctoral sin publicar, University of California, Berkeley, 1987.

————, "The politics of decentralization in Mexico: from *municipio libre* to *Solidaridad*", en *Bulletin of Latin American Research*, 12, pp. 133-145, 1993.

————, "Municipal autonomy and the politics of intergovernmental finance: is it different for the opposition?", en V. Rodríguez y P. Ward (eds.), *Opposition government in Mexico*, University of New Mexico Press, Albuquerque, pp. 153-172, 1995.

————, *Decentralization in Mexico: from* municipio libre *to* solidaridad *to* nuevo federalismo", Westview Press, Boulder, Colorado, 1997.

————, *La descentralización en México: de municipio libre, a solidaridad, al nuevo federalismo"*, Fondo de Cultura Ecónomica, México D.F., 2000.

RODRÍGUEZ, V. y Ward, P., *Policymaking, politics, and urban governance in Chihuahua: the experience of recent Panista governments*, U.S.-Mexican Studies Policy Report 3, LBJ School of Public Affairs, Austin, Texas, 1992.

————, "Disentangling the PRI from the government in Mexico", en *Mexican Studies/Estudios Mexicanos*, 10, 1, pp. 163-186, 1994a.

————, *Political change in Baja California: democracy in the making?*, Monograph Series, núm. 40, UCSD Center for U.S.-Mexican Studies, San Diego, 1994b.

————, (eds.) *Opposition government in Mexico*, University of New Mexico Press, Albuquerque, 1995.

————, "The New PRI: recasting its identity", en Aitkin, R., Craske, N., Jones, G., y Stansfield, D. (eds.), *Dismantling the Mexican State?*, Macmillan, London, pp. 92-112, 1996.

RODRÍGUEZ ARAUJO, O., *La reforma política y los partidos en México*, Siglo XXI, México, D.F., 1979.

RODRÍGUEZ, Jesús y Navarro, Bernardo, *El transporte urbano de pasajeros de la ciudad de México en el siglo XX*, Comité editorial del Gobierno del Distrito Federal, 1999.

RODRÍGUEZ KURI, A., *La experiencia olvidada, el ayuntamiento de México: política y gobierno, 1876-1912*, Universidad Autónoma Metropolitana y El Colegio de México, México, D.F., 1996.

RODWIN, L. (ed.), *Shelter, settlement and development*, Allen & Unwin, Boston, 1988.

_____ *et al., Planning urban growth and regional development,* MIT Press, Cambridge Mass., 1969.

ROETT. R., "At the crossroads: liberalization in Mexico", en R. Roett, (ed.), *Political and economic liberalization in Mexico: at a critical juncture?,* Lynne Reinner Publishers, Boulder, pp. 1-13, 1993.

ROTENBERG, R. y McDonogh, G., *The cultural meaning of urban space,* Bergin and Garvey, Londres, 1993.

ROTH, G. *The private provision of public services,* Oxford University Press y el Banco Mundial, Washington, 1987.

ROWLAND, A. y Gordon, P., "Mexico City: no longer a leviathan?", en A. Gilbert (ed.), *The mega-city in Latin America,* The United Nations University Press, Tokyo, pp. 173-202, 1996.

ROXBOROUGH, I., *Theories of underdevelopment,* Macmillan, Basingstoke, 1979.

RUBIO, L., "Economic reform and political change in Mexico", en R. Roett, (ed.), *Political and economic liberalization in Mexico: at a critical juncture?,* Lynne Reinner Publishers, Boulder, pp. 35-50, 1993.

RUBALCAVA, R. M. y Schteingart, M., "Diferenciación socioespacial intra-urbana en el área metropolitana de la ciudad de México", en *Estudios sociológicos,* 9, 1985.

_____, "Estructura urbana y diferenciación socioespacial en la zona metropolitana de la ciudad de México (1970-1980)", en G. Garza, (ed.), *El atlas de la ciudad de México,* Departamento del Distrito Federal y El Colegio de México, México, D.F., pp. 108-115, 1987.

_____, "Segregación socioespacial", en Gustavo Garza (ed.), *La ciudad de México en el fin del segundo milenio,* El Colegio de México y el Gobierno del Distrito Federal, México, D.F., pp. 287-296, 2000.

SALAS PÁEZ, C., "Actividad económica y empleo en el área metropolitana de la ciudad de México: 1970-1990", en *La Zona Metropolitana de la ciudad de México: problemática actual y perspectivas demográficas y urbanas.* Consejo Nacional de Población, México, pp. 80-93, 1992.

SALDÍVAR, A., *Ideología y política del estado mexicano 1970-1978,* segunda edición, Siglo XXI, México, 1981.

SÁNCHEZ ALMANZA, A., "Crecimiento y distribución territorial de la población en la Zona Metropolitana de la Ciudad de México", en Bassols Batalla, A., González Salazar G. y Delgadillo Macías, J. (eds.), *Zona Metropolitana de la ciudad de México, complejo geográfico, socioeconómico y político: qué fue, qué es y qué pasa,* Instituto de Investigaciones Económicas, Universidad Nacional Autónoma de México, México, pp. 103-127, 1993.

SANDERS, W. y Price, B., *Mesoamerica: the evolution of a civilization*, Random House, Nueva York, 1968.

SANDERS W., Parsons, J. y Santley, R., *The basin of Mexico: ecological processes in the evolution of a civilization*, Academic Press, Nueva York, 1979.

SASSEN, S., *The global city*, Princeton University Press, Princeton, 1991.

————, *Losing control? Sovereignty in an age of globalization*, University Press Princeton, Princeton, 1996.

SAUNDERS, P., *Urban politics: a sociological interpretation*, Hutchinson, Londres, 1979.

————, *Social theory and the urban question*, segunda edición, Hutchinson, Londres, 1986.

SCARPACI. J. y Gutman, M., "Buscando lo común: land use patterns in seven Latin American *cascos historicos*", ponencia presentada en el taller internacional de investigación "The cultural patrimony of Mexican inner-cities: towards equitable conservation policies and practices", The Mexican Center, University of Texas at Austin, 8-9 de diciembre, 1995.

SCHAFER, R., *Mexico, mutual adjustment planning*, Syracuse University Press, Nueva York, 1966.

SCHERS, D., "The popular sector of the PRI in Mexico", tesis doctoral sin publicar, University of New Mexico, 1972.

SCHNORE, L., "On the spatial structure of cities in the two Americas", en Hauser, P. y Schnore, L. (eds.), *The study of urbanization*, Wiley and Sons, Nueva York, 1988.

SCHTEINGART, M., "Expansión urbana, conflictos sociales y deterioro ambiental en la ciudad de México. El caso Ajusco", en *Estudios demográficos y urbanos*, 2 (3), pp. 449-478, 1987.

————, "Mexico City", en *Megacities*, Dogan, M. y Kasada, U. (eds.), Sage, Beverly Hills, vol. 2, pp. 288-293, 1988.

————, (ed), *Espacio y vivienda en la ciudad de México*, El Colegio de México, México, 1991.

———— M. y Graoizbord, B., *Vivienda y vida urbana en la ciudad de México: la acción del Infonavit*, El Colegio de México, México, 1998.

SCHULZ, D. y Williams, E., "Crisis or transformation? The struggle for the soul of Mexico", en Schulz, D. y Williams, E. (eds.), *Mexico faces the 21st century*, Praeger, Westport, 1995.

SCOBIE, J., *Buenos Aires: plaza to suburb 1870-1910*, Oxford University Press, Nueva York, 1974.

SCOTT, L., *Urban and spatial development in Mexico*, Johns Hopkins University Press, Baltimore, 1982.

SCOTT, R., *Mexican government in transition*, University of Illinois Press, Illinois, 1964.

SELBY, H., Murphy, A. y S. Lorenzen, *The Mexican Urban Household: organizing for self-defense*, University of Texas Press, Austin. TX, 1990.

SEPÚLVEDA, I., "Mexico's political transition; the emergence of a civil society", en Schulz, D. y Williams, E. (eds.), *Mexico faces the 21st century*, Praeger, Westport, 1995.

SHAIKEN, H., *Mexico in the global economy: high technology and work organization in export industries*, Center for U.S.-Mexican Studies, University of California, San Diego, 1990.

SHEAHAN, J., *Conflict and change in Mexican economic strategy: implications for Mexico and Latin America*, Center for U.S.-Mexican Studies, Monograph Series núm. 34, University of California, San Diego, 1990.

SIGG, A., "De la ideología confesional a la ideología nacional: el PAN y sus presidentes, 1962-1982", en *La transición interrumpida: México 1968-1988*, Nueva Imagen, México, pp. 143-170, 1993.

SIMMIE, J., prefacio del editor general a Lowe, S., *Urban social movements: the city after Castells*, Macmillan, Basingstoke, 1986.

SKIDMORE, T. y Smith, P., *Modern Latin America*, segunda edición, Oxford University Press, Nueva York, 1989.

_____, *Modern Latin America*, tercera edición, Oxford University Press, Nueva York, 1992.

SKINNER, R. y Rodell, M. (eds.), *People, poverty and shelter: problems of self-help housing in the Third World*, Methuen, Londres, 1983.

SKLAIR, L., "Mexico's *maquiladora* programme: a critical evaluation", en Philip, G. (ed.), *The Mexican economy*, Routledge, Londres, 1988.

_____, *Assembling for development: the maquila industry in Mexico and the United States*, Unwin Hyman, Boston, 1989.

SMITH, M. P., "The disappearance of world cities and the globalization of local politics", en Knox, P. y Taylor, P. (eds.), *World cities in a world system*, Cambridge University Press, Cambridge, pp. 349-288, 1995.

SMITH, N., *The new urban frontier: gentrification and the revanchist city*, Routledge, Londres, 1996.

SMITH, P., *Labyrinths of power: political recruitment in twentieth century Mexico*, Princeton University Press, New Jersey, 1979.

_____, "The 1989 Presidential succession in historical perspective", en Cornelius W., *et al.* (eds.), *Mexico's alternative political futures*,

Centre for U.S.-Mexican Studies, University of California, Monograph Series, San Diego, pp. 391-418, 1988.

_____, *The talons of the eagle: dynamics of U.S.-Latin American relations*, Oxford University Press, Nueva York, 1996.

SOBRINO, L. J., "Estructura ocupacional del sector servicios en la Cd. de México: 1960-1988", en *La Zona Metropolitana de la ciudad de México: problemática actual y perspectivas demográficas y urbanas*, Consejo Nacional de Población, México, pp. 95-117, 1992.

_____, "Participación económica en el siglo XX", en Garza, G. (ed.), *La ciudad de México en el fin del segundo milenio*, El Colegio de México y Gobierno del Distrito Federal, México, pp. 769, 2000.

SOBRINO, J. y Garrocho, C., *Pobreza, política social y participación ciudadana*, El Colegio Mexiquense, A. C. y Sedesol, México, 1995.

SOUSTELLE, J., *The four suns*, Andre Deutsch, Londres, 1971.

STANISLAWSKI, K., "Early Spanish town planning in the New World", en *Geographical Review*, 37, pp. 94-105, 1947.

STERN, C., "Cambios en los volúmenes de migrantes provenientes de distintas zonas geoeconómicas", en Stern, C. *et al.* (eds.), *Migración y desigualdad social en la ciudad de México*, El Colegio de México/UNAM, México, pp. 115-128, 1977.

STOLARSKI, N., *La vivienda en el Distrito Federal: situación y perspectivas*, Dirección General de Planeación del DDF., México, 1982.

STORY, D., *Industry, the state, and public policy*, The University of Texas Press, Austin, 1986.

SUÁREZ PAREYÓN, A. "La colonia Guerrero: un caso de deterioro en la ciudad de México", en *Arquitectura Autogobierno*, 9, pp. 36-40, 1978.

SUDRA, T., "Low-income housing system in Mexico City", tesis doctoral sin publicar, MIT, 1976.

SUTHERLAND, L., "Informal paratransit in Mexico City", tesis doctoral sin publicar, Universidad de Zurich, 1985.

SWYNGEDOUW, E., "Neither Global nor Local: «Glocalization» and the Politics of Scale", en Cox, K., (ed.), *Spaces of Globalization: Reasserting the Power of the Local*, Guiford Press, Nueva York, 1997.

TAMAYO, S., "Identidad colectiva y patrimonio cultural en el centro histórico de la ciudad de México", ponencia presentada en el taller internacional de investigación *The cultural patrimony of Mexican inner-cities: towards equitable conservation policies and practices*, The Mexican Center, University of Texas at Austin, 8-9 de diciembre, 1995.

TEJEDA, C., "Program for the improvement of popular commerce in the historic center of Mexico", ponencia presentada en el taller internacional de investigación *The cultural patrimony of Mexican inner-cities: towards equitable conservation policies and practices"*, The Mexican Center, University of Texas at Austin, 8-9 de diciembre, 1995.

TEICHMAN, J., *Policy making in Mexico: from boom to crisis*, Allen & Unwin, Boston, 1988.

TELLO, C., *La política económica en México, 1970-1976*, Siglo XXI, México, 1978.

TENORIO-TRILLO, M., *Mexico at the World's Fairs: crafting a modern nation*, University of California Press, Berkeley, 1996.

TOWNROE, P. y Keen, D., "Polarization reersal in the State of Sao Paulo, Brazil", en *Regional Studies*, 18 (1), pp. 45-54, 1984.

TUIRÁN GUTIÉRREZ, R., "Los hogares frente a la crisis: Cd. de México: 1985-1988", en *La Zona Metropolitana de la ciudad de México: problemática actual y perspectivas demográficas y urbanas*, Consejo Nacional de Población, México, 1992.

TURNER, J., "Dwelling resources in South America", en *Architectural Design*, 37, pp. 360-393, 1963.

_____, "Housing priorities, settlement patterns and urban development in modernizing countries", en *Journal of the American Institute of Planners*, 34, pp. 354-363, 1968a.

_____, "The squatter settlements: problems and policies", en Breese, G. (ed.), *The city in newly developing countries*, Prentice Hall, New Jersey, 1968b.

_____, "Uncontrolled urban settlements: problems and policies", en G. Breese (ed.), *The City in Newly Developing Countries*, Prentice Hall, Englewood Cliffs, NJ., 1969. pp. 507-531.

_____, *Housing by people*, Marion Boyars, Londres, 1976.

_____ et al., *Government policy and lower-income housing systems in Mexico City*, Reporte para AURIS, ciudad de México y Cambridge, Massachussetts, mimeo., 1972.

UNDIESA, *Population Growth and Policies in Mega-Cities: Mexico City*, Population Policy Paper núm. 32, United Nations Department of International Economic and Social Affairs, 1991.

UNIKEL, L., *La dinámica del crecimiento de la ciudad de México*, Fundación para estudios de población, México, 1972.

_____ y Lavell, A., "El problema urbano regional en México", en *Gaceta UNAM*, cuarta época, vol. 3, suplemento número 20, 9 de agosto de 1979.

United Nations, *Yearbook of national accounts statistics*, United Nations, Nueva York, 1980.

United Nations Centre for Human Settlements (unchs), *Survey of slum and squatter settlements*, Tycooly International Publishing, Ltd., Dublín, 1982.

_____, *An urbanizing world: global report on human settlements 1996*, Oxford University Press for unchs, Oxford, 1996.

Valencia, E., *La Merced: estudio ecológico y social de una zona de la ciudad de México*, Instituto Nacional de Antropología e Historia, México, 1965.

Valiant, G., *Aztecs of Mexico: origin, rise and fall of the Aztec Nation*, Penguin, Harmondsworth, 1972.

Varley, A., "«Ya somos dueños». Ejido land regularization and development in Mexico City", tesis doctoral sin publicar, University of London, 1985a.

_____, "Urbanization and agrarian law: the case of Mexico City", en *Bulletin of Latin American Research*, 4 (1), pp. 1-16 1985b.

_____, "The relationship between tenure legalization and housing improvements: evidence from Mexico City", en *Development and Change*, 18, pp. 463-81, 1987.

_____, "Settlement, illegality, and legalization: the need for reassessment", en Ward, P. (ed.), *Corruption, development and inequality*, Routledge, Londres, 1989.

_____, "Clientelism or technocracy? The politics of urban land regularisation", en Harvey, N. (ed.), *Mexico: dilemmas of transition*, British Academic Press e Institute of Latin American Studies, Londres, pp. 249-276, 1993.

_____, "Delivering the goods: Solidarity, land regularisation and urban services", en Aitkin, R., Craske, N., Jones, G., y Stansfield, D. (eds.), *Dismantling the Mexican State?*, Macmillan, Londres, pp. 204-224, 1996.

_____, "A new model of urban regularisation in Mexico? The role of opposition government", en *The European Journal of Development Research*, ii, 2, pp. 235-261, 1999.

Vaughn, D. y Feindt, W., "Initial settlement and intra-urban movement of migrants in Monterrey, Mexico", en *Journal of the American Institute of Planners*, 39, pp. 388-401, 1973.

Vernez, G., "The residential movements of low-income families; the case of Bogota, Colombia", The New York City Rand Institute, mimeo., sin fecha.

Venegas, L., "Political culture and women of the popular sector in Cd. Juárez 1983-1986", en Rodríguez, V. y Ward, P. (eds.), *Oppo-*

sition government in Mexico, University of New Mexico Press, Albuquerque, 1994.

VICENCIO, G., "The PAN's administration in Baja California: the struggle for a free and sovereign state", en Aitkin, R., Craske, N., Jones, G., y Stansfield, D. (eds.), *Dismantling the Mexican State?*, Macmillan, Londres, pp. 97-112, 1996.

VIDRIO, M., "El transporte de la ciudad de México en el siglo XIX", en Garza, G. (ed.), *El atlas de la ciudad de México*, El Colegio de México y Departamento del Distrito Federal, México, pp. 68-71, 1987.

VILLA, M. y RODRÍGUEZ, J., "Demographic trends in Latin America's metropolises, 1950-1990", en Gilbert, A. (ed.), *The mega-city in Latin America*, The United Nations University Press, Tokio, pp. 25-52, 1996.

VILLEGAS, J., "Zona metropolitana de la ciudad de México: localización y estructura de la actividad industrial", en Terrazas, O. y Preciat, E. (eds.), *Estructura territorial de la ciudad de México*, Plaza y Valdés y Departamento del Distrito Federal, México, pp. 161-188, 1988.

WALLERSTEIN, I., *The modern world system: capitalist agriculture and the origins of the European world economy in the sixteenth century*, New York Academic Press, 1974.

WARD, P., "In search of a home: social and economic characteristics of squatter settlements and the role of self-help housing in Mexico City", tesis doctoral sin publicar, University of Liverpool, 1976a.

_____, "The squatter settlement as slum or housing solution: the evidence from Mexico City", en *Land Economics*, 52, pp. 330-346, 1976b.

_____, "Intra-city migration to squatter settlements in Mexico City", en *Geoforum*, 7, pp. 369-382, 1976c.

_____, "Self-help housing in Mexico: social and economic determinants of success", en *Town Planning Review*, 49, pp. 38-50, 1978.

_____, "Political pressure for urban services: the response of two Mexico City administrations", en *Development and Change*, 12, pp. 379-407, 1981a.

_____, "Mexico City", en Pacione, M. (ed.), *Urban problems and planning in Third World cities*, Croom Helm, Londres, 1981b.

_____, "Informal housing: conventional wisdoms reappraised", en *Built Environment*, 8, pp. 85-94, 1982.

_____, *Welfare politics in Mexico: papering over the cracks*, Allen & Unwin, Londres, 1986.

————, "Land values and valorisation processes in Latin American cities: a research agenda", en *Bulletin of Latin American Research*, 8 (1), pp. 47-66, 1989a.

————, "Political mediation and illegal settlement in Mexico City", en Gilbert, A. (ed.), *Housing and Land in Urban Mexico*, Monograph Series núm. 31, Centre for US-Mexican Studies, University of California, San Diego, pp. 135-155, 1989b.

————, "Government Without Democracy en Mexico City: Defending the High Ground", en Cornelius, W., Gentleman, J. y Smith, P. (eds.), *Mexico's Alternative Political Futures*, Monograph Series núm. 30, Centre for U.S.-Mexican Studies, University of California, San Diego, pp. 307-323, 1989c.

————, "Mexico", en W. van Vliet (ed.), *Internacional handbook of housing policies and practices*, Greenwood Press, Connecticut, 1990.

————, "The Latin American inner city: differences of degree or of kind?", en *Environment and Planning A*, 25, pp. 1131-1160, 1993.

———— *et al.*, "Memoria of the Bi-National Conference: Mexico's Electoral Aftermath and Political Future", The Mexican Center, The Institute of Latin American Studies, Austin, 1994.

————, "Policy making and policy implementation among non-PRI governments: the PAN in ciudad Juarez and Chihuahua", en Rodríguez V. y Ward, P. (eds.), *Opposition government in Mexico*, University of New Mexico Press, Albuquerque, pp. 135-152, 1995.

————, "Contemporary issues in the government and administration of Latin American mega-cities", en Gilbert, A. (ed.), *The mega-city in Latin America*, United Nations University Press, Nueva York, pp. 53-72, 1996.

————, *Mexico City*, John Wiley & Sons, Chichester y Nueva York, pp. 332, 1998a.

————, "From machine politics to the politics of technocracy: charting the decline of partisanship in the Mexican municipality", en español, "De clientelismo a tecnocracia: cambios recientes en la gestión municipal de México", en *Política y Gobierno*, V. 1, pp. 95-133, 1998b.

————, "Creating a Metropolitan Tier of Government in Federal Systems: Getting «There» from «Here» in Mexico City and other Latin American Megacities", en *South Texas Law Review Journal*, Edición del simposio "Comparative Federalism in the Devolution Era", 40, 3, pp. 603-624, 1999.

_____, "Government and Democracy in the Federal District of Mexico: Cárdenas, the PRD, and the Curate's Egg", ponencia presentada en el XXII Congreso de la Latin American Studies Association, Miami, 16-18 de marzo de 2000.

_____, "Administración y gobernabilidad bajo los principios de la democracia representativa y participativa", Programa Universitario de Estudios sobre la ciudad, México, mayo 16, 2001a.

_____, "Squaring the Circle: Whither or Wither Segregation in Cities?", ponencia presentada en el Lincoln Institute of Land Policy, Cambridge, Massachusetts, 15-28 de julio, 2001b.

_____ y Macoloo, C., "Articulation theory and self-help housing practice in the 1990's", en *International Journal of Urban and Regional Research*, 6, 1, pp. 60-80, 1992.

_____ y Melligan, S., "Urban renovation and the impact upon low-income families in Mexico City", en *Urban Studies*, 22, pp. 199-207, 1985.

_____ Jiménez, E. y Jones, G., "Measuring residential land-price changes and affordability", en Jones, G. y Ward, P. (eds.), *Methodology for land and housing market analysis*, University College Press, Londres, pp. 159-178, 1994.

_____ y Rodríguez, V., "New Federalism, Intra-governmental Relations, and Co-Governance in Mexico", en *Journal of Latin American Studies*, 31, 3, pp. 673-710, 1999.

WEISSKOFF, R. y Figueroa, A., "Traversing the social pyramid: a comparative review of income distribution in Latin America", en *Latin American Research Review*, 2, pp. 71-112, 1976.

WHITEHEAD, L., "Mexico from bust to boom: a political evaluation of the 1976-1979 stabilization program", en *World developvent*, 8, pp. 843-863, 1980.

_____, "On «governability» in Mexico", en *Bulletin of Latin American Research*, 1, pp. 27-47, 1981.

_____, "Politics of economic management. Seminar presentation, «Mexico 1984»", conferencia dictada en el Instituto de Estudios Latinoamericanos, Londres, 4-5 de junio, 1984.

_____, "Political change and economic stabilization: the «Economic Solidarity Pact»", en Cornelius, W. *et al.*, *Mexico's alternative political futures*, Monograph Series, núm. 30, Centre for US-Mexican Studies, University of California, San Diego, pp. 181-214, 1984.

_____, "Prospects for a «transition» from authoritarian rule in Mexico", en Cook, M., Middlebrook, K. y Molinar, J. (eds.), *The politics of economic restructuring: state-society relations and regime change in Mexico*, The Center for U.S.-Mexican Studies, University of California, San Diego, La Jolla, pp. 327-346, 1994.

WILLIAMS, M., "El cambio en la estructura y localización de las actividades económicas del área metropolitana de la Cd. de México, 1970-1988", en Coulomb, R. y Duhua, E. (eds.), *Dinámica urbana y procesos socio-políticos*, Programa observatorio de la ciudad de México 1970-1988, UAM/CENVI, México, 1993.

WILSON, P., *Exports and local development: Mexico's new maquiladoras*, University of Texas Press, Austin, 1992.

WOLLCH, J. y Dear, M. (eds.), *The power of geography: how territory shapes social life*, Unwin Hyman, Boston, 1989.

WYNIA, G., *Politics and planners: economic development policy in Central America*, University of Wisconsin Press, Madison, 1972.

YESECAS MARTÍNEZ, I., "Oaxaca: designación o elección de gobernadores", en Reyes del Campillo, J., Sandoval Forero, E. y Carrillo, M. A. (eds.), *Partidos, elecciones y cultura política mexicana contemporánea*, UAEM, UAM-Xochimilco y COMECSO, México, pp. 84-91, 1994.

ZEDILLO, E., *Primer Informe de Gobierno*, Presidencia de la República, México, 1995.

————, *Segundo Informe de Gobierno*, Presidencia de la República, México, 1996.

ZICCARDI, A., "Gobiernos locales: entre la globalización y la ciudadanía: reflexiones sobre las transformaciones recientes en el Distrito Federal", en Aguilar, A. G. (ed.), *Desarrollo regional y urbano: tendencias y alternativas*, Juan Pablos Editor, S. A., UNAM y U. de G., México, pp. 145-162, 1995.

————, *Gobernabilidad y participación ciudadana en la ciudad capital*, Instituto de Investigaciones Sociales, Miguel Ángel Porrúa, México, 1998.

ZORRILLA-VÁZQUEZ, E., *Mexico at the crossroads*, Tecnología avanzada, México, 1996.

ABREVIATURAS

Auris	Acción Urbana y de Integración Social
ALDF	Asamblea Legislativa del Distrito Federal
Banobras	Banco Nacional de Obras
BNH	Banco Nacional de Habitacão (Brasil)

BNHUOPSA	Banco Nacional Hipotecario Urbano de Obras Públicas
Canacintra	Cámara Nacional de la Industria de Transformación
CAPFCE	Comité Administrador del Programa Federal de Construcción de Escuelas
CAVM	Comisión del Agua del Valle de México
CEAS	Comisión Estatal de Aguas y Saneamiento
Cetes	Certificados de Tesorería
CFE	Comisión Federal de Electricidad
CNC	Confederación Nacional Campesina
CNOP	Confederación Nacional de Organizaciones Populares
Codeur	Comisión de Desarrollo Urbano
Conamup	Coordinadora Nacional del Movimiento Urbano Popular
Conapo	Consejo Nacional de Población
Conasupo	Compañía Nacional de Subsistencias Populares
Concamin	Confederación de Cámaras Industriales de los Estados Unidos Mexicanos
Concanaco	Confederación de Cámaras Nacionales de Comercio
COPARMEX	Confederación Patronal de la República Mexicana
Copevi	Centro Operacional de Poblamiento y de Vivienda
Coplade	Comisión para la Planeación del Desarrollo
Coplademun	Comisión de Planeación y Desarrollo Municipal
Coplamar	Coordinación General del Plan Nacional de Zonas Deprimidas y Grupos Marginados
Corett	Comisión para la Regularización de la Tenencia de la Tierra
Cotrem	Coordinación del Transporte en el Estado de México
Covitur	Coordinación Técnica de la Vialidad y el Transporte
CTM	Confederación de Trabajadores Mexicanos
CUD	Coordinación Única de Damnificados
CUD	Convenio Único de Desarrollo
DDF	Departamento del Distrito Federal
D.F.	Distrito Federal
DGAYS	Dirección General de Aguas y Saneamiento (DDF)
DGCP	Dirección General de Centros de Población (SAHOP)
DGCOH	Dirección General de Construcción y Operación Hidráulica (DDF)
DGHP	Dirección General de Habitación Popular (DDF)
ECLA	Economic Commission for Latin America (Naciones Unidas)
Fideurbe	Fideicomiso de Interés Social para el Desarrollo Urbano de la Ciudad de México

Fineza	Fideicomiso de Nezahualcóyotl
Foga	Fondo de Garantía de Vivienda
Fonhapo	Fondo Nacional de Habitaciones Populares
Fovissste	Fondo de la Vivienda ISSSTE
IBRD	International Bank for Reconstruction and Development
FMI	Fondo Monetario Internacional
IMSS	Instituto Mexicano del Seguro Social
Indeco	Instituto Nacional de Desarrollo de la Comunidad
INEGI	Instituto Nacional de Estadística, Geografía e Informática
Infonavit	Instituto Nacional del Fondo de Vivienda para los Trabajadores
INPI	Instituto Nacional de la Protección a la Infancia
INVI	Instituto Nacional de Vivienda
ISSSTE	Instituto de Seguridad y Servicios Sociales de los Trabajadores al Servicio del Estado
ITAM	Instituto Tecnológico Autónomo de México
IVA	Impuesto al valor agregado
MRC	Movimiento Restaurador de Colonos
TLC	Tratado de Libre Comercio de América del Norte
ONG	Organizaciones no Gubernamentales
OPEP	Organización de Países Exportadores de Petróleo
PAN	Partido Acción Nacional
PARM	Partido Auténtico de la Revolución Mexicana
PCM	Partido Comunista Mexicano
PCP	Procuraduría de Colonias Populares
PDM	Partido Demócrata Mexicano
Pemex	Petróleos Mexicanos
PFCRN	Partido Frente Cardenista de Reconstrucción Nacional
PFV	Programa Financiero de Vivienda
Pider	Programa de Impulso de Desarrollo Rural
PICCA	Programa Integral contra la Contaminación Atmosférica en la Zona Metropolitana de la Ciudad de México.
PIHLU	Public Intervention, Housing and Land Use in Latin American Cities
PMS	Partido Mexicano Socialista
PMT	Partido Mexicano de los Trabajadores
PNR	Partido Nacional Revolucionario
PPS	Partido Popular Socialista
PRD	Partido de la Revolución Democrática

PRI	Partido Revolucionario Institucional
PRIS	Países Recientemente Industrializados
PRM	Partido de la Revolución Mexicana
Profepa	Procuraduría Federal de Protección al Ambiente
Pronafice	Programa Nacional de Fomento a la Industria y al Comercio
Pronal	Programa Nacional de Alimentación
Pronasol	Programa Nacional de Solidaridad
PRUPE	Programa de Reorganización Urbana y Protección Ecológica
PST	Partido Socialista de Trabajadores
RHP	Renovación Habitacional Popular
SAM	Sistema Alimentario Mexicano
SAHOP	Secretaría de Asentamientos Humanos y Obras Públicas
SARH	Secretaría de Agricultura y Recursos Humanos
SCOP	Secretaría de Comunicaciones y Obras Públicas
Sedesol	Secretaría de Desarrollo Social
Sedue	Secretaría de Desarrollo Urbano y Ecología
Semarnap	Secretaría de Medio Ambiente y Recursos Naturales y Pesca
Sepafin	Secretaría de Patrimonio y Fomento Industrial
SHCP	Secretaría de Hacienda y Crédito Público
SPP	Secretaría de Programación y Presupuesto
SRA	Secretaría de la Reforma Agraria
SRH	Secretaría de Recursos Hidráulicos
SSA	Secretaría de Salubridad y Asistencia
Sudene	Superintendency for Development in North-East Brazil
TLCAN	Tratado de Libre Comercio de América del Norte
UAM	Universidad Autónoma Metropolitana
UNAM	Universidad Nacional Autónoma de México
UNCHS	United Nations Centre for Human Settlements
OMS	Organización Mundial de la Salud
ZMVM	Zona Metropolitana del Valle de México

Índice

LOURDES ARIZPE
*Cultura y desarrollo: una etnografía
de las creencias de una comunidad mexicana*

JACQUELINE MARTÍNEZ URIARTE
ALBERTO DÍAZ CAYEROS
(COORDINADORES)
*De la descentralización al federalismo.
Estudios comparados sobre
el gobierno local en México*

ROBERTO BLUM VALENZUELA
*De la política mexicana y sus medios.
¿Deterioro institucional o nuevo pacto político?*

ENRIQUE SUÁREZ IÑIGUEZ
De los clásicos políticos

ABELARDO VILLEGAS, IGNACIO SOSA
ANA LUISA GUERRERO, MAURICIO BEUCHOT
JOSÉ LUIS OROZCO, ROQUE CARRIÓN WAM
JORGE M. GARCÍA LAGUARDIA
Democracia y derechos humano

ANDRÉS ROEMER
*Derecho y economía:
políticas públicas del agua*

ALBERTO DÍAZ CAYEROS
*Desarrollo económico e inequidad regional:
hacia un nuevo pacto federal en México*

JOSÉ VALENZUELA FEIJÓO
Dos crisis: Japón y Estados Unidos

JORGE HÉCTOR CARRILLO VIVEROS
*Dos décadas de sindicalismo
en la industria maquiladora de exportación:
examen en las ciudades de Tijuana, Juárez
y Matamoros*

RAÚL ÁVILA ORTIZ
*El derecho cultural en México:
una propuesta académica para el
proyecto político de la modernidad*

ROBERTO HAM CHANDE
*El envejecimiento en México: el siguiente
reto de la transición demográfica*

ARTURO BORJA
*El Estado y el desarrollo industrial.
La política mexicana de cómputo
en una perspectiva comparada*

CÉSAR GILABERT
*El hábito de la utopía.
Análisis del imaginario sociopolítico en el
movimiento estudiantil de México, 1968*

RAFAEL GUIDO BÉJAR
OTTO FERNÁNDEZ REYES
MARÍA LUISA TORREGROSA
(COMPILADORES)
*El juicio al sujeto. Un análisis global
de los movimientos sociales*

MARCOS TONATIUH ÁGUILA M.
*El liberalismo mexicano y la
sucesión presidencial de 1880: dos ensayos*

JULIANA GONZÁLEZ
*El malestar en la moral.
Freud y la crisis de la ética*

MANUEL PERLÓ COHEN
*El paradigma porfiriano.
Historia del desagüe del Valle de México*

ENRIQUE SUÁREZ-IÑIGUEZ
(COORDINADOR)
*El poder de los argumentos.
Coloquio internacional Karl Popper*

BLANCA SOLARES
El síndrome Habermas

GINA ZABLUDOVSKY
SONIA DE AVELAR
*Empresarias y ejecutivas
en México y Brasil*

ROGELIO HERNÁNDEZ RODRÍGUEZ
*Empresarios, Banca y Estado.
El conflicto durante el gobierno
de José López Portillo, 1976-1982*

ENRIQUE SUÁREZ-IÑIGUEZ
(COORDINADOR)
Enfoques sobre la democracia

EDUARDO IBARRA COLADO
LUIS MONTAÑO HIROSE
(COMPILADORES)
*Ensayos críticos para el estudio
de las organizaciones en México*

IGNACIO SOSA ÁLVAREZ
Ensayo sobre el discurso político mexicano

CARLOS ARRIOLA WOOG
Ensayos sobre el PAN

ALEJANDRO PORTES
*En torno a la informalidad:
Ensayos sobre teoría y
medición de la economía regulada*

LUDGER PRIES
*Entre el corporativismo productivista
y la participación de los trabajadores.
Globalización y relaciones industriales
en la industria automotriz mexicana*

PATRICIA RAMÍREZ KURI
(COORDINADORA)
Espacio público y reconstrucción de ciudadanía

ÁLVARO MATUTE, EVELIA TREJO
BRIAN CONNAUGHTON
(COORDINADORES)
Estado, Iglesia y sociedad en México. Siglo XIX

VÍCTOR MANUEL DURAND PONTE
*Etnia y cultura política:
los mexicanos en Estados Unidos*

MARÍA DE LA PAZ LÓPEZ, VANIA SALLES
(COMPILADORAS)
Familia, género y pobreza

GUADALUPE MÁNTEY DE ANGUIANO
NOEMI LEVY ORLIK
(COORDINADORAS)
*Financiamiento del desarrollo
con mercados de dinero y capital globalizados*

JENNIFER COOPER, TERESITA DE BARBIERI
TERESA RENDÓN, ESTELA SUÁREZ
ESPERANZA TUÑÓN
(COMPILADORAS)
*Fuerza de trabajo femenina urbana en México
Volumen I: Características y tendencias
Volumen II: Participación económica y política*

ENRIQUE CABRERO MENDOZA
GABRIELA NAVA CAMPOS
(COORDINADORES)
*Gerencia pública municipal.
Conceptos básicos y estudios de caso*

RICARDO VALERO
(COMPILADOR)
Globalidad: una mirada alternativa

ESTELA MARTÍNEZ BORREGO
HERNÁN SALAS QUINTANAL
(COORDINADORES)
*Globalización e integración regional
en la producción y desarrollo tecnológico
de la lechería mexicana*

ALICIA ZICCARDI
*Gobernabilidad y participación ciudadana
en la ciudad capital*

TONATIUH GUILLÉN LÓPEZ
*Gobiernos municipales en México:
entre la modernización y la tradición política*

ORLANDINA DE OLIVEIRA
MARIELLE PEPIN LEHALLEUR, VANIA SALLES
(COMPILADORAS)
Grupos domésticos y reproducción cotidiana

EMILIO DUHAU
Hábitat popular y política urbana

FEDERICO NOVELO URDANIVIA
Hacia la evaluación del TLC

ALBERTO RÉBORA TOGNO
*¿Hacia un nuevo paradigma de la
planeación de los asentamientos humanos?
Políticas e instrumentos de suelo para un
desarrollo urbano sostenible, incluyente y
sustentable. El caso de la región oriente
en el Valle de México*

JOHN BAILEY
*Impactos del TLC en México y Estados Unidos:
efectos subregionales del comercio
y la integración económica*

MARÍA EUGENIA DE LA O MARTÍNEZ
*Innovación tecnológica y clase obrera:
estudio de caso de la industria maquiladora
electrónica R.C.A. Ciudad Juárez, Chihuahua*

JORDY MICHELI
(COORDINADOR)
*Japan Inc. en México.
Las empresas y modelos laborales japoneses*

JORGE FUENTES MORÚA
José Revueltas: una biografía intelectual

ABELARDO VILLEGAS, JOSÉ LUIS OROZCO
IGNACIO SOSA, ANA LUISA GUERRERO
MAURICIO BEUCHOT
Laberintos del liberalismo

ISAAC M. KATZ
*La apertura comercial y su impacto regional
sobre la economía mexicana*

MIGUEL ÁNGEL AGUILAR, AMPARO SEVILLA
ABILIO VERGARA
(COORDINADORES)
*La ciudad desde sus lugares. Trece ventanas
etnográficas para una metrópoli*

FRANCISCO LÓPEZ CÁMARA
La clase media en la era del populismo

Estudios de género

México megaciudad: desarrollo y política, 1970-2002
se terminó de imprimir en la ciudad de México
durante el mes de marzo del año 2004. La
edición, en papel de 75 gramos, consta de
1,000 ejemplares más sobrantes para
reposición y estuvo al cuidado de
la oficina litotipográfica de la
casa editora.

ISBN 970-701-447-4
MAP: 041985-01